汉唐考古与中华文明系列丛书

蜀山琢玉

丧葬制度与帝国气象

霍　巍
王　煜 / 编

四川大学「创新2035」先导计划

上海古籍出版社

图书在版编目(CIP)数据

蜀山琢玉:丧葬制度与帝国气象/霍巍,王煜主编
.—上海:上海古籍出版社,2023.5
(汉唐考古与中华文明系列丛书)
ISBN 978-7-5732-0715-9

Ⅰ.①蜀⋯ Ⅱ.①霍⋯ ②王⋯ Ⅲ.①贵族—葬俗—研究—中国 Ⅳ.①K892.22

中国国家版本馆CIP数据核字(2023)第076074号

汉唐考古与中华文明系列丛书
蜀山琢玉:丧葬制度与帝国气象
霍 巍 王 煜 主编
上海古籍出版社出版发行
(上海市闵行区号景路159弄1-5号A座5F 邮政编码201101)
(1)网址:www.guji.com.cn
(2)E-mail:guji1@guji.com.cn
(3)易文网网址:www.ewen.co
苏州市越洋印刷有限公司印刷
开本787×1092 1/16 印张36.5 插页5 字数711,000
2023年5月第1版 2023年5月第1次印刷
ISBN 978-7-5732-0715-9
K·3380 定价:188.00元
如有质量问题,请与承印公司联系

大雅新声：新时代中国历史时期考古的新探索（代序）

霍巍　王煜

一

逢"百年未有之大变局"，我们正处在一个新的时代。新的时代，必有新的气象，一代新人也自有其理想和抱负。今天的中国考古学正要求研究者发奋蹈厉，突破陈习，鼎定新局，考古学者也应该更为勇敢地回应时代要求和历史使命。

举其要义，一是顺应时代之变。从宏观层面来说，人文学术的意义不仅在于研究结论，还在于研究本身就是文化建设之一部分，其研究取向、格局、高度和水平就构成了时代文化取向、格局、高度和水平之一部分。从具体层面来说，当下的考古学研究更需要在具体问题深化、细化的同时，回归其深化、细化的初衷，将微观知识、方法上的推进，重新凝聚到那些核心的、重要的问题上来，最终在中、宏观层面推进知识图景和理论水平的更新和发展。蒙文通先生在《治学杂语》中说："做学问犹如江河行舟，会当行其经流，乘风破浪，自当一泻千里。若苟沿边逡巡，不特稽迟难进，甚或可能误入洄水沱而难于自拔。故做学问要敢抓、能抓大问题、中心问题，不要去搞那些枝枝节节无关大体的东西，谨防误入洄水沱。"中国历史时期考古材料特别丰富，问题繁多，细节冗杂，愈到后期愈是突出。对于基础研究阶段来说，当然都需要认识、梳理和消化，但对综合研究阶段来讲，蒙先生的经验之谈对现今尤其具有指导意义。

二是对传统的继承与发扬。中国现代考古学一般被认为是西方的舶来品，从作为学科基础的地层学、类型学来看，并无疑义。不过，我们一直强调对于中国考古学研究，尤其是历史时期考古研究，不该遗忘其中的古典主义传统，即从传统史学、礼学，尤其是金石学等继承而来的部分。这几种学问一方面皆具有经世致用的理想，更重要的一方面——皆有很深的史学背景。如果我们说中国文化是延续不断、更新发展的,且具有不断从其他文化中吸取有益部分来延续、更新、发展自己的传统,那么,考古学的发展无疑也是这种模式的一个例证。因此,我们既无需否认它的西方渊源,也不必轻视自身的文化传统,更不必排斥西来部分与自身传统的融合并在后者中找到定位、产生新的发展。因为这是一切外来文化之于这个延续发展的强大文化传统的普遍规律,至今颠扑不破。明乎此,便能知道所谓中国考古学的史学传统,恐怕并非仅仅是特殊历史时期的偶然产物,也是势所必至、理所必然的。此外,还有一个似乎也是规律的模式值得重视。那就是中国传统文化、思想、学术的每一次重大革新,仿佛都是在回应时代重大需求的同时,重新回归到优秀传统中吸取养分,发展出新的气象,从而延续并更新着这个传统。

三是融汇与开新。我们曾在四川大学举办的历史考古青年沙龙上阐述过关于考古学的"守戒"与"破界"的问题。"守戒"即是要守住考古学的基本特质尤其是田野资料提取的规范性和科学性,当然还有我们上述的中国考古学的基本底色和传统。有了这个基础,考古学要发展就必须"破界",要广泛汲取古今中外的一切养分,通过自己健全的肠胃,最后塑造出更为健康的体魄。需要指出的是,"破界"的努力都可以视为一种尝试,都需要一定时间的观察和检验。成功者推动进步,失败者积累教训,对学科来讲都可以说是好事。但对个体来讲,似需当心。

他山之石,可以攻玉。中国文学史上诗、赋、散文的相互"破界"但不改其底色就是成功的,尤其李白诗歌中的散文笔法就特别为人称道。苏轼词向诗的"破界",开出一片新的境界。但与欧阳修等的诗文革新运动同时兴起的"太学体",同样切合复古革新的时代主题,然而他"破界"的对象,不求之于文学传统,而求之于典谟诰命,一方面炫技,一方面生造,最后流于蹩脚的文字游戏。此风出自太学硕儒,而为京师太学生竞习,影响不可谓不大,但最终被历史弃如敝屣,值得借鉴。李白、苏轼如此,韩愈、柳宗元的古文运动亦如此,白居易、元稹的新乐府运动复如此,欧阳修、梅尧臣的诗文革新运动还如此,唯此才能居于此文化传统中之正流。诚然,古代与当代未必能简单类比,对传统文化的研究与传统文化本身也未必浑然一事。但是,只要我们的学术、文化尚处在这样一个延续体中,或者说这个延续体对我们还有相当的影响,这一模式就值得我们思考和借鉴。总结其因有二:一则上述延续体中的基本传统不可违背,二则"文以载道"的最终目标不可偏离。对于我们历史时期考古研究而言,如果抛弃史学的优秀传统,不以认识和解决历史问题为目标,专以炫技注目为能事,也许能煽惑一时,最终恐怕难逃"太学体"的命运。

二

白居易在《读李、杜诗集,因题卷后》一诗的最后两句写道:"天意君须会,人间要好诗。"正如唐诗从宫廷雅集、闺阁愁思等走入更为广阔的历史、社会、人事和山川,以中国文学领域的历史变革和中国历史时期考古当下的际遇作一个宏观的"跨界比较",也是意味深长。

众所周知,李白、杜甫将唐诗推向了巅峰。揆其原因,半是人力,半是"天意"。杨隋初定,李唐承制,其大事在政治、军事等方面,而文学继六朝绮丽之风,其发展主要在技巧。整个唐代前期,士大夫总体上沉溺于技艺之纯练,辞藻之华丽,音律之优美,末流者已沦于文字游戏。其间虽有陈子昂等激昂发愤,终不免沉沦下流。等到开元时期,政治稳定、制度成熟、经济发达,再加以统治者的提倡,唐代诗坛的总貌才发生变革。有了山水之灵秀,田园之恬淡,边塞之慷慨,原野之壮阔;有了去六朝繁饰、复汉魏风骨的普遍理想。于是李、杜应运而生(当然这是从他们之所以出现的时代大背景来说,就其个人风格、成就及变化尚有自身背景)。

总结起来,除去个人禀赋,其要有三:一是时代。盛世岂能久续颓世之弦音?变商为宫,切中主脉。二是传统。重新回归和发展诗经、楚辞、汉乐府等优秀传统,浚源正流。这一点于李、杜尤为突出,楚辞、汉乐府的传统在他们身上更加明显卓著。三是融汇。盛唐诗人在复古、革新的同时,不但没有抛弃南朝以来成熟的音律、体裁等技巧和形式,还能有所发展并集其大成,也没有否定南北朝的文学成就,李、杜更能取异代、同代之长而为己用,尝以鲍照、庾信、陈子昂、孟浩然为榜样并能相互激赏,而其成就又岂是鲍、庾、陈、孟可以比肩的?

"人能弘道,非道弘人"。历史时期文化之发展,多不再是时代、环境的自然推动,而是有识之士主动回应、积极探索的结果。李白在《古风五十九首》中就主动回顾了诗歌的发展,并由此确定了创作的目标。自诗经以后(大雅久不作),充分肯定了楚辞、汉赋的成就(正声何微茫,哀怨起骚人。扬马激颓波,开流荡无垠),然后写到六朝的弊病(自从建安来,绮丽不足珍),最后面对大唐盛世,发出继绝前圣、垂范后世的豪言壮语(圣代复元古,垂衣贵清真。群才属休明,乘运共跃鳞。文质相炳焕,众星罗秋旻。我志在删述,垂辉映千春)。而杜甫的《戏为六绝句》强调在广泛吸收古今优秀成果的基础上(不薄今人爱古人),以六朝萎靡为借鉴(恐与齐梁作后尘),教导作诗者应多方取法,意出别裁但又合于传统(别裁伪体亲风雅,转益多师是汝师)。这些自觉的思考和实践,显然与我们上述三点是完全一致的。

所谓"不识庐山真面目，只缘身在此山中"。为何我们要在一本历史时期考古文集的序言里，以中国文学史上波澜壮阔的发展变化作为一种参照？那是因为如果我们被此山的层峦叠嶂、花团锦簇所遮目迷神，不便观其来龙、推其去脉，不妨暂时跳出此山，看看其他名山的图景，或有助益。更何况中国考古学尤其是历史时期考古学，同样属于对中国传统文化的研究，自有气息相通。而反思中国传统文化、学术的发展，确实似有共同规律可循，也就是上述三点，对我们今天探索历史时期考古研究的新路径，颇具启发意义。

三

当然，随着时代的变化，历史时期考古学研究自然应该与时俱进，并与天下同好密切交流。时代最终属于一代代的青年，传统需要青年去继承和发展，进一步的"破界"、融汇也需要青年去推进。有感于此，我们在2015年以来发起了"历史考古青年论坛"，连续举办"历史考古青年沙龙"，并开办"汉唐考古研习会"，将其分为高端、青年、博士生三个层次（近年来受疫情影响，暂时中断，因为这种小规模的深入讨论，我们还是希望以面对面的形式进行）。就是希望能够形成一个完整的交流促进体系，在切磋砥砺中提升历史时期考古研究的格局和水平。

大学的根本任务，一在维新学术，二在培养人才。我们自然特别重视学术的传承和学生的培养。从2015年起，试行采用"汉唐考古读书班"的培养方式，其后两年逐渐形成规制。每学期一期，就我们认为重要的问题展开研习，并在具体研究中指导学生成长。当然，"闻道有先后，术业有专攻"，学习也有一个循序渐进的过程，需要从"以小见大"的问题切入，作为初学的抓手。如何将学生导向重大的、核心的问题，我们也在逐步积累经验，这在未来几年可能会有更好地展现。然而，一年上计，衙署之务；十年教训，国家之策；五年检验，允为学校之事。于是，我们将这五年来，该读书班学生发表的习作选辑出版，一方面是对读书班培养学生的总结和检验，另一方面也将这些研究集中在一起，希望有助于我们学术传统的传承和发展，为相关领域和问题的推进注入最新的力量。作为四川大学2035先导计划·"汉唐考古与中华文明系列丛书"中的一个层次，更希望今后能不断出版下去，产生更多成果，培养更多人才。

需要说明的是，其中的论文，有学生独立署名的，也有和老师一同署名的。除极个别刊物的硬性要求无可奈何外，凡学生独立选题并独立撰作，老师只负指导之责任者，当然皆为学生独立署名。老师提供选题，但思考、设计尚不成熟，学生在指导下继而完成，并有创获者，也是学生独立署名。老师提供已思考、设计成熟的选题，学生在此框架下推进，并由老师改定完成者,则老师与学生共同署名。庶几切合教学相长之义。

学子似璞,钟灵在内,待琢而成玉;君子如玉,光泽初露,待攻而成器。然而,夫子却说:"君子不器!"《易》云:"形而上者谓之道,形而下者谓之器。""道"不能自显,必载之以"器"。若"器"不载"道",则为夫子所耻。"器"能载"道",则不枉我们"攻玉"之心。

二三子,勖之哉!

2022年8月10日

目　　录

大雅新声：新时代中国历史时期考古的新探索（代序）……………霍　巍　王　煜　1

制度文明

战国秦汉时期的马蠢及相关问题………………………………………………庞　政　3
汉代题凑墓结构体系及空间功能的演变………………………………………焦　阳　22
宫殿与墓葬传统的交融：东汉地上石人的起源与意义………………………齐　广　41
试论汉代石阙的起源与早期发展………………………………………………顾大志　58
墓道的"延伸"：魏晋南北朝墓葬制度演变的一个关键点……………金弘翔　王　煜　72
南朝神道石柱在墓葬体系中的功能和象征……………………………………金弘翔　108
五代墓室星象图研究……………………………………………………………李孟雅　121
宋代多层墓葬研究………………………………………………………………吕瑞东　134

礼俗文化

试论中国境内出土的下颌托…………………………………………霍　巍　庞　政　149
再论汉代的漆木"面罩"………………………………………………………焦　阳　175
祭祀是居，神明是处：临沂吴白庄汉画像石墓图像配置与叙事……王　煜　皮艾琳　194
祭我兮子孙：沂南汉墓画像的整体配置与图像逻辑…………………王　煜　杜京城　213
从"朱鲔石室"祠主问题出发——兼谈汉代墓地祠堂、祠堂画像与墓葬、墓主的关系
　　………………………………………………………………………王　煜　左紫薇　232

1

魏晋南北朝时期衣物疏地域传统的形成与交流——兼谈高昌衣物疏的渊源
......金弘翔 250

器物、行为、观念：北魏平城尸床研究......马伯垚 264

试论南朝墓志与买地券的结合现象......淡 雅 282

再论韩琦墓前建筑遗址的性质——也谈宋代功德寺与祠堂关系......孙 宇 291

精神世界

四川地区汉代画像砖的排列、组合与意义......霍 巍 齐 广 307

洛阳尹屯新莽壁画墓星象图及相关问题补议......霍 巍 姜 伊 327

抽象宇宙：汉代式盘类图像的图式观察......王 煜 康轶琼 343

汉代"凤鸟献药"图像试探......庞 政 375

试论早期祠堂画像中西王母与羿（后羿）的组合......庞 政 389

钱树枝干图像的整体研究——兼论钱树的主要内涵与功能......焦 阳 397

成都博物馆藏东汉陶仙山插座初探......张倩影 王 煜 420

小鸟依魂：敦煌佛爷庙湾魏晋壁画墓鹦鹉图像初探......王 煜 陈姝伊 432

墓葬中的石窟：邢合姜石堂壁画略论......马伯垚 443

北宋李彬夫妇墓出土五星俑研究......吕瑞东 456

民族交融

新疆地区出土覆面研究......焦 阳 471

成都新津宝墩西汉墓出土"羌眊君"印考......齐 广 唐 淼 485

拉萨大昭寺鎏金银壶及吐蕃金银器相关问题再探究......祝 铭 492

唐代敦煌地区着狮（虎）皮形象再探讨——兼论吐蕃大虫皮制度的来源及影响
......王文波 507

敦煌石窟回鹘王像身份属性再思考......刘人铭 520

政治的隐喻：榆林窟第39窟主室题材布局内涵探析......刘人铭 537

泸州宋墓石刻武士"虎头盔"形象试探......王文波 551

后记......569

制度文明

战国秦汉时期的马纛及相关问题

庞　政

马纛是安装在马额顶的马具，秦汉魏晋之时曾作为天子仪仗"黄屋左纛"的重要组成元素，然如此重要的中国古代马具，文献中只有零星的记载，学界对此也少有研究。幸运的是考古发掘中出土了一些马纛实物，人们所熟知的当属秦始皇陵铜车马右骖马所用的铜纛，报告介绍了其形制和制作工艺，并结合文献记载简要说明了秦汉时期纛的有关情况，提出"设纛之制似始于秦，盛于汉"的观点[1]。现在来看，有必要修正这一看法。本文拟以考古出土的实物为基础，结合文献记载，探讨马纛的性质、功用及其所表现的礼制等问题。

一、考古出土的马纛实物

新中国考古成果十分丰硕，车马器是其中十分重要的一部分，马纛作为其中的极少数者常常被发掘者和研究者忽视，甚至无法在众多的车马器中将其辨认出来，可喜的是已有学者注意到这点并尝试分辨了一些[2]。《包山楚墓》较早将纛从众多车马器中分辨出来并为之定名[3]，此后望山沙冢楚墓[4]、天星观二号楚墓[5]等也将类似器物称之为纛，但其中也存在误解。目前考古出土的马纛实物不多，均出土于墓葬或陪葬坑内，最早出现在战国

---

[1] 秦始皇兵马俑博物馆、陕西省考古研究所：《秦始皇陵铜车马发掘报告》，北京：文物出版社，1998年。
[2] 陈春：《曾侯乙墓若干漆木器定名及用途补议》，《江汉考古》2010年第4期。
[3] 湖北省荆沙铁路考古队：《包山楚墓》，北京：文物出版社，1991年，第249页。
[4] 湖北省文物考古研究所：《江陵望山沙冢楚墓》，北京：文物出版社，1996年，第75、142、186页。
[5] 湖北省荆州博物馆：《荆州天星观二号楚墓》，北京：文物出版社，2003年，第173页。

早期的楚墓中,时代集中在战国秦汉时期,尤以战国楚墓中最多。本节拟在前人基础上,通过梳理考古发现,尽可能地纠正误解并将隐身其中的马蠹分辨出来,加以归类并描述介绍如下。

(一)战国时期的马蠹

蠹最早出现在战国楚墓中,目前所见的战国马蠹实物均出土于楚文化墓葬中,全部为漆木器,形制大小基本类似,按照马蠹底座的外表轮廓形状大致可以分为两大类:靴形和半(椭)球形。靴形马蠹一般可以细分为两种组合,即底座、盖顶与竹签,底座与直柄,由于材料相对较少,以下逐一介绍。

1. 靴形马蠹

(1) 底座、盖顶与竹签组合

这一类型是靴形马蠹的常见形式,一般为一靴形底座,整木制成,中空,弧形平顶,顶部一般略有凸出,形成盖顶,有些盖顶可与底座分离,两者系分别制成后拼合在一起使用,盖顶上布满穿孔,孔中残留有竹木签,签上残存有织物,有些底座表面也分布许多穿孔。以下按马蠹所在墓葬一一介绍。

① 长沙楚墓M89[1]

靴形,2件,整木制成,盖顶钻有41个小孔,每个孔内插一小竹签,底座边缘也有穿孔,贯穿一竹棍,全部出土于西边箱。M89:159-1,长14.4、宽7.7、高6.4厘米。报告称之为"木椭圆穿孔斗形器",其形制与已知的靴形马蠹一致,且出土于存放车马器的西边箱,应是马蠹无疑(图一,1)。报告认为墓主身份等级为大夫,墓葬时代为战国早期。

② 包山楚墓M2[2]

靴形,3件,整木制成,圆形盖顶,其上密布小孔,孔内插竹签,底座边缘有三个小圆孔。M2:313,顶端直径6.6、底长15.3、竹签残长18.3厘米(图一,2)。报告将之定名为"蠹",并认为墓主为楚国上大夫,于公元前316年下葬。

③ 包山楚墓M4[3]

靴形,2件,圆形盖顶密布圆孔,内插竹签,底座边缘有对称小孔。M4:46,长14.1、宽8.8、高5厘米(图一,3)。报告将其定名为"蠹",认为墓主为楚国元士一级,下葬时间在公元前290年前后。

---

[1] 湖南省博物馆等:《长沙楚墓》,北京:文物出版社,2000年,第404、405、471页。
[2] 湖北省荆沙铁路考古队:《包山楚墓》,第249、330-337页。
[3] 湖北省荆沙铁路考古队:《包山楚墓》,第307、308、333、334、337页。

④ 江陵天星观一号楚墓[1]

报告中所谓的"蚌形器"Ⅱ式和Ⅲ式应是靴形马蠹,据描述和图片可知,两式均为靴形底座,内空。Ⅱ式,6件,整木制成,盖顶分布数排圆孔,内插竹签。M1∶304,口径12.5、高5.5厘米。Ⅲ式,1件,圆形盖顶与底座可分离,二者通过铜棍相连,盖顶内插竹签,通体髹黑漆。M1∶564,盘口径8.8–13.8、残高16.2厘米(图一,4)。此件虽然盖顶部分较为特殊,但总的来看也应是靴形马蠹,其与车马具共出也可作为旁证。报告将墓主人定

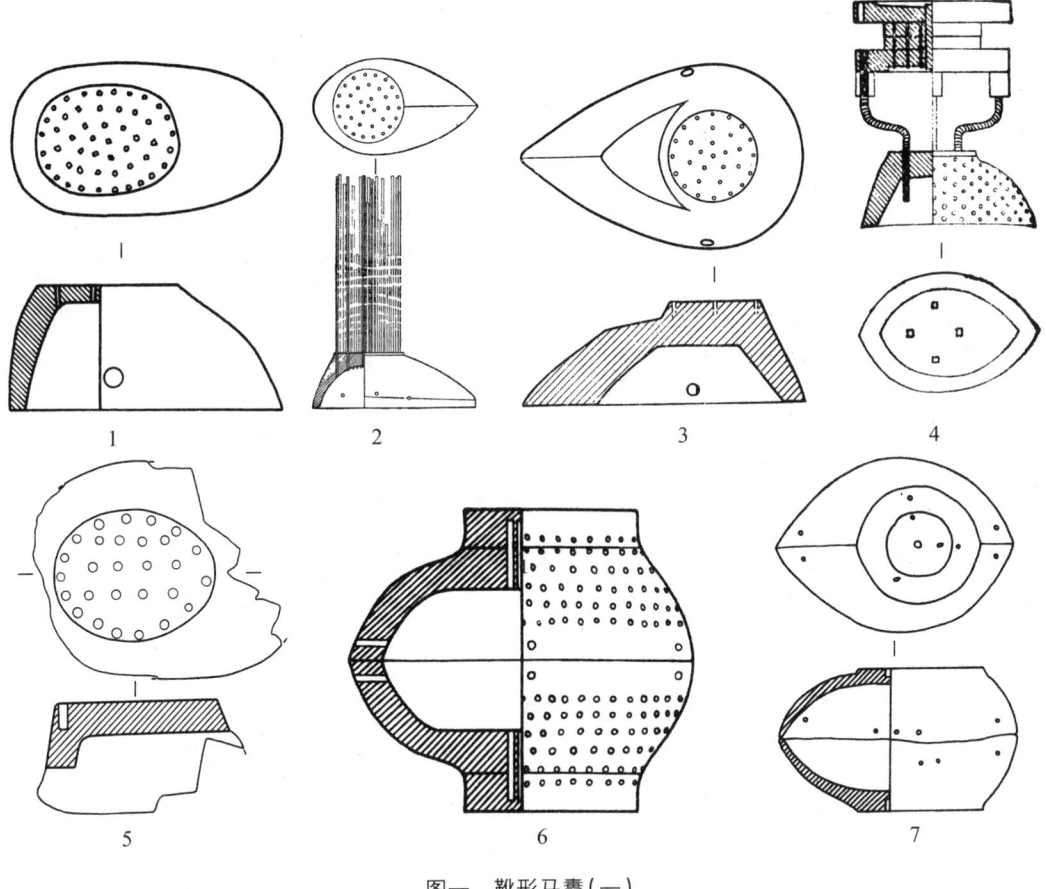

图一 靴形马蠹(一)

1. 长沙楚墓M89∶159-1 2. 包山楚墓M2∶313 3. 包山楚墓M4∶46
4. 江陵天星观一号楚墓M1∶564 5. 江陵天星观二号楚墓M2∶137
6. 望山一号楚墓WM1∶B57 7. 望山一号楚墓WM1∶B132

(图片来源:1.《长沙楚墓》,图三二七,1;2.《包山楚墓》,图版七九,4;3.《包山楚墓》,图二〇四,9;4.《江陵天星观1号楚墓》,《考古学报》1982年第1期,图二九,7;5.《荆州天星观二号楚墓》,图一一四,1;6、7.《望山沙冢楚墓》,图五一,1、2)

---

[1] 湖北省荆州地区博物馆:《江陵天星观1号楚墓》,《考古学报》1982年第1期。

制度文明 | 战国秦汉时期的马蠹及相关问题　5

为楚国上卿一级，墓葬年代为公元前340年左右。

⑤ 江陵天星观二号楚墓[1]

靴形，1件，整木制成，椭圆形平顶，分布着28个小孔，内插竹签，已残。M2：137，残长10.9、残宽9.3、高4.7厘米（图一，5）。报告将其定名为"纛"，墓主等级为楚国卿上大夫一级，墓葬年代为公元前350年至公元前330年之间。

⑥ 望山一号楚墓[2]

发掘报告中提到随葬器物中有"纛"，共2件，认为"由形制相同的盖与器身相扣合而成"。细查报告可知，其实是两两形制相同，出土位置相近的纛，两者并未扣合连接为一体，且内部中空也可说明两者不可能扣合起来使用。两者之所以可以紧密扣合，是与其制作工艺有关（详后）。那么此墓应是出土了4件马纛，两两形制大小相同而已。马纛均为靴形，整木制成，其中报告所称的A型，盖顶与底座通过小木棍相连，两者表面均密布小孔，孔内插小木签，底座边缘分布有数个小孔。WM1：B57，长14.7、宽9、高12.5厘米（图一，6；图二，1）；参照A型，报告所谓的B型也应由底座和盖顶组成，只是盖顶丢失，且底座只有边缘处分布一些小孔。WM1：B132，长13、宽9、高7.6厘米（图一，7；图二，2）。报告认为墓主身份为楚国下大夫，墓葬年代为战国中期。

⑦ 望山二号楚墓[3]

报告称出土形制相同的4件马纛，与望山一号墓所出相同，报告未给出器物图片，根据描述推断其形制类似于望山一号墓中的A型，靴形，整木制成，盖顶与底座布满圆孔，内插竹签。WM2：T63，长11.6、残宽5、高4、壁厚0.5厘米。报告将墓葬年代定为战国中期，墓主身份为下大夫。

⑧ 沙冢一号楚墓[4]

报告称出土1件马纛，未提供器物线图或照片，根据描述推断其形制类似于望山一号墓出土的A型纛，由底座与盖顶组成，各有29个圆孔，底座边缘分布两个穿孔。报告称这件纛"由形制相同的盖与器身相扣合而成"，据前述分析可知此墓中应出土了2件形制大小相同的纛。据发掘报告，墓葬年代为战国中期，墓主身份为下大夫。

⑨ 荆州望山桥一号楚墓[5]

靴形，整木制成，圆形盖顶，顶上密布小孔，底座边缘有一组对称穿孔。M1：N64，

---

[1] 湖北省荆州博物馆：《荆州天星观二号楚墓》，第173、175、208—215页。
[2] 湖北省文物考古研究所：《江陵望山沙冢楚墓》，第75、76、208—214页。
[3] 湖北省文物考古研究所：《江陵望山沙冢楚墓》，第142、210、215页。
[4] 湖北省文物考古研究所：《江陵望山沙冢楚墓》，第186、210、215页。
[5] 荆州博物馆：《湖北荆州望山桥一号楚墓发掘简报》，《文物》2017年第2期。

图二　望山一号楚墓出土马蠹

1. 望山一号楚墓WM1∶B57　2. 望山一号楚墓WM1∶B132
（图片来源：《江陵望山沙冢楚墓》，图版二三，1、3）

顶端直径7.1、底长15.5厘米（图三，1）。据发掘报告，墓葬年代为战国中期，墓主身份等级应属大夫一级。

⑩ 湖北老河口安岗一号楚墓[1]

报告称出土6件蠹，形制相近。其中M1∶91，靴形底座，圆形盖顶，有20个圆孔，内插竹签，底座边缘有穿孔，顶径5.3-5.5、底径8.5-11.5、高4.8厘米，对比前述其属于靴形马蠹应该没有问题（图三，2）。此外报告中提到M1∶90，形制大小与后文的半椭球形马蠹相近，但其表面并未发现插有竹签的圆孔，只是在边缘有数个穿孔，与一般所见的马蠹存在差异，或是尚未制成的半成品也未可知，本文暂不将其认定为马蠹，有待后续深入研究。发掘者认为墓葬时代为战国中期偏晚阶段，墓主身份接近于下大夫。

---

[1] 襄阳市博物馆、老河口市博物馆：《湖北老河口安岗一号楚墓发掘简报》，《文物》2017年第7期。

1　　　　　　　　　　　　　2

图三　靴形马纛（二）

1. 荆州望山桥一号楚墓M1∶N64　2. 湖北老河口安岗一号楚墓M1∶91

（图片来源：1.《湖北荆州望山桥一号楚墓发掘简报》，《文物》2017年第2期，图五一；2.《湖北老河口安岗一号楚墓发掘简报》，《文物》2017年第7期，图五三）

⑪ 江陵藤店一号墓[1]

报告称墓中出土2件"木舟形器"，"形似舟，底上有一直径为5.9厘米的圆块，上有许多小孔。残长16、高6厘米"。发掘者未公布器物的线图和照片，但根据器物描述并结合前述讨论，所谓"木舟形器"应该就是靴形马纛。墓葬年代为战国中期[2]，对比同时期其他楚墓，墓主人地位应相当于大夫一级。

（2）底座与直柄组合

这种组合的马纛较为少见，共有三处，一般由靴形底座和直柄组成，底座为整木制成，中空，直柄插于底座顶端。这种形制与我们熟知的秦始皇铜车马的马纛类似。以下按马纛所在墓葬一一介绍。

① 长沙楚墓M89[3]

马纛，4件，由靴形底座和插于底座顶部的一木直柄组成，底座边缘两侧有圆孔，横贯一小棍。M89∶119-1，柄长8.6、底座长12、高15厘米（图四，1）。报告称之为"木直柄斗形器"，对比前述靴形纛和秦始皇铜车马的马纛，结合其出土于存放车马具的边箱内，应是马纛无疑。由前述可知墓中同出有第一种组合的纛，可见两种形制的马纛同时流行。

② 包山楚墓M2[4]

马纛，2件，由靴形底座与插于底座顶端的圆形竹筒构成，底座上分布密集的小孔，内

---

[1] 荆州地区博物馆：《湖北江陵藤店一号墓发掘简报》，《文物》1973年第9期。
[2] 陈振裕：《略论九座楚墓的年代》，《考古》1981年第4期。
[3] 湖南省博物馆等：《长沙楚墓》，第404、405页。
[4] 湖北省荆沙铁路考古队：《包山楚墓》，第245、246、248页。

插短竹钉,竹钉凸出表面约0.2厘米,器表髹黑漆。M2∶271,底座长12.2、宽8.5、高16.9厘米(图四,2)。这里的竹钉与前述插于孔内的长竹签不同,应是底座表面的装饰而已。报告称其为"靴形座",对比前述其也应属于马纛。

③ 江陵天星观一号楚墓[1]

马纛,2件,由靴形底座和安装于座顶的圆筒构成。器表髹黑漆,以红黄漆绘制勾连云纹和花卉状云纹。M1∶492,底座长13.6、宽8.6、高20.6厘米(图四,3)。报告称之为"斗形器",对比可知其也应是纛。

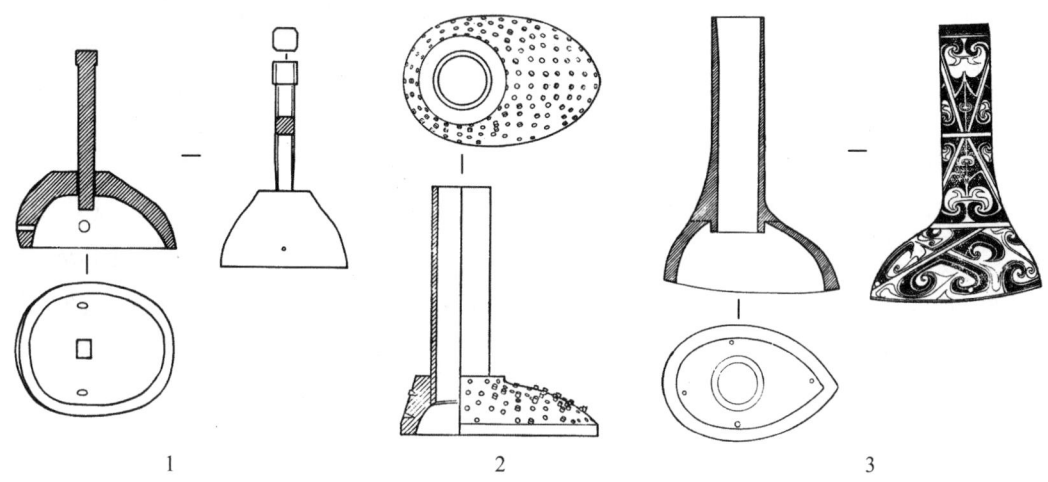

图四　靴形马纛(三)

1. 长沙楚墓M89∶119-1　2. 包山楚墓M2∶271　3. 江陵天星观一号楚墓M1∶492
(图片来源:1.《长沙楚墓》,图三二七,3;2.《包山楚墓》,图一六三,2;3.《江陵天星观1号楚墓》,《考古学报》1982年第1期,图三十)

2. 半(椭)球形马纛

这类马纛数量不多,目前所见出土者仅有10处,根据马纛形态结构又可细分为三种组合:底座与竹签,底座、盖顶与竹签,底座与直柄。以下逐一介绍。

(1) 底座与竹签组合

这一类马纛为半(椭)球形底座,中空,座上密布小孔,内插竹签,竹签上缠有织物。以下按所在墓葬一一介绍。

① 江陵天星观一号楚墓[2]

发掘报告中有一类所谓的"蚌形器",分为三式,前文已将其中的Ⅲ式判定为靴形马

---

[1] 湖北省荆州地区博物馆:《江陵天星观1号楚墓》,《考古学报》1982年第1期。
[2] 湖北省荆州地区博物馆:《江陵天星观1号楚墓》,《考古学报》1982年第1期。

纛,这里分析Ⅰ式。据报告可知Ⅰ式有16件,周身密布小孔,内插竹签,竹签上缠有丝织物。M1∶113,口径14.6×8.6、高12.8厘米(图五,1)。据器物线图可知底座中空,边缘有小孔,报告称其由"两半合成",应是存在类似前述望山一号楚墓的误解。根据以上描述并结合其与车马具共处同一墓室的情况,可知所谓Ⅰ式"蚌形器"应属于半椭球形马纛中的底座与竹签组合类。

② 包山楚墓M2[1]

发掘报告将纛分为靴形和椭圆形两种,前文对第一种已有介绍,另一种即属于半(椭)球形纛。4件,平面椭圆形,整木制成,内空,表面密布小孔,内插竹签,签顶端缠有丝物,丝物上髹黑漆。M2∶241,长径13.2、宽径8.8、竹签长8.7厘米(图五,2)。

③ 江陵雨台山楚墓M303[2]

随葬器物中有1件被报告称为"蚌形器"的遗物(图五,3),并描述道:"盖身同大,扣合成圆形,器内空,外插18排竹签,约200根,每根长约3厘米,已残。"分析报告给出的线图和照片可知"盖身"最初不是扣合在一起,而是独立使用,也存在类似前述望山M1的误解,对比形制大小可知此器物也应是马纛。M303∶8,长径12.5、宽径8厘米。据报告墓葬年代为战国中期。

④ 江陵天星观二号楚墓[3]

马纛,2件,底座呈半椭球形,中空,底座表面分布27个小孔,孔内原插竹签,形制相同。M2∶138,长径残长13、残宽6.6、高3.65厘米(图五,4)。报告称之为"椭圆形纛"。

⑤ 曾侯乙墓[4]

随葬品中有6件所谓的"碗形穿孔器",半球形,器表有很多小孔,边缘处有四个较大的孔。E.90,口径12.8、高6、口沿厚0.3-0.5、顶厚0.8厘米(图五,5)。已有学者将其正确定名为马纛[5],笔者赞同此说。

⑥ 信阳楚墓M2[6]

墓内随葬品中有1件"瓢形多孔器",半椭球形,中空,表面有38个小孔,孔内残留有竹篾痕迹,对比前述应属于马纛。M2-279,宽9.8、高4.8厘米(图五,6)。据报告墓葬年代为战国早期,墓主人身份为士大夫一级。

---

[1] 湖北省荆沙铁路考古队:《包山楚墓》,第249、250页。
[2] 湖北省荆州地区博物馆:《江陵雨台山楚墓》,北京:文物出版社,1984年,第107、170页。
[3] 湖北省荆州博物馆:《荆州天星观二号楚墓》,图一一四,2。
[4] 湖北省博物馆:《曾侯乙墓》,北京:文物出版社,1989年,第371、372页。
[5] 陈春:《曾侯乙墓若干漆木器定名及用途补议》,《江汉考古》2010年第4期。
[6] 河南省文物研究所:《信阳楚墓》,北京:文物出版社,1986年,第104、119、121、122页。

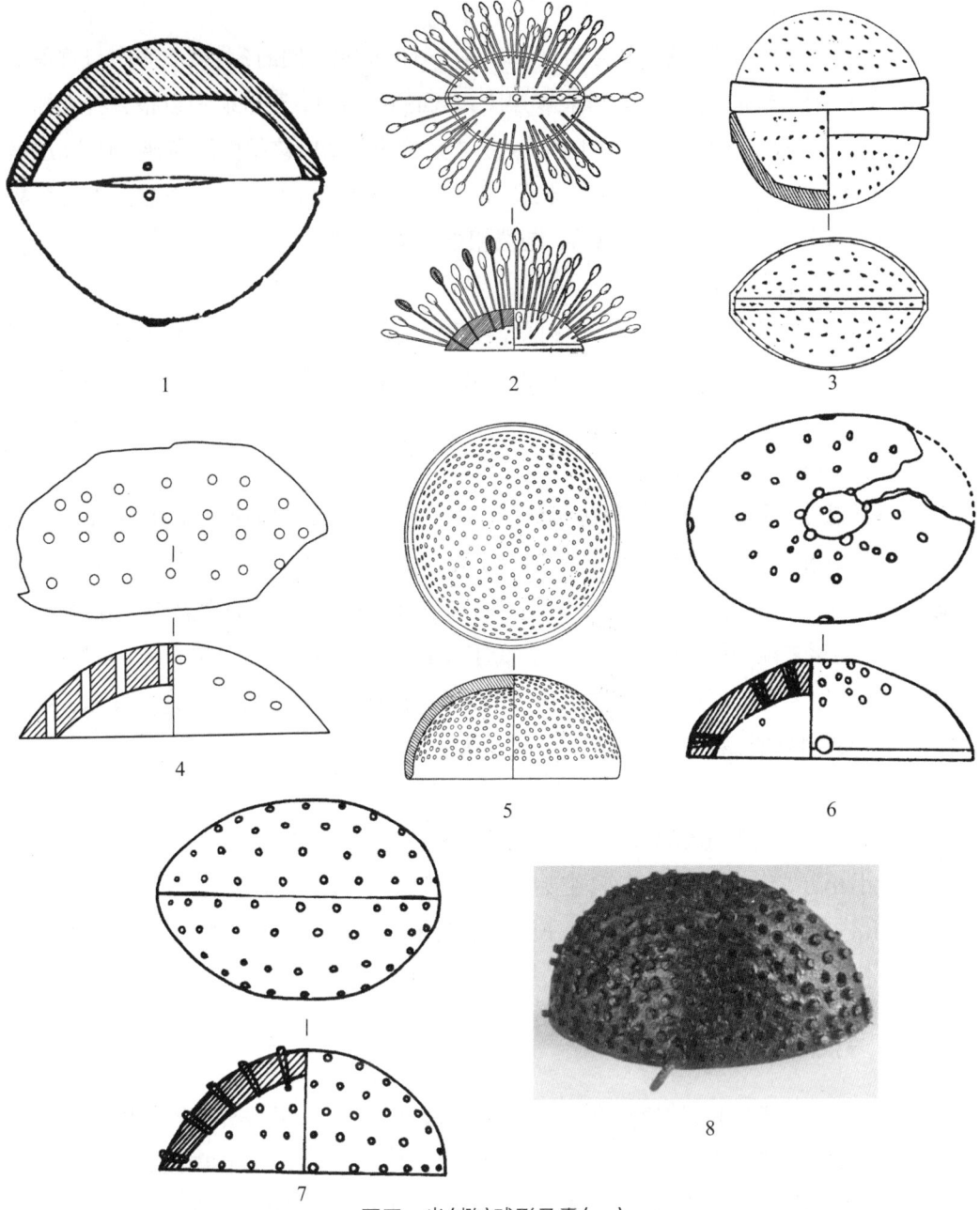

图五 半（椭）球形马纛（一）

1. 江陵天星观一号楚墓 M1∶113 2. 包山楚墓 M2∶241 3. 江陵雨台山楚墓 M303∶8
4. 江陵天星观二号楚墓 M2∶138 5. 曾侯乙墓 E.90 6. 信阳楚墓 M2-279
7. 新蔡葛陵楚墓 N∶278-1 8. 荆州望山桥一号楚墓 M1∶N41

（图片来源：1.《江陵天星观1号楚墓》，《考古学报》1982年第1期，图二九，3；2.《包山楚墓》，图一六五，2；3.《江陵雨台山楚墓》，图八三；4.《荆州天星观二号楚墓》，图一一四，2；5.《曾侯乙墓》，图二三〇，2；6.《信阳楚墓》，图七二，9；7.《新蔡葛陵楚墓》，图六九，8；8.《湖北荆州望山桥一号楚墓发掘简报》，《文物》2017年第2期，图五〇）

⑦ 新蔡葛陵楚墓[1]

报告称出土6件木纛,其中编号为N∶278-1-3的形制相同的3件属于底座与竹签组合式,底座为半椭球体,内有空心,外表髹黑漆,表面插有竹签,已残断,所以报告将之称为"竹钉"。发掘者根据木纛的截面等情况,认为"完整的器型应该是由两半球合成",这里也存在类似前述的误解。N∶278-1,长径12、短径8.5厘米(图五,7)。发掘报告将墓葬年代定为战国中期,墓主人为楚国封君,地位相当于楚国上卿。

⑧ 荆州望山桥一号楚墓[2]

近半椭球形底座,内空,表面密布圆孔,内插竹签,竹签顶端缠有丝物,此外据器物照片可知在底座边缘穿孔中可能横贯一长棍。M1∶N41,长径14.6、短径8.2、竹签长11.8厘米(图五,8)。

(2)底座、盖顶与竹签组合

此类马纛数量较少,只在信阳楚墓M1[3]中发现2件,M1-319保存较为完好,由半椭球形底座与圆形盖顶组成,盖顶顶端有37个小孔,原应插有竹签,孔内残存的朽麻应缠于竹签上。盖顶通过下端的双榫与底座拼接。底座表面浮雕兽面,外表面黑漆髹地,并贴有金叶,内表面髹朱漆,中部刻一"集"字。底座长12.2、宽9.6、高7、盖顶直径4.4厘米(图六,1)。报告称之为"繁缨座",认为是附于马额部的饰物,其实也就是马纛。发掘者将墓葬年代定为战国早期,墓主人地位相当于士大夫。

(3)底座与直柄组合

此种组合的马纛数量较少,只在新蔡葛陵楚墓[4]中出土2件,即N∶279和N∶95,2件形制大小相近,半(椭)球体底座,空心,表面髹黑漆,顶部有一较大的穿孔,周围表面密布小孔,孔内插竹钉。对比前述可知,顶部的大穿孔中应插有直柄。N∶279,底座直径8、高3厘米(图六,2);N∶95,长径7.5、短径4.5厘米。

(二)秦汉时期的马纛

目前所见秦汉时期的马纛只有3处:秦始皇陵一、二号铜车马右骖马各装有1件纛,西汉南越王墓出土3件纛,大云山汉墓车马坑出土1件纛,有别于战国时期漆木质马纛而均为铜质,总的来看均属于底座与直柄组合式,但差别显著,分别详述如下。

---

[1] 河南省文物考古研究所:《新蔡葛陵楚墓》,郑州:大象出版社,2003年,第114、115、180-185页。
[2] 荆州博物馆:《湖北荆州望山桥一号墓发掘简报》,《文物》2017年第2期。
[3] 河南省文物研究所:《信阳楚墓》,第55、58、121、122页。
[4] 河南省文物考古研究所:《新蔡葛陵楚墓》,图六九,9。

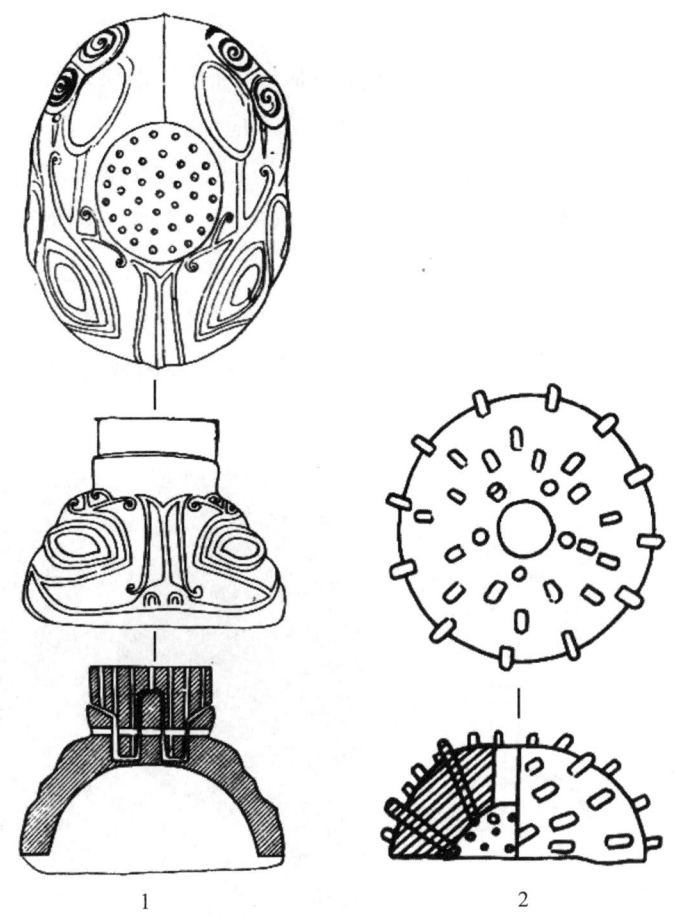

图六　半（椭）球形马蠹（二）

1. 信阳楚墓M1-319　2. 新蔡葛陵楚墓N：279

（图片来源：1.《信阳楚墓》，图三八，16；2.《新蔡葛陵楚墓》，图六九，9）

1. 秦始皇陵铜车马[1]

秦始皇陵出土的两辆铜车马的右骖马马额顶部均佩戴1件马蠹，两件形制大小基本相同。以下以一号车马蠹为例介绍，蠹由底座、铜柱和垂缨三部分构成，均为铜质。底座为半球体，中空，径5、高3、壁厚0.3-0.4厘米。铜柱立于底座顶部，柱顶端有一椭圆形铜球，周身布满小孔，孔内贯有铜丝，并用铜楔把孔楔紧，柱径0.6-0.85、球径1.9×2、高19.2厘米。铜丝聚拢下垂形成垂缨。底座和铜柱彩绘有精致的纹样，并在底座上缀有金质钉泡（图七，1、2）。

---

[1] 秦始皇兵马俑博物馆、陕西省考古研究所：《秦始皇陵铜车马发掘报告》，第103、104、228、229页。

制度文明 | 战国秦汉时期的马蠹及相关问题　13

2. 西汉南越王墓[1]

报告称与车马饰同出的有3件"缨座",形制大小相同,铜质,由圆形底座和插筒组成,两者通过3根斜撑相连,插筒中空,对比前述原本应插有附着垂缨的木柄,木柄可能已经残朽不存。C251-7,底座直径9.6、插筒高4、直径1.5、高7.2厘米(图七,3)。所谓"缨座"准确地来说应是马纛。墓主为第二代南越王赵眛,大约死于元朔末、元狩初年。

3. 西汉江都王陵[2]

江苏盱眙大云山发现了西汉江都王陵,陵区主墓(M1)墓主为西汉江都王刘非,在M1西南侧发现有车马陪葬坑(K2),坑内置长方形木椁,椁内放置5辆真车马,出土1件

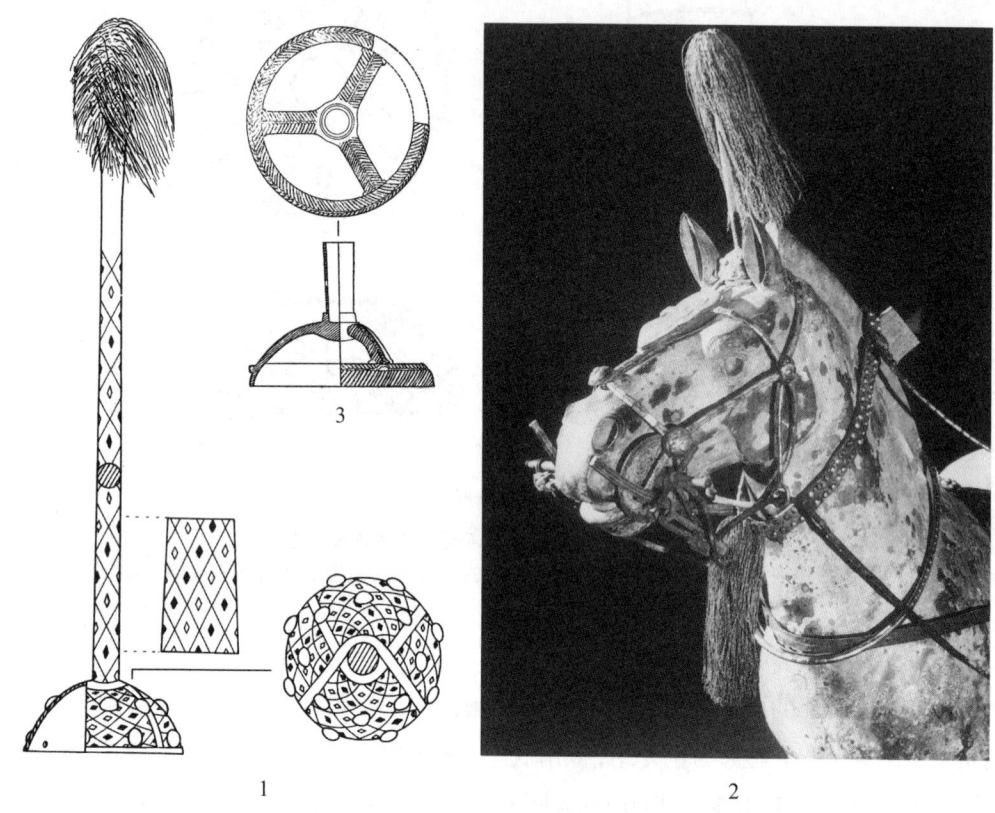

图七 秦汉时期的马纛
1. 秦始皇陵一号铜车马马纛 2. 秦始皇陵二号铜车马马纛 3. 南越王墓C251-7
(图片来源:1、2.《秦始皇陵铜车马发掘报告》,图六八,2,彩版二五;3.《西汉南越王墓》,图六四,5)

---

[1] 广州市文物管理委员会、中国社会科学院考古研究所、广东省博物馆:《西汉南越王墓》,北京:文物出版社,1991年,第96、99、319-325页。
[2] 南京博物院、盱眙县文广新局:《江苏盱眙县大云山汉墓》,《考古》2012年第7期;南京博物院、盱眙县文广新局:《江苏盱眙县大云山西汉江都王陵一号墓》,《考古》2013年第10期。

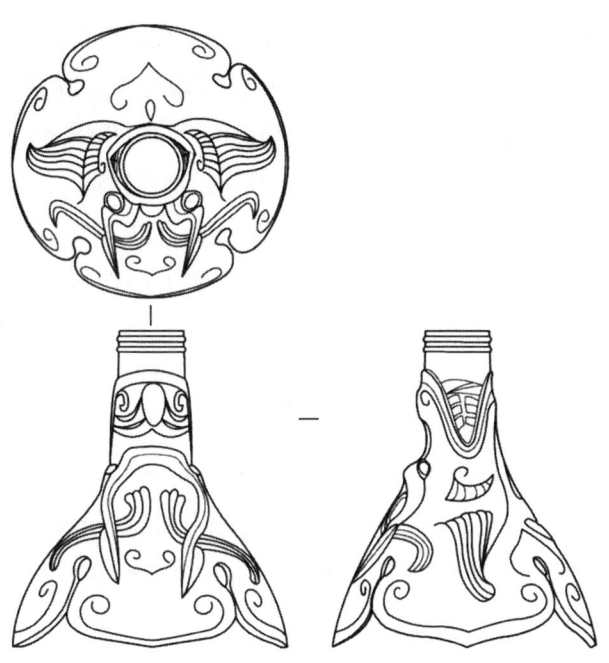

图八 西汉江都王陵K2出土马纛

(图片来源:《长毋相忘:读盱眙大云山江都王陵》,第79页)

鎏金铜马纛,由圆形底座和底座之上的圆管组成,底座周围分布有4个凹槽和圆孔,底径5.2、高7厘米(图八)。发现于4号车左骖马附近,发掘者认为应是左骖马头部之纛座[1]。

综上所述,马纛最早出现于战国早期的长沙楚墓中,随后在一些大中型楚墓中屡屡出现,一般可以分为靴形和半(椭)球形两大类,每一大类又可以分出几种使用组合。秦始皇陵铜车马纛与战国一脉相承,延续了半球形底座与直柄组合的形制,南越王墓和江都王陵出土者形制上出现一些变化,但基本结构未有改变。据前述可知,靴形和半(椭)球形马纛共同出现于多座墓葬,如竹签组合与直柄组合的靴形纛同时出土于长沙楚墓M89等,各形制之间的时代地域关系也无法做太多的分析,有待新资料的公布和更加深入的研究。

二、马纛的性质与功用

"纛"的本意原是舞者表演的道具或是旌旗之属。《尔雅·释言》曰"翢,纛也",郭璞注曰"今之羽葆幢";又"纛,翳也",郭璞注曰"舞者所以自蔽翳",邢疏引孙炎曰"纛,舞

---

[1] 南京博物院:《长毋相忘:读盱眙大云山江都王陵》,南京:译林出版社,2013年,第79页。

者所持羽也"[1]。《说文解字》曰"翻,翳也。所以舞也",段注引《王风》毛传曰:"翻,纛也,翳也。翳、翻、翻同字。"[2]《说文解字》曰"旄,幢也",段注认为"旄""幢""翳""纛"四字相通,"旄是旌旗之名"[3]。段注曰"翻幢也,纛也,羽葆也,异名而同实也",郭、段二注所谓"羽葆"幢与考古出土的马纛实物十分相似。可见马纛应是羽葆旌旗装饰之属,实用功能不强。孙机先生认为马纛是"便于使四匹马一起转弯而设置的部件",认为纛可以"催迫诸马,弯子就比较容易掉转过来"[4],此说可商。唐李善校注《文选》时也提到纛有"以乱马目,不令相见"[5]的作用,语焉不详,具体功能不得而知,或许是受了"舞者所以自蔽翳"与"乐舞,以羽翟自翳其首"等记载的影响。有些马纛外表华丽,绘制绚丽的纹饰,甚至镶嵌和粘贴有金质饰件,而且垂缨迎风飘扬,彰显威风气派,可见装饰性应是马纛性质和功用的主导。

经过前述对马纛实物和文献记载的梳理,其基本形制结构就是垂缨通过长签或直柄立于底座上,底座应是安装于马额之上。秦始皇陵铜车马的马纛便是安装在右骖马额顶。但文献中关于马纛的安装位置有不同的记载,《史记·项羽本纪》曰"纪信乘黄屋车,傅左纛",集解引李斐曰"纛,毛羽幢也。在乘舆车衡左方上注之",蔡邕曰"以氂牛尾为之,如斗,或在騑头,或在衡上也"[6]。《续汉书·舆服志》云"左纛以牦牛尾为之,在左骖马轭上,大如斗",注疏引蔡邕曰"在最后左骖马头上"[7]。文献中提到纛"大如斗""如斗"的记载与目前所见马纛实物的底座形状较为相似,有些报告便将纛称为"斗形器"。此外马纛底座中空,形似斗,这样的设计是为了便于在马头顶安装使用(详后),如果是安装于其他诸如轭、衡等处,那么底座中空设计便是多余的。

在确认纛是安装于马头上之后,便存在一个问题,即纛装于右骖马还是左骖马？秦始皇铜车马装于右骖马额顶,而前述史料认为在左骖马头上。关于此问题孙机先生认为"当时的战车一般均从左边转弯","左纛似不应理解为左侧之纛,而宜理解为左旋之纛。此纛立于右骖头上"便于战车转弯[8]。后来有学者发现《原本玉篇残卷》中引用蔡邕《独断》关于马纛位置的记载是在右骖马头上,认为前述左纛在左骖马的记载是传抄错误导致的[9],笔者以为不太可能所有文献都存在传抄错误,且"左""右"二字极易混淆,《原本玉篇残卷》的记载也不一定是正确的。目前来看,根据铜车马可知秦代马纛应是装于右

---

[1] 李学勤主编:《尔雅注疏》(十三经注疏标点本)卷三,北京:北京大学出版社,1999年,第91页。
[2] (汉)许慎撰,(清)段玉裁注:《说文解字注》卷七,上海:上海古籍出版社,1981年,第140页。
[3] 李学勤主编:《尔雅注疏》卷十三,第311页。
[4] 孙机:《始皇陵二号铜车马对车制研究的新启示》,《文物》1983年第7期。
[5] (南朝梁)萧统编,(唐)李善注:《文选》卷三,上海:上海古籍出版社,1986年,第113页。
[6] 《史记》卷七《项羽本纪》,北京:中华书局,1959年,第326页。
[7] (晋)司马彪撰,(梁)刘昭注补:《续汉书》,见《后汉书》,北京:中华书局,1965年,第3644、3645页。
[8] 孙机:《始皇陵二号铜车马对车制研究的新启示》,《文物》1983年第7期。
[9] 刘瑞:《左纛位置的文献考索》,《文献》2000年第4期。

骖马额顶,而前述文献多为记录汉代的史料,并且结合江都王陵马纛的出土位置,可见汉代马纛不同于秦而用于左骖马额顶,秦汉制度或许存在差异。此外前述大多文献中关于纛的记载十分含混,对其位置、形状和功用的描述语焉不详,可见汉代及以后的人对于马纛比较陌生,可能是由于"黄屋左纛"为天子之制,等级森严,常常隐秘于宫苑之中,无从得见,这也可以从目前所见汉代马纛实物只有两例的情况得知。

再来分析马纛是如何安装在马额顶部的。从战国楚墓中的马纛来看,其底座边缘往往有一些小孔,其中一些还横贯一个小棍,这个小棍与缠有垂缨的竹签不同,应是固定马纛的插销之属。秦始皇陵铜车马的出土,可以让我们对其具体安装情况有更加深入的了解。两件铜马纛均是安装于马额顶部的蘑菇形基座上,马纛底座和圆柱状底座均有对应的插孔,可以通过插销来固定马纛。可见战国时期的大部分马纛与铜车马马纛的固定方式是类似的。可是战国时期随葬马纛的墓葬中并未发现类似的蘑菇形基座,那么这些马纛该如何固定安装?解决此问题我们需要再次细致地观察铜车马右骖马额顶的基座,报告称一号车"右骖马额的顶部铸有一蘑菇形的铜球,顶部呈半球形,下部呈上粗下细的圆柱状。通高3.4、顶径4.5、下部径2.4—3.2厘米。以此铜球为基座,把纛半球形中空的基座套合于底座上"[1],观察基座线图,值得注意的是基座顶部的形状更像是将毛发盘结束扎在一起形成的髻,基座表面上对毛发的刻画十分清晰,而且一号车其他三匹马的额顶部也留有双歧形的鬃毛,这里所谓蘑菇形的基座应该就是右骖马额顶鬃毛绾结而成类似发髻的东西,马纛便是固定于此(图九)。至此,也就明白了马纛底座为何要采取中空的形式,因为马额顶生长着浓密的鬃毛,势必会影响纛的安装和使用,也会损伤鬃毛,而采用中空形式的底座既可以牢固地将其安装在额顶,又不会由于安装纛损伤到头顶的鬃毛,一举两得。依此看来,战国时期的大部分马纛的安装方式即是将底座扣在马额顶部绾结好的鬃毛上,插销通过底座边缘的小孔和发髻状鬃毛将马纛固定在额顶。此外还有一部分只有边缘插孔,却没有发现插销的马纛,或许是插销朽坏丢失,也可能是通过系带将其拴接固定在额顶的,亦未可知。南越王墓出土的马纛圈座上残留有三道革带痕迹[2],江都王陵出土者底座周围有凹槽和小孔,两者应是通过系带拴连的方式将其固定在马额顶部。

最后稍考察下战国马纛的制作方法。部分楚墓发掘者注意到,墓中随葬的马纛有些是两个一组的,形制大小完全相同,而且可以不留缝隙地完全扣合起来,使发掘者认为完整的马纛应是两个大小形制相同者扣合起来组成,这应该是对马纛的误解。两个形制大小相同的马纛可以完美地扣合在一起,或许可以说明两者是由同一块木料制作的,可以

---

[1] 秦始皇兵马俑博物馆、陕西省考古研究所:《秦始皇陵铜车马发掘报告》,第103页。
[2] 广州市文物管理委员会、中国社会科学院考古研究所、广东省博物馆:《西汉南越王墓》,第99页。

想象制作时工匠先在木料上规划好一组对称的马蠹,然后将其外轮廓制好,然后在表面钻孔,接下来从中间将二者切割分离,分别再完成挖空底座、髹漆等步骤。由于表面密布小孔,使得分离工作无法完美避开所有小孔,出现发掘者所谓"扣合面处也发现有钻孔镶入的竹钉"[1]的现象。

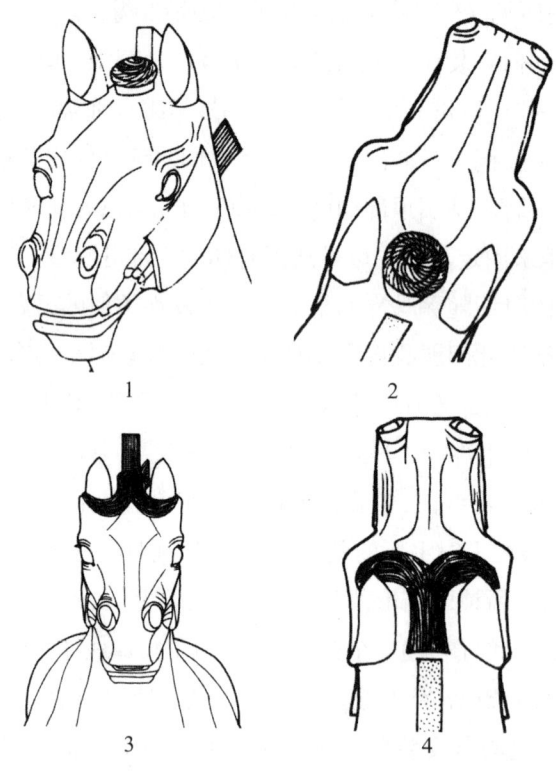

图九　一号车右骖马和右服马(局部)
1. 右骖马前视　2. 右骖马俯视　3. 右服马前视　4. 右服马俯视
（图片来源:《秦始皇陵铜车马发掘报告》,图三一、三五）

三、马蠹的使用等级与礼仪制度

马蠹作为华丽的装饰物,彰显着气派和威严,扬雄便有"扬左蠹,被云梢"[2]之语,《续汉书·舆服志》言"黄屋左蠹,所以副其德,章其功也"[3],使用者是有地位等级限制的。

---

[1]　河南省文物考古研究所：《新蔡葛陵楚墓》,第115页。
[2]　《汉书》卷八十七《扬雄传》,北京：中华书局,1962年,第3536页。
[3]　(晋)司马彪撰,(梁)刘昭注补：《续汉书》,见《后汉书》,第3640页。

从考古实物看,战国时期的楚国贵族曾大量使用马纛,先秦文献中对其使用者的身份并无说明,我们可以通过考察墓葬等级和墓主身份来解决这一问题。目前所见战国时期的马纛出土于14座楚墓,其中墓主人身份为大夫一级的有11座,为绝大多数,上卿和元士一级的分别有2座和1座。这座随葬马纛的元士墓葬应属特例,使用马纛者的地位应在大夫及以上。

进入秦汉时期,马纛成为天子乘舆之器,有所谓"黄屋左纛"之制。东汉蔡邕《独断》云:"凡乘舆车皆羽盖、金华爪、黄屋左纛、金鍐、方釳、繁缨、重毂、副辖。"[1]《续汉书·舆服志》言:"故圣人处乎天子之位,服玉藻邃延,日月升龙,山车金根饰,黄屋左纛。"[2]《史记·高祖本纪》曰:"车服黄屋左纛。葬长陵。"[3]魏晋之际也依然延续这套制度,《晋书·舆服志》记载"天子之法车"上应使用"左纛"[4]。"左纛"虽是天子享用的卤簿仪仗,但有时也会赏赐给有功之臣作为其葬礼车服之用。霍光死后便享有此殊荣,史载:"光薨,上及皇太后亲临光丧……东园温明,皆如乘舆制度。载光尸柩以辒辌车,黄屋左纛。"《晋书·王导传》也有相关记载,云"(王导)咸康五年薨,时年六十四。帝举哀于朝堂三日,遣大鸿胪持节监护丧事,赗襚之礼,一依汉博陆侯及安平献王故事。及葬,给九游辒辌车、黄屋左纛、前后羽葆鼓吹、武贲班剑百人,中兴名臣莫与为比"[5],可见安平献王和王导均享受过"黄屋左纛"之制。江都王刘非曾在平定吴楚"七国之乱"中立下赫赫战功,并受赐"天子旌旗"[6],其王陵陪葬坑中的马纛可能也是皇帝赏赐的结果。值得注意的是,"黄屋左纛"可用于丧葬礼仪,但未必随葬墓中,目前汉代马纛仅见于两处,其中1件见于南越王墓,或有其特殊性,与他僭制称帝有关。墓主是第二代南越王赵眜,也就是史书中的"赵胡"[7]。史书中对南越王的记载也可以印证这一说法,第一代南越王赵佗及其孙第二代南越王赵眜都曾僭号称帝,史籍甚至将二人使用"黄屋左纛"作为僭越的标志,《史记·南越列传》说南越王赵佗"乃自尊号为南越武帝……乘黄屋左纛,称制,与中国侔"[8],武帝建元四年赵佗死后其孙赵眜继位,唐蒙于建元六年上书武帝说"南越王黄屋左纛,地东西万余里,名为外臣,实一州主也"[9],他也曾僭越使用"黄屋左纛",这与考古发现可以相互印

---

[1] (宋) 李昉等撰:《太平御览》卷六百八十一引蔡邕《独断》,北京:中华书局,1960年,第3037页。
[2] (晋) 司马彪撰,(梁) 刘昭注补:《续汉书》,见《后汉书》,第3640页。
[3] 《史记》卷八《高祖本纪》,第394页。
[4] 《晋书》卷二十五《舆服志》,北京:中华书局,1974年,第753页。
[5] 《晋书》卷六十五《王导传》,第1753页。
[6] 《史记》卷五十九《五宗世家》,第2096页。
[7] 广州市文物管理委员会、中国社会科学院考古研究所、广东省博物馆:《西汉南越王墓》,第319–325页。
[8] 《史记》卷一百一十三《南越列传》,第2969页。
[9] 《史记》卷一百一十六《西南夷列传》,第2994页。

证。此外,发掘者还在墓中赵眜的身上发现"文帝行玺",可见其生前也曾称帝[1]。赵眜死后,太子"婴齐嗣立",为了取得朝廷信任,"即臧其先武帝、文帝玺",注引李奇的观点认为此举旨在"去其僭号"[2],墓中发现的"文帝行玺"也证实了这一记载,而象征赵眜称帝重要标志的马纛也应藏于墓中,那么随葬的3件马纛可能就是在这种情况下被放入墓中的。前述关于西汉的情况暂时只能从南越王墓和江都王陵出发讨论,因为汉魏两晋之际的马纛实物少有报道,应与它为天子乘舆之制有关,再者"黄屋左纛"可能只用于丧葬礼仪,未必随葬墓中,也可能与西汉晚期废止殉葬真车马制度有关[3]。

马纛实物在东汉也难觅踪迹,但它在画像上却显露了一丝痕迹。东汉厚葬之风大盛,画像石墓十分流行,在墓葬中通过绘制图案的方式来在死后世界享受生前无法企及的高等级物品,由此来达到厚葬的目的,这样的僭越行为是较为容易和隐秘的。绥德四十里铺发现的门楣画像[4]中便有马纛的身影,在门楣两端有一组相似的图案,图中御手策马扬鞭,骏马威武雄壮,马额顶部似有垂缨迎风飞扬,这应该就是马纛。细观图像,马纛是由底座、直柄和垂缨三部分构成的,与前述秦汉时期的纛形制相同(图一〇)。此后魏晋时期

1　　　　　　　　　　2

图一〇　四十里铺门楣画像

1. 门楣左端　2. 门楣右端

(图片来源:《陕北汉代画像石》,图327)

---

[1] 广州市文物管理委员会、中国社会科学院考古研究所、广东省博物馆:《西汉南越王墓》,第320-325页。
[2] 《汉书》卷九十五《西南夷两粤朝鲜传》,第3854页。
[3] 高崇文:《西汉诸侯王墓车马殉葬制度探讨》,《文物》1992年第2期。
[4] 李林、康兰英、赵力光:《陕北汉代画像石》,西安:陕西人民出版社,1995年,第104页。

政局动荡，礼崩乐坏，滥用"黄屋左纛"之事偶有发生。《三国志·乌丸传》"(袁)绍矫制赐蹋顿、(难)峭王、汗鲁王印绶，皆以为单于"，注引《英雄记》曰"绍遣使即拜乌丸三王为单于，皆安车、华盖、羽旄、黄屋左纛"[1]。

四、结　论

综上所述，马纛是安装在马额顶部的装饰性马具；考古所见的马纛实物可以分为靴形和半（椭）球形两大类，最早出现于战国早期的楚墓中，随后在战国大中型楚墓中较为流行；一般的安装方式是将底座扣在马额顶部绾结好的发髻状鬃毛上，插销通过底座边缘的小孔和鬃毛将马纛固定在额顶；此外一些两两形制大小相同且可以完美扣合在一起的马纛应是由同一块木料制作后切割分离而来的；使用马纛是有等级限制的，战国时期使用者等级多为大夫及以上，秦汉魏晋时期马纛成为天子乘舆之器，出现"黄屋左纛"之制，可以用于丧葬礼仪，但未必随葬墓中，有时赏赐给有功之臣作为其葬礼车服之用，僭越使用的行为也偶有发生。

（原载《考古》2019年第11期）

补记：本文写作过程中得到四川大学霍巍教授和王煜教授的指教，谨此致以衷心感谢。本文原发表于《考古》2019年第11期，由于笔者疏忽，当时未曾将江都王陵出土的马纛纳入研究范围，此次出版将其补入。江都王陵出土者未对原文主要观点产生影响，并且进一步印证了原文对于马纛使用位置的推测。原文曾根据秦始皇铜车马和有关汉代马纛的文献记载，推测秦代马纛置于右骖马，汉代马纛置于左骖马，秦汉两代关于马纛的位置存在差异。而江都王陵出土的马纛发现于左骖马附近，在文献记载的基础上，从考古的角度进一步印证了这一看法。

---

[1]《三国志》卷三十《乌丸传》，北京：中华书局，1959年，第834页。

汉代题凑墓结构体系及空间功能的演变

焦 阳

"以木累棺外，木头皆内向，故曰题凑"，这是被大家普遍接受的"题凑"定义。目前，考古发现的题凑墓共17座，皆为两汉时期的墓葬。其中3座为石质题凑，余均为木质题凑。前人对于题凑墓的研究主要围绕墓葬形制和构建方法展开[1]，也涉及对题凑作用的探讨——可归纳为显示身份等级、保护梓宫和死者、模仿生前建筑、防盗等[2]。关于题凑墓内部结构与文献对应的问题，则集中于对回廊性质的认识和文献中"便房"对应结构的讨论[3]。

随着题凑墓材料的不断丰富，墓葬形制的发展演变过程更加清晰，这为讨论墓内各结构的性质提供了更多的证据。本文拟在梳理文献和考古材料的基础上，阐明题凑墓变化的关键点。从变化发展的角度，对题凑墓的结构体系进行总体观察，并重点关注墓葬内椁、回廊等结构（空间）的演变过程，进而思考结构的改变所带来的空间功能的变化。在此基础上对文献所载"便房"和"外藏椁"以及题凑墓所代表的竖穴墓系统向横穴墓系统转变所带来的变化等问题提出个人看法，望求教于方家。

---

[1] 黄晓芬：《汉墓的考古学研究》，长沙：岳麓书社，2003年，第70-95页；刘德增：《也谈汉代"黄肠题凑"葬制》，《考古》1987年第4期；靳宝：《关于北京大葆台汉墓墓葬布局的重新考察》，《北方文物》2016年第3期。

[2] 黄展岳：《西汉陵墓研究中的两个问题》，《文物》2005年第4期；Campbell, Aurelia, "The Form And Function of Western Han Dynasty TICOU Tombs", *Artibus Asiae*, 70.2 (2010): 227-258；祝庆：《汉代"黄肠题凑"葬制兴衰原因试析》，《湖北科技学院学报》2015年第1期。

[3] 鲁琪：《试谈大葆台汉墓的"梓宫""便房""黄肠题凑"》，《文物》1977年第6期；俞伟超：《汉代诸侯王与列侯墓葬的形制分析——兼论"周制""汉制"与"晋制"的三阶段性》，见《先秦两汉考古学论集》，北京：文物出版社，1985年，第117-124页；田立振：《试论汉代的迴廊葬制》，《考古与文物》1995年第1期；秦建明：《"便房"考》，《文博》1999年第2期；韩国河：《温明、秘器与便房考》，《文史哲》2003年第4期；高崇文：《释"便椁""便房"与"便殿"》，《考古与文物》2010年第3期；刘瑞、刘涛：《西汉诸侯王陵墓制度研究》，北京：中国社会科学出版社，2010年，第365-369页。

一、汉代的题凑墓

（一）西汉时期的题凑墓

现已发现的西汉时期题凑墓共14座，分属汉长沙国、燕国（广阳国）、常山国、中山国、广陵国、江都国、六安国、定陶国，墓主多为诸侯王或王后。以长沙国境内出土数量最多，时代序列较完整，从西汉早期至晚期均有发现，其他地区发现的题凑墓则主要集中在西汉中期。这些题凑墓既具有地域特点，又具有较为明显的时代特征，故以下根据时代早晚分地区对墓葬情况进行介绍。

为便于描述墓葬结构，本文沿用报告中常使用的"椁"来指代题凑与棺之间的木质结构，其中少数墓葬内、外椁的认定与报告稍有不同（后详）；对内、外椁板紧贴的墓葬，椁内空间统称为"椁室"；对墓葬形制进行描述时，将"题凑"视作一个单独的结构进行介绍，暂不将其与外椁统称。

1. 西汉早期

该时期的题凑墓可见于河北和湖南两地，共5座，分别为石家庄张耳墓、长沙望城坡渔阳墓[1]（图一）、长沙咸家湖曹𡠇墓[2]、长沙象鼻嘴一号墓[3]（图二）、长沙风盘岭汉墓[4]。

张耳墓的形制最为简单，题凑内侧与椁板紧密相贴，棺椁之间的区域用来放置器物，没有隔板划分区域，与常见竖穴木椁墓并无明显差别。长沙地区的4座墓形制较为相似，有两个特点：其一，题凑内侧紧贴外椁木板；其二，题凑内部的回廊（以下简称内回廊）设有隔板进行分隔。内回廊实际是墓葬外椁和内椁之间的区域，用来放置随葬品。另外，多数墓葬在墓道靠近墓门处设有一对插有鹿角的偶人。

题凑木枋的材质有柏木和楠木两种，各墓题凑木枋尺寸不一，如曹𡠇墓木枋尺寸为1.19×0.4×0.4米，望城渔阳墓木枋尺寸为(0.98-0.99)×0.2-0.5×(0.38-0.48)米。题凑的垒砌方式也略有不同，例如象鼻嘴一号墓木枋层层叠垒，四角采用上下交错重叠，而曹𡠇墓的四角则没有交错。

2. 西汉中期

该时期题凑墓可见于北京、河北、江苏和安徽，共6座，分别为北京老山汉墓[5]、定县

---

[1] 长沙市文物考古研究所、长沙简牍博物馆：《湖南长沙望城坡西汉渔阳墓发掘简报》，《文物》2010年第4期。
[2] 长沙市文化局文物组：《长沙咸家湖西汉曹𡠇墓》，《文物》1979年第3期；宋少华：《略论长沙象鼻嘴一号汉墓陡壁山曹𡠇墓的年代》，《考古》1985年第11期。
[3] 湖南省博物馆：《长沙象鼻嘴一号西汉墓》，《考古学报》1981年第1期。
[4] 长沙市文物考古研究所、长沙市望城区文物管理局：《湖南长沙风盘岭汉墓发掘简报》，《文物》2013年第6期。
[5] 王武钰：《北京石景山区老山汉墓发掘回忆》，《北京文博文丛》2019年第1期。

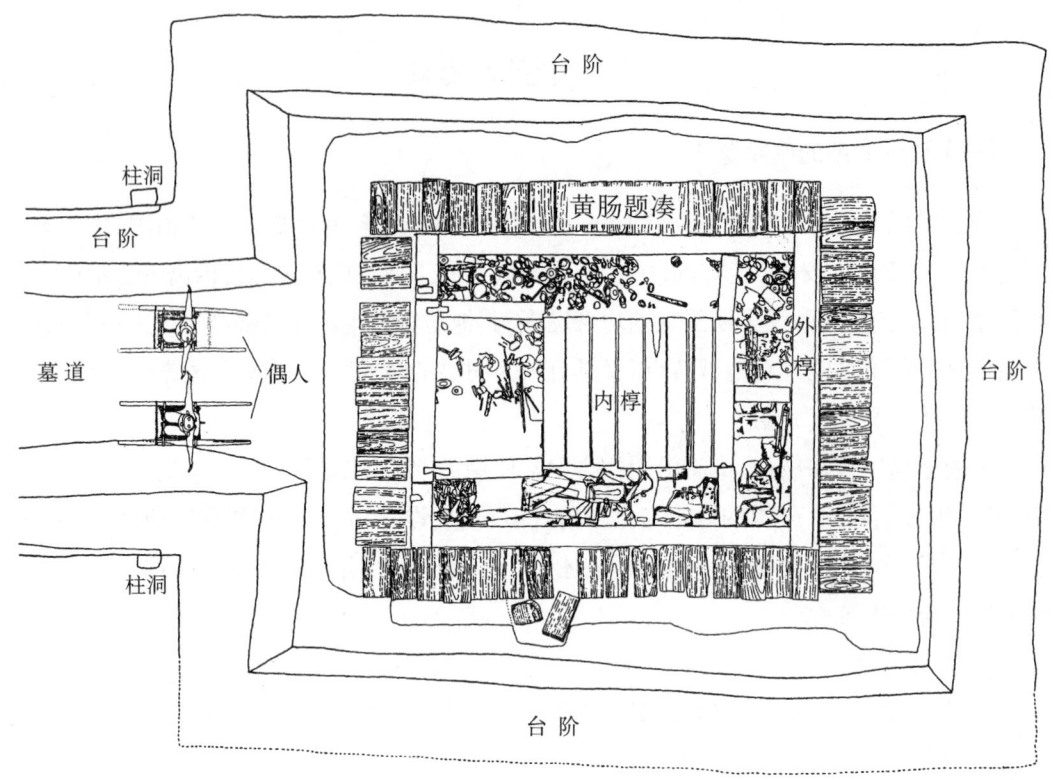

图一 湖南长沙望城坡西汉渔阳墓平面图

（图片来源：《湖南长沙望城坡西汉渔阳墓发掘简报》，《文物》2010年第4期，图四）

40号墓、盱眙大云山一号墓[1]、高邮神居山一号墓[2]、高邮神居山二号墓、安徽六安双墩一号墓[3]。

盱眙大云山一号墓、高邮神居山一号墓形制相似，墓葬形制有四个特点：一是题凑结构与椁壁分离，独立于椁外，为了使题凑更稳固，题凑使用外搭框架；二是外围出现了回廊结构（以下简称外回廊），题凑内部空间变得复杂；三是内椁出现了空间划分，脚端划分出专门放置器物的区域（以下简称前室），头端则放置木棺（以下简称棺室）；四是外回廊出现上下分层（图三）。高邮神居山二号墓总体特征与盱眙大云山一号墓相似，唯未设置

---

[1] 南京博物院、盱眙县文化广电和旅游局：《大云山——西汉江都王陵1号墓发掘报告》，北京：文物出版社，2021年。

[2] 梁白泉：《高邮天山一号汉墓发掘侧记》，《文博通讯》1980年第32期；梁白泉：《高邮天山汉墓发掘的意义》，见南京博物院编《梁白泉文集·博物馆卷》，北京：文物出版社，2013年，第168页。

[3] 汪景辉、杨立新：《安徽六安双墩一号汉墓》，见国家文物局主编《2006中国重要考古发现》，北京：文物出版社，2007年，第107-112页；安徽省文物考古研究所、安徽省六安市文物局：《安徽六安双墩一号汉墓发掘简报》，安徽省文物考古研究所、安徽省考古学会编《文物研究》第17辑，北京：科学出版社，2010年，第107-123页。

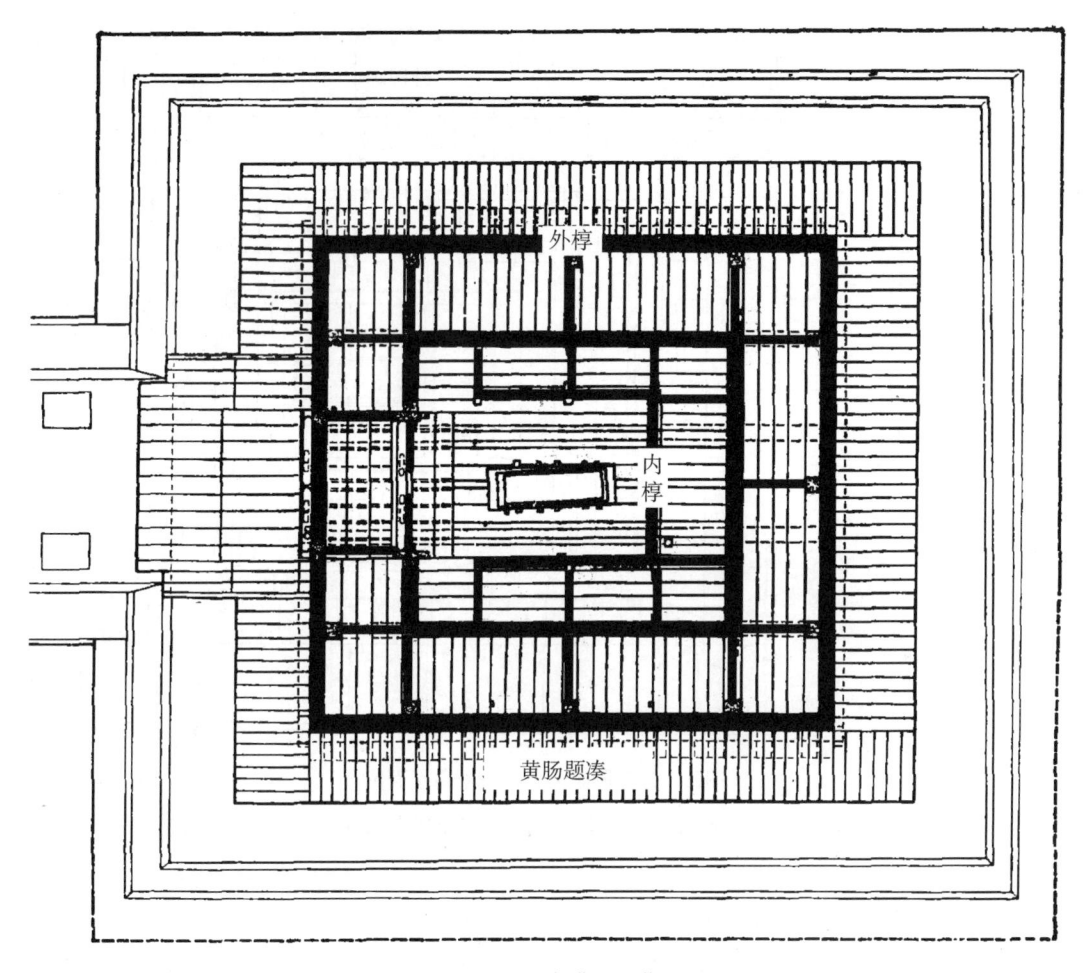

图二 湖南长沙象鼻嘴一号墓平面图

（改绘自：《长沙象鼻嘴一号西汉墓》，《考古学报》1981年第1期，图三）

外回廊。

北京老山汉墓墓主为燕王后，墓葬形制有三个特点：其一，题凑结构没有与椁板紧密相贴，独立存在于墓葬内，内面及四角放置立柱，形成框架结构；其二，内外均有回廊，且回廊均整圈贯通，没有划分隔间；其三，内椁出现了空间划分，情况与盱眙大云山一号墓一致。定县40号墓墓主为中山怀王刘修，该墓形制特殊，墓室平面呈"凸"字形，前、后室均分隔出左、中、右三室，具体情况不详。

安徽六安双墩一号墓墓主为六安庆王，该墓葬特点与其他西汉中期墓葬相似：一是题凑外加置一圈外回廊；二是题凑木枋与外椁板分离，题凑与椁室之间的空间形成内回廊，且内、外回廊均分隔成小间。

题凑木枋的材质有柏木、楠木和梨木，江苏地区题凑墓木枋尺寸约为0.9×0.4×0.4

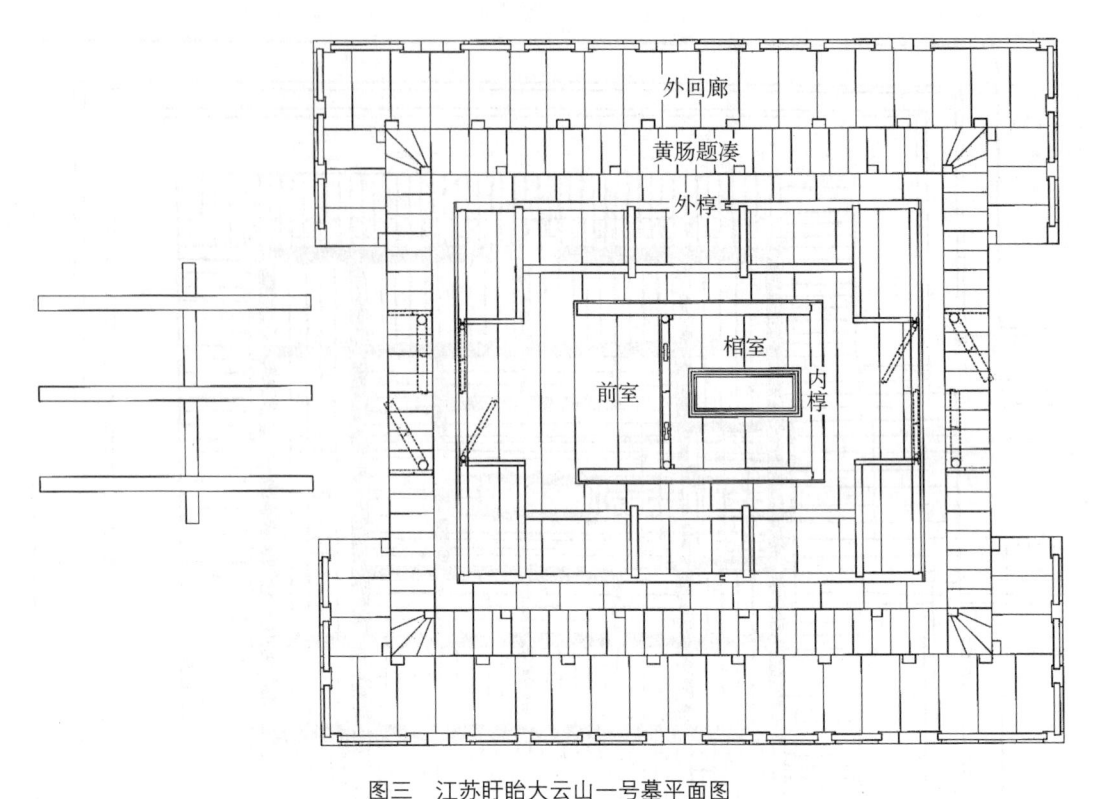

图三　江苏盱眙大云山一号墓平面图

（改绘自：《大云山——西汉江都王陵1号墓发掘报告》，图一〇）

米，老山汉墓为0.9×0.1×0.1米，六安双墩一号墓为0.92×0.25×0.23米。另外，江苏地区3座墓的题凑木枋设有榫卯结构，其他墓葬未见。题凑转角处的垒砌方式各异，如老山汉墓题凑上下交错垒砌[1]，六安双墩一号墓无交错，盱眙大云山一号墓转角则为平面呈辐射状，类似于古代建筑中翼角椽的处理方法[2]。

3. 西汉晚期

该时期题凑墓可见于北京、湖南和山东，共3座，分别为北京大葆台一号墓[3]、长沙风盘岭汉墓[4]、定陶灵圣湖汉墓[5]。

北京大葆台一号墓墓主为广阳王，墓葬形制与北京老山汉墓相似，但题凑没有框架结

---

[1] 王武钰、王鑫、程利：《老山汉墓考古发掘的收获》，首都博物馆编：《首都博物馆丛刊》第15辑，北京：北京燕山出版社，2001年，第129-131页；王武钰：《北京石景山区老山汉墓发掘回忆》，《北京文博论丛》2019年第1期。
[2] 南京博物院、盱眙县文化广电和旅游局：《大云山——西汉江都王陵1号墓发掘报告》，第29页。
[3] 大葆台汉墓发掘组、中国社会科学研究所：《北京大葆台汉墓》，北京：文物出版社，1989年。
[4] 长沙市文物考古研究所、长沙市望城区文物管理局：《湖南长沙风盘岭汉墓发掘简报》，《文物》2013年第6期。
[5] 山东省文物考古研究所、菏泽市文物管理处、定陶县文管处：《山东定陶灵圣湖汉墓》，《考古》2012年第7期。

26　蜀山琢玉：丧葬制度与帝国气象

构(图四)。长沙风盘岭汉墓墓主为长沙王,墓葬平面呈"凸"字形,为前、中、后三室的布局。定陶灵圣湖汉墓墓主推测为丁姬,墓葬平面呈正方形,墓葬外围、回廊内侧和棺室皆由题凑结构构成(图五)。外围题凑之外还包裹有一圈青砖,椁室顶部铺两层青砖。该墓以棺室为中心,由内而外的第一、二层题凑墙体相当于普通木椁墓的内、外椁,内、外椁之间的区域被划分成四个边厢,最外层题凑墙与外椁之间的回廊被分隔成多个小室。长沙风盘岭汉墓和定陶灵圣湖汉墓的形制则较为特殊,尚未发现与之相似的题凑墓。

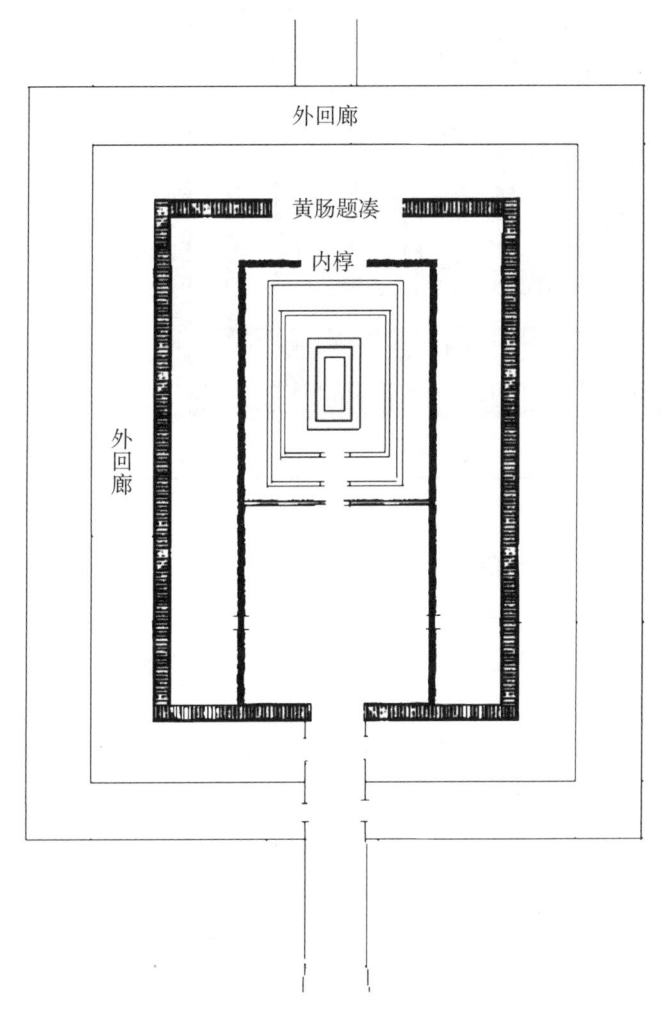

图四 北京大葆台一号墓平面图

(改绘自:《关于北京大葆台汉墓墓葬布局的重新考察》,《北方文物》2016年第3期,图四)

题凑木枋的材质有柏木、楠木,木枋尺寸亦不固定,如北京大葆台一号墓木枋尺寸为 0.9×0.1×0.1米,定陶灵圣湖汉墓木枋尺寸为1.15×0.16×0.07米。题凑木枋垒砌方式各

图五　山东定陶灵圣湖汉墓平面图

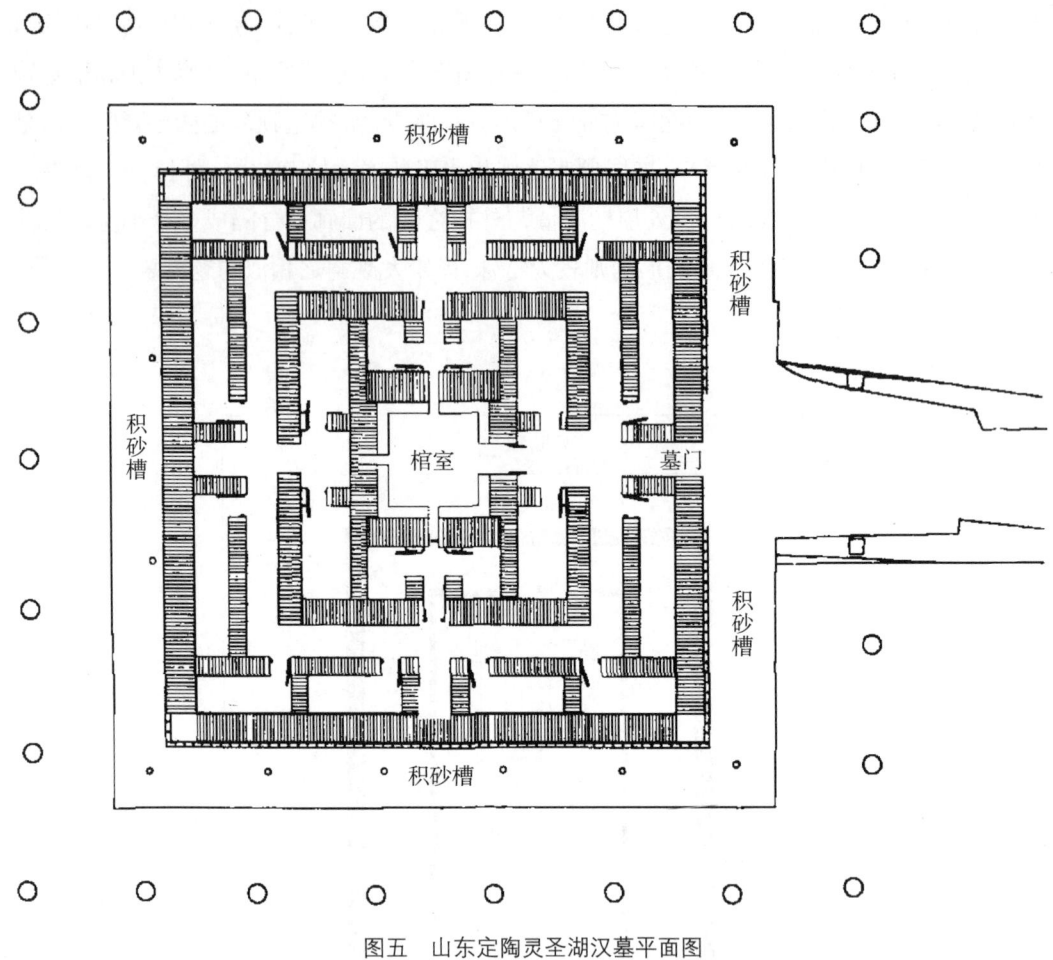

（改绘自：《山东定陶灵圣湖汉墓》，《考古》2012年第7期，图六）

异，风盘岭汉墓题凑木枋没有密集垒砌，而是与填土混筑而成；北京大葆台一号墓为使木枋平稳、牢固，加垫薄木片、木条或木屑；定陶灵圣湖汉墓由三个薄木枋榫卯拼合成一件，再层层独立垒叠。

（二）东汉时期的题凑墓

东汉时期题凑墓发现较少，已知有3座，另有个别墓葬的某些部位使用黄肠石作为建筑构件，但无题凑形制，如河南偃师永宁路M4[1]、洛阳涧滨东汉黄肠石墓[2]。总体来看，东

---

[1] 洛阳师范学院历史文化学院、洛阳市文物考古研究所、偃师市文物旅游局：《河南偃师永宁路东汉墓M4发掘简报》，《中国国家博物馆馆刊》2018年第11期。
[2] 洛阳市第二文物工作队：《洛阳涧滨东汉黄肠石墓》，《文物》1993年第5期。

汉时期地区间的差异并不明显,故选取保存较完整的墓葬举例介绍。

河北定县北庄汉墓年代在东汉早中期,该墓葬平面形制与西汉时期的题凑墓相似,主体呈方形,由两圈回廊、前室和主室构成,墓道处多出一耳室(图六)[1]。墓葬最外围的一圈用黄肠石围砌,内部墙体皆为砖砌,外圈回廊将前室也包裹在内,内圈回廊仅包围主室即棺室。该墓的两圈回廊均未划分隔间。近期发掘的徐州土山二号墓形制与定县北庄汉墓较为相似,平面呈方形,由前室、后室和回廊组成,回廊围绕在后室(棺室),墓道两侧各有一耳室[2]。

山东济宁肖王庄一号墓年代在东汉中期,墓葬为横前室墓,主体呈"凸"字形,靠近墓门处的墓道两侧各有一耳室[3]。黄肠石包裹在墓葬的最外围。黄肠石内构成一圈回廊,将前室和后室包裹在内(图七)。

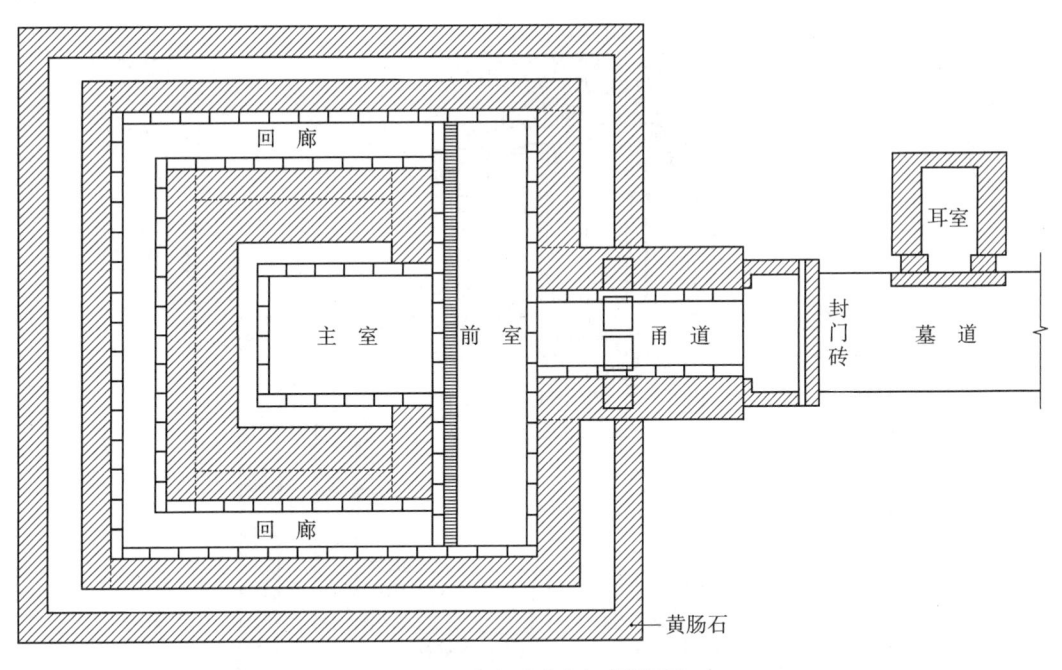

图六 河北定县北庄汉墓平面图
(图片来源:《河北定县北庄汉墓发掘报告》,《考古学报》1964年第2期,图二)

---

[1] 河北省文化局文物工作队:《河北定县北庄汉墓发掘报告》,《考古学报》1964年第2期。
[2] 耿建军、原丰:《徐州土山二号墓考古发掘取得重大收获》,《中国文物报》2021年1月15日,第7版。
[3] 济宁市文物管理局:《山东济宁肖王庄一号汉墓》,中国社会科学院考古研究所编:《考古学集刊12》,北京:大百科全书出版社,1999年,第41-112页。

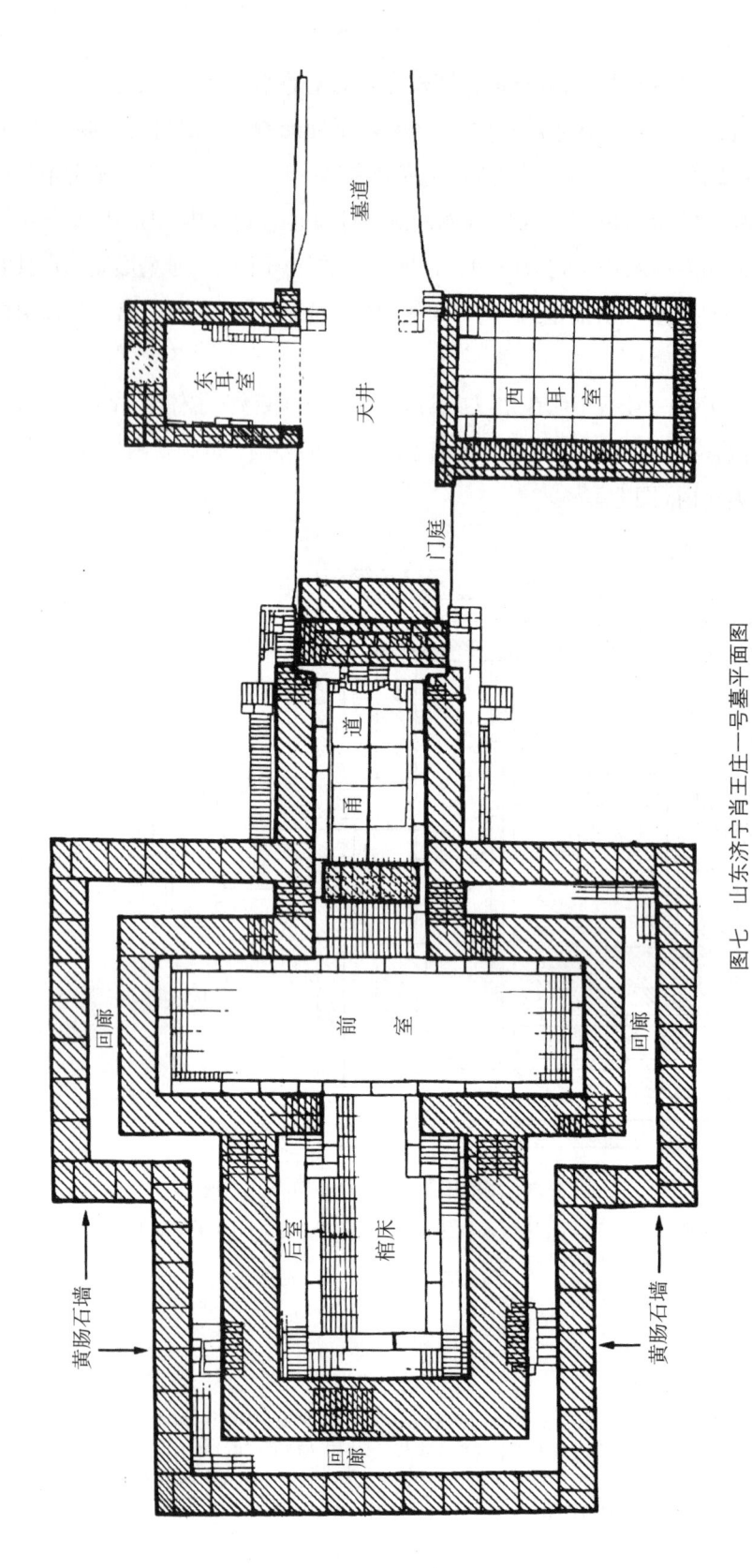

图七 山东济宁肖王庄一号墓平面图
(图片来源:《山东济宁肖王庄一号汉墓》,《考古学集刊12》第43页,图2-2)

30 蜀山琢玉:丧葬制度与帝国气象

(三) 小结

"题凑"从出现至消失,一直是表明墓主身份等级的一种墓葬结构。西汉早期,"题凑"包裹于墓葬最外围,外侧为墓圹,内侧紧贴墓葬外椁板,实际可将"题凑"和外椁板看作一个整体,共同构成墓葬的外椁。所谓"题凑"的内回廊,实际是外椁(题凑)和内椁(棺)之间的区域,先秦时期一直将随葬品放置于此。西汉时期的墓葬亦无例外,只是在这一区域用隔板进行了划分,或设置门户结构,更似地上建筑结构,属于一种"第宅化"的表现[1]。这种做法在楚墓中已经出现,而西汉时期最早进行回廊分隔的题凑墓也是处于楚文化影响下的长沙地区。

西汉中期是题凑墓发展的重要节点,主要变化有三:一是西汉中期以后长沙地区以外的题凑墓开始流行外回廊,使整个墓葬有更多的储物空间,大部分墓葬外回廊不划分隔间;二是题凑木枋与外椁板分离,题凑结构不再依附于椁板而独立存在;三是多数墓葬内椁内部出现分隔,形成前室与棺室。此时期无论外回廊还是内回廊,皆用来放置陪葬品。西汉晚期的题凑墓发现较少,除北京大葆台一号墓继续延续本地传统以外,另外两座墓则在形制上突破了以往的平面呈长方形、单室结构等特点,且出现了砖木混筑的现象。

根据已知题凑木枋的材质看,多数如文献所言采用柏木,也有使用楠木、梨木的情况。部分题凑墓选用楠木做木枋可能是因为取材方便,且楠木切削容易,性耐腐[2],可以满足构筑墓葬的需要。文献记载"黄肠"的尺寸为一尺见方,相当于23厘米左右。实际情况则相差较大,木枋尺寸从10厘米到50厘米不等。西汉时期的题凑还具有一定的地域特点。比如,湖南地区的题凑墓自始至终都未出现外回廊;江苏地区三座墓的题凑木枋尺寸一致,且皆为楠木;北京地区的两座墓虽然时代有差距,但内部结构相似,木枋尺寸一致。

东汉时期的题凑与西汉相比出现较大变化:首先是建筑材质上的变化,由木材变为石材;其次是墓葬平面形制的变化,前室成为一个独立的空间并变为横长方形,墓室整体呈"凸"字形;再者,题凑位于墓葬最外围,用来构建墓葬外部轮廓;最后,位于墓道一侧的耳室开始流行。题凑墓也因而完成了由竖穴墓向横向室墓的转变。相较于西汉,东汉题凑墓的形制和构筑方式较为统一,各区域间差别不大。题凑墓的改变正是整个墓葬形制变革的缩影。

---

[1] 吴曾德、肖元达:《就大型汉代画像石墓的形制论"汉制"——兼谈我国墓葬的发展进程》,《中原文物》1985年第10期。
[2] 成俊卿、杨家驹、刘鹏:《中国木材志》,北京:中国林业出版社,1992年,第380页。

二、题凑墓内部结构的演变与功能探讨

题凑墓出现之初,其实是一种复杂化的竖穴木椁墓。《礼记·檀弓上》记载:"是故衣足以饰身,棺周于衣,椁周于棺,土周于椁。"[1]《汉仪注》曰:"天子陵中高丈二尺四寸,周二丈,内梓宫,次楩椁,柏黄肠题凑。"宋人刘敞认为:"以次言之,先亲身者衣被,次梓宫,次便房,次题凑,次外藏,则当以如说为是也。"王先谦为《汉书》补注时认为此说出自《汉仪注》,宜以为信尔[2]。可见,对于竖穴木椁墓来说,棺椁乃至墓室结构之间是一种层层相套的关系。又《汉书·霍光传》:"璧珠玑玉衣,梓宫、便房、黄肠题凑各一具,枞木外藏椁十五具。"[3]《汉书·佞幸传》:"又令将作为(董)贤起冢茔义陵旁,内为便房,刚柏题凑,外为徼道,周垣数里,门阙罘罳甚盛。"[4]显然,文献中对于题凑墓结构的描述依然是按照由内而外的逻辑。题凑墓只不过是在外椁(题凑)与棺之间加装了一圈或数圈隔板,题凑之外加装回廊,从而形成了一个层层包含的多重结构。虽然内部结构越来越复杂,但竖穴式的题凑墓始终是在这一葬具层层套叠的体系下发展。对于西汉时期题凑墓内部结构的研究,应当遵循这一体系并以发展的眼光看待问题。

(一)西汉题凑墓内部结构演变及功能

西汉时期题凑墓的形制演变主要围绕内椁、回廊、题凑三个结构(空间)进行。其中的核心问题可归纳为:题凑与椁板的关系;内椁结构的变化,即祭奠空间的出现;储物空间的演变。

1. 题凑与椁板的关系

题凑的变化主要体现在与外椁板的关系,其他诸如木枋形制、叠垒方式等因墓而异,对墓葬内部空间的塑造影响较小。西汉早期题凑结构均与外椁板紧贴,就实际情况而言,题凑与外椁板共同构成了墓葬的"外椁"。这也符合椁的定义:"是故衣足以饰身,棺周于衣,椁周于棺,土周于椁。"[5]二者基本作用是一致的,即"开廓辟土,无令迫棺也",保护墓葬结构的稳定进而保护死者的亲身之棺。而"内回廊"其实就是外椁与内椁之间的空间,并非一个实有结构(这一时期尚未出现外回廊)。此时期,长沙地区题凑墓的内回廊多已

---

[1] (汉)郑玄注,(唐)孔颖达正义:《礼记正义》卷第八《檀弓上》,北京:北京大学出版社,1999年,第239页。
[2] (汉)班固著,(清)王先谦补注:《汉书补注》卷三十八《霍光传》,上海:上海古籍出版社,2012年,第4630页。
[3] 《汉书》卷六十八《霍光传》,北京:中华书局,1962年,第2948页。
[4] 《汉书》卷九十三《佞幸传》,第3734页。
[5] (汉)郑玄注,(唐)孔颖达正义:《礼记正义》卷第八《檀弓上》,第239页。

出现划分隔间、设置门扉的情况。再看内椁，此结构一般为三面用木板垒砌，一面开门，以往的报告里多称之为"冂"形结构。长沙象鼻嘴一号墓稍显特殊，独立的"冂"形结构以外还有两圈椁板，划分出两重内回廊（参见图二）。这一时期，并非所有题凑墓皆有此结构，如时代最早的"张耳"墓，题凑之内只有棺柩，无其他结构。

西汉中期之后，题凑墓的结构愈发复杂。首先是题凑与外椁板的分离，二者不再紧贴共同构成外椁。如此，题凑内部的圈层增多，如盱眙大云山一号墓、高邮天山一号墓，题凑内的多重回廊实则是题凑、外椁板、内椁板两两之间的空间或空隙。当然，也有墓葬依然呈现出只有一圈内回廊的简单情况。即"题凑"自身相当于墓葬的一层"外椁"，原本的外椁板或与内椁板紧贴构成椁室，如六安双墩一号墓；或单独构成椁室，如北京大葆台一号墓。

关于题凑内回廊结构，已有自命名的情况。高邮神居山一号墓内回廊的门板上刻有"中府第×内户""食官第×内户南壁"等文字，内回廊放置有漆耳杯、陶瓿、沐浴用具等。"中府"与"食官"为王国职官，内回廊中的小隔间似在象征王国官署。《汉书·田叔传》云："鲁王闻之，大惭，发中府钱，使相偿之。"颜师古注曰："中府，王之财物藏也。"[1]可见，中府乃诸侯王财物所藏之处，与该墓内回廊的功能有一定程度上的对应。长沙望城坡渔阳墓内回廊主要放置漆器、竹笥、木俑、乐器等，门板上刻有"荆户一""荆户二"字样。"荆"通"刑"，有学者认为"刑"又可作"正"解，"刑户"即"正户"，即"正藏之户"[2]。

南阳唐河"天凤五年"郁平大尹画像石墓虽非题凑墓，但依然有内回廊结构，与题凑墓形制十分相似。在回廊南侧的门楣上刻有"郁平大尹冯君孺人藏阁"字样，显然将回廊自命名为"藏阁"。"阁"字有夹室的意思，用以储藏食物。《礼记·内则》："大夫无秩膳，大夫七十而有阁，天子之阁左达五，右达五。公、侯、伯于房中五，大夫于阁三，士于坫一。"郑玄注："阁以板为之，庋食物也。达，夹室。"[3]又《檀弓上》："曾子曰：'始死之奠，其馀阁也与。'"郑玄注曰："阁，庋藏食物。"[4]《汉书·霍光传》："发长安厨三太牢具祠阁室中，祀已，与从官饮啖。"[5]可见，"阁"可以视作放置祭奠用品或食物的库藏，阁室的数量还与身份等级相关。"藏阁"或许与此含义相似，即墓中放置供死者使用的器物或食物的房间。虽然此墓多次被盗，随葬品原始位置已经不明，但根据类似回廊墓的情况来看，回廊确实多放置陶器，其中不乏盛放粮食的陶容器。

---

[1]《汉书》卷三十七《田叔传》，第1983页。
[2] 高崇文：《释"便椁""便房"与"便殿"》，《考古与文物》2010年第3期。
[3]（汉）郑玄注，（唐）孔颖达正义：《礼记正义》卷二十七《内则》，第851页。
[4]（汉）郑玄注，（唐）孔颖达正义：《礼记正义》卷七《檀弓上》，第198页。
[5]《汉书》卷六十八《霍光传》，第2940页。

因此，无论从题凑墓本身结构出发，还是通过回廊自命名进行分析，题凑墓的内回廊其实只是在层层套叠的墓葬结构体系下出现的储物区域，并非一个独立的空间结构。另需注意的是，无论题凑与椁板的关系如何变化，题凑内部的圈层如何增加，题凑与棺之间的"冂"形结构——即本文所称的内椁是一直存在的。

2. 内椁的结构变化

此阶段最重要的变化就是内椁出现了空间划分。以北京大葆台墓和老山汉墓为例，"冂"形结构被门板分成前后两部分，前部放置器具，后部安放棺椁——即以往所称的前室和棺室（参见图四）。从前室放置的器物多为案、盘一类，且老山汉墓此区域左、中、右成"品"字形放置了三个漆案来看，这一区域放置的器物多为祭奠、供奉之用[1]。对于盱眙大云山一号墓和高邮神居山一、二号墓来说，虽然内部结构更为复杂，但题凑以内，棺以外，依然存在"冂"形结构（发掘者称为"内椁"），同样也是被门板分成前后两部分。且大云山一号墓和神居山一号墓的内椁内壁、盖板及底板通体涂朱，似在有意突出此结构。虽然细节处理上与北京地区的两座墓有些差别，但内部放置的器物与功能是类似的。文献中虽然没有涉及对西汉时期题凑墓内空间功能的记载，但根据墓葬的实际情况看，此时题凑墓中的"冂"形结构已然分化出了专门用来祭奠的空间，所谓棺前设奠早已有之[2]。

3. 储物空间的演变

题凑墓外回廊的出现，拓展了墓葬内部的储物空间。由考古材料可知，西汉早期诸侯王墓外往往另置外藏坑，陪葬车马、兵器、陶俑等。例如长沙望城坡渔阳墓，在主墓周围发现了3座外藏坑，山东章丘危山汉墓有外藏坑3座。西汉中期题凑墓出现了外回廊，与此同时诸侯王墓的外藏坑开始明显减少[3]。根据六安双墩一号墓、北京大葆台汉墓、老山汉墓和高邮神居山一号墓外回廊出土的器物看，主要为陶容器、人俑、车马器、乐器等。仅就这一点看，题凑墓中的外回廊与外藏坑在作用上确有相似之处。加之西汉中期之后，帝陵外藏坑的数量也开始减少。成帝在安葬元帝时提出"有司言：'乘舆车、牛、马、禽兽皆非礼，不宜以葬。'奏可"[4]。由此所带来的结果势必是外藏坑进一步缩减，甚至被取消[5]。既然帝陵的外藏坑大幅度缩减，"同制京师"的诸侯王们在修建自己的墓园时多少会有所顾忌，实际情况也确实如此。如若没有足够的外藏坑用来埋藏器物，则只能缩减陪葬品数量或是在墓葬内部寻求解决方案，而外回廊作为墓内较大的储物空间，恰好可以满足因陪葬

---

[1] 黄晓芬：《汉墓的考古学研究》，第204页。
[2] 韦正、方笑天：《两汉墓葬陶礼器的变化与原因试探——两汉之变之一端》，北京大学中国考古学研究中心、北京大学震旦古代文明研究中心编：《古代文明》第14卷，上海：上海古籍出版社，2020年，第83—92页。
[3] 刘瑞、刘涛：《西汉诸侯王陵墓制度研究》，第398页。
[4] 《汉书》卷十《成帝纪》，第302页。
[5] 马永嬴：《从"将作大匠"看西汉帝陵的变化》，《考古与文物》2009年第4期。

坑缩减所带来的陪葬品放置问题。因此,就题凑墓而言,西汉中期外回廊的出现可能与陵墓外藏坑减少的大趋势有关。就功能而言,外回廊可能逐渐代替了外藏坑的作用。

(二)东汉题凑墓内部结构演变及功能

进入东汉,题凑墓从木椁墓体系发展到室墓体系,从木质结构演变为砖石结构。这也是继西汉中期之后,题凑墓发展演变过程中又一重要节点。前文已论,西汉题凑墓其实是在葬具层层套叠的体系下发展的,而东汉题凑墓已经完成了横穴室墓的转变,形成了较为固定的前后室格局,不再适用于之前的体系。此阶段题凑墓内部结构的变化主要体现在前室、耳室的出现和外回廊的消失。

1. 祭奠空间的独立存在

东汉题凑墓的前室为横长方形,占据整个墓葬的前半部分。与西汉中期在内椁划分出的前室不同,东汉题凑墓的前室是一个完整独立的空间,而不是简单的隔间。从徐州土山二号墓的前室出土器物来看,西侧摆放有玉石祭奠用品[1],说明前室应当是墓葬中的祭奠场所。后室即棺室,放置有两具套棺,即夫妻合葬。东汉题凑墓前室的独立,意味着"祭祀空间和埋葬空间在构造上达到完全分离状态,确立了祭祀前堂和后棺室的相对独立空间,标志着室墓的成熟"[2]。

2. 耳室的出现及回廊功能的变化

耳室的出现可追溯至西汉时期的崖墓。东汉题凑墓中新出现的耳室往往放置车马明器、日用类陶器、陶家畜等,如土山二号墓东耳室为庖厨间,西耳室为车马室。就放置的器物类型看,与西汉时期题凑墓的外藏坑、外回廊作用相似。随着外藏坑与外回廊的消失,耳室逐渐承担起了二者的作用,用来放置"厨厩"一类的器物。此时,依然保留下来的内回廊整圈贯通不再做隔断,其功能性较之西汉有所降低。如济宁肖王庄一号墓的回廊宽度仅有0.8米,且回廊两端入口被甬道壁堵住,显然该墓回廊无法通行,亦无法放置随葬品。土山二号墓回廊处的券砖上写有"徼道"字样,"徼道"一词本指代地上道路,《汉书·佞幸传》:"内为便房,刚柏题凑,外为徼道,周垣数里,门阙罘罳甚盛。"班固《西都赋》云:"周庐千列,徼道绮错。辇路经营,修除飞阁。"[3]该墓回廊除放置有成组陶器外,还葬有一人,又自称"徼道",功能定位略显模糊。

综上,题凑墓内部空间的发展演变,是两汉时期墓葬形制由竖穴墓体系向横穴墓体系

---

[1] 耿建军、原丰:《徐州土山二号墓考古发掘取得重大收获》,《中国文物报》2021年1月15日,第7版。
[2] 黄晓芬:《汉墓的考古学研究》,第92页。
[3] 《后汉书》卷四十上《班彪传》,北京:中华书局,1965年,第1341页。

转变的缩影。虽然题凑墓内部结构愈发复杂，但演变过程主要围绕祭奠空间的出现和储物空间的转变而展开，大致归纳为以下三方面：从西汉中期开始分隔出较为明确的祭奠空间，发展到东汉时期作为祭奠场所的前室完全独立；外藏坑减少，外回廊开始出现，至东汉外藏坑、外回廊完全消失，与此同时出现了功能相似的耳室；西汉时期作为重要储物空间的内回廊，在东汉时期其性质和作用也变得模糊，有些题凑墓的内回廊甚至毫无实际作用。

三、"便房"与"外藏椁"再思

学界关于题凑墓内部结构的讨论已是百家争鸣，争论的焦点集中在墓葬结构与文献描述对应的问题上，即文献中的"便房""外藏椁"究竟与题凑墓中哪一结构相似。在此问题基础上，又引发了关于题凑墓中回廊结构性质的讨论。根据现有考古资料看，将题凑墓的结构与文献对应大体是可行的，思路也基本正确。之所以存有争议，是由于文献记载较为简略，加之题凑墓的形制较为复杂多样，从而对文献产生了不同的理解。之所以对文献存在多种解读，是因为忽略了题凑墓是在不断变化成熟的，其内部结构也不会是一成不变的。因此，对于题凑墓内部结构的研究，应当从其自身的结构体系、功能以及发展来看性质问题。

1. 便房

前引《霍光传》："璧珠玑玉衣，梓宫、便房、黄肠题凑各一具，枞木外藏椁十五具。"从"梓""枞木"皆为木质名称来看，此处"便"字或也如此。又如淳引《汉仪注》："内梓宫，次楩椁，柏黄肠题凑。"可见"便房"与"楩椁"应当指代同一墓葬结构，因而"便"与"楩"当互通[1]，做"楩木"解是可信的。

另外，"便房"后所用量词为"一具"，且是由天子赐予的葬具之一，由此来看当为一个实有结构，而非仅仅是一个由其他结构形成的空间。加之，"便房"与"楩椁"互通，根据文献的行文逻辑，可以确定"便房"应位于棺与题凑之间。

西汉早期题凑墓结构较为简单，前文已述早期题凑墙与外椁板相贴，实际构成墓葬的"外椁"。因此，符合既在棺以外又在题凑以内条件的结构，对于多数墓葬而言只能是"冂"形结构（参见图一、二）。从文献看，"便房"一词仅在霍光、董贤和陈汤三人的传记

---

[1] 刘德增：《也谈汉代"黄肠题凑"葬制》，《考古》1987年第4期；高崇文：《西汉"黄肠题凑"葬制研究》，《北京文博》2008年第2期。

中出现,三者均为西汉中、晚期的人物。因此,题凑刚出现之时"便房"的概念可能并没有产生,即便在稍晚时候产生,其最可能是指题凑与棺之间的"冂"形结构。

西汉中期之后,题凑墓的结构愈发复杂,题凑以内、棺以外的结构常常不止一个,此时文献记载中也出现了"便房"。虽然题凑内部的圈层增多,但题凑与棺之间的"冂"形结构却是从早期至晚期一直存在的。此时"冂"形结构出现前后分隔,前室具有了祭奠的功能,后室用来放置棺柩,但二者的主体框架始终是同一个木质结构(参见图三、四)。"便房"在稍晚文献中被描述为设置祭奠、拜谒的场所,在此阶段已然初现端倪。至于题凑墓的内回廊,并非一个实有的独立结构,其主要功能为储物,与"便房"的位置、结构相差甚远。

至东汉,题凑墓完全转变为横穴室墓,用来描述西汉时期竖穴墓葬棺、便房、题凑层层相套的体系已不再适用。根据《续汉书·礼仪志》:"方石治黄肠题凑、便房如礼。"另有"合葬:羡道开通,皇帝谒便房,太常导至羡道,去杖,中常侍受,至柩前,谒,伏哭止如仪。……诸郊庙祭服皆下便房"[1]。"羡道"即墓道,皇帝通过墓道继而进入便房进行拜谒。此时的"便房"应当是供生人拜谒之处,因而东汉时期的"便房"应当是墓内的横前室,位于棺室的前方,用来放置祭奠器具。

总体来看,题凑墓中"便房"结构的变化是逐渐适应墓葬由竖穴向横穴转变的过程,是墓葬逐渐"第宅化"的产物。虽然"便房"作为祭奠空间的记载最早仅见于《续汉书》,但其滥觞可追溯至西汉中期开始划分前、后室之时。也正是因为题凑墓经历了竖穴和横穴两种墓葬形制,从而使得古人对于"便房"的理解出现了差异。

2. 外藏椁

"外藏椁"一词始见于《汉书·霍光传》,按照文中论述的逻辑顺序,其位置当在题凑之外。加之文献中明确指出霍光被赐予十五具枞木外藏椁,则外藏椁应当是个可以量化的结构,而非一个空间概念。前文已论,两汉时期题凑之外的储物空间,有一个从外藏坑到外回廊再到耳室的演变过程。从帝陵及诸侯王墓的情况看,外藏坑在位置和形制方面均符合"外藏椁"的定义。不过帝陵外藏坑的内涵较之诸侯王墓更为丰富,除却"婢妾""厨厩"之属,还代表或象征"宫观及百官位次"[2]。

又据《汉旧仪》云:"天子即位明年,将作大匠营陵地,用地七顷,方中用地一顷……其设四通羡门,容大车六马,皆藏之内方,外陟车石。外方立,先闭剑户,户设夜龙、莫邪

---

[1] (西晋)司马彪撰,(梁)刘昭补注:《续汉书》志第六《礼仪下》,见《后汉书》,第3144页。
[2] 焦南峰:《汉阳陵从葬坑初探》,《文物》2006年第7期。

剑，伏弩，设伏火。"[1]《皇览》亦云："汉家之葬，方中百步，已穿筑为方城。其中开四门，四通，足放六马……"[2]"方中""内方"将羡道包含其中，应当指代整个地下墓葬[3]。由此看来，"内方""外方"与"正藏""外藏"在墓葬语境下，含义应当是相近的。"外藏椁"中的"外"，最初应当也指墓葬（墓圹）以外。就外回廊而言，虽然放置的器物依然属于"婢妾""厨厩"之属，但其所处位置依然是在墓圹以内；且外回廊并非一个可以量化的椁室，即使回廊可以层计数，理论上也无法修筑十几圈之多。

如此，若将"外藏椁"概念套之以所有的题凑墓，恐难以一概全。就题凑墓而言，外回廊可能逐渐代替了外藏椁的作用，但将其直接与外藏椁画等号则有些不妥。至东汉，题凑墓的外回廊消失，外藏坑也不再使用，耳室成为集中放置车马、陶器的空间。墓葬也已经脱离了竖穴木椁墓棺椁层层相套的体系，内、外藏的概念已经不适用于横穴室墓。正如段清波先生所言，东汉时期外藏系统最终消失[4]。

四、结　语

"题凑"是两汉时期高等级墓葬所采用的一种构筑墓室的形式。西汉时期的题凑墓属于竖穴木椁墓，墓葬结构体系表现为棺、椁、题凑等葬具内外套叠的形式。题凑墓主要的变化体现在三方面：一是西汉中期以后长沙以外地区开始在题凑外围加筑回廊；二是西汉早期题凑结构与外椁板紧密相连，共同构成墓葬的外椁，至西汉中期，题凑结构与椁板分离，题凑作为单独的结构存在于墓室之内；三是内椁进行前后空间的划分，出现了祭奠区域。

整体来看，题凑墓的结构越来越复杂，分隔出的空间也越来越多。西汉晚期的定陶灵圣湖汉墓在题凑结构的外围加筑了一圈青砖，墓顶部也有青砖覆盖，实际是一座砖木混筑的墓葬，体现出西汉晚期整个墓葬形制和建筑用材上正在发生转变。从题凑的营建方式和建筑材料看，同一王国的题凑墓之间较为相似。木材多数如文献所言为柏木，亦有楠木、梨木，可能与原料获取有关。至于为何总是选用黄肠柏木作为题凑木枋，尚难有定论。就文献记载来看，柏木常作为地上建筑的原料，如齐桓公做柏寝台，汉长安城有柏梁台。

---

[1]（西晋）司马彪撰，（梁）刘昭补注：《续汉书》志第六《礼仪下》，见《后汉书》，第3152页。
[2]（西晋）司马彪撰，（梁）刘昭补注：《续汉书》志第六《礼仪下》，见《后汉书》，第3144页。
[3] 刘庆柱、李毓芳：《西汉十一陵》，西安：陕西人民出版社，1987年，第162-164页。
[4] 段清波：《外藏系统的兴衰与中央集权政体的确立》，《文物》2016年第8期。

另《汉书·东方朔传》云"柏者,鬼之廷也,"[1]意以松柏之树为鬼神廷府。柏木有较为丰富的内在含义,"黄心柏木"的选用可能需从多个方面考虑。

东汉时期题凑墓属于横穴砖石墓体系,题凑墙位于墓葬最外围,内部结构则用砖来砌筑。墓葬主要由题凑墙、前室和棺室组成,前室为横长方形,是一个独立的祭奠空间。部分墓葬内回廊已无实际作用,外回廊消失,墓道两侧流行耳室。此时期,各诸侯国题凑墓的形制与构筑方式也较西汉更为稳定、一致,两汉之间题凑墓的变化符合墓葬结构演变的大趋势。

题凑墓本身有一套完整的发展体系,西汉时期的题凑墓其实是一种棺椁层层套叠的多重结构,其发展演变并没有脱离竖穴木椁墓的本质。东汉时期,题凑墓的墓葬结构从竖穴墓的内外套叠式演变成横穴墓的前、后室形式。因此,关于题凑墓内类似于"便房"和"外藏椁"结构的讨论,应当是在这一体系下进行历时性的观察,二者均不是一成不变的。"便房"的出现可能要晚于题凑,早期并非所有题凑墓都有这一结构。西汉中期便房内部出现了空间划分,前室的祭奠功能也已显现。东汉时期便房则转变为墓葬的横前室,从而完成了祭奠空间的完全独立。外藏坑与文献中的"外藏椁"最为接近,而外回廊与耳室则是与外藏坑功能相近的替代品,各自流行的时代也不相同。

两汉时期,题凑墓从竖穴木椁墓逐步演变为横穴砖石墓,从而突破了由内而外层层套叠的墓葬结构,而这种变化的先声应该是西汉时期一些诸侯王的大型崖墓。对于苏北、豫东地区诸侯王常使用的大型崖墓而言,多数墓葬更加适合以横穴室墓的体系来看待,与此同时亦有少数墓葬保留了部分竖穴墓葬的结构。如河南永城保安山M1、M2[2],主室外围开凿有回廊,回廊开凿工整且墙壁处保留有加装隔板的凹槽,当具有放置器物的实际功能[3]。另外,M2还凿建了东、西两条墓道通向墓室,这一结构在崖墓中并不常见。可见,保安山汉墓虽属于横穴崖墓,但似在有意模仿竖穴墓的形制。除此以外,徐州地区发现的大型崖墓则要比上述三座墓葬更加"第宅化",部分墓葬脱离了轴对称的布局,营建了厕所、浴室等附属墓室,明显与题凑墓系统不同。由此可见,部分西汉时期的大型崖墓显示出从竖穴木椁墓体系向横穴室墓体系的过渡,可以看作是高等级墓葬形制转变过程中的一个特殊变体。

另外,根据帝陵外藏坑多代表政府机构和军队系统来看,汉代诸侯王墓葬除"第宅

---

[1]《汉书》卷六十五《东方朔传》,第2845页。
[2] 河南省文物考古研究所:《永城西汉梁王陵与寝园》,郑州:中州古籍出版社,1996年;河南省商丘市文物管理委员会、河南省文物考古研究所、河南省永城市文物管理文员会:《芒砀山西汉梁王墓地》,北京:文物出版社,2001年。
[3] 河南省商丘市文物管理委员会、河南省文物考古研究所、河南省永城市文物管理文员会:《芒砀山西汉梁王墓地》,第31页。

化"的特征之外,部分墓葬内部结构可能也具有王国官府的象征。如高邮神居山一号墓内回廊的门板上刻有"中府""食官"等文字;徐州北洞山楚王墓墓道壁龛处放置陶俑,部分绶带所系半通印上写有"中郎""郎中"字样[1]。从山东章丘洛庄汉墓外藏坑中出土的封泥和铭文来看,这些陪葬坑也代表官府机构[2]。虽然帝陵内部的结构不得而知,但根据诸侯王墓情况,可以想见帝陵内部的结构可能有较为系统的规划。总之,帝王陵墓与一般墓葬不同,不仅是安葬死者的方寸之地,同时还是政治集权和礼仪规范的重要载体[3]。

（原载《考古》2022年第6期）

补记：由于期刊版面限制,论文初次刊载时注释内容有所删减,此处予以增补。

---

[1] 徐州博物馆、南京大学历史学系考古专业：《徐州北洞山西汉楚王墓》,北京：文物出版社,2003年,第92页。
[2] 段清波：《外藏系统的兴衰与中央集权政体的确立》,《文物》2016年第8期。
[3] 韩国河：《究古代陵寝之道,结精力弥满之实——读〈中国古代物质文化史·陵墓〉》,《中原文物》2017年第6期。

宫殿与墓葬传统的交融：东汉地上石人的起源与意义

齐 广

东汉地上石人是一种列置于墓葬、祠堂、庙宇等地的特殊石雕。李零[1]、林通雁[2]、林梅村[3]、徐龙国[4]等学者做过比较系统的整理和研究，基本梳理了目前已经发现的石人材料，并就其起源、意义等问题提出一系列有益的见解，为后来许多针对某类造型石人的研究打下良好的基础。其中，林梅村先生较早提出秦汉时期大型雕塑的兴起受到北方草原文化的影响，这一观点被学界广泛认可。但值得注意的是，汉代中原地区地上石刻的题材与草原地区流行的鹿石存在较大差异，并非是对后者的直接模仿。且西汉时期地上石刻主要出现在武帝时期，武帝后至东汉前期的陵墓地上石刻几无发现与记载，与东汉中后期兴起的用于陵墓和庙宇的石刻之间也没有直接继承关系[5]。东汉地上石刻在发展过程中更多是自身文化的演进，形成独有的题材和造型传统。讨论东汉石刻的起源与意义仍有一定的必要性，笔者遂以东汉地上石人为例进行研究，供学界参考。

---

[1] 李零：《翁仲研究》，见氏著《入山与出塞》，北京：文物出版社，2004年，第41-86页。
[2] 林通雁：《东汉陵园墓地大型石雕艺术试论》，见中国陵墓雕塑全集编辑委员会编《中国陵墓雕塑全集3》，西安：陕西人民美术出版社，2009年，第3-62页。
[3] 林梅村：《秦汉大型石雕艺术源流考》，见氏著《古道西风：考古新发现所见中西文化交流》，北京：生活·读书·新知三联书店，2000年，第99-168页。
[4] 徐龙国：《山东发现的汉代大型胡人石雕像再研究》，《美术研究》2017年第3期。
[5] 霍巍：《四川东汉大型石兽与南方丝绸之路》，《考古》2008年第11期。

一、东汉地上石人的发现

目前已发现的东汉地上石人共计三十余具,时代集中在东汉中后期,根据其人物造型、服饰等大致可以分为胡人与汉人两种,少量兼具胡汉特征。笔者据此分类,梳理并介绍主要材料。

(一)胡人形象的石像

东汉石人中有一类具有胡人特征的石人,多为坐姿。以往的著录与研究中,习惯将这种姿势称为跽坐,已有学者研究指出这种称呼有误[1],本文将其统称为坐式石人。

目前发现的坐式石人以山东中部较为集中,在河北及河南等地也有发现。如1996年山东临淄人民路中段发现一具汉代石人[2],高2.28米[3],坐姿,头戴尖帽,面部为菱形,深目高鼻,尖下巴,胸部刻出乳头状突起,双手下垂相交抱于腹部,圈点纹腰带(图一)。类似造型的石人在青州也有发现,发现时石人在古河道中[4]。石人高约3.05米,坐姿,头戴尖顶圆帽,身着有波浪纹的交领袍,双臂收拢捧于胸前,双手交叉对握,脸狭长呈菱形,双目深凹,深鼻高目,身躯呈方柱状坐于一石座上(图二)。

山东邹县(今邹城市)西关曾发现一件石雕人像,上半部雕刻较好,通高1.48米,头戴平巾帻,脸部呈椭圆形,两眼近三角形,鼻梁隆起,带有胡人特征,双肩微耸,双手偏右拥物[5],与淄博、青州等地的石人造型不同。此外,1999年在河南孟津县平乐乡上古村发现一具石人[6],高1.2米,头戴尖帽,身着右衽短襦,右腿跪地,左腿前屈,呈单腿跪姿,右手执物在膝盖上,左手在胸前执物(图三),具有明显的胡人特征。河北石家庄小安舍村亦发现有两具石人[7],男像高约1.74米,女像高约1.6米,身体应为坐姿,双手交叉于胸前,露出乳房、肚脐与生殖器,两像均雕刻有衣领斜纹,腰间都系菱形饰带,男戴武弁,女戴帽(图四)。其冠帽具有汉人特征,而面部形象与服饰又具有胡人形象的特点,对比前述坐式、袒胸露乳的胡人石像来看,这两具石人表现的也是胡人。

---

[1] 张维慎:《谈"跽坐俑"及其相关问题》,《文博》2020年第2期。
[2] 王新良:《山东临淄出土一件汉代人物圆雕石像》,《文物》2005年第7期。
[3] 淄博市临淄区文物管理局:《临淄文物志》,北京:文物出版社,2015年,第125页。
[4] 郑岩:《汉代艺术中的胡人形象》,见氏著《逝者的面具:汉唐墓葬艺术研究》,北京:北京大学出版社,2013年,第126页。
[5] 郑建芳:《邹城发现汉代石雕人像》,《文物》2000年第7期。
[6] 陈长安:《洛阳古代石刻艺术·陵墓卷》,郑州:中州古籍出版社,2016年,第56页。
[7] 河北省石家庄市文保所:《石家庄发现汉代石雕裸体人像》,《文物》1988年第5期。

图一　山东临淄徐家庄石人

（图片来源：《中国陵墓雕塑全集3》，第13页，图一一）

图二　山东青州石人

（图片来源：《中国陵墓雕塑全集3》，第12页，图一○）

图三　河南孟津上古村石人

（图片来源：《中国陵墓雕塑全集3》，第11页，图八）

图四　河北石家庄小安舍村石人

（图片来源：《中国陵墓雕塑全集2》，第4、5页，图一、二）

此外,在山东临淄、兖州,河北邢台等地也发现了胡人形象的石人,他们在造型上与上文介绍的石人类似,多头戴尖帽、深目高鼻、裸身系腰带,一般都是坐式。现将目前可见的汉代地上胡人石像材料列表于下(表一)。

表一　汉代地上胡人石像一览表

序号	发现地点	时代	数量	形态	高度	出处	备注
1	山东临淄徐家庄	东汉晚期	1	坐姿,头戴尖帽,深目高鼻,双手下垂相交抱于腹部,刻有乳头,圈点纹腰带	2.28米	《中国陵墓雕塑全集3》,图版一一	
2	山东临淄左家庄	东汉晚期	1	坐姿,头戴尖帽,深目高鼻,脸部尖圆,双手下垂相交抱于腹部,乳头突出,领部刻有圆形衣领	1.7米	《临淄文物志》,第124、125页	
3	山东临淄西孙徐姚村	东汉晚期	1	仅余上半部,头戴尖帽,高鼻深目,帽尖前倾	残高1.2米	《美术研究》2017年第3期,第32-46页	
4	山东青州	东汉晚期	1	坐姿,头戴尖顶圆帽,深目高鼻,身着有波浪纹的交领袍,双臂收拢捧于胸前,双手交叉对握	3.05米	《逝者的面具:汉唐墓葬艺术研究》,第126	
5	山东兖州金口坝	东汉晚期	1	坐姿,头部戴尖帽,双手交叉于胸前	1.35米	《文物》1995年第9期,第48-49页	
6	山东烟台牟平	建和元年(147)	3	头部两面刻脸,头顶发髻高耸,面部鼻高眼凹,颧骨凸起,身着长袍,双手交叉抱于胸前	略小于真人	《中国文物报》2000年3月19日第1版	身上刻有"古胡文曰吉墓伯""急急如律令""建和元年"等文字
7	山东邹县西关	东汉晚期	1	上半部雕刻较好,头戴平巾帻,脸部呈椭圆形,两眼近三角形,鼻梁隆起,双手持以柄状物	1.48米	《文物》2000年第7期,第84页	

(续表)

序号	发现地点	时 代	数量	形 态	高 度	出 处	备 注
8	河南孟津上古村	东汉晚期	1	头戴尖帽,身着右衽短襦,右腿跪地,左腿前屈,呈单腿跪姿,右手执物在膝盖上,左手在胸前执物	1.2米	《洛阳古代石刻艺术·陵墓卷》,第56页	
9	河北邢台柏乡	东汉晚期	1	面部风化严重,头顶略尖,后额突出,双手交叉于胸前	1.2米	《文物春秋》2006年第5期,第70-71页	
10	河北石家庄小安舍村	东汉晚期	2	坐姿,双手交叉于胸前,露出乳房、肚脐与生殖器,两像均雕刻有衣领斜纹,腰间都系菱形饰带,男戴武弁,女戴帽	男像1.74米;女像1.6米	《文物》1988年第5期,第91-92页	

(二) 汉人形象的石像

东汉石人中有一类具有汉人特征的石人,多为站姿。汉人石像的分布范围较广,在山东、河南、陕西、北京、四川等地都有发现。这些石人造型类似,很多成对出现,一般是一人捧盾,一人拥彗。山东曲阜麃君墓石人即比较典型,目前保存在山东曲阜孔庙。其中一具,高约2.5米,戴冠穿长袍,拱手捧盾,前侧刻"汉故乐安太守麃君亭长"(图五,1);另一件高约2.4米,头戴冠,穿长袍,双手偏右拥彗,前侧刻"府门之卒"(图五,2)。桓帝永寿二年(156)所立《礼器碑》记有"故乐安相鲁麃季公"字样[1],与石人所记应是一人,则石人的年代在永寿二年之后。在曲阜陶洛村汉墓群还出土了三具石人。东侧一件石人,高2.38米,躬身站立,双目平视,身穿大领长袍,头戴纱帽,双手合抱捧物,左臂胁下佩剑(图六,1)。西侧一件石人,高2.22米,高鼻合口,头包布巾,身穿大领长袍,双手偏右合拥一物(图六,2)。余一件石人较小,高1.7米,双目圆睁,高鼻合口,头戴圆冠,身穿宽领长袍,双手偏右拥物[2],根据造型判断其时代应当是东汉中后期。传说前两件石人属于汉鲁

---

[1] 毛远明校注:《汉魏六朝碑刻校注(一)》,北京:线装书局,2009年,第198-204页。
[2] 孔繁银:《曲阜的历史名人与文物》,济南:齐鲁社,2002年,第437页。

1. 山东曲阜麃君墓捧物石人 　　2. 山东曲阜麃君墓拥物石人

图五　山东曲阜麃君墓石人

（图片来源：《中国陵墓雕塑全集3》，第4、5页，图一、二）

1. 山东曲阜陶洛捧物石人 　　2. 山东曲阜陶洛拥物石人

图六　山东曲阜陶洛石人

（图片来源：《中国陵墓雕塑全集3》，第6、7页，图三、四）

王墓[1]，东汉时期的鲁王仅光武帝次兄鲁哀王刘仲及其嗣子刘兴两人，刘仲死于南阳郡的小长安之战中，之后追封鲁王，未葬于曲阜。刘兴于光武帝建武二年(26)就封鲁王，建武二十八年(52)又徙为北海王[2]，墓葬也不会在曲阜，鲁王墓之说应当是后世的附会。

北京丰台永定河中曾发现一具石人[3]，高约1.5米，头戴网状帻，身穿交领宽袖长袍，双手拱于胸前捧盾（图七），造型与曲阜发现的两处捧盾石人类似。陕西华阴西岳庙也曾发现一具石人，青石圆雕，高1.75米，头戴平冠，身穿宽领阔袖长袍，手持长条状物，胸前刻有"西岳神道阙"字样[4]。据《华山庙碑》所载，西岳庙在两汉之际被毁，至东汉桓帝延熹八年(165)重建[5]，石人的年代应在同时。这件石人与曲阜的三件拥物石人造型类似，可能也是与捧物石人组合使用的。河南登封嵩山中岳庙前也保存有一对石人，高约1.2米，头部较大，顶平，身着袍服，双手拄剑而立。推测其年代与中岳庙汉三阙年代相近，汉三阙的年代为东汉安帝元初五年(118)[6]，石人的年代应当距此不远。

图七　北京丰台石人
（图片来源：《中国陵墓雕塑全集3》，第9页，图六）

四川都江堰曾出土了多件石人，其中1974年出土的石人较为特殊。石人高2.9米，头戴冠，面带微笑，身穿长衣，束腰，两手袖在胸前，像底有榫头。石像上有铭文"建宁元年闰月戊申朔廿五日都水掾""尹龙长陈壹造三神石人珎水万世焉""故蜀郡李府君讳冰"。据铭文可知，这尊石像应当是东汉灵帝建宁元年(168)所造的李冰石像[7]。李冰石像用于镇水，与其他墓葬与庙宇前使用的石人在功能与意义上皆不同。

此外，在山东邹城、陕西华阴、四川渠县等地也发现有汉人形象的石人，他们在造型上多头戴冠或巾帻，身着袍服，躬身向前。现将目前可见的汉代地上汉人石像材料列表于下（表二）。

---

[1]［日］石松日奈子、杨效俊：《中国古代石雕论——石兽、石人与石佛》，《考古与文物》2010年第6期。
[2]《后汉书》卷十四《宗室四王三侯列传》，北京：中华书局，1965年，第555-556页。
[3] 李零：《翁仲研究》，见氏著《入山与出塞》，第64页。
[4] 卢慧杰：《华山西岳庙石刻》，《文博》2001年第6期。
[5] 毛远明校注：《汉魏六朝碑刻校注（一）》，第246-250页。
[6] 吕品：《中岳汉三阙》，北京：文物出版社，1990年，第19页。
[7] 四川省灌县文教局：《都江堰出土东汉李冰石像》，《文物》1974年第7期。

表二　汉代地上汉人石像一览表

序号	发现地点	时代	数量	形态	高度	出处	备注
1	山东曲阜麃君墓	东汉晚期	2	一件戴冠穿长袍，拱手捧盾；一件头戴冠，穿长袍，双手偏右拥彗	捧盾石人2.5米，拥彗石人2.4米	《中国陵墓雕塑全集3》，图版一	捧盾石人胸前刻"汉故乐安太守麃君亭长"，拥彗石人胸前刻"府门之卒"
2	山东曲阜陶洛村	东汉晚期	2	一件躬身站立，身穿大领长袍，头戴纱帽，双手合抱捧物，左臂胁下佩剑；一件身穿大领长袍，头包布巾，双手偏右合拥一物	捧物石人2.38米，拥物石人2.22米	《曲阜的历史名人与文物》，第437页	
3	山东曲阜陶洛村	东汉晚期	1	双目圆睁、高鼻合口、头戴圆冠，身穿宽领长袍，双手偏右抱物	1.7米	《曲阜的历史名人与文物》，第437页	
4	山东邹城匡庄	东汉晚期	1	脸部长方形，双手叠放于腰际，头有冠帻包裹	1.2米	《文物参考资料》1956年第10期，第49页	
5	北京丰台永定河	东汉晚期	1	头戴网状帻，身穿交领宽袖长袍，双手拱于胸前捧盾	1.5米	《入山与出塞》，第64页	
6	陕西华阴西岳庙	延熹八年（165）	1	头戴平冠，身穿宽领阔袖长袍，手持长条状物	1.75米	《文博》2001年第6期，第61-63页	胸前刻有"西岳神道阙"
7	陕西富平	东汉晚期	2	东侧石人身着袍服，佩剑，双手合抱于胸前；西侧石人身着长袍，躬身向前，双手偏右合抱一棒状物	捧物石人残高1.55米，拥彗石人2.56米	《十院校美术考古研究文集》，第308-310页	
8	河南登封中岳庙	元初五年（118）	1	头部较大，顶平，身着袍服，双手拄剑而立	1.2米	《中岳汉三阙》，第19页	

(续表)

序号	发现地点	时代	数量	形态	高度	出处	备注
9	四川渠县	东汉晚期	1	自颈部以下断裂,身着长袖宽袍,束腰,双手拱于胸前	残高1.97米	《四川文物》2013年第2期,第66-71页	
10	四川都江堰	建宁元年(168)	1	头戴冠,面带微笑,身穿长衣,束腰,两手袖在胸前,像底有榫头	2.9米	《文物》1974年第7期,第27-28页	石像有铭文"建宁元年闰月戊申朔廿五日都水掾""尹龙长陈壹造三神石人珎水万世焉""故蜀郡李府君讳冰"
11	四川都江堰	东汉晚期	1	直立持臿,宽衣垂袖,束腰,两足露出衣外	1.85米	《文物》1975年第8期,第89-90页	
12	四川都江堰	东汉晚期	3	自颈部断裂,宽衣垂袖,束腰,两手拱于胸前,足穿官靴,底部有榫头	一件残高2.2米	《四川文物》2018年第6期,第5-12页	

二、东汉石人的起源与传统

(一)坐式胡人石像的起源

以往研究中,有学者根据石人出土的位置及汉画像中出现的跪拜图像,认为胡人石像可能用于崇拜或镇水[1]。但需要注意的是,秦汉时期的跪坐人像,一般表现的是身份较低的侍从,崇拜或镇水可能出于后人附会,并非坐式石人的本来功能。秦汉时期一直有制作大型铜人的传统,李零先生即认为东汉石人直接源头应当是作为宫殿装饰物的翁仲[2],徐龙国先生亦持此说,认为"墓前石人是对宫殿立铜人的摹写"[3]。笔者赞同此说,但研究仍

---

[1] 郑岩:《汉代艺术中的胡人形象》,见氏著《逝者的面具:汉唐墓葬艺术研究》,第126页。
[2] 李零:《翁仲研究》,见氏著《入山与出塞》,第41—86页。
[3] 徐龙国:《山东大型胡人石雕像与欧亚文化交流》,《中国国家博物馆馆刊》2018年第10期。

可更加深入,通过对宫殿铜人的具体研究进而讨论胡人石像的功能与意义。目前还未发现秦汉时期大型金人的实物,但通过丰富的文献资料,我们可以大致了解秦汉时期金人制作与使用的传统。

秦汉至曹魏,宫廷中一直有制作金人的传统。《史记·秦始皇本纪》记载:"(秦始皇)收天下兵,聚之咸阳,销以为钟鐻金人十二,重各千石,置廷宫中。"《汉书·五行志》也记有此事[1]。此后,东汉灵帝时也制作金人[2]。到东汉末期,献帝迁都许,重新建设宫城,也制作了金人[3]。至魏明帝迁都洛阳,制作金人的传统仍得到继承[4]。

在形象上,这些金人都是模仿胡人的。《汉书·五行志》:"有大人长五丈,足履六尺,皆夷狄服……作十二金人以象之。"[5]何晏《景福殿赋》记载:"爰有遐狄,镣质轮菌。"[6]韦诞《景福殿赋》也提道:"又有外城金狄,诡貌殊姿。"[7]《水经注·渭水》:"魏明帝景初元年(237),徙长安金狄,重不可致,因留霸城南。"[8]《三国志·明帝纪》注引《魏略》记载:"(魏明帝)大发铜铸作铜人二,号曰翁仲,列坐于司马门外。"[9]所谓"夷狄服""金狄""诡貌殊姿""遐狄"等无疑表明这些金人的形象都是仿自胡人。

在造型上,这些金人都呈坐姿。《汉书·王莽传》说:"莽梦长乐宫铜人五枚起立。"[10]张衡《西京赋》:"高门有闶,列坐金狄。"[11]卞兰《许昌宫赋》记载:"坐金人于闱闳,列锺簴于广庭。"[12]何晏《景福殿赋》记载金人:"坐高门之侧堂。"[13]《三国志》注引《魏略》:"(魏明帝)大发铜铸作铜人二,号曰翁仲,列坐于司马门外。"[14]"坐",能够"起立",都说明其造型为坐姿。

在位置上,秦汉时期长安城的金人普遍立于宫廷正门。《三辅黄图》:"(秦始皇)销锋

---

[1]《汉书》卷二十七《五行志》,北京:中华书局,1962年,第1472页。
[2]《后汉书》卷七十八《宦者列传》,第2537页。
[3](清)严可均辑:《全三国文》卷三十《卞兰·许昌宫赋》,北京:中华书局,1958年,第1223页下栏;《全三国文》卷三十二《韦诞·景福殿赋》,第1235页下栏;《全三国文》卷三十九《何晏·景福殿赋》,第1272页上栏。
[4]《三国志》卷三《明帝纪》,北京:中华书局,1982年,第110页;《晋书》卷二七《五行志》,北京:中华书局,1974年,第823页。
[5]《汉书》卷二十七《五行志》,第1472页。
[6](清)严可均辑:《全三国文》卷三十九《何晏·景福殿赋》,第1272页上栏。
[7](清)严可均辑:《全三国文》卷三十二《韦诞·景福殿赋》,第1235页下栏。
[8](清)王先谦:《合校水经注》卷十九《渭水》,北京:中华书局,2009年,第293页。
[9]《三国志》卷三《明帝纪》,第110页。
[10]《汉书》卷九十九《王莽传》,第4169页。
[11](南朝梁)萧统:《文选》卷二《西京赋》,北京:中华书局,1977年,第39页。
[12](清)严可均辑:《全三国文》卷三十《卞兰·许昌宫赋》,第1223页下栏。
[13](清)严可均辑:《全三国文》卷三十九《何晏·景福殿赋》,第1272页上栏。
[14]《三国志》卷三《明帝纪》,第110页。

镝以为金人十二,以弱天下之人,立于宫门。"[1]《史记》正义引《三辅旧事》"(金人)汉世在长乐宫门"[2],班固《西都赋》"立金人于端闱"[3],端闱即宫廷正门。张衡《西京赋》:"高门有闶,列坐金狄。"[4]这种在宫门列置金人的做法在东汉都城洛阳得到延续,《后汉书·宦者列传》:"(汉灵帝)又使掖庭令毕岚铸铜人四列于仓龙、玄武阙。"[5]此后,许都景福殿和曹魏的洛阳宫殿也列有金人。韦诞《景福殿赋》记载金人"列于应门,肃有容威。"[6]《诗·大雅·緜》:"迺立应门,应门将将。"毛传:"王之正门曰应门。"[7]《三国志·明帝纪》注引《魏略》记载金人"列坐于司马门外"[8],所谓司马门,亦指宫廷的正门。又《晋书·石勒载记》说:"(石)勒徙洛阳铜马、翁仲二于襄国,列之永丰门,"[9]后赵的石勒将魏明帝铸造的金人迁到其都城襄国的宫门。综上可知,秦汉至魏晋时期,金人多成对列置于宫廷正门。

从文献记载来看,秦汉魏晋时期,宫门列置金人已经成为一种传统。秦汉宫门的金人都是坐姿的胡人形象,与目前发现的汉代胡人石像一致,早期的坐式胡人石像可能就是仿自金人。笔者在山东考察期间观察到,在临淄徐家庄发现的石人身上有浅扇形纹饰,状似铠甲(图一),临淄左家庄石人、山东青州石人(图二)也有类似纹饰。扬雄《甘泉赋》提到宫廷的金人"嵌岩岩其龙鳞"[10],描述的是金人身着铠甲的形象,胡人石像上的浅扇形纹饰,可能就是模仿金人制作的表现。汉代墓葬装饰,很多都模仿自宫廷,胡人石像也是这种情况。秦汉的金人,除了"彰圣主之威神"[11]显示威仪,立于门侧,显然也具有守卫和分界的作用。胡人石像形象模仿自宫廷的金人,功能与意义也与金人相同。

---

[1] 何清谷:《三辅黄图校释》卷一《秦宫》,北京:中华书局,2005年,第46-47页。
[2]《史记》卷六《秦始皇本纪》,北京:中华书局,2014年,第309页。
[3] (南朝梁)萧统:《文选》卷一《西都赋》,第25页。
[4] (南朝梁)萧统:《文选》卷二《西京赋》,第39页。
[5]《后汉书》卷七十八《宦者列传》,第2537页。
[6] (清)严可均辑:《全三国文》卷三十二《韦诞·景福殿赋》,第1235页下栏。
[7] (汉)郑玄笺、(唐)孔颖达等正义:《毛诗正义》卷一六《大雅》,见《十三经注疏》,上海:上海古籍出版社,1997年,第511页。
[8]《三国志》卷三《明帝纪》,第110页。
[9]《晋书》卷一百五《石勒载记》,第2738页。
[10]《汉书》卷八十七《扬雄传》,第3526页。
[11] (清)严可均辑:《全三国文》卷三十九《何晏·景福殿赋》,第1272页上栏。

（二）汉人形象石人的起源

除了都江堰发现的几具石人外，目前已知汉人形象石人多用于墓葬和庙宇。李冰石像因比较特殊，时代较晚，此处不纳入讨论。山东曲阜麃君墓石人自铭为"亭长"。亭长是汉代的基层治安官员，又可指门吏，蔡质《汉仪》："洛阳二十四街，街一亭；十二城门，门一亭。"[1]《续汉书·百官志》："（郡）正门有亭长一人。"[2]《史记》集解引应劭："旧时亭有二卒，其一为亭父，掌开闭扫除。"[3]

这种亭长门吏也常见于汉代的画像材料，最早可以追溯到西汉晚期。如西汉晚期的陕西西安曲江翠竹园一号墓，在北壁墓门西侧发现身着袍服、佩剑拱手的门吏形象[4]，东汉前期陕西旬邑县百子村壁画墓墓门甬道有题记为"亭长"的袍服、佩剑捧盾的人物图像[5]；东汉中期的河北望都一号墓的墓门两侧分别有题记为"门亭长""寺门卒"的门吏图像，两人都头戴赤帻，身穿袍服，躬身而立，其中一人执彗，另一人捧盾[6]，与曲阜陶洛石人、曲阜麃君墓石人的造型和组合相仿。

河南淅川出土过一件汉代画像砖，其上的人物戴冠，着长衣、双手执戟站立，头部上有"门亭长"的字样[7]；江苏睢宁县博物馆藏汉代画像石上两个单阙与拥彗、捧盾亭长组合出现[8]；四川泸州十一号石棺画像，一件单阙的两旁分别有一人弯腰侍立，一人捧盾，一人拱手[9]，四川芦山县汉墓墓门画像石也有拥彗与捧盾亭长结合的图像[10]，这些人物往往出现在墓门附近，或与门阙图像组合出现，结合题记，可以确信这些图像表现的也是亭长门吏。对比墓葬图像与石人两种材料，两者在题名、形象、组合上都是一致的，是同一形象在不同载体上的表现。墓上石人出现的时间较晚，应是对墓葬装饰图像的模仿。

---

[1]（汉）蔡质：《汉官典职仪式选用》，载（清）孙星衍等：《汉官六种》，北京：中华书局，1990年，第211页。
[2]（晋）司马彪：《续汉书》志第二十八《百官志》，见《后汉书》，第3621页。
[3]《史记》卷八《高祖本纪》，第442页。
[4] 西安市文物保护考古所：《西安曲江翠竹园西汉壁画墓发掘简报》，《文物》2010年第1期。
[5] 陕西考古研究所：《陕西旬邑发现东汉壁画墓》，《考古与文物》2002年第3期。
[6] 北京历史博物馆、河北省文物管理委员会：《望都汉墓壁画》，北京：中国古典艺术出版社，1955年，图版十八、二二。
[7] 周到、吕品、汤文兴：《河南汉代画像砖》，上海：上海人民美术出版社，1985年，图一五五。
[8] 中国画像石全集编辑委员会：《中国画像石全集4》，郑州：河南美术出版社、济南：山东美术出版社，2000年，图版一三二。
[9] 中国画像石全集编辑委员会：《中国画像石全集7》，图版一九四。
[10] 中国画像石全集编辑委员会：《中国画像石全集7》，图版五五。

（三）两类石人间的关系

胡人与汉人两类石人的作用与意义相仿，在文献记载和考古材料中都发现过以胡人作为门吏的相关材料。如《后汉书·应奉传》李贤注引《谢承书》说："颍川纶氏都亭，亭长胡奴名禄。"[1]在河南方城杨集出土的一件画像石，图像上的胡人右手拥彗，左手执钺，右上方还有"胡奴门"的榜题（图八），画面中表现的就是胡人亭长迎送的形象。山东新泰县曾出土过一件画像石，画像石的右格中有一头戴尖帽、深目高鼻，双手拥彗的胡人[2]。邹城西关石人面部明显带有胡人的特征，但其姿势是拥彗，这些说明东汉时期一定范围内存在以胡人为亭长门吏的做法，胡人形象石人的作用应当也是门吏。两者的造型显著不同，产生这种差异的主要原因是其制作传统不同，而非功能不同。

从目前的发现来看，两类石人的年代基本都在东汉中后期，因为多数石人缺少明确的纪年，故很难判断两类石人的早晚关系。总的来说，坐式胡人石像来自宫殿中的金人传统，躬身汉人石像来自墓葬中亭长门吏画像，石人的意义也受到两种来源的影响。两者都是在东汉以来墓葬展示作用加强，墓葬装饰从墓内扩展到墓外、墓前使用大型石刻这一时代背景下兴起，体现了汉代宫殿与墓葬装饰传统的融合。

图八 河南方城杨集汉墓出土胡奴门画像石拓本

（图片来源：《中国画像石全集6》，图版四三）

三、东汉门吏石人的使用与意义

（一）门吏石人的位置

从目前的情况来看，墓地、庙宇前的石人一般是成对出现的。由于石人位于地上，易于移动，其原始位置难以还原，只能根据文献进行推测。

《水经注·谷水》记载："阳渠水又东流，迳汉广野君郦食其庙南……庙宇东面，门有两石人对倚。北石人胸前铭云：门亭长。石人西有二石阙，虽经颓毁，犹高丈余。阙西即庙

---

[1]《后汉书》卷四十八《应奉传》，第1607页。
[2] 山东省博物馆、山东省文物考古研究所：《山东汉画像石选集》，济南：齐鲁书社，1982年，图版二〇七。

故基也,基前有碑,文字剥缺,不复可识。"[1]李零先生认为石阙在东而石人在西[2]。从文献记载来看,庙宇东向,石人在庙宇东侧,石阙应当是靠近庙宇在石人西侧。故郦食其庙的地面设施自西向东依次为郦食其庙、石碑、石阙、石人。《水经注·洧水》记载:"迳汉宏农太守张伯雅墓,茔域四周,垒石为垣,隅阿相降,列于绥水之阴。庚门,表二石阙,夹对石兽于阙下。冢前有石庙,列植三碑。碑云:德字伯雅,河南密人也。碑侧树两石人,有数石柱及诸石兽矣。"[3]地面设施自西向东排列大致为石阙、石兽、石人、石碑、石庙、墓冢。对比两则记载可以发现,郦食其庙的石人位于地面设施的最外侧,张伯雅墓的石人则位于墓园内部,在石阙以内,郦食其庙石人起到分界的作用,张伯雅墓则不同。

从文献记载来看,地上石刻很多都出现在路口或路侧,目前发现的墓阙上,很多都会题有墓主姓名,标识墓地范围,如洪适所言"汉人所作墓阙神道者,弟欲表封陌、限樵牧尔"[4],《张公神碑》亦云"玄碑既立,双阙建兮。□□□□大路畔兮。亭长阍□□扞难兮"[5],此处的亭长可能就是石人。山东曲阜麃君墓前两具石人前侧分别有"汉故乐安太守麃君亭长""府门之卒"(图五)的题刻,西岳庙石人前侧有"西岳神道阙"的题名[6],写明了墓主与庙主身份。山东省博物馆收藏的汉代石狮也有类似情况,后颈题铭"洛阳中东门外刘汉所作师子一双"。但不同的是,石人身上题刻字体尤大,且在易于观察的前侧,显然具有观看的功能,这可能也与石刻位置的不同有关,处在最外侧石人要起到标识墓主或庙主的功能,必然要选择铭刻更容易看到的字体。从另一角度来看,石人身上较大的字体,也说明其起到标志作用,应该处在墓园的最外侧。

石柱、石阙、石人等都具有代表分界的功能,彼此之间可以相互替代。在没有石阙、石柱的情况下,石人应当是位于墓区的最外侧,存在其他分界标志的情况下也会列置于墓园的其他位置。

(二)门吏石人的功能与意义

上文已指出,胡人形象石人模仿自宫殿的金人,汉人形象的石人模仿自墓葬门吏图像,其功能、意义自然也与金人和墓葬门吏图像相似,都具有门吏的功能。在汉代门吏图像中,常可以见到阙的形象。阙在汉代本是门的标志物,后来也用于墓葬。汉代画像中阙

---

[1](清)王先谦:《合校水经注》卷十六《谷水》,第260页。
[2]李零:《西岳庙与西岳庙石人——读〈西岳庙〉》,见氏著《万变:李零考古艺术史文集》,北京:三联书店,2016年,第189页。
[3](清)王先谦:《合校水经注》卷二十二《洧水》,第333页。
[4](宋)洪适:《隶释·隶续》卷十三,北京:中华书局,1985年,第145页。
[5](清)严可均辑:《全后汉文》卷九十八《阙名·张公神碑》,北京:中华书局,1958年,第1002页上栏。
[6]卢慧杰:《华山西岳庙石刻》,《文博》2001年第6期。

和守门亭长常同时出现,在西岳庙石人上还有"西岳神道阙"的题记。借此可知,门吏石人与阙的作用是一致的,都是分界标志。郦食其庙北石人胸前有"门亭长"的题铭[1],山东曲阜麃君墓前两具石人也有类似题刻。这些体现了墓主身份,也起到彰表的作用。

从文献来看,在汉代以后的南朝与隋唐时期,地面石刻都具有等级意义。《唐六典》就记载墓地石刻"凡石人、石兽之类,三品已上用六,五品已上用四"[2]。根据目前唐墓前石刻的情况,应是三品以上官员使用石人、石虎、石羊各两件,五品以上用石人和石羊各两件,五品以下则不能使用石人石兽。[3]汉代的情况尚不明确,从目前考古发现和文献记载的情况来看,石兽、石柱等应该都没有明确的等级限制,被社会各阶层广泛使用。石人的情况可能不同,目前有明确归属信息的包括西岳庙、中岳庙、郦食其庙、山东曲阜麃君墓、张伯雅墓等,其中西岳庙与中岳庙都由东汉中央政府建设,郦食其曾受封广野君,麃君与张伯雅也都官至两千石,等级都比较高。结合文献中亭长多为太守门吏的记载,不能排除石人在东汉具有等级意义的可能。此外,山东青州、临淄徐家庄的胡人石像体量较大,可能就与它们模仿宫廷制作,使用者的等级较高有关。

汉代地方有对上官迎来送往的制度,要求迎送必须要"迎界上""尽界罢"[4]。这些亭长门吏形象,表现亭长迎来送往的场景,亭长迎谒即代表分界,这些场景在汉代图像中也常出现。此外,《水经注·沁水》注引《晋书地道记》:"丹水又迳二石人北,而各在一山,角倚相望,南为河内,北曰上党,二郡以之分境。"[5]就是以石人分界的实例。上文提到,郦食其庙石人在祠庙设施的最外侧,也起到分界的作用。汉代门亭长这种低级属吏往往为太守私人征辟,也为长官私人役使[6],在长官墓前设置亭长,也是合乎情理的。亭长石人源于西汉中晚期以来墓葬中使用门吏守门图像的传统,同时期陵墓石兽也有类似情况,经历了从墓内向墓外的重要转变[7],都是东汉厚葬表墓之风盛行的体现。

(三)石人意义的流变

关于石人的意义,郑岩[8]和朱浒[9]先生曾进行过研究,认为胡人石像用于崇拜与镇水。本文认为胡人石像的本来功能还是门吏,但在东汉中后期,包括胡人石像在内的一些

---

[1] (清)王先谦:《合校水经注》卷十六《谷水》,第260页。
[2] (唐)李林甫等撰、陈仲夫点校:《唐六典》卷四《礼部尚书》,北京:中华书局,1992年,第119-120页。
[3] 杨宽:《中国古代陵寝制度史研究》,上海:上海古籍出版社,1985年,第82页。
[4] (汉)卫宏:《汉官旧仪》,载(清)孙星衍等:《汉官六种》,北京:中华书局,1990年,第37页。
[5] (清)王先谦:《合校水经注》卷九《沁水》,第152页。
[6] 卜宪群:《吏与秦汉官僚行政管理》,《中国史研究》1996年第2期。
[7] 王煜:《汉墓"虎食鬼魅"画像试探——兼谈汉代墓前石雕虎形翼兽的起源》,《考古》2010年第12期。
[8] 郑岩:《汉代艺术中的胡人形象》,见氏著《逝者的面具:汉唐墓葬艺术研究》,第126页。
[9] 朱浒:《汉画像胡人图像研究》,北京:生活·读书·新知三联书店,2017年,第290-304页。

石人在特定场景下可能被赋予新的意义。

汉魏以来有很多石人的神异故事,《荆州记》:"相传汉淮南王安被诛,其子奔逸来至,一夜忽化为石人,当县门而立。"[1]这则故事中的石人立于县门,应是时人根据现实的联想。《水经注·浊漳水》:"鼓之东南,有石人援桴,状同击势,耆旧言,燕山石鼓鸣则土有兵。"[2]《水经注·巨洋水》引郭缘生《续征记》:"逢山在广固南三十里,有祠并(石人)、石鼓。齐地将乱,石人辄打石鼓,闻数十里。"[3]《十六国春秋》记载:"宣光陵石人皆行数步,宫中鬼哭。"[4]这些故事显然都是对现实中石人的神异化想象,认为石人有预示危机的神奇功能。

在文献中,保留着许多崇拜石人活动的记载。曹丕《列异传》记载有石侯治愈疾病立祠的故事[5]。《风俗通义》记载汝南彭氏墓前的石人因为被传闻有治病的神力而被崇拜的故事[6],此事也见于《抱朴子内篇》[7]。作者对这种信仰持批评态度,说明当时这种崇拜在民间确实存在。一则较晚的记载具有一定启发性,《太平寰宇记·关西道》:"(六石人)元在县东南七里,同在一处,前赵石勒所造,置在石人村,西魏入关,遂移石人于府门外,经宿还归本处,往往夜行,昼则在本处,今县东南十五里有二枚,县东北一里有二枚,东南七里有二枚,村人祷祭。"[8]记录了对石人的祭祀活动,石人被神化从而成为民间崇拜的偶像。

目前具有确定祭祀含义的石人实物也有发现。四川都江堰发现的一具李冰石人,上有"尹龙长陈壹造三神石人珎水万世焉"的题记[9],学者多认为是蜀地官员为纪念与祭祀李冰,消弭水患所作。《水经注·谷水》记载魏明帝时期在河南县修千金堨与五龙渠后也制作有石人[10],山东枣庄发现的北魏时期石人铭有"此石人令守桥堰,人蛟不得毁坏,有辄毁坏,殃及万世"[11]的字样。以石人镇水可能是汉至北朝被普遍接受的一种认识,这应该是东汉晚期以来石人意义流变的一种。《魏书·释老志》记载北魏太武帝于太平真君七

---

[1](宋)李昉撰、夏剑钦、王巽斋点校:《太平御览》卷五十二《地部十七》,北京:中华书局,1960年,第253页。
[2](清)王先谦:《合校水经注》卷十《浊漳水》,第225页。
[3](清)王先谦:《合校水经注》卷二十六《巨洋水》,第394页。
[4](北魏)崔鸿著,(清)汤球缉补,聂溦萌、罗新、华喆点校:《十六国春秋缉补》卷四《刘聪》,北京:中华书局,2020年,第48页。
[5](三国魏)曹丕:《列异传》,见鲁迅先生纪念委员会编《鲁迅全集8·古小说钩沉》,北京:人民文学出版社,1973年,第258页。
[6]王利器:《风俗通义校注》卷九《怪神》,北京:中华书局,1981年,第406页。
[7]王明:《抱朴子内篇校释》卷九《道意》,北京:中华书局,1985年,第175—176页。
[8](宋)乐史撰、王文楚等点校:《太平寰宇记》卷二十九《关西道五》,北京:中华书局,2007年,第618页。
[9]四川省灌县文教局:《都江堰出土东汉李冰石像》,《文物》1974年第7期。
[10](清)王先谦:《合校水经注》卷十六《谷水》,第251页。
[11]李锦山:《枣庄市近年发现的一批古代石人》,《文物》1983年第5期。

年(440)下诏灭佛"自今以后,敢有事胡神及造形像泥人、铜人者,门诛"[1],明确要求破坏所有胡神造像。这次运动主要针对佛像,但各种"胡神"或也有所波及,目前发现的胡人形象的石人大都破坏严重,可能就与这次运动有关,这也提醒我们不能一概而论,认为发现于河道附近的石人都是用于镇水,也可能是在北魏毁坏胡神造像运动中被推倒于河道中的。

需要说明的是,可能是早期存在的石人或其他石类的崇拜传统催生了东汉晚期至魏晋时期的石人神异故事,而这种神话故事又导致了对石人的崇拜活动出现。两者相互影响,门吏石人为守卫陵墓庙宇而作,而在民间被神异化。

四、结 论

东汉地上石人除了都江堰发现的石人外,按照形象主要可以分为坐式胡人与躬身汉人两种。坐式胡人石像是对汉晋时期宫廷正门列置金人的模仿,躬身汉人石像则大多来自墓葬亭长门吏画像,在墓葬中都起到仪卫和分界的作用。

石人一般在墓葬与庙宇中成对出现,与石阙、石柱相同,都是内外分界的标志,在没有石阙、石柱的情况下,石人应当位于墓区的最外侧,存在其他分界标志的情况下也会列置于墓园的其他位置。

东汉流行崇儒重丧的思想,不朽与留名成为士人共同的理想追求。选官制度也很大程度上依靠声名,美名不仅是道德追求,也是士人出仕为官的现实需要,子孙、门生、故吏纷纷致力于为亡者扬名。同时,墓祭之风流行,墓地在社会政治文化生活中起到了重要作用。两者结合之下,选择着重营造墓上设施成为必然。因此,地上石人与石阙、石兽、石碑、石柱等在这一时期同时兴起,一方面作为标志物指示墓葬的位置,另一方面也是对亡者德行以及生者孝行等的旌表。这也反映出两汉间墓葬模仿宫殿宅邸设计,装饰自墓内向墓外扩展的重要变化。关于这一问题,由于涉及更大背景,笔者拟另文论述,兹不赘述。而东汉晚期以后,一些原本用作墓地装饰的门吏石人被认为具有神异性,成为民间的崇拜对象。

(原载《形象史学》第21辑,2022年)

---

[1]《魏书》卷一百一十四《释老志》,北京:中华书局,1974年,第3034页。

试论汉代石阙的起源与早期发展

顾大志

石阙,指整体以石材筑造的一种阙门建筑,主要流行于东汉时期。现存的汉代石阙,分布在山东、四川、河南、江苏等省份,共40余处。这些石阙依据形制变化可分为早晚两期,早期的绝对年代约为西汉晚期至东汉初,晚期则约为东汉中晚期。其中,早期石阙整体面貌多较简洁粗糙,形制上全为单阙或柱形,图像相对古拙甚至无图像。据笔者统计,现存的早期石阙约11处(表一)[1],这11处石阙,对探讨石阙建筑的年代上限、东汉墓前石刻的起源与发展,以及汉代墓葬的踰制现象与豪强势力的兴起等问题具有重要意义。故本文在这批材料的基础上对汉代石阙的起源与发展作初步探讨,不当之处,还请方家指正。

表一 现存早期石阙简表

名称	位置	形制	纹饰	年代	收藏情况
麃孝禹阙	山东平邑	石柱形阙	屋顶、凤鸟	西汉河平元年(前26)	清代出土,现藏山东博物馆
滕州汉画像石馆无铭阙	山东滕州	石柱形阙	屋顶、凤鸟、门吏、神兽、常青树、穿璧纹等	约两汉之交	现藏滕州汉画像石馆

---

[1] 除本文所讨论之11处石阙外,四川梓潼"李业阙"常被认为是早期石阙之一。此石现位于梓潼县南约2里,为清代在附近发现并移置。其形制为一竖立长方方形独石,其上刻有仿建筑纹样。正面刻书榜题"汉侍御史李公之阙"。依据此石形制、发现过程与前人论述等方面来看,其性质、真伪及年代的确有相对较大的讨论余地。且目前发现的早期石阙多集中在今山东地区及周边,四川早期石阙仅此一例,颇显可疑。故"李业阙"一石在实际研究中还应当存疑,本文仅附记于此。相关争论详见卢丕承、敬永金:《对〈梓潼诸阙考述〉一文的商榷意见》,《四川文物》1989年第1期;龚廷万、龚玉:《关于汉阙研究尚待商榷的问题》,《四川文物》2011年第3期。

(续表)

名称	位置	形制	纹饰	年代	收藏情况
司马长元石门	山东文登	仿木构形阙	无	东汉建初六年（82）	现藏文登图书馆
孙氏阙（孙仲阳阙）	山东莒南	仿木构形阙	乐舞百戏、神兽、三鱼同首、车骑出行等	东汉元和二年（85）	现藏山东博物馆
皇圣卿阙	山东平邑	仿木构形阙	历史故事、乐舞百戏、伏羲女娲、渔猎、车骑出行等	东汉元和三年（86）	现藏平邑博物馆
功曹阙（平邑无名阙）	山东平邑	仿木构形阙	历史故事、乐舞百戏、伏羲女娲、渔猎、车骑出行等	东汉章和元年（87）	现藏平邑博物馆
永元元年碑阙	江苏徐州	石柱形阙	不明	东汉永元元年（89）	现藏徐州汉画像石艺术馆
师旷墓无名阙	山东泰安	仿木构形阙	穿璧纹、升鼎、车骑出行、鱼车出行等	约两汉之交	现藏泰安市博物馆（岱庙西廊房）
阙里阙	山东曲阜	仿木构形阙	西王母、伏羲女娲、神兽、乐舞、穿璧纹等	约两汉之交	现藏曲阜孔庙神庖正房
鲁灵阙	山东曲阜	仿木构形阙	车马出行、人物拜谒、狩猎、乐舞等	约两汉之交	现藏曲阜孔庙神庖正房
鲁贤阙	山东曲阜	仿木构形阙	翼虎、建鼓、车马出行等	约两汉之交	现藏曲阜孔庙神庖正房

一、早期石阙遗存

现存的早期石阙可分为石柱形阙及仿木构形阙两类。由于早期石阙的材料较为稀少，故本文将全部列举梳理。

（一）石柱形阙

石柱形阙，其外形如石柱，无仿木构形阙顶。阙的上部多为圆头，阙身图像较简单或无图像。属于此类的早期石阙，依年代早晚顺序简述如下。

1. 麃孝禹阙[1]

山东博物馆现藏有一刻石（图一），为清代同治年间宫本昂等人在山东平邑附近发

---

[1] 此数据来自《山东石刻分类全集》编辑委员会：《山东石刻分类全集（第一卷）》，青岛：青岛出版社，2013年，第10页。

现。此刻石高190、厚26厘米,整体呈圆首方柱形,上刻屋顶、凤鸟等图案。依据题刻"河平三年八月丁亥,平邑侯里麃孝禹"[1]可知此刻石刻立于西汉河平元年(前26)。

由于该刻石的形制与东汉圆首石碑较为相似,且仅发现一块,非成对出土,故一般被学界认定为石碑[2]。不过,已有学者认为其性质是阙[3]。本文依据以下几点原因,亦推定其为成对摆放的石阙:首先,铭文至"麃孝禹"即止,相较于现存汉代刻石题铭,类似文体的刻石似乎尚有下句,故其形制或本为两石,而另一石已失[4];其次,屋顶与凤鸟相配的图像程式及细身圆首的外观,与近年出土的滕州汉画像石馆无铭阙(详后)较为一致,可推断二者当为同一种性质,都是成对竖立的石阙;再次,石碑出现的年代据现有材料来看已晚至公元1世纪末,而墓前刻立成对石柱的习俗则在西汉时期已经有之(详后),麃孝禹刻石据其自铭当立于西汉末期,则其性质为成对竖立的可能性较大;最后,此石上部施屋顶线刻,下部线刻为柱,从图像表达形式上看当为一种木构建筑。综上,本文认为此石的性质应为成对摆放的石阙。

2. 滕州汉画像石馆无铭阙

此刻石出土于山东滕州,现藏于滕州汉画像石馆(图二)。此石画像雕刻技法使用阴线刻,二阙正面自下而上刻铺首衔环、四足走兽、门吏、朱雀、屋顶等图案,侧面及顶部刻有穿璧纹,左阙(观者方向)背面刻两棵常青树,右阙背面刻一棵多枝大树。其画像内容及风格与其所在的鲁南苏北地区已发现的两汉之交时期的画像石较为一致,时代也应相近似。

此刻石整体呈石柱形,顶部作圆首式。依据此刻石成对出现的布置形制,以及对称的门吏、线刻屋顶等画像内容,可将其性质定为石阙。

3. 徐州永元元年阙[5]

徐州汉画像石艺术馆藏有一徐州地区出土的"碑形阙",其形制近似碑状。此阙高215厘米,宽75厘米,厚20厘米,阙上有铭文"石阙以永元元年□月□□□□以大增王父为□□□□",据此可知其年代为东汉永元元年(89),性质为石阙。

---

[1] 铭文释读有争议。"侯里"亦有释为"氏里"者,"麃孝禹"亦有释为"麃孝象"者。详见叶程义:《汉魏石刻文学考释》,台北:新文丰出版公司,1997年,第214–217页。

[2] 孙机:《汉代物质文化资料图说》,上海:上海古籍出版社,2008年,第480–481页。

[3] 叶程义:《汉魏石刻文学考释》,台北:新文丰出版公司,1997年,第214–217页。

[4] 此刻石开头为纪年,之后叙人名,其体例类似于莱子侯刻石、何君治阁道碥、杨德安墓记、马姜墓记、王文康阙等汉代刻石,此种体例在人名之后又加叙事或直言所述人物去世。但也有少数例外者,如王君平阙在人名后即无下文,学界对此也多认为其释文有误或另有与其成对的石阙。见邓代昆:《成都汉阙刻石铭文考释》,《四川文物》1988年第3期;胡顺利:《成都郊区两块东汉墓阙铭文补说》,《四川文物》1989年第1期;邓代昆:《〈成都郊区两块东汉墓阙铭文补说〉之补》,《四川文物》1989年第5期。

[5] 武利华:《徐州汉碑刻石通论》,北京:文化艺术出版社,2019年,第118页。

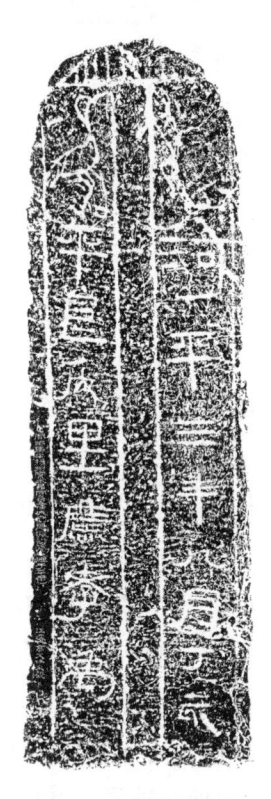

图一　麃孝禹阙拓片　　　　　图二　滕州汉画像石馆藏无铭阙
（图片来源：《山东石刻分类全集·第　　　　（焦阳供图）
一卷（秦汉碑刻）》，第10页）

两汉之交的"石柱形阙"，尽管其外形似碑，但真正墓碑出现与流行的时间要比这种石柱形阙晚得多。现存年代较早的刻字石碑，如袁安碑、袁敞碑、武晋侯齐文师墓碑、平山神祠碑等，其刻立时间皆已晚至1世纪末或更晚[1]。本文所述的石柱形阙，从纪年、画像题材、风格来看皆早于刻字石碑流行的年代，也证明其性质应当并非石碑。刻字墓碑的出现，当与汉代墓园建筑的祠庙化有关，此问题拟另文探讨。

---

[1] 袁安碑及袁敞碑的年代，学界历来有所争论，但都据铭文承认其年代至少晚于或等于墓主下葬的年代，即东汉永元四年（92）及东汉元初四年（117）。武进侯齐文师墓碑据其碑文当立于东汉永元元年（89），但近年有学者指出其当为伪作。陈世庆论平山神祠碑立于建武九年（33），但此年四月无戊午日，与碑文不符，故平山神祠碑可能立于东汉元和二年（85）（依关野贞释文）或永元九年（97）（依陈世庆说将碑文开头释为"九年"）甚至更晚。见李奕青：《袁安碑与袁敞碑再探》，《中原文物》2021年第3期；黄敏：《汉〈武晋侯齐文师碑〉考疑》，《乐山师范学院学报》2015年第11期；陈世庆：《〈平山神祠碑〉旧释建丞属国应为辽丞属国考》，《学术界》2013年第3期。

制度文明｜试论汉代石阙的起源与早期发展　61

文献中曾提到西汉时期有在墓前竖立成对石柱的现象。杨晓春先生据《金石录》及《宝刻丛编》等文献，指出西汉时曾有一座"汉逢府君墓石柱"，并据此认为神道石柱在西汉时已有流行[1]。此逢君石柱之位置当在今山东潍坊附近，形制为"双石柱"，早已遗失，其上画像是否同样也模拟阙门，如今已不得而知。但至少由此可见，西汉晚期列于墓葬神道两旁的成对石柱形建筑或已有一定数量的流行，这些成对石柱或也是石柱形阙的渊源之一。

（二）仿木构形阙

仿木构形石阙，其形制与木构式阙楼较为一致，阙身为长方体，顶部有圆雕仿木构屋顶部分。在屋顶之下，有的雕有斗栱。此类石阙依年代顺序罗列于下。

1. 司马长元石门[2]

司马长元石门原位于山东文登县城西五十里崮山头村东田野中，现藏于文登市图书馆，现存两石，左石高106、宽21厘米，右石高107、宽21厘米。二石之侧面均有铭文，一石刻"□□武威西狄道司马长元石门"，一石刻"建初六年十月三日成"（图三）。二石自上而下可分为顶、身、基三部分。顶部为圆雕两段式庑殿顶，顶部之下所连接的身部则为长方体。最下端未经修整，当为埋入地面的基座部分。全石之顶、基与身三部分连为一体，为同一块青石所刻。

此二石原常年立于地表，被当地人称作"双石剑"，且二石为一东一西对称配置，铭文设置于中间，说明两石中间当原有道路穿过。再依据其铭文中"石门"的自铭，可断定其性质为石阙。依据铭文，此阙建于东汉建初六年（81）。

2. 莒南孙氏阙[3]

1965年出土于山东莒南，现藏于山东博物馆（图四、五）。其阙身整体略呈等腰梯形，高180、上端宽52、厚18厘米，下端宽70、厚20厘米。阙顶高14厘米。阙身右侧有铭文"元和二年正月六日，孙仲阳□升父物故，行□□礼□，作石阙，贾值万五千"。依据铭文，可知立阙年代为东汉元和二年

图三　司马长元石门铭文拓片

（图片来源：《山东石刻分类全集·第一卷（秦汉碑刻）》，第18页）

---

[1] 杨晓春：《南朝陵墓神道石刻渊源研究》，《考古》2006年第8期。
[2] （清）孙葆田等：《山东金石志》，见新文丰出版公司编辑部：《石刻史料新编（第二辑）》，台北：新文丰出版公司，1979年，第9300页；《山东石刻分类全集》编辑委员会：《山东石刻分类全集（第一卷）》，第18页。
[3] 刘心健、张鸣雪：《山东莒南发现汉代石阙》，《文物》1965年第5期。

图四　莒南孙氏阙

(左图为阙身左侧,右图为阙身右侧。阙基为后配。作者自摄)

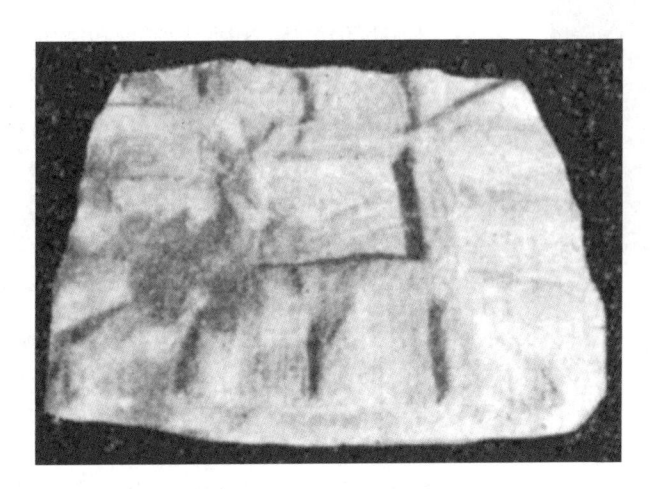

图五　莒南孙氏阙3号阙顶

(图片来源:《山东莒南发现汉代石阙》,《文物》1965年第5期,图五)

(85)。阙身正面及侧面均有画像,内容包括伏羲、乐舞百戏、神兽、三鱼同首、车骑出行等内容。除阙身外,还出土有阙顶2件,2号阙顶长89、宽83、高14厘米,3号阙顶长74、宽66、高14厘米,两件阙顶皆浮雕瓦垄,瓦垄中间有长方形槽,阙顶另一面中间亦有长方形槽。

3. 曲阜阙里阙[1]

山东曲阜孔庙神庖内存有3座石阙,时代皆较早,可归入早期石阙的范围。

阙里阙,通高2.26米(图六),仅存阙身。其四周刻满图像,内容有西王母(图七)、伏羲女娲(图八)等画像题材,皆为阴线刻。其风格与山东地区东汉早期画像石较为一致,故其年代大体可定在东汉早期。

图六 阙里阙
(作者自摄)

图七 阙里阙西王母画像
(作者自摄)

图八 阙里阙伏羲女娲画像
(图片来源:《山东汉画像石汇编》,第340页)

---

[1] 孔繁银:《曲阜的历史名人与文物》,济南:齐鲁书社,2002年,第446-450页。此"阙里阙"原置于孔庙大中门,为民国时期由曲阜城内东南"古泮池"中出土并移置。《水经注·泗水》记载:"孔庙东南五百步有双石阙,即灵光之南阙。"又载"阙之东北有浴池"。其"浴池"之位置与石阙出土之古泮池颇合。据此,则"阙里阙"的性质或与灵光殿有关,但缺乏确证,待考。

4. 曲阜鲁贤阙[1]

除阙里阙外，孔庙神庖还存有"鲁贤阙"和"鲁灵阙"[2]2座石阙。鲁贤阙于1960年发现于曲阜鲁贤村，共6块残石，发现后将其中3块花纹清楚的残石移至孔庙保存（图九）。3块残石经复原后残高1.17米[3]，原阙未发现屋顶，移置孔庙后又将发现于孔林孔彪墓前的一块石屋顶配于其上。鲁贤阙画像内容有翼虎、建鼓、车马出行等，分别用到了线刻及浅浮雕两种技法。其线刻手法及画像风格与山东地区已发现的东汉早期画像石较为接近，而浅浮雕风格则与上述莒南孙氏阙画像较为一致，故据此可推断其年代为东汉早期。此阙有一面开有一石槽，依据其画像逻辑（南面翼虎及北面拥彗者应朝向神道），开槽的一面应为背向神道的一面。

图九　鲁贤阙
（作者自摄）

5. 曲阜鲁灵阙[4]

鲁灵阙残石1956年发现于曲阜孔府，后移至孔庙保存（图一〇）。阙身通高2.73米[5]，画像有车马出行、人物拜谒、狩猎、乐舞等内容。依据雕刻技法及画像风格推测立阙年代为东汉早期。此阙每块残石之侧面皆仅三面有画像，剩余一面为糙面。

6. 平邑皇圣卿阙[6]

皇圣卿阙原立于平邑县城北八埠顶，后搬迁至平邑县博物馆。现存东西两阙，其高度与下述功曹阙相仿。石阙整体可分为阙顶、阙身、阙基3部分，阙顶下部有浮雕斗栱。西

---

[1] 孔繁银：《曲阜的历史名人与文物》，第446—450页。
[2] 此阙无铭文，《曲阜的历史名人与文物》在公布材料时定名为"鲁灵阙"，并未给出定名原因。
[3] 《曲阜的历史名人与文物》一书仅公布了各残石的高度，此数据为据之相加所得。
[4] 孔繁银：《曲阜的历史名人与文物》，第446—450页。
[5] 《曲阜的历史名人与文物》一书仅公布了各残石的高度，此数据为据之相加所得。
[6] 刘敦桢：《山东平邑县汉阙》，《文物参考资料》1954年第5期；王相臣、唐仕英：《山东平邑县皇圣卿阙、功曹阙》，《华夏考古》2003年第3期。

阙南面有长篇铭文题记，但保存不佳，仅前二行"南武阳平邑皇圣卿冢之大门，卿以元和三年……"可读，字数与功曹阙铭文相近。依据其残字，可判断皇圣卿阙的建造年代为东汉元和三年（86）。阙身有画像，东阙画像有5层，西阙有4层，画像题材有历史故事、拜谒、伏羲女娲等。

7. 平邑功曹阙[1]

功曹阙与皇圣卿阙形制相似，或当为同一家族墓地中的两组墓阙。现仅存西阙，高2.1米（图一一）。阙身北面有铭文："南武阳功曹乡啬夫□文学掾平邑□□卿之门卿□□□□□□困苦天下相感□□□□□□三□观朝廷□□□□□□□□□□□考德成□□□□□□□□□□章和元年二月十六日□□□□文学□□□□□□□□□□□□□□□□□□伯□□□□□。"据此，则功曹阙建于东汉章和元年（87）。阙身画像分4层，题材与皇圣卿阙相似。

8. 泰安"师旷墓"无铭阙[2]

山东泰安岱庙藏有一石阙，因其原立于泰安"师旷墓"前，且无铭文，故被称作"师旷墓"无铭阙（图一二）。阙高2.68米，其上图像可辨认者有穿璧纹、车马等。依据画像风格及雕刻技法，年代当为东汉早期。阙上另刻有两处类似玉杯的图案，但刻入深度与车马等图案不同，且与原有图案存在打破关系，当为后刻。

除上述材料外，文献中也记载有年代可早至西汉武帝时期的石阙。《蜀中名胜记》引《郡国志》称"龙游县有二石阙，即汉武帝使唐蒙下夜郎置"[3]；赵明诚《金石录》载有"汉郑三益阙铭"，并指出其年代为武帝建元二年（前139）[4]。对于郑三益阙的年代，宋代学者洪适及清代学者叶昌炽均表示怀疑，认为其未必为汉石[5]。结合上文对早期石阙的梳理，也可见这些武帝时期的"石阙"在年代上的突兀，故其性质似尚有进一步讨论的余地。而

图一〇　鲁灵阙
（作者自摄）

---

[1] 刘敦桢：《山东平邑县汉阙》，《文物参考资料》1954年第5期；王相臣、唐仕英：《山东平邑县皇圣卿阙、功曹阙》，《华夏考古》2003年第3期。
[2] 张孜江、高文主编：《中国汉阙全集》，北京：中国建筑工业出版社，2017年，第174-177页。
[3]（明）曹学佺：《蜀中名胜记》，重庆：重庆出版社，1984年，第163页。
[4]（宋）赵明诚撰，金文明校证：《金石录校证》，桂林：广西师范大学出版社，2005年，第4页。
[5]（宋）洪适：《隶释·隶续》，中华书局，1985年，第447页；（清）叶昌炽撰，姚文昌点校：《语石》，杭州：浙江大学出版社，2018年，第2页。

图一一　功曹阙
（作者自摄）

图一二　"师旷墓"无铭阙
（作者自摄）

且类似文献材料所公布的信息有限，故本文对此暂存而不论。

综上所述，现存的可确认的东汉早期石阙基本集中于山东及周边地区。在时代方面，石柱形阙最先出现在西汉晚期。在两汉之交至东汉早期，石柱形阙在表现形式上逐渐向木构阙发展，并最终发展为仿木构形阙。在数量上，后起的仿木构形阙较先前的石柱形阙为多。总体上看，早期石阙在形态上有从柱形阙向仿木构形阙发展的趋势，而形态较简的孙氏阙及司马长元石门则可看作是石阙从石柱形向仿木构形发展中的过渡形式。东汉中后期子母石阙的最终出现，是早期石阙中仿木构形石阙进一步发展完善的结果。

二、石阙的出现、发展及其影响

前文已述，现存的石阙建筑在两汉之交时大体上经历了一个"由柱到阙"的过程。而依据石阙的这种形体演变，我们或仍可向前追溯，以探寻东汉时期石阙兴起的源头所在。

（一）石阙的起源

西汉末期竖立于墓前的石柱形阙，其高度多较低矮，且部分石阙（如麃孝禹阙）会在

制度文明｜试论汉代石阙的起源与早期发展　67

其上书死者姓名,这种形制与早已流行的墓前木楬似较为一致。《周礼·蜡氏》载:"有死于道路者,则令埋而置楬焉。"[1]《汉书·尹赏传》载尹赏捕杀长安恶少,"瘗寺门桓东,楬著其姓名"。颜师古注曰:"楬,杙也。椓杙于瘗处而书死者名也。"[2]杙即简单的木桩。此种书写墓主姓名的木桩在外形上与"表"(竖木)近似,故在文献中亦以"表"见之。《汉书·淮南王传》记载淮南厉王为开章建墓,上立"表",并在表上写道"开章死,葬此下"。颜师古注云"表者,竖木为之,若柱形也"[3]。其形制实际上与"楬"较为一致,似仍非成对放置。由上述文献可见,墓前立一木楬来表明墓葬所在的做法,在先秦至西汉一直都有流行。且其流行阶层以文献记载来看似多为社会下层。

木楬与本文所涉石阙有一重要不同,即石阙为成对竖立,而楬在放置时仅有一块。笔者认为,单独竖立的木楬之所以成为成对竖立的石阙,是由于墓主为彰显身份,将木楬比附"桓表"的结果。从上所引文献可见,单独竖立于墓前的木楬多为下层民间所用。而与木楬相反,据文献记载,成对竖立的"桓表"多为官府贵族所用。如《说文解字》释"桓"曰"亭邮表也"[4]。则桓表设立的位置多在具有官府背景的"亭邮"建筑之前。前引《汉书·尹赏传》:"瘗寺门桓东。"如淳注曰:"旧亭传于四角面百步筑土四方,上有屋,屋上有柱出,高丈余,有大板贯柱四出,名曰桓表。县所治夹两边各一桓。"可见桓表多用于亭传[5]。部分文献将桓表的用途多表述为王者纳谏的工具,这显然是出于政治讽喻的目的,但在另一方面也证明当时宫殿门前应当立有成对的柱表,否则无以纳谏。因此,将墓前单独设置的木楬模拟桓表的形制改为成对放置,并使之愈发高大,便成为了西汉中晚期的一种新的身份表达方式。

石阙刻立的具体位置,似亦与桓表的位置类似。依据现仍在原地或存有具体位置信息的石阙材料来看,汉代石阙刻立的位置多在墓园神道的起始点,亦即墓葬神道与公共大路的相交处[6]。崔豹《古今注》在谈及桓表的作用时说其"亦以表识衢路也"[7],"大路交衢悉施焉"[8]。由此可见,石阙在作用方面与桓表有相当大的一致性。

---

[1] (清)阮元校勘:《十三经注疏·周礼注疏》,台北:艺文印书馆,1991年,第549页。
[2] 《汉书》卷九十《酷吏传》,北京:中华书局,1962年,第3673—3675页。
[3] 《汉书》卷四十四《淮南衡山济北王传》,第2141—2142页。
[4] (汉)许慎撰,(清)段玉裁注:《说文解字注》,上海:上海古籍出版社,1981年,第257页。
[5] 《康熙字典》及《水经注疏》引《说文系传》云:"汉法,亭表西角,建大木,贯以方版,名曰桓,表县所治,两边各树一。"则汉代或有成文法律明确规定桓表的使用。但今本《说文系传》无此句,且此三种文献成书较晚,故权录于此。
[6] 这种阙与公共道路的位置关系在诸如太室阙、乌杨阙等相对庙或墓葬较远的石阙上体现较为明显。乌杨阙及太室阙皆贴近河道,或是由于迁就河边道路所致,而其附近的地形亦可佐证此观点。对于石阙刻立位置与道路之间的关系,笔者拟另文详细探讨。
[7] (晋)崔豹撰,焦杰校点:《古今注》,沈阳:辽宁教育出版社,1998年,第17页。
[8] (晋)崔豹撰,焦杰校点:《古今注》,第17页。

(二) 石阙的出现背景

单独的木楬逐渐演变为成对的桓表式楬,又在两汉之交逐渐演变为石阙,其背后的社会背景亦值得关注。石阙的出现与发展,其背后也在一定程度上体现了汉代丧葬活动的"踰制"现象。

在秦汉时期,通常只有高等级贵族的宅邸甚至皇宫才可以直接在大路旁开门。班固《西都赋》曾形容长安的宫殿:"仍增崖而衡阈,临峻路而启扉。"[1]张衡《西京赋》描述长安城内贵族居所"北阙甲第"时也描述道:"北阙甲第,当道直启。"[2]两汉时期,在大道前直接开门是一种较为尊贵的身份体现,其实际应用往往仅限于皇室成员或高等级贵族。正因如此,"临峻路而启扉"和"当道直启"才可以成为对建筑之奢华的溢美之词。豪强墓主将神道与公共道路交汇处的石柱以门阙加以表现,显然利用了这种"当道直启"的炫耀观念。

同时,造阙的等级条件在先秦至西汉前期亦较为严格。《春秋公羊传·昭公二十五年》记载子家驹批评鲁昭公"设两观,乘大路"的僭越行为,何休注曰"礼,天子、诸侯台门。天子外阙两观,诸侯内阙一观"[3]。《汉书·霍光传》载霍光墓踰制"起三出阙"[4]。尽管这两条文献言及的建阙制度具体该如何解释仍有争议,但至少可见在当时能否建造阙门、建造何种样式的阙门,都有较为严格的等级限制。

西汉武帝时期,社会中上层官吏及地方士绅的僭越行为在文献中愈发多见。《汉书·食货志》记载武帝时"公卿大夫以下争于奢侈,室庐车服僭上亡限"。便是这种身份表达的结果。而这股风气在西汉后期大有难以控制之势。《汉书·成帝纪》记载当时"世俗奢僭罔极,靡有厌足。公卿列侯亲属近臣,四方所则,未闻修身遵礼,同心忧国者也。或乃奢侈逸豫,务广第宅,治园池,多畜奴婢,被服绮縠,设钟鼓,备女乐,车服嫁娶葬埋过制。吏民慕效,浸以成俗"。制度的僭越成了从上到下的普遍现象,难以切实制止。前述现存最早的石阙麃孝禹阙,正是建于文献记载中奢僭成风的成帝时期。此时的士绅阶层先将之前低端阶层广泛使用的木楬逐渐变为成对出现的楬式桓表或成对石柱,之后又将其进一步改为门阙状,以期与旧贵族甚至皇室媲美,这也正是当时奢僭之风的体现。

---
[1] (梁)萧统选编,(唐)吕延济等注,俞绍初等点校:《新校订六家注文选》,郑州:郑州大学出版社,2013年,第21页。
[2] (梁)萧统选编,(唐)吕延济等注,俞绍初等点校:《新校订六家注文选》,第85页。
[3] (清)阮元校勘:《十三经注疏·春秋公羊传注疏》,第302页。
[4] 《汉书》卷六十八《霍光金日磾传》,第2950–2951页。

在成帝之后的两汉之交,冢墓奢僭之风愈加发展。《汉书·游侠传》载原涉"治冢舍,奢僭逾制,皋恶暴著"[1]。同时,石阙的豪华与僭越程度也在增进。西汉晚期出现的石柱形石阙,虽然已具备了线刻阙顶部分,但其总体外观仍沿袭木楬或石柱的简陋样式。而到了东汉初期,随着僭越现象的进一步发展,石阙的外形也在进一步向木结构阙门发展,但此时流行的石阙仍是较为简陋的柱状单阙。到了东汉中晚期,子母阙成为石阙的主要形制,先前的柱状单阙已基本被淘汰[2]。新流行的子母阙在外形上与西汉帝陵陵阙较为一致,应当是汉代丧葬奢僭之风盛行的一个表现。由此可见,石阙的出现与发展变化,正是两汉时期墓园建筑日益僭越的一种具体体现。

三、结　语

综上所述,至迟在西汉晚期,石阙便已在墓葬前出现。初期的石阙造像沿袭木楬,造型相对简单。而经过发展演变,石阙在形制上逐渐与原具有一定等级规制的土木构阙一致。这种演变背后的实质则是汉代奢僭之风在墓外设施上的体现。到了公元1世纪末,仿木石阙的刻立已在整个汉帝国的东部地区具有了一定数量,且石阙的形制也有进一步复杂化的趋势。最终出现并流行的子母阙甚至与西汉帝陵陵阙的形制有了一定的相似性。

附记:本文写作得到了王煜教授及庞政老师的指导,文中部分材料承朱庄齐先生、刘晶老师告知,学友焦阳提供了文中部分图片。对以上诸位师友的帮助表示感谢!

补记:本文定稿之后,笔者又获武利华先生《鲁南苏北的小型汉阙——兼论碑阙的相关问题》一文(载中国汉画学会、济宁市汉文化研究中心:《中国汉画学会第十四届年会论文集》,西安:三秦出版社,2013年,第130-147页),其所涉材料及结论均对本文探讨的问题有重要参考价值。文登司马长元石门的材料在威海市文物办公室张云涛先生所作《文登司马长元石门及相关问题》一文中有较详细的披露(载济宁市任城汉文化研究中心:《汉代石刻研究——首届济宁汉代石刻国际研讨会论文集》,香港:中国书画出版社,2010年,第240-245页),其具体尺寸应为通高224、宽28-50、厚22厘米,且其铭文考释还

---

[1]《汉书》卷九十二《游侠传》,第3718页。
[2] 部分学者认为单阙与子母阙的形制之分与阙主身份等级有关,如段清波:《古代阙制研究——以秦始皇帝陵三出阙为基础》,《西部考古》(第1辑),2006年。但此前已有学者指出考古材料中阙门制式与阙主身份基本无关,见唐长寿:《汉代墓葬门阙考辨》,《中原文物》1991年第3期。

有讨论的余地。另外,山东荣成"昌阳严石阙"与司马长元石门相距不远,且形制相近,当亦是一例早期石阙,详见山东省地方史志编撰委员会:《山东省志·文物志》(济南:山东人民出版社,1996年,第144页)"三冢泊墓群"条。本文写作时收集材料有所疏忽,未能引用上述关键文献,故补记于此。

(原载《南方文物》2022年第2期)

墓道的"延伸"：魏晋南北朝墓葬制度演变的一个关键点

金弘翔　王　煜

一、绪　论

"墓葬制度"是考古学尤其是历史时期考古学中用来表示墓葬形制、规模、地上建筑、葬具、随葬品等遗存所反映出的等级差异。自进入文明时代以来，中国古代一直处于等级社会中，尤其是统治阶级对礼制和儒家文化的推崇，如丧葬这样的家庭乃至社会重要仪式自然也需在等级规范之下进行，这一点最后也表现在墓葬之中。然而，一方面由于墓葬尤其是地下部分属于死者，往往不可见，墓葬的营建与个人财力、地域传统、家族文化乃至宗教信仰等诸多方面又有着十分紧密的联系，等级制度总体上作用有限；另一方面由于文献中对墓葬等级规范的记载比起舆服等更加直观体现的方面来说，确实总体上较少而且较为混乱，与实际的考古发现也经常不相吻合（其实舆服等材料的考古发现远远少于墓葬，其契合度相对较高也要考虑这个因素）。因此，也有不少学者怀疑所谓墓葬制度的规范力，也怀疑关于墓葬制度的研究。我们认为，不论有无成文的法规，丧葬之中（也包括墓葬营造）的等级规范当然是存在的，在历史时期中尤其是所谓封建社会的高峰汉唐时期尤为突出，只是其执行力和执行度的问题。遗憾的是，墓葬制度整体的执行度都比较低，往往集中在核心地区的高等级墓葬中。也可以说在核心地区的高等级墓葬文化中，制度文化才特别突出。即便如此，它仍然是墓葬研究中的重要方面和重大问题，本文所论的墓葬制度也基本围绕核心地区的高等级墓葬来讨论。

墓道是连接地下墓室与地表的专门通道，一般分为竖井墓道和斜坡墓道两种。其中典型的斜坡墓道最早出现于商代[1]，在其出现的初期就与墓葬制度紧密联系在一起，甚至

---

[1] 韩国河：《简论坡形墓道》，《郑州大学学报（社会科学版）》2000年第5期。

成为等级体现的重要部分。一般认为四条斜坡墓道的亚字形大墓为商王陵墓,两条斜坡墓道的中字形及一条斜坡墓道的甲字形墓属于商贵族阶层,且前者等级往往高于后者,平民的墓葬则无法使用斜坡墓道[1]。总体上呈现出斜坡墓道越多,墓葬规模越大,规格越高的情况。因此,此时斜坡墓道的多寡与墓葬规模的大小是完全统一的,一起体现着等级制度。

到了西周,斜坡墓道的数量虽然一定程度上仍能显示墓主人的身份,王陵可能仍以四条斜坡墓道为最高等级,但在更大范围上似乎并不特别严格。如北京琉璃河燕侯墓就使用了四条斜坡墓道[2],山西北赵晋侯墓地中墓主身份也与斜坡墓道的多寡无直接联系[3]。西周时期礼制严格,但以三礼为代表的典籍对斜坡墓道的数量问题均无明确的记载[4]。可见,在当时墓道的多寡似乎不属于礼制的范畴,无法像鼎一类的随葬品一样集中体现墓葬等级[5]。东周高等级墓葬似乎也没有明显以斜坡墓道划分等级的规范,如寿县蔡侯墓[6]、沂水刘家店子莒公墓[7]、湖北随县曾侯乙墓[8]等诸侯墓均未使用斜坡墓道。但另一方面,各地发现的东周时期低等级墓葬,基本都没有斜坡墓道,设置斜坡墓道似乎仍然具有一定的等级意义。目前,秦始皇陵的墓道使用情况尚存争议[9],此处不拟详论。

西汉时期,设置四条斜坡墓道的亚字形墓仍为帝陵的定制,但西汉诸侯王等贵族阶层并不刻意追求斜坡墓道的多寡。除河北石家庄小沿河汉墓[10]、河北获鹿高庄1号墓[11]、山东章丘洛庄汉墓[12]、江苏盱眙大云山汉墓[13]等外,其余诸侯王及列侯大多仅使用一条斜坡墓道,有的墓葬甚至使用了竖井墓道[14]。一些特殊的墓葬设施(如黄肠题凑及外藏椁等)、

---

[1] 杨锡璋:《商代的墓地制度》,《考古》1983年第10期;韩国河:《简论坡形墓道》,《郑州大学学报》(社会科学版)2000年第5期。
[2] 琉璃河考古队:《北京琉璃河1193号大墓发掘简报》,《考古》1990年第1期。
[3] 张应桥:《商周墓道制度辩论》,《中原文物》2009年第2期。
[4] 朱磊:《试论先秦墓道的使用与墓葬的规格》,《中原文物》2008年第1期。
[5] 俞伟超、高明:《周代用鼎制度研究(上)》,《北京大学学报》(哲学社会科学版)1978年第1期。
[6] 安徽省文物管理委员会、安徽省博物馆:《寿县蔡侯墓出土遗物》,北京:科学出版社,1956年,第4-6页。
[7] 山东省文物考古研究所、沂水县文物管理站:《山东沂水刘家店子春秋墓发掘简报》,《文物》1984第9期。
[8] 湖北省博物馆:《曾侯乙墓》,北京:文物出版社,1989年,第7页。
[9] 根据钻探结果,秦始皇陵可能仅使用两条斜坡墓道,也有学者认为这可能是剩下的几条墓道被破坏的结果,具体墓道数量仍有争议。详见段清波:《秦始皇帝陵的物探考古调查——"863"计划秦始皇陵物探考古进展情况的报告》,《西北大学学报》(哲学社会科学版)2005年第1期。
[10] 石家庄市图书馆文物考古小组:《河北石家庄市北郊西汉墓发掘简报》,《考古》1980年第1期。
[11] 河北省文物研究所、鹿泉市文保所:《高庄汉墓》,北京:科学出版社,2006年,第4-6页。
[12] 济南市考古研究所、山东大学考古系、山东省文物考古研究所、章丘市博物馆:《山东章丘市洛庄汉墓陪葬坑的清理》,《考古》2004年第8期。
[13] 南京博物院、盱眙县文广新局:《江苏盱眙大云山汉墓》,《考古》2012年第7期。
[14] 潍坊市博物馆、昌乐县文管所:《山东昌乐县东圈汉墓》,《考古》1993年第6期。

图一 邙山M2-925、926钻探平剖面图

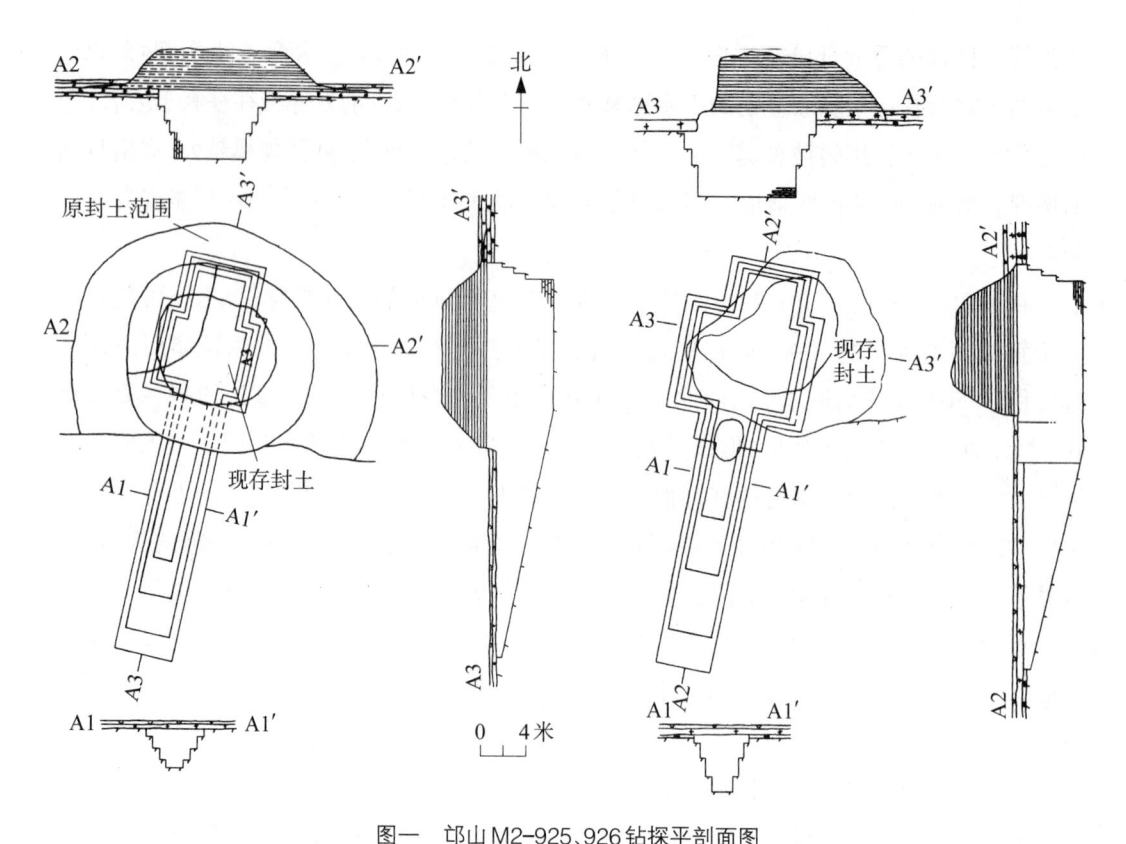

(图片来源:《洛阳邙山陵墓群的文物普查》,《文物》2007年第10期,图一四、一五)

玉衣敛服、车马殉葬及高大封土、墓园建筑等在这时成为了等级的象征[1]。同时秦汉时期的一些中小型墓葬也开始使用斜坡墓道[2],说明斜坡墓道的等级象征意义有所下降。

众所周知,从西汉中期开始,中国古代墓葬的形制总体上从竖穴土坑墓向横穴砖石墓转变,但帝陵、诸侯王、列侯等高等级墓葬总体上有所滞后。到了东汉时期,帝陵等高等级墓葬适应时代发展也使用了横穴砖石墓的形制,并效仿黄肠题凑和地上宫殿的形制,形成了带回廊的多室砖石墓。这种墓葬只在一个方向上设置墓门,相应的也仅能使用一条斜坡墓道。考古勘查的东汉帝陵[3]和发掘的诸侯王及列侯一级墓葬,确实也仅使用一条斜坡墓道。这一时期,墓室的形制大小和随葬品连同封土、墓上建筑等成为了等级的象征物,墓道似乎并不受到特别而普遍的重视。即便在仅使用一条墓道的情况下,东汉诸侯王、列侯墓的墓道规模也无法体现其等级。如被推定为陈顷王刘崇墓的河南淮阳北关

---

[1] 黄展岳:《汉代诸侯王墓论述》,《考古学报》1998年第1期。
[2] 韩国河:《简论坡形墓道》,《郑州大学学报(社会科学版)》2000年第5期。
[3] 韩国河:《东汉帝陵有关问题的探讨》,《考古与文物》2007年第5期。

M1，仅使用一条长4.3、宽3.7米的墓道[1]，而与此墓形制结构类似、同样被推定为王一级的河北定县北庄汉墓，则使用了长50、宽3.85~4.5米的墓道[2]。

但是，东汉帝陵区内部却似乎对墓道有着一定的规范。邙山陵区一些被认为是后妃、陪葬墓的高等级墓葬，如邙山M2-925、926、927，都使用了20米长、5米宽以上的墓道，且墓道两壁内收成3级阶梯状（图一）；而M2-772墓室、封土则均小于上述3座墓，使用长约20、宽2.7米的1级内收墓道[3]。总的来说，帝陵区墓道的长宽在一定程度上能反映墓葬等级，同时使用了一种较特殊的墓道修建方法，即将墓道两壁内收成阶梯状，阶梯的级数似乎与等级有关。这种做法几乎未见于东汉其他墓葬中，即使是同在洛阳地区的4座出土铜缕玉衣的东汉墓[4]，也未见这种做法。

总之，斜坡墓道起初用于高等级墓葬，商代以数量多寡来标示等级。商代以后，由于等级的象征一直是墓葬规模和随葬品，导致墓道始终处于墓葬制度的边缘。虽然，一般来说墓葬规模的大小需要配备相应的墓道，墓道也因参与整体墓葬规模而与墓葬制度产生了一定联系，但是，除帝陵区似乎一直保持着某种传统并有所发展以外，墓道部分似乎并无特别突出而具有独立意义的等级规范。然而，到了唐代，带天井、过洞、壁画的长斜坡墓道成了等级的象征，墓道的规模、天井数、壁画内容都形成了一定的等级规范，具有较为明显的制度意义[5]。

可见，在汉唐之间墓道发生了一系列的变化，其受重视程度越来越高，并被赋予了较多的等级象征。俞伟超先生曾提出中国古代墓葬制度可分为"周制""汉制""晋制"三个阶段[6]，学界也普遍认可"唐制"的存在。魏晋南北朝是中国历史上政权更迭最频繁的时期，亦是墓葬制度由"汉制"转变为"晋制"并向"唐制"转变的节点。但俞先生并没有展开论述"晋制"的具体特征，只是以单室墓作为"晋制"最具标志性的特点，指出其是中国古代墓葬制度发展史上一个重要的转折点。齐东方先生近来著文详细地论述"晋制"在墓室形制和随葬品上的表现[7]，霍巍先生注意到除了墓室形制和随葬品，神道石刻与地下

---

[1] 周口地区文物工作队、淮阳县博物馆：《河南淮阳北关一号汉墓发掘简报》，《文物》1991年第4期。
[2] 河北省文化局文物工作队：《河北定县北庄汉墓发掘报告》，《考古学报》1964年第2期。
[3] 洛阳市第二文物工作队：《洛阳邙山陵墓群的文物普查》，《文物》2007年第10期。
[4] 洛阳市文物工作队：《洛阳发掘的四座东汉玉衣墓》，《考古与文物》1999年第1期。
[5] 李求是：《谈章怀、懿德两墓的形制等问题》，《文物》1972年第7期；倪润安：《唐李寿墓壁画的"贞观探索"》，《考古》2016年第5期；傅熹年：《唐代隧道型墓的形制构造和所反映的地上宫室》，文物出版编辑部编《文物出版社成立三十周年：文物与考古论集》，北京：文物出版社，1986年，第322—343页。
[6] 俞伟超：《汉代诸侯王与列侯墓葬的形制分析——兼论"周制""汉制"与"晋制"的三阶段性》，中国考古学会编《中国考古学会第一次年会论文集》，北京：文物出版社，1980年，第332—337页。
[7] 齐东方：《中国古代丧葬中的晋制》，《考古学报》2015年第3期。

"狮子"组成的瑞兽体系亦可视为"晋制"的体现[1],拓展了讨论的范围。本文拟从墓道出发来讨论这个问题,对目前考古发现的魏晋南北朝高等级墓葬的斜坡墓道形制与使用情况进行较为系统的梳理和深入的考察,以期进一步推进相关认识的发展。

二、曹魏、西晋时期

曹魏、西晋时期,随着薄葬的推行,高等级墓葬中,东汉盛行的带回廊多室墓被简化为双室墓或带侧室、耳室的双室墓[2],封土、陵园消失,墓葬不树不封,墓室规模大为缩小,墓道则相对应地显得越来越突出,而两壁内收成多阶梯的长斜坡墓道在此时被广泛使用于高等级墓葬。已有学者发现魏晋高等级墓葬墓道规格及内收台阶级数能大致体现出墓主身份[3],所论尚有余义。更为重要的是,这种重墓道、轻墓室的做法,于曹魏肇始,而被西晋继承,并形成一定规制,彻底改变了西周至东汉墓葬制度的传统倾向和比重。

(一)曹魏时期

由于东汉帝陵、曹魏宗室墓和西晋帝陵都位于洛阳地区,客观条件一致,为对比墓道形制提供了较大的便利。

洛阳地区能明确确定为曹魏时期的墓葬不多,仅偃师杏园M6[4]、曹魏正始八年墓[5]、洛阳东郊M178[6]、孟津大汉冢曹休墓[7]、西朱村曹魏墓M1、M2、M3[8]7座,而安阳西高穴M2(曹操高陵)[9]虽然并非严格意义上的曹魏墓葬,但其上承东汉下启曹魏,故也将其纳入整理范畴。

---

[1] 霍巍:《六朝陵墓装饰中瑞兽的嬗变与"晋制"的形成》,《考古》2015年第2期。
[2] 有时存在带有侧室、耳室的情况,过去常称为多室墓,但这类墓葬的主室规模尺寸要明显大于侧室、耳室,它们在功能的重要性上亦不相等,为与东汉多室墓相区别,此处称其为带侧室或耳室的双室墓。
[3] 刘斌:《洛阳地区西晋墓葬研究——兼谈晋制及其影响》,《考古》2012年第4期;张洪亮:《洛阳地区汉晋墓研究》,郑州大学博士学位论文,2017年,第237、238页。
[4] 中国社会科学院考古研究所河南第二工作队:《河南偃师杏园村的两座魏晋墓》,《考古》1985年第8期。
[5] 洛阳市文物工作队:《洛阳曹魏正始八年墓发掘报告》,《考古》1989年第4期。
[6] 洛阳市文物工作队:《洛阳市东郊两座魏晋墓的发掘》,《考古与文物》1993年第1期。
[7] 洛阳市第二文物工作队:《洛阳孟津大汉冢曹魏贵族墓》,《文物》2011年第9期。
[8] 洛阳市文物考古研究院:《河南洛阳市西朱村曹魏墓葬》,《考古》2017年第7期。
[9] 河南省文物考古研究所、安阳县文化局:《河南安阳市西高穴曹操高陵》,《考古》2010年第8期。

表一　洛阳地区曹魏墓葬情况

墓　葬	墓室形制	墓室总长[1]	墓道形制	墓　主	出　处
西朱村曹魏墓M2	不明	不明	长39.6、最宽处10.2米,内收情况不明	皇帝（曹叡?）	《考古》2017年第7期
安阳西高穴M2	双室砖室墓,前后室各带两侧室	12.97米	长39.5米,宽9.8米,底宽4.1米,内收7级	王（曹操）	《考古》2010年第8期
孟津大汉冢曹休墓	双室砖室墓,前室南两侧室、北一侧室	15.6米	长35米,宽9.6米,底宽5.4米,内收7级	侯（曹休）	《文物》2011年第9期
西朱村曹魏墓M1	双室砖室墓	18.2米	长33.9米,最宽处9米,内收7级	宗室成员?	《考古》2017年第7期
西朱村曹魏墓M3	不明	14.5米	长28.2米,最宽处7.5米,内收4-5级	后妃?	《考古》2017年第7期
曹魏正始八年墓	双室砖室墓,前室各带两耳室	9.22米	长23.5米,宽2.7-2.8米,内收5级	官吏	《考古》1989年第4期
偃师杏园M6	双室砖室墓,前室各带两耳室	16米	长12米,宽2.6米,内收4级	官吏	《考古》1985年第8期
洛阳东郊M178	单室土洞墓	2.9米	长6.5、宽0.95米,无内收	平民	《考古与文物》1993年第1期

通过表一可以发现,与东汉不同,这一时期的墓室大小、形制无法直接体现等级。偃师杏园M6等级明显要低于曹魏宗室的墓葬,但其墓室要远大于曹休墓、曹操墓及墓主被推测为三品以上高官的曹魏正始八年墓[2]。从上述资料看,此时最能体现墓葬等级的是长斜坡墓道的形制。

自曹操墓开始,曹魏宗室墓宽大的墓道占据着墓葬总长的2/3到3/4（图二、三）,这种比例在以墓室大小体现等级的东汉是很难见到的。与东汉晚期宽大的横前室墓不同,曹魏墓前室逐渐变方,墓室结构趋于简化且逐渐缩小[3],但却沿用了东汉皇陵区的长斜坡墓

---

[1] 墓室总长指封土墙到后室后壁的距离。
[2] 赵俊杰:《中原地区汉末至曹魏时期的墓葬等级与葬俗变迁的阶段性》,《中州学刊》2010年第4期。
[3] 朱亮、李德方:《洛阳魏晋墓分期的初步研究》,洛阳市文物工作队编《洛阳考古四十年——1992洛阳考古学术研讨会论文集》,北京:科学出版社,1996年,第278-290页。

图二　曹魏墓葬形制线图

1. 安阳西高穴M2平面结构图　2. 安阳西高穴M2墓道南壁正视图　3. 孟津大汉冢曹休墓平剖面图

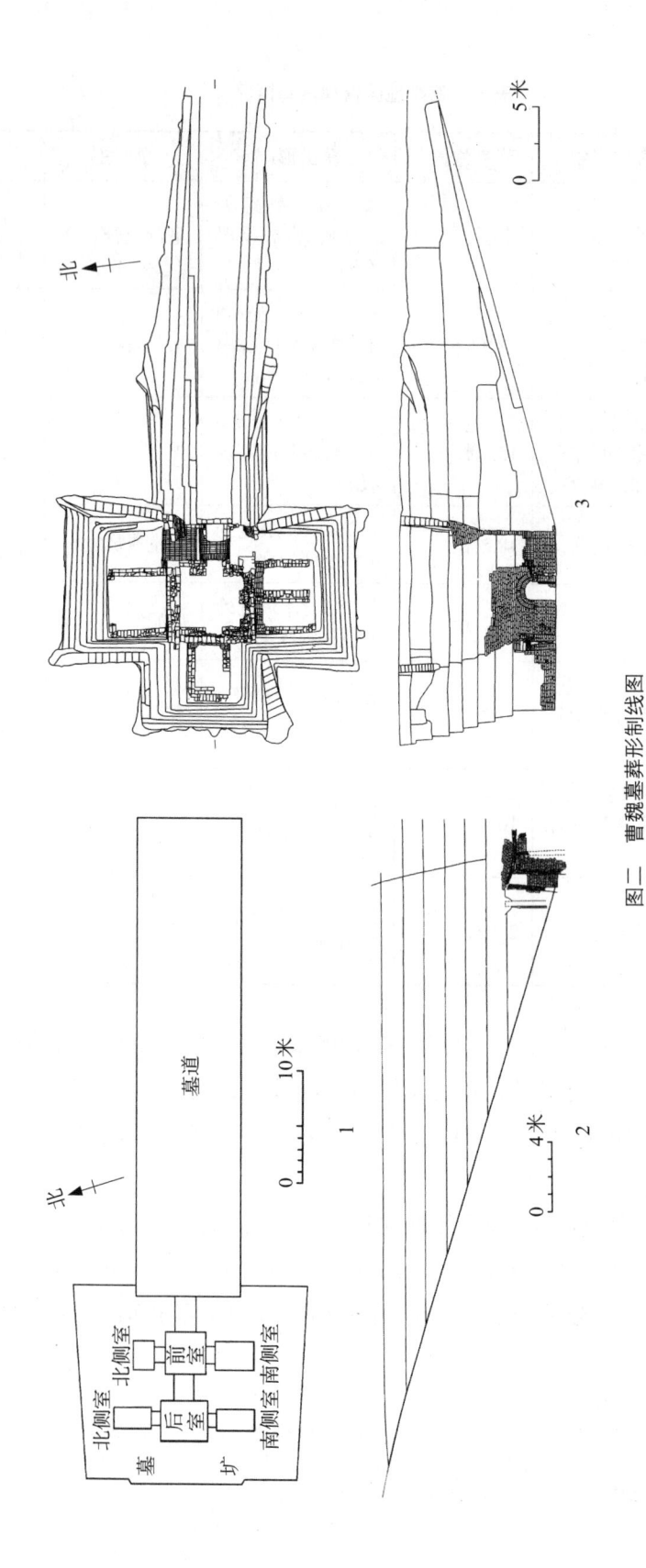

(图片来源：1、2.《河南安阳西高穴曹操高陵》,《考古》2010年第8期,图二,图四；3.《洛阳孟津大汉冢曹魏贵族墓》,《文物》2011年第9期,图五)

图三 曹魏墓葬形制照片
1. 安阳西高穴M2墓道 2. 孟津大汉冢曹休墓航拍图
（图片来源：1.《河南安阳市西高穴曹操高陵》，《考古》2010年第8期，图版拾，4；
2.《洛阳孟津大汉冢曹魏贵族墓》，《文物》2011年第9期，图二）

道（原王一级甚至帝陵规格），出现了墓道比重明显加大的情况。

同时，墓道越长越宽，等级越高。曹魏宗室成员的墓道均长30、宽9米以上，官吏墓的墓道长10-25米，宽2-3米左右，而平民墓的墓道则长度小于10米，宽度小于1米。在曹魏宗室内部，曹魏政权的实际开创者曹操的墓葬和被认为是曹魏某皇帝（或为曹叡）陵墓的西朱村M2墓道规模要大于侯一级的曹休墓和被认为宗室成员墓葬的西朱村曹魏墓M1，这体现出了明显的等级差异。

此外，曹魏高等级墓葬的墓道都内收成多级阶梯状（图二、三）。总体而言，内收阶梯级数越多，墓葬等级越高。曹魏宗室墓葬的墓道内收阶梯级数都为7级，而发现的两座官吏及可能是后妃墓的西朱村M3，墓道内收分别为4级或5级，平民墓则不见此种做法。前文已有所提及，这种长斜坡墓道内收多级阶梯代表等级的做法可能直接来源于同在洛阳的东汉帝陵区，而在安徽亳县曹操宗族墓葬[1]中尚未见到同样的做法。

（二）西晋时期

根据考古勘查，被认为是西晋帝陵及其陪葬墓的共有32座墓葬。这些墓葬墓室均长4-6米，宽2-3米左右，几乎都为单室土洞墓，仅有1座陪葬墓为单室砖墓[2]。而此时期洛阳其他地区依然发现有使用双室墓、多室墓的情况，占总数的30%左右[3]，很多平民、低等级官吏使用的墓室规模甚至已经大于皇陵。这一现象说明东汉时人们重视的墓室

---

[1] 安徽省亳县博物馆：《亳县曹操宗族墓葬》，《文物》1978年第8期。
[2] 中国社会科学院考古研究所洛阳汉魏故城工作队：《西晋帝陵勘察记》，《考古》1984年第12期；洛阳市第二文物工作队、偃师市文物局：《河南偃师市首阳山西晋帝陵陪葬墓》，《考古》2010年第2期。
[3] 刘斌：《洛阳地区西晋墓葬研究——兼谈晋制及其影响》，《考古》2012年第4期。

多寡、规模、材质在此时已经完全失去了等级意义,甚至相反。这亦体现在,即使处于西晋帝陵的同一墓区内,位于最尊位的枕头山M1墓室面积要略小于旁边的陪葬墓M2[1]。这明显是沿袭了上述曹魏时期的做法,并进一步通过缩小墓室、精简墓室结构来施行薄葬。

在这种情况下,帝陵区墓葬最大的特点就是墓室进一步缩小的同时,墓道不但没有相应缩小反而有变长的趋势,在墓葬整体上处于一个十分突出的地位。枕头山M1墓室长4.5、宽3.7米,墓道长46、宽11米,墓道长度占墓葬总长的比例达到了较曹魏高等级墓葬更为夸张的10/11。这样的墓道显然完全超越了其实用的功能,而具有更为突出的意义。峻阳陵和枕头山陪葬墓的墓道长度所占比例也有3/4到4/5左右,要比曹魏高等级墓葬略高,可见西晋进一步增强了墓道的地位。

同时,帝陵区墓葬间最大的区别就是墓道的规模大小。枕头山M1墓道长46、宽11米,而M2-M5这4座陪葬墓墓葬,墓道长18-24、宽6-7米;位于峻阳陵墓地最尊位的M1,墓道规模虽不及枕头山M1,但也长36、宽10.5米,而其余22座墓的墓道一般仅长17-22、宽6-8米。

但值得注意的是,洛阳地区其他墓葬中也有墓道长度超过20米的情况,墓道规模反映的是同一墓葬区内的等级情况。真正具有普遍性的等级特点,应当是同样继承自曹魏的墓道内收阶梯这一特殊形制。

此时期洛阳地区一般墓葬的墓道长度在10米左右[2],而长度超过15米者一般都使用了墓道壁内收成阶梯的做法。而且,作为帝陵陪葬墓的枕头山M4、M5,四方砖厂M1、M2和六和饲料厂M4[3]这5座高等级墓葬中有2座的墓道内收台阶为7级,3座为5级(图四),而洛阳地区其他墓葬最多也就是5级,显然墓道的内收级数与等级是有相应关系的。

将这些墓葬的墓道内收级数与墓道的大小规模进行对比(表二),可以发现西晋高等级墓葬大体上呈现出一种墓道越长越宽,内收级数就越多的趋势。同时,皇陵区墓葬墓道规模和内收级数都较其他墓葬更为突出,这种情况说明西晋时期应当已经形成了一套比较完备的以墓道规模和内收阶梯级数来体现等级的规范。就几处墓主较明确的墓葬来看,徐美人为专擅朝政的贾皇后乳母,在贾后政变中功劳极大[4],其墓道使用了4级台

---

[1] 中国社会科学院考古研究所洛阳汉魏故城工作队:《西晋帝陵勘察记》,《考古》1984年第12期。
[2] 刘斌:《洛阳地区西晋墓葬研究——兼谈晋制及其影响》,《考古》2012年第4期。
[3] 洛阳市第二文物工作队、偃师市文物局:《河南偃师市首阳山西晋帝陵陪葬墓》,《考古》2010年第2期。
[4] 汤淑君:《西晋贾皇后乳母徐美人墓志》,《中原文物》1994年第1期。

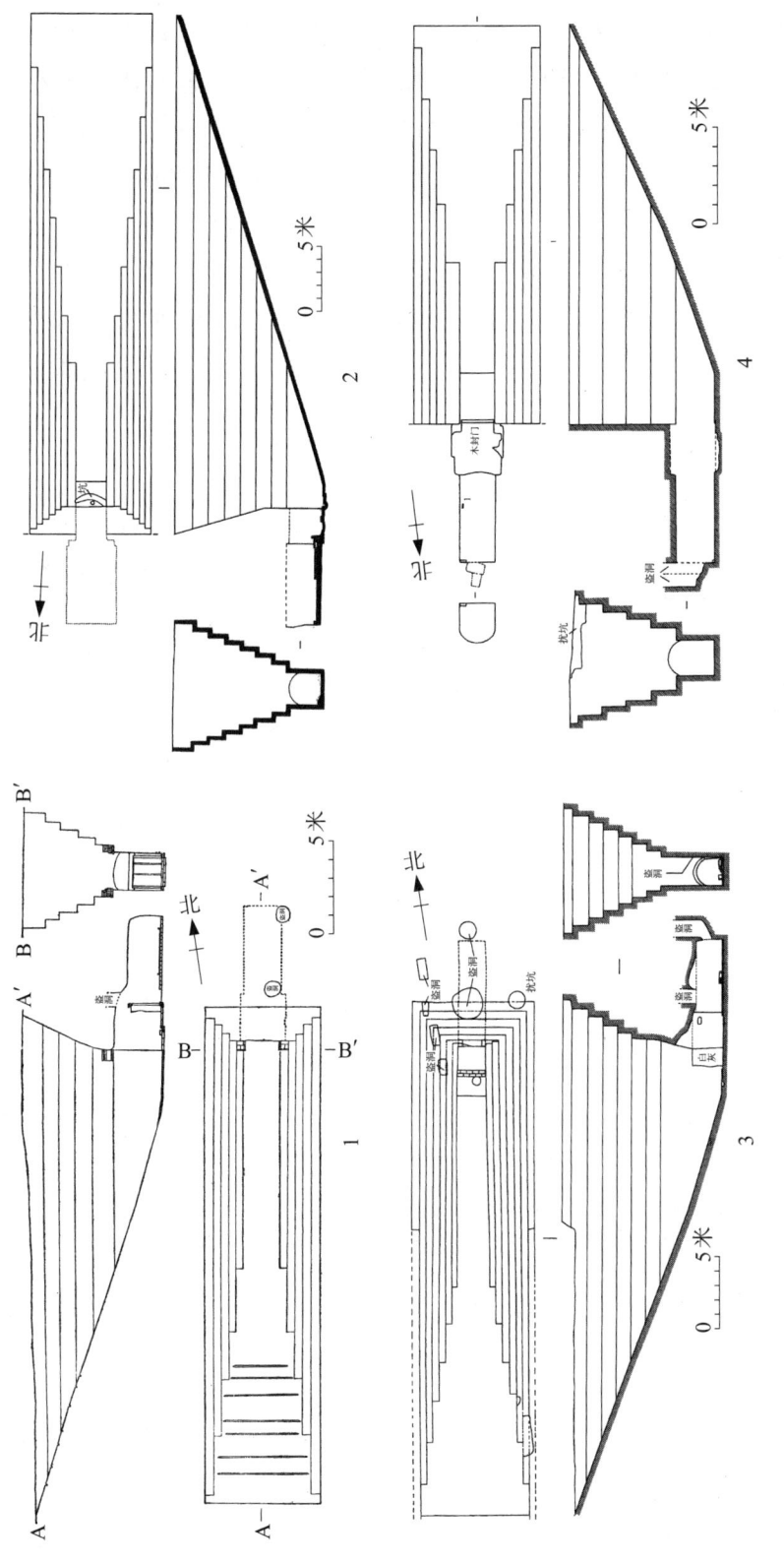

图四 西晋帝陵陪葬墓平剖面图

1. 枕头山M4 2. 四方砖厂M1 3. 六和饲料厂M4 4. 四方砖厂M2

（图片来源：1.《西晋帝陵勘察记》，《考古》1984年第12期，图五；2、3、4.《河南偃师市首阳山西晋帝陵陪葬墓》，《考古》2010年第2期，图四、九、一一）

制度文明 | 墓道的"延伸"：魏晋南北朝墓葬制度演变的一个关键点

阶[1];秦国士孙松为命妇,其夫为《晋书》有载的傅宣[2],家族显赫[3],其墓道也使用了4级台阶[4];王文伯墓志记载其为"中郎□(将)",地位稍逊,墓道使用3级台阶[5];支伯姬[6]、苏华芝[7]、石好[8]等平民墓的墓道均不见内收台阶(大司农关中侯裴祇墓墓道未发掘[9],此处不讨论)。但由于其他墓葬大多没有发现直接确定墓主人身份的材料,无法作进一步的推测。

出现这种规范的原因可能是,曹魏时期主要以墓道规模来体现等级,而墓道的规模在不同墓地间比较起来并不直观,还要受到许多客观条件比如实际地形的影响,可能会导致施行上的不便,因此西晋重点发展了内收级数这一简单易施行、便于统一的标准。

表二 洛阳地区西晋高等级墓葬情况

内收	墓葬	墓室形制	墓道规格	出处
7级	四方砖厂M1	单室砖室	长35、宽9.5、底宽2.44米	《考古》2010年第2期
	六和饲料厂M4	单室土洞	残长36、宽8.8、底宽2.1米	《考古》2010年第2期
5级	枕头山M4	单室土洞	长26.3、宽6.3、底宽2.1米	《考古》1984年12期
	枕头山M5	单室土洞	长24.5、宽7.3米	《考古》1884年12期
	四方砖厂M2	单室土洞	长21、宽6.1、底宽1.7米	《考古》2010年第2期
	孟津三十里铺M120	单室土洞	长31、宽6.1米	《华夏考古》1993年第1期
4级	徐美人墓(洛阳城西M8)	单室砖室	斜长37.36、宽5.1米	《考古学报》1957年第1期;《洛阳纪年墓研究》,第69页

---

[1] 原报告和后续补充报告描述徐美人墓墓道从上往下递减五层,从报告平剖面图看,当为内收成4级台阶之意。参见河南省文化局文物工作队第二队:《洛阳晋墓的发掘》,《考古学报》1957年第1期;谢虎军、张剑:《洛阳纪年墓研究》,郑州:大象出版社,2013年,第69页。

[2] 陈直:《对"洛阳晋墓的发掘"与"南京近郊六朝墓的清理"两文的意见》,《考古通讯》1958年第2期。

[3] 傅宣为西晋重臣傅祇之子,曹魏太常傅嘏之孙,后娶弘农公主,官至御史中丞。参见《晋书》卷四七《傅祇传》,北京:中华书局,1974年,第1330-1333页。

[4] 河南省文化局文物工作队第二队:《洛阳晋墓的发掘》,《考古学报》1957年第1期;谢虎军、张剑:《洛阳纪年墓研究》,第79页。

[5] 河南省文化局文物工作队第二队:《洛阳晋墓的发掘》,《考古学报》1957年第1期;谢虎军、张剑:《洛阳纪年墓研究》,第58页。

[6] 洛阳市第二文物工作队、偃师商城博物馆:《河南偃师西晋支伯姬墓发掘简报》,《文物》2009年第3期。

[7] 洛阳市文物工作队:《西晋苏华芝墓》,《文物》2005年第1期。

[8] 洛阳市第二文物工作队:《河南洛阳市邙山"大汉冢"东汉陵区西晋纪年墓》,《考古》2010年第10期。

[9] 黄明兰:《西晋裴祇和北魏元暐两墓拾零》,《文物》1982年第1期。

(续表)

内收	墓葬	墓室形制	墓道规格	出处
4级	秦国士孙松墓（洛阳城西M22）	双室砖室	不明	《考古学报》1957年第1期；《洛阳纪年墓研究》，第79页
	偃师杏园M34	双室土洞	长22、宽3米	《考古》1985年第8期
	新安C12M262	单室砖室	长25、宽5.8、底宽2.22米	《文物》2004年第12期
3级	王文伯墓（洛阳城西M1）	单室砖室	不明	《考古学报》1957年第1期；《洛阳纪年墓研究》，第58页
	谷水FM4	单室砖室	残长6.66、残宽1.2米	《文物》1996年第8期
	衡山路HM719	双室砖室	长24.5、宽4.26、底宽1.4米	《文物》2009年第3期
	孟津三十里铺M118	单室砖室	长24、宽2.85米	《华夏考古》1993年第1期
2级	华山路CM2348	单室砖室	长20、宽2.6、底宽1.3米	《文物》2006年第12期
	卫辉大司马M19	单室土洞	长16.26、宽0.9-2.3米	《考古》2010年第10期
	卫辉大司马M20	双室土洞	长17.12、宽0.92-1.78米	《考古》2010年第10期
	卫辉大司马M21	多室土洞	长18.68、宽0.8-1.58米	《考古》2010年第10期
1级	华山路CM2349	单室砖室	残长6.2、宽2、底宽1.4米	《文物》2006年第12期
	卫辉大司马M18	单室土洞	长23.1、宽2.5-3米	《文物》2009年第1期

总之，西晋的墓道整体较曹魏更长、更宽，而单室墓开始流行，墓室整体缩小，使得墓道在整个墓葬中的比例进一步扩大，地位更加突出，利用长斜坡墓道内收台阶级数来体现等级的做法则被进一步发展完善。这些突出墓道的做法显示了西晋时期墓道受重视程度的加强，甚至成为墓葬制度的核心。而这种重墓道、轻墓室的做法，也影响着平民墓葬墓道的形制，例如洛阳周边的巩义地区晋墓，就普遍使用较长的墓道以及方形墓室[1]。

西晋灭亡后，中国大致呈南北分裂局势。北方经历了五胡十六国、北魏、东魏北齐与西魏北周；南方经历了东晋、宋、齐、梁、陈。在这个分裂动荡的时期，各个政权也以各种方式在不同程度上发展了墓道所体现的制度。

---

[1] 郑州市文物考古研究所、巩义市文物保护管理所：《河南巩义市晋墓发掘报告》，《华夏考古》2001年第4期。

三、十六国北朝时期

十六国北朝时期,北方的墓葬制度经历了一个不断发展完善的过程。北魏一方面在一定程度上恢复了汉代的厚葬,另一方面却保留和发展了魏晋重视墓道的制度。东魏北齐、西魏北周在继承北魏传统的同时,分别形成了以绘制墓道壁画和修筑天井为各自特色的制度。总体而言,此时的墓道不像魏晋时期处于整个墓葬制度中最为突出的位置,而是与墓葬形制规模、随葬品等共同构成了一套完整的墓葬制度。

(一)十六国时期

十六国时期,各政权、各民族间相互攻伐,形成复杂的局面。这一时期,由于北方少数民族文化的强势,墓葬制度只是继承了西晋的传统而鲜有进一步发展,但在零星的材料中,我们还是可以看到一些创新因素的出现。

北方地区政权林立,各地的墓葬情况都有所不同。张小舟先生将此时的墓葬大致分为中原、西北、东北三个区域:中原地区或因刘曜焚毁洛阳的战乱影响,在洛阳一带没有发现十六国时期的墓葬,西安一带有一批前后秦的汉族墓葬,安阳一带前燕、后燕、南燕时期的鲜卑族进入阶级社会的时间不长,等级制度不严格;西北地区的十六国墓葬在形制和随葬品方面都沿袭了西晋的传统;东北地区由鲜卑慕容氏和鲜卑化的汉族冯氏建立政权,墓葬文化传统与乌丸大体相同,而与汉族有异[1]。故此处仅讨论保留汉地文化较多的河西、关中地区。

西晋末年发生了"八王之乱",这时张轨"以时方多难,阴图据河西","永宁初,出为护羌校尉、凉州刺史",在河西"立学校,始置崇文祭酒,位视别驾,春秋行乡射之礼",坚持汉文化与晋室正朔,"中州避难来者日月相继"[2]。在这一背景下,河西地区继承了中原地区的部分墓葬传统,长斜坡墓道非常流行,部分也成内收阶梯状,显然与西晋的传统直接相关。但由于这批墓葬墓主身份信息缺乏,无法作进一步讨论。另一方面,汉人大量迁入河西,自东汉以来河西地区墓葬文化就比较突出,至东汉晚期已形成比较强大的传统。魏晋时间较短,其墓葬文化未能完全在这一相对边远的地区流行。河西地区又保留了不少东汉的传统,依然追求墓室的规模、材质和装饰。被认为是西凉王李暠的酒泉小土山墓

---

[1] 张小舟:《北方地区魏晋十六国墓葬的分区与分期》,《考古学报》1987年第1期。
[2] 《晋书》卷八六《张轨传》,第2221、2222、2225页。

葬[1]，使用了3级内收阶梯、71米的超长墓道，其墓室规模也较大，为总长21.6米的前后室墓。墓道长度占墓葬全长近4/5，这一比例与西晋帝陵区高等级陪葬墓类似。这种现象可能是既追求墓室规模，又受西晋重视墓道制度影响的产物。

关中地区的情况也有相同之处，在保留汉代传统的情况下，接受并继承了一定的西晋传统。关中地区发现的十六国墓葬均为带长斜坡墓道的土洞墓，部分墓葬采用了台阶内收阶梯的做法，以2级最为常见，个别的为1级或3级[2]。

总之，河西、关中地区在延续东汉传统同时，亦受到了西晋制度的影响，其中也加入了一些地域特色。最显著的特点就是，二地都使用了洛阳烧沟汉墓曾使用过的天井结构[3]。关中地区将汉代以来砖雕和彩绘式门楼以土刻房屋的形式，置于墓道或甬道内；河西墓葬中出现了大量的萌芽于关中汉墓的照墙建筑，这种高大的照墙和经过装饰的墓门，与墓道、天井等构成了相较墓室更加高大华丽的空间。这种对墓道的修饰虽然表面上有些因素发展于汉墓，其实暗合着曹魏以来重视墓道的传统，也是这一时代总体趋势的一种反映。

（二）北魏时期

在洛阳地区发现众多北魏墓葬，已发表材料的有20余座，涵盖了帝陵、王墓、官吏墓和庶民墓，同时高等级墓葬的墓主身份也较为明确，为讨论北魏的墓葬制度提供了较为全面的材料。

迁洛以来的北魏皇陵显然摒弃了魏晋的薄葬传统，恢复了东汉的厚葬。帝陵分地上、地下两部分，地上重新设置了陵园。孝文帝长陵面积达17余万平方米[4]，除有高大的圆形封土外，还恢复了神道和石翁仲[5]。地下方面，已发掘的宣武帝景陵[6]，为带40.6米长斜坡墓道的单室砖石墓，墓室近正方形，长6.73、宽6.92米，甬道分前后，前甬道长3.4米，后甬道长5.12米。值得注意的是，前甬道宽度远大于墓道和后甬道宽度，整体呈横向的长方形，看上去类似东汉前后室墓的横置前堂（图五）。陵前尚存一对石人（图六）。最近发现的被推测为节闵帝陵墓的北魏大墓，墓道长39.7、宽2.9米，墓室加甬道总长19.2米，前甬

---

[1] 肃州市博物馆：《酒泉小土山墓葬清理报告》，《陇右文博》2004年第2期。
[2] 岳起、刘卫鹏：《关中地区十六国墓的初步认定——兼谈咸阳平陵十六国墓出土的鼓吹俑》，《文物》2004年第8期。
[3] 李梅田：《中原魏晋北朝墓葬文化的阶段性》，《华夏考古》2004年第1期。
[4] 郭建邦：《洛阳北魏长陵遗址调查》，《考古》1969年第3期；洛阳第二文物工作队：《北魏孝文帝长陵的调查和钻探——"洛阳邙山陵墓群考古调查与勘测"项目工作报告》，《文物》2005年第7期。
[5] 余黎星、黄吉博、余扶危：《洛阳北魏墓研究》，《洛阳师范学院学报》2008年第1期。
[6] 中国科学院考古研究所洛阳汉魏城队、洛阳古墓博物馆：《北魏宣武帝景陵发掘报告》，《考古》1994年第4期。

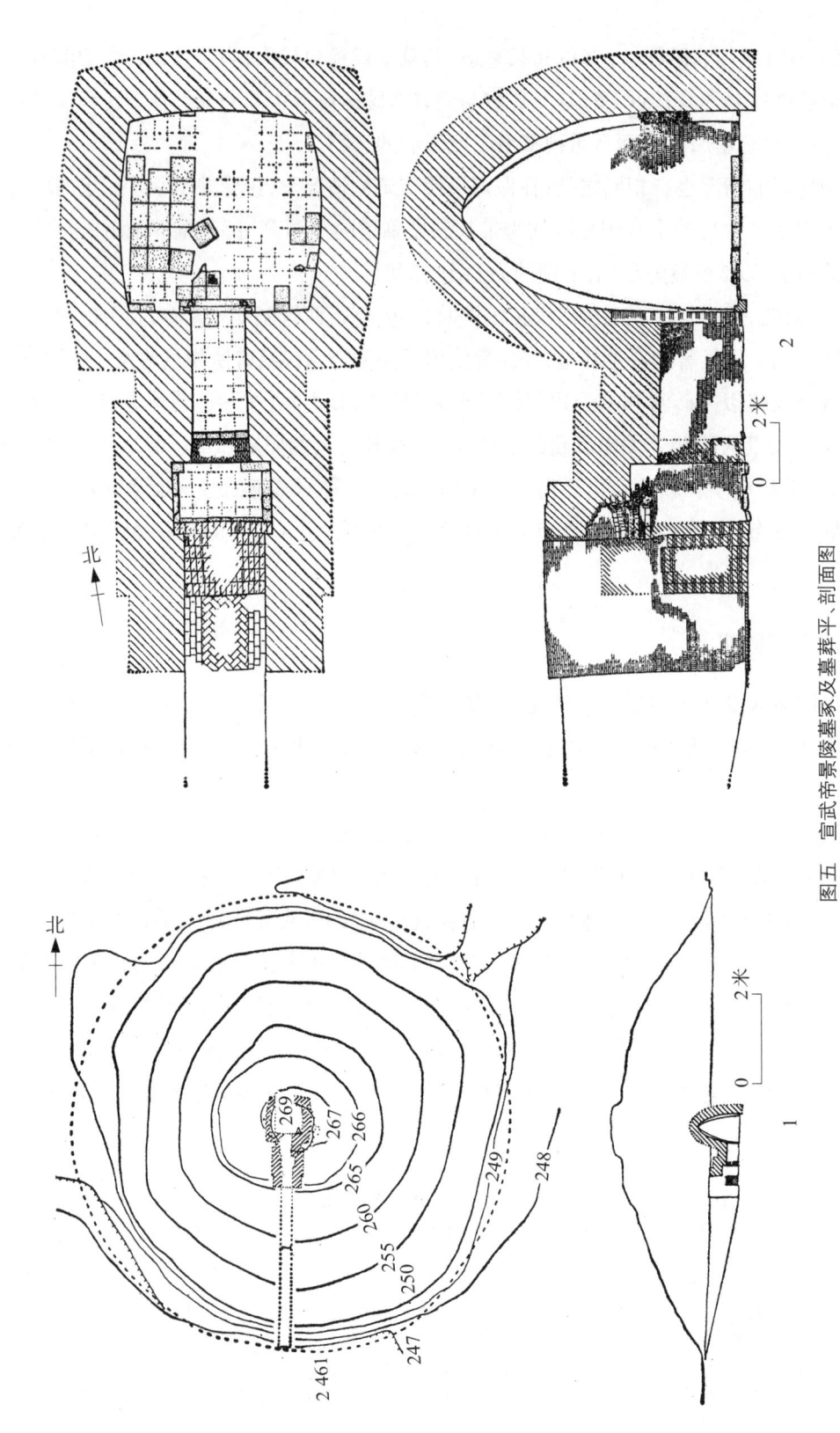

图五 宣武帝景陵墓冢及墓葬平、剖面图

(图片来源：《北魏宣武帝景陵发掘报告》,《考古》1994年第4期,图三、五)

86　蜀山琢玉：丧葬制度与帝国气象

图六　景陵神道石人
（作者摄）

道也是类似前室的结构[1]，与宣武帝景陵一致。这种墓室结构不见于洛阳地区的其他北魏墓葬中，可能是北魏统治者主观上希望在墓室结构上恢复东汉旧制而凸显的做法。但皇陵的墓道长度占墓葬总长的3/4左右，依然与上文述及的西晋时期类似。

这种现象的出现可能是由于北魏在地上、地下两个部分都希望能恢复汉代旧制，但两部分能够恢复的程度不同。东汉皇陵和许多重要墓葬在北魏掌控的洛阳地区，距离北魏皇陵也很近，可直接效仿其可见的地上陵园，恢复东汉皇陵中的圆形封土、神道等；但地下墓室则无法直接看到，而此时去汉已久，又经天下丧乱，地下的墓葬形制只能在延续西晋的基础上根据某些对东汉的模糊认识来略作改制。同时，冯太后薄葬遗令云："脱于孝子之心有所不尽者，室中可二丈，坟不得过三十余步。今以山陵万世所仰，复广为六十步。"[2]这种照顾两端的丧葬思想或许也对此种墓葬制度的产生具有一定程度的影响。

相对于皇陵，王、官吏、平民都仅使用单室墓，这应当是一种制度。而墓室材料方面，

---

[1]　洛阳市文物考古院：《洛阳涧西衡山路北魏墓发掘简报》，《文物》2016年第7期。
[2]　《北史》卷一三《文成文明皇后冯氏传》，第497页。

土洞墓和砖室墓则更多地体现出时代差别。这些墓葬整体而言，呈现出一种墓室越大、墓道越长，墓主人等级越高的情况（表三）。但这种关联并不严密，甚至有部分高等级的墓葬使用了竖井墓道。这一方面当然与墓葬制度的特性（即总体上符合，不可能全部井然有序）和执行情况有关，另一方面或许与当时北魏汉化后汉家礼制在上层依然存在反对意见，受到少数民族贵族的抵触有关。比如镇远将军染华墓出土墓志叙述其死为"崩"[1]，显然是礼制混乱的一种表现。

表三　洛阳地区北魏墓主身份明确的墓葬

年　代	墓　名	墓主身份	墓室形制	墓道形制	出　处
太和十二年（488）	郭氏墓	平民	单室土洞，长3.1、宽1.4米	长斜坡墓道，长5.3、宽1.4米	《中原文物》1996年第1期
迁都后					
正始三年（506）	史寇猛墓	刺史	单室砖墓，正方形，尺寸不明	不明	《文物参考资料》1957年第2期
永平四年（511）	司马悦墓	刺史	单室砖墓，长6.7、宽7米	竖井墓道	《考古》1983年第3期
永平四年（511）	元焕墓	王	单室砖墓，正方形，边长5.1米	长斜坡墓道，长15、宽1.4米	《华夏考古》1993年第1期
延昌四年（515）	宣武帝景陵	皇帝	单室砖墓，长6.73、宽6.92米	长斜坡墓道，总长40.6米	《考古》1974年第4期
熙平元年（516）	元睿墓	刺史	单室砖墓，正方形，边长4.4米	竖井墓道	《考古》1991年第9期
正光三年（522）	郭定兴墓	太守	单室土洞室，梯形，长3.8、南宽2.92、北宽4.05米	斜坡墓道，一天井、一过洞，长3.4、宽1.3米	《文物》2002年第9期
正光五年（524）	侯掌墓	治中从事史	单室土洞墓，长3.2、宽3米	竖井墓道	《文物》1991年第8期
正光五年（524）	吕达墓	辅国将军、太守	单室砖墓，长4.9、宽5.3米	长斜坡墓道，长17.2、宽1.2米	《考古》2011年第9期
正光八年（525）	元怿墓	王	单室砖石墓，正方形，边长9米，甬道、墓室曾有壁画	长斜坡墓道，长度不明	《文物》2002年第2期

---

[1] 偃师商城博物馆：《河南省偃师两座北魏墓发掘简报》，《考古》1993年第5期。

(续表)

年代	墓名	墓主身份	墓室形制	墓道形制	出处
孝昌二年（526）	元乂墓	王	单室砖墓，长7.5、宽7米，墓室东西各有一个假耳室，甬道、墓室曾有壁画	长斜坡墓道，长30、宽3米	《文物》1997年第12期
孝昌二年（526年）	染华墓	镇远将军、太守	单室土洞墓，长4.48、宽4.64米	长斜坡墓道，一天井、一过洞，残长3.1、宽1.22米	《考古》1993年第5期
武泰元年（528）	元暐墓	王	单室土洞室，长3.3、宽3.5米，墓室曾有壁画	长斜坡墓道，二天井、二过洞，长27米	《文物》1982年第1期
建义元年（528）	元邵墓	王	单室土洞室，长4、宽3.9米	长斜坡墓道，一天井，长10.35、宽1.45米	《考古》1997年第4期
普泰二年（532）	吕仁墓	宁远将军	单室土洞墓，长4、宽3米	长斜坡墓道，长8.2、宽1米	《考古》2011年第9期
太昌元年（532）	王温墓	安东将军	单室土洞墓，长2.3、宽3米，墓室有壁画	长斜坡墓道，未发掘	《文物》1995年第8期

同时，当时的礼法可能对父、子墓葬的位置关系、大小形制有所限定。如洛阳市吉利区两座北魏墓[1]中，父亲吕达墓（C9M315）在儿子吕仁墓（C9M279）的右前方，且墓室大小、墓道规模都要远大于后者（图七）。这种现象也出现在了清河文献王元怿、常山文恭王元邵父子墓上，元怿墓亦在元邵墓右前方，其墓室大小也要远大于元邵墓。元怿墓墓道未发掘，而元邵墓墓道长10.35、宽1.45米，墓道规模远小于其他王一级墓及部分高等级官吏墓[2]，这可能是为了小于父亲墓葬而刻意为之的结果。这种父子墓的礼制在当时重孝的大背景下，可能会被优先遵守，导致我们今天看到的北魏墓道制度出现了一些"混乱"的情况。

与此同时，西晋时期内收阶梯式墓道的做法不再流行。北魏后期，高等级墓葬中出现了在墓道上修筑天井、过洞的做法，但一般只修1到2个，或许只有功能（便于出土）和装饰上的意义，尚不能上升到制度层面。

---

[1] 洛阳市文物工作队：《河南洛阳市吉利区两座北魏墓的发掘》，《考古》2011年第9期。
[2] 徐蝉菲：《洛阳北魏元怿墓壁画》，《考古》2002年第2期；洛阳博物馆：《洛阳北魏元邵墓》，《考古》1997年第4期。

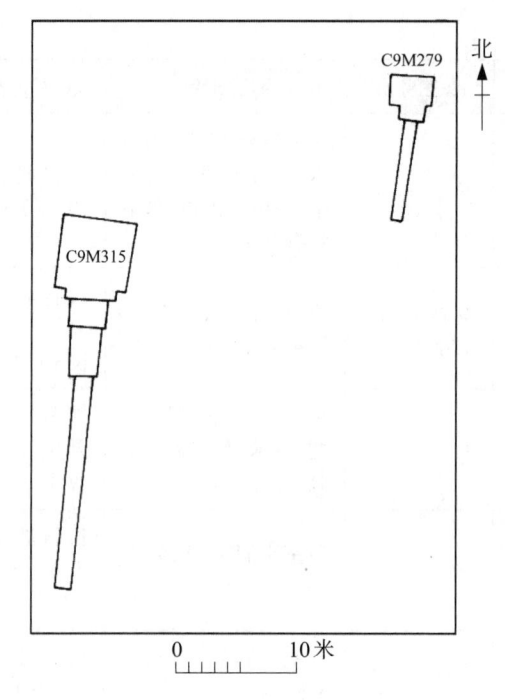

图七　吕达、吕仁墓示意图

（图片来源：《河南洛阳市吉利区两座北魏墓的发掘》，《考古》2011年第9期，图二）

总体而言，北魏在墓葬制度上以复兴东汉为主，恢复了魏晋薄葬废止的封土、陵园和地上建筑，并改变自曹魏以来重墓道、轻墓室的做法，重新确立了一套墓室结构上的规范，并重新使用壁画，但仍保留了除阶梯内收之外的西晋的墓道规范。墓道仅在北魏后期有了一些功能和装饰上的创新，而在制度层面上并没有多少发展。

（三）北齐、北周时期

东魏北齐、西魏北周在北魏的基础上继续发展墓葬制度，并各自创造出了别有特色的墓道制度。

东魏北齐高等级的墓葬主要发现于邺城地区，即当时的京畿。东魏宗室的墓葬形制和随葬品种类与组合延续了北魏末期洛阳地区的基本特征[1]，如东魏宗室元良[2]、元祜[3]的墓葬，仍使用北魏末期流行的带一个天井的长斜坡墓道的单室土洞墓。

---

〔1〕倪润安：《北齐墓葬文化格局论》，《故宫博物院院刊》2015年第2期。
〔2〕磁县文物保管所：《河北磁县北齐元良墓》，《考古》1997年第3期。
〔3〕中国社会科学院考古研究所河北工作队：《河北磁县北朝墓群发现东魏皇族元祜墓》，《考古》2007年第11期。

根据沈丽华先生对邺城地区墓葬的研究,可知该地区墓葬形制与等级对应十分森严[1],墓室越大、墓道越长、壁画越丰富,等级越高。至迟到北齐已有一套相较于北魏更严格且执行力极强的墓葬制度。

北齐高等级墓葬集中于邺城西北,神武帝义陵周围[2]。其中宗室、帝陵一级的墓葬,现发现有湾漳壁画墓(墓主推测为文宣帝高洋)[3]、茹茹公主墓[4]、高润墓[5]、高孝绪墓[6]4座,一般使用墓室近方形的单室砖室墓结构,4座墓墓道长都在15米以上,除了长度超过同时期其他墓葬外,一个显著特点是在墓道中也绘制了壁画。邺城之外,太原地区的东安王娄叡墓[7]和武安王徐显秀墓[8]的墓道也绘制有壁画,顺阳王库狄迴洛墓[9]壁画破坏严重,不清楚其墓道是否也有壁画,这三座墓葬亦是邺城之外迄今为止发现的最高等级的北齐墓葬。

这些墓道壁画的内容,恰好是能直接体现墓主人身份地位的卤簿、出行仪仗,且体现出明显的等级特征,此点已有很多研究[10],不再赘述。值得注意的是,湾漳壁画墓第三、四两队人物多为朝官装束(图八,1),这在其他壁画墓中尚未见到,应该与墓主皇帝的身份有关;高孝绪、娄叡、徐显秀均为军队高官,其出行仪卫由鼓吹等可能为军乐的壁画构成(图八,2),而高孝绪的仪卫要比娄叡、徐显秀简单;茹茹公主墓则以仪卫保护为主(图八,3)。显然这些壁画的卤簿、出行仪仗与墓主的身份是相符的。

同时,有些墓道还要在底部绘制地毯式壁画,这种现象目前仅发现于湾漳大墓和茹茹公主墓中,可能是皇室的体现。而湾漳大墓墓道地面的壁画要远远复杂于茹茹公主墓,可见其绘制也有严格的等级规范。在皇帝、宗室、王以下的墓葬中,墓道均没有发现壁画,说明在制度上统治者垄断了这种墓道壁画的使用权力。

由此可见,北齐创新地将壁画加入到了墓道中,内容为直接表现墓主身份地位的卤簿、出行仪卫,使墓道能更加直观、明确地表现墓主等级,且便于不同地区之间的标准

---

[1] 沈丽华:《邺城地区六世纪墓葬的考古学研究》,《考古学报》2017年第1期。
[2] 沈丽华:《邺城地区东魏北齐墓群布局研究》,《考古》2016年第3期。
[3] 中国社会科学院考古研究所、河北省文物研究所邺城考古工作队:《河北磁县湾漳北朝墓》,《考古》1990年第7期。
[4] 茹茹公主去世时仍属东魏,但此时距北齐建立已不远,且茹茹公主墓形制与北齐高等级墓葬类似,且在北齐高等级墓葬区,故将其划入北齐墓葬中。磁县文化馆:《河北磁县东魏茹茹公主发掘简报》,《文物》1984年第4期。
[5] 磁县文化馆:《河北磁县北齐高润墓》,《考古》1979年第3期。
[6] 张晓峥、张小沧:《河北磁县发现北齐皇族高孝绪墓》,《中国文物报》2010年1月15日。
[7] 山西省考古研究所:《太原市北齐娄叡墓发掘简报》,《文物》1983年第10期。
[8] 山西省考古研究所、太原市文物考古研究所:《太原北齐徐显秀墓发掘简报》,《文物》2003年第6期。
[9] 王克林:《北齐库狄迴洛墓》,《考古学报》1979年第3期。
[10] 扬之水:《磁县湾漳北朝壁画墓卤簿图若干仪仗考》,《故宫博物院刊》2006年第2期。

图八　北齐墓道壁画出行仪卫图

1. 湾漳大墓壁画局部　2. 徐显秀墓壁画局部　3. 茹茹公主墓壁画局部

（图片来源：1. 中国社会科学院考古研究所、河北省文物研究所：《磁县湾漳北朝壁画墓》，科学出版社，2003年，彩版51,2；2.《太原北齐徐显秀发掘简报》，《文物》2003年第6期，图二一；3.《河北磁县东魏茹茹公主墓发掘简报》，《文物》1984年第4期，图版贰,1)

统一。

壁画的使用可能也是北朝墓葬对于汉代传统进一步的"恢复"，但汉代壁画皆不绘制在墓道中，在北齐高等级墓葬中墓道反而成了绘制壁画的重要场所和壁画内容（尤其是与等级有关内容）的核心部分，也可以看出魏晋墓葬制度转而发展墓道对于后世的深远影响。

关中地区西魏墓葬目前发现的较少，帝陵的墓上建筑基本承袭了北魏的传统。文帝永陵封土呈圆形，陵前原有石人、石兽等大量石刻，多数已毁，今存天禄一件。北周宇文泰成陵前亦有石蹲狮一件，北周中期或有"不树不封"的命令，但很快被废除[1]。

---

[1] 倪润安：《北周墓葬"不封不树"辨析》，《中国典籍与文化》2006年第2期。

表四　北齐墓道壁画情况

墓葬	墓道长度	墓道壁画布局	墓 道 两 壁	墓道地面	墓主身份	出　处
湾漳壁画墓	37米	上下两栏	下层绘青龙、白虎（一壁青龙，一壁白虎）引导的4列53人仪卫；上层为7种神兽及流云莲花	地毯式三列，中为人瓣仰莲，两侧为莲花忍冬纹带	皇帝	《文物》1984年第4期
茹茹公主墓	22.79米	南段单栏，北段两栏	青龙、白虎（一壁青龙，一壁白虎）引导的2列14人仪卫；上层为方相氏、羽人、凤鸟、莲花等	地毯式花草纹带	公主	《考古》1979年第3期
高润墓	50米	被破坏不明	曾有壁画	无	宗室	《考古》1989年第3期
高孝绪墓	15.8米	单栏	手执仪仗人物基本对称，现各壁保存13人	无	宗室	《中国文物报》2010年1月15日
娄叡墓	21.3米	墓道、天井均分两栏	墓道上层绘出行与回归，下层绘军乐仪仗；天井上层绘佛教飞升净土，下层绘军乐仪仗	无	王	《文物》1983年第10期
徐显秀墓	20.6米	单栏	墓道绘4种神兽（每壁2个）引导26人仪卫；天井、过洞共绘出行人物34个，马6匹	无	王	《文物》2003年第6期

制度文明｜墓道的"延伸"：魏晋南北朝墓葬制度演变的一个关键点

与北齐类似,北周在继承北魏传统的同时,根据本地传统,采取了相关措施来突出墓道的等级性。这种做法就是前文提及的河西、关中地区普遍采用的带多天井式墓道,形成了一套以长斜坡墓道、多天井制为特征的墓葬等级规范,其墓道等级与墓葬总长度、墓室面积、天井和壁龛的数目、陶俑数量等成正比[1]。

从现有的考古材料来看,天井数量在一定意义上确与等级有联系。当然,天井一开始可能是为了挖掘长斜坡墓道而设置的[2],但由于与墓道长度有关,其数量在后期明显具有一定的等级规范。北周的高等级墓葬都修筑了天井过洞,帝陵及正九命高官的墓葬,比如周武帝陵[3]、上柱国尉迟运夫妇墓[4]等,墓道总长普遍在40米以上,设置5个天井;稍低等级一些的墓葬,比如莫仁相[5]、独孤藏墓[6]等,使用20-35米长的墓道,4、5个天井;较低级别的墓葬,比如张氏家族墓[7],墓道长度在10米以下,最多使用1个天井。与天井有关的壁龛数量应该也与墓主身份有关,但似乎并未形成严格的规范[8]。

值得注意的是,也有一些墓葬似乎处在这套制度外。李贤墓[9]仅有3个天井,但有较大面积的墓室和大量壁画,天井数量与墓葬规模不匹配。叱罗协墓[10]有6个天井,超过了帝陵,同时其墓室规模、随葬品数量也都超过帝陵。王士良夫妇墓[11](王士良下葬于隋代,但其妻子董氏先下葬于北周保定五年)仅使用竖井墓道而不用斜坡墓道。出现这种情况的原因可能是这些墓的修筑年代都在北周建德三年之前。倪润安先生通过对随葬品的考察,认为北周建德前期,周武帝大力推行其新礼制,墓葬形制、随葬陶俑等都在此时发生了时代性的变化[12],北周墓葬制度的完善也当是在这段时间。李贤等墓的修筑年代在此之前,此时新礼法及墓葬制度可能尚不完善。

---

[1] 李梅田:《魏晋北朝墓葬的考古学研究》,北京:商务印书馆,2009年,第143-145页。
[2] 傅熹年:《唐代隧道型墓的形制构造和所反映的地上宫室》,《文物出版社成立三十周年:文物与考古论集》,第32-343页。
[3] 陕西省考古研究所、咸阳市考古研究所:《北周武帝孝陵发掘简报》,《考古与文物》1997年第2期。
[4] 负安志:《中国北周珍贵文物——北周墓葬发掘报告》,西安:陕西人民美术出版社,1993年,第93-130页。
[5] 陕西省考古研究所:《北周莫仁相、莫仁诞墓发掘简报》,《考古与文物》2012年第3期。
[6] 负安志:《中国北周珍贵文物——北周墓葬发掘报告》,第76-93页。
[7] 西安市文物保护考古所:《西安南郊清理两座小型北周墓》,《文博》2011年第2期;西安市文物保护考古所:《西安北周张氏家族墓》,国家文物局编《2012中国重要考古发现》,北京:文物出版社,2013年,第120-123页。
[8] 倪润安:《北周墓葬的地下空间与设施》,《故宫博物院院刊》2008年第1期。
[9] 宁夏回族自治区博物馆、宁夏固原北周李贤墓博物馆:《宁夏固原北周李贤夫妇墓发掘简报》,《文物》1985年第11期。
[10] 负安志:《中国北周珍贵文物——北周墓葬发掘报告》,第10-36页。
[11] 负安志:《中国北周珍贵文物——北周墓葬发掘报告》,第109-130页。
[12] 倪润安:《北周墓葬俑群研究》,《考古学报》2005年第1期。

表五　关中地区北周墓葬墓道与等级

墓葬	纪年	墓道规格	天井数	官　职	出　处
拓跋虎尉迟氏	保定四年（564）	被破坏	破坏	使持节骠骑大将军开府仪同三司大都督云宁县开国公	《中国北周珍贵文物》，第1-9页
宇文猛	保定五年（565）	总长46.2、宽1.4-1.5米	5	大将军大都督（五州）诸军事原州刺史	《宁夏考古文集》，第134-147页
王士良董荣晖	保定五年（565）	竖井墓道	无	大将军广昌公	《中国北周珍贵文物》，第109-130页
张𩿇	天和二年（567）	长7、宽1.24米	无	京兆郡守雍州路谷镇将	《文博》2011年第2期
李贤吴晖	天和四年（569）	总长42、宽1.3-1.5米	3	使持节诸国大将军大都督（十州）诸军事原州刺史河西桓公	《文物》1985年第11期
康业	天和六年（571）	破坏	破坏	甘州刺史	《文物》2008年第6期
张盛	天和六年（571）	长4.7、宽1.2米	无	平东将军宜州刺史	《2012中国重要考古发现》，第120-123页
张政	建德元年（572）	长5、宽1.3米	1	右员外常侍镇远将军	《2012中国重要考古发现》，第120-123页
叱罗协	建德三年（574）	总长59.9、宽1.4-1.5米	6	骠骑大将军柱国大将军开府仪同三司南阳郡开国公	《中国北周珍贵文物》，第10-36页
田弘夫妇	建德四年（575）	总长45.3米	5	少师柱国大将军雁门襄公	《北周田弘墓》
王德衡	建德五年（576）	总长35.72、宽1.2米	3	使持节仪同大将军新市县开国侯	《中国北周珍贵文物》，第36-59页

（续表）

墓葬	纪年	墓道规格	天井数	官职	出处
莫仁诞	建德五年（576）	总长19.35、宽1.27-1.4米	3	使持节上开府仪同大将军赵郡开国公	《考古与文物》2012年第3期
宇文俭	建德七年（578）	总长44、宽1.3-1.4米	5	上诸国大冢宰忠孝王	《考古与文物》1997年第2期
宇文邕阿史那氏	宣政元年（578）	总长59、宽2.6-2.8米	5	北周武帝	《考古与文物》1997年第2期
莫仁相	宣政元年（578）	总长33.45、宽1.3-1.4米	4	使持节大将军五州刺史定安县开国公	《考古与文物》2012年第3期
独孤藏	宣政元年（578）	总长23.8、宽1.42米	3	大都督平公金州刺史	《中国北周珍贵文物》，第76-93页
若干云	宣政元年（579）	总长24.36、宽1.34-1.4米	3	骠骑大将军开府仪同大将军任城郡公	《中国北周珍贵文物》，第60-76页
尉迟运贺拔氏夫妇	大成元年（579）	总长43、宽1.4-1.7米	5	使持节上柱国庐国公	《中国北周珍贵文物》，第93-130页
安伽	大象元年（579）	总长28.75、宽1.2-1.4米	5	大都督同州萨保	《考古与文物》2000年第6期
史君	大象二年（580）	总长40.84、宽1.3-1.7米	5	北凉萨保	《文物》2005年第3期

总之，在北魏分裂后，东魏北齐、西魏北周在继承其制度的情况下，各自发展出了一套比较严格的墓葬制度，在强调墓葬形制规模、随葬品等的同时，都突出强调了墓道，最后形成了两个分支：北齐继承了北魏恢复的墓葬壁画传统，形成了一套以壁画为等级标识的墓葬制度，而以墓道中绘卤簿、出行仪卫来突出墓主人身份地位；北周吸收了北魏后期带天井墓道的做法，结合关中地区已有的墓道传统，形成了一套以长斜坡墓道、多天井制为特征的墓葬等级规范。

从制度层面来讲，北魏分裂，分都两地，统一性减弱，各地的墓道规模已不便统一，而以卤簿壁画和天井过洞数量的形式来凸显，其操作性更强，也更具有显示度。而随着墓道地位的提高，墓道也被视作丧葬空间的一部分，在北齐、北周时，墓葬的丧葬空间便向墓道有所转移，此点已有学者提及[1]，兹不赘述。

四、东晋南朝时期

由于自然条件的限制和"假葬"思想的影响，东晋不再使用长斜坡墓道，西晋创制的墓道制度难以在南方继续发展。其后的南朝另辟蹊径，创制了一套脱胎于汉代墓上石刻却别具创新的神道体系来代替墓道制度。

（一）东晋时期

以建康为中心的长江中下游的东晋墓葬形制，是在斟酌损益南北墓葬形制的基础上形成的。本地的丧葬传统被打破，以洛阳为典型的西晋墓室形制被移植过来[2]，但西晋墓道制度并未移植。

被疑为帝陵的大墓，有南京大学北园墓[3]、南京富贵山M1[4]、南京汽轮机厂墓[5]3座，蒋赞初曾就前两处墓葬及幕府山西南麓的4座大墓，并结合南京地区发现的王、颜等家族墓地材料，推断东晋帝陵的形制与西晋帝陵接近，但"可能主要是由于地理条件造成的，因前者（西晋帝陵）位于黄土高原，而后者（东晋帝陵）则位于多水的低山丘岭地带

---

[1] 赵永洪：《由墓室到墓道——南北朝墓葬所见之仪仗表现与丧葬空间的变化》，巫鸿主编《汉唐之间文化艺术的互动与交融》，北京：文物出版社，2001年，第427—460页。
[2] 韦正：《六朝墓葬的考古学研究》，北京：北京大学出版社，2011年，第107页。
[3] 南京大学历史系考古组：《南京大学北园东晋墓》，《文物》1973年第4期。
[4] 南京博物院：《南京富贵山东晋墓发掘报告》，《考古》1966年第4期。
[5] 南京市博物馆：《南京北郊东晋墓发掘简报》，《考古》1983年第4期。

之故","南京的东晋诸大墓一般均无明显的墓道,即便有明显的墓道,也偏短偏小"[1]。可见,囿于自然原因的限制,东晋无法再使用长斜坡墓道。

同时,无论是从文献还是墓志中,我们都能看到当时人们的"假葬"思想,即希望归葬原籍而仅将建康地区视为暂时下葬的地点[2]。在这种思想和传承自西晋的薄葬思想的共同影响下,墓葬形制进一步简化,整体的形制变化不甚显著,仅在直棂窗等细节处稍有改动[3]。

(二)南朝时期

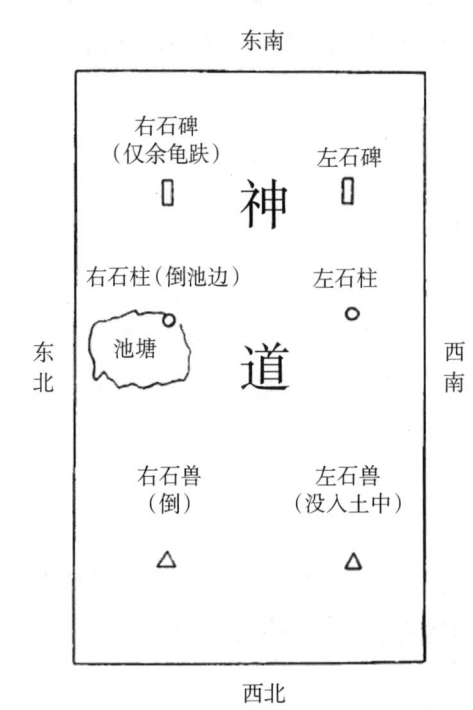

图九 临川靖惠王墓神道石刻排列示意图
(图片来源:《梁代陵墓考·六朝陵墓调查报告》,第49页)

南朝遗留的神道石刻较多,对其进行整体调查与研究自民国时期就已经开始。曾任上海徐家汇司铎的法国人张璜,于民国十二年(1923)以法文撰成《梁代陵墓考》一书,继有朱希祖、朱偰、滕固、罗香林等学者完成了《六朝陵墓调查报告》[4]。但时至今日,南朝陵墓墓道上石刻的种类、名称,各自对应的等级身份都尚有较大的争议[5]。但不论如何,南朝应当是创制了一套以石兽(种类、体量)、石碑、石柱为内容的神道制度(图九、一〇、一一)。

这在一定意义上也恢复了东汉的传统,神道石刻起源于东汉,由于两晋不树不封的墓葬制度而整体上消失,北魏将之恢复于北方,南方则于刘宋时恢复,于梁代又添加了碑碣制度,神道石刻制度成型。齐梁一代的神道石刻体系,无论是石碑、石兽还是石柱,皆远承汉代,又有所不同:石碑采用了新的装饰手法[6],石兽形象进

---

[1] 蒋赞初:《南京东晋帝陵考》,《东南文化》1992年第1期。
[2] 罗宗真:《从考古资料看六朝谢氏家族的兴衰》,《东南文化》1997年第4期;安然:《魂返故土还是寄托异乡——从墓葬和墓志看东晋的流徙士族》,《东南文化》2002年第9期。
[3] 耿朔:《最后归宿还是暂时居所?——南京地区东晋中期墓葬观察》,《南方文物》2010年第4期。
[4] 张璜、中央古物保管委员会:《梁代陵墓考·六朝陵墓调查报告》,南京:南京出版社,2010年。
[5] 邵磊:《对南朝陵墓神道石刻研究的回顾与反思》,《南京晓庄学院学报》2010年第1期。
[6] 罗宗真:《六朝考古》,南京:南京大学出版社,1994年,第96页。

图一〇　南京甘家巷萧秀墓神道石刻（右侧）
（作者摄）

图一一　南京南朝陵墓神道石兽
1. 麒麟（通常为帝陵级别）　2. 狮子（王侯级别）
（作者摄）

一步受到外来文化影响[1]，石柱顶出现类似阿育王石柱的莲花纹圆盖及蹲兽[2]（图一二）。同时已有学者注意到，在这时甬道内守门狮子图像出现，它们与地表的镇墓石兽互为表

---

[1] 杨晓春：《南朝陵墓神道石刻渊源研究》，《考古》2006年第8期。
[2] 宿白：《考古发现与中西文化交流》，北京：文物出版社，2012年，第69、70页。

里,自成一套"瑞兽体系"[1]。

这意味着,南朝神道与甬道形成了一个体系。在汉代,神道是与墓道相连的,墓道再与甬道相接。而南朝神道则是直接与甬道相连(或有短小的墓道),故无论从位置上还是功能上都可以作为地下墓道的延伸。因此,我们认为由于自然条件的限制,南朝转而发展神道制度,以一套新的神道体系体现等级,以神道代替了之前所追求的长墓道的做法。

五、墓葬制度与社会历史

综上所述,我们可以从墓道的视角大致概括出魏晋南北朝时期墓葬制度的发展脉络:

第一,曹魏施行薄葬令,不树不封,简化了墓室形制,但保留了东汉帝陵区内收台阶的长斜坡墓道作为等级标识物。西晋继续发展薄葬,墓室进一步简化缩小,并形成了一套比较完备的以墓道规模和内收阶梯级数量来代表等级的规范。总之,曹魏、西晋时期自西周以来重墓室、轻墓道的做法被完全改变。墓道也完全超越了实用功能,而具有更为突出的意义。

第二,十六国时期割据混战,河西、关中地区一方面延续东汉追求墓室的传统,另一方面又使用了西晋长斜坡墓道的传统,并发展了天井、过洞结构的墓道。

第三,北魏迁洛后,恢复了魏晋薄葬废止的封土、陵园和墓上建筑,改变了自曹魏以来重墓道、轻墓室的做法,重新确立了一些墓室结构上的规范,并重新使用壁画,但仍保留了西晋重视墓道的传统。北魏晚期在墓道中修筑1-2个天井、过洞,但尚未体现出明显的等级规范。

第四,北齐、北周在继承北魏传统的同时,各自对墓道所体现的制度有所发展:北齐将北魏恢复的壁画继续发展并引入墓道,以墓道中绘卤簿、出行仪卫的壁画来标示墓主身份;北周在十六国关中墓道形制的基础上,发展了北魏晚期墓道中的天井、过洞,形成了

图一二 南朝梁萧景墓神道石柱
(图片来源:中国陵墓雕塑全集编辑委员会:《中国陵墓雕塑全集4:两晋南北朝》,西安:陕西人民美术出版社,2007年,图版三三)

---

[1] 霍巍:《六朝陵墓装饰中瑞兽的嬗变与"晋制"的形成》,《考古》2015年第2期。

一套以长斜坡墓道、多天井为特征的墓葬等级规范。

第五,由于自然条件的限制和"假葬"思想的影响,南方的东晋不再使用长斜坡墓道,这使得其后的南朝另辟蹊径,创制了一套脱胎于汉代墓上石刻却别具创新的神道体系。

总之,魏晋南北朝的墓葬制度源头在东汉,肇始于曹魏,于西晋初步确定规范,随着国家分裂,北方十六国北魏继续发展,而东晋不再沿用,最后到北齐、北周、南朝时形成了三种制度。墓道的地位在墓葬制度中呈现出一个不断被突出的过程,在中间偶因厚葬恢复而地位略显下降,但仍被继承沿用并最终形成新的等级规范制度。而这个流变过程又是与各时段的历史背景紧密联系的。

(一)魏晋薄葬与西晋竞奢

墓道制度之所以在曹魏、西晋时期能够兴起并得到发展,其直接原因是曹魏、西晋推行的薄葬,限制了春秋以来贵族们热衷的封土、陵园、随葬品、墓室形制,使人们只能将目光放到没有受到限制的墓道上。

魏晋薄葬及其原因,前人研究颇多[1],此处不再赘述。曹操本人是薄葬的倡导者,《三国志·武帝纪》载其终制:"天下尚未安定,未得遵古也。葬毕,皆除服……敛以时服,无藏金玉珍宝。"[2] 裴松之引《魏书》载其"雅性节俭,不好华丽",且"常以送终之制,袭称之数,繁而无益,俗又过之,故预自制终亡衣服,四箧而已"[3]。而后曹丕又谨遵其父遗志,在终制中要求自己的陵墓不树不封、实行薄葬:"葬于山林,则合乎山林。封树之制,非上古也,吾无取焉。寿陵因山为体,无为封树,无立寝殿,造园邑,通神道。"[4]《后汉书·孝献帝纪》记载退位的汉献帝于魏明帝青龙二年"以汉天子礼仪葬于禅陵"[5],而《续汉书·礼仪志》刘昭注引《帝王世纪》载禅陵"不起坟,深五丈,前堂方一丈八尺,后堂方一丈五尺,角广六尺"[6],这样的形制显然达不到东汉帝陵的规制,应当就是曹魏之制。

前引曹丕终制,明确表示不用封树、寝殿、园邑和神道;曹操在终制中要求自己的墓"无藏金玉珍宝";上引《续汉书·礼仪志》中提到以天子礼葬的汉献帝陵墓,墓室面积也确实远小于东汉帝陵。陵园、墓室规模、随葬品,这些魏晋时期墓葬中被明令限制的正好是之前东汉权贵所追求的身份体现物。然而,这些文献都没有提及要舍弃长斜坡墓道。

---

[1] 连锐:《三国时期曹魏墓葬的观察与研究》,四川省文物考古研究院编《四川省文物考古研究院青年考古文集》,北京:科学出版社,2013年,第298、299页。
[2]《三国志》卷一《武帝纪》,第53页。
[3]《三国志》卷一《武帝纪》,第54页。
[4]《三国志》卷二《文帝纪》,第81页。
[5]《后汉书》卷九《孝献帝纪》,第391页。
[6] 司马彪:《续汉书·礼仪志下》,见《后汉书》,第3150页。

从考古发现来看,曹魏政权也确实保留并发展东汉帝陵区的墓道制度,并予以一定的推广。此消彼长,墓道在整个墓葬中所受的重视程度便大为提升,使曹魏墓葬一改过去重墓室、轻墓道的做法,开始突出墓道的营建。

西晋代魏后,在对待丧葬的态度上也承袭了曹魏的薄葬思想。《晋书·宣帝纪》载司马懿在世时"预作终制,于首阳山为土藏,不坟不树;作顾命三篇,敛以时服,不设明器,后终者不得合葬",后人"一如遗命"[1]。司马懿后人亦奉行薄葬,"景、文皆谨奉成命,无所加焉。景帝崩,丧事制度又依宣帝故事"[2]。晋武帝建国后,依然奉行薄葬,严令禁止石兽、碑铭等物:"此石兽碑表,既私褒美,兴长虚伪,伤财害人,莫大于此。一禁断之。其犯者虽会赦令,皆当毁坏。"[3]

然而,众所周知,西晋统治者在现实中却十分奢侈。晋武帝自身就非常奢靡,"诏聘公卿以下子女以备六宫,采择未毕,权禁断婚姻"[4],且"多内宠,平吴之后复纳吴王孙皓宫人数千,自此掖庭殆将万人。而并宠者甚众,帝莫知所适,常乘羊车,恣其所之,至使宴寝"[5]。上行下效,整个西晋上层弥漫着奢侈、攀比之风,傅咸称"奢侈之费,胜于天灾"[6]。《晋书·五行志》记载:"武帝初,何曾薄太官御膳,自取私食,子劭又过之,而王恺又过劭。王恺、羊琇之俦,盛致声色,穷珍极丽。至元康中,夸恣成俗,转相高尚,石崇之侈,遂兼王、何,而俪人主矣。"[7]例如晋武帝外孙"既为充嗣,继佐命之后,又贾后专恣,谧权过人主,至乃锁系黄门侍郎,其为威福如此。负其骄宠,奢侈逾度,室宇崇僭,器服珍丽,歌僮舞女,选极一时。开阁延宾,海内辐凑,贵游豪戚及浮竞之徒,莫不尽礼事之"[8]。而石崇与王恺斗富一事更可为之代表,高官石崇"与贵戚王恺、羊琇之徒以奢靡相尚","恺以饴澳釜,崇以蜡代薪。恺作紫丝布步障四十里,崇作锦步障五十里以敌之。崇涂屋以椒,恺用赤石脂"。而晋武帝不仅不制止奢风,还支持手下斗富,"每助恺,尝以珊瑚树赐之,高二尺许,枝柯扶疏,世所罕比"[9]。此类奢靡的例子不胜枚举。

生前实际生活中的奢侈与死后制度上的节俭形成了明显的矛盾,死后的权贵们无法像东汉那样在墓室、陵园上展示自己的地位和财富,制度中未被限制的墓道自然受到了他们的重视。而此时的墓道又可以满足当时人们奢侈攀比的心理需求。由于薄葬令的施

---

[1]《晋书》卷一《宣帝纪》,第20页。
[2]《晋书》卷二〇《礼志中》,第633页。
[3]《宋书》卷一五《礼志二》,第407页。
[4]《晋书》卷三《武帝纪》,第63页。
[5]《晋书》卷三一《胡贵嫔列传》,第962页。
[6]《晋书》卷四七《傅咸传》,第1324页。
[7]《晋书》卷二八《五行志中》,第837页。
[8]《晋书》卷四〇《贾谧传》,第1173页。
[9]《晋书》卷三三《石崇传》,第1007页。

行,地面不树不封,下葬时墓葬的视觉效果已与之前相异。曹休墓发掘者通过对填土的解剖,认为:"墓道填土叠压墓室填土,二者有明确的早晚关系,这种迹象表明墓室建成后先回填墓室部分,预留墓道部分,入葬后再填墓道。"[1]这说明在下葬时,整个墓葬唯一可见的就只有一条墓道。因此,统治阶级就促成和发展了这套墓道制度,以长斜坡墓道和内收台阶来增强视觉上的效果,借以展示自己的身份和财力,形成了墓道完全超越实际功能,且与墓室比例十分夸张的情况。墓道的营建成为了权贵们生前竞奢之风在严格薄葬制度规定下的延续。

(二) 北魏治礼

前文已述,北魏的墓葬制度实际上是处于汉晋之间,既欲恢复东汉的传统,又受西晋传统的深刻影响。除了前文提到的丧葬思想和客观条件之外,这种兼收并蓄的做法能被当时的北魏士人所接受,或许与当时礼学的完善有一定关系。北魏礼学并没有采用一家之言,完全恢复汉代或者完全继承魏晋,而是兼收并蓄两派的意见。

曹魏、西晋统治者的丧葬礼仪一定程度上受到王肃学派的影响,王肃不仅在经典的注释上与东汉的郑学针锋相对,在经义上也提出了不同的观点并取得官方学术地位,这促成了曹魏、西晋统治者推翻旧俗,施行薄葬[2]。例如晋初的丧服制度,"郑玄丧制二十七月而终,学者多云得礼。晋初用王肃议,祥禫共月"[3]。

北朝礼学重新以东汉的郑学为中心[4],《北史·儒林传》载:"大抵南北所为章句,好尚互有不同。江左,《周易》则王辅嗣,《尚书》则孔安国,《左传》则杜元凯。河洛,《左传》则服子慎,《尚书》《周易》则郑康成。《诗》则并主于毛公,《礼》则同遵于郑氏。"[5]唐长孺亦指出北朝经学以河北为中心,以郑学为宗[6]。

孝文帝时期北魏已完成了北方统一,政局稳定,为统治者完善礼制提供了客观条件。太和二年,孝文帝下诏:"厚葬送终,则生者有糜费之苦。圣王知其如此,故申之以礼数,约之以法禁。迺者,民渐奢尚,婚葬越轨,致贫富相高,贵贱无别。"[7]看似是对当时厚葬之风进行规范,但该诏令针对的是"婚葬越轨,致贫富相高,贵贱无别",即民间婚娶、厚葬逾制一事,实际上是想维护通婚等级制度和丧葬等级规范,故"先帝亲发明诏,为之科禁;而百

---

[1] 洛阳市第二文物工作队:《洛阳孟津大汉冢曹魏贵族墓》,《文物》2011年第9期。
[2] 《三国志》卷一三《王肃传》,第414—422页。
[3] 《宋书》卷一五《礼志二》,第392、393页。
[4] 周予同:《群经概论》,北京:中国书籍出版社,2006年,第85、86、88页。
[5] 《北史》卷八一《儒林传上》,第2709页。
[6] 唐长孺:《魏晋南北朝隋唐史三论》,武汉:武汉大学出版社,1992年,第226页。
[7] 《魏书》卷七《高祖纪》,第145页。

姓习常，仍不肃改。朕今宪章旧典，祗案先制，著之律令，永为定准。犯者以违制论"[1]。这说明当时统治者应当已经制定了一套礼仪制度来规范各等级的墓葬。

但孝文帝治礼时并未完全偏向代表汉代传统的郑学，他采取的方法是"以称今情""互取郑、王二义"[2]，这也可以理解北魏墓葬制度中汉代传统与西晋传统并存的情况。

（三）南北朝的正统争夺

北朝东魏北齐、西魏北周、南朝齐梁分别创新地将墓道制度以壁画、天井过洞、神道的形式予以凸显，这种现象或与倪润安先生讨论的南北朝墓葬文化正统之争[3]有关。值得注意的是，这三朝的墓道制度并非完全创新，而是按照自己的理解突出了之前的一部分。

北朝为了与东晋南朝争夺政治文化上的正统地位，在墓葬文化中逐渐试图恢复汉代传统。地面以上的部分可以参照洛阳地区的东汉帝陵，因此，北魏时期圆形封土、陵园和墓上建筑等逐渐恢复。地下的部分由于不得常见，而此时又去汉已远，只能参照零星的认识和一知半解来进行"恢复"，所以往往更多是本地区之前传统的一种变体和发展。例如，东汉大型墓葬中绘制有大量壁画，这种突出的特征当时人应该还能总体上知晓，但对壁画的具体内容和位置布局已不能全面了解。北魏元怿墓[4]及北魏迁洛前的破多罗夫妇墓[5]甬道两壁各绘守卫二人，应该是北齐墓道中卤簿和仪卫出行壁画的直接来源。因为，东汉墓葬中的壁画虽然十分丰富，但都是绘制在墓室之中的，未见在墓道中绘制者，更未有在墓道地面绘制地毯式壁画者。北齐的墓道壁画应该是在主观愿望上"恢复"汉制（大量的壁画）和重视墓道的时代趋势的双重背景下形成的。北周的情况也有类似，带天井的长斜坡墓道正好是北周所统治的河西、关中地区在十六国时期十分流行的墓葬形制，北周可能将此种早期的形制误以为汉制而进行"恢复"，实际上是发展了当地的传统，形成了一套以长斜坡墓道、多天井为特征的墓葬等级规范。

南朝刘裕以汉室后裔自居，《宋书·武帝本纪》载其为"汉高帝弟楚元王交之后"[6]。刘裕身份是否属实我们无需讨论，其为使自己拥有称帝北伐的政治资本，将汉朝作为正统来源而与晋朝尤其是东晋分割，在丧葬一事上，体现得比较突出。《宋书·礼志》记载："宋明帝又断群臣初拜谒陵，而辞如故。自元嘉以来，每岁正月，舆驾必谒初宁陵，复汉仪

---

[1]《魏书》卷七《高祖纪》，第145页。
[2]《魏书》卷一〇八《礼志》，第2743页。
[3] 倪润安：《南北朝墓葬文化的正统争夺》，《考古》2013年第12期。
[4] 徐婵菲：《洛阳北魏元怿墓壁画》，《考古》2002年第2期。
[5] 大同市考古研究所：《山西大同沙岭北魏壁画墓发掘简报》，《文物》2006年第10期。
[6]《宋书》卷一《武帝本纪上》，第1页。

也。"[1]是刘宋王朝复兴汉制的明证。类似的情况还体现在对待东晋遗留后妃和本朝后妃的丧葬礼仪上。《宋书·文帝纪》载,元嘉十三年,东晋残留皇室零陵王太妃去世时,刘宋王朝"追崇为晋皇后,葬以晋礼"[2],用的是晋礼;而景平元年,刘宋王朝的孝懿萧皇后去世,《宋书·后妃传》记载其遗令为"孝皇背世五十余年,古不祔葬。且汉世帝后陵皆异处,今可于茔域之内,别为一圹"[3],本朝皇后则用汉礼。这种有意与东晋王朝区别的意图十分明显。《南史》记载刘裕北伐时曾"谒汉长陵"[4],或许直接受到了汉代陵墓制度的影响。但刘宋一朝,对外战争频繁,内部斗争激烈,内忧外患59年,加之刘裕皇室出身寒门,使其在精力和能力上都无法将陵墓制度完善。而萧梁武帝在位的48年间,是南方内部局势较为稳定的时期,在"侯景之乱"前,建康及其周边长期稳定。加之齐梁萧氏为氏族大夫,在精力和能力上都具备了完善陵墓制度的条件,而齐梁两朝亦与北朝对立,政治需求上与刘宋一致,故在齐梁时形成了一套包括地上地下的完整的墓葬制度。

然而,南朝虽欲恢复汉代陵墓传统,却受到两个方面的客观限制,一是南方丘陵的地理条件已与北方黄土平原完全不同,二是其较北方更难获得关于汉代墓葬传统的知识。因此,地下部分虽然恢复了东汉画像砖的形式,但南朝画像砖和拼镶砖画的风格、内容与东汉已经大相径庭,毋宁说是一种创造。地上部分神道石刻的种类和组合也与东汉有较大区别,神道也直接与甬道相连,代替了墓道的位置,但设置神道和石刻的精神显然还是遥承东汉传统的,是对汉制的一种"恢复"。

(四)隋唐墓葬制度的渊源

关于隋唐墓葬制度的渊源问题,学者多有争议,目前主要有三种意见:第一,以宿白先生为代表,认为隋唐制度源于西魏北周的成分较多,主要根据为关中北周墓和隋唐墓葬多见长斜坡墓道带多天井、过洞的形制以及壁画墓壁画内容和布局方面的相似性[5];第二,以苏哲先生为代表,认为北魏孝文帝改革后的文物制度多在北齐保存下来,并对后来的隋唐产生重要影响[6];第三,以杨泓[7]、乔梁[8]先生代表,认为隋唐墓葬制度受到北齐、

---

[1]《宋书》卷一五《礼志二》,第407页。
[2]《宋书》卷四《文帝本纪》,第84页。
[3]《宋书》卷四一《后妃传》,第1281页。
[4]《南史》卷一《宋武帝本纪》,第20页。
[5] 宿白:《宁夏固原北周李贤墓札记》,《宁夏文物》1989年第3期。
[6] 苏哲:《安阳隋墓所见北齐邺都文物制度的影响》,远望集编委会:《远望集——陕西省考古研究所华诞四十周年纪念文集》,西安:陕西人民美术出版社,1998年,第667-674页。
[7] 杨泓:《谈中国汉唐之间葬俗的演变》,见氏著《汉唐美术考古和佛教艺术》,北京:科学出版社,2000年,第6页。
[8] 乔梁:《北周墓葬研究》,《宿白先生八秩华诞纪念文集》编辑委员会:《宿白先生八秩华诞纪念文集》,文物出版社,2002年,第181页。

北周、南朝三方面的影响,孰轻孰重未做比较。

就墓道来看,唐陵综合使用了北周和北齐的制度,继承了北周确立的天井、过洞制度和北齐确立的壁画制度。对于南朝的神道制度,则主要是继承了其以神道标识墓主身份的思想,其具体的配置等则可能另有渊源。唐陵神道主要根据汉代神道元素创制,其石人、石兽的配置与南朝不同,但仍吸收了不少南朝神道石刻的元素,例如高祖李渊献陵神道石柱就沿袭了南朝神道石柱的样式。值得注意的是,大一统的唐朝吸收的更多是一种思想,三朝分别以天井过洞、墓道壁画、神道石刻来凸显等级,唐代制度将这三种思想都进行了不同程度上的吸纳,同时以这三种思想来共同规范墓葬等级(汉代墓葬前虽已有石刻,但并不体现等级[1]),封土则直接来源于唐陵旁的西汉陵墓的覆斗形制,形成了一个大一统、综合考虑的唐制。虽然其对南朝神道制度扬弃居多,但仍可视为南朝以神道规范等级这一做法的延续。

六、结　语

综上所述,得出以下几点认识:

第一,从殷商以后,墓道自西周到东汉,一直是整个墓葬制度中不太受重视的一环。但由于曹魏的薄葬令,墓道的地位不断突出,在西晋时完全超越实用功能而最终形成一种较为突出的等级制度。其后经历战乱、恢复厚葬,墓道依然作为重要一环被不断突出,并随着国家分裂形成了三种分支,分别以壁画、天井过洞、神道的形式突出等级性,墓葬的丧葬空间拓宽,由墓室向墓道开拓。最终,大一统的唐朝吸收了三种做法的思想,创制了一套综合考虑的制度。这些制度都非完全创新,而是将传统墓葬的一些做法引入高等级墓葬中,并将其制度化。

第二,魏晋南北朝时期墓道制度总体上向着易于以统一标准衡量的方向发展。曹魏时期主要以规模兼用内收级数来体现等级,这种做法可能会导致施行上的不便。因此西晋重点发展了内收级数这一标准。到北周以天井数,北齐以卤簿壁画代表等级,都是为了使标准易于统一和特征鲜明,其核心还是制度化。

第三,墓葬制度的变化是与各时段的历史背景所紧密联系的。薄葬令的推行导致墓道制度的兴起,西晋奢风又促进其最终形成和发展,在北魏兼收并蓄的治礼环境下与当时人理解的"汉代旧制"一起调适和发展,并最终由于分裂的三国正统地位的争夺而形成各

---

[1] 王煜:《汉墓"虎食鬼魅"画像试探——兼谈汉代墓前石雕虎形翼兽的起源》,《考古》2010年第12期。

自的形制。

这些认识也可以对学界比较关注但仍不甚清晰的关于墓葬制度中的"晋制"问题的讨论有所补益。西晋只是短暂统一,而后陷入长期分裂中,形成一套统一的制度十分困难。在曹魏时期,政府废除了陵园,简化了墓室结构,西晋继承后初步形成了"晋制"。但到了南北朝时,随着南北方不再遵循晋朝旧制,汉制再度"回归",又因国家分裂形成了各自的制度。但在这一时期中,墓道却在整个墓葬制度中地位不断突出,并被不断赋予新的内涵,其与墓室的重视程度的比较成为这一时期最显著的特点,但无论在魏晋南北朝的哪个时代,长斜坡墓道都作为时代的制度标志被沿用。因此,所谓"晋制"无论有无一套统一的标准,对比"周制"和"汉制","晋制"在墓道中的体现更多一些,从墓道入手也许能抓住这一复杂现象的要领。

如果说"周制"和"汉制"的区别在墓室形制和随葬品上,那么在施行薄葬的晋制中,墓室形制和随葬品的地位受到了墓道的挑战。对墓道的重视程度提高影响了自曹魏以来的丧葬空间,丧葬空间由墓室向墓道扩大,这种扩大起初是由于薄葬令的推行而被迫采取的,但随着曹魏、西晋的发展,墓道逐渐被人所重视,最终在南北朝"复兴"汉制后,与陵园、墓室等一起作为同等重要的丧葬空间。这种做法最终被唐制所吸收,形成了综合考虑墓室、墓道、随葬品等方面的新制度。

(原载《南方文物》2020年第1期)

南朝神道石柱在墓葬体系中的功能和象征

金弘翔

南朝陵墓在过去一向与东吴、东晋陵墓一起被合称为六朝陵墓,但与文献中明确记载不树不封的魏晋墓葬相比,拥有地面石刻的南朝墓葬显然别具一格。其中石柱自东汉开始便被立于神道两旁,用于标识神道,被称为神道石柱,沿用久远。南朝墓葬地面的神道石柱既源自汉代墓葬制度,又在形制、位置等方面发生了较大的变化,其意义也相应地发生了变化,而其形制与其他墓上建筑的组合关系又在南朝时定型,反映出了南朝陵墓一定的制度性。关于南朝陵墓石刻尤其是神道石柱的研究,前人的讨论颇多,经典亦繁,历史学家、考古学家、建筑学家、美术学家分别从历史学、建筑学、中外文化交流、美术史等多种角度来研究南朝神道石柱。虽有珠玉在前,本文仍希望能从神道石柱自汉朝到南朝的流变入手,突出考虑与其有组合关系的石刻,从而了解神道石柱在整个南朝墓葬体系中的作用,进而窥南朝墓葬体系与丧葬思想之一斑。

一、南朝陵墓石柱及其组合

从现存材料来看,南朝神道石柱主要集中于江苏地区的六朝陵墓。宋、齐、陈三代帝王侯相陵墓前只发现了石兽,梁朝陵墓则有神道石柱和碑。南朝皇帝和王公陵墓神道石雕尚有30余处遗存,其中所存石柱22个均属梁代墓葬[1],故南朝神道石刻最晚应成形于梁代。陈代陵墓前应该也有神道石柱,据《陈书·宣帝》载"庚寅,大雨,震万安陵华

---

[1] 李星明:《佛法与皇权的象征——论唐代帝陵神道石柱》,《复旦学报(社会科学版)》2011年第1期。

表"[1],《南史》又载"帝旧茔在武连彭山……上后于所树华表柱忽龙鸣,震响山谷"[2]。华表与神道石柱非同物,但其在文献中经常被混用,华表一词于帝王陵墓山谷之中,应该指的是万安陵的神道石柱。从仅有的材料来看,石兽为镇墓辟邪之物,神道石柱及碑为标识之物。《周礼·秋官·蜡氏》中言"若有死于道路者,则令埋而置楬焉,书其日月焉,县其衣服任器于有地之官,以待其人"[3],颜师古为《汉书·淮南厉王刘长》中"葬之肥陵,谩吏曰'不知安在'。又阳聚土,树表其上曰'开章死,葬此下'"的记载注有"表者,竖木为之,若柱形也"[4],李贤等人为《后汉书·窦宪传》中记载的"封神丘兮建隆碣"注"方者谓之碑,圆者谓之碣。碣亦碣也"[5]。可见作为陵墓标识的木楬在汉代分化出了圆形的碣标识神道,方形的碑标识墓葬。碑碣为同一制度下的两种产物,与石兽代表着不同的制度。神道石柱与碑在梁代大量出现而不见于仅有石兽的宋齐二代,可见应该是梁代首创。

因此,南朝陵墓的地表石刻似乎有个既有继承又有发展的过程[6],神道石刻起源于东汉,经两晋不树不封的墓葬制度以后,重新于刘宋恢复,于梁代添加了碑碣制度,神道石刻制度成型。

需要说明的是,现存最早的南朝神道石柱是重庆市忠县乌阳镇将军村的泰始五年(469年)石柱[7],属于刘宋时期遗物,但其形制与汉晋石柱相似而与梁朝神道石柱相异,且为孤例,发现地又远离江苏南京地区,应该为汉晋习俗的滞后产物,故不在本文所述的南朝神道石柱范围中。

论及南朝神道石柱,需先探究其渊源。神道石柱是伴随着神道正式出现的。唐代李贤等人给《后汉书·中山简王焉传》中"(中山简王焉薨),大为修冢茔,开神道"[8]一条的注"墓前开道,建石柱以为标,谓之神道"[9]可以看出东汉初神道石柱即为树立在神道两旁标识神道的柱子。神道石柱作为神道的衍生品,其出现时间晚于神道且不晚于东汉初年。关于其学名与形制,李贤等人在为《后汉书·窦宪传》中记载的"封神丘兮建隆碣"[10]

---

[1]《陈书》卷五《宣帝本纪》,北京:中华书局,1972年,第91页。
[2]《南史》卷四《齐本纪》,北京:中华书局,1975年,第113页。
[3] (清)孙诒让:《周礼正义》卷七十《秋官》,北京:中华书局,1987年,第2901页。
[4]《汉书》卷四十四《淮南衡山济北王传》,北京:中华书局,1962年,第2141页。
[5]《后汉书》卷二十三《窦融列传》,北京:中华书局,1965年,第817页。
[6] 韦正:《六朝墓葬的考古学研究》,北京:北京大学出版社,2012年,第294页。
[7] 孙华:《重庆忠县泰始五年石柱》,《文物》2006年第5期。
[8]《后汉书》卷四十二《中山简王焉传》,第1450页。
[9]《后汉书》卷四十二《中山简王焉传》,第1450页。
[10]《后汉书》卷二十三《窦融列传》,第817页。

所注的"方者谓之碑,圆者谓之碣。碣亦碍也"[1]作了说明。同时《后汉书·赵歧传》中有记载赵歧言"可立一员石与吾墓前"[2]。这都让我们认识到东汉墓有放置圆形石柱作为标记的习惯,且圆形石柱被称为"碣"。

而现今的考古材料中能找到最早的神道石柱,是北京西郊出土的汉元兴元年(105)"秦君神道石柱"[3](图一)和山东出土的"汉琅琊相刘君神道"[4](图二)。"汉琅琊相刘君神道"年代已经不可考,但其与"秦君神道石柱"刻法一致,故二者的年代都大致在东汉中后期。

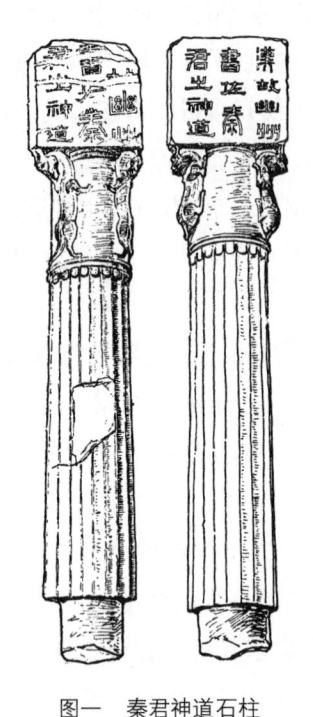

图一　秦君神道石柱
(图片来源:《北京西郊发现汉代石阙清理简报》,《文物》1964年第11期,图三)

图二　东汉琅邪相刘君墓石柱
(图片来源:《中国陵墓雕塑全集第3卷:东汉三国》,图版四八)

有关南朝神道石柱与汉晋神道石柱在形制上的变化讨论,自民国至今学者们已经有十分详尽的论述,此处不再赘述,仅将要点简述如下:

东汉时神道石柱柱身为凸棱纹,称积竹纹。将刻有"某某之神道"的方石板立于柱

---

[1]《后汉书》卷二十三《窦融列传》,第817页。
[2]《后汉书》卷六十四《赵歧传》,第2121页。
[3] 苏天钧:《北京西郊发现汉代石阙清理简报》,《文物》1964年第11期。
[4] 林通雁:《中国陵墓雕塑全集第3卷:东汉三国》,西安:陕西人民美术出版社,2009年,图版四八。

头上方以标识神道。魏晋时期神道石柱的材料很少,这与曹魏后期廉葬的政令和风气有关,地面坟丘不被重视,故墓上建筑也相应缺乏。现在能见到的有河南洛阳出土的西晋永宁元年(301)"韩府君神道"石柱、河南博爱出土的"晋故乐安相河内苟府君神道"石柱、四川巴县出土的东晋隆安三年(399)"杨阳神道"石柱、山东安丘出土的晋太康五年(284)"王君神道"石柱。这些神道石柱的形制大多都与汉代神道石柱类似。以"韩府君神道柱"(图三)为例,其墓年代被定为西晋永宁元年(301)[1],其区别于汉代神道石柱的特点为刻字的方石板从顶部移到了顶部下。

与东汉相类似的,魏晋时期的神道石柱柱身同样为凸棱纹,以方石刻文。虽然神道石柱在西晋与东汉末年于形制上并没有太大的变化,但曹魏后期廉葬的政令和风气,魏晋时期地面坟丘不被重视,陵墓不再或很少修建地上建筑,这给了在南朝时期重新兴盛的神道石柱嬗变的契机。南朝神道石柱(图四)柱身凹棱纹代替凸棱纹,部分柱头出现承露盘,

图三 韩府君神道石柱拓本

(图片来源:《西晋散骑常侍韩寿墓墓表跋》,《文物》1982年1期,图三)

图四 南朝梁萧景墓神道石柱

(图片来源:张道一、李星明:《中国陵墓雕塑全集第2卷:两晋南北朝》,西安:陕西人民美术出版社,2007年,图版三三)

---

[1] 黄明兰:《西晋散骑常侍韩寿墓墓表跋》,《文物》1982年1期。

上有蹲兽出现（蹲兽往往为有翼神兽，其定名仍为学界所争议），承露盘与柱础上出现莲花纹饰，但南朝神道石柱与汉、晋石柱类似的地方在于依然装方石来刻神道文，方石板的位置与魏晋时期一致，可见南朝神道石柱依然延续着标识神道的作用。

在神道石柱形制发生变化的同时，其与其他墓上建筑的组合关系也发生了一定的变化。

关于汉代、魏晋时期的神道石柱在陵墓内的位置，及其与其他墓上石雕的组合关系，在郦道元的《水经注》中有很多描述，上文已示，现将其列举如下：

1. 涡水南，有谯定王司马士会冢。冢前有碑，晋永嘉三年立。碑南二百许步有两石柱，高丈余，半下为束竹交文，作制极工。[1]

2. 城北五里有石虎、石柱，而无碑志，不知何时建也？[2]

3. 城北五六里，便得汉太尉桥玄墓，冢东有庙……庙南列二柱，柱东有二石羊，羊北有二石虎，庙前东北有二石驼，驼西北有二石马，皆高大，亦不甚凋毁。[3]

4. 粉水旁有文将军冢，墓隧前有石虎、石柱，甚修丽。[4]

5. 彭水经其西北，汉安邑长尹俭墓东，冢西有石庙，庙前有两石阙，阙东有碑，阙南有二狮子相对，南有石碣二枚，石柱西南有两石羊，中平四年立。[5]

同时从考古材料来看，"秦君神道石柱"出土的同一地层中，4米范围内清理出了神道石柱和石阙，在石柱东3米处清理出了石阙顶和石雕双人[6]。而《沂南古画像石墓发掘报告》中提到的拓片第34幅中，有石柱与石阙等石刻的组合出现[7]。

由此可见，汉代、魏晋时期不少官员墓前陈设有石柱、石阙、石碑、石兽等，有的建有庙宇。此时这些墓上建筑形成了一定的组合关系，如石兽和石柱往往一起出现，但其位置关系无法确定。

而到了南朝尤其是梁代，墓上建筑比较简单且形成了一定的位置关系和组合关系，以主墓向外在神道两侧依次排列碑、神道石柱、石兽。临川靖惠王墓墓前的排列[8]（图五），就是比较典型且保存较为完整的一套墓上建筑的组合。而梁安成康王墓前，则是在神道石柱与石兽间夹了一对碑，此应是特例，但不影响石兽在外、神道石柱在内的位

---

[1]（北魏）郦道元著，陈桥驿校证：《水经注校证》卷二十三《阴沟水》，北京：中华书局，2007年，第553—554页。
[2]（北魏）郦道元著，陈桥驿校证：《水经注校证》卷二十三《汳水》，第558页。
[3]（北魏）郦道元著，陈桥驿校证：《水经注校证》《睢水》，第569—570页。
[4]（北魏）郦道元著，陈桥驿校证：《水经注校证》《粉水》，第691页。
[5]（北魏）郦道元著，陈桥驿校证：《水经注校证》《㶟水》第724页。
[6] 林通雁：《中国陵墓雕塑全集第3卷：东汉三国》，图版四七。
[7] 曾昭燏等：《沂南古画像石墓发掘报告》，北京：文化部文物管理局，1956年，图版48。
[8] 朱希祖等：《六朝陵墓调查报告》，上海：上海书店，1987年，第45页。

置关系。

因此,石柱、石兽、石碑、石阙都排列在神道两侧,从汉代开始至迟到魏晋便形成了一定的组合,而到了南朝,增加了石柱内神兽外的位置关系,同时组合被确定了下来,应该形成了一定的制度。

现将明确能确定为梁代陵墓的神道石柱材料及其与其他墓上建筑的组合关系[1]罗列如下表(表一):

下文将重点论及两项能给我们提供南朝神道石柱功能线索的组合,即神道石柱与石阙的组合及神道石柱与石兽的组合。

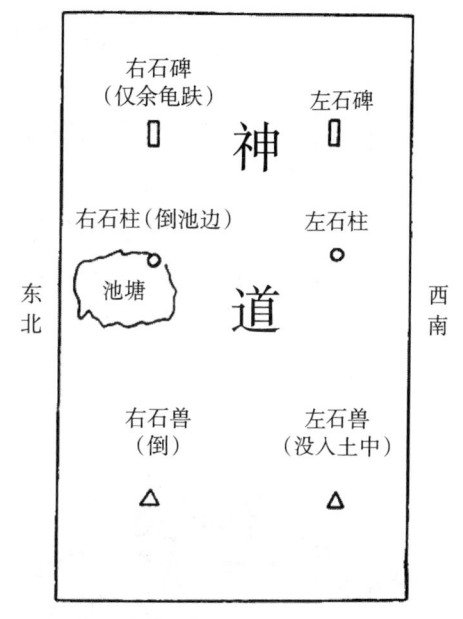

图五　临川靖惠王墓简图

(改绘自《六朝陵墓调查报告》,第49页,"临川王墓简图")

表一　南朝神道石柱墓

地　　　点	墓　　　主	现存神道石刻(由外向内)
丹阳三城巷	梁文帝	石兽、石础、神道柱、龟趺
南京张库村	梁临川靖惠王	石兽、神道柱、石碑
南京甘家巷	梁安成康王	石兽、石碑、神道柱、石碑
句容石狮圩	梁南康简王	石兽、神道柱
江宁刘家边	梁建安敏侯	石兽、神道柱
南京甘家巷	梁吴平忠侯	石兽、神道柱
南京董家边	梁新渝宽侯	神道柱

[1] 材料来源于姚迁、古兵:《南朝陵墓石刻》,北京:文物出版社,1981年;朱希祖等:《六朝陵墓调查报告》。

二、神道石柱与石阙、石兽

"阙"在中国古代具有标示范围的作用，它是一种建设在道路之上的门类示意物，用来表示由此而始，行者行将进入一个"规定了的区域"，如宫阙、楼阙等。在汉代陵墓制度中，神道两旁墓阙也扮演着这种"虚幻的门"的角色，规定了茔域内外的界限。在神道两旁树墓阙，就是以阙象征虚幻的门将地表的神道与进入地下世界的通道相阻隔。其作用被大多数学者认为是在人神两界之间集隔离和交通两种功能于一体的一种象征性的神学符号，是由俗入圣、由死入生、由地下升入天上仙界之"通过仪礼"的象征[1]。

因此神道作为墓道向地表的延伸，其尽头并不是地表与地下的分界点，而是墓阙的所在。墓阙向神道这端，为现实世界。而经过墓阙，则如过了一扇虚幻的门，已进入黄泉之境。而汉代人亦梦想灵魂从埋葬的墓中以与进入墓葬相反的方向通过此门进入天国，是以需要墓中种种来导引墓主人通过墓阙而升仙，这便是很多学者论及的"天门"。

上文已述，《水经注》记载神道石柱与石阙在汉代和魏晋形成一定的组合，考古发掘东汉中晚期墓时也一并出土了神道石柱与石阙[2]。而在南朝神道上却不见石阙，这或与曹魏时期廉葬的政令有关。但事实上墓阙与神道石柱混用的情况，在汉代是有出现的，且不是记载的问题，而是在实际运用中就被混用了。

宋赵明诚《金石录》卷十八记"冯使君阙"[3]（图六）上书"故尚书侍郎河南京令豫州幽州刺史冯使君神道"。《金石录》卷十九记载，同时也被洪适写入《隶释》的"杨府君墓阙"[4]，阙上书"汉

图六 四川渠县冯焕阙

（图片来源：林洙：《中国古建筑图典》，北京：北京出版社，1999年，第667页，图"四川渠县冯焕阙"）

---

[1] 姜生：《汉阙考》，《中山大学学报》1997年第1期。
[2] 苏天钧：《北京西郊发现汉代石阙清理简报》，《文物》1964年第11期。
[3] （宋）赵明诚：《宋本金石录》，北京：中华书局，1991年，第430页。
[4] （宋）洪适：《隶释·隶续》，北京：中华书局，1985年，第280页。

故益州太守杨府君讳宗字德仲墓道",同物也被记入《夹江县志》。这两件实物都现存于四川渠县。

汉、晋时期石阙与标示神道的"神道石柱"存在一定的混用。而到了六朝不建墓阙时,神道石柱就反过来承担起了墓阙的作用,成为虚幻的墓门。神道石柱的标识不仅是显示其所夹为神道,也是标识此处为神道的终结,用来分隔现实世界与地下世界。这种神道石柱取代石阙作为墓门的结论,在下文对石柱与石兽组合的论述中也有证据。

在南朝陵墓的这套墓上建筑组合体系中,石柱与石兽的组合主要有两种形式:

1. 南朝陵墓在神道两端排列的石柱内神兽外的组合,石柱与墓前石兽呈前后关系。
2. 神道石柱自身,与汉朝相比增加了柱顶的蹲兽,石柱与柱顶石兽呈上下关系。

先说神道石兽(图七),墓前石兽的作用前人已经有很多研究,笔者不再赘述,引用一条很能说明此问题的文献记载。东汉应劭《风俗通义》:"墓上树柏,路头石虎。《周礼》:'方相氏,葬日入圹,殴魍象。'魍象好食亡者肝脑,人家不能常令方相立于墓侧以禁御之,而魍象畏虎与柏,故墓前立虎与柏。"[1]王煜先生就以此认为石兽一开始是保护死者的尸体和灵魂不受地下鬼魅的侵害,进而护卫和承载死者升往仙境[2]。故墓前的石兽为祥瑞、镇守的作用。

地表上的这一套神兽镇守的体系,是与地下的体系相对应的。在南朝与这套神道石刻瑞兽系统最具关联的,是墓内守门狮子的出现。1961年到1962年,在南京西善桥油坊村南朝大墓墓道中发现了狮子图[3],1965年发掘的丹阳胡桥仙塘湾南朝大墓中,甬道砖画上又出现了"狮子"的铭文[4]。霍巍先生由此认为两座南朝墓都以狮子

图七 神道两侧的石兽

(图片来源:《中国陵墓雕塑全集第2卷:两晋南北朝》,图版三二)

---

[1] (汉)应劭撰,王利器校注:《风俗通义校注》下册,北京:中华书局,1981年,第574页。
[2] 王煜:《汉墓虎食鬼魅画像试探》,《考古》2010年第12期。
[3] 罗宗真:《南京西善桥油坊村南朝大墓的发掘》,《考古》1963年第6期。
[4] 南京博物院:《江苏丹阳县胡桥南朝大墓及砖刻壁画》,《文物》1974年第2期;《江苏丹阳县胡桥、建沙壁两座南朝墓葬》,《文物》1980年第2期。

镇守墓室内门,与地表的震墓石兽互为表里,自成体系,成为镇守死者阴间世界的"门神"或"守护神",也是导引死者升入天界的瑞兽[1]。

笔者认为这种象征"门"的石柱与看守"门"的祥瑞狮子同时期出现的现象绝非偶然。回顾神道石柱与墓前石兽的位置,我们发现这种"神兽守门"的体系是上下对应的。南朝陵墓地下以"狮子"题材的瑞兽守门,若狮子看守的是甬道末端的墓室门的话,互为表里的石兽看守的则是整个墓葬的门。上文已证,神道石柱往往在石兽之后,故在位置上便形成了石兽看守的整个墓葬的门,而上文又指出神道石柱在南朝时已与阙即门的功用混合。所以在地表墓前石兽看管着作为"虚幻墓门"的神道石柱,镇守着现实世界与地下世界的界限,而在地下甬道砖画上的狮子看守着墓室内门,镇守着地下世界与墓主人私人空间的界限。

这是在以单室墓为代表的"晋制"中所独有的表现。地面的神兽与地下的神兽联为一体,形成一套由外及内、由表及里的体系。简而言之,地上地下一一对应,构成了如下的体系:

```
                神道
地表     石兽——神道石柱——茔域
                甬道
地下     狮子——墓室内门——墓室
```

这也同时印证了上文论证的有关神道石柱取代石阙成为"虚幻墓门"的论点。

再说柱顶蹲兽(图八)的出现,南朝神道石柱相较于东汉神道石柱,较为突出的便是柱顶蹲兽的出现。关于柱顶蹲兽的出现问题,学界已经有了一定的共识,一般认为其受到了外来文化特别是佛教艺术的影响[2]。对于此问题,笔者不做过多的阐述。

需要指出的是,虽然神道石柱在形式上可能受到了外来因素的影响,然而对西方美术因素的接受是有其本土背景的,毕竟神道石柱本身作为中国墓葬体系中的一部分这一性质没有改变。汉晋时期墓葬的一大特点便是自汉代以来墓葬美术中大量出现西方文化因素是有一个整体的本土背景的,此时的墓葬对外来因素的影响并不是全盘接受,也不是嫁接,而更多是一种附会。神道石柱此时出现柱顶蹲兽,有其特定的本土化涵义。

与上文地表地下对应的,神道石柱柱顶出现了蹲兽,是将由墓外到墓内的单线"神兽

---

[1] 霍巍:《六朝陵墓装饰中瑞兽的嬗变与"晋制"的形成》,《考古》2015年第2期。
[2] 邵磊:《对南朝陵墓神道石刻研究的回顾与反思》,《南京晓庄学院学报》2010年第1期。

守门"扩展到了墓外墓内、墓上墓下的双线"神兽守门"。柱头蹲兽往往为有翼神兽,不管它是"天禄"还是"辟邪",其形制都与墓前的神兽相似,故其也应该是祥瑞、镇守的作用。用其蹲守在神道石柱之上,其"守门"的作用亦是在揭示其下守护的石柱作为虚幻墓门的作用,即从天空中往下看,神兽驻守着神道石柱代表的"虚幻墓门",往后则是墓主人下葬的地下世界。对于葬于地下的墓主人来说,其门的守卫在空间位置上,是从地下向上所对应的门前,即石柱的上方。这也是蹲

图八 神道石柱柱头神兽

（图片来源：《中国陵墓雕塑全集第2卷：两晋南北朝》，图版三三）

兽高高蹲于柱顶的原因,同时我们也可以得出一种"三维对应"、环环相扣的"神兽守门"模式：

```
天       柱顶蹲兽——神道石柱——地表（地表与地下）
              神道
地表     石兽——神道石柱——地下（茔域）
              甬道
地下     狮子——墓室内门——墓室
```

三、结论与余论

神道石柱在汉代到南朝发生了很大的变化,也被加入了很多的外来元素。与东汉相比,南朝陵墓墓上建筑变得简单且形成了一定的位置关系和组合关系,以主墓向外依次排列碑、神道石柱、石兽。虽然其形象可能受到了外来因素的影响,但笔者通过对与其组合的石兽和镇墓兽及对墓葬地表地下的对应关系的考察,认为南朝神道石柱的意义并不是外来文化的,而是在整个墓葬体系中代替了汉代的墓阙,由单纯的标识神道物转向了"虚幻之门"的角色,并与南朝石兽、墓室门、壁画狮子等陵墓地表地下各部分墓葬构件,组合成了一个"神兽守门"的特殊模式。而这一特殊模式的本土背景,笔者认为是东汉以来普遍存在的升仙思想。

上文谈到,"神兽守门"模式事实上将立体空间分割天、现实世界和地下世界。这种划分模式明确划分出了天界与地下世界,而非简单地划分现世与黄泉。这种划分的意图自然也不会单纯的只是希望自现实世界死亡进入地下世界后就此安息,而是预留了一块"天界"给人以无限想象。因此经过神道石柱,如过了一扇虚幻的门,已进入自己的墓地,即是黄泉之地,尸骨被埋入其中。而南朝人亦梦想灵魂能脱离尸骨,反向通过此门离开墓地,进入天国,是以需要墓中种种来导引墓主人通过神道石柱而升仙。

东汉以来,流行的死后信仰中"辟邪——升仙"观念在南朝依然存在,而去汉已久的南朝人利用改造后汉代的石柱,与整个墓葬一起,重新构建了一个升天的体系。这个体系一共由三道门构成,天界地表地下结合,各有守卫看守,笔者暂时称之为"三道门"丧葬体系:

第一道门,神道石柱为门,在现实世界与墓地之间。由神道两旁石兽守门;

第二道门,在地下世界与墓室之间。由甬道旁所绘神兽守门;

第三道门,在天界与墓室之间。由柱顶的神兽守门。

而入葬仪式可以简化为穿越这三重门:死者的遗体通过石兽镇守的神道石柱,由现实世界进入地下世界,再穿过狮子把守的墓室门,进入自己的墓室,随后一定的仪式过后,死者的灵魂向上升入仙界,自地下出墓室门,穿过由柱顶蹲兽把守的"天门"(神道石柱),完成灵魂升仙的过程(图九)。

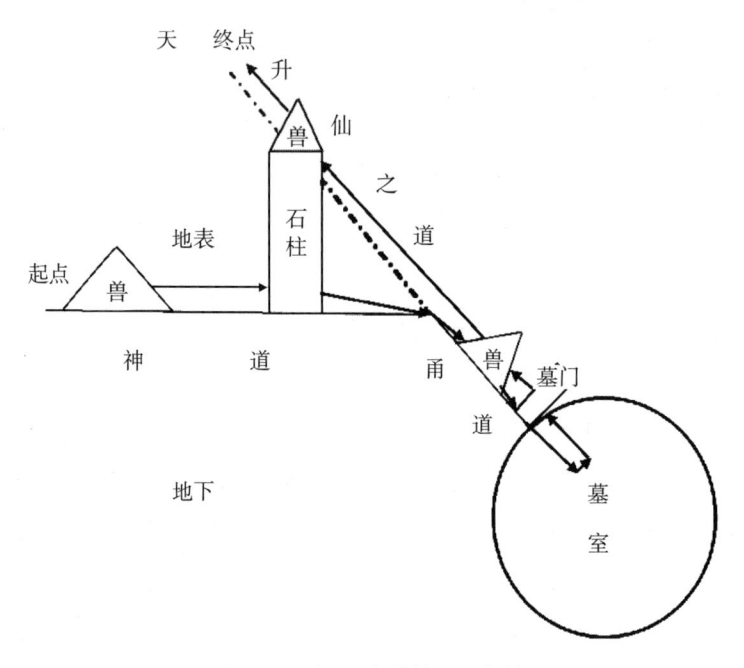

图九 "三道门"丧葬体系示意简图

因此，石柱作为墓上建筑的一部分，需要与其整个体系相适应，也需要适应"汉制"向"晋制"转变时，墓葬所发生的一系列变化。它与整个墓葬制度相统一，并不是孤立的。石柱与其他地表的建筑一起，与地下的建筑构成了一个完整的体系，而这一体系的完成，则是在南朝梁时。

神道石柱自汉代肇始，有了确定的形制和一定的组合并为后世沿用。曹魏后期廉葬的政令和风气，魏晋时期不树不封的政令，陵墓不再或很少修建地上建筑，这给了在南朝时期重新兴盛的神道石柱嬗变的契机。

刘宋自持为汉室苗裔，因此在丧葬上为恢复汉制，有意与两晋不树不封之令划清界限，恢复了陵墓的神道石刻。但刘宋内忧外患的59年统治，加之其皇室出身"田舍翁"，使其在精力和能力上都无法将陵墓制度完善。而萧衍在位的48年间，是南方内部局势较为稳定的时期。与前几个朝代相比，在侯景乱梁之前，建康及其周边都是安如泰山。加之齐梁萧氏为氏族大夫，在精力和能力上都具备了完善陵墓制度的条件。因此，此时神道石柱被引入陵墓制度中，于梁代形成了一套地上地下完整的墓葬制度。

事实上，自汉亡以后，三国两晋各种政权都以遵循汉制来显示自己的正统地位，《晋书·礼志中》载"魏晋以来，大体同汉"[1]，然而相关考古材料却告诉我们此时"汉制"正在向"晋制"转变：孙吴西晋时期流行的前后室双室砖墓被带短甬道的单室券顶墓代替，而中原地区亦于西晋中晚期完成由多室墓至单室墓的转变[2]。出于对两晋传统及北朝的抗衡，南朝四代都不约而同地试图复兴汉制，这使得刘宋所开辟的"新制度"得以被继承发展，终于于萧梁时期大致成为一种制度定型。而由于去汉甚远，这种复兴又无法从根本上完成复兴，仅仅利用了流传下来的石兽、外来石柱和柱顶石兽的形式，重新构建了一套汉人流行的"升天"体系。

然而，这种制度创立没有多久，隋就登上了历史舞台。由于隋朝起源北方，南朝陵墓制度也因此未对隋唐墓葬制度产生重大的影响。这使得南朝陵墓制度成为了"汉制"向"晋制"转变后，"汉制"一次畸形的死灰复燃，但事实上它既无法真正还原"汉制"，又与"晋制"有较大的差别，最终只是历史中一段特殊的插曲。

故自汉至南朝，神道石柱或受到某些外来因素的影响，但多作用于外观，并不改变其在中国墓葬体系中的作用。而其流变的最主要原因，依然是石柱被赋予了自汉代开始人们一脉相承、普遍拥有的"升仙"思想，墓主人在死后需要升天，就需要一重自地向天方向的"天门"，自然也需要一套体系去保护天门。而石柱作为墓上建筑的一部分，同时肩

---

[1]《晋书》卷二十《礼志中》，北京：中华书局，1974年，第613页。
[2] 仝涛：《长江中下游地区汉晋五联罐和魂瓶的考古学综合研究》，四川大学博士毕业论文，2006年。

负着两种门的作用,需要与其整个体系相适应,与整个墓葬制度相统一,也与其他地表的建筑、地下的建筑构成了一个完整的体系。笔者认为,这个体系就是前文所谈到的"三道门"体系。

附记:

本文写作中得到四川大学霍巍先生、李永宪先生和王煜先生的帮助,谨此致以衷心感谢!

(原载《考古学集刊》第20辑,2017年)

五代墓室星象图研究[1]

李孟雅

汉代以来，以星象图装饰墓葬的情况屡见不鲜，星象图多与墓室的穹窿顶相结合，共同构成了时人心目中的宇宙模型。与其他时期墓葬中绘制简单的示意性星象图不同，五代墓中的星象图除常见的日、月、星、银河外，还出现了系统的二十八宿、北斗、内规（恒显圈）、天赤道、外规（恒隐圈）、重规（起界定和装饰作用的圆），甚至是紫微宫等内容，具有一定的科学价值。对这些星象图进行系统的梳理和辨析，探究其在墓葬中的作用，不仅可以帮助我们认识五代天文学的发展水平，同时也有助于研究当时的墓葬等级制度。

此前学界对五代墓室星象图的研究几乎都是针对单个或某一地区的墓葬，研究的内容大多是对星宿的辨别，也有对星象图来源的探究[2]；或者是在研究唐代墓室星象图时兼及到部分五代墓[3]，专门综合讨论这一时期墓室星象图的著述还比较少，故今不揣浅陋，聊表己见。

一、已发现的五代墓室星象图

目前发现绘有星象图的五代墓有8座，即王处直墓、孙璠墓、马氏康陵、钱元瓘墓、吴汉月墓、李昪钦陵、冯晖墓和北汉太惠妃王氏墓。此外，葬于唐末的钱宽、水邱氏墓中亦绘

---

[1] 本文系2021年度国家社科基金重点项目"考古所见魏晋南北朝隋唐时期天文材料的整理与研究"（批准号：21AKG009）的阶段性成果之一。
[2] 伊世同：《最古的石刻星图——杭州吴越墓石刻星图评介》，《考古》1975年第3期；蓝春秀：《浙江临安五代吴越国马王后墓天文图及其他四幅天文图》，《中国科技史料》1999年第1期。
[3] 李星明：《唐代壁画墓中的宇宙图像》，见陕西历史博物馆编《唐墓壁画国际学术研讨会论文集》，西安：三秦出版社，2006年，第114-137页。

星象图，由于年代与其他墓葬接近，且二人与马氏、钱元瓘、吴汉月同为吴越国皇室成员，遂对之一并进行考察。根据绘制的内容可将上述墓室星象图分为三类，现分别介绍于下。

第一类，星象图中有完整二十八宿、内规、天赤道、外规和重规。这类有五座，皆属吴越国皇室墓葬。

1. 钱宽墓

钱宽为第一代吴越国国王钱镠之父，葬于唐光化三年(900)，其墓位于浙江临安市。墓室为砖构，由封门墙、甬道、横长方形前室、船形后室、6耳室、8壁龛构成，后室中部设有砖砌棺床。墓室砖墙表面均抹石灰，上有花卉、几何形图案等彩绘[1]。

星象图位于后室顶部，现可见图中有4个同心椭圆，自内而外分别表示内规、天赤道、外规、重规，重规仅存一段。靠近中部有北斗七星及一辅星，之外分布着顺时针排列的二十八宿，其中毕宿少一星；另外还有房宿辅官钩钤二星，参宿辅官伐三星，鬼宿辅官积尸一星，轸宿辅官左、右辖二星。二十八宿大致按照四宫方位排布，西方绘青白色月亮，东方绘红日。星辰为金箔贴成，除北斗外，同一星宿的星辰之间以线连接（图一）。

图中星宿的画法和年代接近的科学星图，如北宋《新仪象法要》[2]、王安礼重修《灵台秘苑》中收录的星图[3]，以及南宋苏州石刻天文图（图二）[4]大体一致，可见其粉本应是当时的科学星图，只是受限于墓顶形状，星象图整体经过了一定变形。值得注意的是，此处南宫七星宿的七颗星呈曲线分布（图三，1），与中国

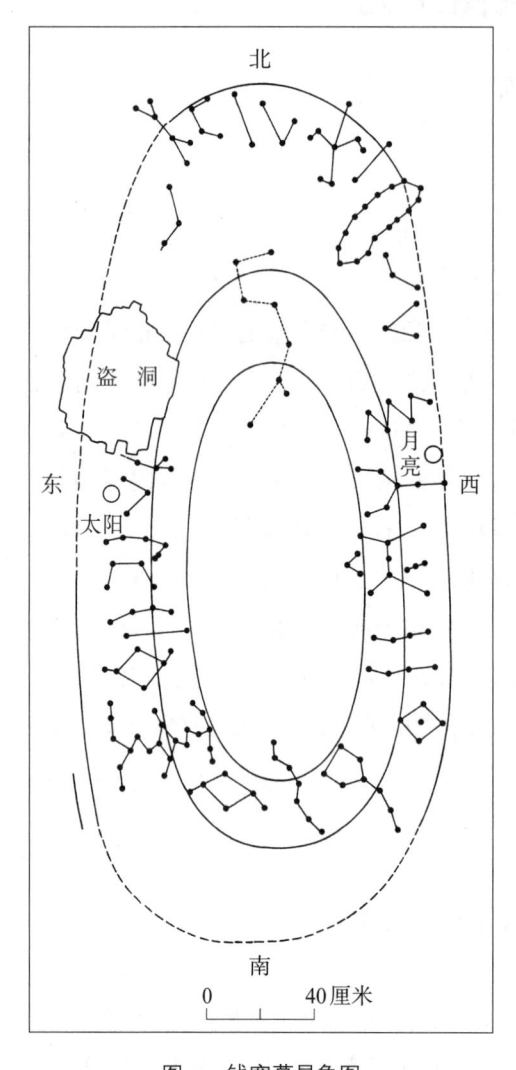

图一 钱宽墓星象图

（图片来源：《晚唐钱宽夫妇墓》，第22页，图3-11）

---

[1] 浙江省文物考古研究所：《晚唐钱宽夫妇墓》，北京：文物出版社，2012年，第14-20页。
[2] 陆敬严、钱学英：《新仪象法要译注》，上海：上海古籍出版社，2007年，第62-63页。
[3] 潘鼐：《中国古天文图录》，上海：上海科技教育出版社，2009年，第241-243页。
[4] 潘鼐：《中国古天文图录》，第57页。

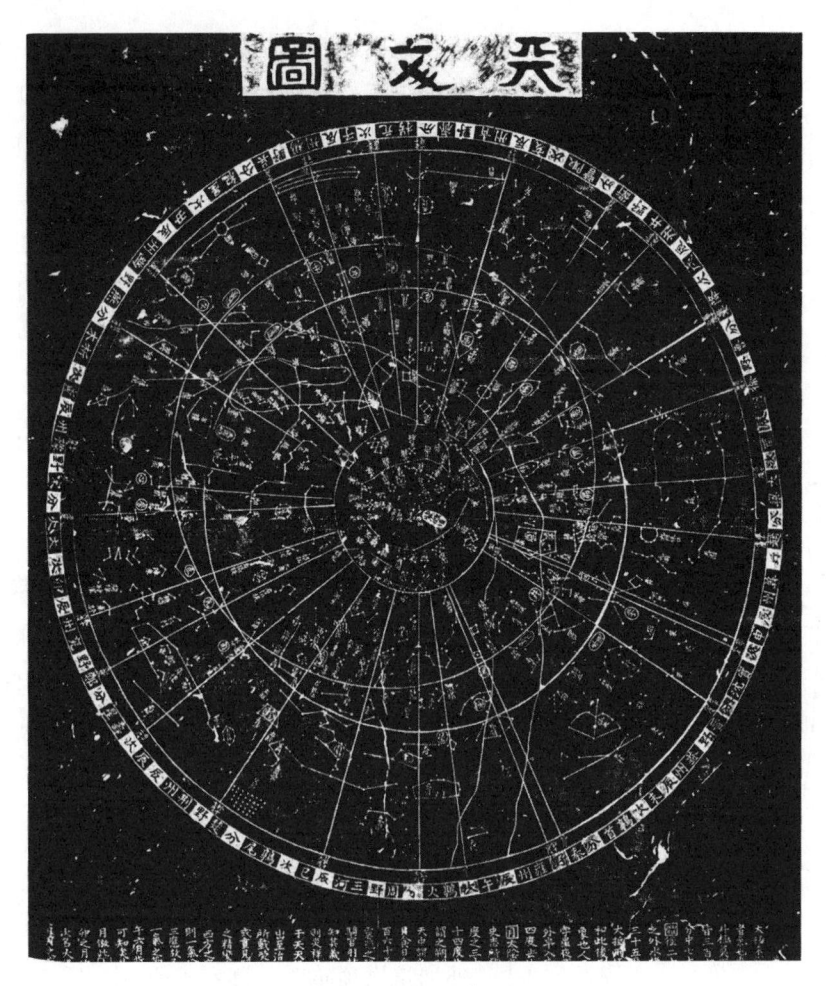

图二　苏州石刻天文图

（图片来源：《中国古天文图录》，第57页）

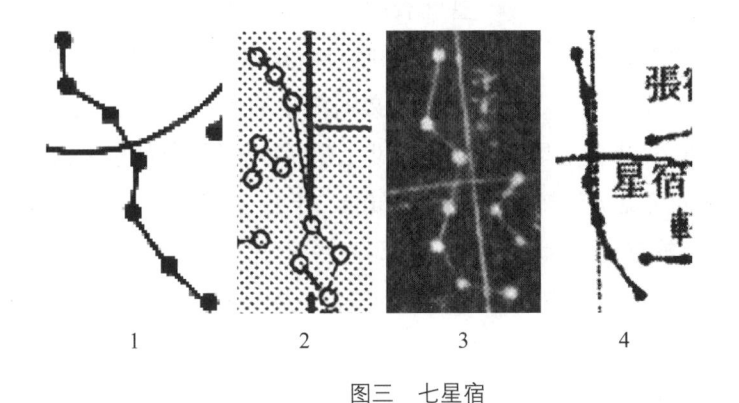

图三　七星宿

1. 钱宽墓　2.《新仪象法要》星图　3.《天象列次分野之图》　4. 龟虎古坟

（图片来源：1.《晚唐钱宽夫妇墓》，第22页，图3-11；2.《新仪象法要译注》，第63页；3.《中国古天文图录》，第27页；4. ［日］成家彻郎著，韩建平译：《Kitora古墓中的壁画星图》，《中国科技史料》2002年第3期，图8）

古代星图中常见的(图三,2)样式不同,但这种画法的七星宿在隋唐之际传入朝鲜的《天象列次分野之图》[1]中可见(图三,3);另日本奈良8世纪初龟虎古坟墓室顶部的星象图[2]中的七星宿与之类似(图三,4)。此外钱宽墓星象图存在一些误绘,亢、房、尾、女四宿方向有误,其中亢和女应旋转180°,房、尾应镜面对称。

2. 水邱氏墓

水邱氏为钱宽之妻、钱镠之母,葬于唐天复元年(901)。其墓的结构、装饰与钱宽墓相同,后室亦绘有星象图[3](图四)。该图整体与钱宽墓星图相似,但略有差别:尺寸大大减小;内规中心偏南处有一暗窗,内置铜镜一面,暗窗周围彩绘一朵重瓣莲花;东南角绘红日;房宿有辅官键闭、钩钤三星,毕宿有辅官附耳一星;此外二十八宿整体镜面翻转。

3. 马氏康陵

马氏为吴越国第二代国王钱元瓘之妻,葬于后晋天福四年(939)。康陵为土坑石室结构,石室外加筑拱顶砖廓。墓室由前、中、后三主室及左右耳室构成;后室中部砌棺床,四角有石柱和横梁。墓壁表面多饰彩绘或雕刻;后室四壁中部浮雕四神,表面施彩贴金,下部小龛内有浮雕十二辰[4]。

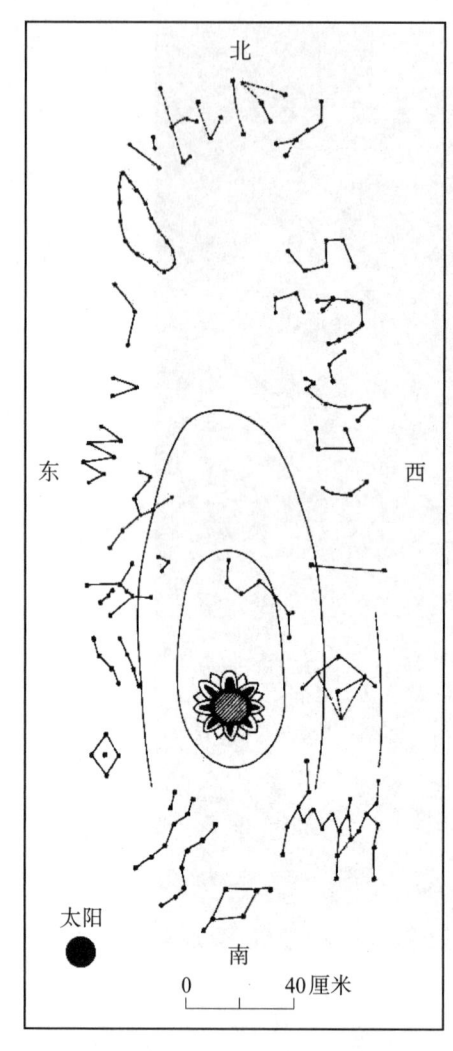

图四　水邱氏墓星象图
(图片来源:《晚唐钱宽夫妇墓》,第50页,图4-52)

天文图刻于后室顶部石板之上(图五)。中央刻勾陈六星、北极五星、华盖七星、杠九星、北斗七星及一辅星,象征紫微宫。其外刻内、外、重规,内、外规之间可见大致按四宫方位分布的二十八宿,以及房宿辅官键闭一星、危宿辅官坟墓四星、室宿辅官离宫六星、毕宿辅官附耳一星、参宿辅官伐宿三星、井宿辅官钺井一星、鬼宿辅官积尸一星、轸宿辅官左右辖和长沙三星。同一星宿的星辰之间连接单

---

[1] 潘鼐:《中国古天文图录》,第27页。
[2] [日]成家彻郎著,韩建平译:《Kitora古墓中的壁画星图》,《中国科技史料》2002年第3期。
[3] 浙江省文物考古研究所:《晚唐钱宽夫妇墓》,第36-49页。
[4] 杭州市文物考古研究所、临安市文物馆:《五代吴越国康陵》,北京:文物出版社,2014年,第7-34页。

线。银河以白色条带表示,一端起于心、尾宿之间,中部弯曲绕过内规,止于参、井之际。银河形象虽有所简化,但其走向大体符合实际。星、连线及圆周都贴金装饰。

4. 钱元瓘墓

钱元瓘葬于后晋天福六年(941),其墓(杭M27)结构和墓内装饰与康陵大体一致[1]。

星象图刻制于后室顶板正中,发现时断裂为数块,少数星宿有残缺,但面貌基本完整(图六)。刻画的内容与马氏康陵星象图大体一致,不过少了银河而多了位于二十八宿附近的天赤道;另尺寸上有些许差别,同一星宿的星辰间以双线连接。

5. 吴汉月墓

吴汉月葬于后周广顺二年(952),其墓(杭M26)[2]位于钱元瓘墓附近,墓室分为前后两室。吴汉月墓的建筑材料和方法、墓内装饰与前两墓大体一致。后室盖顶所刻星象图整体与钱元瓘墓相似,但尺寸稍小,少了天赤道而多一重规,缺失勾陈、华盖、杠、坟墓及键闭四宿(图七)。

第二类,星象图中有完整的二十八宿。这类有三座。

1. 王处直墓

王处直是唐末至五代义武军节度使,

图五 马氏康陵星象图

(图片来源:《中国古天文图录》,第48页)

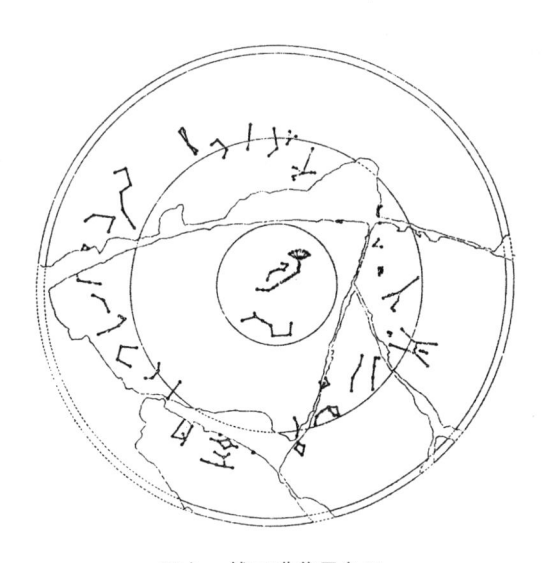

图六 钱元瓘墓星象图

(图片来源:《中国古天文图录》,第48页)

易、定、祁等观察处置使,《旧唐书》《旧五代史》皆有传,同光二年(924)葬于今河北曲阳县。墓葬为青石筑前后双室墓,前室左右各有耳室,后室以砖、石砌成棺床。除后室顶外,

---

[1] 浙江省文物管理委员会:《杭州、临安五代墓中的天文图和秘色瓷》,《考古》1975年第3期。
[2] 浙江省文物管理委员会:《杭州、临安五代墓中的天文图和秘色瓷》,《考古》1975年第3期。

整个墓室皆绘壁画，另有汉白玉浮雕装饰[1]。

星象图位于前室拱顶及南、北壁上部，壁面涂象征天空的青灰色，之上用白灰绘日月星辰及银河（图八）。太阳居东，内有三足乌；月亮居西，内有蟾蜍（或玉兔）；下皆有云气。星辰以空心圆表示，同宿的星辰间连接直线。星宿按顺时针方向排列，包括大致按四宫方位分布的二十八宿，以及角宿辅官天田（？）二星，房宿辅官钩铃二星、键闭一星，室宿辅官离宫六星，毕宿辅官附耳一星，参宿辅官伐宿三星，井宿辅官钺井一星，鬼宿辅官积尸一星，轸宿辅官左辖、右辖、长沙三星；斗、女和壁、奎之间各有一不明星宿。此外还点缀有散星。银河绘于中间偏南，东西向弯曲。

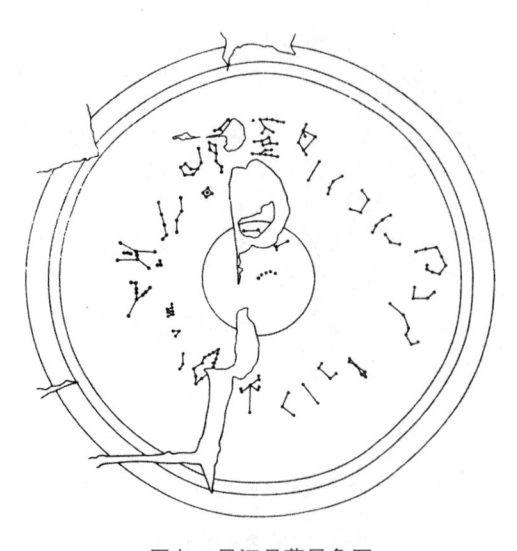

图七　吴汉月墓星象图

（图片来源：《杭州、临安五代墓中的天文图和秘色瓷》，《考古》1975年第3期，图八）

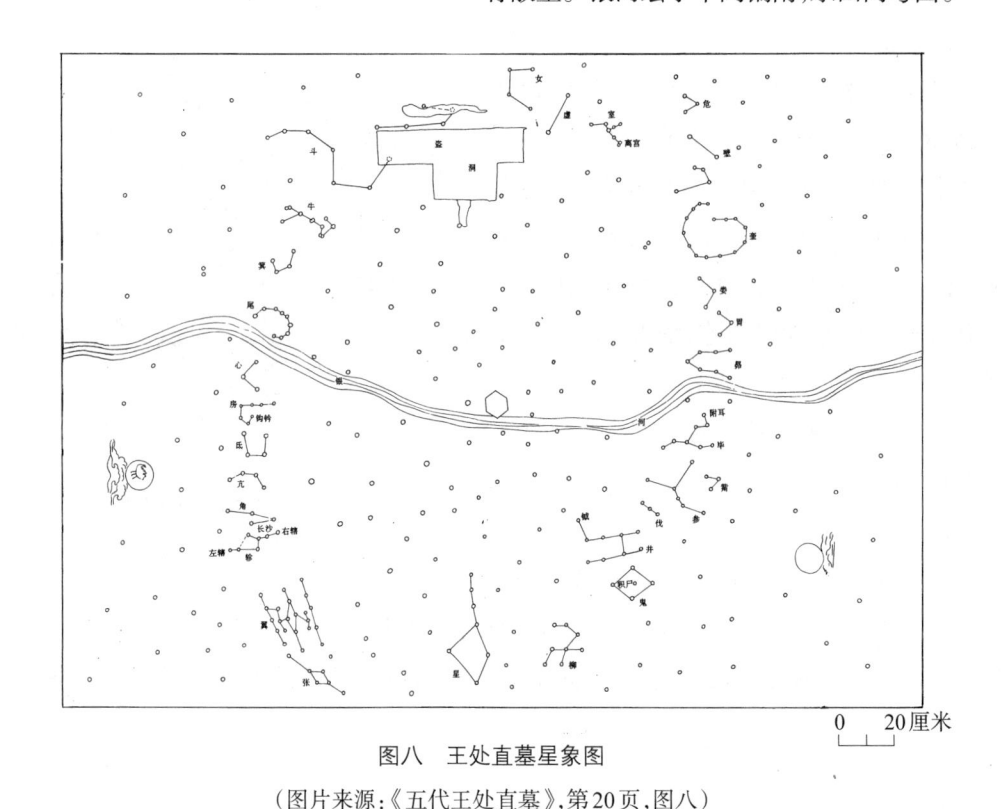

图八　王处直墓星象图

（图片来源：《五代王处直墓》，第20页，图八）

---

[1] 河北省文物研究所、保定市文物管理处：《五代王处直墓》，北京：文物出版社，1998年，第6-40页。

通过对比同时期的科学星图,王处直墓星象图存在误绘之处。首先二十八宿中除角、亢、虚、危、井、鬼、星、张、翼、轸外,其他星宿的方向有误,应各自绕中心点旋转约180°。其次斗与牛、危与室位置颠倒。另斗宿多一星,牛宿多五星,奎、毕、参宿各少一星。轸宿辅星长沙应在四星围合之内,此处则位于外部。据《晋书·天文志》记载,银河起自东北方的尾、箕二宿之间,分为南北两道,向西北而行;北道至星官天津处汇合于南道,后转向西南,经匏瓜、人星等星官,到井宿处转向东南方,终没于七星宿之南[1],此处却呈东西向。

总的来说,王处直墓星象图亦应是比照科学星图绘制的,只是整体较为粗糙。其中昴宿的形状特殊(图九,1),与中国古代常见的折线形(图九,2)不同。这种画法的昴宿可见于明代抄本《天文秘旨备考》所收传自贾琦甫《步天歌》与《司天歌》星图(图九,3)[2],说明其并非误绘,而是有一定根据。

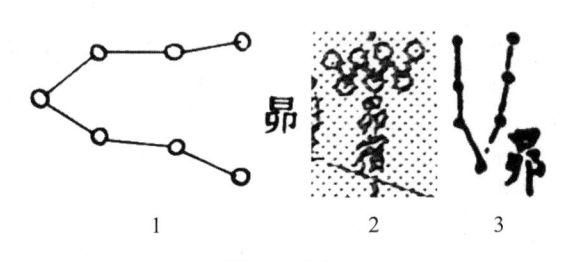

图九 昴宿
1. 王处直墓 2.《新仪象法要》星图 3.《步天歌》与《司天歌》星图
(图片来源:1.《五代王处直墓》,第20页,图八;2.《新仪象法要译注》,第63页;3.《中国古天文图录》,第274页)

2. 李昪钦陵

李昪为南唐开国皇帝,葬于南唐升元七年(943),其墓位于江苏南京市,号"钦陵(永陵)"。墓室分前、中、后三主室;前、中室为砖砌,东西均各一侧室;后室为石板砌成,东西各三侧室,总计十三室。墓室内部饰仿木结构,壁面彩绘各类花草云纹,此外还有石质浮雕。后室以青石砌棺床,高浮雕龙纹;地面凿刻出两道弯曲的浅槽象征河流,与顶部的天象图相呼应[3]。

星象图绘于后室上部及顶部,或是因粉刷的石灰脱落,现今看到的星图并不完整(图一〇)。东面叠涩顶上绘红日,西面绘蓝月;四周星辰以朱线勾勒轮廓,中填石青,部分星辰间用红线连成星宿。虽然目前仅南宫鬼宿清晰可见,但其正位于本应所处的南方;报

---

[1]《晋书》卷十一《天文上》,北京:中华书局,1955年,第307页。
[2] 潘鼐:《中国古天文图录》,第274页。
[3] 南京博物院:《南唐二陵发掘报告》,北京:文物出版社,1957年,第7-30页。

图一〇　李昪钦陵星象图

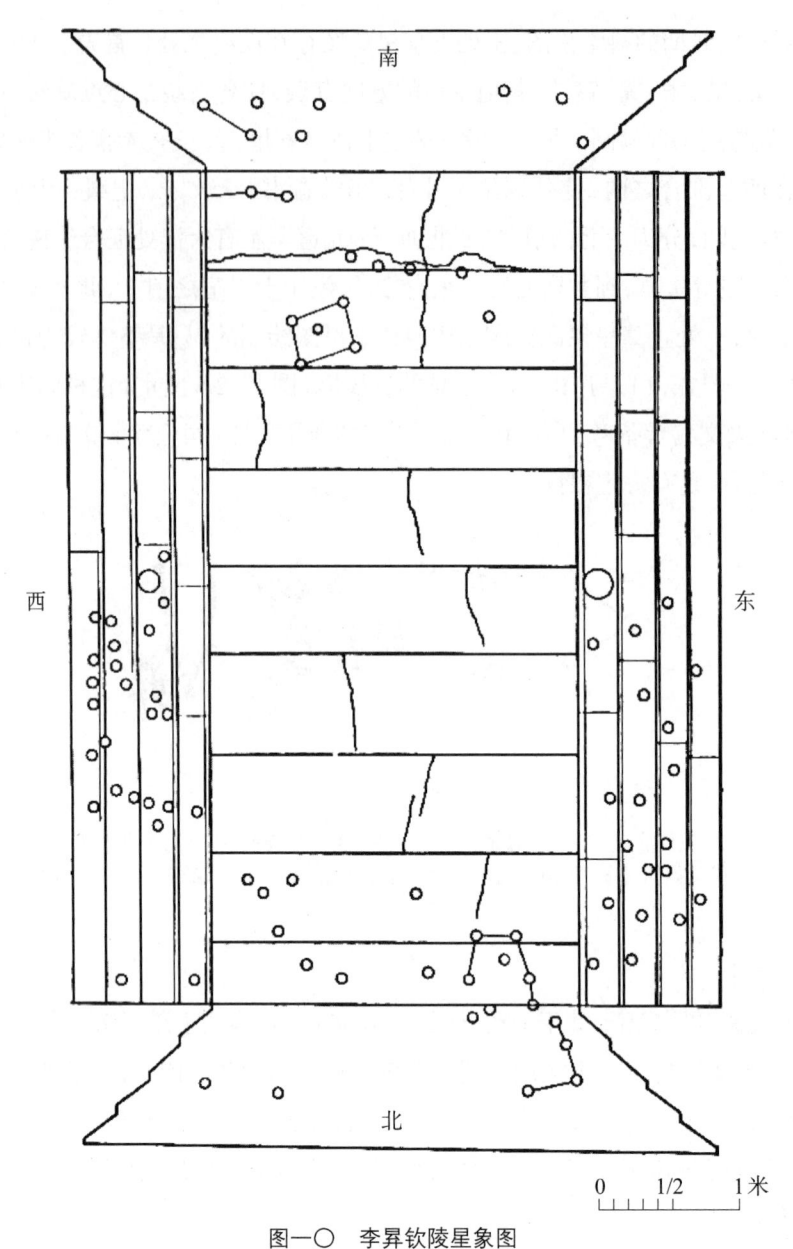

（图片来源:《南唐二陵发掘报告》,第15页,图21）

告亦称出土时有"遥遥相对的北斗星座与南斗星座,以及北斗星座旁的几个星座中的每颗星都用朱红色线勾连"[1];此外星宿、日月的相对位置及环形排布方式与完整星图一致,因此推测该图原应绘有二十八宿。

---

[1] 南京博物院:《南唐二陵发掘报告》,第30页。

3. 冯晖墓

冯晖为后周朔方军节度使、卫王，新、旧《五代史》皆有传，显德五年（958）葬于今陕西彬县。墓室为砖石混筑，主室平面呈长方形，东、西、北三面有侧室，另有36个小龛。墓室四壁表面满饰壁画，另有精美的砖雕杂剧人物。墓志盖刻八卦符号及十二辰形象[1]。

星象图位于墓室穹窿顶，损毁严重，仅剩中间部分（图一一）。现可见图中用白色绘

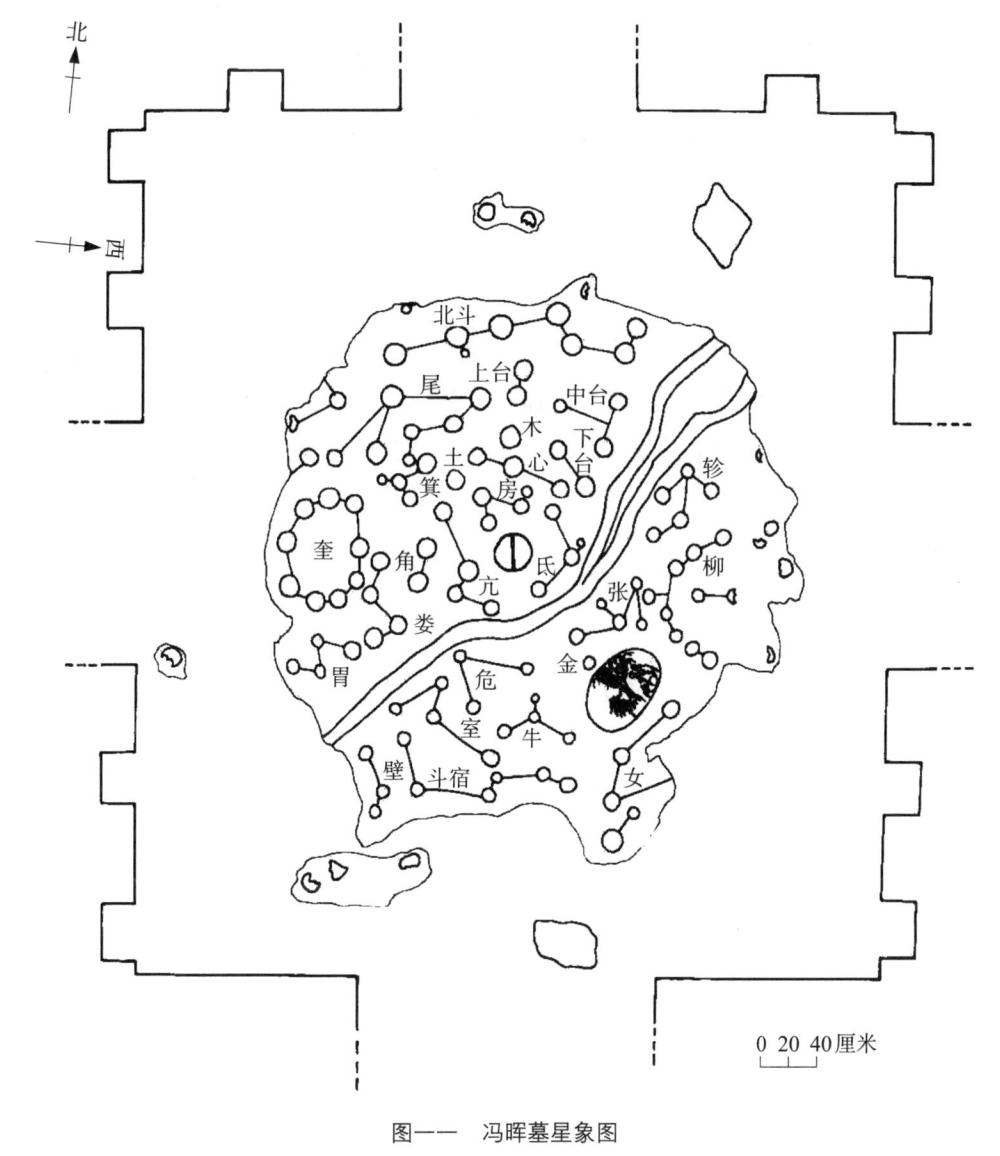

图一一 冯晖墓星象图

注：图中星宿名称为原报告所标，不代表本文意见
（图片来源：《五代冯晖墓》，第24页，图二十四）

---

[1] 咸阳市文物考古研究所：《五代冯晖墓》，重庆：重庆出版社，2001年，第5-35页。

星、月、银河，星辰以实心圆表示，同宿的星辰间以线连接；银河为西北至东南走向，西半部分为两条，至中部合并；月中有桂树、蟾蜍、玉兔。星宿可以辨认出北斗七星及南斗六星，推测原本应和王处直墓一样绘有完整的二十八宿。发掘报告虽将现存星宿一一标明，但实际上绝大部分难以确认。

第三类，星象图中有日、月和零散星辰。这类有孙璠墓和北汉太惠妃墓两座。

孙璠历唐至后晋四朝，官至检校尚书左仆射兼御史大夫，受封上柱国，后晋天福四年（939）葬于今洛阳伊川县。墓室为砖砌圆形单室，中央为棺床，墙壁饰仿木结构，表面涂彩[1]。星象图直接绘于墓顶砖砌表面，包括日、月、星辰。红日居东，白月居西，星辰以大小不等的实心圆表示，无规律零散分布。王氏为北汉开国皇帝刘崇的妃嫔，开会十五年（971）去世，受赠"太惠妃"封号。墓室为前后双室，前室为石砌圆形，后室深凿进入山体。星象图绘于前室穹窿顶，内容仅有日、月和白色条带状银河，顶部中央为彩绘雕刻的莲花，星象之下为四神图[2]。

由上可见，这些墓葬分布于今浙江、河北、河南、江苏、陕西、山西等地，分属当时的中原五代、南唐、吴越和北汉势力范围内，时间上贯穿整个五代时期。除等级较低的孙璠墓外，前两类墓主身份显赫的高规格陵墓中均绘出了二十八宿，吴越国皇室成员墓还绘有内规、天赤道、外规、紫薇宫等内容。这些较完整的星象图虽然存在疏漏，但明显是以科学星图为底本，具有很高的研究价值。

二、五代墓室星象图的特殊性

中国古代墓室星象图大多是示意性的，星辰以单个圆圈表示，随意性大，只起到象征宇宙苍穹的作用。虽然部分汉、唐、辽代墓葬，如西安交通大学西汉墓[3]、靖边渠树壕东汉墓[4]、阿斯塔那唐代M38[5]、宣化辽墓[6]中也发现有二十八宿星象，但其在绘制内容、壁画等级方面与五代有很大差异。

---

[1] 四川大学历史文化学院考古系、洛阳市第二文物工作队：《洛阳伊川后晋孙璠墓发掘简报》，《文物》2007年第6期。

[2] 太原市文物考古研究所：《山西太原青阳河北汉太惠妃墓发掘简报》，《考古与文物》2018年第6期。

[3] 陕西省考古研究所、西安交通大学：《西安交通大学西汉壁画墓》，西安：西安交通大学出版社，1991年。

[4] 陕西省文物考古研究所、靖边县文物管理办：《陕西靖边县杨桥畔渠树壕东汉壁画墓发掘简报》，《考古与文物》2017年第1期。

[5] 新疆维吾尔自治区博物馆：《吐鲁番县阿斯塔那-哈拉和卓古墓群发掘简报（1963-1965）》，《文物》1973年第10期。

[6] 河北省文物研究所：《宣化辽墓：1974-1993年考古发掘报告》，北京：文物出版社，2001年。

首先,汉代墓室星象图中星宿与四神、云气、神怪形象紧密结合,共同构成一幅富有想象力的、瑰丽的宇宙图景;而五代墓室星象图仅有单纯的天文学元素。从等级上来说,隋唐五代之际等级制度严格,绘制壁画是高等级墓葬的象征;两汉壁画和画像石则多出现在中下层人物的墓葬中[1]。况且汉代中央对于天学知识的垄断远未有后世严重,故与五代墓室中星象图的意义不可相提并论。

唐代天文学发展到一个高峰,目前已发现30余座高等级唐墓中绘有星象图,但其所绘内容几乎都是日、月、银河,以及零散、无规律分布的星点,长安及附近地区的墓葬尤为如此。这一现象的出现应是受到天文禁令的影响。因随着星占学的进步和东汉以来谶纬思想的盛行,"至迟从西晋年间开始,朝廷就已颁布对私习天文的明确禁令"[2]。唐代刑法《唐律疏议》规定"诸玄象器物、天文图书、谶书、七曜历、太一、雷公式,私家不得有,违者徒二年。私习天文者亦同"[3];大历三年代宗再次下诏对民间的天文图谶加以禁断[4]。远离政治中心的阿斯塔那M38是目前所见唯一绘制完整二十八宿的唐墓,但该星图在很大程度上进行了简化和图像化变形,并非科学星图,只具有象征意义。

而宣化辽墓天象内容属"中外结合",其典型组合是铜镜、莲花、黄道十二宫、二十八宿、日月和十二辰。如前所述唐末水邱氏墓中即已同时出现铜镜、莲花和二十八宿,故宣化辽墓很可能是受到了唐末五代墓葬的影响。此外宋辽之际墓室壁画已全面走向平民化和世俗化,失去了标志等级的意义;且宣化辽墓是建造在辽国势力范围之内,绘制星象图的意义自然无法与厉禁民间私习天文的中原地区相比。

事实上中唐以后天文学发展骤然减缓,没有大规模天象观测活动,中晚唐墓室星象图也十分少见,但到五代时期却突然集中出现了多幅较完整的星象图。尤其钱氏家族墓星象图中绘出内规、天赤道和外规,这在已发现的中国古代墓葬中是绝无仅有的[5]。对照苏州南宋石刻星象图,马氏、钱元瓘和吴汉月墓星象图的内容比例刻画得相当准确,甚至可以根据吴汉月墓星图计算出观测点的地理纬度为北纬37°[6]。虽然钱宽和水邱氏墓星象图根据墓顶形状进行了少许变形,但其底图也应是科学的星图。

可见即便放诸整个历史时期来看,五代时期的几幅墓室星象图在绘制的内容、等级、出现的时机、频率以及科学性等方面都显得十分特殊。

---

[1] 郑岩:《关于墓葬壁画起源问题的思考——以河南永城柿园汉墓为中心》,《故宫博物院院刊》2005年第3期。
[2] 江晓原、钮卫星:《中国天学史》,上海:上海人民出版社,2005年,第250页。
[3] (唐)长孙无忌等:《唐律疏议》卷九《私有玄象器物》,北京:中华书局,1983年,第110页。
[4] (宋)宋敏求:《唐大诏令集》卷一〇九《禁天文图谶诏》,北京:商务印书馆,1959年,第566页。
[5] 目前仅有在中国文化影响下,8世纪初日本龟虎古坟墓室顶部星象图出现了内规、天赤道、外规和黄道。
[6] 伊世同:《最古的石刻星图——杭州吴越墓石刻星图评介》,《考古》1975年第3期。

三、五代墓葬中绘制较完整星象图的意义

五代墓室星象图有很多特殊性,究其原因,或与当时社会动乱、群雄逐鹿的背景有关。由于"天"与皇权相通,故"每到改朝换代之际,旧王权的权威衰落,它对天学的垄断被打破,新崛起的政治集团纷纷染指通天事物"[1]。唐末天下大乱,群雄并起,此时墓顶的星象图已不仅仅只是在"事死如生"的观念支配下,简单地对自然苍穹的模拟,而是拥有了更多权力象征的政治意义。

从墓主身份来看,第一、二类绘有较完整星象图的墓主或是一国之君及其直系亲属,或是掌握一方军政大权、实质上是当地"土皇帝"的节度使,都是当时处于权力顶端的人物。虽然这些国君和节度使有的表面上服从中原五代王朝的管制,接受其赐封,使用其年号[2];但实际上却早已自视为帝,享受皇帝的等级规制。其中李昪和马氏墓在当时即称"陵",也表明其应是比照当时,尤其是被奉为正统的唐朝的帝、后陵来建的。

从墓葬的结构和建筑材料来看,"在唐代,石室的墓葬建筑形制是皇帝陵寝的专利,且采取前、中、后三室的规制"[3]。上述第一、二类墓葬中除钱宽、水邱氏墓外都使用了石材,钦陵、钱元瓘墓、康陵更是前、中、后三主室结构。而钱宽和水邱氏墓采用的虽是当地传统的船形砖室结构,但这种形制发展到晚唐、五代达到鼎盛[4],为皇室贵族所使用,此二墓是已发现的同类型墓葬中尺寸最大的[5]。

此外隋唐五代之际,壁画等墓内装饰是高等级墓葬的标志之一。考古发现前两类墓内都有大面积的彩绘装饰,其中王处直墓、钦陵、钱元瓘墓、康陵、吴汉月墓、冯晖墓内壁均是几近满绘,更采用了高浮雕、贴金等当时最为奢华的装饰,可谓"厚葬之仪罕及"[6]。

可见无论是墓主身份、墓葬结构还是墓内装饰,钦陵、钱元瓘墓、康陵是仿照唐代帝、后陵建造,钱宽、水邱氏、吴汉月、王处直、冯晖墓稍次但相差无几,均属当时割据混战、财力物力有限条件下的最高等级。相较之下,同样属皇室成员的王氏墓,虽然也采用了石室墓制,但星象图内容简略,应与其下葬时仅为先帝太妃的身份相称。

---

[1] 江晓原、钮卫星:《中国天学史》,上海:上海人民出版社,2005年,第251页。

[2] 《旧五代史》卷一三三《钱元瓘传》,北京:中华书局,1955年,第1772页。

[3] 王静:《唐墓石室规制及相关丧葬制度研究——复原唐〈丧葬令〉第25条令文释证》,荣新江主编:《唐研究》(第14卷),北京:北京大学出版社,2008年,第451页。

[4] 傅亦民:《论长江下游地区船形砖室墓》,《南方文物》2005年第1期。

[5] 已发现的晚唐、五代船形砖室墓还有临M21、临M22、杭M32。分别见浙江省文物管理委员会:《浙江临安板桥的五代墓》,《文物》1975年第8期;浙江省文物管理委员会:《杭州、临安五代墓中的天文图和秘色瓷》,《考古》1975年第3期;浙江省文物考古所:《杭州三台山五代墓》,《考古》1984年第11期。

[6] 咸阳市文物考古研究所:《五代冯晖墓》,重庆:重庆出版社,2001年,第55页。

值得注意的是，钱元瓘、马氏和吴汉月墓星象图中还绘出了紫微宫的北极、勾陈、华盖、北斗等星官。紫微宫又称"中宫"，常年显而不隐，是天上最尊贵的所在；其包含的诸星被比附为人间的皇帝及其相关事物[1]，故一般人绝不会被允许使用紫微宫的形象。已发掘的中国古代墓葬中绘出紫薇宫星象的情况是极为罕见的，其集中出现于吴越国统治者墓中应该具有鲜明的政治表达。

如此一来可以推测，在五代时期，绘制包含系统的二十八宿，甚至紫微宫的较为完整的星象图"进一步强调了天象图作为王权的象征意义"[2]，被视作最高等级——帝陵的象征。至于这种观念的来源，则可能有两种情况：

其一，由于五代礼制多延续自唐代，这些五代墓亦效仿唐代帝陵使用石质三主室结构，从而满足"僭越"的私欲；故上述观念或同样是延续自前朝，即在等级制度严格的唐五代时期，以完整而科学的星象图进行装饰是帝陵的专属[3]。这或许也可以解释为何唐代天文学十分发达，但拥有特权的贵族墓葬中只绘制简单的象征性星象图。

其二，可能是乱世之中很多人或明或暗自立为帝的背景下构建出一种当时最高等级的丧葬制度，他们认真地将象征"天"的完整而科学的星象图列布于墓室之顶，借以彰显自己上承天命、秉承天意的特殊身份和权力的正统性。

（原载《华夏考古》2022年）

---

[1]《晋书》卷十一《天文上》，北京：中华书局，1955年，第289页。
[2] 李星明：《唐代壁画墓中的宇宙图像》，见陕西历史博物馆编《唐墓壁画国际学术研讨会论文集》，第131页。
[3] 唐代帝陵目前只正式发掘了唐僖宗的靖陵，其墓葬顶部发现少许星象图。由于建造于唐王朝崩解的前夕，靖陵为横长方形单室券顶土洞墓，无天井或过洞，故不能作为唐代帝陵的代表。见刘向阳：《唐代帝王陵墓》，西安：三秦出版社，2003年，第340页。

宋代多层墓葬研究

吕瑞东

宋代墓葬形制多样，随葬品内涵丰富，宋墓的设计和布局透露出宋人对生死观念的理解。宋代墓葬中，多层空间墓葬的形制尤为特殊，其代表的丧葬观念也耐人寻味。文中所涉及的多层墓葬指的是拥有立体的多个空间的墓葬，有些墓葬也会在椁室或者棺台的下方设腰坑，形成垂直存在的小空间，但是这种腰坑空间小且设计的目的明确，不在讨论范围之内。多层墓葬早在20世纪50年代就被发现，后来又零散地发现于全国多个地区。有学者将四川和山东地区出现的这种墓葬称之为双层墓[1]、上下层双室墓[2]、双层阁式墓或双层椁室墓[3]。但是从考古遗存来看，这种分层的墓葬不仅有双层，也有三层墓葬。这类墓葬形制也曾被作为个案讨论，但忽视了全国范围内的相似材料。本文将对相关墓葬材料进行梳理，以期探讨多层宋墓的特点和出现原因。

一、宋代多层墓葬

目前发现的宋代有明确多层构造的墓葬有十余例。陕西蓝田吕氏家族墓地[4]中有三座墓葬在墓室之上设"空穴"，"空穴"与墓室也形成上下并存的立体空间，但这种"空穴"是在墓室以外的土层另外掘出洞室，其构造方法、功用与其他多层构造完全不同，暂不加

---

[1] 吴敬：《南方地区宋代墓葬研究》，北京：社会科学文献出版社，2015年，第15页。
[2] 陈建中：《成都市郊的宋墓》，《文物参考资料》1956年第6期。
[3] 董新林：《略论中国古代墓葬形制的演变》，见首都博物馆编《千古探秘——考古与发现》，北京：中华书局，2009年，第95页。
[4] 陕西省考古研究院等：《蓝田吕氏家族墓园》，北京：文物出版社，2018年，第244、247页。

考虑。

从层次结构来看,这批墓葬分为三层和双层两类,以双层结构为主,三层空间的墓葬仅1例。

山东嘉祥县钓鱼山二号宋墓[1]为三层楼阁式石室夫妇合葬墓。墓室在一深7米的方坑内逐层构筑,上层为八角形穹顶,底部由13块大石板铺底;中层墓室近方形,由石板垒砌,室中间上部有一石梁擎托上室底板,底部也是由13块大石板铺底;下室为椁室,室中部有一面隔墙,将下室分为东、西两椁室,下室的盖石即为中室铺底石。墓葬内的器物发现于上室和中室,上室出土1件黑釉瓷盏,中室发现12尊石雕像和9颗玛瑙珠,下室没有发现任何遗物。墓道建在中室前,与中室相通(图一)。根据墓葬出土遗物及墓葬的结构特点来看,该墓应为北宋晚期墓葬。

双层结构的墓葬形制多样,根据墓室隔层的构造可分为两型。

A型　上隔式多层墓。该型是多层墓葬最常见的形式,其做法是通过在椁室顶上铺条石或者石板,在条石或石板上另外构造一个空间。目前发现的上隔式多层宋墓有8例,集中分布于成都平原和长江下游地区,于山西和广东地区也有发现。这种形式的多层构造之间也有一定的差别,从隔层和墓室的关系来看,可以将这批墓葬分为三个亚型。

Aa型　主次关系多层墓。该型墓的隔层与主室之间用石条隔开,隔层空间较大,更像是构筑在主室上的假室。隔层内有时也会随葬器物,但人骨仍然放置在下层的主室中。目前发现的这类多层宋墓有6例,分布在成都平原、广东、山西和长江下游地区。

发现于成都平原的为宋京夫妇墓[2]和东跳蹬河宋墓[3]。两座宋墓的结构相似,都是用条石隔开券顶形成上下空间。宋京夫妇异穴异葬,各有土圹,仅宋京本人的墓采用上下双层结构。宋京墓为长方形单室券顶墓,券顶和墓室用青石条隔开形成上室,上室与八字形墓道相通,墓道不与下室相通。上、下室均放置有随葬品,上室出土陶俑若干,下室出土陶俑、陶器、铜器、锡器、镇墓真文券、华盖宫文、买地券、敕告文、墓志等,木棺置于下室正中(图二)。宋京墓的年代为北宋晚期。成都东跳蹬河为砖石混筑结构的上下双层墓,上层墓室有券顶,与下层墓室间以条石相隔。上、下两层墓室均有随葬品,上室出土镇墓真文石、陶俑若干、墓志;下室出土镇墓真文石、买地券、华盖宫文券。棺椁位于下室正中,棺外有木椁,椁与四壁之间的空隙处填满了松香和石灰。墓葬年代为南宋时期。

广东韶关S.S.G-M13[4]是一座上下两层的长方形砖室墓,下层墓室为券顶,上室为在

---

[1] 山东嘉祥县文管所:《山东嘉祥县钓鱼山发现两座宋墓》,《考古》1986年第9期。
[2] 成都市文物考古研究所:《四川成都北宋宋京夫妇墓》,《文物》2006年第12期。
[3] 傅汉良:《成都外东跳蹬河发现宋代墓葬》,《考古》1956年第6期。
[4] 广东省博物馆:《广东韶关市郊古墓发掘报告》,《考古》1961年第8期。

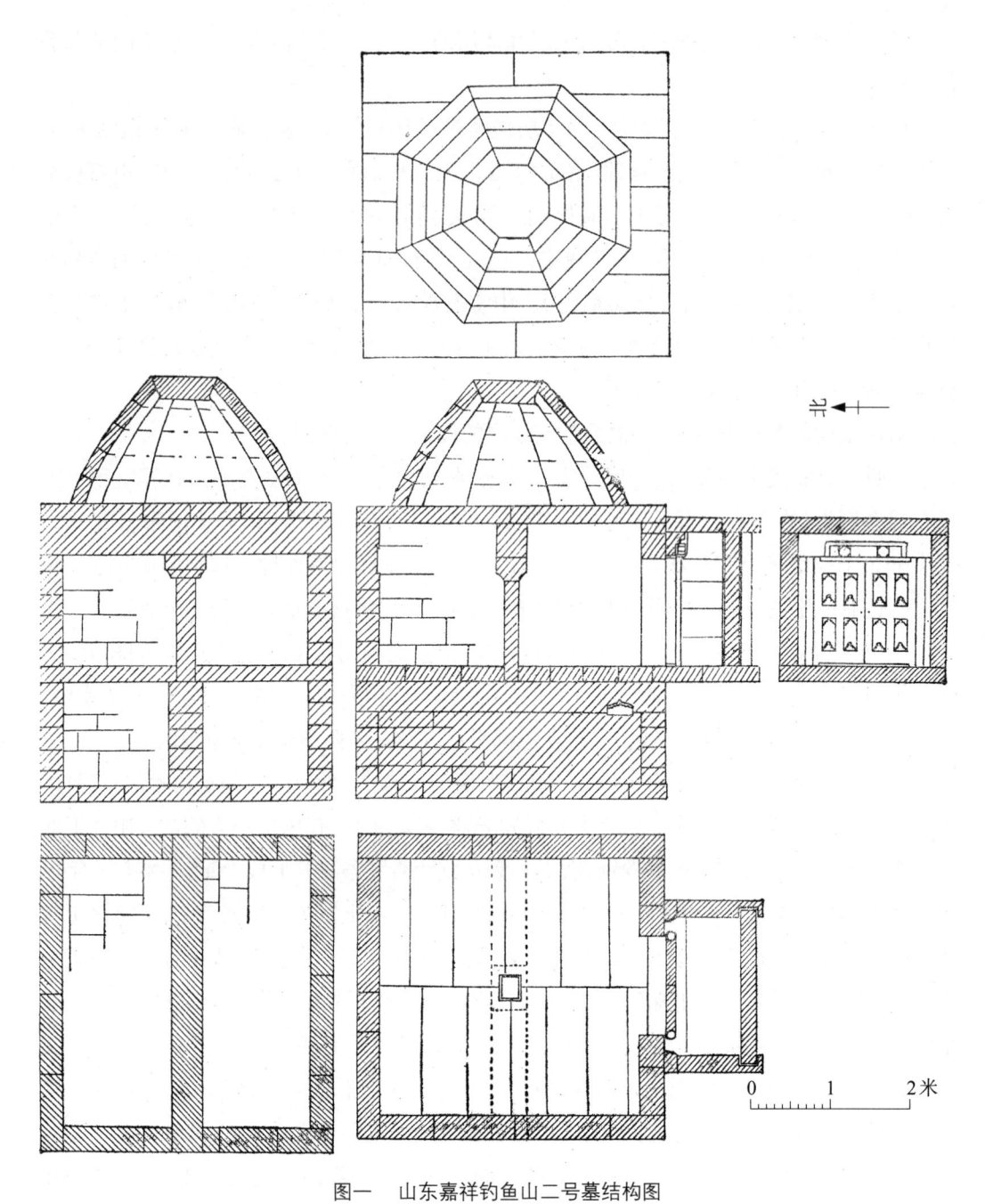

图一　山东嘉祥钓鱼山二号墓结构图

(图片来源:《山东嘉祥县钓鱼山发现两座宋墓》,《考古》1986年第9期,图四)

图二　宋京墓平、剖面图

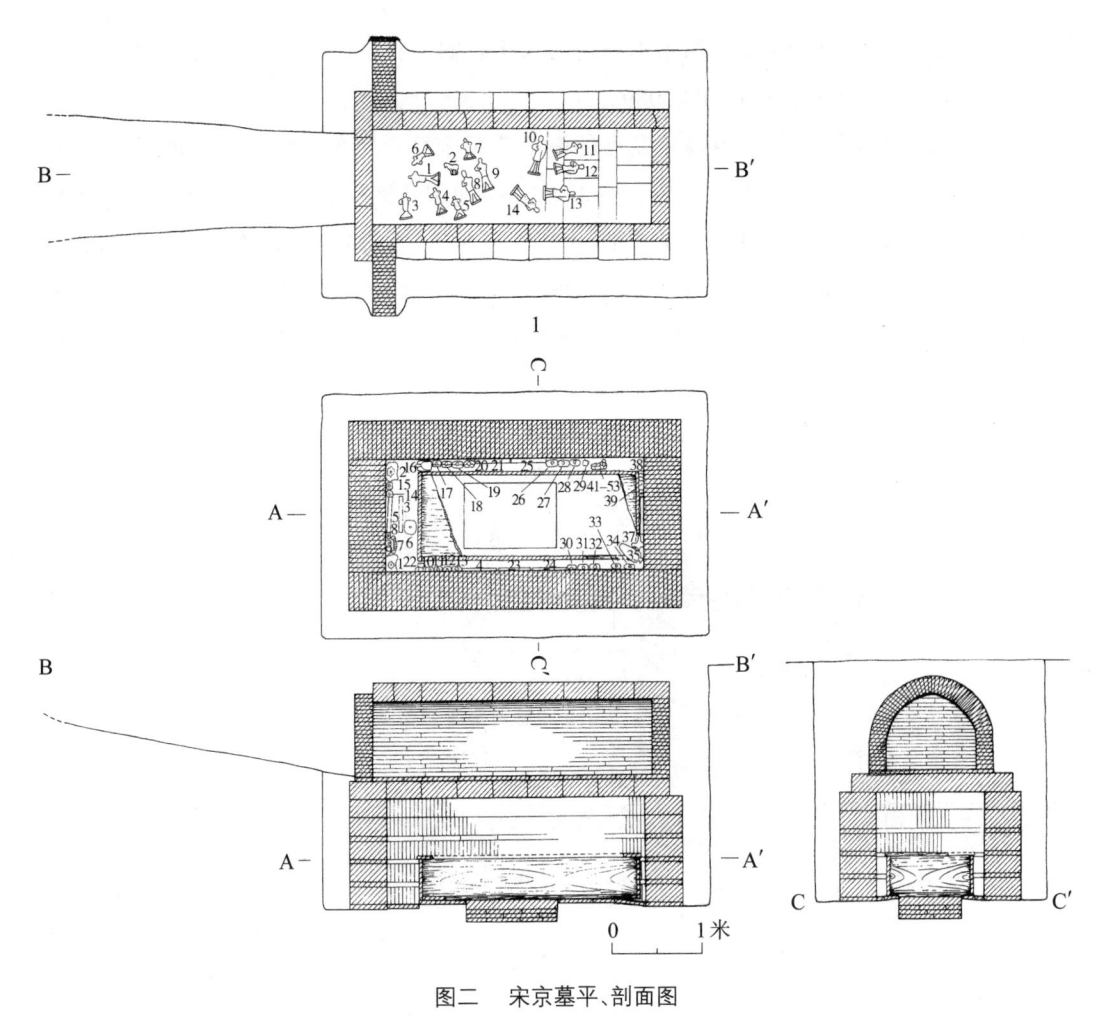

（图片来源：《四川成都北宋宋京夫妇墓》，《文物》2006年第12期，图三）

下室券顶上加砌的椭圆形上室。下室内设有棺床，后壁绘有壁画，随葬品放置在下室的壁龛内；上室内仅用土填平，不设铺底砖。根据出土钱币及器物判断，该墓年代大致为北宋末期。

山西左权县发现的赵武墓为砖石混筑双层墓[1]。该墓由墓道、甬道、上室、下室四部分构成。下层墓室为一方形石室，顶部用巨大白砂石石条与上室隔开；上室直接在条石上铺砖垒砌，形成一个砖砌的圆形穹窿顶墓室。上下层均有随葬品。上室正中放置木制方桌，四周各置木制高靠背椅1把，椅后有木制屏风1架；桌上放石质砚台1方，桌下放墓志。

---

[1]　姜杉、冯耀武：《山西左权发现宋代双层墓》，《文物世界》2005年第5期。

下层墓室放置木制葬具3具,两副小木棺内为火化后的人骨,一副棺椁内为仰肢平躺的墓主人。墓葬年代为北宋元祐四年(1089)。

江西地区的多层墓葬为1984年发现的南丰桑田宋墓,[1]该墓为双室合葬制,采用砖石混筑的形式。墓室主体用红砂条石垒砌而成,中间用砖墙隔成东西两室。石盖板上筑有两座砖砌拱券,位置正对下层墓室。两拱券长短不一,东券较短,西券较长。拱券内的空间未见任何器物,随葬品均放置在下层墓室壁上的小龛中,包括买地券、大量的瓷俑和实用器。葬具和人骨均在墓室中,东室墓主为男性,西室为女性(图三)。这座墓葬的年代为北宋晚期。

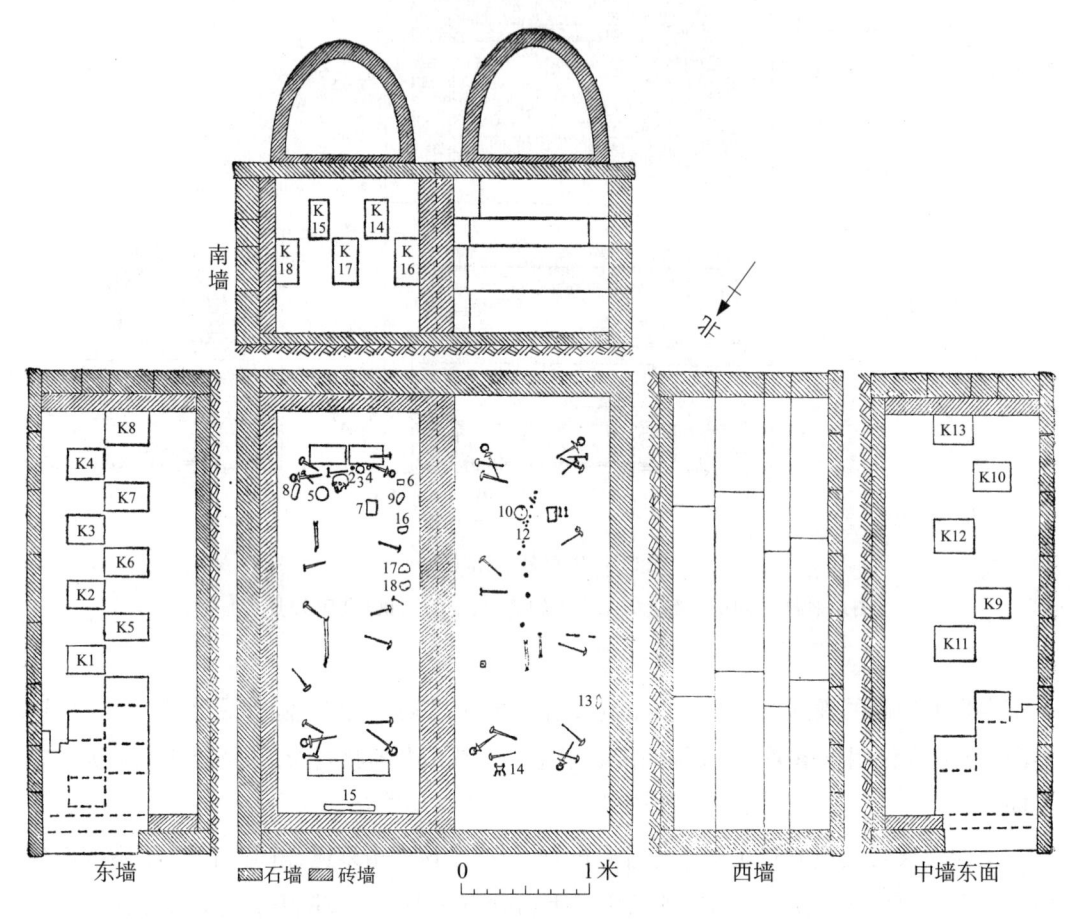

图三 南丰桑田宋墓平、剖面图

(图片来源:《江西南丰县桑田宋墓》,《考古》1988年第4期,图二)

---

[1] 江西省文物工作队、南丰县博物馆:《江西南丰县桑田宋墓》,《考古》1988年第4期。

杭州半山镇水晶山一号宋墓[1]的多层结构与南丰桑田宋墓相似,下室为石构墓室,在下室顶部的石盖板上再建券顶,券顶的南北两端均封堵,墓葬盗扰严重,券顶已坍塌。从发掘情况来看,券顶内无随葬器物的痕迹,仅下室底部出土少量遗物,随葬品多实用器,下室四角的小龛中各放1件铁牛,墓主亦葬于下层的墓室中。该墓的年代为南宋初期。

Ab型　主附关系多层墓。这型墓葬的隔层与墓室之间也用石条隔开,但隔层的空间较小,作为墓室的附件而存在,在墓葬构造中承担一部分建筑功能。该型多层墓有两例,分布在浙江地区。

浙江庆元会溪的胡紘夫妇墓[2]为砖石混筑墓,下室顶部盖横向条石,条石之上起筑券顶。条石与砖券之间由三层木炭和两层泥土填充,形成一个密闭的空间。墓主尸骨及随葬品均放置在下层墓室中,出土随葬品较多,基本为实用器,包括陶瓷器、金银器、漆器、墓志等,不见陶俑。该墓的年代为南宋中期。兰溪宋墓[3]也为夫妇合葬的形式,墓葬为竖穴式券顶双室砖石结构,两室长度一致,只是高度不同。下室先用青砖双层错缝顺筑,再用长度不等的红条石圈筑,顶部用红石板封顶,其上再用斧形砖券顶,豆浆石灰沙嵌缝;石板与砖券之间填实,极为坚固。墓主尸骨及随葬品均在下层墓室中,随葬品较多,包括陶瓷器、金银器、玉器,未见陶俑(图四)。该墓的年代为南宋时期。

Ac型　并列关系多层墓。该型墓葬的隔层空间较大,隔层中也会放置棺椁人骨。隔层与下层墓室的关系不再是附属构造,而是作为与下室并列的上墓室存在,这种形式的多层墓更倾向于被称作"上下双层墓"或"双椁室墓"。该型多层墓有两例,发现于成都平原和上海地区。

成都东郊沙河堡宋墓[4]为上下两层的砖石混筑墓,上层墓室有券顶,与下层墓室间以条石隔开。该墓上下室均有器物出土,上室出土买地券、陶器、陶俑若干,亦有葬具和人骨;下室出土墓志、钱币、双耳罐、伏俑,以及疑似上室掉落的料珠,下室中也有葬具和人骨发现。沙河堡宋墓的年代大致为北宋末至南宋时期。

上海西郊朱行乡张瑝墓[5]形制特殊,该墓为砖室墓,分上下两层,每层都有两个墓室。该墓随葬品和墓主尸骨的放置方式也比较特殊:上层的一间置木棺一具、墓志一方,四角

---

[1] 南开大学考古学与博物馆学系、杭州市文物考古所:《杭州市半山镇水晶山一号宋墓》,《考古》2014年第9期。
[2] 浙江省文物考古研究所、庆元县文物管理委员会:《浙江庆元会溪南宋胡紘夫妇合葬墓发掘简报》,《文物》2015年第7期。
[3] 兰溪市博物馆:《浙江兰溪市南宋墓》,《考古》1991年第7期。
[4] 袁明森、傅汉良:《四川成都东郊沙河堡清理了汉、唐、宋代的墓葬十六座》,《文物参考资料》1955年第9期。
[5] 沈令昕:《上海西郊朱行乡发现宋墓》,《考古》1959年第2期。

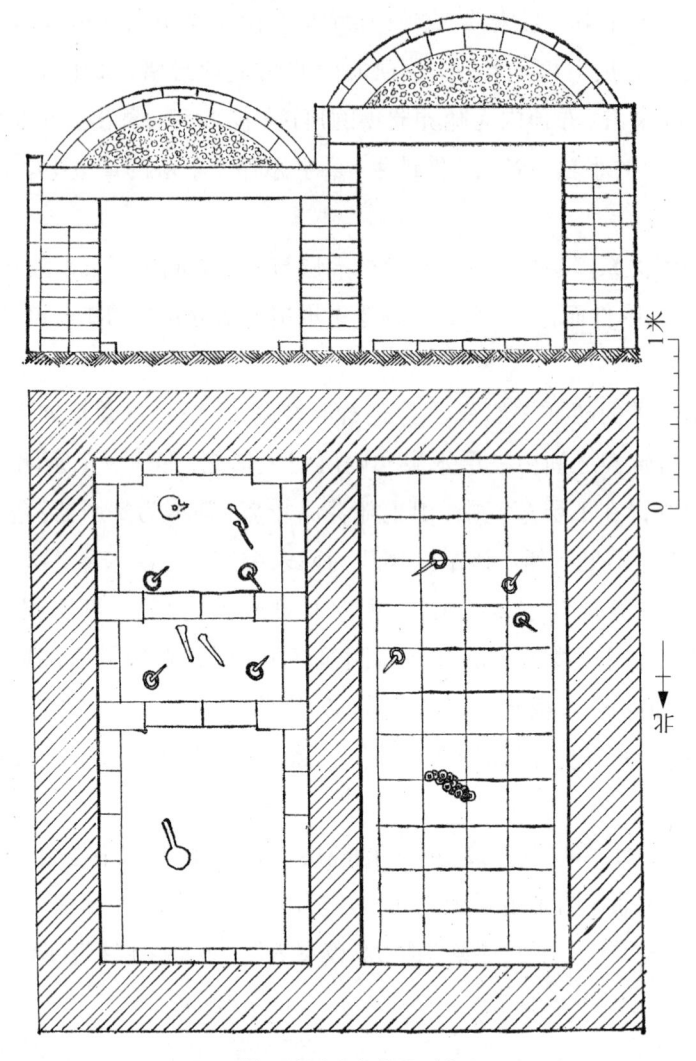

图四 浙江兰溪南宋墓平、剖面图

(图片来源:《浙江兰溪市南宋墓》,《考古》1991年第7期,图一)

有4只铁牛,另一间是空的;下层也有一间放棺木,四角亦有铁牛,中部置道教神像,此外还有影青瓷瓶、铜镜、铜钱等,另一间也是空的。该墓的年代为南宋中期。

B型 下挖式多层墓。即在主体墓室之下,通过下挖的方式构筑另一个空间,下层空间明显小于上层空间。这种墓葬仅3例,川东地区有1例,河南地区2例。

华蓥许家塝宋墓[1]为同穴异室的双室石室墓,其中左室采用的是在墓室之下另置空

---

[1] 四川省文物考古研究院、广安市文物管理所、华蓥市文物管理所:《四川华蓥许家塝宋墓清理简报》,《四川文物》2010年第6期。

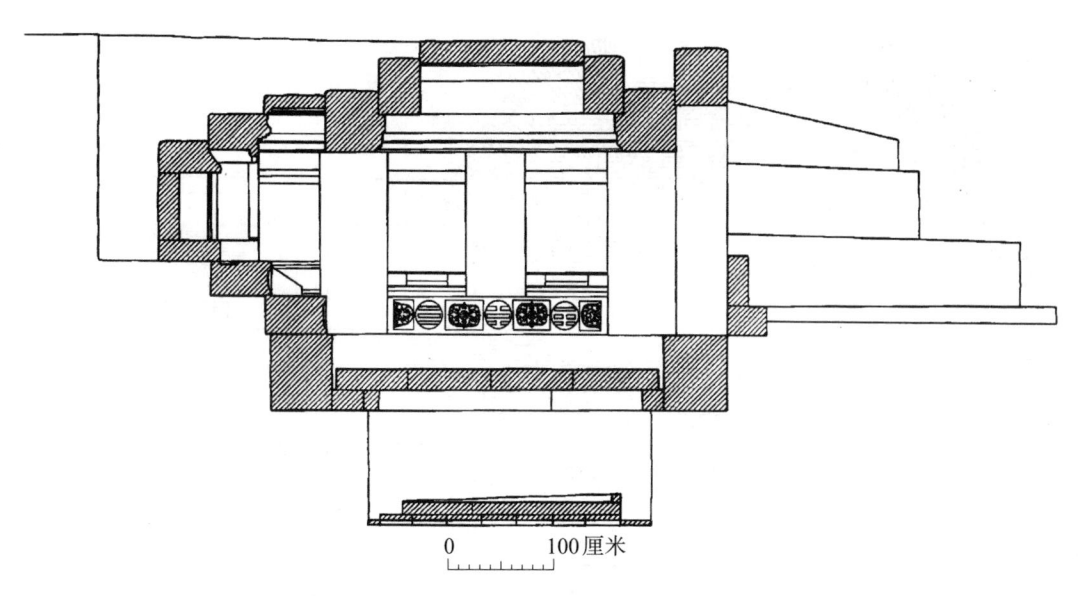

图五　华蓥许家坝宋墓左室剖面图

（图片来源：《四川华蓥许家坝宋墓清理简报》，《四川文物》2010年第6期，图四）

间的做法。该墓的墓圹开凿在山体中，在墓圹中用石制构件构筑墓室及翼墙主体，左右墓室的石构墓室部分结构一致，且与墓前地坪在一个平面。该墓左室的石制构件构筑部分为上室，在上室之下开挖土坑竖穴作为下室，下室完全位于地下。下室狭小仅容一木棺，棺内有水银和松香的残余。墓葬中随葬品较少，仅在下室淤泥中发现有瓷片、铁器和丝织品残片（图五）。许家坝宋墓年代为南宋初期。

安阳韩琦夫妇墓[1]为砖石混筑墓，由墓道、封门、门楼、甬道、上室、下室组成，上室为砖砌的圆形空间；下室为椁室，呈方形，实际上是在墓圹内向下开挖的方形空间，由石条构筑而成，分为南北两室，顶部也是石条铺砌，与砖砌的上室分开。上室内出土韩琦及其夫人的墓志两合及石盒一件（图六）。该墓的年代为北宋中期。

洛阳富弼夫妇墓[2]结构与韩琦夫妇墓相似，由墓道、封门、甬道、上室、下室组成。上室也是圆形穹窿顶砖砌结构，下室为椁室，亦是向下开挖的方形空间。下室四壁及底部均用长条形青石铺底和砌壁，顶部平铺长条形青石与上室隔开。该墓被盗严重，富弼墓志出土于甬道和墓室之间，富弼墓志盖及其妻晏氏的志盖均在椁室扰土中，应是从上部扰落（图七）。该墓年代为北宋中晚期。

---

[1]　河南省文物局：《安阳韩琦家族墓地》，北京：科学出版社，2012年，第21—27页。
[2]　洛阳市第二文物工作队：《富弼家族墓地》，郑州：中州古籍出版社，2009年，第10—15页。

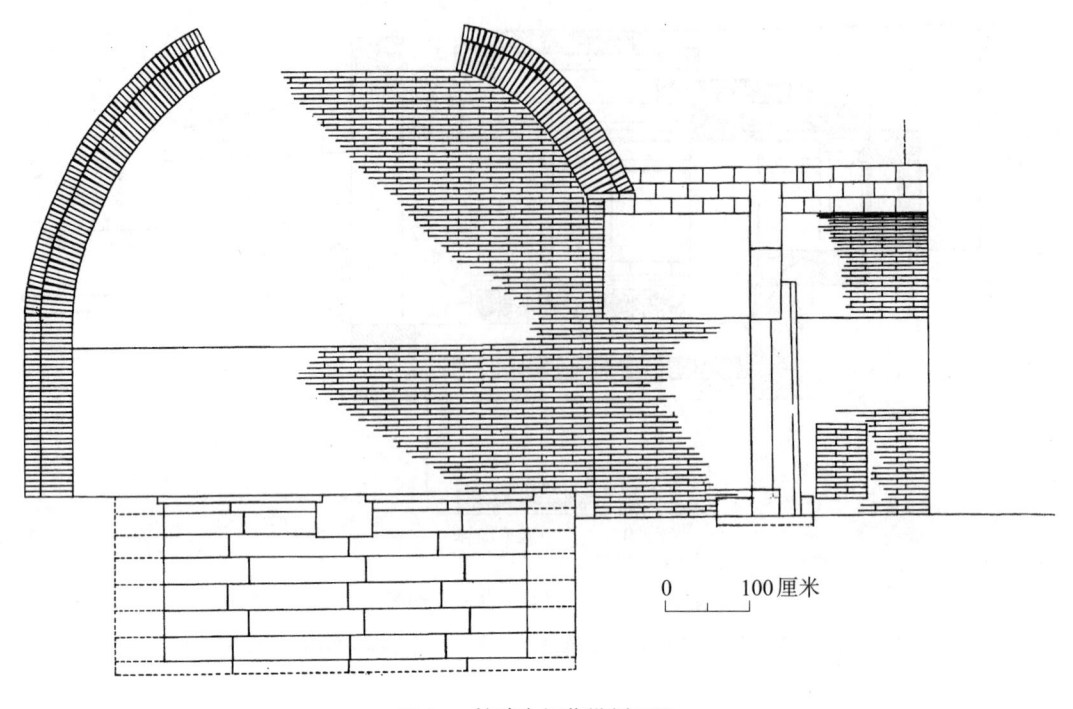

图六　韩琦夫妇墓纵剖面图

（图片来源：《安阳韩琦家族墓地》，第26页，图一一）

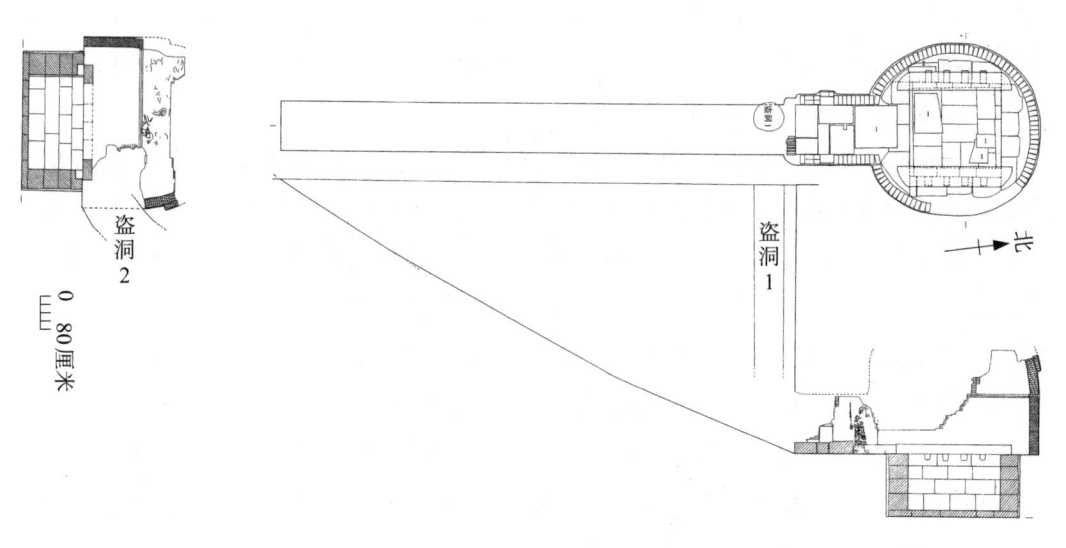

图七　富弼夫妇墓平、剖面图

（图片来源：《富弼家族墓地》，第11页，图三）

二、多层宋墓的时代演变

这批材料中有明确纪年的最早的墓葬为北宋嘉祐七年（1062）建的韩琦夫妇墓，最晚墓葬为南宋嘉定六年（1213）的张玶墓。多层构造的使用大致分为三期：

第一期大致为北宋中期，这一期类型主要是 B 型多层墓，典型墓葬有韩琦夫妇墓和富弼夫妇墓。这两座墓葬上部均为圆形穹窿顶空室，下室就其底部开挖，下室的面积要明显小于上室的面积。两墓作为椁室的下室均为石构，应属于石椁的范畴。这一时期的多层构造主要发现于河南地区。

宋代有规定"诸葬不得以石为棺椁及石室，其棺椁皆不得雕镂彩画、施方墉槛，棺内不得藏金宝珠玉"[1]。而刘未考证，韩琦墓葬所用石椁属于诏令特赐的"地下石藏"[2]。《忠献韩魏王家传》记载："差入内都知、利州观察使张茂则监护葬事，入内供奉官张怀德增修坟兆，以石为幽堂，所费皆给于官。臣僚之葬，于法不许以石为室，今特诏用之，自公始也。"[3] 可见韩琦墓内所使用的地下石椁应属于特例。富弼墓所见石椁与之一致，应同属"地下石藏"的范畴。

可见这一时期 B 型墓应是"地下石藏"的性质，该种墓葬形制属于特例，非御赐不可使用。

第二期大致为北宋晚至南宋初期，这一期主要是 Aa 型，B 型多层墓也有发现，三层墓葬在这一时期出现。这一时期的多层墓类型较多，仍以砖石混筑墓为主，出现全石砌墓。墓葬的分布也较广，南北均有发现。这些多层墓也是在最下层放置棺椁，有的墓室上层会设计成与下层类似的"假室"。除华蓥许家塥宋墓外，其他墓葬的下室均为石室结构。

这一期的多层墓葬应是第一期的延续，只是下层石室空间和面积更大，成为墓室的主体，空间利用也更讲究。从墓主的身份来看，多数墓主有一定的品级，但并没有获得使用石藏的特权；这些墓葬的下层石室部分也与第一期所见的"地下石藏"大为不同，可能为第一期地下石椁的变形。

第三期为南宋中期，这一期主要以 Ab、Ac 型为主，Aa 型也有发现。这一期的墓葬在前两期的基础上有了很大的发展，多层构造的使用方式也发生了很大的变化，上层空间的实用性更强。有些墓葬的上层空间用沙石、木炭等材料填塞，明显具有防潮、防水等实用功能。还有一些墓葬的上部空间也作为埋葬死者的墓室，使上下两层地位相当。墓室也

---

[1]《宋史》卷一二四《凶礼三》，北京：中华书局，2007年，第2909页。
[2] 刘未：《宋代的石藏葬制》，《故宫博物院院刊》2009年第6期。
[3]（宋）韩琦：《安阳集》，见四川大学古籍所编《宋集珍本丛刊》第6册，北京：线装书局，2004年，第674页。

不局限于石砌,石材在墓葬中仅用以隔开上下两个空间,出现了纯砖构的多层墓。这一期的多层墓主要集中在成都平原和长江下游的江浙地区。

长江下游地区的5例墓葬中,上海朱行乡宋墓形制特殊,暂不考虑,另外4座墓明显表现出时代变化。第三期的多层墓与第二期多层墓结构相似,但是上层空间有了很大变化。部分墓葬虽然做出隔层,但隔层的高度变矮,且内有填充物,具有明显的防潮加固的作用,实用性明显。并且从墓葬内出土器物来看,没有发现第二期随葬的神怪俑和镇墓符文等器物,基本以实用器为主,其中不乏贵重物品。可以看出,从第二期到第三期,江浙地区多层墓葬的构造基本上一脉相承,但是功能发生了明显的变化,隔层的实用性更加凸显。

总体来看,多层墓葬演变似有一定的规律性。多层构造最初应该是作为"地下石藏"使用,具有一定的特殊性,墓主的身份地位较高,"地下石藏"的使用属于御赐。随着时代的发展,石藏的使用也突破了原有的界限,在远离统治中心的地区也以其他形式存在,但基本特征没变,仍是以地下石椁为主,有的墓葬会构造上层假室,这一时期的多层墓可以看作是"地下石藏"的变形。南宋时期的多层构造有了进一步发展,除了形制更加多样,功能也发生了较大的变化,实用功能更加凸显。

这些多层宋墓的构造也具有所在区域流行的墓葬的特点,而并非是完全独立于当地流行的墓葬形制之外的存在。许家埚宋墓的墓室构造与宋代川东地区常见的石室墓的形制相似,仅是将一般石室墓内棺床下开挖在生土上的腰坑这一构造扩大,形成一个独立的椁室。山西和河南地区的下置椁室的结构虽然特殊,但仍是采用当地流行的圆形穹窿顶结构。钓鱼山宋墓虽然采用石板分割空间的做法,但是其整体形态仍然具有当地流行的攒尖顶墓葬的特点。由此可见,多层宋墓并不是墓葬形制的再创造,而是对本土墓葬形制的变形。

三、多层墓葬功能推测

有学者对这批墓葬中的个案进行过功能分析,如宋京墓的发掘者认为宋京墓的双层构造是出于防盗和防人为毁墓的目的。从这些墓葬的隔层特点来看,其功能应该发生过一些变化。

作为可考的最早出现的多层构造,韩琦夫妇墓的下层石室明确是作为"地下石藏"来设计的,同样的墓葬还有富弼夫妇墓。石藏在当时皇陵中使用较多,程大昌在《演繁露续集·永厚陵方中》篇引《温公日记》中记载:"山陵皇堂垒石为四壁,积材木于上,乃卷石以覆之。神宗以材木有时而朽,则卷石必坠于梓宫,不便,更令就地为石椁以藏梓宫。总管张若水恐穿地或隳陷四壁,乃请于平地累石为椁。"[1]可见,以石为椁的直接目的是更好地保存椁内的棺木,并且同时有向下开挖的施工方案,是为"穿地",只不过因为担心四壁塌陷而没有采用。而目前所见的同时期双层墓,采用的正是在墓室中心下挖的方式,并未出现"隳陷四壁"的问题。

第二期所见多层墓的设计和使用方式与第一期相似,有些墓将上层墓室设计成"假室",如宋京墓和钓鱼山二号墓。从等级来看,这些墓主并没有使用石室石椁的特权,但采用了更多变通的手段。司马光《书仪》所记:"今疏土之乡,亦直下为圹,或以石、或以砖为藏,仅令容枢,以石盖之……",[2]可见这一时期虽然法有所禁,但仍有许多变通的做法。这时所见多层墓的下室采用砖构或者石构,然后用条石将上下墓室隔开,应该也属于文献所记的石室石椁的变通方式。所以,这一期所见双层墓很有可能是"地下石藏"与各地墓葬风格结合的产物,是墓主对石室使用的一种变通。

宋代皇陵中设计使用石椁的初衷是防"材木有时而朽,则卷石必坠,于梓宫不便",可见御赐"石藏"的最主要功用还是用以保存棺木。采用地下石藏的方式一者防墓室坍塌对石椁不利,再者也应该有防盗的考虑。北宋晚期采用同样构造的多层墓室也应有相关的考虑。结合随葬品种类和放置方式来考虑,北宋晚期出现的上层设"假室"的墓葬,其防盗的主要目的应该不是担心随葬品的丢失或受损,而是防止下层墓室被破坏。

南宋时期的多层构造的功能也发生了明显的变化,有些墓葬的隔层也扩展成埋藏死者的墓室,如上海西郊朱行乡张肆墓和成都东郊沙河堡宋墓。但是最主要的变化在于部分多层构造新增防潮、防腐的功能,甚至有些隔层专为此而设计。成都东跳蹬河宋墓的下层墓室实以松香和石灰等材料,在防盗扰的基础上又新增防潮和防尸体腐败的功能。胡纮夫妇墓和兰溪宋墓的上层隔层用炭或者砂石填充,明显参照了南方墓葬中常见的"灰隔"的做法。这种以上述材料填充隔层的做法不仅具有防水防腐的功效,同时使墓室更加坚固,兼具防盗的效果,可以看作是对早期隔层、假室的发展。

这时出现的上下墓室均可葬人的多层构造也适应了南宋人多地少的时代矛盾。从当时社会环境来看,南宋时期,南方人口聚集且增长较快,土地兼并之风渐盛,逐渐处于一种人多地少的状况。同时,风水堪舆之风大盛,择一吉穴对于丧葬来说极为重要,这也限制了葬地的选择。在此种情况下,采用上下层的结构不仅更有效地利用了葬地空间,也省去另择宝地的烦恼。

---

[1] (宋)程大昌:《演繁露续集》,《永厚陵方中》一文原缺,据嘉靖本补,见上海师范大学古籍整理研究所编《全宋笔记》第四编九,郑州:大象出版社,2008年,第176页。
[2] (宋)司马光:《书仪》卷七《丧仪三》,见《文渊阁四库全书》第142册,上海:上海古籍出版社,1987年,第502页。

四、余 论

霍巍认为,宋元时期理学的产生和发展对丧葬制度产生了影响。妥善安葬亲人遗体,并使之得以长期保存不腐,在这个阶段的丧葬制度中得到特别地重视,一些著名的理学家,都积极提倡改进墓葬方法,使之更有利于棺椁、尸体的保护[1]。墓室下设"地下石藏"的做法应是这一时期对墓葬改进的产物,多层墓葬也明显带有防止尸体被破坏的设计功效。从最早采用"地下石藏"的形式,到中期构造上层假椁,再到晚期发展出填实的密封层,多层构造的功能也随着时代发展,但就目的来看,都离不开棺椁和尸体的保存。只是同一时期兴起的"灰隔"墓葬在防腐和防盗的功能上更具优势,所以这种多层构造的墓葬并不占主流;且随着"灰隔"墓葬的普及,多层构造逐渐被同化和取代。综上所述,多层墓葬的出现有其特殊功能和时代背景,是适时而生的产物,其设计是否带有堪舆学方面的含义目前仍未可知。在此之后,明代东胜侯汪兴祖墓[2]也采用上下分层的结构,这或许也是受到宋代多层构造的影响。

(原载《四川文物》2021年第2期)

---

[1] 霍巍:《论宋、元、明时期尸体防腐技术发展的社会历史原因》,《四川大学学报(哲学社会科学版)》1990年第1期。
[2] 南京市博物馆:《南京明汪兴祖墓清理简报》,《考古》1972年第4期。

礼俗文化

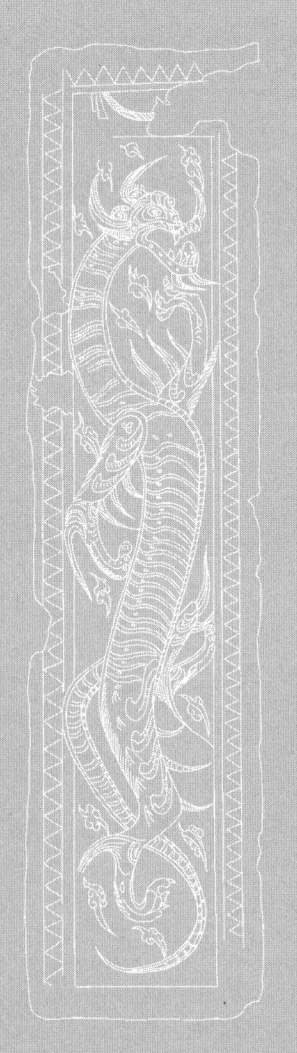

试论中国境内出土的下颌托

霍 巍　庞 政

一、绪　言

目前中国境内发现的下颌托共有约百件，分布在全国的多个地区，以纺织品和金属为主，流传时间甚长，从公元前17世纪一直延续至明代。早在二十世纪五十年代，在关中地区的墓葬中已经发现下颌托，但此时并未引起学界的关注，只是确定此物出土时附在死者头骨下颌处，推测其作用为固定死者下颌[1]。二十一世纪初，山西大同南郊北魏墓群中一批下颌托的出土，发掘者和学界开始关注下颌托的相关问题[2]。近年来，随着三峡地区唐宋墓葬、内蒙古伊和淖尔北魏墓和吐尔基山辽墓等一批墓葬中下颌托的出土，学界展开对此类器物的梳理，就其形制、用途和源流等问题进行探讨，对下颌托与中国古代葬俗以及其所代表的宗教信仰、族属等问题有了进一步认识。宋馨认为，下颌托是一种固定死者下颌的遗物，并注意到北魏下颌托中有中亚金属工艺，提出使用下颌托的习俗并非汉地传统的看法，认为欧洲及中亚地区出土的下颌托与中国出土的下颌托分属两个不同的系统[3]。吴小平等学者通过对三峡地区唐宋墓葬中出土下颌托的梳理，将范围扩大到全国，提出我国出土的下颌托其源头在古希腊地区，流传路线为"从新疆到大同，然后到两京，最后到

---

[1] 张正岭：《西安韩森寨唐墓清理记》，《考古通讯》1957年第5期。
[2] 王银田、王雁卿：《大同南郊北魏墓群M107发掘报告》，殷宪、马志强：《北朝研究》（第1辑），北京：北京燕山出版社，2008年，第143-162页；山西大学历史文化学院、山西省考古研究所、大同市博物馆：《大同南郊北魏墓群》，北京：科学出版社，2006年，第492-495页。
[3] Shing Müller, "Chin-straps of the Early Northern Wei: New Perspectives on the Trans-Asiatic Diffusion of Funerary Practices", *Journal of East Asian Archaeology 5*, 1-4, 2003[2006], pp.27-71；宋馨：《中国境内金属下颌托的源流与演变——兼谈下颌托与流寓中国粟特人的关系》，荣新江、罗丰主编：《粟特人在中国——考古发现与出土文献的新印证》，北京：科学出版社，2016年，第501-531页。

三峡和南方地区",推测"其传播应当是随着最初使用这种器具的人群的迁徙才发生的",还进而论证下颌托的使用是为了防止下颌脱落,推测其与萨满教灵魂不灭观有关,"承担着与丧葬面具相同的角色"[1]。也有学者持与之类似的观点[2]。冯恩学则提出下颌托是受袄教文化影响的产物,是从祭司口罩转化而来,为袄教文化遗物,其在我国的出现与粟特人入华有关[3]。这一观点既有学者赞同[4],也有学者表示质疑[5]。近来还有学者提出下颌托是中国传统丧葬礼仪衣尸的组成部分,与传统的覆面、手握和饭含关系密切,认为下颌托的作用是为了使填满饭含的口能够紧闭[6]。综上所述,这些研究都有一定的价值,但也存在着进一步探索的空间,本文拟在更为全面收集中国境内出土下颌托考古资料的基础上展开讨论,提出一些新的认识,期望学界仁人的指正批评。

二、中国境内出土的下颌托

下颌托在我国境内的分布十分广泛,按材质可分为纺织品和金属两大类,前者均出土于新疆地区,后者则全部发现于我国内地,新疆地区目前尚未发现金属质地的下颌托。基于下颌托材质的不同,现将相关出土材料分为新疆和内地两个地区并按照时间早晚加以介绍。

(一)新疆地区出土的下颌托

新疆地区出土的下颌托主要在若羌小河墓地、且末扎滚鲁克墓地、和田山普拉墓地、尉犁营盘墓地、民丰尼雅墓地及和田伊玛目·木沙·卡兹木麻扎墓地等。

---

[1] 吴小平、崔本信:《三峡地区唐宋墓出土下颌托考》,《考古》2010年第8期;吴小平:《论我国境内出土的下颌托》,《考古》2013年第8期。
[2] 付承章:《中国古代北方民族下颌托问题初探》,《赤峰学院学报(汉文哲学社会科学版)》2014年第7期。
[3] 冯恩学:《下颌托——一个被忽视的袄教文化遗物》,《考古》2011年第2期。
[4] 王春燕、佰嘎力:《内蒙伊和卓北魏下颌托的前世今生》,《中国文物报》2014年8月15日第6版;王春燕:《关于吐尔基山辽墓金下颌托的一点思考》,《北方文物》2014年第2期。
[5] 吴小平:《论我国境内出土的下颌托》,《考古》2013年第8期;付承章:《中国古代北方民族下颌托问题初探》,《赤峰学院学报(汉文哲学社会科学版)》2014年第7期;王银田、王亮:《再议"下颌托"》,马明达,纪宗安主编《暨南史学》(第9辑),桂林:广西师范大学出版社,2014年,第50-56页;王银田:《下颌托与袄教无关》,《中国文物报》2014年10月24日第6版;宋馨:《中国境内金属下颌托的源流与演变——兼谈下颌托与流寓中国粟特人的关系》,《粟特人在中国——考古发现与出土文献的新印证》,第501-531页。
[6] 王维坤、赵今:《再论我国境内出土下颌托的性质及其来源——兼与冯恩学、吴小平二位先生商榷》,北京大学中国考古学研究中心:《两个世界的徘徊——中古时期丧葬观念风俗与礼仪制度学术研讨会论文集》,北京:科学出版社,2016年,第3-36页。

若羌小河墓地M34,墓主为男性,由人骨的头颅、两臂和木制的躯干、下肢组合而成,墓主头颅颧骨与下颌、下颌至头顶用毛线栓联固定(图一),这种使用毛线固定死者下颌骨的做法,系迄今为止所见最早的下颌托,虽然形态简单,栓联固定下颌骨方式与后世下颌托也略有区别,但其功能已经具有固定死者下颌骨的作用,应是原始形态的下颌托。墓葬时代为公元前1650-前1450年[1]。

且末扎滚鲁克85M2,葬有一男三女,其中一男一女的尸体保存较好,二人下颌均用一根红色毛线绳系扎至头顶(图二,1),时代约为公元前800年[2]。扎滚鲁克89M2,出土干尸四具,其中一具为小男孩,男孩颌下有一宽约1厘米的土黄色羊毛编织带,经两颊至头顶挽结,时代与85M2基本同时[3]。

图一 若羌小河墓地M34出土的下颌托

(图片来源:《新疆罗布泊小河墓地2003年发掘简报》,《文物》2007年第10期,图六二)

和田山普拉墓地84LSⅠM01、84LSⅠM24、84LSⅠM49,出土下颌托二十四件,其中毛织物五件,丝织物十九件,此墓地出土的下颌托是由系带和托部组成,托部呈椭圆形或方圆形,有的托部中间还有开口(图二,2)。使用者为成年男性和女性墓主。M01时代为公元前1世纪至公元1世纪,M24和M49时代为公元前1世纪至公元2世纪[4]。

尉犁营盘墓地95M15墓主为男性,下颌用淡黄色绢带托紧并在头顶系扎,面部罩有麻质面具,面具上绘出五官,前额位置贴饰长条形金箔片。95M26墓主为成年女性,前额与下颌处各系有一条绢带。95M18墓主为一幼儿,和95M26情况类似。95M19墓主为一成年男性,下颌处系有绢带。95M14墓主为女性,下颌系有绢带。99M8葬有一成年男性和一女性,男性额部束一红绢带,带上缝缀数枚圆形铜片,下颌束有绢带,女性墓主情况与之类似。此外99M6、99M13和99M59情况与99M8相似,男女墓主均在额部和下颌系一绢带,有些额带上还缀有金属片饰。多数墓主与下颌托同出的还有织物覆面和鼻塞。此墓地时代为东汉魏晋时期[5]。

---

[1] 新疆文物考古研究所:《新疆罗布泊小河墓地2003年发掘简报》,《文物》2007年第10期。
[2] 新疆博物馆文物队:《且末县扎滚鲁克五座墓葬发掘报告》,《新疆文物》1998年第3期。
[3] 巴音格楞蒙古自治州文管所:《且末县扎洪鲁克古墓1989年清理简报》,《新疆文物》1992年第2期。
[4] 新疆维吾尔自治区博物馆、新疆文物考古研究所:《中国新疆山普拉——古代于阗文明的揭示与研究》,乌鲁木齐:新疆人民出版社,2001年,第43页。
[5] 新疆文物考古研究所:《新疆尉犁县营盘墓地15号墓发掘简报》,《文物》1999年第1期;新疆文物考古研究所:《新疆尉犁县营盘墓地1995年发掘简报》,《文物》2002年第6期;新疆文物考古研究所:《新疆尉犁县营盘墓地1999年发掘简报》,《考古》2002年第6期。

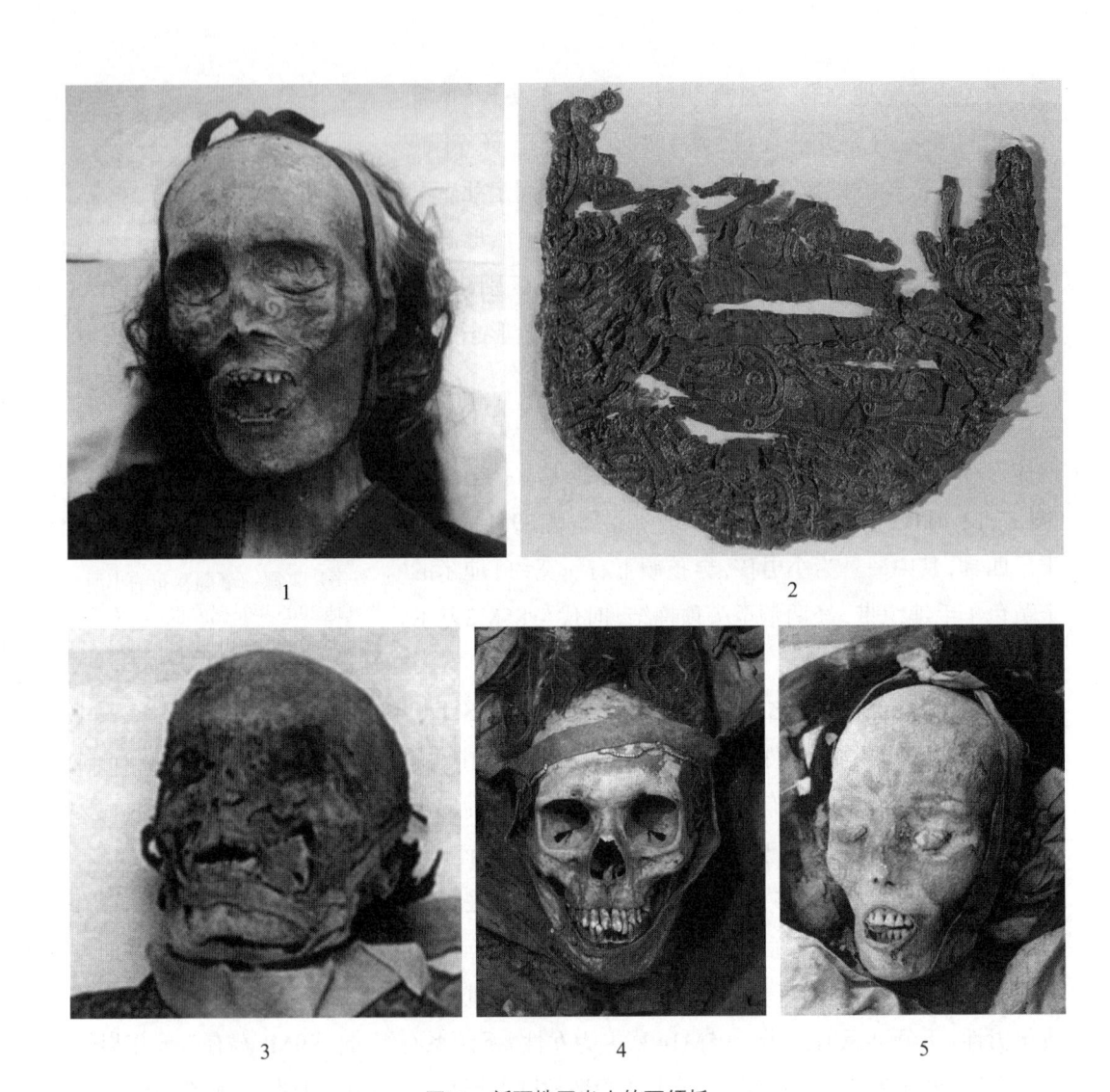

图二　新疆地区出土的下颌托

1. 且末扎滚鲁克85M2　2. 和田山普拉墓地M01　3. 民丰尼雅墓地95MNⅠM8
4. 民丰尼雅墓地95MNⅠM6　5. 和田伊玛目·木沙·卡兹木麻扎墓地83HBYM1

（图片来源：1. 王炳华主编：《新疆古尸》，乌鲁木齐：新疆人民出版社，1999年，第80页；2.《中国新疆山普拉——古代于阗文明的揭示与研究》，第227页，彩版426；3.《新疆民丰县尼雅遗址95MNⅠ号墓地M8发掘简报》，《文物》2000年第1期，第30页，图六三；4.《中日共同尼雅遗迹学术调查报告书》第二卷本文编，图版百五，2；5.《新疆和田出土彩棺及其相关问题》，《考古与文物》2002年汉唐考古增刊，第61页，图一一）

民丰尼雅墓地95MNⅠM5墓主为青年女性，一黄色绢带将下颌托住并系于头顶。95MNⅠM8葬有男女各一人，男性墓主下颌系素绢带，托部由两条绢带构成，以便更好地托住下颌（图二，3）。97MNⅠM2墓主为男性，下颌托的形制和M8相似。95MNⅠM4的男性墓主下颌处用布带兜住并结于头顶。95MNⅠM6的墓主为成年女性，下颌和额部均有系带（图二，4）。有的墓主面部和胸部覆盖有织物覆面。此墓地时代为东汉魏晋时期[1]。

和田伊玛目·木沙·卡兹木麻扎墓地82HBYM1、83HBYM1和84HBYM1墓主分别为一女童、中年女性和老年男性，墓主均沿头顶至下颌用白绢带系扎（图二，5），与早期的下颌托有相同的功能。此墓地的时代为盛唐至五代时期[2]。综上所述，我们得到以下的认识。

第一，新疆地区使用下颌托的习俗起源早，延续时间长，从公元前17世纪至唐末五代都有发现。但在扎滚鲁克墓地出土下颌托之后的近七个世纪，新疆境内没有下颌托的踪迹，直到公元前1世纪，下颌托才又再次现身于山普拉墓地之中。因此新疆地区的下颌托似又可分为前后两个时期。从形制上观察，最早出现的下颌托只是简单的毛线或织带制成，最直接地反映出下颌托在丧葬仪式中的功能，与保护死者遗骸完整的丧葬观念有着密切关系。公元前1世纪山普拉墓地出土的下颌托，形制和组合使用情况已有变化，主要体现为系带之外独立托部的出现，有的托部中间还有开口（托部为两条绢带）并且与额带开始组合使用（额带贴金箔或缀金属片饰，但二者没有连接成一体）。这些变化在和田山普拉墓地、尉犁营盘墓地及民丰尼雅墓地中都有明显的体现。

第二，新疆地区出土的下颌托最突出的特点是均为纺织品，与内地魏晋之后出土的金属下颌托形成对比。从使用下颌托墓主的性别上观察，也并没有特殊的限制，应在当地已是一种较普遍的习俗。

第三，在东汉魏晋时期的一些墓葬中，与下颌托伴出的还有织物覆面和鼻塞，有的墓主面部和胸部均覆盖有织物的覆面。这个现象可能表明中原汉地从商周以来流行的以覆面、含塞物为象征的丧葬礼俗已经通过丝绸之路传播到西域新疆一带，与新疆本地使用下颌托的丧葬习俗融为一体。

（二）内地出土的下颌托

内地的下颌托均为金属质[3]，于北魏时期开始出现，时间上可与新疆地区的下颌托流

---

[1] 新疆文物考古研究所：《95年民丰尼雅遗址Ⅰ号墓地船棺墓发掘简报》，《新疆文物》1998年第2期；新疆文物考古研究所：《新疆民丰县尼雅遗址95MNⅠ号墓地M8发掘简报》，《文物》2000年第1期；新疆文物考古研究所：《尼雅95墓地4号墓发掘简报》，《新疆文物》1999年第2期；中日共同尼雅遗迹学术考察队：《中日共同尼雅遗迹学术调查报告书》第二卷本文编，中村印刷株式会社，1999年，图版百五，2、3。
[2] 李吟屏：《新疆和田出土彩棺及其相关问题》，《考古与文物》2002年汉唐考古增刊。
[3] 由于其为金属，一些下颌托的保存状况较差，有关其形制和使用方式无法得知，本文对于这部分材料暂不涉及。这部分材料共有11件，包括大同南郊北魏墓群的9件（M24、M35、M53、M87、M116、M170、M208、M211、M239各一），大同迎宾大道北魏墓M37与河南偃师北魏墓YDⅡM926各一件。这些下颌托多为铜质，也有铅质和银质。已知墓主性别者均为女性。详情参见，山西大学历史文化学院、山西省考古研究所、大同市博物馆编著：《大同南郊北魏墓群》，大同市考古研究所：《山西大同迎宾大道北魏墓群》，《文物》2006年第10期；王竹林：《河南偃师南蔡庄杏园村的四座北魏墓》，《考古》1991年第9期。

行的晚段相衔接，大量出现于北朝和唐代，目前来看使用时间的下限是明代，分布范围也较为广阔。以下按照考古材料时代的先后，分为两个时段进行介绍。

1. 北魏时期—隋末唐初　这一时期的下颌托主要出土于山西大同、内蒙古伊和淖尔和宁夏固原。

大同南郊北魏墓群M107墓主为女性[1]，出土一件铜下颌托，由环形额带、"V"形系带和舟形托部构成，三者相连为一个整体（图三，1）。额带和下颌托内外均残留有丝织品，或用于装饰下颌托。墓葬还出土了数件装饰品。系带下端的合页工艺据研究应来自中亚一带[2]，与墓葬中出土鎏金錾花银碗和磨花玻璃碗等具有浓厚西方文化色彩的器物具有相同的文化背景（图三，2、3）。类似的合页构造在北魏时期的内地下颌托中较为常见，同墓地M109和M214的情况与M107类似。其中M109墓主为女性，墓中也出土了一件鎏金錾花高足银杯。这三座墓葬的时代为北魏平城时期[3]。

在距离大同不远的内蒙古伊和淖尔M1和M3的北魏墓葬中各出土了一件与大同南郊M107出土者相同形制的下颌托，下颌托均由额带、"V"形系带和托部构成，三者相连为一个整体，系带下端有合页构造，质地为鎏金铜或金，器身表面有精美的纹饰，托部还镶嵌有宝石（图三，4-6；图四）。M1出土的鎏金錾花银碗与大同南郊北魏墓群出土者相近，具有浓厚的西方文化色彩。M1出土了大量的金饰品，墓葬年代约为5世纪晚期。2014年发掘的M3墓主为女性[4]。

大同阳高尉迟定州墓，墓主为女性，铜下颌托，其形制与大同南郊北魏M107类似，时代为公元457年[5]。

陕西西安邵真墓，墓主为男性，银下颌托与额带组合使用，两者相连为一体，时代为公元520年[6]。

此外，比利时和瑞士私人收藏的两件金下颌托，其形制、工艺和纹饰与前述北魏下颌托基本一致，时代为北魏平城时期[7]。

---

[1] 据墓中出土的头簪与剪刀推测墓主为女性。
[2] 宋馨：《中国境内金属下颌托的源流与演变——兼谈下颌托与流寓中国粟特人的关系》，《粟特人在中国——考古发现与出土文献的新印证》，第510页。
[3] 山西大学历史文化学院、山西省考古研究所、大同市博物馆编著：《大同南郊北魏墓群》。
[4] 王春燕、佰嘎力：《内蒙伊和卓北魏下颌托的前世今生》，《中国文物报》2014年8月15日第6版；中国人民大学历史学院考古文博系、锡林郭勒盟文物保护管理站、正镶白旗文物管理所：《内蒙古正镶白旗伊和淖尔M1发掘简报》，《文物》2017年第1期。
[5] 大同市考古研究所：《山西大同阳高北魏尉迟定州墓发掘简报》，《文物》2011年第12期。
[6] 邹景壁：《西安任家口M229号北魏墓清理简报》，《文物参考资料》1955年第12期。
[7] 宋馨：《中国境内金属下颌托的源流与演变——兼谈下颌托与流寓中国粟特人的关系》，《粟特人在中国——考古发现与出土文献的新印证》，第509页。

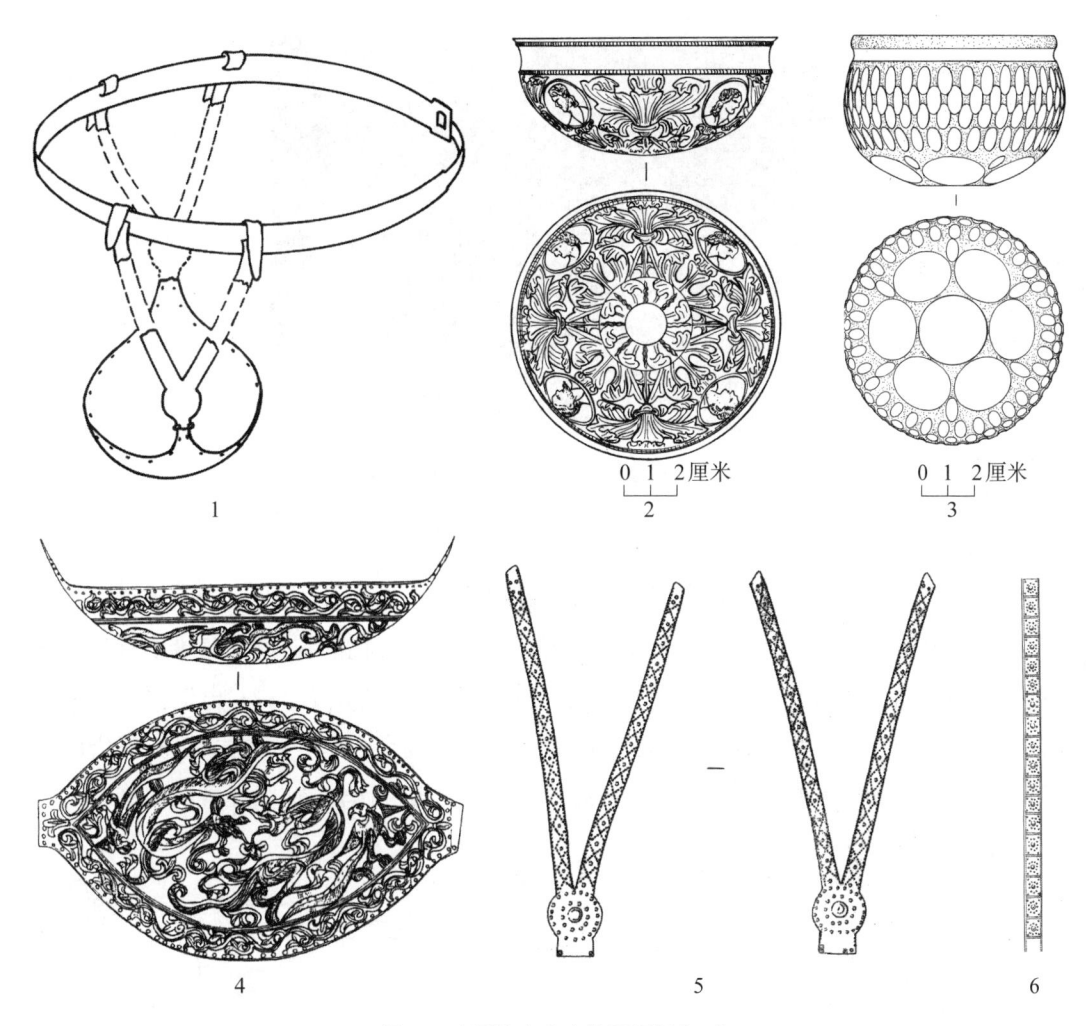

图三　中国境内出土的下颌托（一）

1、2、3. 大同南郊北魏墓群M107出土的下颌托、鎏金錾花银碗与磨花玻璃碗
4、5、6. 内蒙古伊和淖尔M1出土下颌托的托部、"V"形系带与额带

（图片来源：1-3.《大同南郊北魏墓群》，第233、229、231页，图一〇五，G、D、E；4-6. 中国人民大学历史学院考古文博系、锡林郭勒盟文物保护管理站、正镶白旗文物管理所：《内蒙古正镶白旗伊和淖尔M1发掘简报》，《文物》2017年第1期，第31页，图五三，4、6、9、11）

宁夏固原九龙山2004YKJM33，为男女双人葬，女性无额带和下颌托，男性墓主使用金下颌托与额带，额带上有日月、鹦鹉等图案，额带与下颌托均饰有联珠纹。下颌托总长40厘米，这样的长度无法使系带在头顶系结，且系带两端有孔，结合出土位置关系，可知下颌托系带尾端应与额带相连，二者相连为一体并组合使用（图五，1）。时代为隋末唐初[1]。另

---

[1] 宁夏文物考古研究所：《固原九龙山汉唐墓葬》，北京：科学出版社，2012年，第129页。

图四　内蒙古伊和淖尔M3出土与额带组合使用的下颌托

（图片来源：王春燕、佰嘎力：《内蒙伊和卓北魏下颌托的前世今生》，《中国文物报》2014年8月15日第6版）

　　一套宁夏固原的征集品与之情况类似，时代为唐代[1]。

　　宁夏固原史道德墓，墓主为男性，出土金额带与下颌托，托部有开口，额带上有日月等图案，形制与九龙山M33相似，二者相连为一体且组合使用（图五，2）。史道德生前任唐给事郎兰池正监，是昭武九姓之后，其先祖曾居西域，后迁至固原。墓葬虽被盗，但仍出土了大量的金质物品，且拥有七个天井，可见墓主人身份地位比较高贵，经济实力雄厚。时代为公元678年[2]。

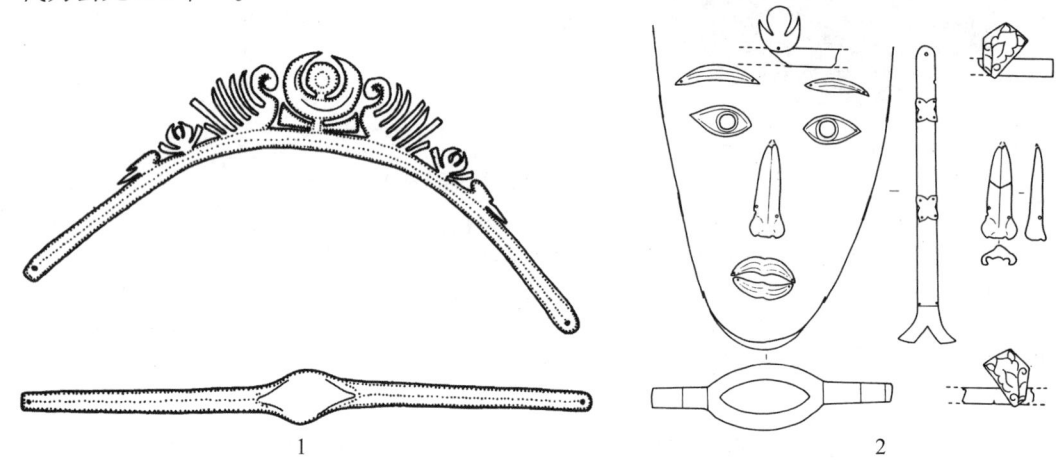

图五　中国境内出土的下颌托（二）

1. 宁夏固原九龙山2004YKJM33　2. 宁夏固原史道德墓

（图片来源：1.《固原九龙山汉唐墓葬》，第128页，图五二-5；2.《固原南郊隋唐墓地》，第90页，图六五）

---

[1] 宁夏固原博物馆：《固原文物精品图集》下册，银川：宁夏人民出版社，2013年，第20页。
[2] 罗丰：《固原南郊隋唐墓地》，北京：文物出版社，1996年，第91页；宁夏固原博物馆：《宁夏固原唐史道德墓清理简报》，《文物》1985年第11期。

2. 唐—明　分为初唐至盛唐时期、唐中期至唐末五代时期、辽宋元明时期。

（1）初唐至盛唐时期　陕西咸阳贺若厥墓，墓主为女性，出土一件金下颌托。墓中出土有华丽繁复的冠饰，花冠由金圈、金花钿、金花叶、金花蕊、玉片、珍珠、宝石和丝绸等物组成，可见其十分厚重。值得注意的是，下颌托系带尾端分叉为四或五支，且相互缠绕，显然其目的并非是单为固定下颌所用，而应同时适应固定十分厚重冠饰的需要，可见下颌托与冠饰连为一体，二者组合使用（图六）。墓主为北周柱国大将军独孤信之儿媳，大姐为北周明帝皇后，四姐为李渊父之妻，七妹为隋文帝皇后，贺若氏属于鲜卑北地代人中的一支。时代为公元621年[1]。

湖北郧县阎婉墓，墓主为女性，出土一件银下颌托。残存的下颌托系带两端分叉为"V"形，与北魏时期的系带形制十分相似，而墓中出土了大量的铜丝、铜花、琉璃珠等花冠构件（图七），结合前述可知下颌托应与厚重繁复的花冠相连为一体，组合使用。墓主为

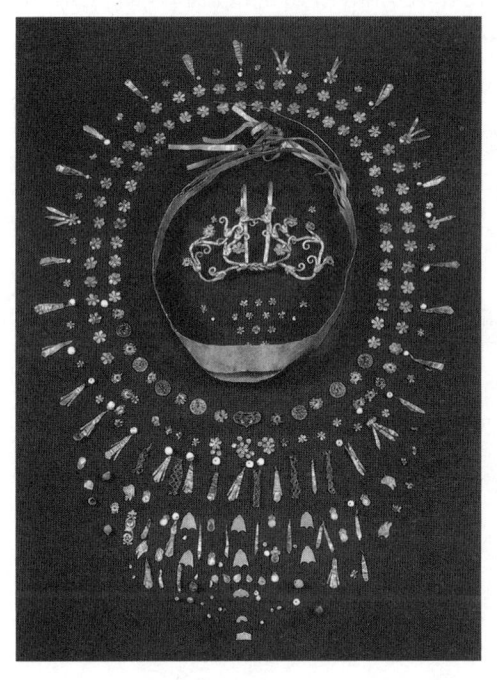

图六　陕西咸阳贺若厥墓出土的下颌托与冠饰

（图片来源：陕西省考古研究院、德国美茵兹罗马日耳曼中央博物馆：《西安市唐代李倕墓冠饰的室内清理与复原》，《考古》2013年第8期，第37页，图二）

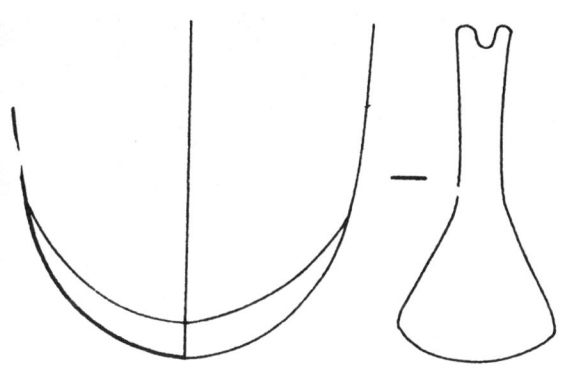

图七　湖北郧县阎婉墓出土的下颌托

（图片来源：《湖北郧县唐李徽阎婉墓发掘简报》，《文物》1987年第8期，第38页，图一六，1）

[1] 负安志：《陕西长安县南里王村与咸阳飞机场出土大量隋唐珍贵文物》，《考古与文物》1993年第6期；姚薇元：《北朝胡姓考》，北京：中华书局，1962年，第94、95页。

阎立德之女,李泰之妻,祖辈在北朝均任高官。时代为公元690年[1]。

陕西西安阎识微与夫人裴氏合葬墓,男墓主没有佩戴下颌托,而女墓主裴氏使用了一件银下颌托,系带两端残断。墓中出土裴氏佩戴的花冠一套,冠饰十分复杂,主要材质为鎏金铜,此外还有宝石、玻璃、珍珠和羽毛等。冠饰中一长条形带上残留有两截铜丝,铜丝与带子系结相连,通过比较可知铜丝应是下颌托系带的两端,下颌托应与冠饰相连(图八,1、2)。裴氏之夫为阎立德之孙,生前任唐太州司马,加朝议大夫。裴氏为河东闻喜人,祖辈在隋唐两朝任中高级官员,其父为万年县令裴重晖,其母为新野县主李令。墓中随葬品十分丰富,出土了大量的三彩器、单彩器及金银器,结合墓主家庭背景可知其身份地位高贵,与皇室存在血缘关系,家境殷实。时代为公元691年[2]。

陕西西安于隐及其夫人金乡县主合葬墓,男墓主没有使用下颌托,而女墓主有一鎏金铜下颌托。墓中出土有大量的花冠饰件,多为金筐宝钿金饰和鎏金铜花饰,其上多镶嵌各色宝石(图八,3),此外花冠构件还有牙雕、玻璃花和琉璃珠等,由于被盗和残断,已不知原来的整体结构,就目前出土情况推想,这些饰件组成的花冠繁复华丽,而下颌托与冠饰应当成套使用。金乡县主为李渊孙女。时代为公元722年[3]。

陕西西安南寨子村张氏墓,出土一件银下颌托,呈椭圆形环状,环径13.8-20.4厘米(图九,1)。系带虽然闭合呈环状,但两条系带并未挽结,且左侧系带尾端呈弯钩状,这种形制与后文重庆巫山江东嘴ⅡM5女性墓主佩戴的下颌托相似。这样的下颌托原本也应

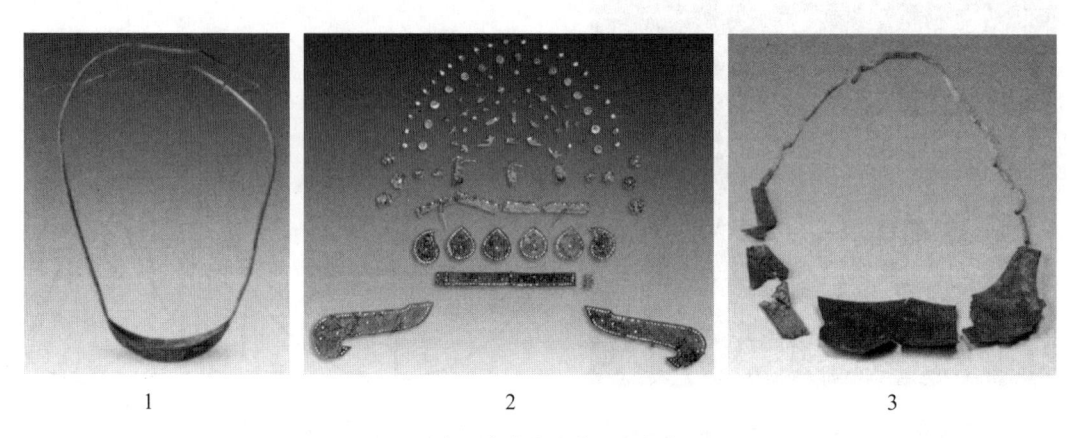

图八 中国境内出土的下颌托(三)

1、2. 西安阎识微夫妇墓出土的下颌托与冠饰　3. 西安唐金乡县主墓出土的下颌托

(图片来源:1、2.《西安马家沟唐太州司马阎识微夫妇墓发掘简报》,《文物》2014年第10期,第35页,图三五、三六;3.《唐金乡县主墓》,图版126)

---

[1] 湖北省博物馆、郧县博物馆:《湖北郧县唐李徽阎婉墓发掘简报》,《文物》1987年第8期。
[2] 西安市文物保护考古研究院:《西安马家沟唐太州司马阎识微夫妇墓发掘简报》,《文物》2014年第10期。
[3] 王自力、孙福喜:《唐金乡县主墓》,北京:文物出版社,2002年,第76-80页。

与冠帽相连[1]。张氏葬于公元733年[2]。

陕西西安李倕墓出土一件银下颌托，下颌托仅存托部。墓中出土一套花冠，冠饰内衬的织物及其他有机物已腐朽无存，考古部门对遗留的构件打包提取，随后进行清理及修复，复原的头冠复杂又艳丽。根据报告可知花冠最初由金银、贝壳、象牙、玻璃、钢铁、羽毛、漆器、珍珠、宝石、丝绸和28个微雕等饰件组成，这样繁复的花冠应是十分沉重，而下颌托的作用同样不只是用以固定死者的下颌骨，而同时也应当起到固定冠饰的作用（图九，2、3）。李倕为李渊五代孙女，其夫为北魏贵族侯莫陈氏，卒于公元736年[3]。

陕西西安韩森寨宋氏墓出土一件金下颌托，下颌托系带分叉为两支，分叉处靠近托部，系带的绝大部分由两条金带构成，这样的形制与前述北魏时期流行的"V"形系带十分相似。此构造应该不只是固定下颌骨，结合墓主头部出土的金笄、金银花饰和金球等冠饰，可知下颌托应是与冠饰相连，分叉的系带可以更好地固定冠饰。宋氏为内侍雷府君夫人，雷时为内侍省之长，时代为公元745年[4]。与此墓情况类似的还有河南洛阳卢氏墓[5]，卢氏为唐中散大夫、景城别驾卢廷芳之女。墓葬时代为公元750年。

（2）唐中期至唐末五代时期　河南偃师杏园M5036唐墓，墓主为郑洵及其妻王氏，二人各佩带一件铜下颌托，下颌托全长15厘米，可插接于冠帽两侧。二人于公元778年下葬[6]。偃师杏园M5109郑夫人墓和偃师杏园YHM3窦承家夫妇墓分别出土一件下颌托，形制与M5036相似，墓葬时代分别为公元754和公元756年。上述墓主人身份均为中下层官吏[7]。

重庆奉节上关M34，出土一件铜下颌托，系带一端有环，另一端穿入到环中在头顶结扎，长径21.2厘米（图九，4）。同墓地M44与之类似。两墓时代均为唐中期[8]。

湖北巴东雷家坪M1，墓主为男性，出土一件银下颌托，呈椭圆形，系带在头顶打结，通

---

[1] 据墓志可知，其祖父为银青光禄大夫、陇州刺史，其父时任职于蜀，但其官职和名讳在墓志中并未提及。志文对张氏女谈论较少，仅有"聪明仁孝"四字。但对张氏之母充满了溢美之词，并阐述了其母的家室渊源。由墓志可知张氏之母为河南元氏，元氏的祖父讳大士，为西台侍郎，父讳整，为太原府法曹。河南元氏，原属鲜卑族拓跋部的一支。张氏卒因是母亲去世后"哀毁过礼，久而成疾，遂告云亡"，卒年17岁。出现张氏墓这种情况的原因或与其家道中落和年幼夭折有关，这也可以从墓葬的规模等级与随葬品体现出来。
[2] 西安市文物保护考古研究院：《西安南郊唐代张夫人墓发掘简报》，《文博》2013第1期。
[3] 陕西省考古研究院：《唐李倕墓发掘简报》，《考古与文物》2015年第6期。
[4] 张正岭：《西安韩森寨唐墓清理记》，《考古通讯》1957年第5期。
[5] 洛阳博物馆：《洛阳关林唐墓》，《考古》1980年第4期。
[6] 中国社会科学院考古研究所河南二队：《河南偃师市杏园村唐墓的发掘》，《考古》1996年第12期；中国社会科学院考古研究所：《偃师杏园唐墓》，北京：科学出版社，2001年，第98、135页。
[7] 中国社会科学院考古研究所：《偃师杏园唐墓》，第97、106、107、135页。
[8] 重庆市文物考古所：《奉节上关遗址发掘简报》，重庆市文物局、重庆市移民局：《重庆库区考古报告集》1998卷，北京：科学出版社，2003年，第292页；吴小平、崔本信：《三峡地区唐宋墓出土下颌托考》，《考古》2010年第8期。

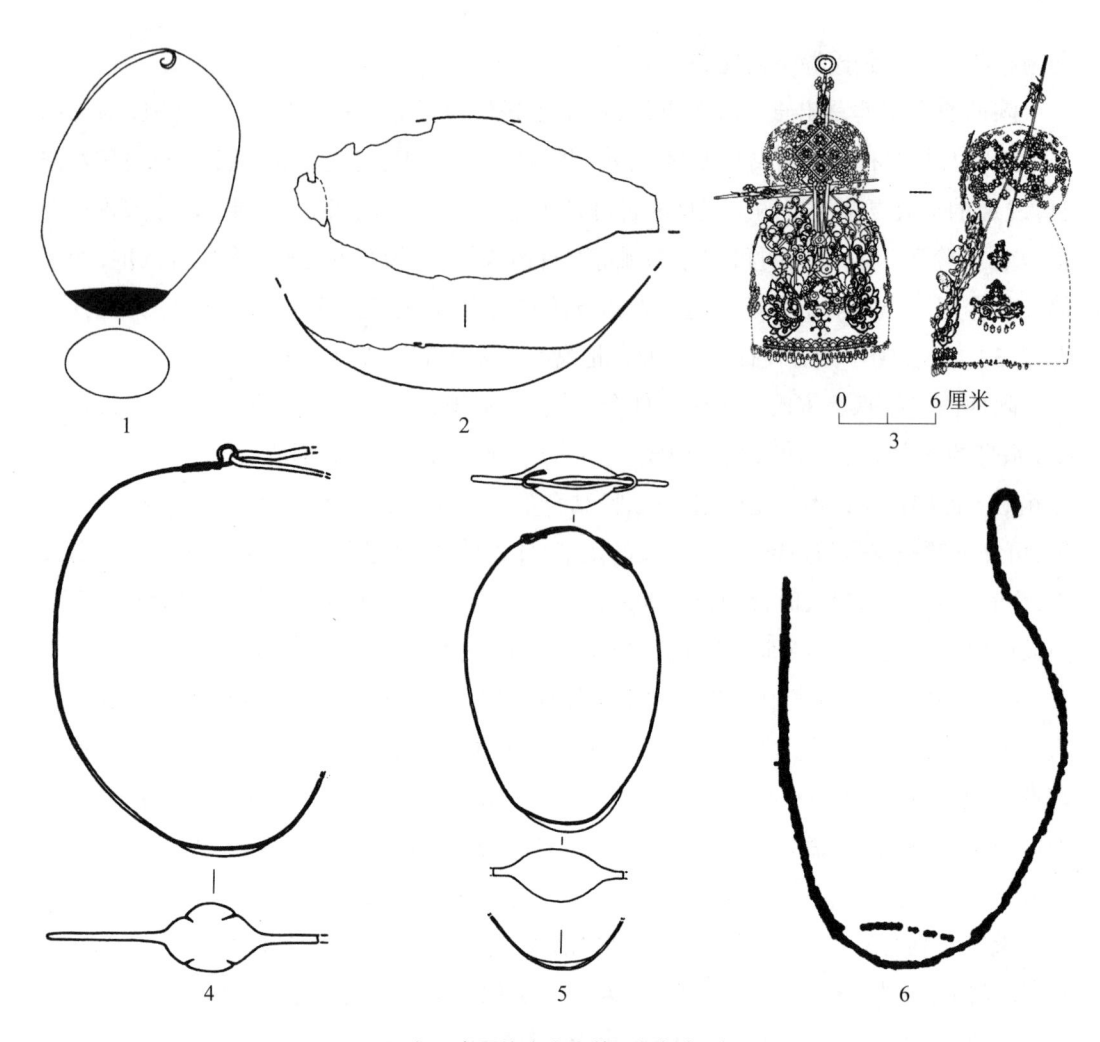

图九　中国境内出土的下颌托（四）

1. 西安南寨子村张氏墓　2、3. 西安李倕墓出土的下颌托与头冠
4. 重庆奉节上关M34　5. 湖北巴东雷家坪M1　6. 重庆巫山江东嘴ⅡM5

（图片来源：1.《西安南郊唐代张夫人墓发掘简报》，《文博》2013第1期，第14页，图五，5；2、3.《唐李倕墓发掘简报》，《考古与文物》2015年第6期，第10、12页，图二九，7、三七；4.《奉节上关遗址发掘简报》，《重庆库区考古报告集》1998卷，第292页，图十七，4；5.《巴东县雷家坪遗址2003年发掘报告》，《湖北库区考古报告集》第四卷，第92页，图五六；6.《巫山江东嘴遗址发掘报告》，《重庆库区考古报告集》2001卷上，第31页，图三四，6）

高26.4厘米（图九，5）。墓葬时代为唐中期[1]。

重庆巫山江东嘴ⅡM5，墓主为女性，出土一件银下颌托，右侧系带的尾端向外形成弯

---

[1] 湖北省荆州博物馆：《巴东县雷家坪遗址2003年发掘报告》，国务院三峡工程建设委员会办公室、国家文物局：《湖北库区考古报告集》第四卷，科学出版社，2007年，第42、91、92页；吴小平、崔本信：《三峡地区唐宋墓出土下颌托考》，《考古》2010年第8期。

钩，器身高20.5厘米，可推断系带大致应在额部的位置与它物相连，很可能与其连接之物就是冠帽（图九，6）。墓葬的发掘者也认为是冠帽的构架。墓葬时代为唐中期[1]。

重庆奉节宝塔坪2000ⅠM1010唐墓，出土一件铜下颌托，系带两端有环，全长36.4厘米，这样的长度无法在头顶打结，结合前述情况，应是通过系带两端的环与冠饰结合（图一〇，1）。墓葬时代为唐中晚期[2]。

重庆奉节宝塔坪2001ⅠM1006，墓主为男性，出土一件乌银下颌托，该器绕在耳后，于颅顶绕一小环，托部呈勺状。墓葬时代属于唐晚期[3]。

洛阳东明小区C5M1542唐墓，出土两件银下颌托，男女墓主各佩戴一件，形制与前述西安韩森寨宋氏墓基本相同（图一〇，2），女性墓主头部附近有大量松石饰件、金丝和银饰件，可能为冠饰。男墓主为高秀峰，大历中特受朝散郎，试左青道率府兵曹参军，夫人为陇西李氏。墓葬时代为公元826年[4]。

河南偃师杏园M2003唐墓，墓主为韦河夫妇，出土一件铜下颌托，使用者不明。报告称，下颌托"两侧长条形，长26.7厘米"，这样的长度无法在头顶打结，或应是与冠帽相连起来组合使用。墓主夫妇下葬于公元829年[5]。此外，河南偃师杏园唐墓中的M1819和M0954为李归厚夫妇合葬墓，M0954为单人葬，两墓各出土一件铜下颌托，形制与M2003相似。M1819下颌托使用者不明。根据M0954墓主尸体旁出土的粉盒和剪刀推测佩戴者应是女性。M1819李归厚之妻葬于公元858年，M0954属于唐晚期[6]。

广州皇帝岗唐墓，墓主为女性，出土一件鎏金银下颌托，与下颌托同出有钗饰和花牌饰，三者的出土位置均在头部，彼此相邻。墓葬时代为唐末[7]。

成都前蜀王建墓，出土一件银下颌托，两条系带相互缠绕，通高17厘米（图一〇，3），形制特殊[8]，王建葬于公元918年[9]。

---

[1] 南京大学历史系、重庆市文物局、巫山县文物管理所：《巫山江东嘴遗址发掘报告》，重庆市文物局、重庆市移民局：《重庆库区考古报告集》2001卷上，科学出版社，2007年，第97、98页；吴小平、崔本信：《三峡地区唐宋墓出土下颌托考》，《考古》2010年第8期。

[2] 重庆市文物局、重庆市移民局：《奉节宝塔坪》，科学出版社，2010年，第30、31页。经笔者测量报告所附的下颌托线图，可知报告所谓下颌托"单侧长36.4厘米"应是"全长36.4厘米"的笔误；吴小平、崔本信：《三峡地区唐宋墓出土下颌托考》，《考古》2010年第8期。

[3] 吉林大学边疆考古研究中心、重庆市文物局、奉节县白帝城文物管理所：《奉节宝塔坪2001年唐宋明清墓发掘报告》，重庆市文物局、重庆市移民局：《重庆库区考古报告集》2001卷上，第440页。

[4] 洛阳市文物工作队：《洛阳市东明小区C5M1542唐墓》，《文物》2004年第7期。

[5] 中国社会科学院考古研究所：《偃师杏园唐墓》，第168、209页。

[6] 中国社会科学院考古研究所：《偃师杏园唐墓》，第172、175、185页。

[7] 广州市文物管理委员会：《广州皇帝岗唐木椁墓清理简报》，《考古通讯》1959年第12期。

[8] 两条系带相互缠绕的形制只此一例，且通高17厘米，这样的高度应该无法佩戴在死者头部，这些情况可能是由墓葬被盗所致。

[9] 冯汉骥：《前蜀王建墓发掘报告》，北京：文物出版社，2002年，第58、59页。

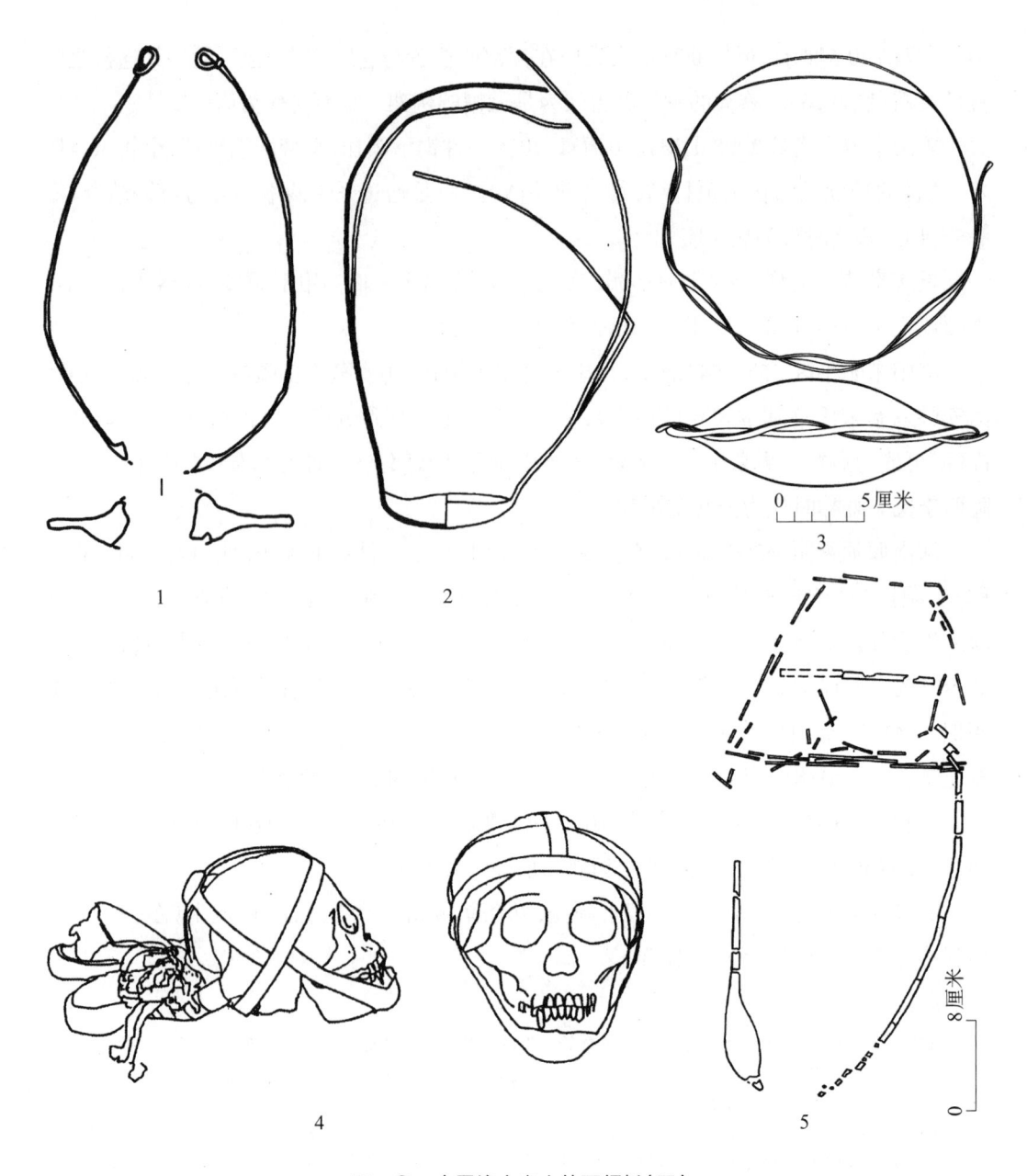

图一〇　中国境内出土的下颌托（五）

1. 重庆奉节宝塔坪2000ⅠM1010　2. 洛阳东明小区C5M1542　3. 成都前蜀王建墓
4. 内蒙古通辽吐尔基山辽墓　5. 湖北秭归庙坪M90出土的与银头饰相连的下颌托
（图片来源：1.《奉节宝塔坪》，第98页，图九六，4；2.《洛阳市东明小区C5M1542唐墓》，《文物》2004年第7期，第61页，图十六，3；3.《前蜀王建墓发掘报告》，第58页，图五九；4.《关于吐尔基山辽墓金下颌托的一点思考》，《北方文物》2014年第2期，第23页，图一，1、2；5.《秭归庙坪》，第212页，图一七二）

（3）辽宋元明时期　内蒙古通辽吐尔基山辽墓，墓主为女性，头戴棉帽，帽内为十字梁金帽圈，金下颌托，托部为船形，两侧长条片向上延伸与帽圈相连，其中一侧与帽圈铆接，另一侧附带缠扣，可随意开合。器身刻有鱼子纹和对凤缠枝花卉纹，出土时位于头骨下颌处（图一〇，4）。墓葬时代为辽代早期[1]。

湖北秭归庙坪M90，出土一件银下颌托，与梯形银头饰相连（图一〇，5），墓葬时代为北宋中期[2]。M37（图一一，1、2）和M38（图一一，3、4）与M90情况相似，两位墓主均佩戴一件与头饰相连的下颌托，墓葬时代分别为北宋中期和北宋晚期[3]。

湖南耒阳M60，出土一件银下颌托，单侧系带长16厘米，两端有环，形制与前述重庆奉节宝塔坪M1010类似，这样的长度无法在头顶打结，结合前述情况，应是与冠帽相连组合使用（图一一，5）。同墓地M277出土了一件形制与M60类似的银下颌托。两墓的时代为北宋晚期[4]。

此外，湖南衡阳北宋末期墓[5]和湖北秭归老坟园M22北宋墓（图一一，6）[6]各出土一件下颌托，形制与湖南耒阳M60出土者形制十分相近。

江西德安周氏墓，墓主为女性，出土一件银下颌托，两端有穿，置于头骨下颌处，长约15厘米，形制与前述耒阳M60等墓出土者十分相近，且墓主头戴花冠，下颌托原本应是与头冠相连组合使用。周氏为南宋新太平州通判吴畴之妻。墓葬时代为公元1274年[7]。

安徽安庆范文虎和陈氏夫妇合葬墓，仅陈氏有一件银下颌托，链子状系带与一横杠相连，同出有金冠和金花等饰件，这些饰件遗留有镶嵌痕迹，可能是花冠的附属物。金冠有孔，与下颌托相连的横杠可能原初是插在冠上或属于金冠的构件（图一二）。范文虎是南宋时殿前副都指挥使知安庆府，入元后历官至尚书省右丞，《元史》有传。墓葬时代为公元1305年[8]。

新中国成立以来在贵州遵义、铜仁等地相继发现了六处十一件下颌托，以金质为主，也有银质和玉质，时代为公元13世纪中期至16世纪中期。这些下颌托可分三类。其一，

---

[1] 王春燕：《关于吐尔基山辽墓金下颌托的一点思考》，《北方文物》2014年第2期；内蒙古文物考古研究所：《内蒙古通辽市吐尔基山辽代墓葬》，《考古》2004年第7期。
[2] 湖北省文物事业管理局、湖北三峡工程移民局：《秭归庙坪》，北京：科学出版社，2003年，第210页；吴小平、崔本信：《三峡地区唐宋墓出土下颌托考》，《考古》2010年第8期。
[3] 湖北省文物事业管理局、湖北三峡工程移民局：《秭归庙坪》，第193、201页。
[4] 衡阳市文物工作队：《湖南耒阳城关六朝唐宋墓》，《考古学报》1996年第2期。
[5] 湖南省博物馆、衡阳市博物馆：《衡阳县何家皂北宋墓》，《文物》1984年第12期。
[6] 黑龙江文物考古研究所：《秭归老坟园墓群发掘报告》，国务院三峡工程建设委员会办公室、国家文物局：《湖北库区考古报告集》第三卷，北京：科学出版社，2006年，第72页。
[7] 周迪人、周旸、杨明：《德安南宋周氏墓》，南昌：江西人民出版社，1999年，第4、15、68页。
[8] 白冠西：《安庆市棋盘山发现的元墓介绍》，《文物参考资料》1957年第5期。

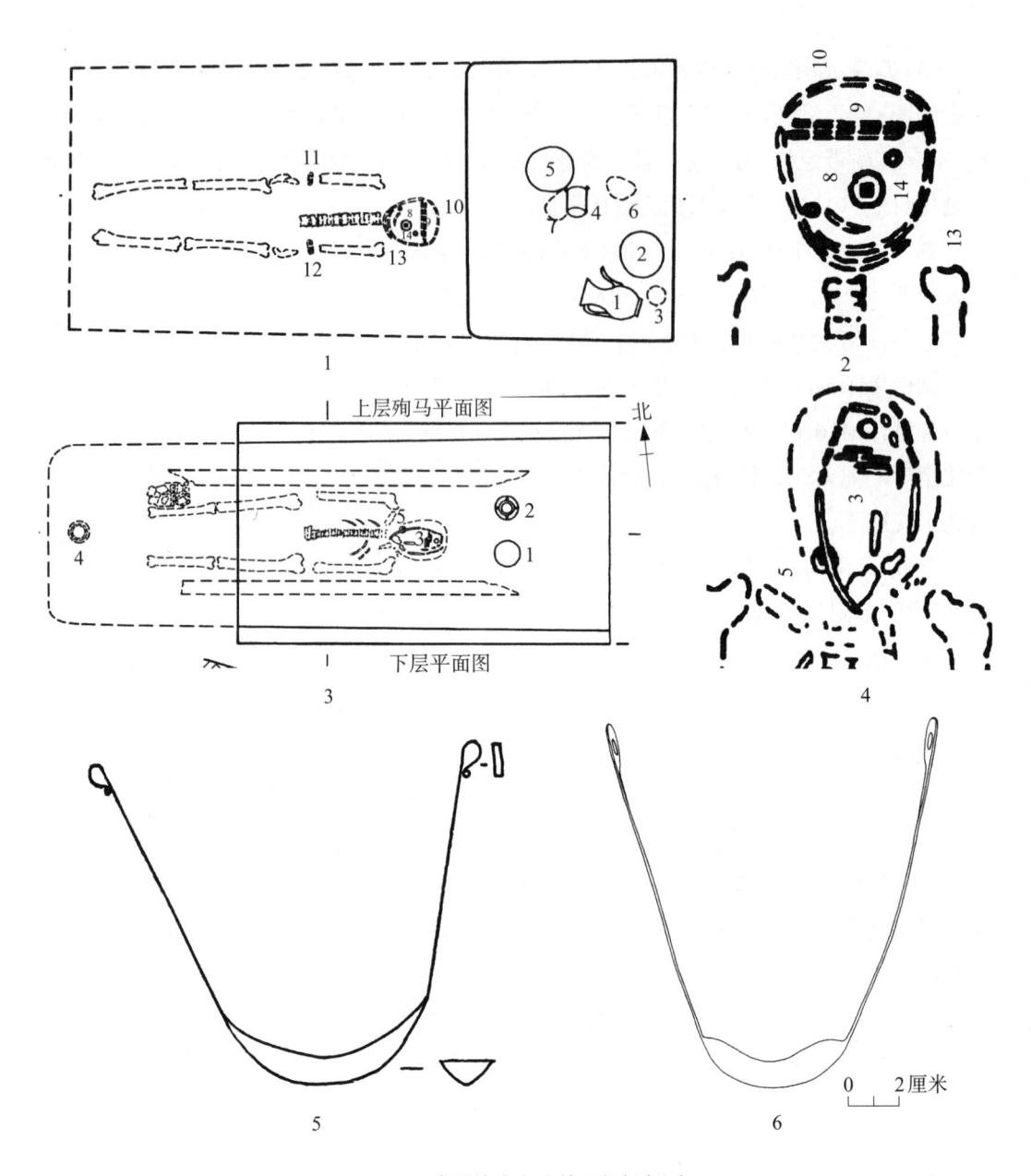

图一一 中国境内出土的下颌托（六）

1、2. 湖北秭归庙坪M37平面图与局部　3、4. 湖北秭归庙坪M38平面图与局部
5. 湖南耒阳M60　6. 湖北秭归老坟园M22

（图片来源：1-4.《秭归庙坪》，第206、198页，图一六六、一五六；5.《湖南耒阳城关六朝唐宋墓》，《考古学报》1996年第2期，第267页，图三四-12；6.《秭归老坟园墓群发掘报告》，《湖北库区考古报告集》第三卷，第72页，图三七）

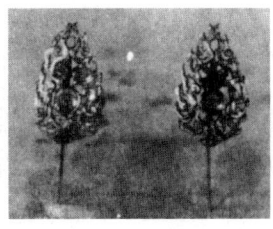

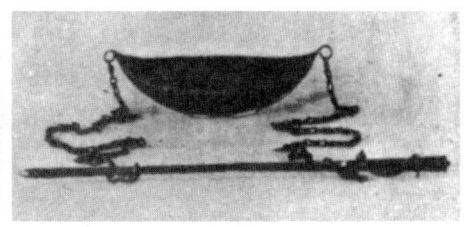

图一二 安徽安庆范文虎夫妇合葬墓出土的金冠饰和下颌托
1. 金冠　2. 金花　3. 下颌托
（图片来源：白冠西：《安庆市棋盘山发现的元墓介绍》，《文物参考资料》1957年第5期，图十七—十九）

杨氏第二十八世土司杨相（卒于1544年）夫妇墓出土一件白玉下颌托，由链状条带与托部组成，雕刻纹饰，条带末端为挂钩，与前述安徽安庆出土者相似。其二，下颌托由椭圆形托部和系带组成，系带末端弯曲为钩或环，长度无法在头顶打结，形制与湖南耒阳M60类似，有些刻饰花纹，部分墓中还出土了金银冠饰，下颌托应是与之组合使用。此类型共有八件，其中两件出土于杨氏第14世土司杨价夫妇墓，杨价卒于1243年，夫人田氏卒年略晚。其三，遵义和平乡和铜仁德江县出土的两件下颌托形制相似，下颌托的两条系带在末端缠绕打结[1]。从形制和功能来看，贵州出土的明代下颌托与中晚唐以来的传统一脉相承，且使用者多为女性，部分墓葬中还伴出有黄金覆面。

纵观上述中国内地考古出土的不同时期的下颌托，按照其使用方式和组合使用的情况等，我们可以将其分为三种类型：一是与额带组合使用的下颌托；二是与头饰冠饰组合使用的下颌托；三是单独使用的下颌托。这三种不同类型的下颌托发现的年代、分布的地域、使用者的性别与家世均显示出不同的特点，应与各自不同的历史背景相关。下面对此细加分析。

三、中国内地下颌托的三种类型

上述三种类型的下颌托各有流行时段和分布地域，其中与额带组合使用的下颌托流行时段主要为北魏至初唐时期，集中分布在山西大同、内蒙古锡林郭勒盟、陕西西安和宁夏固原等地。与头饰冠饰组合使用的下颌托则流行于唐初至明代，主要分布在唐两京地

---

[1] 此前贵州发现的下颌托多未见有相关报道，近来有学者撰文对这批器物进行了较为集中而简略的介绍。参见李飞：《颜面——贵州出土的黄金覆面与下颌托》，《当代贵州》2018年第37、41期。

区、湖北郧县、广州、三峡地区、内蒙古通辽以及长江中下游流域的一些地区。单独使用的下颌托主要见于三峡地区的中晚唐墓葬和成都的前蜀王建墓中。与额带和冠饰组合使用的下颌托无论从流行时间、分布地域还是出土数量上均占内地出土下颌托总量的多数，单独使用的下颌托发现数量极少，可见前两种类型是我国内地下颌托的主流，而且两者流行的时间也是前后相接的。

北魏至唐初的下颌托具有很高的相似性，可以视为下颌托在我国内地传播发展的第一个阶段，显著特征是下颌托与额带相连为一个整体。连接方式有两种，"V"形系带和尾端穿孔。这一时期下颌托在时间上可以承接新疆地区，与前述新疆地区的下颌托相比，这一时期内地在新疆下颌托的基础上继续发展，并且接受了以发达的金属工艺（如合页技术）为主的中亚文化因素，使之与新疆地区形成了较大的差异，这些异同体现在两个方面：一为形制，两地下颌托均与额带组合使用，不同点在于内地的下颌托与额带相连为一个整体，而新疆地区二者互相独立；二为质地，内地不再延续新疆纺织品的传统，开始使用金属下颌托和额带，但北魏时期一些下颌托外缝缀有作为器身装饰的花纹织品，近乎是新疆纺织品传统的遗痕。

从墓志所反映出的墓葬等级和随葬品看，这一时期下颌托的使用者身份等级较高，大同和内蒙古地区的墓主多为鲜卑贵族。值得注意的是，这一时期使用下颌托的墓主性别也发生了较大的变化，在已知墓主性别的墓葬中，除固原的两位下颌托使用者为男性外，其余均为女性，且下颌托表面饰有精美的纹饰，加之墓葬中随葬了大量的装饰品，体现出下颌托装饰性功能的不断强化。

仔细观察发现，固原地区出土的时代为隋末初唐时期的与下颌托组合使用的额带，与北魏时期的额带有所不同，主要体现在固原出土的额带上出现一些日、月、鹦鹉和联珠纹等图案，包括下颌托器身上也饰有联珠纹。这些变化使得固原出土的额带增添了几分头冠的元素，这一推测在同墓地出土的一枚萨珊波斯银币的图案中得到了印证。这枚银币时代属于萨珊卑路斯王在位时期（459-484），银币正面联珠纹边框中绘制有萨珊王侧面肖像，其王冠中部与后部有城齿状物，冠顶有羽翼状饰物，上为新月，新月托一圆日，与其他卑路斯朝银币图案基本一致，这也是卑路斯朝银币图案中王冠的共同特征[1]（图一三，1）。通过与银币上王冠图纹的比较，可知固原出土的下颌托额带图案与卑路斯王王冠上的图案十分相似，很显然这是受到波斯萨珊文化影响的结果。从固原在北朝隋唐时期作为西域与平城和中原之间交往联系的重要中转站这一点来看，这种联系是十分密切的。尤其是萨珊卑路斯王在位期间，曾四次遣使与北魏交往，这些使者便是经过固原前往首都

---

[1] 有学者将萨珊银币中卑路斯王冠分为三式，参见罗丰：《固原南郊隋唐墓地》，第148-150页。

图一三 卑路斯王冠图案与西方的下颌托
1. 萨珊银币中的Ⅰ、Ⅱ、Ⅲ式卑路斯王冠图案　2. 希腊陶祭瓶上为死者佩戴下颌托的场景
3. 雅典地区出土的下颌托

（图片来源：1.《固原南郊隋唐墓地》，第148页，图一〇〇-一〇二；2、3. Arnold von Salis, "Antiker Bestattungsbrauch", Abb.4-5、8）

平城的[1]。因此，这一时期固原出土的下颌托额带上的图案受到萨珊王冠影响，开始出现了头冠的某些特征，似乎开启了后世下颌托配合头冠使用的先河。

第二种类型即与头饰冠饰组合使用的下颌托，出现时间上承前一种类型，可以视为下颌托在我国内地传播发展的第二个阶段。这个类型的下颌托最早出现在两京地区，中晚唐时向南传播到三峡地区，宋以后向长江中下游等地扩散。此种类型的下颌托一个最大的特征，即下颌托与极具中国元素的头饰冠饰相连为一个整体，连接方式有两种：系带分叉和尾端有穿（环），系带分叉其实就是"V"形系带的一种变体，可见在形制上与前一阶段一脉相承。

在已知墓主性别的墓葬中，除衡阳、洛阳东明小区以及偃师杏园M5036这三座墓的下颌托使用者为男性外，其余均为女性，这再次表明下颌托在装饰性功能上的强化，也是

---

[1] 罗丰：《固原南郊隋唐墓地》，第163-166页。

下颌托在传入中国内地之后不断中国化的体现。结合墓志所反映出的墓葬规格和随葬品来看,唐以来使用下颌托者逐渐向社会各阶层扩散。具体而言,初唐和盛唐时期的墓主,其自身与其家族身份高贵;若是女性死者则其夫多为王室贵族和高级官员;墓主多与拓跋鲜卑存在亲缘血缘关系。这种情况在中晚唐时期开始发生改变,使用下颌托的墓主多为一些中下层官吏,与初唐和盛唐时期的使用者相比较,在社会地位、血缘关系等方面均差异明显。下颌托的功能,也逐渐发展成为与冠饰相结合的女性死者的专用器物,装饰性意味远强于保存死者下颌骨与遗骸完整的原始丧葬意味。

第三种类型即单独使用的下颌托,未发现与冠饰组合使用的情况。这主要集中发现在三峡地区的中晚唐墓葬中,发现数量少,使用者性别并无特殊限制,这些情况与早期新疆地区出土的下颌托的情形较为相似。除前蜀王建之外,这一时期其他使用下颌托者的身份地位很低,有的或为中下层平民[1]。如何解释这一现象,我们认为很可能与三峡地区作为中晚唐时期长江沿线的过往通道这一特殊自然条件有关,死者的身份有可能是从西域经往长江的过客,所以还较多地保留着新疆地区使用下颌托的旧有习俗。

作为上述推论的一个旁证,可举重庆奉节宝塔坪2001ⅠM1006出土的一件属于第三种类型的下颌托。据研究,在它的制作过程中运用了乌银工艺,这种工艺兴起于古罗马时期,十分盛行于波斯萨珊王朝时期,这也是我国境内首次发现乌银工艺的考古实例[2]。那么,西来的乌银工艺出现在三峡地区的下颌托中,很可能表明其传播的途径是由西域传到长江水道。如此,出现在三峡地区中晚唐墓葬、成都前蜀王建墓当中的这类与早期新疆出土者十分相似的下颌托,不排除其由西域新疆直接传播到成都地区,再由成都通过长江水道传播到三峡地区。

四、西方出土的下颌托及其与中国境内下颌托的关系

下颌托不仅在我国境内有所发现,也在西方考古文化中有所发现,两者之间的关系值得作深入的比较研究,对于认识我国境内下颌托的源流、演变及其文化含义均有意义。

据相关资料和研究显示,公元前12世纪至前8世纪即古希腊文化迈锡尼时期,已经在阿提卡与雅典地区墓葬中发现了金质和铅质下颌托,这一传统在公元前8世纪至公元

---

[1] 重庆市文物考古所:《奉节上关遗址发掘简报》,重庆市文物局、重庆市移民局:《重庆库区考古报告集》1998卷,第292页。

[2] 崔剑锋、刘爽、魏东、吴小红:《中国乌银工艺的首次发现和初步研究》,教育部人文社会科学重点研究基地吉林大学边疆考古研究中心编:《边疆考古研究》(第7辑),北京:科学出版社,2008年,第314-321页。

前4世纪即古希腊文化的远古与古典时期依然存在,在同时期的阿提卡地区的墓葬中仍有出土。根据国外学者研究,古希腊文化中大多数下颌托应属于纺织品类,这与我国新疆地区的情况十分类似。公元前6世纪至前5世纪的希腊陶祭瓶上绘制有哭丧仪式的图像(图十三,2),图中绘有死者使用下颌托的情况,下颌托为一布条,托住死者下颌在头顶系结[1]。图中的死者头戴额带(头冠),下颌托与之组合使用,但是研究者注意到两者并没有连接在一起[2],这一习俗无论是从下颌托的形制还是使用方式上来看,均与新疆地区营盘墓地额带与下颌托组合使用的情形相似。可见,前述新疆地区使用下颌托习俗的出现极有可能是受到西方文化因素的刺激与影响。此外,山普拉墓地出土有属毛织品的下颌托,有学者指出此墓地出土的毛织品使用了氍织工艺,可能来自葱岭以西或是西亚地区[3],甚至是大秦[4],这也可以作为新疆地区下颌托受西来文化影响的旁证。

由前述可见,目前最早的下颌托出现于公元前17至前15世纪的新疆,就现有资料看似乎比欧洲要早,但这并不能改变这一习俗系受到西方影响的基本认识。从考古材料来看,欧亚之间的互动早在商周时期业已开始[5],草原丝绸之路在这一时期形成,在欧亚大陆的广袤区域,众多民族生息繁衍,他们不断迁徙和交往[6],新疆地区早期发现的下颌托在这样的背景下从西方传来的可能性较大,只是由于目前我们对西方古代文化中下颌托的相关资料还掌握不多,有待于作进一步考察,不排除将来有更早的西方出土资料来廓清两者之间的关系。

中亚地区的考古发现中也可以看到下颌托的身影,上世纪70年代苏联考古工作者在今阿富汗北部席巴尔甘地区的墓葬中发现数件下颌托,墓葬的年代约为公元前1世纪至公元后1世纪。据研究,这批墓葬强烈地受到了古希腊文化的影响,可能源于亚历山大大帝东征[7]。

此外,公元3世纪左右,在雅典地区附近的墓葬中出土一件下颌托,在长条形的下颌托外附加有覆嘴罩(图一三,3),应与当地文化中使用唇盖的传统相关[8]。

---

[1] 宋馨:《中国境内金属下颌托的源流与演变——兼谈下颌托与流寓中国粟特人的关系》,荣新江、罗丰主编:《粟特人在中国——考古发现与出土文献的新印证》,第513页。
[2] Arnold von Salis, "Antiker Bestattungsbrauch", *Museum Helveticum 14*, 1957, pp.89-99.
[3] 武敏:《从出土文物看唐代以前新疆纺织业的发展》,《新疆文物》1996年第2期。
[4] 林梅村:《公元3世纪的西域纺织物》,见氏著《古道西风:考古新发现所见中西文化交流》,北京:生活·读书·新知三联书店,2000年,第378页。
[5] 林梅村:《古道西风:考古新发现所见中西文化交流》自序,第1页。
[6] 余太山主编:《内陆欧亚古代史研究》,福州:福建人民出版社,2005年,第228页。
[7] 宋馨:《中国境内金属下颌托的源流与演变——兼谈下颌托与流寓中国粟特人的关系》,荣新江、罗丰主编:《粟特人在中国——考古发现与出土文献的新印证》,第514页。
[8] Arnold von Salis, "Antiker Bestattungsbrauch", *Museum Helveticum 14*, 1957, pp.98-99.

五、中国境内下颌托的发展与演变

通过前文对东西方发现的下颌托情况的梳理，我们可以基本了解到下颌托这一丧葬用具在中国境内外起源、传播与发展演变等情况，在此基础上可初步勾勒出下颌托在中国境内流传演变的脉络。

公元前17至前15世纪，具有原始形态的下颌托已经出现在中国新疆，这种习俗的出现，很可能受到西来文化的影响。此后下颌托在新疆地区延续使用至公元前8世纪。这个时期使用下颌托者的性别、年龄、社会地位并无明显区别，男女老少均有，身份等级不明显。

在公元前1世纪左右，由于受到更多西来文化的影响与刺激，新疆地区发现的下颌托进一步得到发展，其形制得到改造和发展，具体表现为三个方面：一是托部的出现；二是托部中间开口（托部为两条绢带）；三是下颌托开始与额带组合使用（额带上多贴金箔或缝缀金属片饰）。之后，下颌托在新疆地区延续使用至约公元4世纪。使用者的性别、身份和社会地位区别不明显，表明这一习俗在当地流行程度较高。随着"丝绸之路"的凿通，汉晋时期中原文化的诸多因素也西传到新疆，出现了西来的下颌托与东来的覆面、含塞物融为一体，混合使用的新的文化现象。

公元4世纪末至5世纪末，受中亚金属工艺和新疆地区下颌托传统的影响，北魏平城及邻近的伊和淖尔墓葬中出现下颌托与额带组合使用的情况。这一次文化传播带给下颌托的变化主要体现为两个方面：其一，此后的下颌托不再使用纺织品制成，而是使用金属制作；其二，下颌托与额带连接为一体组合使用的情形广泛出现。随着北魏迁都洛阳，在两京地区开始出现了下颌托，使用者绝大部分为女性，其身份多为北魏鲜卑贵族。

由于固原地区下颌托使用者的自身经历与文化背景，加之固原作为中亚、西域与北魏平城和中原地区文化交流的中转站，在隋末唐初时，此地区出现了具有波斯萨珊王冠特征的额带，并且与下颌托连接为一体组合使用，开启了此后下颌托与头冠组合使用的先声。

唐以后，随着中外文化交流的扩展，下颌托开始向社会各个阶层扩散，并且与代表中国元素的冠饰相结合。其中唐初至盛唐时期，在两京、湖北郧县等地区女性墓主佩戴与繁复华丽花冠组合使用的下颌托，使用者自身与其家族身份高贵，或是其夫为王室贵族和高级官员，或是墓主多与拓跋鲜卑存在亲缘血缘关系，可以明显地看到北朝以来受鲜卑高级贵族丧葬习俗影响的遗绪。

至中晚唐时期，中国境内使用下颌托的风气逐渐从高级贵族官吏开始传播到社会中下层官吏,下颌托不仅出现在洛阳和偃师一带,随着安史之乱北人南迁,在三峡地区和广州等长江、珠江流域也有所发现。这一时期的下颌托较普遍地与冠饰组合使用,使用者多为女性。同时,在中晚唐时期三峡地区的少数墓葬中出现了单独使用下颌托而不与冠饰相配的情况,类似早期新疆出土者。这种个别"复古"现象出现的原因还有待进一步探讨,推测是否有可能系经由南北朝以来形成的"青海道"和长江水道直接从西域经益州(成都)传播而来。

中国境内最晚的下颌托延续到辽早期至明代,在内蒙古通辽、三峡及长江中下游流域等地区均有考古发现,延续了此前使用与冠帽组合的下颌托的习俗。使用者多系女性,下颌托原始的保护遗骨完整的寓意已经大大弱化,而更多地成为固定冠饰的附属之物,装饰性意味大为强化。

综上所述,可将我国境内下颌托出现和发展演变的基本脉络主要划分为四个阶段,其中有关下颌托的分布地区、时代、使用者性别、下颌托的形制与质地等具体情况可以归纳为下表所示(表一)。

表一 我国境内下颌托发展演变的四个阶段表

分布地区	时代	使用者性别	形制	质地
新疆地区	公元前17—前8世纪	男、女	下颌托单独使用	纺织品
新疆地区	公元前1—3世纪	男、女	额带与下颌托分离使用	纺织品
大同与固原	公元4世纪—唐初	绝大多数为女性	额带与下颌托连为一整体	金属
内地地区	唐—明	绝大多数为女性	头冠(头饰)与下颌托连为一体	金属

六、中国境内下颌托的性质

有学者曾对下颌托下过一个定义,是指"一种固定死者下颌,避免面部嚼肌因死后松弛而造成下颌下落,口部大张的特别器物"[1],学界大多数学者认同这种观点,而且认为中国境内下颌托的性质与作用就是如此。通过前文对材料的梳理与讨论,我们认为中国境内下颌托的性质与作用不能一概归为"固定死者下颌",还有必要就此问题加以讨论。

---

[1] 宋馨:《中国境内金属下颌托的源流与演变——兼谈下颌托与流寓中国粟特人的关系》,荣新江、罗丰主编:《粟特人在中国——考古发现与出土文献的新印证》,第501、502页。

通过前文所论可以发现，中国境内的下颌托在各个时段与各个地区之间存在差异，可以归纳为两个系统，一个是新疆，另一个是内地。两地之间存在明显的差异，主要体现在地区的文化传统、下颌托的质地、形制以及使用者性别等方面。两地区所表现的特征具体有以下几方面。

新疆地区下颌托起源甚早，目前我国境内所见最早的下颌托即发现于此地区，作为起源地的新疆自古以来处在中西文化交流的干道上，也是汉唐丝绸之路的要冲，具有接受外来文化影响率先使用下颌托的文化土壤。目前在新疆地区考古出土的下颌托均为纺织品，这是区别于内地出土下颌托的一个主要标志，体现出这一区域自身的文化特点。新疆地区下颌托后期由于受外来文化影响，其形制和功能基本上与国外出土的下颌托相同，如主要用途在于保护死者下颌与头骨的完整性、额带与下颌托分离使用等。另外，新疆地区下颌托的使用者并无性别的限制，男女均可使用。

内地的下颌托也是接受中外文化交流之后的产物，并非中原文化传统。下颌托在内地出现之后，其质地与形制发生了改变，下颌托不再沿袭新疆地区用纺织品制作的传统，转而使用金属制作，且下颌托与额带和冠饰相连为一体，组合起来使用，成为死者头部整体葬具的一个构件，使用者基本全为女性，下颌托表面饰有花纹，强调其装饰性意味。

以上这些差异使得我国境内的下颌托明显存在两种不同的性质与作用。新疆地区使用下颌托葬具的死者在丧葬观念和思想意识上或与西方文化相似，保留了固定死者下颌这一具有本质性意义的文化内涵和功能作用。而内地的从一开始更为重视下颌托所具有的装饰性功能，在对外来新鲜事物好奇心的驱动之下接受并使用下颌托，使用者并不过分关注其原有的文化内涵，而是在加以改造后，逐渐使之成为繁复华丽冠饰的构件，成为死者头部装饰品的一部分，所以使用者多为女性。

这里，不妨再观察内地出土的下颌托与冠帽之间的关系。首先，内地发现的下颌托与额带或冠帽相连为一整体，其系带方式基本有三种。一是"V"型系带，二是系带分叉，三是系带两端有穿（环）。而且系带长度较短，无法在头顶打结，显然这样做的目的并非是固定下颌所用，而是更多的服从于与额带冠饰等物相连的需要。其次，根据前文所论，可知在初唐和盛唐时期的墓葬中，女性墓主头戴繁复厚重的花冠，固定这些花冠必然需要较坚固的金属物体，将外来的下颌托与传统的冠饰有机的结合在一起，不失为一种两者兼顾的最佳选择。最后，从目前考古出土的情况看，下颌托作为死者的专用葬具，均出土于墓葬当中，由于下葬时人体平躺在棺椁内或棺床上，人体姿态从直立转变为平躺，使得戴在头部的厚重的花冠重心后倾，多有脱落的可能，需要坚固的物体将之紧紧固定在头部。而下颌托的出现，正好为解决这一问题提供了便利，它可以紧扣下颌使得受力点前移至下颌，平衡头冠后倾之力，加之其金属质地和宽大的托部，能够更好地固定花冠。因此，内地发现的下颌托其功能与内涵在其不断中国化的过程中已经发生了很大的变化，绝非只是一种固定死者下颌骨的葬具，其装饰性超出其在西方和初传新疆一带时的原始意味，也不能将其简单地限定在某一个民族或某一种宗教的信仰体系之内来加以考虑。

七、结论与余论

综上所论，可知中国境内的下颌托最早起源于新疆地区，在外来文化的影响下，此地区的下颌托形制以及组合使用情况发生变化：托部的出现、托部中间开口（托部为两条绢带）及下颌托与额带组合使用，这样的传统一直延续至魏晋时期。随着文化交流的进一步加深，北魏时期内地在新疆流行的下颌托传统和中亚金属工艺等文化的影响下，开始出现金属下颌托，内地使用下颌托的情况直到明代才告消失。在北魏至唐初时，内地发现的下颌托与额带开始连接为一体组合使用，随着与波斯萨珊等西域国家的联系逐渐密切，额带上还开始具备了波斯萨珊王朝头冠图案的某些特征，并同时开启了此后下颌托与头冠组合使用的先声。直到明代，内地下颌托多数与中国固有的头冠组合使用。新疆与内地的差异使得两地下颌托的性质与作用已经产生了变异，新疆地区使用下颌托的古老传统一直存在，下颌托保留了其本质的文化内涵和作用，即固定死者下颌；而与之相对，内地下颌托的使用者并不过分关注其原有的文化内涵，而是在加以改造后成为繁复华丽冠饰的构件，在丧葬活动中起到固定女性死者厚重冠饰的作用。

下颌托的族属与其体现的宗教信仰等问题一直是学界关注的问题，最早有学者提出下颌托是受祆教文化影响，从祭司口罩转化而来的，是祆教文化遗物。之后还有学者认为下颌托与萨满教灵魂观念有关。我们认为目前还没有足够的证据来验证这种关系的存在。从目前中国境内发现最早的下颌托来看，其保护死者遗骨的完整性这个特点十分突出。如前举新疆若羌小河墓地M34中，除了墓主使用原始的下颌托将头颅的颧骨与下颌、下颌至头顶用毛线栓联固定之外，墓主尸体还用人骨的头颅、两臂和木制的躯干、下肢组合而成，且同墓地的另一具尸体完全为木质[1]，可见其目的是保证死者的尸骨完整。

另一方面前文中曾提及，新疆营盘墓地和尼雅墓地中佩戴下颌托者也同时使用鼻塞和覆面，与内地中原传统的丧葬习俗相似。营盘墓地M15出土绘有五官的麻质面具，与此相似的面具早在埃及古王国时期出现雏形，并在中王国时期基本形成，面具多由木材和

---

[1] 新疆文物考古研究所：《新疆罗布泊小河墓地2003年发掘简报》，《文物》2007年第10期。

亚麻布构成,其上绘有微笑的面目,伸展覆盖到胸部[1],尼雅墓地出土的覆面与此相似,从面部延伸到胸部。近年来喜马拉雅地带出土了数件黄金面具,多缝缀在织物上,时代在公元前1世纪至公元6世纪,有学者已注意到这一地区"与新疆和南亚次大陆联系非常密切,又通过新疆与中原、中亚和欧亚草原存在互动和交流"[2]。下颌托包括与之组合使用的覆面、面具等材料反映了秦汉以来欧亚大陆之间及各自内部在丧葬礼俗尤其是面部丧葬物品方面存在频繁而又复杂的文化互动和交流,至少目前很难将其限定在某些单一的民族、宗教或仪式中来加以认识。在其背后,应既隐含有中西文化交流的诸多因素,也存在着中国古代传统丧葬文化对外来文化的吸收与改造等多方面的背景在内,还需要我们更为深入地研究探索。

(原载《考古学报》2020年第2期)

---

[1] 刘文鹏:《埃及考古学》,北京:生活·读书·新知三联书店,2008年,第204、205页。
[2] 仝涛、李林辉:《欧亚视野内的喜马拉雅黄金面具》,《考古》2015年第2期。

再论汉代的漆木"面罩"

焦 阳

漆木"面罩"是盖在死者头部的丧葬用器,目前所公布的数量不下36件,多出土于扬州地区的汉墓中(附表)。其外形较为一致,大多数呈方形,盝顶,顶部伸出前桥,微微上翘,盝顶下三面立板,左右两侧立板下部各有一马蹄状孔洞,头板中部有一方形孔洞。另有个别无前桥和孔洞,有底板,但主体形状没有太大变化。从外形看,漆木"面罩"与常见的金、玉面罩差别较大,一方面其整体呈盒形,并不表现面部轮廓,另一方面覆盖区域包括胸部以上,称之为头罩或许更为合适。由于以往皆以"面罩"指代,本文依旧沿用此名称。

对于漆木"面罩"的研究,多集中于定名的问题上,也有学者对于漆木"面罩"进行过一定的梳理和关注[1]。随着考古工作的开展,近年来又有不少新资料补充进来,笔者拟在梳理材料的基础上,从此种遗存本身出发,对其形制、使用、等级和意义等问题进行进一步的讨论。

一、汉代的漆木"面罩"

(一) 形制与类型

根据漆木"面罩"有无前桥和底板,可分为两型:

A型 无前桥,盝顶,有底板,整体形状近似方盒。"面罩"通体镶嵌琉璃片(璧)、陶片

---

[1] 高伟、高海燕:《汉代漆面罩探源》,《东南文化》1997年第12期;孟娟娟:《谈尹湾汉墓出土面罩》,见连云港市博物馆、中国文物研究所编《尹湾汉墓简牍综论》,北京:科学出版社,1999年,第224页;洪石:《战国秦汉漆器研究》,北京:文物出版社,2006年,第101页。

（璧），内壁镶嵌铜镜。如青岛土山屯M147出土漆木"面罩"，盝顶，呈盒状。内外壁均镶嵌有琉璃片，顶板外嵌琉璃璧，槽间贴饰金箔。北侧板、东侧板、西侧板和顶板内侧面中心镶嵌铜镜，镜面朝外（即镜面朝向死者头部）。"面罩"开口处摆放有伏羲、女娲木俑。墓主为刘赐，生前曾任堂邑令和萧县县令，其人可能为刘氏宗亲[1]（图一，1）。泗阳贾家墩一号墓出土者，边长39.5、高38厘米，内外髹褐漆，内外壁皆嵌有陶片，面板外壁嵌有陶璧，面板和各侧板内壁各嵌有铜镜一面，铜镜系四神镜[2]，镜面朝向未报道（图一，2）。其中土山屯出土者还有一些仿木建筑构件的装饰，略有不同，但总体形制完全一致，且此型目前所见尚少，不拟细分。

B型　有前桥，基本为盝顶，无底板。根据装饰手法不同分为四亚型：

Ba型　无装饰。如扬州七里甸汉代木椁墓出土者，长62.4、宽36.5、高25.3厘米，除背漆黑色外，其他部分均漆红色[3]（图二，1）。扬州东风砖瓦厂M9出土者，盝顶形，通长60、前宽38.5、后宽34、高32厘米[4]，头板处开方孔（图二，2）。

Bb型　有镶嵌装饰，镶嵌玉片、琉璃片或铜镜。如扬州平山养殖场M1出土者，长58、宽36、高27.7厘米，内髹朱漆，外髹褐漆，素面无纹，面板和左右侧板内壁各嵌铜镜一面，

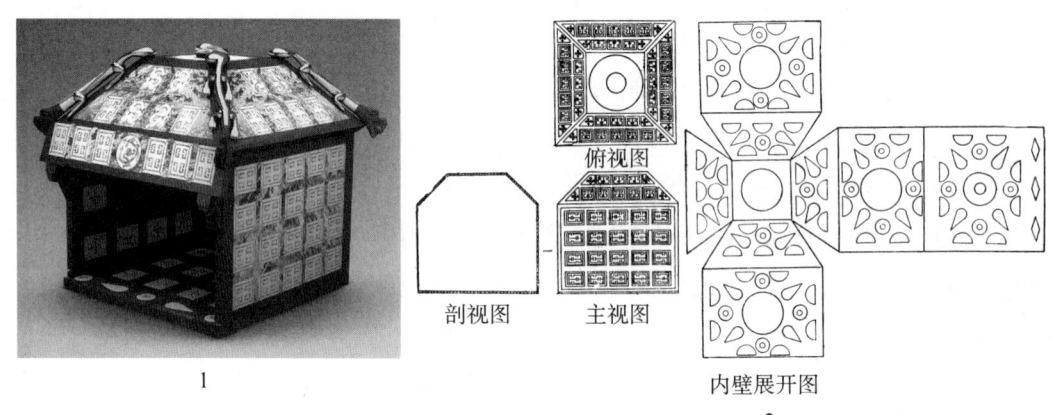

图一　A型漆木"面罩"

1. 青岛土山屯M147出土　2. 泗阳贾家墩一号墓出土

（图片来源：1.《山东青岛土山屯墓群四号封土与墓葬的发掘》，《考古学报》2019年第3期，图版十二；2.《泗阳贾家墩一号墓清理报告》，《东南文化》1988年第1期，图八）

---

[1] 青岛市文物保护考古研究所、黄岛区博物馆：《山东青岛土山屯墓群四号封土与墓葬的发掘》，《考古学报》2019年第3期。

[2] 淮阴市博物馆：《泗阳贾家墩一号墓清理报告》，《东南文化》1988年第1期。

[3] 南京博物院、扬州市博物馆：《江苏扬州七里甸汉代木椁墓》，《考古》1962年第8期。

[4] 扬州博物馆：《扬州东风砖瓦厂八、九号汉墓清理简报》，《考古》1982年第3期。

俯视图

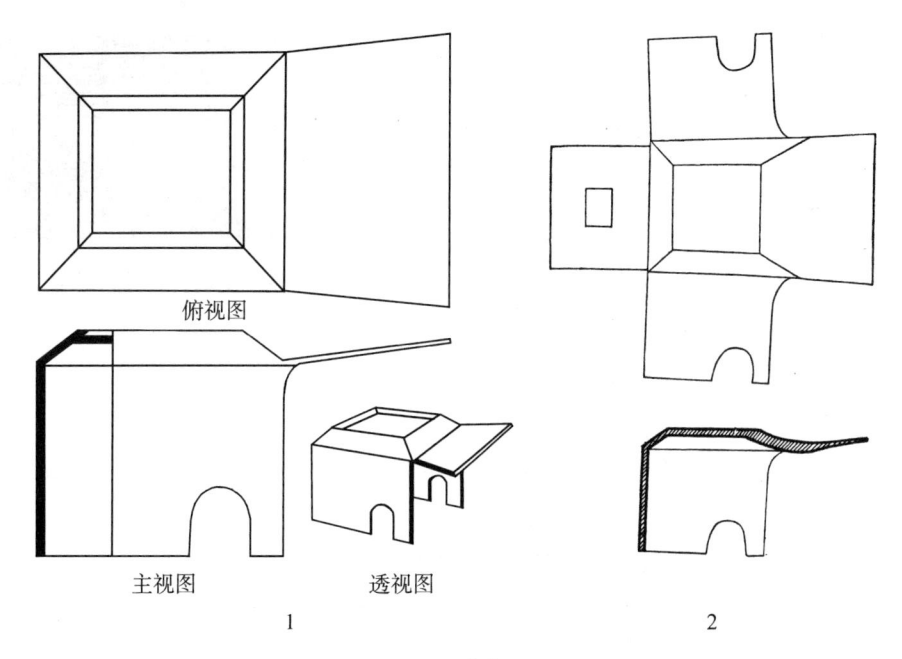

主视图　　透视图
1　　　　　　　　　　　2

图二　Ba型漆木"面罩"

1. 扬州七里甸汉代木椁墓出土　2. 扬州东风砖瓦厂M9出土

(图片来源：1.《江苏扬州七里甸汉代木椁墓》,《考古》1962年第8期,图二,7; 2.《扬州东风砖瓦厂八、九号汉墓清理简报》,《考古》1982年第3期,图六,1)

铜镜为四乳蟠螭纹镜,镜面朝外,头板处开方孔[1](图三,1)。安徽天长三角圩汉墓M1男棺出土者,长60.8、宽36、高36、壁厚1厘米。面板、侧板、头板内壁各嵌一面铜镜,铜镜镜面朝内。根据随葬印章可证,男性墓主名桓平,为广陵国时期的谒者属官[2](图三,2)。安徽天长三角圩汉墓M1女棺出土"面罩"周围散落大量玉饰片,同出木枕亦有嵌玉,推测应该有嵌玉装饰。山西阳高古城堡汉墓M12出土者,长约60、宽约34厘米,"面罩"外壁嵌有玉片、琉璃片,头板处开方孔[3](图四)。

Bc型　彩绘装饰,整体布满云虡纹,并绘有羽人、鸟兽等多种图案。如江苏邗江县姚庄M102出土者,长64、前宽41、后宽36、高30厘米,头板处开方孔。内髹褐红色底漆,上绘有彩凤、羽人、鸟兽,面板外壁装饰有银鎏金柿蒂纹和鎏金铜泡钉[4]。仪征新集螃蟹地七号汉墓出土者,通长60、宽40、高28厘米,头板处开方孔。外髹酱褐漆,绘云气纹、鸟兽、羽

---

[1] 扬州博物馆：《扬州平山养殖场汉墓清理简报》,《文物》1987年第1期。
[2] 安徽省文物考古研究所：《天长三角圩墓地》,北京：科学出版社,2013年,第139页。
[3] [日]小野胜年、日比野丈夫：《東方考古學叢刊・乙種第八冊・陽高古城堡》,东京：六兴出版,1990年,第109页。
[4] 扬州博物馆：《江苏邗江县姚庄102号汉墓》,《考古》2000年第4期。

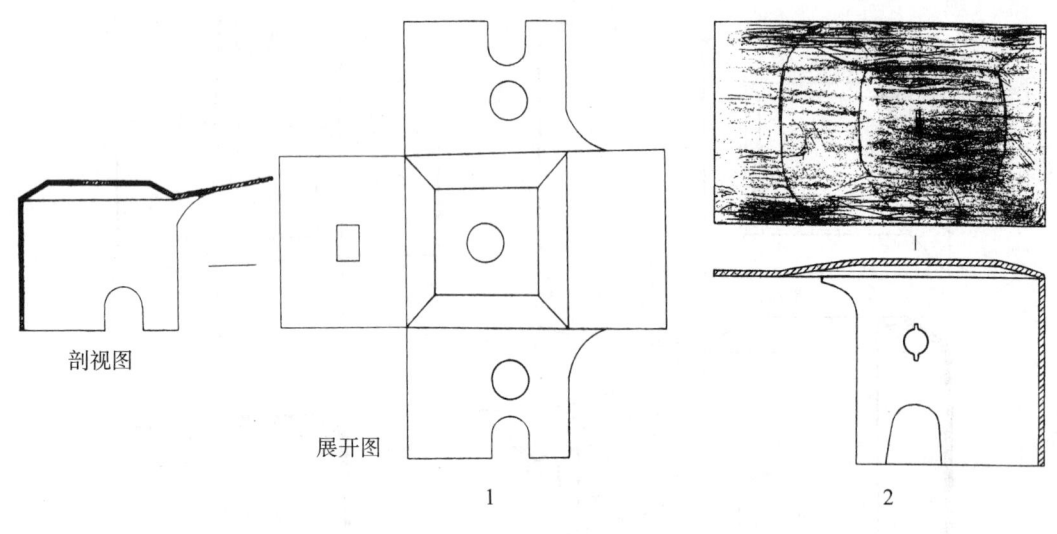

图三　Bb型漆木"面罩"

1. 扬州平山养殖场M1出土　2. 天长三角圩汉墓M1男棺出土

(图片来源：1.《扬州平山养殖场汉墓清理简报》，《文物》1987年第1期，图六，1；2.《天长三角圩墓地》，图一三八，1)

图四　阳高古城堡汉墓M12出土Bb型漆木"面罩"

(图片来源：《東方考古學叢刊·乙種第八冊·陽高古城堡》，第109页，插图37)

人等，内髹褐漆绘双龙穿壁图案。根据随葬印章及漆器，推测墓主可能为周姓官吏[1]（图五）。

Bd型　既有镶嵌又有彩绘。此种类型目前仅见镶嵌铜镜。如江苏邗江姚庄101号汉墓男棺出土者，长70、宽43.5、高33厘米，头板开长方形孔洞并置有网状铜隔板。外髹

---

[1] 仪征市博物馆：《仪征新集螃蟹地七号汉墓发掘简报》，《东南文化》2009年第4期。

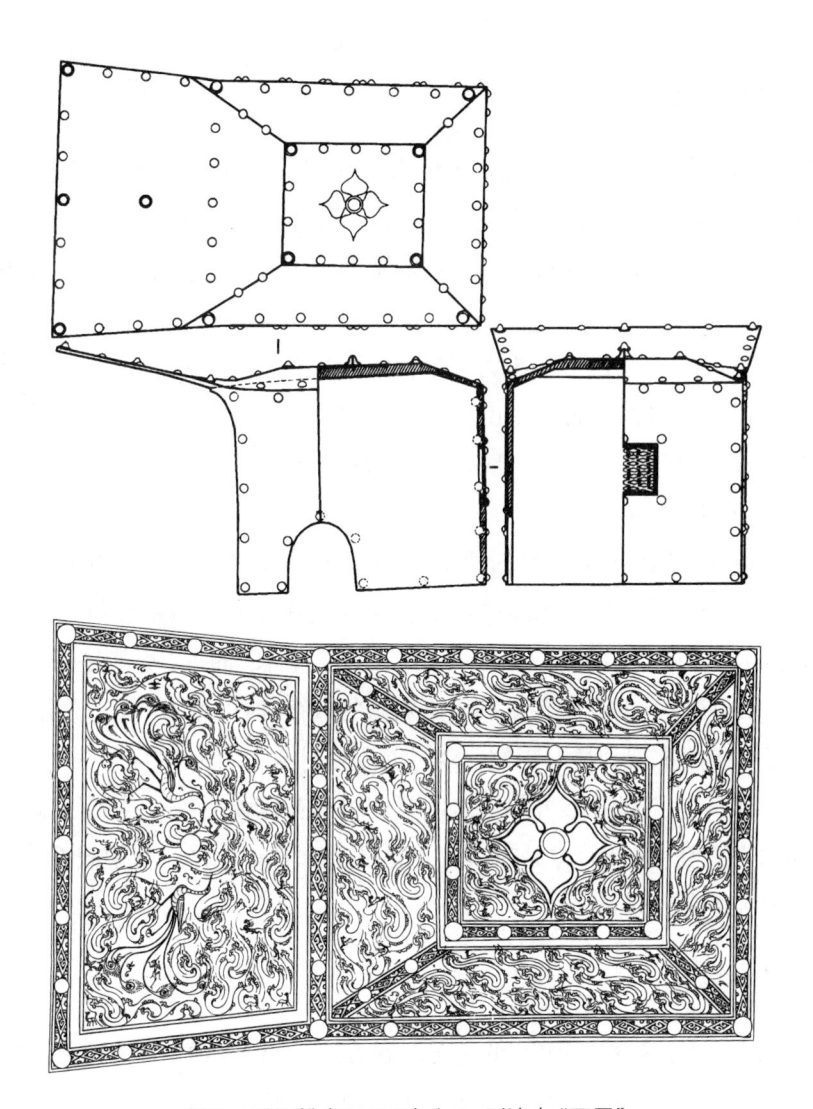

图五　邗江姚庄 M102 出土 Bc 型漆木"面罩"

（图片来源：《江苏邗江县姚庄102号汉墓》，《考古》2000年第4期，图一八、一九）

褐漆，内髹朱漆，绘有云虡纹、羽人等纹饰，面板及左右侧板内壁各嵌铜镜一面，镜面朝外。根据随葬的印章形制和兵器种类，推测墓主可能为广陵国中级武官[1]。

综上，漆木"面罩"整体似方盒，装饰手法多样。胎体多为木胎，个别为夹纻胎。内壁镶嵌铜镜的做法较为常见，一般为面板、头板和两侧板内壁各嵌一枚铜镜，镶嵌琉璃片（璧）、陶片（璧）应是玉片（璧）的廉价或带有地方特色的替代物，且陶片、琉璃片上的纹饰相同。铜镜的镶嵌方式多为镜面朝外即镜面朝向死者头部。

---

[1] 扬州博物馆：《江苏邗江姚庄101号西汉墓》，《文物》1988年第2期。

（二）时代与地域

出土漆木"面罩"的墓葬皆为竖穴土坑木椁墓，墓葬年代大致在西汉中期至东汉初，主要集中在西汉晚期（见附表）。目前所见最早一例出土于山西阳高古城堡M12，时代在西汉中期，顶部为平顶而非盝顶，顶部形制的不同是否具有意义，由于只是孤例，尚不能判断。

B型漆木"面罩"在数量上占绝大多数，主要分布于扬州及其附近地区，地方特色较强。A型目前仅公布三件，即青岛土山屯、东海尹湾、泗阳贾家墩出土者，地域上也较为接近。从装饰琉璃片（陶片）的形制与纹饰看，三者也比较一致，或可说明它们有共同的来源，也可能是一种地域特色。

青岛土山屯M147出土了完整的漆木"面罩"和琉璃席。根据二者所用琉璃片的纹饰可发现，以往出土的带有相同纹饰的"玉衣片"（实际多为琉璃片），很有可能是"玉席"片和装饰在漆木"面罩"上的玉（琉璃）片[1]。因此，漆木"面罩"可能是一种广泛使用的葬具，由于扬州地区特殊的埋藏环境利于漆木器的保存，所以漆木"面罩"出土较多，这也与该地区大量出土漆木器的情况一致。就目前所见材料看，漆木"面罩"当是文献记载中的"温明"，关于"温明"的记载并没有表明其使用具有地域性，一些特制的温明甚至被列入国家层面的丧葬制度中（后详）。总之，无论从出土材料还是文献记载看，漆木"面罩"均不是某一地区特有的葬具。

（三）定名与等级

以往研究中，对于漆木"面罩"的定名问题看法不同，有意见认为应该是文献记载的"温明"[2]，也有学者不同意此种看法[3]。近来发现的青岛土山屯汉墓M147出土遣册中记录有"玉温明一""玉枕一""玉席一"，墓中恰有琉璃连缀的席状葬具、木枕和镶嵌琉璃的漆木"面罩"，由此可将遣册中的"温明"与漆木"面罩"对应。如此，漆木"面罩"确实就是文献记载的"温明"。

《汉书·霍光传》载："光薨……赐金钱、缯絮、绣被百领，衣五十箧，璧珠玑玉衣，梓宫、便房、黄肠题凑各一具，枞木外臧椁十五具，东园温明，皆如乘舆制度。"[4]服虔注："东园处

---

[1] 焦阳：《染山汉墓出土"玉衣"讨论——也谈汉代墓葬中的"玉席"》，《南方文物》2021年第4期。
[2] 裘锡圭：《漆"面罩"应称"秘器"》，《文物》1987年第7期；孙机：《"温明"不是"秘器"》，见氏著《从历史中醒来》，北京：生活·读书·新知三联书店，2016年，第322页；王育成：《从"温明"觅"魑头"》，《文物天地》1993年第5期。
[3] 韩国河：《温明、秘器与便房考》，《文史哲》2003年第2期。
[4] 《汉书》卷六十八《霍光传》，北京：中华书局，1962年，第2948页。

此器,形如方漆桶,开一面,漆画之,以镜置其中,以悬尸上,大歛并盖之。"[1]可见,温明的形制与装饰总体上确实也与目前所见的漆木"面罩"一致。

上引服虔注中所说的"东园处此器"一般认为即是"东园秘器",如此温明即为东园秘器,属于天子的葬制,这就与目前出土漆木"面罩"墓葬的等级相去甚远,这也是有学者不同意漆木"面罩"为温明的主要原因。孙机先生认为"秘器"与"温明"不是同一种器物,根据更多的汉代文献来看,秘器应该是棺[2]。笔者同意此说,服虔的注释恐怕存在一定问题,也可能是文献抄刻的错讹。霍光被赐的一套按照"乘舆制度"的葬具中有温明,而且可能是天子之制的温明("东园温明"),但不能说温明就只能属于天子之制。正如棺本身不具有等级性,其制作所用的材料和装饰才能真正体现出其为天子所用的"梓宫""秘器"。《汉书·霍光传》中提及"梓宫",服虔注曰"棺也"。颜师古注曰:"以梓木为之,亲身之棺也。为天子制,故亦称梓宫。"[3]《汉书·董贤传》:"乃复以沙画棺四时之色,左苍龙,右白虎,上著金银日月,玉衣珠璧以棺,至尊无以加。"[4]《续汉书·礼仪下》"诸侯王、公主、贵人皆樟棺,洞朱,云气画。公、特进樟棺黑漆。中二千石以下坎侯漆"[5]。可见,即便在文献记载中(实际发现与之又有差别)不同等级的体现主要在棺的材质、髹漆、装饰题材以及与之相组合的一套葬具上,并非只有高等级者才可使用漆棺殓葬。

温明的使用问题与棺应该具有相似之处。霍光死后受到的赏赐,如玉衣、梓宫、黄肠题凑等都是带有明显等级性的东西,特制的温明与上述器物所构成的一套葬具共同表明特赐的"乘舆制度"。文献中找不到任何关于温明单独使用时所对应等级的记载。而且,不论上述文献是否有误,从目前所见已经比较丰富的漆木"面罩"材料来看,其单独使用时确实没有特别明显的等级和性别限制,有无装饰、装饰的方式和精美程度一定程度上可以体现死者财富和地位的差异。例如江苏邗江县姚庄101号西汉墓所出漆木"面罩",施有华丽的彩绘并镶嵌铜镜,墓主身份为广陵国中级武官。多数使用素面漆木"面罩"的死者,身份或为一般平民。彩绘和镶嵌玉(琉璃、陶)片的"面罩"大多制作精美,墓主身份多为中下级官吏,随葬品也较为丰富且制作精致。

---

[1]《汉书》卷六十八《霍光传》,第2949页。
[2] 孙机:《"温明"不是"秘器"》,见氏著《从历史中醒来》,第322页。
[3]《汉书》卷六十八《霍光传》,第2948页。
[4]《汉书》卷九十三《佞幸传》,第2740页。
[5](西晋)司马彪:《续汉书·礼仪志》,见《后汉书》志第六《礼仪下》,北京:中华书局,1965年,第3152页。

二、共存器物组合

漆木"面罩"作为一种殓尸器具,多数情况下并不单独使用,通过对棺内出土遗物进行梳理,笔者发现常与之同出的葬具还有枕、窍塞(眼盖、耳塞、鼻塞、肛塞和口琀)和握。

(一)漆木枕

漆木枕的使用在出土漆木"面罩"的墓中较常见,目前在出土"面罩"的18座墓(已发表简报或报告)中,14座墓出有漆木枕。枕的形制可分为有枕托和无枕托两种,有些枕上施有彩绘或玉片装饰。从枕的出土位置来看,大多数位于"面罩"内,仅有东风砖瓦厂M9出土于头箱[1]。可见,此处的枕应该是起承托死者头部的作用,非生人所用之物。洪石根据枕与漆木"面罩"的装饰风格相同,认为二者应是一同制造的一套葬具[2]。

我们对此类装饰相同的"面罩"和枕的尺寸进行比较,发现枕的长度与"面罩"的宽度相差不大,有些甚至基本等长[3](表一),从尺寸方面印证了二者的搭配关系。与A型漆木"面罩"搭配的木枕均镶嵌琉璃片,装饰手法与"面罩"一致,枕的两端均有虎头装饰。青岛土山屯M147中木枕出土位置明确,位于"面罩"内部,死者头下。与B型漆木"面罩"搭配使用的木枕装饰方式也与"面罩"一致。"面罩"两侧板处的马蹄形孔洞,以往多认为是"气窗"。从山西阳高古城堡西汉墓出土漆木"面罩"复原图来看,枕的两端可从"面罩"两侧马蹄形孔中伸出[4]。B型"面罩"组合使用的枕横截面多为马蹄状,与"面罩"两侧孔洞形状相似。然而,由于多数报告中未提及马蹄形孔洞的详细数据,故暂且无法判定随之一起出土的枕是否可以刚好卡入孔洞中。不过,就现有的器物数据来看,即使无法做到上述情况,在枕长与"面罩"宽度相当的情况下,枕基本可将"面罩"侧面的马蹄形孔洞遮挡住。可见,"面罩"两侧的马蹄形孔洞并不是所谓的"气窗",而是搭配漆木枕的结构。

不过,根据目前所见材料,虽然存在"面罩"与枕完美搭配使用的情况,但也存在有"面罩"无枕或"面罩"与漆枕不配套的情况。如东风砖瓦厂M9中,枕出土于头箱而未与"面罩"组合。说明二者虽然可能一同制作并配合使用,但毕竟是两个器物,因而在实际

---

[1] 扬州博物馆:《扬州东风砖瓦厂八、九号汉墓清理简报》,《考古》1982年第3期。
[2] 洪石:《略论西汉墓葬中出土的木枕》,见考古杂志社编《探古求原:考古杂志社成立十周年纪念学术文集》,北京:科学出版社,2007年。
[3] 报告中的长、宽数据皆从外部测量,考虑到"面罩"所使用木板厚度,"面罩"内部长、宽应比外部小1—2厘米。
[4] [日]小野勝年、日比野丈夫:《東方考古學叢刊·乙種第八冊·陽高古城堡》,第109页。

表一　共存的漆木"面罩"和木枕尺寸统计表

出土地点		长（厘米）	宽（厘米）	高（厘米）
江苏邗江县姚庄102号汉墓	面罩	64	35	30
	枕	24	10	10
江苏邗江县姚庄101号西汉墓	面罩	64	36	30
	枕	35.6	11.2	10.8
扬州东风砖瓦厂九号汉墓	面罩	60	34	32
	枕	22.4	不详	不详
扬州平山养殖场汉墓M4	面罩	66	42	35
	枕	38	10	8.8
仪征新集螃蟹地七号汉墓	面罩	60	40	28
	枕	38.5	8	8.5
扬州平山养殖场汉墓M6	面罩	64.5	42.5	28.5
	枕	40	9	不详

使用中可能出现漏用或分用的情况。

（二）窍塞、握

出土漆木"面罩"的墓葬中往往伴有窍塞出土，窍塞又主要在面部窍穴，与"面罩"便形成一定的组合关系。出土窍塞材质多样，有玉、琉璃、石和木制。窍塞的使用多不完整，大部分墓葬中多出现的是口琀和耳、鼻塞，眼盖和肛塞出现较少。唯一出土完整窍塞组合的是青岛土山屯M147，墓葬出土琉璃制眼盖、口琀、鼻塞、耳塞和肛塞，墓主曾任堂邑令和萧县县令[1]。

手握的使用汉代以前早已有之，《仪礼·士丧礼》记载："握手，用玄，纁里，长尺二寸，广五寸，牢中旁寸，着，组系。……设握，乃连腕。"[2]随着时间的推移，手握的形制、质地也发生着变化。与漆木"面罩"一同出土的手握，大多也为木制，圆柱体，有髹漆和未髹漆之

---

[1] 青岛市文物保护考古研究所、黄岛区博物馆:《山东青岛土山屯墓群四号封土与墓葬的发掘》,《考古学报》2019年第3期。
[2] （东汉）郑玄注，（唐）贾公彦疏:《仪礼注疏》卷三十五《士丧礼》,上海：上海古籍出版社,2008年,第1060、1081页。

分,极个别才是当时流行的玉猪握,说明二者具有一定的组合关系。

三、源流与功能

(一) 源流

漆木"面罩"虽是遮盖在死者头部的葬具,但从其尺寸(长度多为50-60厘米)和外形来看,与以往所论覆面多有不同,其外形甚至更接近漆棺。

首先,漆木"面罩"与漆棺材质相同,功用有相似之处。第二,髹漆颜色一致,多为内红外黑(褐)或全黑。第三,所使用的装饰元素,如云虡纹、四神、羽人、柿蒂纹、玉(陶)璧等,与彩绘漆棺上的装饰极为相似。如马王堆一号汉墓黑底彩绘棺,棺内涂朱漆,棺的外表,以黑漆为地,彩绘了复杂的云气纹,以及穿插其间、形态生动的许多神怪和禽兽[1]。长沙砂子塘西汉墓外棺外表漆绘有红、白、黑、棕、黄等颜色的精美花纹,内面髹朱漆。盖板中间绘变形云纹,中央有一金黄色谷粒纹璧[2](图六,1、2)。江苏盐城三羊墩M1漆棺,内髹朱漆,四壁饰有四叶纹铜钉,面上还有朱绘花纹,前挡绘铺首,后挡绘飞禽[3]。高邮神居山西汉广陵王墓中出土漆棺,内棺盖正中置玉璧一枚[4](图七)。镶嵌有玉(陶)片的漆木"面罩",亦与镶玉漆棺的装饰手法相似[5]。

如果说上述三点在其他漆器中亦可找到对应,那接下来的一点,或许可以打消这种疑虑。在出土数量占多数的B型漆木"面罩"中,头板处多开有方孔,部分"面罩"方孔处还装有网状铜格板,而这种开孔方式常见于漆棺。扬州市平山雷塘26号西汉墓出土"面罩",头板处开有方孔,方孔上下饰朱雀、玄武,左右饰持戟羽人[6](图八)。这里的方孔好似一扇门,两侧的羽人像是这扇门的守卫。类似的门窗元素在漆棺上亦可见到,如曾侯乙墓墓主外棺处开有孔洞,内棺的足挡当中绘有"田"形窗格和方窗框,侧板处绘有方形的格子门(图六,3、4)。其他陪葬棺亦有类似情况,"田"形窗格纹或施于头挡,或施于足挡,或二者兼施[7](图六,5、6)。黄晓芬在论及楚墓构造特点时亦注意到此现象,并指出楚墓椁内间隔板上存在开设方孔→装饰门窗→设置模造门扉的变化,或许象征死者灵魂

---

[1] 湖南省博物馆、中国科学院考古研究所:《长沙马王堆一号汉墓》,北京:文物出版社,1973年,第15页。
[2] 湖南省博物馆:《长沙砂子塘西汉墓发掘简报》,《文物》1963年第2期。
[3] 江苏省文物管理委员会、南京博物院:《江苏盐城三羊墩汉墓清理报告》,《考古》1964年第8期。
[4] 梁白泉:《高邮天山一号汉墓发掘侧记》,《文博通讯》1980年第32期。
[5] 王煜:《汉代镶玉漆棺及相关问题讨论》,《考古》2017年第11期。
[6] 扬州博物馆:《汉广陵国漆器》,北京:文物出版社,2004年,第125页。
[7] 湖北省博物馆:《曾侯乙墓》,北京:文物出版社,1989年,第55页。

图六 漆棺的装饰特点

1、2. 长沙砂子塘西汉墓外棺　3、4. 曾侯乙墓墓主内棺　5、6. 曾侯乙墓陪葬棺
（图片来源：1、2.《长沙砂子塘西汉墓发掘简报》，《文物》1963年第2期，图版三；3、4.《曾侯乙墓》，图二〇、二一；5、6.《曾侯乙墓》，图二八，2、3）

图七　高邮神居山西汉广陵王墓出土漆棺　　图八　扬州平山雷塘26号西汉墓出土漆木"面罩"头板
　　（图片来源：《汉广陵国玉器》，第10页）　　　　（图片来源：《汉广陵国漆器》，第125页）

的游离[1]。余英时先生认为，最迟在公元前2世纪，中国灵魂二元论最后已定形[2]，在此之前，古人对于人死后的存在方式早已有所思考。由此来看，这种门窗元素出现在葬具上，可能代表灵魂的出入口[3]。

　　A型漆木"面罩"头板无开口，通体镶嵌琉璃片（陶片）。青岛土山屯所出"面罩"上还有建筑构件装饰，好似房屋。西汉晚期山东地区的画像石椁上，也可见到建筑图案，东汉时期四川地区又出现了房型石棺。可见，棺椁模仿建筑的做法并不不在少数。四川地区画像石棺头挡处常刻绘有伏羲、女娲图像，同样，在青岛土山屯"面罩"开口处摆放有伏羲、女娲木俑，对称放置在死者头颈部两侧。如此情况当不是巧合，与伏羲、女娲出现的场景和含义密切相关（后详）。加之镶嵌玉片的做法在漆棺上也可见到，故虽然A型"面罩"造型稍显特殊，但其装饰元素仍然接近于棺。

　　如前所述，漆木"面罩"使用时间并不长，目前所见时间最晚的出土于东汉初期的墓葬中。通过上文对于其源起的分析，进而可以推测其消失或许与墓葬形制和丧葬文化的改变有关系。东汉早期墓葬形制较为复杂，土坑竖穴墓仍然存在，同时出现了砖室墓和

---

[1] 黄晓芬：《汉墓的考古学研究》，长沙：岳麓书社，2003年，第67页。
[2] 余英时：《东汉生死观》，上海：上海古籍出版社，2005年，第137页。
[3] [美]巫鸿：《礼仪中的美术——马王堆再思》，见氏著，郑岩、王睿编，郑岩等译：《礼仪中的美术》，北京：生活·读书·新知三联书店，2016年，第119页。

石室墓。至东汉中晚期时,已流行砖室墓和石室墓,尤其是画像石墓[1]。众所周知,砖(石)室墓的密封性不比竖穴木椁墓,不利于漆木器保存,以棺椁为主体的一套葬具在东汉时期的墓葬中都难以完整保存下来。因此,东汉初期之后的墓葬再无漆木"面罩"出土,可能是因为无法保存下来。另外,砖(石)室墓的出现引起了丧葬各方面的巨大变化。墓葬形制演变成砖(石)室墓之后,墓室越来越像生时的居所,漆木"面罩"的功能可能因此而弱化进而被墓室装饰所替代。可以看到,在画像石、画像砖和画像石棺上,常见有四神、璧、门阙、云气纹、柿蒂纹等漆木"面罩"所使用的装饰元素,墓葬本身既具有模仿生时居所的含义,同时也可表现出对于天界和宇宙的认知,表达出对于升仙的向往。

以上两种可能性,我们更倾向于第二种,即随着砖(石)室墓的出现,漆木"面罩"的作用减弱进而被淘汰。东汉时期文献中未见有关于温明的记载,东汉中晚期墓葬中也未见相关遗存出土。后代文献中尚可见到零星的有关"温明"的记载,如《晋书·司马孚传》:"其以东园温明秘器、朝服一具、衣一袭、绯练百匹、绢布各五百匹、钱百万、谷千斛以供丧事。"[2]《魏书·阳平王传》:"太宗哀恸不已,赐温明秘器,礼物备焉。"[3]温明后接"秘器"二字,为赏赐之物,使用者等级较高,目前发现的魏晋南北朝墓葬中也未见有相关遗存的痕迹。综合考古材料、文献记载和东汉以来墓葬及葬具演变的大背景来看,使用温明殓葬在受传统礼制影响很大的高等级丧葬制度中恐怕还有一定时期的余绪,但作为一种较为广泛的丧葬习俗应该已经消失,其形制与西汉晚期至东汉初期的是否相同目前也不得而知。综上,漆木"面罩"的消失或许是墓葬形制改变所带来的众多变化之一,随着木椁墓的消失,漆木"面罩"也总体上消失在历史长河中。

(二)功能

漆木"面罩"作为一个造型特殊的葬具,其作用或可总结为三点。

第一,遮盖死者面部。人死后遮住面部的传统古已有之,之所以将死者面部遮盖住,一是怕生人见到死者面部而有所嫌恶,二是代表斯人已逝,以求死者安息。目前考古所发现的汉代覆面多为玉和织物制,各有其地域分布上的特点。漆木"面罩"可能是覆面之外的另一种遮面器物。

第二,于棺中制造另一"空间"。通过观察漆木"面罩"的尺寸、形状及装饰,笔者推测其制作是借鉴了漆棺。确实,以现有漆木"面罩"的体积来看,其放入棺中之后所占据

---

[1] 中国社会科学院考古研究所:《中国考古学·秦汉卷》,北京:中国社会科学出版社,2010年,第451页。
[2] 《晋书》卷三十七《列传第七》,北京:中华书局,1974年,第1085页。
[3] 《魏书》卷十六《列传第四》,北京:中华书局,1974年,第391页。

的空间是相当大的。漆木"面罩"这种立体造型比覆面多出了在"空间"构成上的作用。"空间"的顶部构造成盝顶，在"空间"内部，除死者的上半部身体外，还可有窍塞、铜镜、璧等器物，头板处的方孔就好像出入该"空间"的门户。而且目前所见出土漆木"面罩"的墓葬中所用漆棺大多无彩绘和其他装饰，十分朴素，与内部"面罩"上的华丽装饰形成鲜明对比，漆木"面罩"可能是对漆棺的一种补充。

第三，模拟宇宙与天界，保护灵魂和并引导其出入、升天。

漆木"面罩"顶部整体造型为盝顶，面板处镶嵌玉璧，大部分头板处开方孔用以表现"门"的构造，并彩绘四神、云气等图案。先秦就有"以苍璧礼天"一说，玉璧的出现或许体现了对天的崇拜和向往[1]，某些情况下还带有"天门"的含义[2]。许多学者也同意，汉代铜镜的形制与纹饰具有深刻的宇宙观意义，汉代人也往往将铜镜的映照类比为日月[3]，漆木"面罩"中镶嵌的铜镜确实主要为镜面朝外，照向"面罩"内空间。四神源于对二十八宿的分区，是中国传统天文学的重要内容[4]。汉代墓葬中，四神图像常出现在墓室顶部的天界场景中，具有守护四方的含义[5]。已有学者指出，漆木"面罩"绘制四灵的作用是从四方保护死者的身体和灵魂[6]。加之漆木"面罩"为方形盝顶，其装饰形式确乎有时人宇宙观念的注入。

扬州市平山雷塘26号西汉墓出土漆木"面罩"，头板处开有方孔，方孔上下饰朱雀、玄武，左右饰持戟羽人。此处，方孔已经被当作一扇"门"来看待，守护这扇"门"的朱雀、玄武、羽人皆是表现天界场景的常见元素。这不禁让人认为这扇"门"应当是通往天界的通道。尤其是青岛土山屯M147"面罩"开口处摆放有伏羲、女娲木俑。伏羲、女娲图像在汉代墓葬中十分常见，多手持规、矩或日、月，出现在天界场景中。有学者认为，伏羲、女娲与天门关系密切，汉墓中的伏羲女娲图像应该主要与升天成仙有关[7]。虽然青岛土山屯M147出土"面罩"头板处未专门开"门"，但伏羲、女娲木俑对置于死者头颈部的开口两侧(图九)，是"面罩"上的唯一开口，其用来护卫、引导死者的含义明显。

由于意识出于头脑，而头部的口鼻又是呼吸之所，古人普遍认为灵魂存在和出入于头

---

[1] 周南泉：《论中国古代的玉璧——古玉研究之二》，《故宫博物院院刊》1991年第1期。
[2] 王煜：《汉墓天门图像及相关问题》，《考古》2019年第6期。
[3] Michael Loewe, *Way to Paradise: The Chinese Quest for Immorality*, George Allen & Unwin, 1982: 66-85；[日]林巳奈夫：《漢鏡の圖柄二、三について》，《東方學報》第44冊，1973年，第9-11页；王煜：《象天法地：先秦至汉晋铜镜图像寓意概说》，《南方文物》2017年第1期。
[4] 冯时：《天文学史话》，北京：社会科学文献出版社，2011年，第70-84页。
[5] 牛天伟：《汉代"四神"画像论析》，《南阳理工学院学报》2013年第2期。
[6] 黄佩贤：《汉代四灵图像的构图分析》，见陈江风主编《汉文化研究》，郑州：河南大学出版社，2004年，第166-176页。
[7] 王煜：《汉代伏羲、女娲图像研究》，《考古》2018年第3期。

揭开面罩盝顶前　　　　　　　　　　　揭开面罩盝顶后

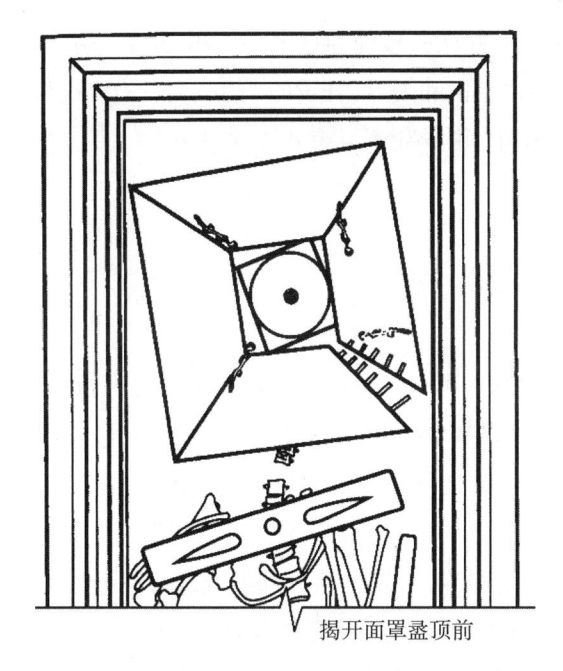

图九　青岛土山屯M147伏羲、女娲木俑出土位置

（图片来源：《山东青岛土山屯墓群四号封土与墓葬的发掘》图六，14-1为伏羲木俑，14-2为女娲木俑）

部[1]。《老子河上公注》中说："言不死之道，在于玄牝。玄，天也，于人为鼻。牝，地也，于人为口……魂者雄也，主出入于人鼻，与天通……魄者雌也，主出入于人口，与地通……言鼻口之门，是乃通天地之元气所从往来也。"[2]可见，汉代人确实认为口鼻是魂魄与天地相通的通道。《风俗通》曰："俗说亡人魂气浮扬，故作魌头以存之，言头体魌魌然盛大也。或谓魌头为'触圹'，殊方语也。"[3]有学者就认为此处的魌头或许就是温明[4]。可见，以模仿宇宙和天界的漆木"面罩"盖住头部并开有孔洞，目的就在于保护灵魂并引导其出入、升天。与"面罩"相组合使用的窍塞等也应该与保存死者的精气、灵魂等观念有关。

综上，漆木"面罩"的产生和消失与墓葬形制的变化有着密不可分的关系。"面罩"是多种观念的集合体，其造型上的创作可能是受到了漆棺的影响，多种装饰手法与楚地漆棺相同，好似一个缩小版彩绘（镶玉）漆棺。但其所遮盖的部位主要是死者头部，与自古以来死后覆面的传统并不能轻易地脱离关系。由于漆木"面罩"特殊的外形和较大的体积，

[1]［英］J. G. 弗雷泽著，汪培基、徐育新、张泽石译：《金枝——巫术与宗教之研究》，北京：商务印书馆，2017年，第301-328页。
[2] 王卡点校：《老子道德经河上公章句》，北京：中华书局，1993年，第21、22页。
[3]（宋）李昉等编：《太平御览》卷五五二《仪礼部三一》引《风俗通》，北京：中华书局，1961年，第2501页。
[4] 王育成：《从"温明"觅"魌头"》，《文物天地》1993年第5期。

其在棺内使用时又构成了一个独立的小"空间",并在头板处为这个"空间"开了一扇与外界联系的"门"。这个空间的营造、装饰皆模拟宇宙和天界,开设的"门",加之伏羲、女娲、朱雀、玄武、羽人等于开口处出现都透露出护卫、引导死者灵魂升天的想法。

四、结　语

　　漆木"面罩"的使用大致在西汉中期至东汉初,可分为两型,A型无前桥,有底板;B型有前桥,无底板,侧板和头板开孔洞,目前所见以B型居多。A型出土于扬州以外地区,目前见于山东和江苏北部,由于材料尚少,是否具有地域性尚不能判断。B型集中出土于扬州地区,装饰手法较为多样,且存在多种装饰手法并存的情况。漆木"面罩"当是文献记载的"温明",其单独使用时并不直接体现身份等级,装饰的有无和形式或可部分反映死者生前的身份和财力。漆木"面罩"应该不是扬州地区所特有的葬具,只是由于漆木器难以保存,其他地区可能仅存有装饰"面罩"的玉片(琉璃片),限于以往的知识,未能分辨。

　　漆木"面罩"常与窍塞、手握和漆木枕一同使用,其中枕和"面罩"可能是一同制造的一套器物,"面罩"两侧的马蹄形孔洞也当与枕的使用有关,并不是所谓的气孔。而头板处的方孔或许是供灵魂出入的门户。

　　从漆木"面罩"的外形、装饰和髹漆来看,其制作或许是借鉴了漆棺的形制,装饰手法与楚地漆棺类似,镶嵌玉片(琉璃片)的做法类似于镶玉漆棺。漆木"面罩"或可理解为外形接近漆棺的覆面,同时因为其立体的外形又赋予其构建"空间"的作用,这个"空间"的形制及其上璧、铜镜、四神等装饰,无不透露着时人的宇宙和天界观念。之所以会在"面罩"上(内)出现璧、"门",并在门侧出现伏羲、女娲等元素,是希望死者的灵魂可以通过头部的面罩保护进而引导升天。

　　制作如此成熟的一套丧葬器物却在东汉初年后消失于墓葬中,其原因或与墓葬形制和丧葬文化转变有关。由木椁、漆棺、漆木"面罩"所构成的空间格局逐渐被砖石墓和石室墓所构成的象生空间所取代,"面罩"的作用可能因此被弱化,加之随葬漆木器的数量也在逐渐减少,致使漆木"面罩"最终遭到淘汰。

（原载《考古》2020年第5期）

　　补记:本次出版,对原刊中的注释内容稍作改动,对图名中的错误进行修正。

附表　漆木"面罩"出土情况统计表

出土地点	年代	墓主身份	数量	面罩装饰	伴出器物	出处
山西阳高古城堡汉墓M12	西汉中期	耿夫	1	嵌玉、琉璃片	嵌玉木枕、玉耳塞、玉鼻塞、玉握	《东方考古学丛刊·乙种第八册·阳高古城堡》
安徽天长三角圩汉墓M1	西汉中晚期	广陵国谒者属官	2	男棺：嵌玉片 女棺：嵌铜镜	男棺：嵌玉木枕、玉耳塞、玉鼻塞、玉口琀（蝉）女棺：玉耳塞	《天长三角圩墓地》
江苏扬州平山养殖场汉墓M1	西汉中晚期	不详	1	髹漆素面，嵌铜镜	玉琀塞、彩绘木握	《文物》1987年第1期
江苏锦屏青龙山纱帽寺西汉椁墓	西汉中晚期	不详	1	嵌铜镜	玉鼻塞	《文物》1990年第4期
江苏邗江西湖胡场22号墓	西汉中晚期	不详	不详	髹漆素面	不详	《汉广陵国漆器》
江苏邗江县姚庄102号汉墓	西汉晚期	广陵国官员	2	男棺：彩绘 女棺：彩绘	男棺：玉握、玉口琀（蝉）、玉肛塞、玉鼻塞、玉握、木握、漆枕	《考古》2000年第4期
江苏邗江县姚庄101号西汉墓	西汉晚期	广陵国中级武官	2	男棺：彩绘、嵌铜镜 女棺：粉彩	男棺：漆枕、木握 女棺：粉彩漆枕、木眼盖、鼻塞、木握	《文物》1988年第2期
江苏扬州东风砖瓦厂九号汉墓	西汉晚期	不详	1	髹漆素面	彩绘漆枕、石药塞、眼盖	《考古》1982年第3期
山东青岛土山屯墓群M147	西汉晚期	堂邑令	1	嵌琉璃片、璧、铜镜	木枕、琉璃七窍塞	《考古学报》2019年第3期

（续表）

出土地点	年代	墓主身份	数量	面罩装饰	伴出器物	出处
江苏盱眙县小云山M5	西汉晚期	不详	1	木胎素面	木枕、玉耳鼻塞	《中国考古学年鉴：1997》
江苏东海尹湾汉墓M6	西汉元延三年	功曹史	1	内外嵌琉璃片及玉璧	木枕、玉口琀（蝉）	《文物》1996年第8期
江苏扬州市平山雷塘26号西汉墓	西汉晚期	不详	不详	彩绘	不详	《汉广陵国漆器》
江苏泗阳贾家墩一号墓	西汉末年	不详	1	嵌陶壁、陶片、铜镜	玉琀（蝉）、玉鼻塞、玉肛塞	《东南文化》1988年第1期
江苏盱眙东阳汉墓群M30	新莽时期	不详	2	男棺：木胎素面 女棺：彩绘	/	《东南文化》2013年第6期
江苏扬州东风砖瓦厂六号汉墓	新莽时期	不详	1	髹漆素面	漆枕	《考古》1980年第5期
江苏扬州平山养殖场汉墓M4	新莽时期	不详	1	髹漆素面	玉琀、琉璃鼻塞、漆枕	《文物》1987年第1期
江苏仪征新集螃蟹地七号汉墓	新莽时期	广陵国贵族或官僚	1	彩绘	彩绘漆枕	《东南文化》2009年第4期
江苏扬州平山养殖场汉墓M6	新莽时期	不详	1	髹漆素面	漆枕、木握	《考古》1986年第11期
江苏扬州东风砖瓦厂三号汉墓	新莽或东汉初	不详	2	男棺：髹漆素面 女棺：彩绘	男棺：枕、木握 女棺：木握	《考古》1980年第5期

(续表)

出土地点	年代	墓主身份	数量	面罩装饰	伴出器物	出处
江苏扬州东风砖瓦厂五号汉墓	新莽或东汉初	不详	1	彩绘	彩绘漆枕、木握	《考古》1980年第5期
江苏宿扬高速公路汉墓群	西汉晚至东汉早期	不详	7	不详	不详	《中国文物报》2016年6月3日
江苏邗江西湖胡场14号墓	西汉	不详	不详	彩绘、嵌玉璧	不详	《汉广陵国漆器》《汉广陵国玉器》
江苏扬州七里甸汉代木椁墓	东汉初期	不详	1	髹漆素面	/	《考古》1962年第8期
江苏连云港青龙山	不详	不详	1	木胎嵌铜镜	不详	
江苏东海浦南九凤墩	不详	不详	1	嵌玉	不详	《尹湾汉墓简牍综论》

礼俗文化 | 再论汉代的漆木"面罩"　193

祭祀是居，神明是处：临沂吴白庄汉画像石墓图像配置与叙事

王 煜　皮艾琳

汉画像石以十分丰富的内容表现了汉代社会生活、物质文化以及思想观念等众多方面，宋代以来就颇受到金石学者的关注，近现代以来从考古学、美术史、历史学等角度对其进行的研究更是汗牛充栋。然而，一方面由于画像石出土时往往零散，另一方面受到研究传统的影响，主要的研究仍然集中在个别题材的认定和意义的阐释上。随着现代考古学的兴起，以及对墓葬结构本身的重视，画像石题材的整体配置问题也引起学者注意[1]。尤其是近二三十年来，一些学者将美术史的方法引入墓葬研究中，画像石题材内容的"图像程序"等问题受到一定程度的关注，具有相当的启发[2]。其实，就目前所见而言，完整的画像石墓材料已经有相当数量的积累，也已经具有相当深厚的题材研究的基础，相对而言，对于这些完整画像石墓的图像配置和程序的研究仍然远远不足。这一方面固然有上述研究传统的制约，另一方面也有画像石墓既具有一定共性也具有突出个性的客观限制。因此，先进行较多的具有代表性的个案研究，再在此基础上进行整合恐怕是必要的途径。而临沂吴白庄画像石墓无疑是山东地区东汉晚期大型回廊墓画像配置的一种代表，其墓室结构复杂，画像内容丰富，图像逻辑相对比较清晰，对其进行系统的解读是探索上述课题的一个关键步骤。

临沂吴白庄画像石墓发掘于上世纪70年代，由于一些客观原因，仅在90年代末发表了简报[3]，但其部分画像拓片已经被广泛收录于各种汉画像图录中，学界对其中的一些重

---

[1] 如南京博物院、山东省文物管理处：《沂南古画像石墓发掘报告》，文化部文物管理局，1956年。
[2] 如[美]巫鸿：《超越"大限"——苍山石刻与墓葬叙事画像》，见[美]巫鸿著，郑岩、王睿编《礼仪中的美术——巫鸿中国古代美术史文编》，北京：生活·读书·新知三联书店，2005年，第205-224页。
[3] 管恩洁、霍启明、尹世娟：《山东临沂吴白庄汉画像石墓》，《东南文化》1999年第6期。

要题材已经多有涉及和讨论,加之其总体上为山东地区汉画像的常见题材,使得系统研究已经具有一定基础。更为重要的是,其系统的资料于2018年9月出版,其中包含了详细的墓室结构和画像位置、关系[1]等资讯,使得系统研究最终成为可能。于是我们不揣浅薄,欲就该墓画像的整体配置和图像逻辑、意义及相关问题作出较为系统的讨论,为推进上述课题略尽绵薄之力。

一、门楣(横额):墓主理想生活的主体叙事

该墓为砖石混筑的大型回廊墓,整体坐北朝南,东西横宽15米,南北纵长9米,高约3.5米。前(南)部为横长前室,其间以东西并排的三个立柱及立柱上的南北向过梁(隔梁)支撑。前室之后(北)整体为回廊包围,分为东西两个部分,东部有紧接前室的后室(东后室),并分为两间,西部前室之后为开放性的中室,其后再为后室(西后室)。整体来看,显然是以西后室为最核心的位置,应为地位最高的墓主棺室,画像程序和内容也完全符合这一判断(后详)(图一)。

首先需要特别说明的是,该墓总体上分为东、西两部分,这两部分的具体修建时间也可能有先后,那么,将之作为一个整体考虑其图像叙事是否合适?我们认为,一方面该墓虽然有东、西之分,但结构又十分合理,两部分的后室总体一起被回廊包绕,且有共同的横长前室,东西两部分的画像风格不论是门楣(横额)还是过梁部分都完全一致,即便不是绝对意义上的同时建造,也应十分相近,而且具有总体的规划;另一方面,从后文的论述来看,这两部分的画像内容连贯,衔接紧密,完全可以也应该作为一个整体来考虑,即便有些许的先后,在最后一次营建中显然是对整个画像作了整体的设计和协调,那么,我们讨论它最后呈现的图像叙事应该是可以成立的。

画像主要分布于墓门门楣、门扉、前室和中室门楣(横额)、过梁(隔梁)及立柱之上,共计64幅,而且这几个部分的画像总体上自成一个层次,整体意义有所侧重,当然也具有联系(后详)。其中,刻画于前、中室门楣(横额)部分的画像整体连接,以车马出行为主体,具有较为清晰的图像逻辑,我们首先讨论这一部分。由于这一部分结构复杂,画像丰富,为便于读者理解,我们先根据其位置对画像石进行编号,按照编号来叙述和讨论(图二)。

---

[1] 临沂市博物馆:《临沂吴白庄汉画像石墓》,济南:齐鲁书社,2018年。

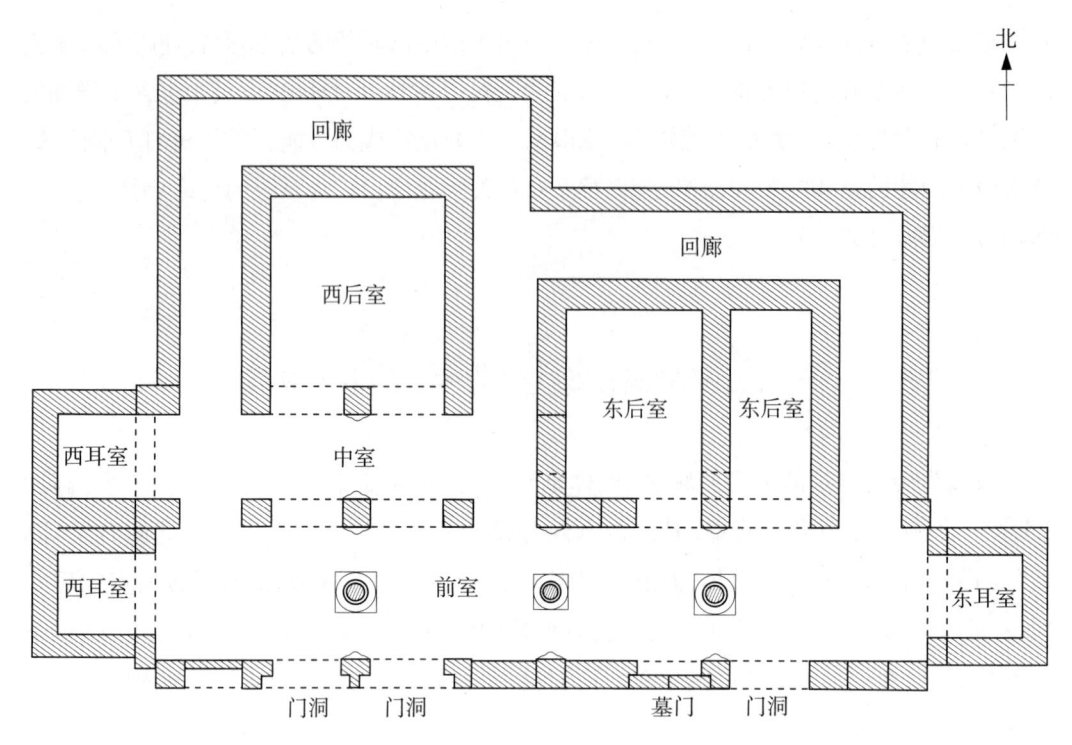

图一　吴白庄汉墓平面结构图

（图片来源：《临沂吴白庄汉画像石墓》，第8页。本文所有图片皆采自该报告，后不赘述）

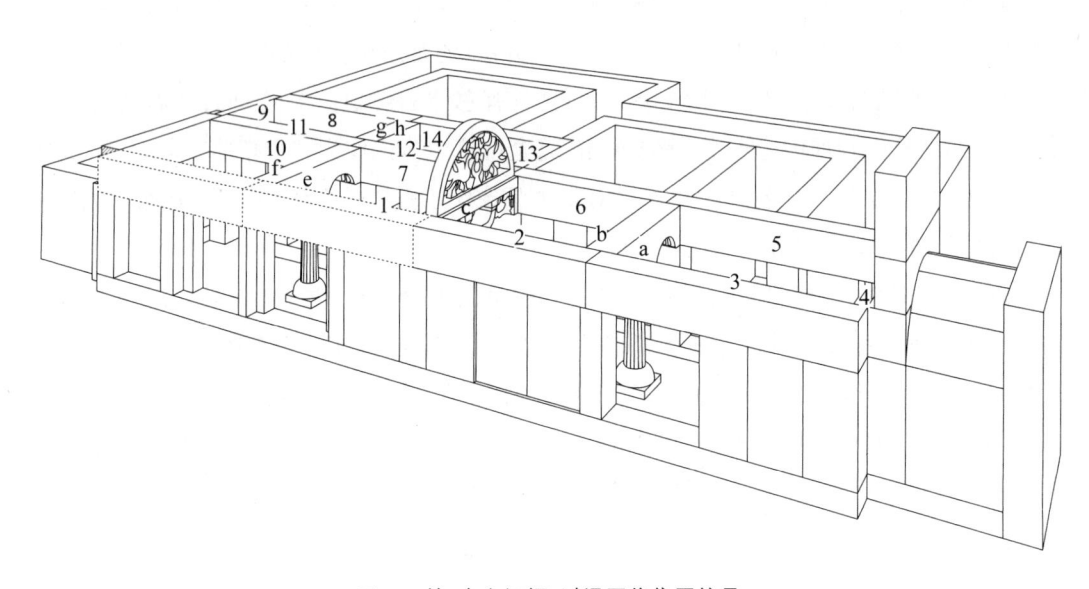

图二　前、中室门楣、过梁画像位置编号

196　蜀山琢玉：丧葬制度与帝国气象

（一）祭拜墓主和墓主享祭的完整叙事

前、中室门楣（横额）上的车马出行画像，总体上由两条各自从前后出发的线性路线对接于一点。

第一条车马出行路线以前室南壁（前壁）整个门楣的中部为起点（编号1），逆时针绕行前室东半部（编号2→4→5），到达前室北壁（后壁）东二门楣（编号6）。其中编号1虽有较大残损，但内容清晰，是与编号2连接的车马出行，且有一人捧盾迎送，联系后文来看当是送行，为此列出行的起点。编号2和4分为上下两栏，下栏为轺车、骈车、辇车各一辆，车队前方有导骑，上栏分别为宴饮、乐舞和奏乐、百戏（图三、四）。编号6也分为上下两栏，下栏为四辆轺车，最后一辆有四维，最前一辆之前有一捧盾人物作迎接状，上栏也为宴饮、乐舞和百戏（图五）。编号5虽然也为车马出行，但稍有特殊，表现为车马过桥，而且车马后有七个人物持刀跟随，观其发式，似为女性，已有学者讨论此类画像为一个关于"七女为父报仇"的故事[1]。从内容来看，我们同意这一认识。不过将之放到整个连续的车马出行路线中，此画像应该并不侧重故事的意义，恐怕只是工匠借用这个画像格套来表现车马过桥而已，这从画像上也分为上下两栏将所谓"七女"分割开可以看到，它的意

图三　前室南壁东二门楣画像拓片（编号2）

图四　东耳室门楣画像拓片（编号4）

---

[1] 参见邢义田：《格套、榜题、文献与画像解释——以一个失传的"七女为父报仇"汉画故事为例》，见邢义田著《画为心声：画像石、画像砖与壁画》，北京：中华书局，2011年，第92-137页。

图五　前室北壁东二门楣画像拓片（编号6）

义应该还是在车马过桥（图六）。而且，以往学者讨论该类画像时关注点皆在其内容，我们发现从现有材料来看，该类画像皆是出现在一般出行场景中，而非历史故事场景，这涉及到画像的原本题材与使用情况及其中意义的变化，是一个十分有趣的话题，我们拟另文讨论，兹不赘述。编号3只有一栏，全是关于庖厨的画像，并没有车马出行的内容，但庖厨画像显然与编号2、4、6上栏中的宴饮、乐舞、百戏为同类，并非对整个序列的打破（图七）。也就是说，编号1→6不论在位置、方向还是内容上都总体连为一体，表现了一支连续的车马出行及过桥的队伍（主要在下栏）和庖厨、宴饮、乐舞、百戏的享乐题材（主要在上栏）。而从编号6最前面捧盾的迎接人物来看，这列队伍已经到达了终点。那么，其出行目的为何？则要看其前方编号7的画像。

图六　前北壁东一门楣画像拓片（编号5）

图七　前室南壁东一门楣画像拓片（编号3）

编号7位于前室北壁（后壁）西边部分的东部门楣，也就是中室的前壁门楣，这里是以西后室为核心的独立空间的开始，位置颇为重要。画像东侧分为上下两栏，皆为众多头戴进贤冠的人物面向西侧跪拜。西侧通栏刻画一位头戴进贤冠的高大人物持便面端坐，

198　蜀山琢玉：丧葬制度与帝国气象

接受前方众多人物的跪拜,其前尚有一对灯、烛状物和圆案、樽等,其后尚有两人跪拜(图八)。该人物为整个门楣(横额)画像上最为高大和突出的人物,又有众多人物向其跪拜,再考虑其整体位置和图像逻辑,我们有理由推测其为墓主的表现。如此,则上述环绕前室东部的整个出行队伍应即前来拜谒墓主的队伍,车中的主人应当加入其队伍前方跪拜墓主的众多人物之中。该端坐人物是否是墓主的表现,我们还要来看另一条路线的出行队伍画像。

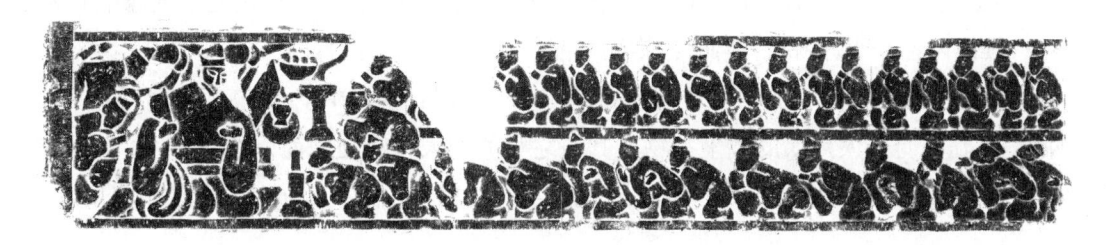

图八 前室北壁西二门楣画像拓片(编号7)

第二条路线以中室北壁(后壁)整个门楣的中部,即西后室前壁门楣的中部为起点(编号8),其上刻画一幅该墓中规模最大的车马出行队伍,分为上下两栏,上栏有轺车一辆、辁车二辆、椟车一辆及骑吏,下栏为三辆轺车(最后一辆有四维)和骑吏、步卒,前方有一人捧盾躬身(图九)。从其前尚有车马出行队伍来看,这里的捧盾人物应理解为迎送。捧盾的门吏和亭长在汉代不仅有迎来,还有送往的职责,所谓"迎界上""尽界罢"[1]。因此,这里的捧盾人物代表的不应为出行的终点,而为起点。

图九 中室北壁西门楣画像拓片(编号8)

车马按照逆时针方向继续行进(编号9),在前室北壁(后壁)西门楣即中室南壁(前壁)西门楣的两面都继续延伸。面向前室的一面即编号10,分为上下两栏,下栏为三辆轺车,其前有一人捧盾躬身,再前方即是上述编号7的跪拜墓主画像中的墓主,显然这一捧

---

[1] (清)孙星衍等辑:《汉官六种》,北京:中华书局,1990年,第37页。

盾人物代表这部分车马出行的终点。上栏为表现人物活动画像,中间似乎有人在宣读悬挂的书简(图一〇)。面向中室的另一面即编号11,也为继续延伸的车马出行,十分"巧合"的是,车马的前方也有两人跪拜迎接,同样表示了出行的终点(图一一)。其前方编号12也为一幅人物活动画像,其中有胡、汉步卒,中间有一人一手持斧,一手按住一跪拜人物(图一二)。可见,编号10、11虽然分居门楣两面,但表现的都是车马队伍到达目的地的内容,在其目的地都是人物活动画像,内容较为清楚的编号7为上述端坐人物接受众人跪拜的画像,在其背面的编号12,和紧接其的编号10上栏的人物活动在该地区画像中颇为少见,具体内容不明,但就整体而言,推测可能与端坐人物的活动有关。

也就是说这一路线的车马出行自西后室出发,逆时针绕过中室和前室北壁(后壁)的西部,来到接受众人拜谒的端坐人物及其与之相关的人物活动画面。如前所述,西后室处于该墓中最为核心的位置,应为地位最高的墓主的棺室。这列队伍从墓主的棺室出发,

图一〇　前室北壁西一门楣画像拓片(编号10)

图一一　中室南壁西门楣画像拓片(编号11)

图一二　中室南壁东门楣画像拓片(编号12)

200　蜀山琢玉:丧葬制度与帝国气象

来到接受众人跪拜的位置，应是表现墓主从象征内寝的后室出行，前来接受众人跪拜的意义。那么，从这条线来看，那个端坐人物确实也应该为墓主的表现，其周围的人物活动画像也应该与之相关。这样就以中室最前方即前室西部最后方的墓主画像为中心，一列队伍从西后室来到前、中室交接处，其核心主人便是这里接受众人跪拜的墓主，另一列队伍从前室赶来，其主人即是跪拜墓主的众人。前一列队伍的具体意义已经明确，那么后一列队伍及其上栏的庖厨、宴饮、乐舞、百戏又具体表达何种意义呢？

　　学界以往对于山东地区画像石墓中此类由外而内的车马出行画像主要有两种看法，一种认为是前往祭祀墓主的车队的表现[1]，一种认为是丧葬仪式中送葬队伍的表现[2]。前者将之与墓前祠堂画像中的车马出行相联系，后者的核心论据在于将出行车队最后的一辆辇车解释为运载棺木的柩车，从而将车队中多见的轺车、辎车、辇车的三车组合（如编号2和4）看作送葬时的导车、魂车和柩车[3]。其实，高等级人物的丧礼中运送棺木的柩车虽然总体上呈辇车的形象，但由于棺柩笨重而长，需要四轮车来平稳运送。《周礼·地官·遂师》云"大丧……共丘笼及蜃车之役"，郑玄注"蜃车，柩路也。柩路载柳，四轮迫地而行"[4]。这是说的天子的葬礼，天子的棺柩规模较大，当然需要四轮车运送，民间的棺柩理论上讲只需一般的载物之车即可。不过山东微山出土石椁上有学界目前唯一公认的反映送葬的画像，其中的柩车确实是一辆四轮车[5]，而这种早期石椁墓往往规模甚小，结构简单，刻画粗糙，一般认为是社会中下层的墓葬。也就是说至少目前可确认为一般送葬队伍的画像，也是用四轮车来运载棺柩的。而且吴白庄汉墓规模宏大、刻画精美，其墓主身份和财力显然非一般可比。出行中常见的这种三车组合恐怕更多是对男性乘车（轺车）、女眷乘车（辎车）和载物之车（辇车）的表现，因其最为简略地反映了主要需求，从而成为对车马出行的一种格套化表达，其意义恐怕比较宽泛，也未必一定要局限在男、女和财物上面了。关于汉代车制的文献记载和实际应用都比较复杂[6]，恐怕很难确认，我们需要结合墓葬结构和整体的画像逻辑来讨论。

----

［1］信立祥：《汉代画像石综合研究》，北京：文物出版社，2000年，第249-257页。
［2］如［美］巫鸿：《从哪里来？到哪儿去？——汉代丧葬艺术中的"柩车"与"魂车"》，见［美］巫鸿著，郑岩、王睿编《礼仪中的美术——巫鸿中国古代美术史文编》，上海：生活·读书·新知三联书店，2005年，第264页；Lydia D. Thompson, "The Yi'nan Tomb: Narrative and Rtiual in Pictorial Art of Eastern Han (25-220C.E.)", Ph. D. dissertation, New York University, 1998.
［3］［美］巫鸿：《从哪里来？到哪儿去？——汉代丧葬艺术中的"柩车"与"魂车"》，见［美］巫鸿著，郑岩、王睿编《礼仪中的美术——巫鸿中国古代美术史文编》，第265页。
［4］（汉）郑玄注，（唐）贾公彦疏：《周礼注疏》卷一五《地官司徒·遂师》，《十三经注疏》阮刻本，上海：上海古籍出版社，1997年，第742页。
［5］中国画像石全集编委会：《中国画像石全集2·山东汉画像石》，济南：山东美术出版社，2000年，第47页。
［6］参见赵化成：《汉画所见汉代车名考辨》，《文物》1989年第3期。

从画像逻辑上看，如前所述该墓中存在两队相向而行的车马出行，一队为墓主从象征内寝的棺室中出发，来到前、中室交接处，另一队则从前室赶来跪拜墓主，程序十分清晰。如此，它们反映的是相对两方面的关系，而非单方面送葬入墓的场景。从墓葬结构来看，学界也普遍认为东汉时期的多室墓中，前室在设计上往往作为祭祀空间[1]。因此，我们更倾向于后一队车马表现的是前来祭祀墓主的场景，二者正好对接在众人跪拜墓主的画像处，接受跪拜的墓主和跪拜墓主的众人的方向也正好与两列出行的方向一致。

虽然曹丕在《终制》中曾说"骨无痛痒之知，冢非栖神之宅，礼不墓祭，欲存亡之不黩也"[2]，但这显然是为其薄葬作解。司马相如《哀二世赋》中就说"墓芜秽而不修兮，魂无归而不食"[3]，张衡《冢赋》中也说墓葬"祭祀是居，神明是处"[4]，说的就是灵魂在墓中接受祭祀，而墓祭恰恰是东汉时期十分兴盛的活动[5]，可见在墓中享祭应是当时普遍流行的观念。当然墓祭也可以在墓地祠堂中进行，山东地区也是石质墓祠最为流行的地区。但是一方面根据上述文献，在墓中享祭也是当时普遍流行的观念，另一方面吴白庄汉墓也确实没有发现与之相配的祠堂建筑。而现在可知与石祠共存的墓葬中，墓内的画像似乎都远不如祠堂发达，尤其在表现墓主享乐方面，似乎二者共存时功能有所分化，该问题已经超出本文主旨，容另文讨论，兹不赘述。

如前所论，该列出行中的编号5虽可能为七女报仇故事画像，但应是借用这一与车马过桥有关的格套，重点在表现过桥的意义。而编号5正是出行队伍从前室前壁来到墓主画像所在的前室后壁的关键点，在这个位置刻画过桥画像恐怕具有比较突出的意义。正如学者所论，在此处恐怕确实具有分割阴阳、区别生死的意义，而过桥则是穿越这种分隔，去祭拜墓主，具有沟通阴阳的涵义[6]。

而这部分画像石往往分为上下两栏，下栏为前去祭拜墓主的队伍，上栏则为大量庖厨、宴饮、乐舞、百戏画像。众所周知，这类画像总体上应该为墓主各种享乐生活的表现，将其表现在祭拜队伍的上方，可能具有以下几个原因。其一，此部分画像集中表现在横长的门楣（横额）上，墓主坐像前方为上下两排人物集中跪拜的场景，无法表现其他内容，所以将享乐题材置于更前方的出行队伍上栏，其对象应当主要还是墓主；其二，接受众人的祭拜与享受各种食物和节目皆是墓主理想生活的重要部分，而且祭祀的内容也即墓主

---

[1] 黄晓芬：《汉墓的考古学研究》，长沙：岳麓书社，2003年，第225页。
[2] 《三国志》卷二《魏书·文帝纪》，北京：中华书局，1964年，第81页。
[3] 《汉书》卷五七《司马相如传》，北京：中华书局，1962年，第2591页。
[4] 费振刚、胡双宝、宗明华辑校：《全汉赋》，北京：北京大学出版社，1993年，第470页。
[5] 杨树达：《汉代婚丧礼俗考》，上海：上海古籍出版社，2007年，第223—235页。
[6] [美]巫鸿：《超越"大限"——苍山石刻与墓葬叙事画像》，见[美]巫鸿著，郑岩、王睿编《礼仪中的美术——巫鸿中国古代美术史文编》，第217页；信立祥：《汉代画像石综合研究》，第328页。

享受的内容，二者本来就是一体两面的关系；其三，刻意表现出壮观的祭拜队伍和各种享乐场景，除了对墓主的供养奉敬外，可能还与汉代社会中以丧葬祭祀的隆重、热闹来炫耀的风气有关。东汉时期世家大族在上冢时往往还要大会宗亲、宴饮宾客，以炫耀乡党，团结族人[1]。因此，有关庖厨、宴饮、乐舞、百戏的画像恐怕不仅仅与墓主有关，与祭祀墓主的活动也是紧密相关的，将其置于祭祀队伍的上栏应不难理解。

（二）墓主升仙的叙事

墓主的理想生活不仅仅是受祭和享乐。如前所述，墓主出行的队伍在经过中室西壁之后（编号9）即分为两支，一支由前室后壁向东延伸（编号10），来到墓主接受众人跪拜的地方（编号7），然后对接前来祭拜的车马（编号1-6）。另一支由其背面（即中室前壁）同样向东延伸（编号11），来到一组人物活动场景（编号12）。在编号11最前（东）侧已经出现跪迎人物，车马到达目的地，因此我们推测这组人物画像与相同位置另一面的墓主接受祭拜的场景有关。然而，这组人物总体上还存在继续向东的方向，有胡、汉步卒继续行进，前方还有持扇状物引导的人物。其前方即中室东壁横额（编号13）上，持扇状物的人物位于大树一侧，大树另一侧榻上有一人物端坐，该人刻画四目，发掘者认为表现的为仓颉（图一三）。沂南汉墓中也有类似的四目人物，榜题为"苍颉"[2]，其说可从。再向前即中室后（北）壁东侧门楣（横额，编号14）上整个刻画了西王母、东王公和羽人、神兽，西王母坐于西侧的树木状平台之上，两侧有玉兔捣药，东王公亦坐于同类平台上，二者的画像皆纵跨上下两栏，位置和形象皆颇为突出（图一四）。

仓颉虽然是历史传说中的人物，但由于其造字时"天雨粟，鬼夜哭"的神奇故事[3]，加之四目的形象，在一般观念里恐怕也与神仙无异。西王母与东王公无需多论，为汉代神仙

图一三　中室东壁横额画像拓片（编号13）

---

[1]　杨树达：《汉代婚丧礼俗考》，第228页。
[2]　山东博物馆：《沂南北寨汉墓画像》，北京：文物出版社，2015年，第65页。
[3]　何宁撰：《淮南子集释》卷八《本经训》，北京：中华书局，1998年，第571页。

图一四　中室北壁东门楣画像拓片（编号14）

信仰的核心，与墓主出行的目的地联系起来，表现出十分明确的升仙意义。

也就是说墓主的出行队伍分为正背两支之后，面向前室的一支与接受跪拜和前来的车马画像相接，形成一个丰富而完整的关于祭拜墓主和墓主享祭的叙事，面向中室一支继续行进至持扇状物引导的人物，往前则以拜谒西王母、东王公以及神仙人物为主，形成了一个较为简略的关于墓主升仙的叙事。而中室前壁即前室后壁西端出行队伍的分支，十分巧妙地引向这两个不同的目的地，将享祭、享乐与升仙两种愿望并行不悖地表现出来。在主要具有祭祀功能的前室展现的是享祭、享乐的叙事，在更加私密的中、后室之间表达升仙的愿望，也与墓室结构形成了较好的配合（图一五）。不过在这一部分中墓主享祭和享乐是主线，程序完整、题材丰富且画面更长；升仙只是支线，集中以西王母、东王公为代表，程序简略且画幅较少。关于升仙意义的表达更多出现在墓门和墓室内的过梁（隔梁）及立柱之上。

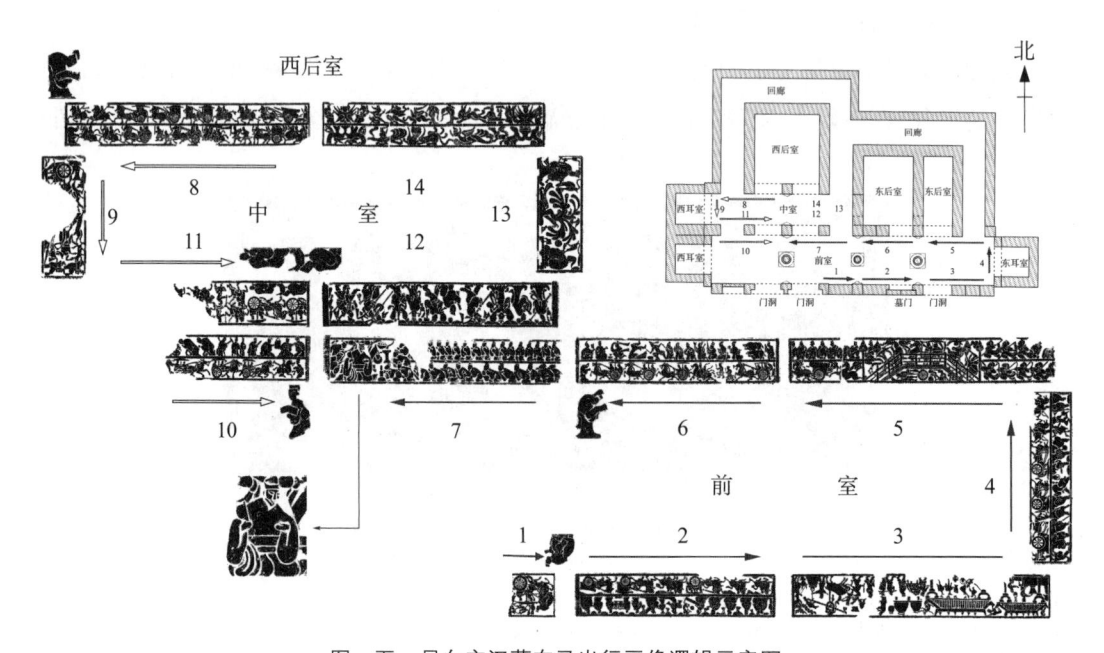

图一五　吴白庄汉墓车马出行画像逻辑示意图

204　蜀山琢玉：丧葬制度与帝国气象

二、墓门、过梁（隔梁）与立柱：辟邪——升仙环境的营造

吴白庄汉墓的墓门门楣、门扉和墓室内的过梁（隔梁）与立柱上也刻画有比较丰富的画像，但不像前、中室门楣（横额）上的画像具有明确的叙事程序，这些部位的画像往往只是集中表现一些主题，总体上营造一种环境和氛围，在这个层面上表达一种整体的意义。其中一些是具有明确内涵的，一些恐怕更多只具有装饰的效果。

（一）过梁（隔梁）

墓葬横长前室的三个立柱上各支撑一个底部双弧的纵向过梁（隔梁），中室中部亦有一个底部单弧的过梁。这些过梁上画像风格较为一致，主要为线刻，题材丰富，虽然没有清晰的图像程序，但似乎具有总体的安排，并与墓室结构和前述门楣（横额）上的画像相配合。这里仍然编号论述。

前室东过梁东面（编号a）中部刻画帷帐下端坐四人，左侧（以观者为准，后同）为乐队，右侧为乐舞百戏（图一六，a）。西面（编号b）中部树下有一人坐于车上，左侧一锄田

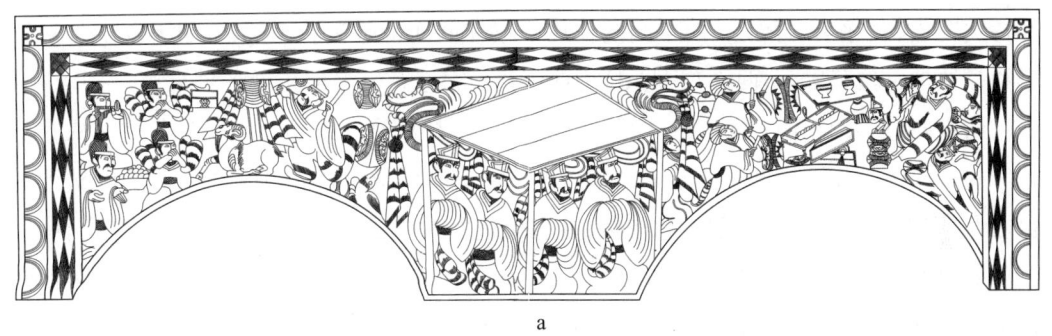

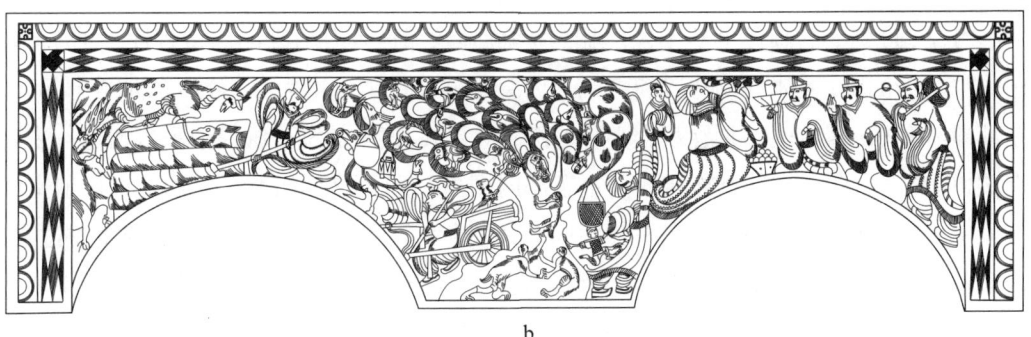

图一六　前室东过梁画像摹本
a. 东面　b. 西面（为便于观看，与总体画像编号一致，后同）

人物回首看向车上人物,报告中正确指出为董永佣耕侍父的表现[1];右侧为数人侍奉一端坐人物(图一六,b)。可见,该过梁画像上总体为宴饮和乐舞百戏,并加入一幅孝子题材。从该过梁的位置来看,其处于前室东部,连接前室前(南)、后(北)壁门楣(横额),而这一部分的门楣(横额)画像上为上述祭拜墓主的车马出行和乐舞百戏、庖厨宴饮等,这里的过梁画像显然与相临的门楣(横额)画像密切相关。而其上的孝子画像也与祭祀墓主这一主题意义具有一定关联,或许也有一定关系。

稍可提及的是,山东地区是历史故事类画像最为流行的地区,但主要集中刻画于祠堂之上。墓葬中有些也有集中表现,如沂南汉墓;大多则只是零星的表现,且往往出现在所谓"现实生活"的画像中,如吴白庄汉墓;许多则完全不出现此种题材。也就是说历史故事题材在画像石墓中本来就是可有可无的,集中刻画的情况更在少数,我们推测这些画像恐怕并不像在祠堂上一样,具有多少明确而深刻的内涵,或许只是受到祠堂画像等的影响(毕竟同为墓葬画像石,具有共同的制作群体),反映出的更多是画像石的传统和社会流行的一些普遍观念。而从该过梁画像的整体及与之相连的门楣(横额)画像来看,这里的孝子画像即便有具体的涵义,也应当与祭拜奉敬墓主这一主题有关。

前室中过梁的主体为较大的镂雕,上承高大的半圆形门额,上雕一对凤鸟,下方为一对龙首衔中间的斗栱,立柱也全体高浮雕龙虎,与左、右立柱不同(下详),其位置和装饰都特别突出,似乎有分隔东、西空间的作用。梁体两面也雕刻着画像,东面(编号c)为鱼车和各种神兽拉车出行,西面(编号d)为西王母、玉兔捣药、开明兽及各种神兽。

前室西过梁的东面(编号e),中间刻画东王公端坐于平台之上,周围为各种属从的羽人和神兽,最左侧有人物乘坐云车赶来(图一七,e)。西面(编号f)中间为西王母坐于平台之上,周围也是各种属从羽人和神兽,并有拉载羽人的龙车和虎车各一辆(图一七,f)。

前室西过梁通过前室后壁(即中室前壁)延伸向中室过梁,其东面(编号g)刻画各种神禽神兽,西面(编号h)为雷公与羽人、胡人、神兽。

可见,过梁上的画像虽然不像门楣(横额)画像那样具有清晰的图像程序,但仍有突出的主题为侧重,大体可以位置和雕刻最为突出的前室中过梁为界,分为东西两个部分。东部即前室东过梁画像,主题为乐舞百戏和奉侍宴饮,其中的孝子画像似乎也与这一主题有关,而这一主题又与其相连接的前室东部门楣(横额)画像紧密联系。西部即以前室西过梁中央较为突出的西王母、东王公为中心,包括其北的中室过梁和其东的前室中过梁,表现各种神仙、神兽及其出行内容。西部的这部分画像与相邻门楣(横额)上的画像似乎关系不大,虽然不具有明确的逻辑,但以西王母、东王公为中心的意图还是比较清楚的,比

---

[1] 临沂市博物馆:《临沂吴白庄汉画像石墓》,第253–254页。

图一七　前室西过梁画像摹本
e. 东面　f. 西面

较突出地反映了升仙信仰。我们注意到,过梁画像与门楣(横额)画像技法、风格不同,前者主要为线刻,略显飘逸,后者为剔地刻,略显凝重,而内容与意义则若即若离,具体来说东部相关性较强,而西部则各有主题。

其实,该墓中东、西部画像的这种区别不仅体现在过梁上,在上述门楣(横额)画像上也有反映。大体也是以前室中立柱和过梁为界,其东主要为反映祭祀墓主的队伍和各种享乐内容,其西则为墓主从内寝出行、受祭和升仙。西部以死者为中心,东部以祭者(可能更偏向生人)为出发点。这种现象的出现除了墓室结构本身的影响外,或许还与东、西方向代表阴、阳属性的观念有关。从中间那个表现得尤其突出的立柱、过梁和门额来看,这种区分很可能是有意识的。

(二) 立柱

由于结构复杂,该墓中的立柱较多,也多具有雕刻和画像。有些为高浮雕,雕刻各种形体较大的羽人、胡人、蹲兽和神兽,除总体上的辟邪与神仙意味外,恐怕更多具有装饰的意义。如支撑横长前室顶部的三根立柱,柱础皆雕刻神兽围绕,东、西两柱柱身以十六角棱为装饰,中间立柱柱身则浮雕龙、虎等神兽。有些为浅浮雕画像,其题材内容更为丰富,也多为各种神仙、神兽和胡人,整体上反映神仙思想。关于汉代胡人与神仙思想的关系已多有论述[1],该墓中大量的胡人画像处于神仙神兽环境中,显然也具有一定的仙人意义。

有些立柱画像也具有明确的组合性,其意义往往具体而突出一些。如前室北壁东二立柱东面与西二立柱西面(即中室门两侧立柱之外侧面),分别刻画着手持规、矩并怀抱日、月的伏羲、女娲,伏羲之下有玉兔捣药于三平台的两侧,女娲之下有一人持竿探取树上的鸟巢,树上栖有凤鸟(图一八)。我们已经讨论过,此种伏羲、女娲形象与升仙信仰有直接关系[2],而且伏羲、女娲下方的画像也可作为证明。伏羲之下为玉兔捣药,显然直接与仙药有关,而女娲之下画像应即探取凤巢而求凤卵的表现。如《抱朴子·释滞》中说:"探燕巢而求凤卵……进失当世之务,退无长生之效。"[3]其中批评从燕巢探取凤卵是不能获得成仙之效的,正说明探取凤巢而求凤卵也是求取仙药的一种方法[4]。《抱朴子》的时代虽稍晚,但画像上的人物正是持竿探取凤鸟所栖树上的鸟巢,而对应方位的画像为玉兔捣药,再加上其上面的伏羲、女娲画像,这一对画像石整体表现的应是求取仙药和升仙的内容。

再如,中室西耳室两侧门柱画像的核心主要表现两个相同的神怪,该神怪兽首,双手各持兵器,头顶弩(图一九)。在以往的研究中习惯将此种兽首持兵器的神怪认作"方相氏",认为与打鬼驱邪的大傩仪式有关[5],也有意见根据"蚩尤作五兵""蚩尤好五兵"及"蚩尤辟兵"的记载将其认作蚩尤[6]。不过从此种题材的形象、位置来看,具有辟邪守护的功能,则是大家一致认可的。孙作云先生认为汉代墓葬中的辟邪与升仙是一体两面的观念,"辟邪"是手段,"升仙"是目的[7],我们甚为赞同。《史记·秦始皇本纪》中载:"卢生说始皇曰:'臣等求芝奇药仙者常弗遇,类物有害之者。方中,人主时为微行以辟恶鬼,恶鬼辟,真人至。'"[8]同书《孝武本纪》中也载:"(武帝)欲与神通……乃作画云气车,及各以胜日驾车辟恶鬼。"[9]

---

[1] 如郑岩:《汉代艺术中的胡人图像》,中山大学艺术学研究中心:《艺术史研究》(第1辑),广州:中山大学出版社,1999年,第136-137页;王煜:《汉墓胡人戏兽画像与西王母信仰——亦论汉画像中胡人的意义》,《中原文化研究》2014年第5期;朱浒:《汉画像胡人图像研究》,上海:生活·读书·新知三联书店,2017年,第255-274页。
[2] 王煜:《汉代伏羲、女娲图像研究》,《考古》2018年第3期。
[3] 王明:《抱朴子内篇校释》卷八《释滞》,北京:中华书局,1985年,第151页。
[4] 庞政:《汉代"凤鸟献药"图像试探》,王煜主编:《文物、文献与文化——历史考古青年论集》(第1辑),上海:上海古籍出版社,2017年,第187-200页。
[5] 此种解释方式出自孙作云先生,在汉代图像研究中影响甚广。参见孙作云:《评〈沂南古画像石墓发掘报告〉——兼论汉代人的主要迷信思想》,《考古通讯》1957年第6期;孙作云:《洛阳西汉壁画墓中的傩仪图——打鬼迷信、打鬼图的阶级分析》,《郑州大学学报(哲学社会科学版)》1977年第4期。
[6] 参见王子今:《汉代"蚩尤"崇拜》,《南都学坛》2006年第4期。
[7] 孙作云:《评〈沂南古画像石墓发掘报告〉——兼论汉代人的主要迷信思想》,《考古通讯》1957年第6期。
[8] 《史记》卷六《秦始皇本纪》,北京:中华书局,1959年,第257页。
[9] 《史记》卷十二《孝武本纪》,第458页。

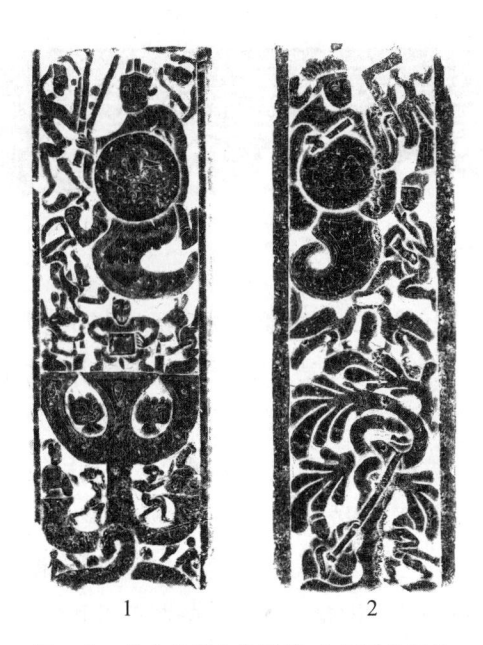

图一八　前室北壁立柱伏羲、女娲画像拓片　　　　图一九　中室立柱持兵神怪画像拓片

1. 东二立柱东面　2. 西二立柱西面　　　　　　1. 南壁西立柱　2. 北壁西立柱

可见，该墓中立柱的雕刻和画像既具有强烈的装饰效果，整体上也营造出辟邪——升仙的意义，一些内涵明确的画像上也确实主要表达了这样的意义。

（三）墓门

墓门画像石遭到局部破坏，东部保存较好，为剔地平面线刻。从目前可见的部分来看，其画像既不与其他部分连接，内容也相对独立，比较集中的表现了辟邪、升仙和富贵的混合主题，其中辟邪——升仙尤为突出。

门扉主要为常见的铺首衔环，有些铺首上方刻画翼虎。"画虎于门"在汉代文献中多有记载，皆言有辟鬼驱邪的意义[1]，而墓门上代之以翼虎，则是辟邪——升仙观念的直接表现[2]。

东墓门和中墓门门楣保存完好。前者刻画一列神兽往西行进，神兽后有一深目高鼻的胡人持钩驱赶大象，其后为一深目高鼻头戴尖帽的胡人乘骑骆驼，其后还有马和飞腾的羽人（图二〇）。显然这里并非一般意义上的出行，将大象和骆驼、胡人组合在一起表现

---

[1] 如《风俗通义·祀典》："画虎于门……虎者，阳物，百兽之长也，能执搏挫锐，噬食鬼魅。"《论衡·乱龙》："画虎之形，著之门阑。"分别见（汉）应劭撰，王利器校注：《风俗通义校注》，北京：中华书局，1981年，第367-368页；黄晖撰：《论衡校释》，北京：中华书局，2018年，第610页。

[2] 王煜：《汉墓"虎食鬼魅"画像试探——兼谈汉代墓前石雕虎形翼兽的起源》，《考古》2010年第12期。

图二〇　东墓门东门楣画像拓片

出行在汉画像上比较常见，其意义当与向西方的升仙有关。大象虽然多产自南方，但在当时人观念中其更多作为西域奇兽，其与胡人、骆驼的组合即是证明。我们曾经讨论过在汉代形成了一个以昆仑、天门、西王母为主体的关于西方的升仙信仰。而随着西域的开辟，人们将昆仑、西王母的所在逐渐向西域推移[1]。这样，许多西域的奇闻异事就有可能与这个关于西方的信仰结合起来，西域之兽骆驼和被当作西域神兽的大象自然也被人们利用起来，作为去往西方昆仑、王母之地的乘骑和导引[2]。无独有偶，沂南汉墓墓门门楣上也是一幅表现车马出行和胡汉交战的画像，而出行的前方即是西立柱上的西王母和昆仑[3]。我们注意到，最早将死后理想去处表达为西方的观念正是出现在汉代，而且在佛教传入之前，如汉武帝《悼李夫人赋》中就说"超兮西征，屑兮不见"[4]，应该就与关于西方的升仙信仰有关。

后者刻画众多龙、虎等翼兽，如前所述，墓门上的这些翼兽除装饰功能外，应该总体上具有辟邪——升仙的意义。我们注意到中部的一条翼龙口含一枚钱币，上刻"五十"。山东苍山元嘉元年画像石墓题记中有"上有龙虎衔利来，百鸟共持至钱财"的语句[5]，这里的翼龙衔钱应该还结合了追求财富、富及子孙的愿望。

三、结论与余论

综上所述，临沂吴白庄汉画像石墓规模宏大、结构复杂、画像丰富，虽然我们无法肯定其是否为绝对时间上的一次营建，但其画像显然具有总体设计，具有较为清楚的层次和意义，有些部分还具有完整的叙事程序，并与墓葬结构相配合。

---

[1]　王煜：《西王母地域之"西移"及相关问题讨论》，《西域研究》2011年第3期。
[2]　王煜：《汉代大象与骆驼画像研究》，《考古》2020年第3期。
[3]　王煜：《汉代"车马出行——胡人"画像试探——兼谈汉代丧葬艺术中胡人形象的意义》，《考古与文物》2012年第1期。
[4]　《汉书》卷九十七《外戚传》，第3953页。
[5]　山东省博物馆、苍山县文化馆：《山东苍山元嘉元年画象石墓》，《考古》1975年第2期。

墓葬前、中室各门楣（横额）画像主体上表现了两队相向而行的车马出行。一队自前室前壁出发，逆时针绕过前室东半部分，来到与中室交接之处跪拜墓主，其上栏还有丰富的庖厨宴饮、乐舞百戏画像。另一队自中室后壁（西后室前壁）出发，逆时针绕过中室西半部分，然后分作两面：面向前室的一面继续前行为墓主接受众人拜谒的画像；面向中室的一面则有胡、汉步卒继续行进，直至持扇状物引导的人物，再往前则为西王母、东王公和其他神仙之处（图一五）。结合前室为祭祀空间、后室象征内寝的共识，则这两队出行分别表现了前来祭祀墓主的宏大、热闹场面和墓主从内寝出发接受祭祀并享受理想生活的意义，后者还继续向较为私密的空间延伸，表现墓主的升仙愿望。

前、中室的过梁（隔梁）画像则总体上分为东、西两部分。东部的乐舞奉侍甚至包括一幅孝子画像与门楣（横额）上的庖厨宴饮、乐舞百戏画像相连，参与和补充了上述祭祀和享祭的叙事。西部则以西王母、东王公为中心，表现大量神仙、神兽及出行场景，虽然不具有清晰的叙事，但整体上突出了升仙愿望应该没有疑问。立柱的雕刻和画像除了较强的装饰功能外，总体上也营造出辟邪——升仙的环境，而且前室中立柱突出的形制和雕刻，具有区分东、西两部分的意义。墓门画像仍然主要是辟邪——升仙意义的表达，也结合了追求财富的愿望，而较具体的部分则反映了关于西方神仙信仰的内容。

该墓中的画像似乎还存在东、西部的不同偏重，东部更多表现从生人角度出发的内容（即祭祀），西部则更多表现以墓主为中心的内容（包括墓主出行、受祭、升仙），这种区分一方面应与整体横长的墓室和以西后室为核心的墓葬结构有关，另一方面也可能反映了阴阳观念的影响。

需要说明的是，现代学者往往站在理性的角度，在祭祀、理想世界中的享乐和升仙这几个愿望之间做非此即彼的选择。然而，丧葬观念和死后理想本身就不是理性的，更可能是各种愿望的综合[1]。正如山东苍山元嘉元年画像石墓题记最后写到的"其当饮食就天仓，饮江海。学者高迁宜印绶，治生日进钱万倍。长就幽冥则决绝，闭圹之后不复发"[2]，将死者在理想世界中的享乐、升仙以及安全和生者的升官、发财等都概括进来，未见有任何相互排斥的选择。吴白庄汉墓中的画像不仅是各种愿望的综合，更应该看作一种整合。如将墓主出行队伍分为正背两支，各自指向受祭、享乐和升仙，比较成功地结合了这两种叙事。又如大体以东、西反映不同的侧重的主题，在墓门上也通过神兽衔钱的方式将辟邪——升仙和追求财富有机结合在一起。

---

[1] 杨爱国：《幽墓美 鬼神宁——山东沂南北寨村汉代画像石墓探析》，《美术学报》2016年第6期；王煜：《也论汉墓中的"天仓"》，《四川文物》2019年第4期。
[2] 山东省博物馆、苍山县文化馆：《山东苍山元嘉元年画象石墓》，《考古》1975年第2期。

另外,该墓中图像形式、内容与意义之间的关系也值得注意。例如,具有明确叙事性和具体意义的画像多用剔地浅浮雕,而更多具有装饰意义的立柱画像则多用高浮雕,过梁部分大量表现神仙升仙的内容则主要使用阴线刻,显得更为飘逸。当然也不绝对,形式和内容之间表现出一定关系,但又若即若离。而出行叙事中的过桥内容以一个与过桥有关的故事画像来表现,也反映出一些总体设计与具体制作之间的关系问题,提示我们对此类问题的关注。

当然,我们叙述的这种图像配置与叙事是建立在绝大多数内容清楚的画像上的,目前仍有个别意义不太明确的画像,如编号12,将来对它的题材考释是否会影响到本文的论述,还有待于之后的研究去验证。不过,我们认为,该画像石墓虽然有整体的设计,但其中还存在实际雕刻、营建时的各个环节,也还涉及各相关者的态度和行为。像吴白庄汉墓这样几乎所有画像题材皆能做统一理解的情况已是非常难得,其中即便出现一点特例,应该不会过多影响到我们"立乎其大者"的论述和结论。

其实,吴白庄汉墓虽然特别但也不是孤例,山东地区不少完整画像石墓中的图像也或多或少表现出类似的层次和逻辑。与之十分临近的沂南汉墓甚至在具体叙事上都大体相近。苍山元嘉元年墓从其题记来看也具有一定的程序设计,只是其墓葬规模较小、制作较粗,其中的侧重有所不同,随意性也更大。对于这两座墓葬的图像叙事问题以往学界也有过研究,我们认为还可推进,拟另文讨论,兹不赘述。

然而,即便如此,具有较完整的图像叙事的画像石墓目前所见仍然稀少,大多数恐怕仅具有整体的结构性,甚至只是装饰性,不同的情况应该从不同的侧重去观察。总之,设计、制作及其背后的思想、传统甚至手工业、商业活动等皆可能成为不同案例的侧重,我们既需要有多方面理念、方法和知识的准备,又需要具体问题具体分析的态度,才能获得更多、更细致、更生动的认识,从而在此基础上更为全面地理解、阐释这些完整的墓葬画像。

附记:本文写成之后,我们于2020年7月赴山东考察汉画像石期间仔细观察了现藏于临沂市博物馆内的吴白庄汉墓出土画像石,又于山东省石刻艺术博物馆内向《临沂吴白庄汉画像石墓》的执行主编杨爱国先生请教,杨先生亦认为该墓应该为一次建造,特此说明并致谢。

(原载《艺术史研究》第24辑,2021年)

祭我兮子孙：沂南汉墓画像的整体配置与图像逻辑

王　煜　　杜京城

汉画像石以十分丰富的题材表现了汉代社会生活、物质文化以及思想观念方方面面的内容,在宋代以来就颇受金石学者的关注,近现代以来从考古学、美术史、历史学等角度对其进行的研究更是汗牛充栋。然而,一方面由于出土时往往零散,另一方面受到金石学偏重内容考定的传统影响,主要的研究仍然集中在个别题材内容的认定和意义的阐释上。随着现代考古学的兴起,对墓葬结构本身的重视,画像石题材的整体配置问题也引起学者注意。尤其是上个世纪末,一些学者将美术史的方法引入墓葬研究中,画像石题材内容的"图像程序"等问题受到一定程度的关注。其实,就目前所见而言,完整的画像石墓材料已经有相当数量的积累,也已经具有相当深厚的题材研究基础,相对而言,对于这些完整画像石墓的图像配置和程序的研究仍然远远不足,需要推进、深化和发展。这一方面固然有上述研究传统的制约,另一方面也有画像石墓既具有一定共性也具有突出个性的客观限制。因此,先进行较多的具有代表性的个案研究,再在这些个案上进行整合恐怕是必要的途径。沂南北寨村汉画像石墓无疑是山东地区东汉晚期中轴对称多室墓画像配置的一种代表,其墓室结构分明,图像逻辑清晰,在以往研究的基础上对其进行更为深入和系统的解读仍然是探索上述课题的关键步骤。

对沂南汉墓画像整体配置和图像程序的研究已有较好的基础,早在上个世纪五十年代出版的发掘报告中,不仅对其画像题材作出了基本正确的考定,而且已经注意到了其画像的整体配置和意义,并大致按墓葬结构进行了分类总结[1]。不过囿于将偏重于现实类的题材直接解读为墓主生前生活表现的时代观念,未能形成较为统一完整的叙事。巫鸿

---

[1] 南京博物院、山东省文物管理处:《沂南古画像石墓发掘报告》,北京:文化部文物管理局,1956年,第30–31页。

和唐琪先生则更注重从丧葬礼仪和观念的角度，认为画像整体上存在表现安葬死者的葬礼和前往彼岸世界的两个层次和两条线性方向[1]。对于主体人物的两条线性方向的认识应该说是很有见地的，不过由于对出行车马的不同理解，将其始终限定在与送葬队伍有关的解释上，使得整个程序的解释较为复杂（后详）。信立祥先生则主要从祭祀墓主的角度进行阐释，而对于车马出行的理解也更为朴实[2]。杨爱国先生也从总体上讨论墓室结构和画像的多元涵义[3]。可见，学界对沂南汉墓画像的整体配置和图像程序已经取得了大量认识，这些认识大多是合理的，在图像程序的具体解释及其系统性上仍有一定空间，因此，我们希望能在此基础上更为系统、深入、细致地理解该墓的图像叙事。

一、画像的层次

巫鸿先生在《武梁祠》中将祠堂画像从上到下分为"天上征兆""神仙世界"和"人类历史"三个层次，分别对应祠堂的屋顶、山墙和墙壁[4]。虽然武梁祠画像在墓地祠堂中具有一定特殊性，但祠堂画像总体上确实可以从上到下分为以天神或天象为主体的天界，以西王母、东王公为核心的神仙，以忠臣、孝子、列女为内容的历史故事和以拜谒祠主为中心的人物场景几个部分。由于结构更为复杂且具有更多维度，画幅更为拓展，题材内容更为多样，内涵也更为丰富，墓葬画像的层次及其相互关系比起祠堂更为复杂，但仍然具有总体上的划分，这在沂南汉墓中表现得比较突出。

沂南汉墓是山东地区东汉晚期多室画像石墓的一种代表，形制规整，中轴对称。墓室坐北朝南，南北中轴线上纵列前、中、后三室，前、中室并附有东西二室，东北有一厕所与中室东侧室相连，总计八室。前、中两室各由两个开间、两个进深构成，后室由两个开间、一个进深构成，室与室之间都有门直通。墓内东西宽7.55米，南北长8.7米，共用石块280方，画像石计有42方，画像73幅[5]（图一、二）。

发掘报告中将每一个墓室中的画像分别分为"表现主题思想""衬托主题思想"和

---

[1] [美]巫鸿：《从哪儿来？到哪儿去？——汉代丧葬艺术中的"柩车"与"魂车"》，见氏著《礼仪中的美术——巫鸿中国古代美术史文编》，北京：生活·读书·新知三联书店，2005年，第264页；Lydia D. Thompson, *The Yi'nan Tomb: "Narrative and Ritual in Pictorial Art of Eastern Han (25–220C.E.)"*, Ph. D. Dissertation, New York: New York University, 1998, pp.186.

[2] 信立祥：《汉代画像石综合研究》，北京：文物出版社，2000年，第249-257页。

[3] 杨爱国：《幽墓美 鬼神宁——山东沂南北寨村汉代画像石墓探析》，《美术学报》2016年第6期。

[4] [美]巫鸿：《武梁祠：中国古代画像艺术的思想性》，上海：生活·读书·新知三联书店，2006年，第91-236页。

[5] 南京博物院、山东省文物管理处：《沂南古画像石墓发掘报告》，北京：文化部文物管理局，1956年，第3-11页。

图一 墓室平面图

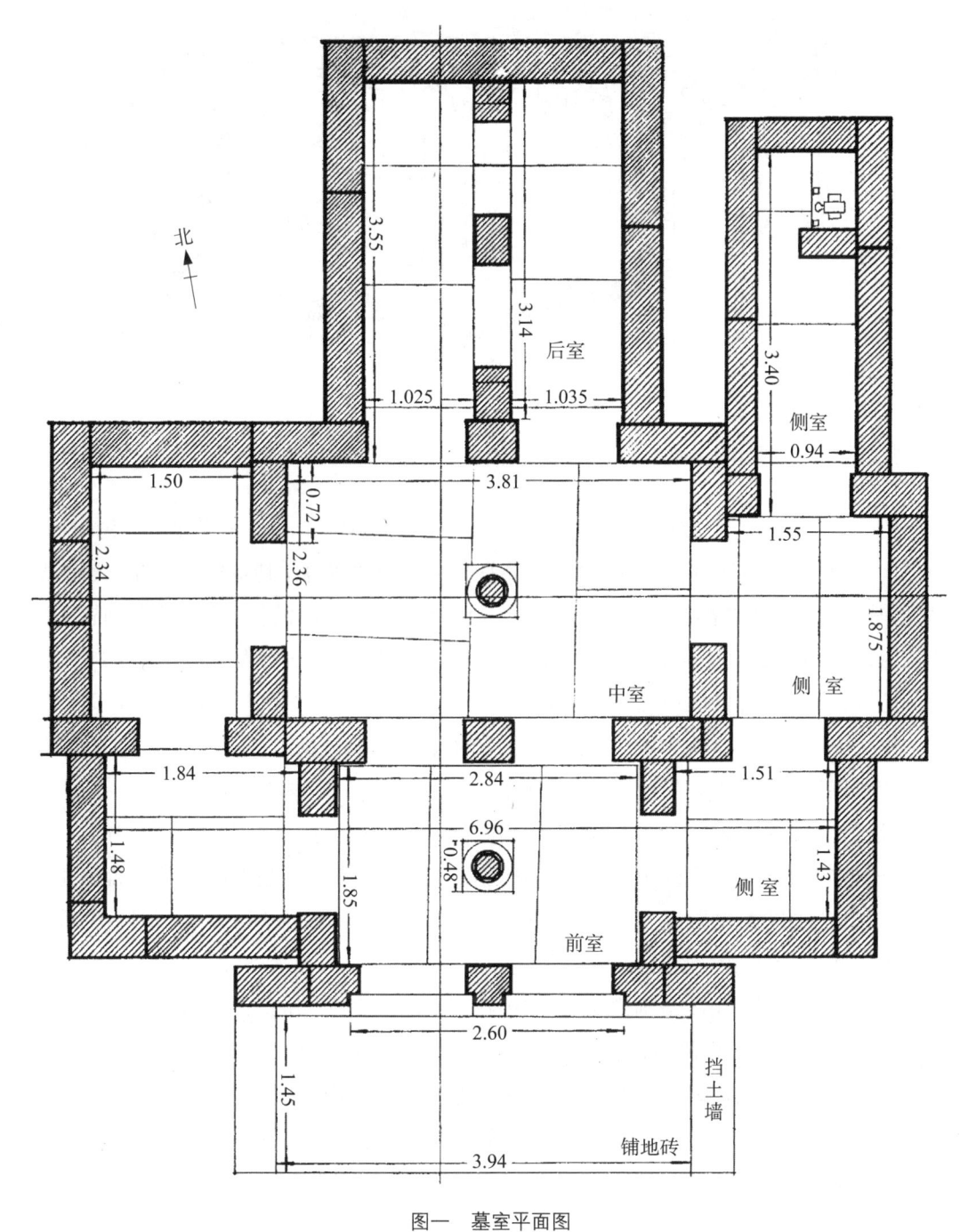

（图片来源：《沂南古画像石墓发掘报告》，插图2）

礼俗文化 ｜ 祭我兮子孙：沂南汉墓画像的整体配置与图像逻辑　215

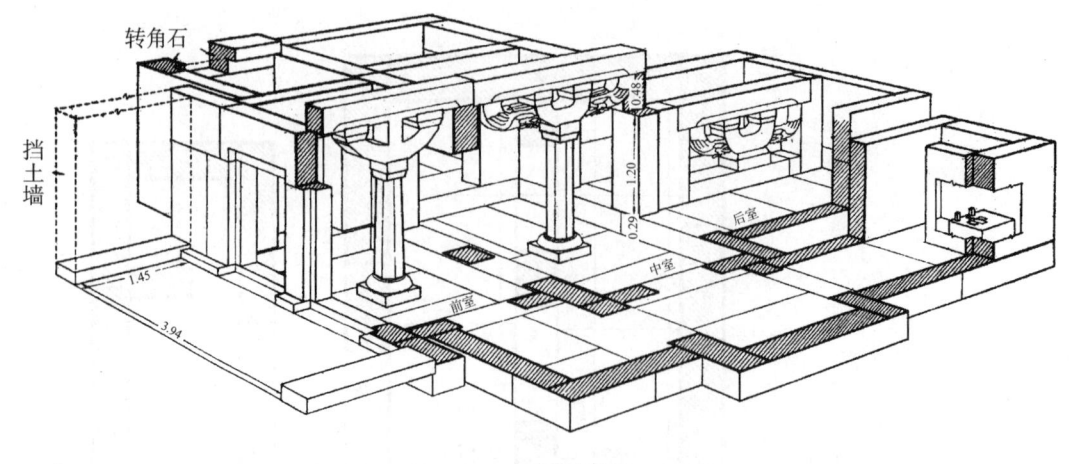

图二　墓室透视图
（同上，插图3）

"补充装饰"三类[1]。一方面，已经注意到画像存在的不同层次，并在此基础上讨论问题；但另一方面，即便最后进行综合，这种按墓室分类的做法也容易造成整个图像叙事的割裂，而其实每一类画像都具有一种主题思想，只是是否存在清晰的程序和逻辑的问题。我们认为，这些画像总体上可分为三个层次，并与墓葬的结构相配合，大体具有相应的位置，有的还具有较为清晰的图像程序和逻辑。

第一个层次即通常认为表现"现实生活"的人物活动，包括出行、拜谒、宴饮、庖厨、乐舞、百戏、侍从等。当然这里所说的"现实生活"只是表达其题材内容偏向于现实存在，并不是说就是现实的反映，从后文来看，沂南汉墓中这一部分也完全是一种理想中的活动。这部分内容主要连续地表现于前、中室的横额（即墓室中各门上的门楣、横梁），部分也延伸至与之相接的立柱和隔梁上，具有贯通整个墓室的统一逻辑，程序清晰，内涵明确，我们将在第二部分中专门整理和讨论，兹不赘述。

第二个层次即历史故事画像，全部集中在中室四壁立柱，由于中室四面皆为门洞，实际就是中室四壁。历史故事画像出现在祠堂上较为容易理解。东汉王延寿《鲁灵光殿赋》中就对西汉时期鲁国祠堂中"图画天地，品类群生"的图像有较为详细的描述，其中就包括古代帝王和"忠臣孝子，列士贞女"，认为其意义在于"恶以诫世，善以示后"[2]。正如学者所论，墓地祠堂可能来源于这些更早的宗族祠堂[3]，其图像受其影响自然在情理之

---

[1] 南京博物院、山东省文物管理处：《沂南古画像石墓发掘报告》，第30页。
[2] 费振刚、胡双宝、宗明华辑校：《全汉赋》，见《鲁灵光殿赋》篇，北京：北京大学出版社，1993年，第527—529页。
[3] 信立祥：《汉代画像石综合研究》，第71页。

中。然而，将历史故事刻画于墓葬之中，如何发挥其示范和借鉴作用？于是有些学者对此产生怀疑，转而从神仙等角度去考虑这些画像的意义[1]。

其实，墓葬中的画像并非完全排斥生人观看，此点学者已有讨论[2]。更重要的是，我们应该从这些历史故事画像的出现及其位置、表现等角度来考察它们的具体功能。

山东地区是历史故事类画像最为流行的地区，但主要集中刻画于祠堂之上。墓葬中有些也有集中表现，如沂南汉墓；大多则只是零星的表现，且补充在所谓"现实生活"的画像中，如临沂吴白庄汉墓[3]；许多则完全不出现此种题材，如山东苍山元嘉元年画像石墓[4]。也就是说历史故事题材在画像石墓中本来就是可有可无的，集中刻画的情况更在少数。即便如沂南汉墓中将这些画像集中表现在中室四壁，但自发掘报告发表以来，学界就认识到这些历史故事中存在着许多不同故事的人物"混搭"的现象，以前往往理解为工匠的失误，也有人认为有特别具体而特殊的涵义[5]。然而，根据我们的观察，这些画像往往呈两个主体人物相对，构成一定情节，但该情节中许多并非同一个故事，有些甚至有意拼合了两个故事（这也是沂南汉墓中的历史故事虽然刻画生动而且部分带有榜题，但依然难以判定其内容的重要原因）。根据中室所剩的四壁上满满刻画16幅此种人物对立构图的情况，我们认为应该是制作者为了容纳更多的故事和人物而采用的一种手法，具体问题我们已有专文论证[6]，兹不赘述。

也就是说中室刻画的历史故事画像一方面在墓葬中可有可无，另一方面即使表现，其具体内容也远不如形式重要。我们推测这些画像恐怕并无多少明确而深刻的内涵，或许只是受到祠堂画像等的影响（毕竟同为墓葬画像石，具有共同的制作群体），反映出的更多是画像石的传统和人们结构性的观念。另外，从整个墓葬的结构和功能来看，如果说后室（棺室）代表内寝，前室为享祭之处（后详），那么中室则为燕居之所，在这里刻画竖幅的历史故事图像，更像是一种室内装饰或围屏装饰。我们知道汉魏六朝时期就特别流行在居所的屏风上图绘孝子列女等历史人物，西汉羊胜的《屏风赋》中就说"画以古列，颙颙昂昂"[7]。这里的历史故事是否具有类似的功能，也值得考虑。

---

[1] 罗二虎：《中国西南汉代画像内容分类》，《四川大学学报（哲学社会科学版）》2002年第1期。
[2] 郑岩：《关于汉代丧葬画像观者问题的思考》，见朱青生主编《中国汉画研究》第二卷，桂林：广西师范大学出版社，2006年，第39—55页。
[3] 管恩洁、霍启明、尹世娟：《山东临沂吴白庄汉画像石墓》，《东南文化》1999年第6期。
[4] 山东省博物馆、苍山县文化馆：《山东苍山元嘉元年画象石墓》，《考古》1975年第2期。
[5] 如有人根据后世道书中仙鬼品级的迁谪递补标准，将汉画像中不同时代人物题刻在一起的现象解释为他们在冥界中的官职的排序，认为是一种特定知识的准确表达。详见姜生：《汉帝国的遗产：汉鬼考》，北京：科学出版社，2016年，第273页。
[6] 王煜、庞政：《得象忘意与得意忘象：汉代故事画像中的"错误"》，《美术研究》2021年第4期。
[7] 费振刚、胡双宝、宗明华辑校：《全汉赋》，见《屏风赋》篇，第43页。

第三个层次即各种神仙和神禽异兽画像,主要分布于墓门和各室壁面的立柱以及前、中室正中的八角柱,在后室中间的隔墙上也有出现。

比较突出的是前室后壁(即北壁)整面,包括立柱和横额,全部为各种神人神兽的画像,这也是横额部分打破所谓"现实生活"类画像的唯一一处,而其画像题材也确实具有较强的系统性。该壁面由三根立柱支撑横额形成两个门洞,东、西立柱上分别刻画青龙、白虎,中间立柱的上部为朱雀,下部为玄武,构成完整的四神组合,中心为手足各持兵器,头上顶弩,胯下立盾的兽首神怪(图三)。在以往的研究中习惯将此种兽首持兵器的神怪认作"方相氏",认为与打鬼驱邪的大傩仪式有关,或根据"蚩尤作五兵""蚩尤好五兵"及"蚩尤辟兵"的记载将其认作蚩尤[1]。本文的重点不在于讨论具体题材,从该题材的形象、位置来看,具有辟邪守护的功能,则是大家一致认可的。汉镜铭文常见"左龙右虎辟不详(祥),朱鸟玄武顺阴阳"的语句[2],东汉蔡邕《祖饯祝》中说"阳遂求福,蚩尤辟兵。

图三　前室北壁画像摹本

(图片来源:山东博物馆:《沂南北寨汉墓画像》,北京:文物出版社,2015年,图8、12、13、14)

---

[1] 刘铭恕:《关于沂南汉画像》,《考古通讯》1955年第6期;孙作云:《评〈沂南古画像石墓发掘报告〉——兼论汉代人的主要迷信思想》,《考古通讯》1957年第6期;孙作云:《洛阳西汉壁画墓中的傩仪图——打鬼迷信、打鬼图的阶级分析》,《郑州大学学报(哲学社会科学版)》1977年第4期;王子今:《汉代"蚩尤"崇拜》,《南都学坛(人文社会科学学报)》2006年第4期。

[2] 孔祥星、刘一曼:《中国古代铜镜》,北京:文物出版社,1984年,第75页。

仓龙夹毂,白虎扶行。朱雀道引,玄武作侣。勾陈居中,厌伏四方"[1],可见此处将四神刻画于门上确实具有辟邪守护的作用。横额上集中刻画大量神怪和神兽,作人形或半人形的往往手持兵器,结合门柱的部分来看,其意义主要也在辟邪守护。也就是说前室后壁整个壁面特别强调辟邪守护的意义,这在整个墓室结构和画像程序中是具有明确位置和功能的(后详)。

墓门也由三根立柱构成,东、西立柱的主体分别是坐于三山型平台之上的东王公和西王母,学界较为一致地认为此类平台为昆仑的表现[2],西王母坐于昆仑之上在东汉时期的观念中很容易理解,东王公也坐于同样的平台上,说明这里的东王公显然是西王母的翻版,这从东王公头上也戴着女性头饰的一种,并作为西王母的标识——胜的情况中可以清楚地看出,说明仍是以西王母为中心的神仙信仰的表现。东王公、西王母的下方为兼具方向和守卫意义的青龙、白虎,上方有手拥伏羲、女娲的神人和虎首神怪。中间的门柱上刻画具有守护意义的兽面铺首和引弓的蹶张,及羽人与神兽。门上横额是一幅车马过桥与胡汉交战的画像,我们已经讨论过其与下方以西王母为中心的神仙信仰具有一定关系(后详)。

其他立柱上刻画的主要是繁复的羽人、胡人(许多意见认为与羽人有同样的意义[3])和神兽,除了总体上表现出辟邪和神仙观念外(孙作云先生认为汉代的辟邪与升仙是一体两面的观念[4],可从),更多具有装饰功能,缺少具体的图像程序和逻辑。中室八角柱各面刻画从下往上升腾的各种神兽和羽人,最高处为坐于神山平台之上的西王母和东王公,以及可能受到佛像影响的神人形象[5],稍微具有一些具体的升仙意义(图四)。而后室分隔两个棺室的隔梁上部刻画有两个手持兵器的兽首神怪,就其位置和形象来看,应该具有直接守卫死者的意义。

也就是说这一层次的画像除了系统配置和具有特殊位置的四神、西王母、东王公和神怪外,大多不具有明确具体的图像程序和逻辑,只是总体上反映出辟邪守护和神仙升仙的观念,许多繁复的神兽则更多具有装饰意义,这也与它们大多分散地处于前两个连续或集中刻画的画像层次剩余部分的位置是相适应的。当然,如前所述,前室后壁和墓门门柱上

---

[1] (宋)李昉等:《太平御览》卷七三六《方术部》一七,北京:中华书局,1960年,第3264页。
[2] 王煜:《昆仑、西王母、天门与天神——汉晋升仙信仰体系的考古学研究》,四川大学博士学位论文,2013年,第58-86页。
[3] 郑岩:《汉代艺术中的胡人形象》,中山大学艺术史研究中心编《艺术史研究》(第1辑),广州:中山大学出版社,1999年,第133-150页;王煜:《汉墓胡人戏兽画像与西王母信仰——亦论汉画像中胡人的意义》,《中原文化研究》2014年第5期;朱浒:《汉画像胡人图像研究》,上海:生活·读书·新知三联书店,2017年,第255-274页。
[4] 孙作云:《评〈沂南古画像石墓发掘报告〉——兼论汉代人的主要迷信思想》,《考古通讯》1957年第6期。
[5] 俞伟超:《东汉佛教图像考》,《文物》1980年第5期。

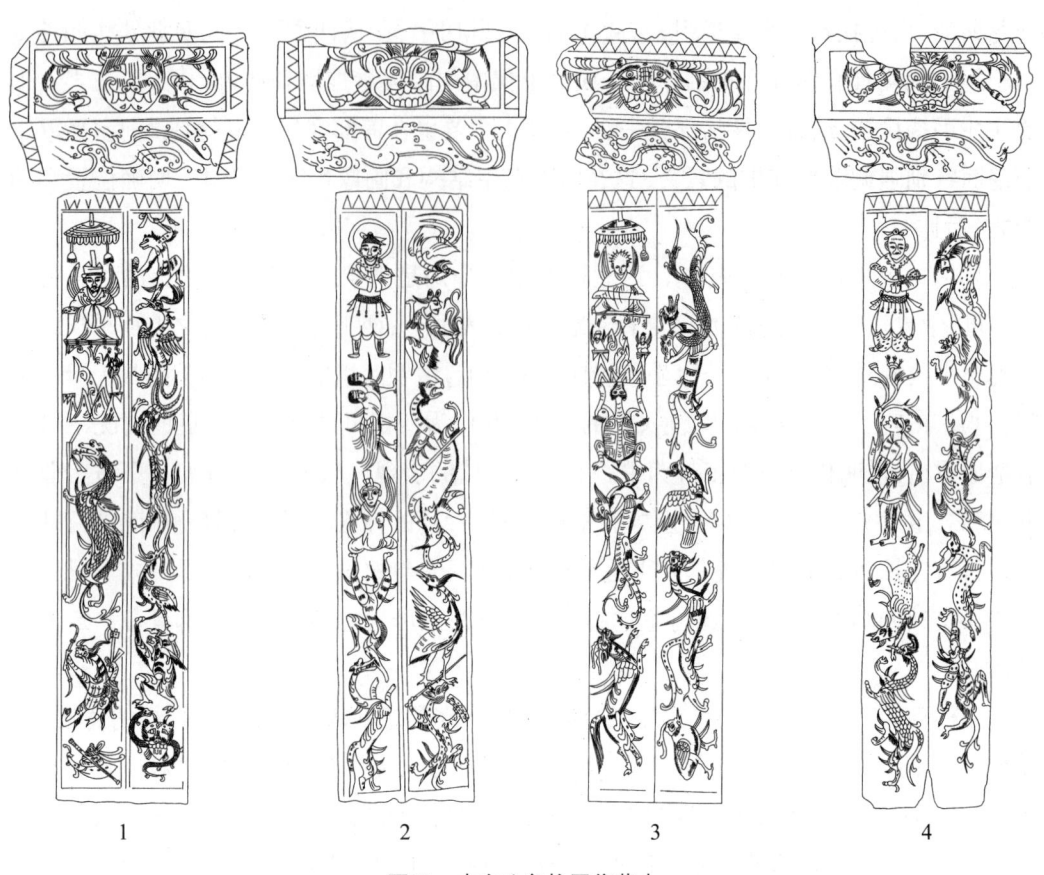

图四　中室八角柱画像摹本
1. 东面　2. 南面　3. 西面　4. 北面
（同上，图54、55、56、57）

较为系统配置的画像应该具有更为重要的位置和意义（后详）。

二、画像逻辑

沂南汉墓中所谓"现实生活"层次的画像具有明确的程序和清晰的逻辑，从发掘报告发表以来学界或多或少也有注意和讨论，但由于对一些具体画像内容的解释不同，对于整体和局部意义的理解也存在较大分歧。我们认为在画像题材和内容已经总体理解的基础上，一些具体问题还要放入整个图像程序和逻辑中才能得到更为准确的定位，整体和局部意义也才能更加清晰。

我们认为，整个画像的逻辑应该从后室开始解读。后室较前、中室低矮，根据其形制和位置毫无疑问为置棺之所,中间有隔墙分割为东、西两个棺室,隔墙由前、后两个隔柱和中间一个斗栱承托隔梁构成。后方隔柱的东、西两面上部刻画守护墓主尸体和灵魂的神怪已如前述。下部东侧为一侍者在干栏式房屋前打扫的画像,旁边还放置一个虎子(图五,1)。这里的干栏式房屋显然就是厕所的表现,而与之相邻的中室东侧室中正有模仿厕所的设施,可为证明。西侧为衣架及放有鞋子的几案,这一部分显然为内寝及其附属设施的表现(图五,2)。前方隔柱东、西两侧同样刻画关于内寝的场景,东侧为镜台、妆奁和女侍等(图五,3),西侧为兵器架和男侍(图五,4),显然从画像的角度来看,东、西两间棺室分别设计为女性、男性墓主的内寝。理解这一特点是其后画像解释的起点。

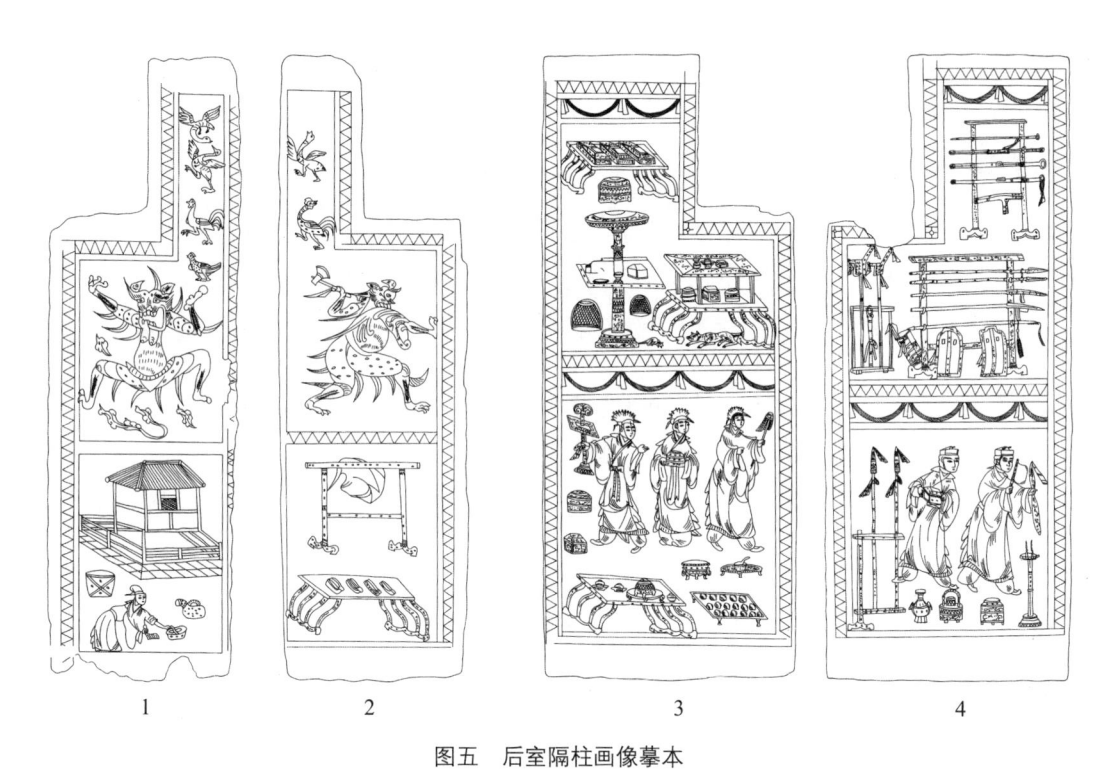

图五 后室隔柱画像摹本
1. 后隔柱东面 2. 后隔柱西面 3. 前隔柱东面 4. 前隔柱西面
(同上,图68、69、70、71)

中室后壁(北壁)东侧横额(即女墓主的东棺室门楣)上为一列以三辆车为主体的出行画像,方向向西(图六);中室后壁西侧横额(即男墓主的西棺室门楣)上也为一队车马出行,方向也向西(图七)。二者的不同之处在于东侧横额上的出行前方已经到达了一对表(阙)并有门吏迎接,而其队伍为轺车、軿车、辇车各一辆;西侧横额上的出行队伍则继续向前延伸至中室西壁横额,在其最前方(也即与南壁的交接处)出现拥彗和捧盾的门吏各一人,这时队伍才算达到终点,而其队伍中除最前的一辆为开道的斧车外,全为轺车(图八)。

图六　中室北壁东侧横额画像摹本

（同上，图39）

图七　中室北壁西侧横额画像摹本

（同上，图38）

图八　中室西壁横额画像摹本

（同上，图37）

有意见将后壁东侧横额上不同的三辆车看作送葬时的导车、魂车和柩车[1]，从而将这个出行队伍解释为丧葬仪式的一部分。

其实，高等级人物的丧礼中运送棺木的柩车虽然总体上呈辌车的形象，但由于棺柩

---

[1]〔美〕巫鸿：《从哪儿来？到哪儿去？——汉代丧葬艺术中的"柩车"与"魂车"》，见氏著《礼仪中的美术——巫鸿中国古代美术史文编》，第265页。

222　蜀山琢玉：丧葬制度与帝国气象

笨重而长，需要四轮车来平稳运送。《周礼·地官·遂师》云"大丧，共丘笼及蜃车之役"，郑玄注"蜃车，柩路也。柩路载柳，四轮迫地而行"[1]。这是说的天子的葬礼，天子的棺柩规模较大，当然需要四轮车运送，民间的棺柩理论上讲只需一般的载物之车即可。不过山东微山出土石椁上有学界目前唯一公认的反映送葬的画像，其中的柩车确实是一辆四轮车[2]，而这种早期石椁墓往往规模甚小，结构简单，刻画粗糙，一般认为是社会中下层的墓葬。也就是说至少目前可确认为一般送葬队伍的画像，也是用四轮车来运载棺柩的。而且沂南汉墓规模宏大、刻画精美，其墓主身份和财力显然非一般可比。更重要的是关于汉代车制的文献记载和实际应用都比较复杂，恐怕很难确认，我们需要结合墓葬结构和整体的画像逻辑来讨论。从出行队伍前出现的表（阙）和迎接门吏来看，中室后壁（北壁）和西壁上显然有两列出行队伍：一列刻画于后壁东侧横额，在女性墓主的棺室门楣，三辆车应分别为导车（轺车）、女性墓主乘车（軿车）和运载物品的车辆（輂车）[3]；一列刻画于北壁西侧横额和西壁横额，从男性墓主的棺室门楣出发，皆为男子乘坐的轺车，门楣中间该队伍中唯一带有四维的轺车很可能就是男性墓主所乘。而这两列队伍皆分别从男、女性墓主的棺室出发，向前行驶，其意义更应该是墓主从象征内寝的居室出行。女性墓主队伍就中止于其棺室门楣，不像男性墓主继续往前延伸，应该是由于此种线性的画幅所限和两性地位的影响，从男性墓主队伍后没有家属乘坐的軿车和载物的輂车的情况来看，两列队伍虽有区分，或许又共同组成一支连续的出行队伍，男性在前，其女眷在后，整体向中室西壁和南壁方向进发。那么，此列出行队伍的目的为何？这便要看接下来中室南壁和东壁上的画像内容。

中室南壁西侧横额上紧接着即刻画面向西壁出行队伍跪拜和侍立迎候的人物，后面有一对阙，阙后为"日"字形院落，显然这个院落才是出行的目的地。那么，达到这个院落为何？显然由于形式的限制，制作者将其放在院落之后来表现。院落之后的南壁东侧横额上为庖厨、宴饮、谷仓等画像，虽然如前所述中室立柱上画像往往基本是历史故事，属于另一个层次，但这里南壁中立柱上具体的备马（或卸鞍）、侍者画像显然也是这一主题的延伸，与东、西立柱上的历史故事显然关系不大，而与横额上的院落、"现实生活"题材为一体，观其处于南壁正中的位置，直接顶接上面横跨两门的整个"现实生活"题材，这样的"打破"也是可以理解的（图九）。中室东壁横额上为场面宏大的乐舞百戏画像，显然与南

---

[1]（汉）郑玄注，（唐）贾公彦疏：《周礼注疏》卷一五《地官司徒·遂师》，《十三经注疏》阮刻本，上海：上海古籍出版社，1997年，第742页。
[2] 中国画像石全集编辑委员会：《中国画像石全集2·山东汉画像石》，济南：山东美术出版社，2000年，第47页，图五五。
[3] 赵化成：《汉画所见汉代车名考辨》，《文物》1989年第3期。

图九　中室南壁画像摹本

（同上，图35、36、40、41、42）

壁横额上的院落、庖厨、宴饮等是一以贯之的，都表示墓主的车马来到这个院落而开始享乐的生活（图一〇）。楚辞《招魂》和《大招》中都十分详尽地铺陈了为魂魄准备的华美的房屋、丰盛的酒食、曼妙的歌舞和激烈的娱乐活动，甚至还有田原苑囿，并且不厌其烦地介绍美食的炮制过程[1]，这显然是汉代墓葬画像中盛行庖厨、宴饮、乐舞、百戏乃至粮仓、苑囿题材的观念传统，这些题材总体上要表达的就是墓主在理想世界中的享乐生活。

中室和前室的交接处，面向中室的一面，即中室南壁画像为上文所说的院落和享乐内容，而面向前室的另一面，即前室后壁（北壁）则为前文所论的以四神和持各种兵器的神怪及各种神兽所组成的一整壁画像。如前所述，这组画像具有十分突出的辟邪守护的功

图一〇　中室东壁横额画像摹本

（同上，图34）

---

[1]（宋）洪兴祖撰，黄灵庚点校：《楚辞补注》，见《招魂第九》《大招第十》篇，上海：上海古籍出版社，2015年，第322—373页。

能。在这里我们还看到,它们不但守卫着中室里墓主的享乐生活,而且也与前室的画像及其功能起到了明显的分隔作用,则前室画像应该另有其核心的意义。

前室的北壁完全刻画神兽、神怪,所谓"现实生活"的内容则刻于东、西、南三壁。东壁横额上众多头戴进贤冠的人物分为六排,躬身肃立,面向北侧的一个曲尺形房屋,屋前有一拥彗门吏(图一一)。西壁横额上同样有众多头戴进贤冠的人物大致分五排面向北侧的一个房屋,房屋仅表现出带有铺首的大门。众多人物前两排跪伏,后三排躬身肃立。房屋前方除有拥彗、持杖的门吏外,还有一头戴进贤冠并簪笔的人物长跪捧读简册。跪伏和肃立人物之后放置两个摆满耳杯的长案和两个圆案,还有一些壶、食等物品,后有侍者似在预备物品(图一二)。南壁横额(即前壁)中心为一带有阙楼的双层房屋,两侧的众多人物中除房屋本身的门吏、侍者外,皆面向中心房屋。最两侧为朝向房屋的车马,有乘坐人物的轺车和軿车,也有载物的辇车,其前也为头戴进贤冠并向房屋跪伏的人物,其间尚有摆放物品的案和壶、食,也有牵来的羊,等等。南壁立柱上捧盾、拥彗的门吏、兵器架和正在敲击建鼓的画像如前所述也应该是这一场景的延伸(图一三)。

可以看到前室东、西、南三壁上的人物活动有一个突出的共同主题,即是向一座房屋

图一一 前室东壁横额画像摹本

(同上,图5)

图一二 前室西壁横额画像摹本

(同上,图6)

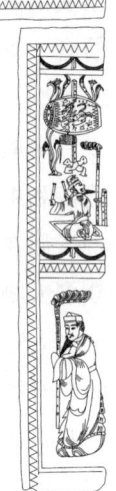

图一三　前室南壁画像摹本

（同上，图7、9、10、11）

跪拜，其间还摆放各种物品，并有一定仪式（如捧读简册、敲击建鼓）。学者们也都同意这些画像是仪式场景的表现，但具体认识不同，有学者认为是葬礼的表现[1]，也有学者认为是祭祀的表现[2]。前者认为该墓中的人物活动整体表现丧葬仪式，这里的画像也为丧葬仪式中的一部分。然而，如前所述，中室画像总体上是墓主从象征内寝的棺室出发，达到一个院落来享受美好生活的表现，可能并非丧葬仪式的反映。另外，学界也普遍认为东汉时期的多室墓中，前室在设计上往往作为祭祀空间[3]。因此，我们更倾向于其表现的是祭祀活动的场景。

虽然曹丕在《终制》中曾说"骨无痛痒之知，冢非栖神之宅，礼不墓祭，欲存亡之不黩也"[4]，但显然是为其薄葬作解。司马相如《哀二世赋》中就说"墓芜秽而不修兮，魂无归而不食"[5]，张衡《冢赋》中也说墓葬"祭祀是居，神明是处"[6]，说的就是灵魂在墓中接受

---

[1] [美]巫鸿：《从哪儿来？到哪儿去？——汉代丧葬艺术中的"柩车"与"魂车"》，见氏著《礼仪中的美术——巫鸿中国古代美术史文编》，第264页。
[2] 信立祥：《汉代画像石综合研究》，第249页。
[3] 黄晓芬：《汉墓的考古学研究》，长沙：岳麓书社，2003年，第92页。
[4] 《三国志》卷二《魏书·文帝纪》，北京：中华书局，1964年，第81页。
[5] 《汉书》卷五七《司马相如传》，北京：中华书局，1962年，第2591页。
[6] 费振刚、胡双宝、宗明华辑校：《全汉赋》，见《冢赋》篇，第470页。

226　蜀山琢玉：丧葬制度与帝国气象

祭祀,而墓祭恰恰是东汉时期十分兴盛的活动[1]。当然墓祭也可以在墓地祠堂中进行,山东地区也是石质墓祠最为流行的地区。但是一方面根据上述文献,在墓中享祭也是当时普遍流行的观念,另一方面沂南汉墓也确实没有发现与之相配的祠堂建筑。而现在可知与石祠共存的墓葬中,墓内的画像似乎都远不如祠堂发达,尤其在表现墓主享乐方面,似乎二者共存时功能有所分化,该问题已经超出本文主旨,容另文讨论,兹不赘述。

值得注意的是,前室东、西壁横额上的房屋皆在最北侧,人们向北跪拜,也就是朝向墓内的方向。南壁横额由于是东西方向,无法表现内外(南北)关系,房屋则居于中心,人物向中心跪拜,结合整体来看,应该也是表现向墓内的跪拜。东、西壁横额上的房屋之后即是分隔前、中室画像的整幅神兽、神怪(前室后壁),而其背面(中室前壁)正是墓主车马到达的日字形院落,而且前室南壁横额中心众人跪拜的房屋也与这一院落隔空正对。并且,非常有意思的是,前室西壁房屋仅表现出门的部分,若往后延伸,穿过后壁的神兽,便可到达中室横额上的院落。显然,前室的祭祀画像与中室的墓主享乐画像都是以房屋为中心,而这两部分的房屋既有分隔,又有联系。前室部分的祭祀活动是以生人为出发点的,中室部分的享乐活动是以亡者为出发点的,而二者之间的以四神为核心的神兽、神怪画像显然是一种区隔和守护。汉代人的观念中既有前述联系生人与亡者的祭祀内容,也存在亡者可以危害生人的观念,集中体现在所谓解注瓶上[2],因此生死两面既需要联系也需要区隔。而且,在画像表现上前室横额上作为祭拜对象的房屋穿过了这一区隔的神兽、神怪,在中室横额上出现了作为墓主享乐中心的房屋,是否表现这个具有宇宙论意义的四神画像除了区隔和守护的意义之外,还有转化的意义,将前室横额上的祭祀转化为中室横额上的墓主享乐之来源？由于目前仅是一种画像结构观察的猜想,没有进一步比较和论证的材料,目前仅存此疑问。

从上文的论述中可以看到,沂南汉墓中所谓"现实生活"画像确实具有一个非常清晰的程序和逻辑,现在仅剩下一个"例外"的部分,即墓门门楣(横额)上的画像。这里刻画着学界十分关注的车马过桥和胡汉交战的内容,并将二者结合在一起,即过桥的同时与头戴尖帽、深目高鼻的胡人展开激战,并出现取得胜利,即将顺利过桥的倾向。这幅画像出现在整个墓葬的墓门上方,与其后的画像既不相接,也不相关,显然既有突出的地位,也有独立的意义(图一四)。

从突出而独立的意义来考虑。关于车马过桥,巫鸿先生根据苍山元嘉元年画像石墓

---

[1] 杨树达:《汉代婚丧礼俗考》,上海:上海古籍出版社,2007年,第223-235页。
[2] 张勋燎、白彬:《东汉墓葬出土解注器和天师道的起源》,见氏著《中国道教考古》,北京:线装书局,2006年,第262-266页。

图一四　墓门画像摹本

（同上，图1、2、3、4）

中"上卫桥"的题记，认为即是渭桥，由于渭水分割长安城和陵墓区，过渭桥则具有象征死亡的意义[1]，也有学者认为与升仙有关[2]。关于胡汉交战，邢义田先生认为胡人为北方匈奴，北方象征幽冥世界，打败胡人有顺利向冥界进发的意义[3]。这些观点均具有很好的启发。不过不论是车马过桥或是胡汉交战都是较为常见和出现在不同场景中的题材。如车马过桥题材中有些是关于所谓"七女为父报仇"的故事场景，这里的桥应该是"渭桥"[4]，而苍山元嘉元年画像石墓中与胡汉交战结合在一起的"卫桥"，显然与七女故事无关，是否也是渭桥，只是一个根据现代读音相近的推测，实际上在《集韵》一书中"卫"（衞）属祭韵部[5]，"渭"属未韵部[6]，二字读音可能有一定差别，如果没有其他通假的实例，直接以现

---

[1]〔美〕巫鸿：《超越"大限"——苍山石刻与墓葬叙事画像》，见氏著《礼仪中的美术——巫鸿中国古代美术史文编》，第217页。
[2] 李清泉：《上渭桥——汉画中部分车马过桥图像所集中显现的语义关联》，见向群、万毅编《姜伯勤教授八秩华诞颂寿史学论文集》，广州：广东人民出版社，2019年，第400-413页。
[3] 邢义田：《汉代画像胡汉战争图的构成、类型与意义》，台湾大学艺术史研究所主编：《美术史研究集刊》第19期，台北：台湾大学艺术史研究所，2005年，第63-132页。
[4] 邢义田：《格套、榜题、文献与画像解释——以一个失传的"七女为父报仇"汉画故事为例》，见氏著《画为心声：画像石、画像砖与壁画》，北京：中华书局，2011年，第92-137页。
[5]〔宋〕丁度等：《集韵》卷七去声上《祭第十三》，上海：上海古籍出版社，第28页。
[6]〔宋〕丁度等：《集韵》卷七去声上《未第八》，第16页。

代读音为根据是有一定危险性的。而且胡汉之间从未在渭水附近交战过,所以是否都是渭桥,还值得怀疑。我曾专门讨论过此种将车马过桥与胡人(包括胡人导引和胡汉交战)组合在一起的画像,认为此种头戴尖帽、深目高鼻的胡人应该是西域胡人("西胡"[1])的程式化表现,东汉时期的神仙和升仙思想的核心是昆仑山及其上的西王母,而在当时人的观念中昆仑和西王母在西域之外,如《山海经》中就说"昆仑山在西胡西"[2],那么前往昆仑就要经过西胡之地。所以,车马出行前的胡人出现了胡人导引和胡汉交战两种表达,而车马出行中的胡汉交战又往往与过桥结合在一起,总体上表现经过各种阻碍和关键节点,顺利向昆仑、西王母进发的意义。这里的桥可能只具有一个关键、过渡的意义,恐怕没有切实所指[3]。十分巧合的是,这一队伍向西行进,而与其连接的西侧门柱上正是前述西王母坐于昆仑之上的画像,可为证明。总之,不论具体意义如何,墓门横额刻画车马过桥和胡汉交战,而立柱上则是十分突出的西王母、昆仑与翻版于西王母的东王公,整个墓门部分表达过渡尤其是升仙意义应该没有太大疑问。

三、结 论

综上所述,沂南汉墓中的画像存在整体设计和清晰逻辑,并与墓室结构的功能和意义具有紧密的配合,表现出较为完整的丧葬观念和愿望。

画像内容总体上可分为所谓"现实生活"、历史故事和神仙神兽三个层次。历史故事集中于中室四壁,大多呈现两个人物相互对立的构图,但其中有不少是一幅图中拼合了两个以上故事的人物和场景。其形式意义远大于内容,应该是画像石传统和人们结构性观念的表现。而将历史故事以分隔的竖幅形式表现在象征墓主燕居的中室四壁,或许还受到居所和屏风装饰传统的影响。神仙神兽则主要分布于各种立柱上,除一般的辟邪守护和神仙升仙意义外,大多更具有装饰功能。不过,其中一些较为系统和突出的神仙、神兽组合则具有具体的意义,如前室后壁(北壁)以四神配伍为核心和墓门立柱以西王母和东王公为核心的画像。

所谓"现实生活"画像主要分布于墓葬各壁的横额(门楣)之上,连接为一个整体,有些比较重要之处还延伸至与之连接的立柱上。这部分画像具有清晰的程序和逻辑,表现

---

[1] 王国维:《西胡考上》,见氏著《观堂集林》卷十三,北京:中华书局,1959年,第606页。
[2] 袁珂校注:《山海经校注》(增补修订本),成都:巴蜀书社,1993年,第381页。
[3] 王煜:《"车马出行——胡人"画像试探——兼谈汉代丧葬艺术中胡人形象的意义》,《考古与文物》2012年第1期。

男、女墓主各自从棺室（后室）出发，沿中室后壁（北壁）和西壁向外行进，最后来到中室前壁（南壁）的院落，并在这里及继续延伸的东壁享用各种财富和娱乐节目，包括粮仓、庖厨、宴饮和乐舞百戏等。中室画像与前室画像之间由前室后壁（北壁）的四神、神兽画像区隔，前室主要表现众多人物对墓主的祭祀，祭祀的中心均为一座房屋。可以看到，墓主从后室由内而外地来到中室前壁（南壁）的院落进行享受，祭祀人物由外而内地对紧接和对应前室后壁的房屋进行跪拜，形成两条相对方向的逻辑线，两条线的交点正在前室后壁（北壁）的四神、神兽画像。其内为以墓主为出发点的画像，其外为以祭祀人物（姑且理解为生人）为出发点的画像，因此整幅的四神、神兽画像显然具有区隔和守护生死两方的意义。而作为祭祀对象的前室房屋又有意识地向中室延伸，连接中室前壁（南壁）墓主享乐中心的院落，说明祭祀与享乐之间有存在着联系或转化。张衡在《冢赋》中总结道："存不忘亡，恢厥广坛，祭我兮子孙。"结合山东地区特别流行墓地祠堂的情况来看，祭祀确实是中原尤其是山东地区墓葬的一个核心主题。

如此，画像也很好地配合了多室墓结构的设计意图，后室为内寝，中室为燕居之所，前室为祭祀之处，符合学界对于东汉时期墓葬结构的总体认识。值得注意的是，墓室结构是以空间的形式表现，而画像则是以内容进行表达。因此，在墓室中直接连接的前、中、后三室的意义，在画像上则表现为墓主乘坐车马来到一座院落，这里的院落在意义上应当就等同于中室，而祭祀人物也是跪拜一座房屋，这里的房屋则等同于前室，两种表现形式既相区别又相辅相成。遗憾的是墓室中的随葬品基本盗掘和破坏，否则或许可以观察到更多形式的表现。

在理想世界中的享乐和祭祀并非汉代丧葬观念的全部，墓门横额（门楣）上的车马出行和胡汉交战以及立柱上突出的坐于昆仑山上的西王母和东王公画像，反映出在上述基础上对升仙的强烈追求，表达了在世俗意义之上的超越意义。虽然，整个墓葬画像中具有清晰逻辑的是上述所谓"现实生活"的部分，但这一部分其实被整体包围在各种神仙、神兽画像中，它们虽多不具有具体的意义，却总体营造出浓厚的神仙意味。而且在整个墓葬的墓门处突出表现这一主题，仿佛也把整个墓葬画像引向神仙世界（图一五）。

现代学者往往站在理性的角度，在祭祀、理想世界中的享乐和升仙这几个愿望之间做非此即彼的选择。然而，丧葬观念和死后理想本身就不是理性的，更可能是各种愿望的综合[1]。正如山东苍山元嘉元年画像石墓题记最后写到的"其当饮食就天仓，饮江海。学者高迁宜印绶，治生日进钱万倍。长就幽冥则决绝，闭圹之后不复发"[2]，将死者在理想世界

――――――――――
[1] 王煜：《也论汉墓中的"天仓"——兼谈汉代人有无升天观念》，《四川文物》2019年第4期。
[2] 山东省博物馆、苍山县文化馆：《山东苍山元嘉元年画象石墓》，《考古》1975年第2期。

图一五　沂南汉墓画像逻辑示意图

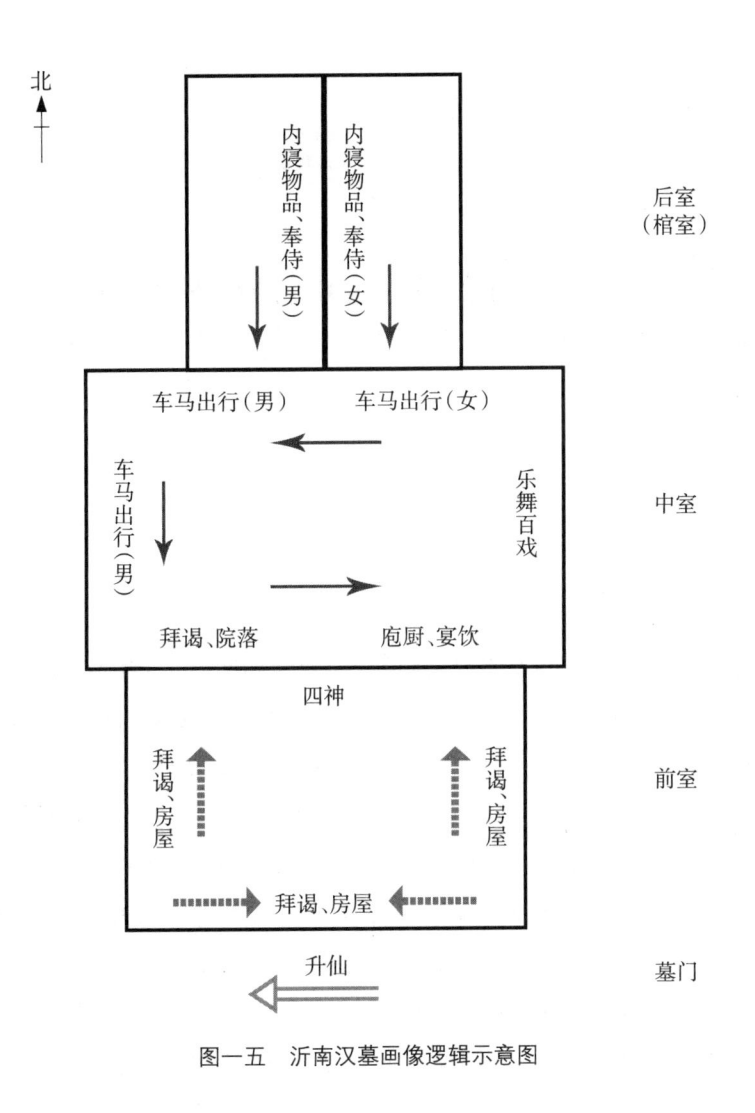

中的享乐、升仙以及安全和生者的升官、发财等都概括进来，未见有任何相互排斥的选择。沂南汉墓的画像不仅是一种综合，更应该理解为一种整合。通过四神画像将对墓主的祭祀和墓主享乐既区隔又连接起来，似乎在二者之上又形成一个较大的逻辑。通过墓门的升仙画像和墓内的各种神仙神兽，似乎又将升仙超越于祭祀—享乐之上，表达整体的更高层次而又更加遥远的追求。值得注意的是，汉代丧葬图像和器物中的这种整合往往是由对宇宙意义模仿来实现的，如本文中处于关键位置的四神体系画像，这一问题已经超出本文主旨，我们拟另文讨论，兹不赘述。

（原载《形象史学》第17辑，2021年）

从"朱鲔石室"祠主问题出发
——兼谈汉代墓地祠堂、祠堂画像与墓葬、墓主的关系

王　煜　　左紫薇

"朱鲔石室"原位于山东省金乡县，现已拆解收藏和展出，但总体上尚可复原，是现知体量最大的汉代画像石祠。根据1942年费慰梅发表的考察成果，石室为一座祭祀墓主的祠堂，坐北朝南，双开间悬山顶式建筑，室内面阔3.96米，进深约3.3米，高3米。其北即为墓室，相距约8.2米，多室石墓，无画像[1]（图一）。蒋英炬等整理出版的《朱鲔石室》中报道，石室现存十一石，其中东、西两壁山墙各存三石，各缺一石，后壁（北壁）五石皆存。石室三面墙壁皆有画像，共计十四幅。画像多采用平面阴线刻，以墙壁上高浮雕仿木构建筑的立柱、斗拱、横枋分界，除东、西壁石拱内为东王公、西王母等仙界内容外，其余均为屏风人物图[2]。采用平行透视法，横枋上层皆为女子形象，下层则多为男子形象[3]，与屏座、食具等共同构成整幅画像，无常见的车马出行、历史故事等题材，在汉代祠堂画像中比较特别（图二—四）。

根据各种资料记载，石室墙壁上的题刻文字至少应有四处：西壁下层左侧（图像的方位叙述以观者为准，下同）的帷幔上题刻"朱长舒之墓"，今存；西壁下层左侧的门上有题字数行，清代王昶在《金石萃编》中录作"汉朱氏□□始（约缺六字）鲔（约缺四字）嘉（下缺上缺十余字）相（下缺上缺共约十二三字）与可韦□分（约缺四字）豫（约缺四字）叶万

---

[1] [美] W. Fairbank, "A Structural Key to Han Mural Art", *Harvard Journal of Asiatic Studies* 7, 1942, no.1: pp.52-88.
[2] 蒋英炬、杨爱国、蒋群：《朱鲔石室》，北京：文物出版社，2015年，第24-76页。
[3] 郑岩：《视觉的盛宴——"朱鲔石室"再观察》，台湾大学美术史研究集刊编辑委员会：《台湾大学美术史研究集刊》（第41辑），台北：台湾大学艺术史研究所，2016年，第80-81页。

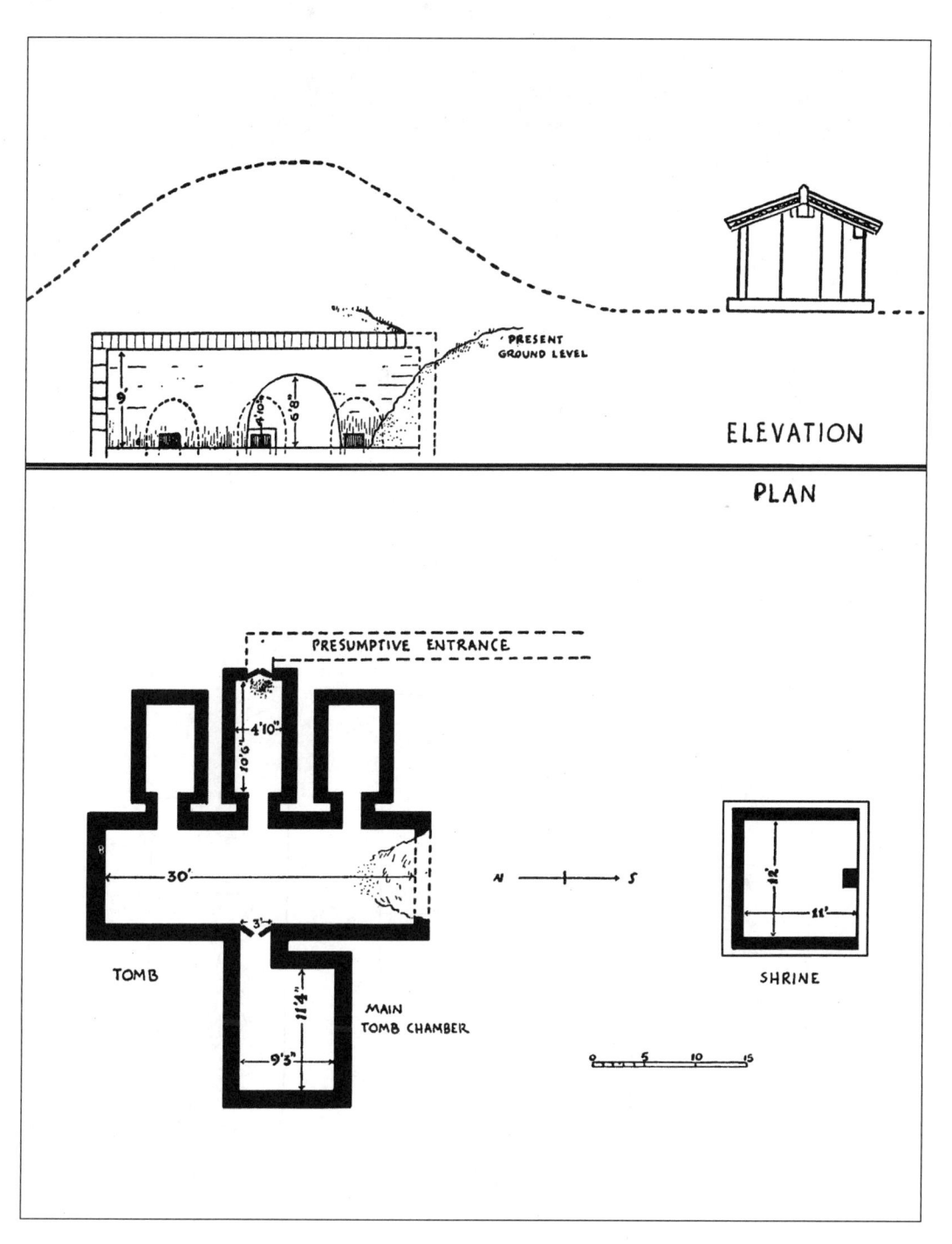

图一　石室与墓葬位置关系图

（图片来源：《朱鲔石室》，第11页，图4）

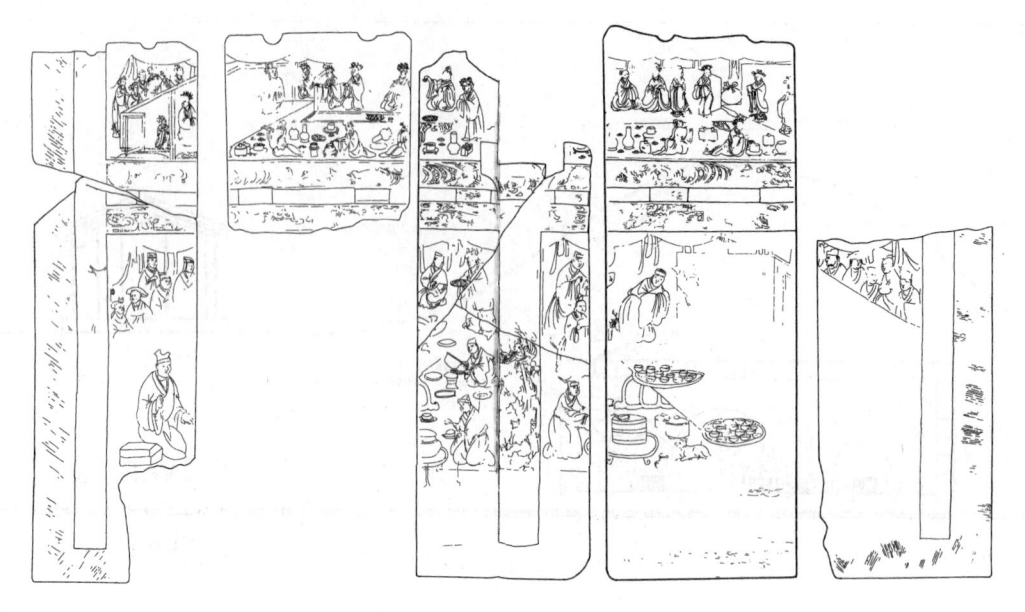

图二　北壁画像摹本

（同上，第62–63页，图57）

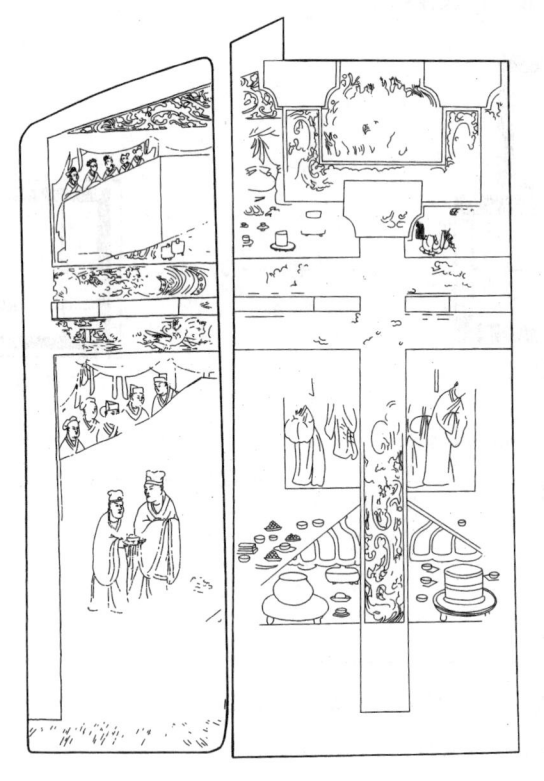

图三　东壁画像摹本

（同上，第58–59页，图55）

图四　西壁画像摹本

（同上，第66—67页，图59）

（约缺二字）祥"[1]；清代翁方纲在《两汉金石记》中提及"又一人旁有金吾二隶字"[2]；北壁下层右侧的帷幔下左端有一"朱"字，今存。

由于这些题刻中提到墓主和祠主，加之石室的体量巨大，价值重要，祠主问题便自然成为研究尤其是早期研究的重点。然而早期研究皆是根据题刻来考定或否定，而题刻的时代又不好判断，因此一直难以明辨，最终搁置。所幸近来已有从画像角度的研究间接涉及这一问题，给我们很好的启发。我们认为，应结合此时期祠堂性质和功能、祠堂画像及

---

[1]（清）王昶：《金石萃编》卷二十一，见新文丰出版公司编辑部编《石刻史料新编》第1辑第1册，台北：新文丰出版公司，1982年，第386页。

[2]（清）翁方纲：《两汉金石记》卷十四，见新文丰出版公司编辑部编《石刻史料新编》第1辑第10册，第7401页。

历代题刻来共同探讨这一问题。而这种探讨面对的不仅仅是祠主的问题，还涉及祠堂及祠堂画像与墓葬关系，值得进一步讨论。

一、既往研究

早期观点多将祠主认定为两汉之际的扶沟侯朱鲔，一方面有《水经注》的记载，另一方面又有相关题记，似乎比较可靠。

《水经》云"（济水）又东过东缗县北"，注云"菏水又东迳汉平狄将军扶沟侯淮阳朱鲔冢。墓北有石庙"[1]。东缗县即今山东金乡县，根据早期著录和近现代调查的情况来看，此处最突出的汉代"石庙"，即此"朱鲔石室"，应即郦道元所指。清代黄易在《得碑十二图》中还指明了石室末幅图像上有"朱长舒""朱氏鲔"等字的题刻："金乡城北王广文茔左石室，相传是东汉扶沟侯朱鲔之墓，室中人物刻像颇有画法。孔户部荭谷曾拓数纸。河患室淤，余属县令马君于茔剔出，末幅有'朱长舒'等字，下有八分，四已磨泐，隐隐似'汉朱氏鲔'等字。"[2]清代王昶在《金石萃编》中录有黄易的另一段题跋，记载了其对祠主问题的推测："朱长舒画像之末幅下有八分一段，隐隐可辨者数字。向求拓本多纸汇成一册，逐行审辨，仅露数笔。新得拓本一纸，比前清朗，'汉''鲔''可万吉祥'等字灼然无疑。相传为朱鲔墓，不得其实，今得一'鲔'字。孙渊如云，鲔字颈长也，长舒或即鲔之号亦未可定。"[3]劳榦在《论鲁西画像三石——朱鲔石室、孝堂山、武氏祠》中指出"其中题'朱长舒'三字之石，大抵为朱鲔画象，余当为其宾友也"[4]。

而随着山东画像石材料的不断出土，由于"朱鲔石室"的画像风格和一些器用、衣冠形象显得较为特别，逐渐有学者对传统观点提出质疑，认为石室可能是汉代以后的作品，"朱长舒之墓"等题刻或为后人所加。清代毕沅、阮元在《山左金石志》中认为其应为唐宋时作品，可能是扶沟后人为追崇先祖朱鲔而建："案《济宁州志》云，汉平狄将军扶沟侯朱鲔墓石室画象，沈存中载入《梦溪笔谈》，以为真汉制，今以拓本验之，全与武祠诸刻异，其中人物衣冠萧疏生动，颇类唐宋人画法，或是扶沟后人追崇先世而作耳。因附汉碑之末。"[5]日本学者桑原骘藏在《考史游记》中谈道："只是令人觉得其刻画手法婉曲，与孝堂

---

[1]（北魏）郦道元著，陈桥驿校证：《水经注校证》卷八《济水》，北京：中华书局，2007年，第215页。
[2] 蔡鸿茹：《黄易〈得碑十二图〉》，《文物》1996年第3期，第78页。
[3]（清）王昶：《金石萃编》卷二十一，见新文丰出版公司编辑部编《石刻史料新编》第1辑第1册，第386页。
[4] 劳榦：《论鲁西画像三石——朱鲔石室、孝堂山、武氏祠》，中央研究院历史语言研究所：《中央研究院历史语言研究所集刊》第8本第1分册，上海：商务印书馆，1939年，第98页。
[5]（清）毕沅、阮元：《山左金石志》卷八，见新文丰出版公司编辑部编《石刻史料新编》第1辑第19册，第14456页。

石室、武氏祠堂及嵩山石阙等大相径庭,或许是魏晋以后的作品。"[1]清同治元年(1862)的《金乡县志略》中也对"朱鲔墓"的所在地提出了质疑:"《汉史》,朱鲔新市人,为更始大司马,以洛阳归世祖,拜平狄将军,封扶沟侯,不知何以墓在此。"[2]

而目前的主流观点则认为"朱鲔石室"确实是东汉时期的作品,此种平面阴线刻的技法和以宴饮为主的题材同样见于东汉画像石,但其时代与两汉之际的朱鲔仍有一定差距,地域也有一些矛盾,应与朱鲔无关。最具代表性的论述为蒋英炬等在《朱鲔石室》一书中的观点,作者提到石室画像的风格与密县打虎亭一号墓极为相似,时代也应与其相当,大致是东汉晚期的作品,而祠主应是东汉晚期二千石上下的中高级官吏或富豪,并非两汉之际的扶沟侯朱鲔[3]。

值得注意的是,郑岩在《视觉的盛宴——"朱鲔石室"再观察》一文中虽然亦不认为祠主与朱鲔有关,但提出了一种颇有价值的可能性,认为墓室可能还存在另外一个未被发现的区域,或许是一座大型家族合葬墓,安葬的可能是家族内的多名甚至是多代死者,石室所供奉的也可能是多位祠主[4]。其文章重在对石室内宴饮画像形式上的观察和研究,对此问题并未进一步展开,也未关注具体祠主等问题。

综上,早期金石学家多认为"朱鲔石室"的祠主即为石室题刻中的朱鲔,也符合《水经注》的记载,但通过与相似材料的比证,目前研究者则多认定石室的时代为东汉晚期,很可能是桓灵之际,而朱鲔生活于两汉之际,应与之无关,祠主另有其人。对于石室建造年代我们目前并无太大疑问,总体在东汉中晚期应无异议,但是否东汉中晚期建造的祠堂就一定与东汉初年的朱鲔无关?还需要结合石祠及其画像的性质、功能来确定。祠堂上题刻"朱长舒之墓",确实不符合汉代题记的习惯,但是否所有关于朱鲔的题刻皆是后人附会?也不尽然。我们更为赞同郑岩先生提出的多位祠主的可能性,并愿意进一步结合画像和相关材料及背景进行论证,也更希望进一步揭示祠堂及其画像与墓葬关系的一种情况。

---

[1] [日]桑原骘藏著,张明杰译:《考史游记》,北京:中华书局,2007年,第156-158页。
[2] (清)李垒纂修:《金乡县志略》卷一《舆地·古迹》,台北:成文出版社有限公司,同治元年刊本,1976年,第35页。
[3] 蒋英炬、杨爱国、蒋群:《朱鲔石室》,第77-84页。
[4] 郑岩:《视觉的盛宴——"朱鲔石室"再观察》,台湾大学美术史研究集刊编辑委员会:《台湾大学美术史研究集刊》(第41辑),第94-95页。

二、家族合葬墓与合祭祠堂

（一）画像配置与祠主问题

与汉代画像石祠常见的画像配置不同，"朱鲔石室"的画像配置方式极有特色。

首先，三壁画像有很强的相似性。三壁画像均是以立柱为中心，左右对称配置，屏座斜放、朝向立柱（北壁画像面积较大，上部两幅画像均有一正放、一斜放双屏座），又以横枋为界线，上部较窄，均为女子形象，比例较小，下部较宽，除个别女仆外，均为男子形象，比例较大。同时，三壁各幅画像之间亦是高度相似的。除部分位置呈现为空白外，各幅画像的内容布局基本都是以屏座为中心，身躯高大的主人和重要宾客坐或立于屏风之前、座榻之上，面朝食物或相向交谈，食物、饮食用具置于屏座前，而居于次要地位的拜谒者和侍者则侧立或侧跪于主人和宾客周围（图五、六）。

此外，石室各壁甚至是各幅画像间亦存在着相对独立性。通过与武氏祠等祠堂的画

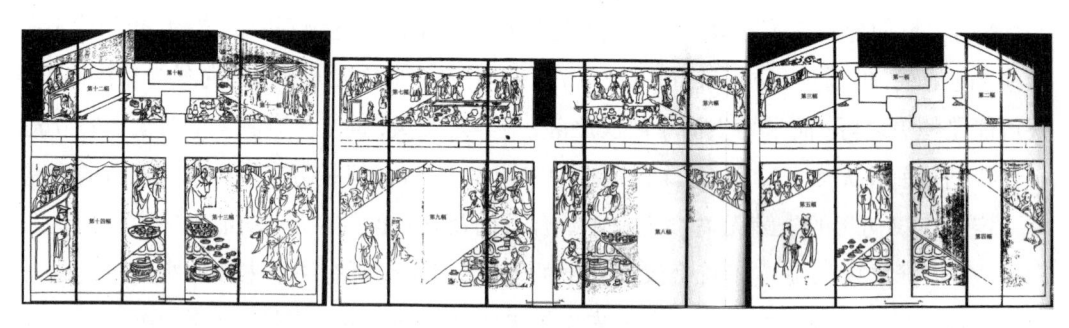

图五　石室内壁画像分布图

（同上，图53）

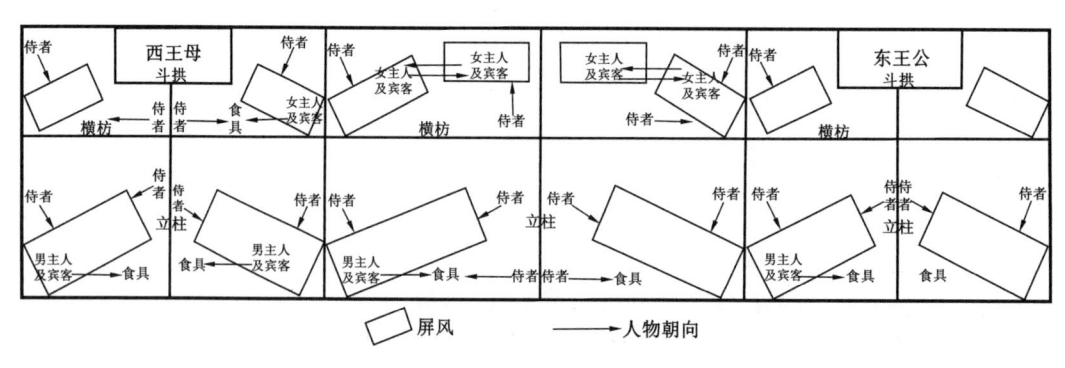

图六　石室内壁画像配置示意图

（作者绘）

像配置进行对比,我们能够发现"朱鲔石室"各幅画像在内容上均是自成一个整体,相互之间不存在空间或时间上的关联。例如,巫鸿在《武梁祠——中国古代画像艺术的思想性》一书中提到武梁祠的三壁画像自上而下依次表现上天征兆、神仙世界及人类历史的内容,代表了汉代人眼中的宇宙观念[1];而"朱鲔石室"中除了石拱内的西王母、东王公外,其余画像虽有所不同,但均为同一题材,在象征意义上并无明显区别,因此不存在不同题材之间相互配合形成某种整体空间观念的情况。又如,信立祥在《汉代画像石综合研究》中提到武氏祠墙壁上车骑出行图表示祠主前来接受祭祀,几幅画像间存在时间差和先后顺序,象征墓主灵魂从地下世界奔赴受祭之处这一事件的发展过程[2];而"朱鲔石室"各幅画像的侍者均朝向屏座上的主人和宾客,主人和宾客则朝向屏座前的食物,各幅画像的人物走向之间互不相连,并且没有同一人物形象的重复出现,因此亦不存在不同画像之间在时间上的相继关系。

这种同一室内的各幅画像内容极其相似而又相对独立的配置方式并非孤例,辽阳地区的汉魏壁画墓中右耳室的壁画也常见这种现象。例如,辽阳三道壕一号壁画墓右耳室壁画。其三壁所绘均为男女对坐饮食图,应是表现墓主人夫妇的宴饮场景,三幅壁画内容及布局都大同小异,均为男女二人对坐于斜放的方榻上,榻前置短几,中间置有食器,二人均面朝中间、相向而望,中间或有侍者躬身侧立,面向左右两侧的主人,同时这三幅壁画在内容上亦是各自独立、不相关联的(图七)。简报中认为,这里的三组对坐人物,很可能和该墓四个棺室的族葬制相对应,即一幅独立的男女对坐壁画就象征墓葬中所安葬的该家族中的一对墓主夫妇[3]。除此以外,辽阳三道壕三号壁画墓、三道壕窑业二场墓等也出现了右耳室多幅内容相似且相互独立的墓主壁画与该墓的多间棺室、多位墓主相对应的现象[4]。可以看出,辽阳地区的这种墓主题材壁画与该地区独特的墓室空间关系之间应是存在着对应关系的。

"朱鲔石室"每一壁面上的画像表现出很强的共性和相对独立的特征[5],通过对比辽阳地区汉魏壁画墓中有关墓主宴饮的相似情况,我们认为这种独特的画像配置方式应与多人合葬(合祠)相对应。既然辽阳地区壁画墓的多组墓主宴饮象征了家族中的多组夫妇合葬,"朱鲔石室"的多幅宴饮画像也应当对应着多位(多组)祠主享祭的场景,石室所

---

[1] [美]巫鸿著,柳扬、岑河译:《武梁祠——中国古代画像艺术的思想性》,北京:生活·读书·新知三联书店,2015年,第92页。
[2] 信立祥:《汉代画像石综合研究》,北京:文物出版社,2000年,第115页。
[3] 东北博物馆:《辽阳三道壕两座壁画墓的清理工作简报》,《文物》1955年第12期。
[4] 李林:《"图像铭记"与祭奠空间——以辽阳壁画墓墓主画像与明器台(室)为中心》,《艺术探索》2013年第4期。
[5] 郑岩:《视觉的盛宴——"朱鲔石室"再观察》,台湾大学美术史研究集刊编辑委员会:《台湾大学美术史研究集刊》第41辑,第89页。

图七　辽阳三道壕一号墓右耳室壁画摹本

（图片来源：徐光冀主编：《中国出土壁画全集8》，北京：科学出版社，2012年，第14-16页）

供奉的应是多位（多组）死者。

（二）家族合葬墓与合祭祠堂

众所周知，东汉时期多人合葬墓盛行，墓室面积往往较大，结构也非常复杂，或设有多个棺室，或将死者置于耳室内，一座墓葬能够安葬数代人，这种结构复杂的合葬墓在当时的中原、北方地区，特别是山东、辽宁辽阳、河南南阳地区极为常见[1]。"朱鲔墓"便是发现于多人合葬墓极为流行的山东地区，墓室结构也较为复杂。费慰梅认为，死者的遗体应该是放在西室，三个耳室可能放随葬品，也可能安葬家庭内身份略低的人[2]。由于费慰梅绘制的墓室平面图较为奇怪，郑岩推测墓葬东侧中部耳室的门，很可能是连接另一个区域的通道，而这个区域可能因为有淤土，费慰梅未能进入，若是这样，墓葬就应当是一座能够安葬家族内多位死者甚至多代死者的大型墓。同时，郑岩还提到另一种可能，墓葬或许是由于财力不济或其他原因，最终并未修建完成，而石室画像上存在的大片空白也是因为最终并未刻绘完成，那么这些空白可能就是为将来需要扩建墓室来安葬的墓主预留的[3]。无论是哪一种情况，"朱鲔墓"在设计之初，都应该是一座被用于安葬多组家族成员的大型多

---

[1]［日］太田有子著，杨凌译：《中国古代的夫妻合葬墓》，《华夏考古》1989年第4期。
[2]［美］W. Fairbank, "A Structural Key to Han Mural Art", *Harvard Journal of Asiatic Studies* 7, 1942, no.1: pp.139-140.
[3] 郑岩：《视觉的盛宴——"朱鲔石室"再观察》，台湾大学美术史研究集刊编辑委员会：《台湾大学美术史研究集刊》（第41辑），第90-95页。

室墓,其墓主应当包括家族内的多组甚至多代死者。

石室建于墓葬之南,与墓葬直接对应,是一座祭祀墓主的墓祠。两汉时期这种建筑在墓旁的墓祠大量兴起,开始主要是用于祭祀个人[1],这与西汉时期多人合葬墓尚不发达的情况是相对应的。但在东汉时期,随着多人合葬墓的流行,一些大型合葬墓前对应的墓祠恐怕就会向祭祀整个合葬墓主的功能转变,甚至一些墓祠在祖先祭奠活动中逐渐演变为整个"家庭"或"家族"的祠堂,被用于祭奠葬于同一墓地的所有家庭成员[2]。

而这一时期恰恰也值皇室宗庙制度改革之时。西汉时期每个去世的皇帝都有一座庙,皆在陵墓旁边,《汉书·韦贤传》载"自高祖以下至宣帝,与太上皇、悼皇考,各自居陵旁立庙"[3],宣帝以后也是一样。而东汉光武帝时建立高庙,将西汉十一帝神主皆纳于高庙之中一同祭祀。《后汉书·光武帝纪》载:"(建武二年正月)壬子,起高庙,建社稷于洛阳,立郊兆于城南,始正火德,色尚赤。是月,赤眉焚西京宫室,发掘园陵,寇掠关中。大司徒邓禹入长安,遣府掾奉十一帝神主,纳于高庙。"[4]东汉明帝去世时"遗诏无起寝庙,藏主于光烈皇后更衣别室"[5],后世成为定制,东汉皇帝的神主皆藏光武庙中。所谓"后汉明帝又欲遵俭自抑,遗诏无起寝庙,但藏其主于光武庙中,更衣别室。其后章帝又复如之,后世遂不敢加,而公私之庙皆为同堂异室之制"[6]。并且降低了宗庙在祭祀先人中的地位,使上陵(上冢、墓祭)上升到一个更高的地位。巫鸿认为宗庙制度的变化后面隐藏着东汉对西汉世系继承中的尴尬,因而另辟蹊径[7]。不论如何,这种变化都影响到了社会上墓祠的设立。正如清代赵翼所说:"盖又因上陵之制,士大夫仿之,皆立祠堂于墓所。"[8]既然社会上墓祠的流行一定程度上受到皇室陵庙的影响,而皇室又纳各代神主于光武庙,那么,一座祠堂祭祀家族多代死者的现象也就容易理解了。正如上引朱熹所言"后世遂不敢加,而公私之庙皆为同堂异室之制",目前所见的汉代画像石墓祠尚无同堂异室之例,在同堂之中,用一组组独立的屏座、宴饮来表现也是容易理解的。

这里还可以东汉晚期的四川中江塔梁子崖墓M3作为参证,该墓由一个纵长的五进主室和左右所设的六间侧(耳)室组成,其第三室左侧室右、后两壁上各分成四个矩形区

---

[1] 王鹤鸣、王澄:《中国祠堂通论》,上海:上海古籍出版社,2014年,第72—74页。
[2] [美]巫鸿著,柳扬、岑河译:《武梁祠——中国古代画像艺术的思想性》,第40页。
[3] 《汉书》卷七十三《韦贤传》,北京:中华书局,1962年,第10册,第3115页。
[4] 《后汉书》卷一《光武帝纪》,北京:中华书局,1965年,第1册,第27—28页。
[5] 《后汉书》卷二《孝明帝纪》,第123页。
[6] (宋)朱熹撰,郭齐、尹波点校:《朱熹集》卷六十九《禘祫议》,成都:四川教育出版社,1997年,第3602—3603页。
[7] [美]巫鸿著,李清泉、郑岩等译:《中国古代艺术与建筑中的"纪念碑性"》,上海:上海人民出版社,2009年,第152—153页。
[8] (清)赵翼撰,曹光甫校点:《陔余丛考》卷三十二《墓祭》,上海:上海古籍出版社,2011年,第615页。

域,绘有八幅内容相似而又相互独立的宴饮壁画,均为二人坐于席上,面前置案和食物,侍者立于其旁[1],与"朱鲔石室"和辽阳壁画墓的图像内容和配置亦极为相似(图八)。四川东汉崖墓一般由主线上的多进主室及其旁边的侧室、耳室构成,主室和侧室中皆可置棺,且大型崖墓中棺的数量较多,通常为瓦棺和石棺,有些崖墓有一个开放或者封闭的用作祭祀空间的前室,类似于祠堂,如乐山麻浩崖墓[2]。而中江塔梁子崖墓M3第三室左侧室的多组宴饮壁画与辽阳三道壕一号壁画墓右耳室的三组宴饮壁画,就位置和功能而言皆有极大的相似之处。塔梁子崖墓M3中的人物壁画旁有多组题记:"先祖南阳尉,□□土乡长

图八 中江塔梁子崖墓M3第三室左侧室部分壁画
(图片来源:《中江塔梁子崖墓》,图版四八—五二)

---

[1] 四川省文物考古研究院、德阳市文物考古研究所、中江县文物保护管理所:《中江塔梁子崖墓》,北京:文物出版社,2008年,第19、57-60页。
[2] 乐山市文化局:《四川乐山麻浩一号崖墓》,《考古》1990年第2期。

里汉太鸿芦文君子宾,子宾子中黄门侍郎文君真坐与诏,外亲内亲相检厉见怨""□父即鸿芦,拥十万众,平羌有功,赦死西徙,处此州郡县乡卒""广□守丞、瓦曹吏、创农诸□掾□字子女长生。荆□□□□父造此墓""蜀太守文鲁掾、县官啬夫、诸书掾史堂子元长生""荆子安字圣应主"等。宋治民根据题记推断各组壁画中所绘的主要人物是包括"汉太鸿胪文君子宾"及其后代在内的多代家族成员,特别指出其先后顺序也是按照时间早晚排列,犹如后世的连环画[1]。《中江塔梁子崖墓》中进一步推测其墓主应是"汉太鸿胪文君子宾"的孙子荆子安及其家族成员,可能还包括荆子安之父[2]。而赵瑞民则认为壁画上所绘为文氏数代,即文子宾、文真父子二代,文鲁掾,文子如、文荆、文安祖孙三代,造墓之人为文荆、文安父子[3]。无论是哪一种说法,都至少说明墓内所绘的主要人物应该是包括了其先祖"文君子宾"在内的多代家族成员,而墓内所安葬的墓主也应当包括了至少两代人。

三、祠主的排列顺序与先祖形象

(一) 祠主画像的位置与排列顺序

确定祠主形象在整幅画像中的位置,需要参考其他可资比较的画像石墓、祠中墓主、祠主形象的特征。

信立祥指出,山东嘉祥武氏祠的楼阁拜谒图中,双层楼阁下层的受祭者是祠主,俯身拜谒者是祠主的子孙,而上层端坐的女子形象则是祠主的妻妾[4],这一观点总体上得到了研究者的普遍认同。"朱鲔石室"以横枋为界,实际上也可以看作是一个双层楼阁[5],楼阁上层皆为女子形象,下层则多为男子形象,画面以宴饮场景为主,与武氏祠的楼阁拜谒图有异曲同工之处,故石室画像下层也应当是祠主、男性宾客等形象,上层则应当是祠主妻妾、女性宾客等形象。

在密县打虎亭一号墓北耳室西壁、南耳室南壁画像、辽阳三道壕一号墓右耳室壁画、中江塔梁子崖墓M3第三室左侧室壁画等一系列内容相似的宴饮图中,其墓主形象均身躯高大、衣着华丽,端坐于屏风前方榻之上,置于整幅画面的中心位置。特别是密县打虎

---

[1] 宋治民:《四川中江县塔梁子M3部分壁画考释》,《考古与文物》2005年第5期。
[2] 四川省文物考古研究院、德阳市文物考古研究所、中江县文物保护管理所:《中江塔梁子崖墓》,第94页。
[3] 赵瑞民:《中江塔梁子崖墓壁画榜题补释》,《四川文物》2009年第4期。
[4] 信立祥:《汉代画像石综合研究》,第101—102页。
[5] 蒋英炬、杨爱国、蒋群:《朱鲔石室》,第85页。

亭一号墓的画像，与"朱鲔石室"画像最为相似，采用相同的构图方法，不再以夸张的人物比例进行构图，然而即便如此，其墓主形象较其余宾客和侍者也相对高大。安金槐等指出，该画像中凡身躯高大肥胖、衣冠楚楚者皆为官僚、地主，占据画面的主要部位，而手捧杯盘的劳动人民则头戴小冠，在画幅上处于次要地位[1]。"朱鲔石室"画像中屏座上身躯高大的人物形象，除个别或为同行的导引者外，其余也应当是祠主或祠主妻妾，而侍立于屏座四周者则应当是侍者、拜谒者等。

"朱鲔石室"画像中人物的衣冠服饰刻画较为细致，亦是确定其人物身份的重要依据。沈从文在《中国古代服饰研究》中称，东汉画像石刻中妇女形象一般照古代的"六笄""六珈"制度，使用六钗是统治阶级尊贵的象征。密县打虎亭一号墓的宴饮图中身份尊贵的墓主妻妾和女宾客均头着六钗[2]，可作为"朱鲔石室"上层屏座上端坐的头着六钗的女子形象为祠主妻妾或身份尊贵的女宾客的旁证。在汉代，男子头着帻，其上加冠以表示其身份，无冠者则为庶人和卑贱者。蔡邕《独断》云："帻，古者卑贱执事不冠者之所服。"[3]《释名·释首饰》云："二十成人，士冠，庶人巾。"[4]石室下层屏座上端坐者和走向食物的男子多头着冠，立于其旁的导引者与侍立者则仅着帻，形成对比，亦可作为前者身份尊贵的证明。

可以看到，在下层部分，北壁左侧端坐于屏座右侧的男子、西壁右侧端坐中央的男子、西壁左侧立于门侧的男子均头着冠，身躯高大，居于众人视线的中心，且在屏风一端均有侍者躬身侧立朝向他们，极可能是本幅画像中的祠主形象；而在上层部分，那些头着六钗，衣着华贵，周围的女宾客都面向她们与其交谈，侍者则将食物递与她们，可能均是本幅画像中的女性祠主，甚至极可能是下层画像中所绘祠主的夫人。特别是，对于各祠主及其妻妾形象的排列顺序，我们推测应当也是与中江塔梁子崖墓M3类似，即按照其时间先后或辈分大小的顺序自右至左（人物位置关系以其自身为准，下同）依次刻绘，值得提及的是河西地区有保持较好的汉晋家族墓地，其墓葬排列方式也恰恰秉持着长幼有序、以右为尊的基本观念，墓葬基本自右后方往左前方依次排列[5]。而对于多幅画像屏座之上仍为大片空白，没有出现似为祠主或祠主妻妾形象这一问题，郑岩谈到一个可能的原因是，当祠堂建造的时候，有些主人尚未故去，而汉代很少有为生者绘像的事例，这些

---

[1] 安金槐、王与刚：《密县打虎亭汉代画象石墓和壁画墓》，《文物》1972年第10期。
[2] 沈从文：《中国古代服饰研究》，上海：上海书店出版社，2002年，第183-185页。
[3] （汉）蔡邕：《独断》卷下，见（清）永瑢、纪昀等编纂《文渊阁四库全书》，台北：商务印书馆，1986年，第850册，第18页。
[4] （汉）刘熙撰、（清）毕沅疏证、王先谦补：《释名疏证补》卷四《释首饰》，北京：中华书局，2008年，第158页。
[5] 戴春阳、张珑：《敦煌祁家湾——西晋十六国墓葬发掘报告》，北京：文物出版社，1994年，第155-156页。

空白处正是为尚在世者预留的[1]。而正好自右至左前三幅画像均出现了似为祠主的形象，应是时代较早的先祖，而后三幅图却并未出现类似形象，应是尚未故去的家族后代。也可以作为我们关于祠主排列顺序推测的印证。

(二)"戴冕"人物形象

"朱鲔石室"西壁下层左侧屏风前(依人物自身方位正好是石祠画像的最右侧)立一男子，体形高大，头上的冠较为特殊，似为一平板，伸出前后，形制似冕(图九)，受到学者的重视。蒋英炬等在《朱鲔石室》中称之为武士冠，在注释中认为可能为樊哙冠[2]，沈从

图九　西壁下层戴冠男子形象摹本和拓片

(图片来源:《朱鲔石室》，第107页，图版一六；第66页，图59)

---

[1] 郑岩:《墓主画像研究》，见山东大学考古学系编《刘敦愿先生纪念文集》，济南：山东大学出版社，1998年，第450-468页。郑岩的这一观点得到了蒋英炬等的认同，并在《朱鲔石室》第90页补充了西汉张禹预作祠堂的例证。
[2] 蒋英炬、杨爱国、蒋群:《朱鲔石室》，第76页。

礼俗文化｜从"朱鲔石室"祠主问题出发　245

文在《中国古代服饰研究》中称之为樊哙冠[1],孙机在《汉代物质文化资料图说》中称之为爵弁[2]。《续汉书·舆服志》中记载武冠"俗谓之大冠,环缨无蕤,以青系为绲,加双鹖尾,竖左右,为鹖冠";爵弁"一名冕。广八寸,长尺二寸,如爵形,前小后大,缯其上似爵头色,有收持笄";樊哙冠"广九寸,高七寸,前后出各四寸,制似冕"[3]。显然该男子所着之冠应不同于一般的武士冠,其形象确实也与汉画像中大量出现的武冠大相径庭,而文献中爵弁和樊哙冠的形制均与该男子所着之冠有相似之处,因为二者的形制皆似冕,与画像上冠上伸出前后的平板相符合。

对于该男子形象的身份,劳榦称其为朱鲔画像[4],郑岩称其为门吏[5]。《礼记·杂记》云"大夫冕而祭于公,弁而祭于己,士弁而祭于公,冠而祭于己",孔疏云"祭于己,自祭庙也"[6],可见无论是冕还是弁,皆是贵族在参加祭祀活动时所戴(在一些特殊的礼乐和大傩活动中,扮演者也可以戴,但显然与画像中的情景不相干),其地位高过一般的冠,当然非一般门吏所能使用。该男子形象高大,立于屏风之前,居于众人视线的中心。显然,不论从位置还是形象上来看,其当为该祠堂画像中相当重要并重点突出的人物。传统观点中根据《水经注》的记载和其上的题刻将其比定为汉平狄将军、扶沟侯朱鲔。

目前的研究者多否认朱鲔为石室祠主,认为关于朱鲔的题记为后刻,主要有两点依据:一是由于石室的时代为东汉晚期,而朱鲔去世是在东汉初;二是《汉书》中称其为新市人[7],《后汉书》中称其为淮阳人[8],均与石室所在的金乡县无关。这些意见均具有合理性。不过,前文已经论证,该石室应为祭祀多代人的家族祠堂,而且与"朱鲔墓"和"朱鲔石室"存在诸多相似之处的四川中江塔梁子崖墓M3中,就出现了其先祖的壁画和榜题。根据榜题记载的家族历史中,"文君子宾"为"汉太鸿芦(大鸿胪)","拥十万众,平羌有功",其子犯罪,因为父亲的功劳而"赦死西徙,处此州郡县乡卒",也就是说塔梁子崖墓的墓主最早应从"文君子宾"的儿子开始,即便退一步认为"文君子宾"也受到牵涉西徙(其实这样理解于文意不合),最多从其开始,不能再往上溯。但榜题中仍包括其"先祖南阳尉",也不能排除有其形象。而其家族中最值得纪念的人物"文君子宾"很可能也没有葬

---

[1] 沈从文:《中国古代服饰研究》,第175页。
[2] 孙机:《汉代物质文化资料图说》,上海:上海古籍出版社,2008年,第268页。
[3] 《续汉书》志第三十《舆服下》,北京:中华书局,1965年,第12册,第3665-3670页。
[4] 劳榦:《论鲁西画像三石——朱鲔石室、孝堂山、武氏祠》,中央研究院历史语言研究所:《中央研究院历史语言研究所集刊》第8本第1分册,第98页。
[5] 郑岩:《视觉的盛宴——"朱鲔石室"再观察》,台湾大学美术史研究集刊编辑委员会:《台湾大学美术史研究集刊》第41辑,第95页。
[6] 《礼记正义》卷四十一《杂记上》,北京:北京大学出版社,1999年,第1180页。
[7] 《汉书》卷九十九《王莽传》,第12册,第4180页。
[8] 《后汉书》卷十七《岑彭传》,第3册,第655页。

在此处，却是壁画和榜题表现的一个重点。朱鲔的后人也完全可以在祭祀多代死者的祠堂中，将其最值得纪念的先祖表现出来，从该人物处于最右的位置和其特殊的冠冕、特殊的姿势，再考虑到早期记载和上面的历代题刻，这种可能性似乎尚不能完全排除。当然，还有一种理解方式，就是根据上述"大夫冕而祭于公，弁而祭于己"的礼仪，将其理解为该家族中相当重要的一位人物前来祭祀。山东地区画像石中对于祠主、墓主的祭祀是一个常见主题，有的形成了流行格套，也有突出祭祀者的。不过，由于过于特殊，该男子究竟是何种身份，目前只能作可能性推测，总之应该身份尊贵、位置重要，不应为门吏之类。

四、墓地祠堂、祠堂画像与墓葬、墓主

"朱鲔石室"作为目前所知体量最大的画像石祠，其特殊的画像配置方式、画像风格及透视法，以及备受争议的年代和祠主等问题都受到了学术界的广泛关注。目前研究者多认为石室建造于东汉晚期，应与东汉初的扶沟侯朱鲔无关。郑岩则提到石室画像可能包括多名祠主，值得注意。我们从石室各幅画像内容和结构相似而又独立的配置方式入手，结合东汉家族合葬墓流行、皇室推行同堂异室的寝庙制度的时代背景，通过与同时期汉墓类似现象进行比较，论证石室应当是一座供奉多代死者的家族墓祠，与埋葬多代死者的家族合葬墓相应。石室画像中的各祠主不仅可以通过位置、衣冠来推测，同时应是按照其辈分大小或时间先后的顺序自右至左依次刻绘，与目前所见的汉晋时期河西地区家族墓地中的墓葬排列方式一致，应是除昭穆之外，汉代埋葬和祭祀家族成员的另一种通行方式。而处于人物自身关系中最右方，且身形高大、头戴冠冕、形象特别而突出的人物或即该祠堂祭祀的先祖，但其形象、状态与其他祠主大相径庭，又或为身份显赫的祭祀者的表现，目前尚难确定。

从目前的材料来看，汉代画像石墓祠中的男性祠主形象往往只有一位，且多以正壁的一幅楼阁拜谒画像进行程式化表现（有的在正壁中设小龛，龛正壁为此种楼阁拜谒画像），而这种祠堂往往规模较小，也往往对应一个规模不大的墓葬，可参考山东嘉祥等地的小祠堂，稍大者如武氏墓地诸祠堂也是一样，这种祠堂往往直接立于该墓葬的封土近前，甚至紧靠封土并作为其中一部分（图一〇）。而"朱鲔石室"则以一幅幅宴饮画像来表示多位墓主，可能对应一个规模较大的家族合葬墓甚至是家族墓地，而其体量自身也比较大，距离墓葬也比较远，这向我们提示了祠堂对应墓葬的另一种可能性。值得注意的是，山东长清孝堂山石祠所在地也应为一处家族墓地[1]，但其中只有石祠一座，与嘉祥武氏墓

---

[1] 罗哲文：《孝堂山郭氏墓石祠》，《文物》1961年第1期。

图一〇　嘉祥宋山小祠堂正壁楼阁拜谒画像拓片

（图片来源：中国画像石全集编辑委员会：《中国画像石全集1》，济南：山东美术出版社、郑州：河南美术出版社，2000年，第67页，图九二）

地不同，孝堂山石祠正壁部分却有相同的三幅楼阁拜谒画像，是否仅仅是为了增加体量的重复，或是有意对应多组墓主（图一一）？且孝堂山祠堂的体量也比较大，应是目前所知除"朱鲔石室"的第二大者，其位置似乎也不属于墓地中任何一个墓葬。这些都是需要我们今后对祠堂、祠堂画像及其与墓葬、墓主关系进行更深入、细致研究的问题。

图一一　长清孝堂山祠堂正壁画像拓片

（图片来源：蒋英炬、杨爱国、信立祥、吴文祺：《孝堂山石祠》，北京：文物出版社，2017年，第34-35页，图20）

此外，祠堂画像与墓葬画像之间的关系也值得注意。从目前所见的材料来看，同时具有石祠和石墓者，画像往往都集中在石祠上，内容丰富且雕刻精美，而石墓中则只有简单的花纹装饰甚至没有画像。金乡"朱鲔石室"和墓葬、长清孝堂山祠堂和墓葬、嘉祥武氏祠堂和墓葬、安徽褚兰祠堂和墓葬[1]等皆是如此。魏镇认为武氏墓地中祠堂画像丰富和墓葬简略是在"举孝廉"的影响下更加重视地上而轻视地下所致[2]。然而在许多未发现地上祠堂的画像石墓中，尤其是前、中室画像仍然十分丰富和精美，而内容中也包括祭祀和墓主享乐，典型者如临沂吴白庄画像石墓[3]和沂南汉墓[4]。我们认为，更有可能是同时具有祠堂和墓葬者，二者在功能上有所区分，故而为此种功能服务的画像也就有所侧重，而不具有地上祠堂的大型画像石墓，其祠堂功能更多为前室所承担，其墓葬的功能则更加全面和一体，为之服务的画像也就有了不同的配置。这些问题我们拟另文讨论，兹不赘述。

补记：近日读到郑岩先生《东汉孝堂山石祠的观者及其他》(《美术研究》2021年第2期)一文，文章以孝堂山祠堂为例对东汉墓地祠堂的观者及画像功能等进行了十分有益的思考。文中认为孝堂山祠堂内的三幅楼阁拜谒等画像，其更主要为工匠制作层面等机械重复，与画像的意义和祭祀功能关系不大。我们完全同意这三幅画像是机械重复的制作，也不认为其能对后世一般观者发挥多大的表意功能。但我们仍然认为此种在工匠层面大量重复的题材，其设计意义为祭祀墓主，而不论是工匠还是当时一般人也皆能理解这一设计意义，甚至是当时相当普遍的知识。因为它们数量庞大又几乎毫无例外地都出现在祠堂正壁，甚至是祠堂正壁的小龛中，个别有"斋主"题记，而大量均无题记，显然是与当时祠堂制作和使用有关的各人群所共同认可的知识。孝堂山祠堂正壁上机械重复的这三幅画像一方面可能由于祠堂制作较大，需要增加幅面的缘故，然而增加幅面并非只有此种方法，其他两壁上皆是通过增加主题之中的具体内容（如人物、车马数量等）来实现，并没有大范围重复同一题材。而该祠堂立于多座墓葬的家族墓地之中，其位置又不与现在发现的任何一座墓葬直接关联，体量也较大，联系上述此时的社会和祭祀活动背景，我们认为其作为多座墓共享的祠堂是具有很大可能性的，那么这三幅拜谒图像便有可能具有表示共祭多位（多组）墓主的可能。而这多位（多组）墓主显然与画像一样，是高度抽象和机械化的，并非一定是三位，也非一定是一对成年男女的完整组合。

（原载《中国中古史研究》第8卷，2021年）

---

[1] 王步毅：《安徽宿县褚兰汉画像石墓》，《考古学报》1993年第4期。
[2] 魏镇：《武氏墓地的再思考》，见陈晓露主编《芳林新叶——历史考古青年论集》（第2辑），上海：上海古籍出版社，2019年，第27-31页。
[3] 临沂市博物馆：《临沂吴白庄汉画像石墓》，济南：齐鲁书社，2018年。
[4] 南京博物院、山东省文物管理处：《沂南古画像石墓发掘报告》，北京：文化部文物管理局，1956年。

魏晋南北朝时期衣物疏地域传统的形成与交流
——兼谈高昌衣物疏的渊源

金弘翔

东周至汉墓出土简册中,有一类记录随葬物品的清单[1],称为遣册。从西汉中晚期开始,遣册的形制与内容都发生了很大变化,出现了一类随葬于棺内,主要记载服饰、衾被、布帛等随葬物品的木牍清单,学界习称为衣物疏[2]。目前,学界对衣物疏的讨论已经非常丰富,但主要集中于文字校释、名目考证与丧葬观念研究等方面。对衣物疏源流演变的专题研究多集中于其与其他墓内文书之间的关系上[3],并往往将各地衣物疏看做一体。已有学者关注到了吐鲁番地区出土的中古衣物疏中包含的南方渊源[4],但所论尚有剩义。笔者不揣浅薄,拟在前人已有的基础上,对魏晋南北朝时期南北方衣物疏地域传统的形成过程及其沿丝绸之路境内通道的交流等问题做一个整体梳理[5],以求教于方家。

一、河西地区衣物疏传统的形成

衣物疏,属古代丧葬文书,具体指记录死者随葬物品的清单。中外学者一般认为,衣

---

[1] 相关研究繁多,可参见田河:《出土战国遣册所记名物分类汇释》,吉林大学古籍研究所博士学位论文,2007年。
[2] 田天:《西汉中晚期遣策的变迁及其意义》,王煜编《文物、文献与文化——历史考古青年论集》,上海:上海古籍出版社,2017年,第21-27页。
[3] 刘昭瑞:《关于吐鲁番出土随葬衣物疏的几个问题》,《敦煌研究》1993年第3期,第69-77页。
[4] 张勋燎:《中原和西北地区魏晋北朝墓葬的解注文研究》,收入张勋燎、白彬编《中国道教考古》第2册,北京:线装书局,2006年,第574页;刘安志:《中古衣物疏的源流演变》,收入《新资料与中古文史论稿》,上海:上海古籍出版社,2014年,第36-64页。
[5] 本文所涉及的大部分衣物疏材料,窦磊先生在其博士毕业论文中均做了整理、校释工作。详见窦磊:《汉晋衣物疏集校及相关问题考察》,武汉大学博士学位论文,2016年。下简称《考察》。

物疏源于先秦时期的"遣策"[1]。汉代衣物疏格式比较简单,仅是一份随葬品的目录[2],在江苏、山东及甘肃等地均有出土。各地衣物疏除具体衣物名称略有不同外,未见有明显的地域特色。

至迟到了三国时期,衣物疏出现了新的书写格式,即署名。部分衣物疏会在记载的物品前加一"故"字,并在文字的末尾或清单的另一面(为行文方便,下文将物疏题写清单的一面称为正面,另一面为背面)记载死者的姓名,有的还会加上死亡信息。如甘肃新华乡缠山村三国墓左长衣物疏在背面书"青龙四年五月四日,民左长坐醉死,长所衣衣十三牒皆具已"[3]。有学者认为这是在强调死者对随葬衣物的所有权[4]。类似格式的衣物疏在南方也有发现,如江西南昌东吴高荣墓出土衣物疏末尾书"大凡百十一枚皆高荣许"[5],故尚不知该书写格式起源何处。东晋十六国时期,随着南北分裂,衣物疏的书写格式形成了一定的地域特点,并主要呈现为南北方的差异。

北方地区的衣物疏出土于吐鲁番地区及河西地区。吐鲁番地区的衣物疏渊源比较复杂,时代相对河西地区偏晚,后另辟一节单独讨论,本节只讨论河西地区的衣物疏。需要说明的是,中原地区没有发现十六国时期的衣物疏,河西地区的十六国衣物疏传统可能并不能直接等同于北方传统,故本文将其暂称为河西传统。

(一)河西的衣物疏传统

河西地区出土的十六国衣物疏,主要分布在武威、张掖和玉门三个地区。根据衣物疏的年代和书写格式,可分为武威张掖地区和玉门地区。武威、张掖出土的衣物疏(表一)[6],纪年在公元317年到369年之间。这批衣物疏基本保留着汉末三国"署名"衣物疏的书写格式,除少量衣物疏将墓主姓名写在开头外,没有发生较为明显的变化[7]。如高台骆驼城出土的赵阿兹衣物疏,末尾书"建兴五年正月廿八日赵阿兹凡杂衣卅六种疏"[8]。

---

[1] 洪石:《东周至晋代墓所出物疏简牍及其相关问题研究》,《考古》2001年第9期,第59—59页。
[2] 例如武威市南郊出土汉代张德宗衣物疏,从"躯长衣襦一领""直领二领",一直写到"镜敛一枚""缠敛一枚",而无他文。见党寿山:《介绍武威出土的两件随葬衣物疏木方》,中国简牍国际学术研讨会,兰州,1991年。转引自吴浩君:《河西衣物疏丛考——敦煌墓葬文献研究系列之三》,张德芳主编《甘肃省第二届简牍学国际学术研讨会论文集》,上海:上海古籍出版社,2012年,第302页。
[3] 梁继红:《武威出土的汉代衣物疏木牍》,《陇右文博》1997年第2期,第21—24页。
[4] 田天:《西汉中晚期遣策的变迁及其意义》,王煜编《文物、文献与文化——历史考古青年论集》,第21—27页。
[5] 江西省历史博物馆:《江西省南昌市东吴高荣墓的发掘》,《考古》1980年第3期,第219—228页。
[6] 河西地区出土的衣物疏大多有明确纪年,为统计严谨,少量无明确纪年的衣物疏本表未收录。
[7] 赵雪野、赵万钧:《甘肃高台魏晋墓墓券及所涉及的神祇和卜宅图》,《考古与文物》2008年第1期,第85—90页;刘卫鹏:《甘肃高台十六国墓券的再释读》,《敦煌研究》2009年第1期,第53—58页;寇克红:《高台骆驼城前秦墓出土墓券考释》,《敦煌研究》2009年第4期,第91—96页。
[8] 寇克红:《高台骆驼城前凉墓葬出土衣物疏考释》,《考古与文物》2011年第2期,第88—94页。

可惜的是，该地区没有发现369年以后的衣物疏，使我们无法明确获悉这该地区衣物疏的后续演变。

表一　武威、张掖出土十六国衣物疏

出土地	墓主	纪年	物疏文字	出处
高台骆驼城	赵阿兹	建兴五年（317）	（清单略）建兴五年正月廿八日赵阿兹凡杂衣卅六种疏	《考古与文物》11.2；《考察》143页
不明	夏侯妙妙	建兴五年（317）	（正面）晋故酒泉表是都乡仁业里大女夏侯妙妙衣物疏（清单略）（背面）□兴五年十月一日随身衣物凡册九种	《西域文史8》，98-102页；《考察》147页
武威旱滩坡	姬瑜妻	咸康四年（338）	（正面清单略）（背面）□咸康四年十一月十日，假凉都督故□妻正□□□有□□□□□具物疎	《考古与文物》05.3；《考察》147页
高台骆驼城	盈思	升平七年（363）	（清单略）升平七年三月廿四日，亡者盈思右条杂物种被疏	《河西衣物疏丛考》，第308页；《考察》152页
武威新华乡	药生	升平十二年（368）	（仅清单）	《陇右文博》1997.2
武威旱滩坡	姬瑜	升平十三年（369）	（正面清单略）（背面书）升平十三年七月十二日，凉故驸马都尉建义奋节将军长史武威姬瑜，随身物疏令，三十五种	《考古与文物》05.3；《考察》166页
武威新华乡		升平十三年（369）	（清单略）右十九种衣物听随身行	《陇右文博》1997.2；《考察》159页
高台骆驼城	胡运于	升平十三年（369）	（清单略）升平十三年九月十一日，胡运于衣疏	《考古》03.6；《考察》169页

在武威、张掖西北方向的玉门，出土了一批整体时代较晚的衣物疏，在公元358年到403年之间（表二），这批衣物疏仍属于"署名"类，但有新因素的加入。其中，时代最早的建元十六年（358）朱少仲衣物疏，清单的背面书"建元十六年十二月廿二日，晋故朱少仲

衣疏,楜桐官一口,从南山松柏买,顾贾九万九千九百"[1],在汉末三国衣物疏书写格式的基础上,增加了"南山买棺"的内容。"南山买棺"可能与"醉酒不禄"等词相似,是死亡的隐晦表达,应当是记载死亡信息的当地写法。其后,升平六年(362)赵年□衣物疏,结尾书"□月十七日大女赵年□从南山赤松子,□青龙右白虎知券"[2],增加了虚拟的见证人"青龙""白虎"。

从370年左右开始,玉门地区出土的十六国衣物疏出现了比较稳定的新书写格式。即在随葬衣物清单的背面,先记死者姓名和死亡信息,再记买棺事,后加"所在听遣不得留停"等新增语句并以"青龙""白虎"为见证人。以毕家滩出土《升平十四年(370)孙狗女衣物疏》为例[3],物疏正面为清单,录背面文字如下:

升平十四年九月十四日,晋故大女孙狗女,右楪衣物、杂綵所持皆生时所秉,买松柏器一口,顾贾钱九万九千九百九十,所在听遣不得留停,时人:左青龙右白虎,知状如律令。

表二　玉门出土十六国衣物疏

出土地	墓主	纪　年	衣物疏背面的文字	出　　处
玉门毕家滩	朱少仲	建元十六年(358)	建元十六年十二月廿二日,晋故朱少仲衣疏。楜桐官一口,从南山松柏买,顾贾九万九千九百	《湖南省博物馆馆刊7》,第400-407页;《考察》177页
玉门金鸡梁	赵年□	升平六年(362)	□月十七日大女赵年□从南山赤松子。□青龙右白虎知券	《文物》11.2;《考察》155页
玉门毕家滩	孙狗女	升平十四年(370)	升平十四年九月十四日,晋故大女孙狗女,右楪衣物、杂綵所持皆生时所秉,买松柏器一口,顾贾钱九万九千九百九十,所在听遣不得留停,时人左青龙右白虎,知状如律令	《湖南省博物馆馆刊7》,第400-407页;《考察》173页
玉门毕家滩		咸安五年(375)	咸安五年三月廿二日,时知状:左青龙、右白虎	《湖南省博物馆馆刊7》,第400-407页;《考察》176页

---

[1] 张俊民:《甘肃玉门毕家滩出土的衣物疏初探》,陈建明主编《湖南省博物馆刊》(第7辑),长沙:岳麓书社,2011年,第400-407页。
[2] 甘肃省文物考古研究所:《甘肃玉门金鸡梁十六国墓葬发掘简报》,《文物》2011年第2期,第26-35页;窦磊:《汉晋衣物疏集校及相关问题考察》,武汉大学博士学位论文,2016年,第155页。
[3] 张俊民:《甘肃玉门毕家滩出土的衣物疏初探》,陈建明主编《湖南省博物馆刊》(第7辑),第400-407页;窦磊:《汉晋衣物疏集校及相关问题考察》,武汉大学博士学位论文,第173页。

(续表)

出土地	墓主	纪年	衣物疏背面的文字	出处
玉门毕家滩	赵宜	升平廿二年（378）	升平廿二年三月十九日，晋故大女赵宜，从南山买松柏棺一口，顾贾□钱九万九千九百九十，时知见：佐青龙右白虎，所在听遣	《湖南省博物馆馆刊7》，第400—407页；《考察》176页
玉门毕家滩		麟嘉七年（395）	□嘉七年四月廿七日，□□□□□□□□物故，从南山买□棺一口，顾钱□九万□□左青龙右白虎前朱雀……听遣，不得□□	《湖南省博物馆馆刊7》，第400—407页；《考察》178页
玉门毕家滩	吕皇女	庚子四年（403）	庚子四年九月十二日，田氏家妇吕皇女，从南山买松柏□□□贾钱九万九千九百九十九，时知见：左青龙右白虎，书券□□□□，海渎山川，门户所在，听遣禁固，……故同钱□□……	《湖南省博物馆馆刊7》，第400—407页；《考察》180页
玉门毕家滩	黄平	麟嘉十五年（430）	麟嘉十五年三月十□日，西乡黄平命终，从南山买松柏器一口，顾钱九万九千九百九十，时知见左青龙、右白虎□□□□□	《湖南省博物馆馆刊7》，第400—407页；《考察》178页

该物疏格式类似同时期现实中的过所文书。有学者在考察吐鲁番出土的相似格式衣物疏时，认为其"已发展成为让死者上天入地的过所"[1]。所谓过所，即古代通过水陆关隘时必须出示的通行证，简摘汉简过所一则如下：

□□□年六月丁巳朔庚申，阳翟邑狱守丞就兼行丞事，移函里男子李立第临自言，取传之居延，过所县邑侯国，勿苛留如律令……[2]

其中"过所县邑侯国，勿苛留如律令"的用语与衣物疏中"所在听遣不得留停……知状如律令"类似。在一些时代稍晚的唐代过所中，除了记录通行人员，还要写明所携牲畜、物品的明细[3]，与衣物疏逐条记录衣物类似。因此，玉门地区的衣物疏经历了一个由

---

[1] 黄烈：《略论吐鲁番出土的"道教符箓"》，《文物》1981年第1期，第51—55页。
[2] 谢桂华、李均明、朱国炤：《居延汉简释文合校》，北京：文物出版社，1987年，第231页；李银良：《汉代通关凭证——"传"与"过所"关系考辨》，《殷都学刊》2015年第1期，第26—30页。
[3] 王蕾：《吐鲁番出土钤"玉门关之印"的过所文书考》，《吐鲁番学研究》2017年第2期，第74—81页。

"署名"类衣物疏到与过所文书杂糅的发展演变过程。

（二）从"署名"类衣物疏到"过所"

虽然在武威、张掖地区没有发现与"过所"杂糅的衣物疏，但两地均发现有模仿过所文书随葬入墓内，应当是希望死者像现实生活那样，在地下世界，通过出示过所，通关阴间关津而不被停留。

武威五霸山3号汉墓出土的1方木牍，其中"今归黄过所毋留难也"表明了其冥界过所文书的性质[1]，但该牍未与衣物疏同出。1991年，武威市新华乡头坝村两座墓出土四枚木牍，原报告均定名为衣物疏[2]。其中两枚木牍为随葬衣物清单，一牍上还记有"右十九种衣物听随身行"，当是衣物疏无疑。另两枚木牍，升平十二年（368）木牍字迹不清且有所残缺，（升平）十三年（369）木牍内容则较为完整，故将其录文如下：

十三年五月二十一日，主人父母与乌独浑十九种衣物，生时所着所衣。山川、谷郭、黄泉、河津、桥梁：不得妄荷□梦，荷妄遮□，持此券上诣仓天，叩头，如律令。

有学者认为，此两份木牍与汉墓所出"告地册"内容相类[3]。十六国时期，高台骆驼城也发现有高侯墓券之二、高零□墓券、孙阿惠墓券等告地策[4]，但并没有与衣物疏共出。这些告地策的行文格式比较固定，一般多用"移""告""敢言之""自言""可令吏以从事""从事如律令"等表示文书传递的用语[5]，与武威新华乡十三年木牍的格式并不一致。

从文本含义来看，该牍"不得妄荷□梦，荷妄遮□"一句是释读该牍的难点。田河先生校释为"不得妄荷（留），梦荷妄遮（留）"，大意为不要随意盘查阻止，若随意盘查阻止，将持券上诉到天庭[6]。卢朝先生校释为"不得妄荷脱梦，荷妄遮脱"，释义为不要让死者随意托梦来烦扰他的亲人，也不要阻拦死者魂归黄泉，让死者顺利到达阴间[7]。除去"托梦"一事存在与否的争议，两位学者的释读都表明了该牍具有过关过所的作用，与玉门地区370年以后的衣物疏背面"过所"文书相似，只是玉门地区的衣物疏将衣物清单与过所文书同书在了一枚木牍上。

---

[1] 李均明、何双全：《散见简牍合辑》，北京：文物出版社，1990年，第25页。
[2] 梁继红：《武威出土的汉代衣物疏木牍》，《陇右文博》1997年第2期。第21-24页。
[3] 胡婷婷：《甘肃出土散见简牍集释》，西北师范大学硕士毕业论文，2013年，第48、49页。
[4] 赵雪野、赵万钧：《甘肃高台魏晋墓墓券及所涉及的神祇和卜宅图》，《考古与文物》2008年第1期。第85-90页；寇克红：《高台骆驼城前秦墓出土墓券考释》，《敦煌研究》2009年第4期。第91-96页；刘卫鹏：《甘肃高台十六国墓券的再释读》，《敦煌研究》2009年第1期。第53-58页。
[5] 张文瀚：《告地策研究评述》，《中国史研究动态》2013年第1期，第5-12页。
[6] 田河：《武威出土汉晋简牍整理与研究》，西北师范大学博士后出站报告，2012年。转引自胡婷婷：《甘肃出土散见简牍集释》，西北师范大学硕士毕业论文，2013年，第51、52页。
[7] 卢朝：《对十三年衣物疏木牍的再释读和相关问题的探讨》，《华夏考古》2014年第4期，第107-109页。

丧葬过所文书属于"行使于地下的通行证"[1]，保证死者能顺利通关到达阴间居地。部分通关文书需要写明物品的所有者身份和携带物品，这可能是当时人将"署名"衣物疏与"过所"文书杂糅一起的原因。

此时出现大量"过所类"衣物疏的原因尚待考察，此处笔者仅做两种猜测。第一，河西近边关，多关隘，过所在人们日常生活中使用普遍，而十六国时期连年战争，通关不便，使得人们认为死后的世界同样关卡重重。第二，古人有死归泰山的信仰，这点高台骆驼城出土的墓券中也有所提及，十六国时期北方割据混战，泰山地区并不在前凉、前秦等据有河西的政权版图范围之内，前往该地困难重重。值得注意的是，玉门地区过所类衣物疏中记"青龙""白虎"为虚拟见证人的做法，可能来源于高台骆驼城发现的告地策，说明二者仍有一定的关联，此时多种丧葬文书的书写发生了混杂。

综上，武威、张掖地区的衣物疏基本保留着汉末三国衣物疏书写格式。在公元369年左右，将过所文书加入其中。而玉门地区，在370年以后，将衣物疏与过所文书杂糅为一，形成了"清单+署名+买棺事+过所+虚拟见证人"的全新格式。由于武威、张掖地区没有发现升平十三年（369）以后的衣物疏，因此不清楚这种杂糅的全新格式是玉门地区独创的还是全河西地区所共通。但就整个河西地区来看，该地衣物疏在十六国时期经历了从"署名"类衣物疏到"过所"类衣物疏的转变。

二、南方地区的衣物疏传统

南方地区的东晋衣物疏发现不多，情况也比较简单，基本沿袭了三国时期衣物疏署名的格式，并进一步强化为在结尾处署名的同时，警告他人不能冒名霸占。江西南朝雷陔墓出土衣物疏[2]，末尾书："永和八年（352），七月戊子朔，五日壬辰，江州鄱阳郡鄱阳县□□□□□南昌令雷陔命妇鄱阳□涨北禺年八十六，即醉酒身丧，物疏如女青诏书，不得志者。"长沙北门桂花园东晋墓[3]出土的一件衣物疏石片，结尾书："公国典卫令荆州长沙郡临湘县都乡吉阳里周芳命妻潘氏，年五十八，以即日醉酒不禄。其随身衣物，皆潘生存所服馎，他人不得妄认诋债。东海童子书，书讫还海去，如律令。""不得志""不得妄认

---

[1] 陈直：《关于"江陵丞"告"地下丞"》，《文物》1997年第12期，第76页。

[2] 江西省文物考古研究所、南昌市博物馆：《南昌火车站东晋墓葬群发掘简报》，《文物》2001年第2期，第12-41页；白彬：《江西南昌东晋永和八年雷陔墓道教因素试析》，《南方文物》2007年第1期，第78-83页。

[3] 李正光：《长沙北门桂花园发现晋墓》，《文物参考资料》1955年第11期，第134-136页；史树青：《晋周芳命妻潘氏衣物券考释》，《考古通讯》1956年第2期，第95-99页。

诋债"等警告词是这个时期衣物疏中的新因素,为前代所未见。南方地区的吴晋衣物疏还有一个特别引人注目的现象,即与名刺同出,这种现象亦被学者认为与前文提及的"所有权"观念有紧密联系[1]。

东晋以后,南方衣物疏木牍即绝迹不见。白彬先生认为这可能与当时普遍改用纸张书写衣物疏有关,纸书衣物疏在雨水充沛、地下水位很高的南方地区很难保存下来[2]。此说可信。

据刘安志先生等人的研究,此后南方地区的"衣物疏"演变成了"死人移书"[3]。所谓"死人移书",唐人孔颖达为《礼记》作疏时曾有所提及:"'书方'者,此谓臣有死于公宫,应须凶具,此下诸物,并宜告而后入者也。书谓条录送死者物件数目多少,如今死人移书也。方,板也。百字以上用方板书之,故云'书方'也。"[4]

据唐初道士朱法满所著《要修科仪戒律钞》卷一五《入棺大殓仪》记载,道士在丧葬仪式中,会使用"道士移文"[5]。其中的"随身寒夏衣裳及纸笔等札目:某衣某物"与衣物疏清单作用相当,"不使左右比庐、东西南北佗姓等鬼货名诈姓,妄生侵夺"与衣物疏中"不得志""不得妄认诋债"等警告词含义相当,"约勑所部,扶迎将送,不得留滞,令无障碍,迄至藏所",含义与河西十六国时期衣物疏的过所内容类似。

据小林正美先生考证,"道士移文"在南朝梁道士孟景翼、孟智周所著《丧礼仪》中就被记载,故"道士移文"至迟在梁代就已经出现[6]。这一推论也能被考古发现所印证。南方地区出土的一部分南朝"买地券",被学者认为具有"道士移文"的性质[7]。据刘安志先生考证,这批墓券与"道士移文"在行文体例、用词、口吻等方面均非常相似,由此可见,移文与这批地券之间存在着密切的联系[8]。

笔者基本同意刘安志先生的观点,但这些墓券缺乏记录随葬物品的清单部分,又有"丘墓营域,东极甲乙,南至丙丁,西接庚辛,北到壬癸,上极青云,下座黄泉,东仟伯,各有丈尺,东西南北,地皆属副"[9]的买地内容,其性质应当为"道士移文"的部分文字与买地

---

[1] 田天:《西汉中晚期遣策的变迁及其意义》,王煌编《文物、文献与文化——历史考古青年论集》,第21-27页;白彬:《江西南昌东晋永和八年雷陔墓道教因素试析》,《南方文物》2007年第1期,第78-83页。
[2] 白彬:《江西南昌东晋永和八年雷陔墓道教因素试析》,《南方文物》2007年第1期,第78-83页。
[3] 刘安志:《中古衣物疏的源流演变》,收入《新资料与中古文史论稿》,第36-64页。
[4]《礼记正义》卷二《曲礼下》,李学勤主编:《十三经注疏》标点本,北京:北京大学出版社,1999年,第113页。
[5] (唐)朱法满:《要修科仪戒律钞》卷一五《入棺大殓仪第五》,上海书店出版社:《道藏》第六册,上海:上海书店出版社,1988年,第996-997页。
[6] [日]小林正美著,王皓月、李之美译:《唐代的道教与天师道》,济南:齐鲁书社,2013年,第48、49页。
[7] 刘安志:《六朝买地券研究二题》,收入《新资料与中古文史论稿》,上海:上海古籍出版社,2014年,第65-86页。
[8] 刘安志:《六朝买地券研究二题》,收入《新资料与中古文史论稿》,第65-86页。
[9] 长沙市文物工作队:《长沙出土南朝徐副买地券》,湖南省博物馆:《湖南考古辑刊》(第1辑),长沙:岳麓书社,1982年,第127-128页。

券的杂糅产物而非单纯的移文。但不管这批"买地券"能否被直接视作"道士移文",它们均能表明至迟在刘宋时期,成熟的"道士移文"已经在南方出现。

值得注意的是,无论是"道士移文"中的"约勒所部,扶迎将送,不得留滞,令无障碍,迳至藏所"还是"买地券"中的"地下禁忌,不得禁呵誌讶",含义均与河西十六国时期衣物疏的过所内容类似,二者的关系值得探究。虽然现存材料中,河西地区衣物疏中该内容出现的时间较早,但南方衣物疏自永和八年(352)到刘宋时期,中间的考古发现一直是空白。二者存在一定的交流关系,但其传播方向的确定仍需要新材料的进一步发现。

三、高昌衣物疏的形成

高昌城位于吐鲁番盆地东部,是丝绸之路上的重要城市。近代以来,吐鲁番墓葬中发现了70余件纸质(一件为绢)墨书的衣物疏。现所见最早的衣物疏纪年为建元廿年(384),最晚的衣物疏纪年为永徽六年(674),时代跨度近三个世纪。在这三个世纪中,高昌衣物疏的文本格式发生了一定的演变。党燕妮先生、翁鸿寿先生把这种演变过程划分为三个阶段:第一阶段,384至543年,遣策式随葬物品清单向祈福性随葬衣物疏的过渡;第二阶段,543至655年,佛教在衣物疏中的显现和扩展;第三阶段,655年以后,衣物疏在衰落中向功德疏转变[1]。上述三阶段的划分,很好地把握了高昌衣物疏中土民间信仰被佛教逐渐渗透、再到被佛教的功德疏完全取代演化的演变过程[2]。笔者基本同意该分期,结合本文内容,将衣物疏前两个阶段的形成原因略作探究。

(一)第一阶段:河西因素的主导(384至543年)

高昌衣物疏中最早的一件为建元廿年(384)缺名衣物疏[3],格式比较简单,仅是一份随葬品的目录,与汉代衣物疏相似。其后的衣物疏多会在结尾处题写内容,但格式并不统一,根据其因素可分为三类,三类格式有时也会混杂在一枚衣物疏上。

第一类,虚拟见证人。如阿斯塔纳1号墓出土的北凉建初十四年(418)韩渠妻随葬衣物疏,末尾书"谨条随身衣裳杂物如右。时见:左清龙,右白虎。书物数:前朱□后玄武。

---

[1] 党燕妮,翁鸿涛:《从吐鲁番出土随葬衣物疏看民间宗教观念的变化》,《敦煌学辑刊》2001年第1期,第78-83页。
[2] 黄景春:《高昌衣物疏的演变及衰落原因》,《宝鸡文理学院学报(社会科学版)》2017年第3期,第32-37页。
[3] 国家文物局古文献研究室,新疆维吾尔自治区博物馆,武汉大学历史系:《吐鲁番出土文书》第一册,北京:文物出版社,1981年,第8、9页。

□□要。急急如律令"[1],这类衣物疏显然是受了河西地区的影响。

第二类,过所类。如哈拉和卓96号墓出土的真兴七年(425)隗仪容衣物疏,末尾书"谨条随身衣物数……辛关津河梁不得留难,如律令"[2],与河西衣物疏中的过所内容类似。

第三类,警告他人不能冒认。如阿斯塔纳62号墓出土的缘禾五年(436)衣物疏,末尾书"谨条衣裳物在右,而无名者,急如律令"[3]。又如哈拉和卓99号墓出土张世容衣物疏(同墓出514年券),末尾书"右条衣裳杂物悉张世容随身所有,若有人仞名,诣大平事讼了"[4]。"无名者""若有人仞名,诣大平事讼了"等词与南方衣物疏中"不得志""不得妄认诋债"这类警告词类似。

前两类衣物疏显然是河西地区的传统,第三类则不能确证为南方传统的影响。虽然在衣物疏中警告他人不能冒名霸占为南方衣物疏的地域传统,但"仞名"这一具体词汇的出现在却是在高台骆驼城出土的建兴廿四年(336)孙阿惠墓券及建元十八年(382)高俟墓券之二这两方墓券中,前者文本中警告词的出现甚至要早于南方,只是未出现于衣物疏中。美国伊州麦克林氏收藏了一枚传世的前凉和平二年(355)姑臧郭富贵衣物疏,末尾书"和平二年二月癸酉朔廿五日丁酉。姑臧阴汉妻郭富贵。所有随身衣物麤细皆是生时所有。蒿里有仞名者,案疏不取。如律令"[5],可见此时河西地区可能也出现过类似南方传统的衣物疏。因此,即使高昌衣物疏中的警告语为南方传统,也当是经河西地区传入高昌的。

(二)第二阶段:南方因素的主导(543至655年)

从公元543年开始,高昌地区出现了一种佛道结合的衣物疏书写形式,并存在一定的传抄范本。这一阶段高昌衣物疏被讨论得最为丰富,其与南方"死人移书"的密切关系,刘安志、池田温、白须净真等先生均做了深入的研究[6],此处略作引述。

以阿斯塔纳170号墓出土的高昌章和十三年(543)孝姿衣物疏为例,录衣物清单后末尾文字如下:

章和十三年水亥岁正月任(壬)戌朔,十三日甲戌,比丘果愿敬移五道大神。佛弟子孝姿持佛五戒,专修十善,以此月六日物故。迳(经)涉五道,任意所适。右上所件,悉是

---

[1] 国家文物局古文献研究室等:《吐鲁番出土文书》第一册,第14、15页。
[2] 国家文物局古文献研究室等:《吐鲁番出土文书》第一册,第59、60页。
[3] 国家文物局古文献研究室等:《吐鲁番出土文书》第一册,第98页。
[4] 国家文物局古文献研究室等:《吐鲁番出土文书》第一册,第184页。
[5] 张立东:《美国麦克林氏藏前凉郭富贵衣物疏》,《西域研究》2017年第2期,第85—97页。
[6] 参见刘安志:《中古衣物疏的源流演变》,收入《新资料与中古文史论稿》,第36—64页。

平生所用之物。时人张坚固、季定度。若欲求海东头,若欲觅海东辟(壁),不得奄遏停留,急急如律令。[1]

刘安志先生认为其中的"敬移"二字,让人不得不将此衣物疏与上文提及的"死人移书"联系起来,因此中古时期吐鲁番所使用的"移文",很有可能是直接从南方传播过来的:"除孝姿衣物疏之外,阿斯塔那169号墓所出高昌延昌十六年(576)信女某甲随葬衣物疏末尾有'从移令'三字,此处'移',应指的是'移文'。所谓'从移令',即按'移文'有关律令行事。又阿斯塔那517号所出高昌延昌三十七年(597)武德随葬衣物疏中有'事事依移',即一切依'移文'有关律令。"[2]

笔者十分赞同刘先生观点,下略作补充。此时的高昌衣物疏见证人已经由青龙、白虎变成了张坚固、李(季)定度这两位最早出现并常见于南方买地券中的见证人[3]。在此基础上形成的"时人张坚固、季定度,若欲求海东头,若欲觅海东辟(壁)"的表达方式应当也来自南方。晋永宁二年(302)大中大夫买地券中有"若有问谁所书?是鱼。鱼所在?深水游。欲得者,河伯求"的说法,前揭周芳命妻潘氏随葬衣物疏也写有"东海童子书,书迄还海去",与"时人张坚固、季定度,若欲求海东头,若欲觅海东辟(壁)"类似,均是表示虚拟见证人在作证后难以找到[4],格式也都是先记见证人,再加难以找到的描述。

另一方面,这批衣物疏的另一个特点即佛教因素的融入,似乎也与南方有关。过去的讨论往往将这些佛教因素纳入十六国北朝佛教兴盛的大背景中[5]。但从文献和出土材料来看,此时梁朝的佛教也早已影响至高昌[6]。霍巍先生已关注到,与北方不同,成都的梁代佛造像供养的目的多是为死者祈福,反映出当时丧葬风俗的一个侧面[7]。南方传统墓葬中也见有僧人的画像砖[8]。僧人积极参与世俗丧礼,似乎是南方的一种传统。

综上,高昌衣物疏在公元384年至542年主要受河西地区的影响,部分南方因素的进入也应当通过了河西地区。543年后,高昌衣物疏中的河西因素大量减少,此时主要受南方因素主导。

---

[1] 国家文物局古文献研究室、新疆维吾尔自治区博物馆、武汉大学历史系:《吐鲁番出土文书》第二册,第60-62页。
[2] 刘安志:《中古衣物疏的源流演变》,收入《新资料与中古文史论稿》,第36-64页。
[3] 黄景春:《地下神仙张坚固、李定度考述》,《世界宗教研究》2003年第1期,第46-54页。
[4] 许飞:《论吐鲁番随葬衣物疏中的"海东头、海西壁"》,《敦煌研究》2017年第6期,第113-120页。
[5] 党燕妮、翁鸿涛:《从吐鲁番出土随葬衣物疏看民间宗教观念的变化》,第78-83页。
[6] 冯培红、白雪:《略论敦煌吐鲁番出土的东晋南朝文献》,《东南文化》2011年第2期,第87-91页。
[7] 霍巍:《齐梁之变:成都南朝造像风格与范式的源流》,《考古学报》2018年第3期,第313-312页。
[8] 韦正:《试谈南朝墓葬中的佛教因素》,《东南文化》2010年第3期,第91-100页。

四、衣物疏交流的历史背景

由上文可知,以543年前后为界,高昌衣物疏的来源发生了一次较为彻底的转变。要理解这次转变,就需要搞清楚前后两种来源的历史背景。

543年前的高昌衣物疏来源于河西地区,应当与高昌地区汉人移民来自河西地区有很大的关系。河西地区在此时对高昌人生活方方面面的影响,前人已有很多论述[1],此处不再赘述。同时,如果将这一时期西北地区衣物疏主要的出土地标记在地图上,其连线便暗合河西走廊到高昌国的丝绸之路境内路线。河西走廊历来是西域连通中原的重要枢纽,河西地区的衣物疏传统影响到高昌地区,也十分符合当时的交通条件。同时,十六国各政权竞相对其他政权进行军事掠夺、经济封锁,自凉州出发向东沟通南北贸易的陇右道被阻断。但前凉仍通过绕道成都与东晋保持着直接的使节和商贸关系[2],这与少量南方因素经河西进入高昌衣物疏中的交流时间相吻合。

543年后,高昌衣物疏南北方因素此消彼长,则当与丝绸之路境内路线改道的历史背景有关。前人学者在关注到吐鲁番地区出土的部分衣物疏受南方影响时,均推测这种影响是通过丝绸之路河南道传播的[3]。笔者十分赞同这种推测。唐长孺先生指出,由于南北朝时期秦陇地区多被中原或地方政权所隔绝,自江南通往西域,多从长江溯江而上,先西行入益州,再由青海入吐谷浑境,然后借道前往西域[4],这条道路在南北朝时对南朝来说是通向西域的主要道路,联结了南朝与西域间的政治、经济和文化[5]。

需要指出的是,前人对河南道已有非常丰富的研究,利用各种文献、考古材料,确定了其路线、沿途所经和启用时间[6]。但不同于文献中的自东晋、刘宋一直以来不间断的遣使活动,高昌衣物疏转变的时间节点则揭示了河南道兴盛时间的一个侧面。据学者研究,东晋灭亡后,高昌与南方王朝的官方遣使有两次高峰。一次是沮渠高昌政权与刘宋,另一次是麴氏王国与萧梁。前者频见于442年到449年间,后者则又分天监年间(502—519年)和

---

[1] 齐万良:《魏晋南北朝时期高昌人的衣食状况及人文风习》,《西域研究》1997年第3期,第29–38页。
[2] 陈良伟:《丝绸之路——河南道》,北京:社会科学出版社,2002年,第40–44页。
[3] 张勋燎:《中原和西北地区魏晋北朝墓葬的解注文研究》,第574页;刘安志:《中古衣物疏的源流演变》,收入《新资料与中古文史论稿》,第36–64页。
[4] 唐长孺:《北凉承平七年(449)写经题记与西域通向江南的道路》,收入阎文儒、陈玉龙编《向达先生纪念论文集》,乌鲁木齐:新疆人民出版社,1986年,第104–117页。
[5] 唐长孺:《南北朝期间西域与南朝的陆道交通》,收入《魏晋南北朝史论拾遗》,北京:中华书局,1983年,189–190页。
[6] 参见陈良伟:《丝绸之路——河南道》,第1–26页。

大同年间(535-546年)两个时代[1]。

值得注意的是,丧葬习俗是古代人们最具有保守性和继承性的文化因素[2]。543年后衣物疏书写格式的转变,正说明大同年间的遣使互通使萧梁政权对高昌国的影响到达了一个新的阶段,从简单的政治辐射转变为影响社会的方方面面,与之前不可同日而语。除去官方一直以来的交流,河南道在这个时期,已从遣使和小规模商贸道路变成了一条繁荣的民间商路。这一点文献能够支持,543年即梁武帝在位时期,《梁书》记载:"梁兴……其使或岁再三至,或再岁一至。其地(吐谷浑)与益州邻,常通商贾,民慕其利,多往从之,教其书记,为之辞译,稍桀黠矣。"[3]故在正史记载中,梁朝时,南方与吐谷浑已有了广泛的商贸往来。梁武帝大同三年(537),梁武帝派其第八子武陵郡王萧纪出任益州刺史,"在蜀十七年,南开宁州、越嶲,西通资陵、吐谷浑,内修耕桑盐铁之政,处通商贾远方之利,故能殖其财用,器甲殷积"[4]。高昌衣物疏转变发生的543年,正是在萧纪入主成都后的第7年。有理由相信,正是在这一时期,随着大同期间的通使和萧纪"西通吐谷浑",河南道进入繁荣时期,南方文化大量进入西域。吐鲁番地区曾出现梁武帝之弟江州刺史萧伟天监十一年(512)的《摩诃般若波罗蜜经卷十四》[5],可能也是在这一时期进入西域的。

事实上,543年后的高昌衣物疏兼具佛教和传统丧葬的做法,与梁武帝的文化政策非常贴合。武帝一方面弘扬佛法,南朝佛教至梁武帝而全盛,其在位四十八年,几可谓以佛化治国[6],京外西极岷蜀,东至会稽,南至广州,同弘佛法[7];另一方面并用儒术,不仅在议论佛理时常引儒书,并且"承江南习俗,特重亲丧"[8]。值得注意的是,南朝对高昌文化的影响,近来越来越受到学界的关注。但无论是王素先生论及的上层制度文化[9],还是刘安志先生及本文论及的民间丧葬礼俗[10],均发生在梁武帝在位时期。梁武帝在位时期的文化影响可见一斑。

---

[1] 参见陈良伟:《丝绸之路——河南道》,第283-287页。
[2] 刘庆柱:《试论秦之渊源》,《人文杂志》1982年5月专刊《先秦史论文集》,第176-181页。
[3] 《梁书》卷五四《西北诸夷》,北京:中华书局,1973年,第810页。
[4] 《南史》卷五三《梁武帝诸子》,北京:中华书局,1975年,第1332页。
[5] 冯培红、白雪:《略论敦煌吐鲁番出土的东晋南朝文献》,第87-91页。
[6] 汤用彤:《汉魏两晋南北朝佛教史》,北京:中华书局,1983年,第341页。
[7] 汤用彤:《汉魏两晋南北朝佛教史》,第344页。
[8] 汤用彤:《汉魏两晋南北朝佛教史》,第342页。
[9] 王素:《麴氏高昌职官"儒林参军"考略》,《文物》1986年第4期,34-36页。
[10] 参见刘安志:《中古衣物疏的源流演变》,收入《新资料与中古文史论稿》,第36-64页。

五、结　语

笔者通过对魏晋南北朝时期衣物疏的梳理,得出以下认识。

中古衣物疏为墓内遣册发展而来,起初只是记载服饰、衾被、布帛等随葬物品的简单清单,至迟在三国时期,发展出了"署名"类衣物疏。由于南北分裂,河西地区和南方地区的衣物疏各自发展,形成了不同文本格式的衣物疏。

河西地区将衣物疏与过所文书杂糅,并融入了一些其他文书的因素,形成了"过所"类衣物疏;南方地区的衣物疏则进一步加强对所有权的强调,并在南朝时演变为"死人移书"。在这一过程中,由于前凉借道成汉通使东晋,使南北方衣物疏存在着一定的交流。

高昌地区的衣物疏前期受河西地区影响较大,也见有部分经河西地区传入的南方因素,这是丝绸之路境内通道的交通路线导致的。梁朝时,由于河南道的兴盛,南方地区与西域通过吐谷浑直接联系,高昌衣物疏受到了南方的影响。其中,这一转变发生的时间,显示河南道兴盛、南朝文化大量涌入高昌应当与萧纪任益州刺史时在成都的经营有关。

综上,在魏晋南北朝时期丝绸之路改道及河南道兴盛的大背景下,南北传统的衣物疏相互交流融合,发展形成了唐代道书中的"死人移书"和吐鲁番所见的实物移文。

致谢:本文的写作得到了四川大学霍巍、王煜两位先生及审稿专家的帮助和支持,在此表示感谢。

(原载《西域研究》2020年第1期,
人大复印资料《魏晋南北朝隋唐史》2020年第4期全文转载)

器物、行为、观念：北魏平城尸床研究

马伯垚

北朝墓葬中发现了许多不使用棺，直接将尸体放在床榻上的现象。尤其是出土了石质葬具的墓葬，有不少都采用了这种葬俗。北朝的石质葬具是学界关注的热点问题，但针对这种葬俗的讨论却并不多。殷宪、刘振东、李梅田都曾总结过此类葬俗的特征及其发展演变，认为这是与粟特等外来胡族有关的丧葬习俗[1]。刘连香梳理了中古尸床葬的整体演变，并认为其是源自河西多民族融合的产物[2]。宋馨将尸床与房形石堂结合在一起进行了细致的分析，认为尸床的使用与佛教、祆教等宗教信仰有关[3]。赵超则认为这是传统"裸葬"思想的表现[4]。

尸床葬俗从北魏到隋均有发现，在这两百余年里，北朝的形势发生了多次转变，墓葬文化经历了分化与融合。长时段地审视尸床葬俗在魏隋之间的变化，固然便于把握这一时期墓葬文化的整体情况，却容易将这种葬俗的晚期形态当作其本来面貌。因此，本文将视野集中于北魏平城，讨论尸床葬俗在初兴时期的特征与发展，力求更为准确地理解这种新葬俗在北朝墓葬文化中的来源与性质。

一、平城尸床的发现

自定都平城以后，北魏统治者长期将各地人力、物力汇集于此，使得平城逐渐成为

---

[1] 殷宪：《盖天保墓砖铭考》，《晋阳学刊》2008年第3期；刘振东：《论北朝时期无棺葬》，《考古与文物》2014年第5期；李梅田：《北朝石棺的使用场景与画像配置》，《东亚文明》（第2辑），北京：社会科学文献出版社，2021年。
[2] 刘连香：《中古时期尸床葬研究》，《中原文物》2022年第4期。
[3] Shing Muller, "Funerary Beds and Houses of the Northern Dynatsies", *Early Medieval North China: Archaeological and Textual Evidence*, Wiesbaden: Otto Harrassowitz GmbH & Co.KG, 2019, pp.383-473.
[4] 赵超：《"一牀锦被遮盖"与中国古代"裸葬"习俗》，《大众考古》2015年第12期。

当时中国北方的中心[1]。在平城作为首都的近百年间，出土尸床的墓葬也集中分布于平城周边，即大同与内蒙古中南部。这些尸床的材质主要有石、木、砖三种，下文首先按材质简要介绍尸床在平城墓葬中的出土情况：

（一）石床

平城周边发现了不少北魏石床，但出土信息明确，可认定为"尸床"的数量并不多。石床主要由前挡板、平面板、支撑物三部分组成，前挡板以三足形居多，纹饰丰富，根据其内部支撑结构可分为两型：

A型　以石条、砖块或生土支撑起平面板底部，正面以三足形前挡板覆盖，其余三面紧贴墙壁，没有挡板，共7具。纪年较早的是阳高县"尉迟定州墓"（457），该墓墓室内发现仿木结构的石堂[2]，石堂内置石床，床上发现女性人骨1具，石灰枕1个，无棺木痕迹（图一，1）[3]。雁北师院宋绍祖墓（477）也出土了类似的石堂与石床，且制作更为精细。床上发现2具人骨、2个石灰枕，无棺木痕迹[4]。张智朗墓（458）、解兴墓（460）、吕续墓（456）、大同南郊区沙岭建材市场墓中也都发现了石堂、石床，但这几座墓葬的发掘资料尚未公布，暂无法得知完整结构[5]。大同南郊电焊器材厂M112只发现了石床，该石床位于墓室后壁，以生土支撑，床上置人骨1具，无棺，铺有一层炉灰土（图一，3）。墓葬年代在该墓群中属第三段，约为太武帝统一黄河流域后至太和初年[6]。

B型　以四周挡板支撑平面板，挡板背面刻出凹槽，平面板搭在凹槽上，挡板均作多足形，共5具。七里村M14发现石床3具，分别位于其主室北壁、主室西壁、耳室北壁，床上未见棺木痕迹，仅有长方形石灰枕，墓室内发现人骨1男4女，位置已扰乱，该墓约在太和年间（图一，4）[7]。大同田村北魏墓发现的石床，前挡两侧各嵌有两个铁环，石床上部

---

[1] 宿白：《平城实力的集聚和"云冈模式"的形成与发展》，见云冈石窟文物保管所编：《中国石窟·云冈石窟（一）》，北京：文物出版社，1991年，第176-179页。

[2] 此类房形石葬具在学界有多种名称，常见石椁、石堂、石室等。近年来北魏解兴墓、北周史君墓中发现的此类葬具均自铭"石堂"，因此"石堂"的称呼似乎更准确。参看张庆捷：《北魏石堂棺床与附属壁画文字：以新发现解兴石堂为例探讨葬俗文化的变迁》，见齐东方主编：《两个世界的徘徊：中古时期丧葬观念风俗与礼仪制度学术研究论文集》，北京：科学出版社，2016年，第23-249页。

[3] 大同市考古研究所：《山西大同阳高北魏尉迟定州墓发掘简报》，《文物》2011年第12期。

[4] 山西省考古研究所等：《大同市北魏宋绍祖墓发掘简报》，《文物》2001年第7期；大同市考古研究所：《大同雁北师院北魏墓群》，北京：文物出版社，2008年。

[5] 持志、刘俊喜：《北魏毛德祖妻张智朗石椁铭刻》，《中国书法》2014年第7期；张庆捷：《北魏石堂棺床与附属壁画文字：以新发现解兴石堂为例探讨葬俗文化的变迁》，第235页；南丽江：《大同北魏浮雕彩绘石椁：见证民族融合交流》，《山西晚报》2022年1月13日第14版；刘俊卿：《山西大同发现北魏墓葬群》，《山西晚报》2018年4月20日第5版。

[6] 山西省考古研究所：《大同南郊北魏墓群发掘简报》，《文物》1992年第8期；山西大学历史文化学院等：《大同南郊北魏墓群》，北京：科学出版社，2005年，第350-351页。

[7] 大同市考古研究所：《山西大同七里村北魏墓群发掘简报》，《文物》2006年第10期。

图一　平城石尸床出土状态

1. "尉迟定州墓"　2. 田村北魏墓　3. 南郊电焊器材厂M112　4. 七里村M14

（图片来源：1.《山西大同阳高北魏尉迟定州墓发掘简报》,《文物》2011年第12期,图九；2.《山西大同南郊区田村北魏墓》,《文物》2010年第5期,图三；3.《大同南郊北魏墓群》,彩版一,2；4.《山西大同七里村北魏墓群发掘简报》,《文物》2006年第10期,图一七）

淤土中还发现了3段彩绘木杆,其下葬时应有帷帐一类的遮蔽物。石床上发现石灰枕1个,骨架位置凌乱,仅见2个头骨,未发现棺木痕迹,墓葬时代约在太和年间（图一,2）[1]。石家寨司马金龙墓（484）后室西部也发现了石床,另有木杆与4个石柱础伴出,石床上很可能有帷帐一类的遮蔽物。此外,该墓出土了柏木棺板,但并未出现在石床床面上,且从残存木板数量来看,木棺只有1具,而司马金龙夫妇的死亡时间相差十年,不太可能同棺而敛,因此该石床很可能也是尸床葬具,而非放置木棺的棺床[2]。

此外,邢合姜墓（469）出土了1套石堂与石床,大同智家堡北砂厂出土了1具石床前挡,大同市博物馆、云冈石窟博物馆、大同北朝艺术研究院等地还收藏了近20套石床或石

---

[1] 大同市考古研究所：《山西大同南郊区田村北魏墓》,《文物》2010年第5期。
[2] 山西省大同市博物馆等：《山西大同石家寨北魏司马金龙墓》,《文物》1972年第3期。

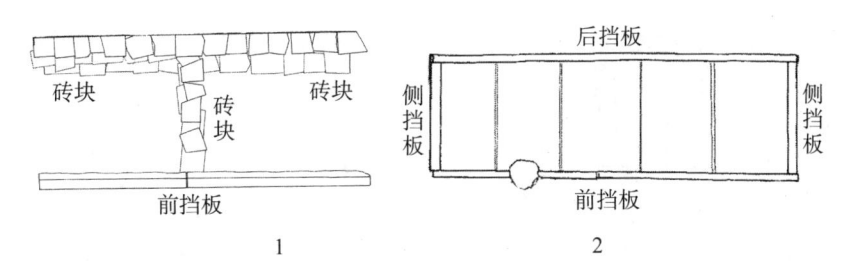

图二　A、B型石尸床的支撑结构示意图

1. A型石尸床　2. B型石尸床

（图片来源：1.《大同雁北师院北魏墓群》，图六八；2.《山西大同七里村北魏墓群发掘简报》，《文物》2006年第10期，图九）

床前挡，其形制、纹饰与上述发掘出土的石尸床较为接近，但由于出土信息缺失，难以肯定其尸床的性质，权可作为参考[1]。

（二）木床

发现木质尸床的墓葬共有5座，均为砖室墓，时代在太和年间。木床构件复杂，多与帷帐、木房配合使用，按出土墓葬分述如下：

七里村M1、M4、M37各发现木床1具，其中M1墓室中的木床放置在一套"木质围榻"内，该围榻有地栿、立柱、围板，前部还有三个石柱础，应设有前廊。参照"尉迟定州墓"与宋绍祖墓出土的石堂，这套"木质围榻"应当也是屋廊式的房形葬具。木床上发现石灰枕与头骨（图三，1）。M37出土的木床上还砌有一长方形砖台，将尸床分为东西两部分，西部发现一具女性人骨及石灰枕，东部发现一男一女两具人骨，东南角还有一石质柱础，木床上部原应有帷帐一类的遮蔽物[2]。

贾宝墓、二电厂M31墓室中部也发现了木质屋廊式的房形葬具，形制与七里村M1出土的木房相似，设有前廊，廊柱以石、木柱础承接。木房由地栿、木柱支撑，南侧开有门，房内置木床，尸体放置在木床上（图三，2）[3]。

---

[1] 智家堡北砂厂出土石床1具，见王银田《北魏石雕三品》，《文物》2004年第6期。大同市博物馆藏石床前挡1具，见王雁卿《山西大同出土的北魏石棺床》，《文物世界》2008年第2期。大同北朝艺术研究院藏完整的石堂及石床1套、石床前挡13具，见大同北朝艺术研究院《北朝艺术研究院藏品图录：石雕》，北京：文物出版社，2016年。其中6件与王秀玲硕士毕业论文中披露的"大同西京文化博物馆藏"石床重合，见王秀玲《北魏平城出土石葬具研究》，山西大学硕士学位论文，2015年。另外，此书中公布的一部分石床，其形制、纹饰均与平城周边出土的石床有较大差异，其时代、出土地域可能与平城石床有较大不同。云冈石窟博物馆藏石床前挡1具，见白月《大同地区出土北魏葬具的研究》，西北大学硕士学位论文，2017年。邢合姜墓出土石堂及石床1套，见大同市考古研究所《山西大同全家湾北魏邢合姜墓石椁调查简报》，《文物》2022年第1期。

[2] 大同市考古研究所：《山西大同七里村北魏墓群发掘简报》，《文物》2006年第10期。

[3] 大同市考古研究所：《山西大同二电厂北魏墓群发掘简报》，《文物》2019年第8期；大同市考古研究所：《山西大同北魏贾宝墓发掘简报》，《文物》2021年第6期。

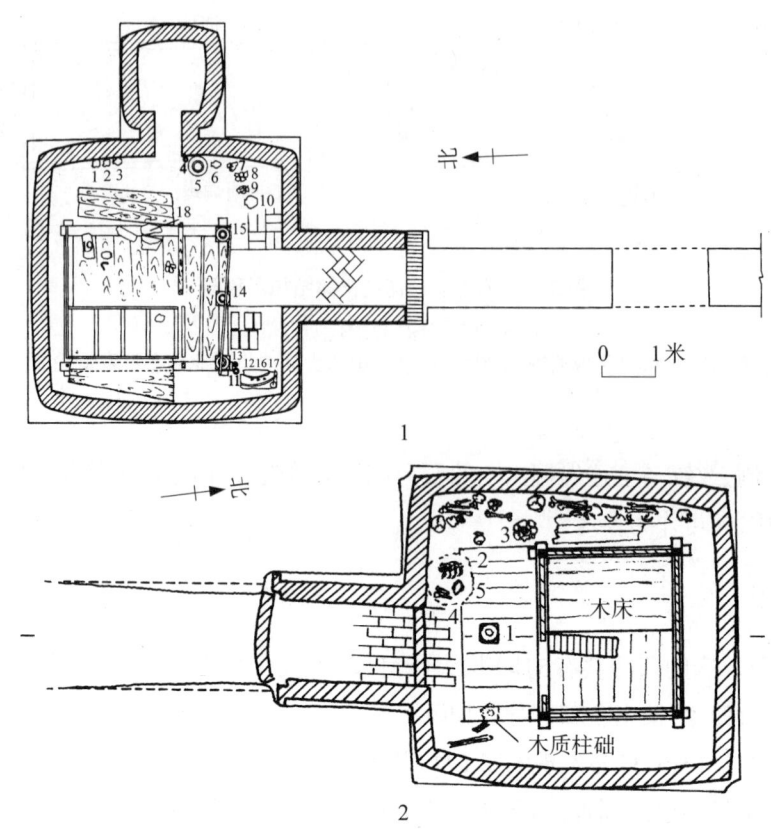

图三 平城墓葬中的木尸床

1. 大同七里村M1 2. 大同二电厂M31

（图片来源：1.《山西大同七里村北魏墓群发掘简报》，《文物》2006年第10期，图八；2.《山西大同二电厂北魏墓群发掘简报》，《文物》2019年第8期，图一二）

（三）砖床

砖床形制较为单一，绝大多数砖床紧靠墓室一侧，内部为生土，立面、平面各有一至两层砖，部分砖床有帷帐遮蔽。沙岭村东曾出土了一块墓铭砖，其中写有"墓中无棺木，西厢壁下作砖床"，明确了此类砖床的性质与名称。[1]出土砖床共35具，受发表情况限制，有20具砖床具体形制不明，其余砖床根据立面形状可以分为三型：

A型 立面作束腰须弥状，共5具，出土自大同金属镁厂M7，内蒙古察右前旗呼和乌素QHM18，大同迎宾大道M78，大同县国营粮食原种场M6，大同二电厂M11[2]。迎宾

---

[1] 殷宪：《盖天保墓砖铭考》，《晋阳学刊》2008年第3期。

[2] 韩生存等：《大同城南金属镁厂北魏墓群》，《北朝研究》1996年第1期；魏坚主编：《内蒙古地区鲜卑墓葬的发现与研究》，北京：科学出版社，2004年，第184-188页；大同市考古研究所：《山西大同迎宾大道北魏墓群》，《文物》2006年第10期；山西省考古研究所：《大同县国营粮食原种场北魏墓》，《三晋考古》（第三辑），2006年；大同市考古研究所：《山西大同二电厂北魏墓群发掘简报》，《文物》2019年第8期。

大道M78砖床紧贴墓室后壁垒砌，床上发现男性尸骨一具，头下有石灰枕。国营粮食原种场M6砖床紧贴墓室西壁，两端紧靠南北两壁，表面铺一层青砖，人骨略有漂移，头向南（图四，1）。二电厂M11砖床位于墓室中部，平面呈梯形，东西向垒筑，是目前所见唯一没有紧靠墓壁的砖床。呼和乌素QHM18的砖床紧靠墓室后壁，立面较简单，仅顶部略凸出。

B型　立面砌出壶门，共6具，出自沙岭新村M2、M13、M14、M22，二电厂M1[1]。二电厂M1砖床紧贴墓室后壁，立面砌4个壶门，床上西侧发现石灰枕，东侧设有散砖作为尸骨的脚垫，床前两侧各有一个石质柱础，床上原应有帷帐一类的遮蔽物（图四，2）。沙

图四　平城砖尸床出土状态
1. 大同县国营粮食原种场M6　2. 大同二电厂M1　3. 大同沙岭新村M22　4. 大同文瀛路壁画墓
（图片来源：1.《大同县国营粮食原种场北魏墓》，《三晋考古》（第三辑），2006年，图版二九，1；2.《山西大同二电厂北魏墓群发掘简报》，《文物》2019年第8期，图九；3.《山西大同沙岭新村北魏墓地发掘简报》，《文物》2014年第4期，图一〇；4.《山西大同文瀛路北魏壁画墓发掘简报》，《文物》2011年第12期，图三）

---

[1] 大同市考古研究所：《山西大同沙岭新村北魏墓地发掘简报》，《文物》2014年第4期；大同市考古研究所：《山西大同二电厂北魏墓群发掘简报》，《文物》2019年第8期。

岭新村M14为土洞墓,砖床紧靠墓室西壁,立面砌6个壸门,床上铺砖一层,内部上层土经夯打,下层为生土。墓室内未发现随葬品。M22砖床紧贴墓室后壁,内部夯有五花土及残砖,平面铺砖一层,立面砌有束腰形壸门8个。床上发现人骨一具,骨架外侧下垫砖(图四,3)。其封门回填土中还发现了墓铭砖,刻有"苟黑"字样。M2发现砖床2具,主室北壁、耳室北壁各一具,与七里村M14石床的分布较为相似。

C型　立面平砌,共4具。文瀛路壁画墓内设两具砖床,分别紧靠其墓室北壁及西壁,相交处砌有矮墙。砖床立面平砌并绘有彩绘,北砖床、西砖床立面均绘有作托举状的力士,矮墙立面绘一戴鲜卑帽的侍者。北砖床前还有砖砌踏步,踏步平面绘有三朵团莲(图四,4)[1]。土默特左旗国营苗圃M1、M2砖床由三层平砖顺砌而成,立面较平[2]。

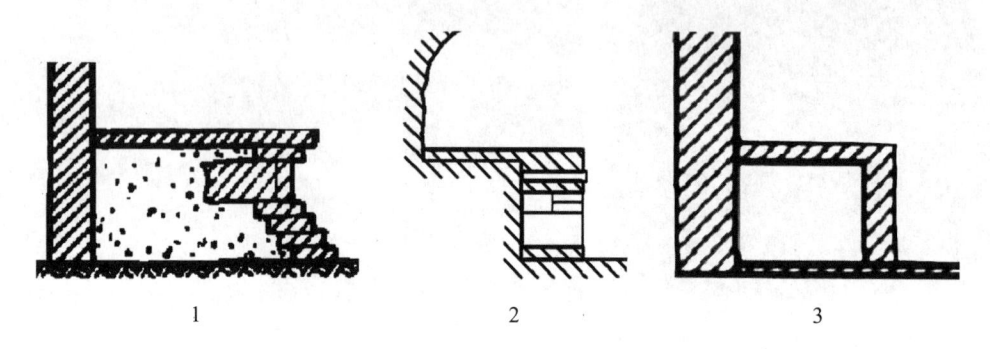

图五　A、B、C型砖尸床的立面形状示意图
1. A型砖尸床　2. B型砖尸床　3. C型砖尸床

(改绘自:1.《山西大同迎宾大道北魏墓群》,《文物》2006年第10期,图一二;2.《山西大同沙岭新村北魏墓地发掘简报》,《文物》2014年第4期,图六;3.《山西大同文瀛路北魏壁画墓发掘简报》,《文物》2011年第12期,图二)

二、平城尸床的分期与演变

尸床在平城的出现与发展,可大致分为三期:

第一期,太安至皇兴年间(约为公元455-470年),包括吕续墓、"尉迟定州墓"、张智朗墓、解兴墓。这四座墓葬出土的尸床均为A型石质尸床,且都与房形石堂配合使用。

北魏于公元398年定都平城,但目前最早的平城尸床,见于公元456年的吕续墓中。也就是说,平城作为北魏首都的前五十年内,并未出现使用尸床承尸的葬俗,直到5世纪

---

[1] 大同市考古研究所:《山西大同文瀛路北魏壁画墓发掘简报》,《文物》2011年第12期。
[2] 内蒙古文物考古研究所:《土默特左旗国营苗圃北魏墓清理报告》,《内蒙古文物考古》2008年第1期。

中叶,尸床葬俗方才初兴于平城墓葬中。这一时期,正是多种新因素浮现于平城并开始融合、转化的节点[1]。例如"尉迟定州墓",墓主头戴金属下颌托的做法,在平城墓葬中当是首次出现。[2]该墓墙体均以"三顺一丁"垒砌,而不同于平城墓葬中常见的"两顺一丁",石门也不见于早期平城墓葬中。再如张智朗墓,其石堂壁画中首次出现了佛教力士的形象。以此可见,这两座墓葬都出现了不少此前平城墓葬中未见的新因素,尸床的出现并非孤例现象,而是平城墓葬文化新潮的一隅。

第二期,延兴至太和初年(约为470-480年),包括宋绍祖墓、南郊电焊器材厂M112、田村北魏墓、贾宝墓、迎宾大道M2、M3、M26、M78等。此时尸床葬俗在平城已经扎根发芽,出土尸床的数量、类型都有增加。一方面,石床类型增加,B型石床开始出现,同时,一些石床也脱离了房形石堂,开始单独使用。另一方面,除石床外,木床、砖床均开始出现。

此外,石床前挡还形成了较为固定的拼合与装饰模式。即前挡由两块不对称的石板榫卯拼接,中足全部雕刻在一侧的石板上;前挡上部为减地浮雕单枝式的连续忍冬纹,下部为对称水波纹,中足多雕铺首,侧足则常见忍冬花或瓶花忍冬。

第三期,太和中期至迁洛以后(约为480-500年)。尸床葬俗在太和中期以后广泛流行于平城地区,数量大为增加,三种材质的尸床也均有发现。石床与房形石堂彻底分离,全部单独出现,其制作工艺也明显提高,司马金龙墓、智家堡北砂厂出土的石床,前挡均以整石雕刻,纹饰更为复杂、精致。木床出现,砖床数量激增,在三种材质中占比最大。

此时,尸床葬俗在社会中具有相当广泛的影响力,体现在两个方面。其一是从族群来看,尸床葬俗为各类族群所接受。沙岭新村M22出土了题写"苟黑"的墓铭砖,苟氏为代北若干氏改姓而来,是随拓跋部族一起兴起的漠北部族[3]。国营粮食原种场M6中出现毁器现象,其墓主显然有一定鲜卑背景[4]。司马金龙为东晋皇室之后,其家族自南朝北奔而来。这些都是尸床葬俗影响不同族群的例证。

其二是从阶层来看,尸床葬俗在上层官员与中下层平民中都有发现。使用石床的司马金龙,始终保持在北魏最高权力圈内,葬礼很可能受到文明太后的直接关照[5]。使用砖床的盖天保,其身份为"积弩将军",彼时应属从四品[6]。文瀛路壁画墓也出土了砖床,其墓主人身份不明,但从该墓精致的彩绘壁画来看,墓主人也应当身份不凡。中下层平民的

---

[1] 倪润安:《北魏平城时代平城墓葬的文化转型》,《考古学报》2014年第1期。
[2] 霍巍、庞政:《试论中国境内出土的下颌托》,《考古学报》2020年第2期。
[3] 姚薇元:《北朝胡姓考》,武汉:武汉大学出版社,2013年,第40页。
[4] 孙危:《鲜卑"毁器"葬俗研究》,《边疆考古研究》(第8辑),北京:科学出版社,2009年。
[5] 宋馨:《司马金龙墓葬的重新评估》,见殷宪主编《北朝史研究:中国魏晋南北朝史学会议论文集》,北京:商务印书馆,2004年。
[6] 殷宪:《盖天保墓砖铭考》,《晋阳学刊》2008年第3期。

墓葬，则可举沙岭新村墓群为例，该墓群共发现北魏墓葬26座，仅出土随葬品36件，尤其是发现砖床的M13、M14，均无任何随葬品共出。尽管沙岭新村墓群曾遭受盗扰，但与这一时期其他被盗严重的中高等级墓葬相比，其随葬品的数量显然过少。结合该墓群发现的"苟黑""尉嬢""赵胡"等墓铭砖，可以认定尸床葬俗此时已深入影响了平城的中下层平民。

总得来看，尸床葬俗在平城地区出现于5世纪中叶，最早出现时只有A型石质尸床，且均与房形石堂配合使用。至太和初年，A型石床继续沿用，B型石床、砖质尸床开始出现，且石床开始脱离房形石堂而单独使用。太和以后，尸床葬俗在平城广为流行，石、木、砖三类材质均有，以砖床为主，石床完全脱离房形石堂。使用人群上至高级官员，下至普通平民，成为平城时代颇具影响力的一种特殊葬俗文化。

三、尸床葬俗的特点与来源

尸床是一种葬具，从形制来看，其与棺床、棺台非常接近，甚至不少学者在谈及平城尸床时，都一概以"棺床"称之。本文使用"尸床"这一概念，正是希望将这批葬具与棺床区分开。棺床意味着棺椁的存在，而尸床上没有棺椁，这一区别在丧葬中有着很明显的不同。

在使用尸床的墓葬中，尸体头垫灰枕，直接躺在尸床上。一些尸床包裹在房形葬具内部，其他尸床则常与柱础、帐础同出，其外部应当有帷帐的遮蔽。房形葬具、帷帐与尸床组合在一起，为尸体构筑出了一个相对封闭的空间，在墓室内起到了类似棺椁那样遮掩尸体的作用。

但从丧礼的动态过程中看，尸床与房形葬具、帷帐形成的组合，无法代替棺椁敛尸、运尸的功能。尸床大多以生土筑成，固定在墓室内，难以移动。平城的房形葬具，构件繁多，不使用合页、铁锔等嵌合工具，拼合过程较复杂，同样也无法整体移动。因此，在停灵、送葬阶段，承托尸体的只能是另一种临时性的葬具。进入墓室后，尸体被转移到尸床上，而先前的葬具则退出了墓室，没有参与最终的埋葬环节。

棺椁可以永久性地闭合，使得尸体在大殓以后就一直处于密封的状态。然而，使用尸床就意味着尸体要在不同葬具间进行转换，是为人可见的。因此，尸床对棺椁的替代，并不只是影响了尸体在墓室中的状态，还使得大殓、送葬、下葬阶段的礼仪都会有所改变。因此，用尸床代替棺椁，并不只是物的变化，还代表着一种不同的丧葬习俗。这种葬俗的内涵，简而言之就是尸体不密封，墓室内外使用不同的葬具承尸。

上文已述，在北魏定都平城的前五十年里，并没有尸床的发现。无论是中原汉晋墓葬，还是传统的拓跋鲜卑墓葬，都是使用棺椁作为葬具的。对北魏平城来说，尸床是一种新的葬俗，显然另有其源。实际上，在河西与东北地区，都可以找到这种葬俗的踪迹。

敦煌地区的西晋至十六国墓葬中，常发现尸床与尸罩的葬具组合。如敦煌佛爷庙湾M37，尸床位于主室两侧，其外侧覆盖无底的木质尸罩[1]。祁家湾M224，紧靠主室及后室西壁筑有尸床，内侧以泥沙垒筑，外侧垒砌青砖（图六，1）；祁家湾M319，也在主室北壁发现了砖砌的尸床（图六，2）[2]。敦煌地区西晋至十六国墓葬中的尸床，多由青砖垒砌，也有用泥沙筑成的，尸体直接躺在床上，头垫灰枕或泥枕，其上盖有匣形的木罩。显然，在下葬过程中同样要使用不同的葬具转运尸体，尸体也并非一直处于密封的状态。

酒泉、嘉峪关地区也有使用尸床的墓葬，其形式与敦煌地区类似，但时代稍晚，多在西晋末年至十六国时期[3]。如甘肃酒泉侯家沟M9，墓室北侧有一高起的尸床，以草木灰、石灰筑成，上有草席残痕（图六，3）[4]。玉门金鸡梁M19、M21、M23中发现的"棺床""棺罩"，实际上也是尸床与尸罩的组合[5]。这两处墓地的时代均在前凉时期。在内蒙古中部，乌审旗郭家梁的田㻞墓中也发现了尸床，其以一层青砖铺成，上洒草木灰，有木质尸罩（图六，4），时代为大夏时期[6]。尸床、尸罩的使用风气在河西地区存在由西向东传播的趋势，西晋时出现在敦煌，十六国时传至酒泉、内蒙。北魏平城出现类似葬俗，似乎十分顺理成章。此外，使用尸床的平城墓葬多为长斜坡墓道砖室墓，部分还修有天井过洞，这种形制在十六国时期的北方，仅见于河西地区，足见两地之间紧密的关联性[7]。

在辽河两岸，使用尸床更是渊源已久的葬俗，尤其是石质尸床，在汉晋时期十分常见。如辽阳旧城东门里东汉壁画墓、辽阳市三道壕西晋墓，均以石板搭建墓室，并以石床承尸，石床上除石灰枕外，无其他葬具（图七，1、2）[8]。三道壕西晋墓的墓室呈"工"字形，中部为隔开的石质尸床。三燕时期尸床仍有发现，例如在本溪M1中，墓主人所使用的葬具就是石质尸床（图七，3）[9]。这些石质尸床均永久性地嵌筑在石构墓室中，同样，在下葬过程中

---

[1] 甘肃省文物考古研究所：《敦煌佛爷庙湾西晋画像砖墓》，北京：文物出版社，1998年。
[2] 戴春阳等：《敦煌祁家湾：西晋十六国墓葬发掘报告》，北京：文物出版社，1994年。
[3] 郭永利：《河西魏晋十六国壁画墓研究》，兰州大学博士学位论文，2008年。
[4] 戴春阳等：《敦煌祁家湾：西晋十六国墓葬发掘报告》，北京：文物出版社，1994年。
[5] 甘肃省文物考古研究所：《甘肃玉门金鸡梁十六国墓葬发掘简报》，《文物》2011年第2期。
[6] 内蒙古自治区文物考古研究所：《内蒙古乌审旗郭家梁大夏国田㻞墓》，《文物》2011年第3期。
[7] 倪润安：《光宅中原：拓跋至北魏的墓葬文化与社会演进》，上海：上海古籍出版社，2017年，第144页。
[8] 辽宁省博物馆等：《辽阳旧城东门里东汉壁画墓发掘报告》，《文物》1985年第6期；辽阳博物馆：《辽阳市三道壕西晋墓清理简报》，《考古》1990年第4期。
[9] 辽宁省博物馆：《辽宁本溪晋墓》，《考古》1984年第8期；该墓简报将时代定为西晋，但据目前学界研究，该墓葬时代已晚至三燕时期，田立坤：《三燕文化墓葬的类型与分期》，见巫鸿主编《汉唐之间文化艺术的交融与互动》，北京：文物出版社，2001年。

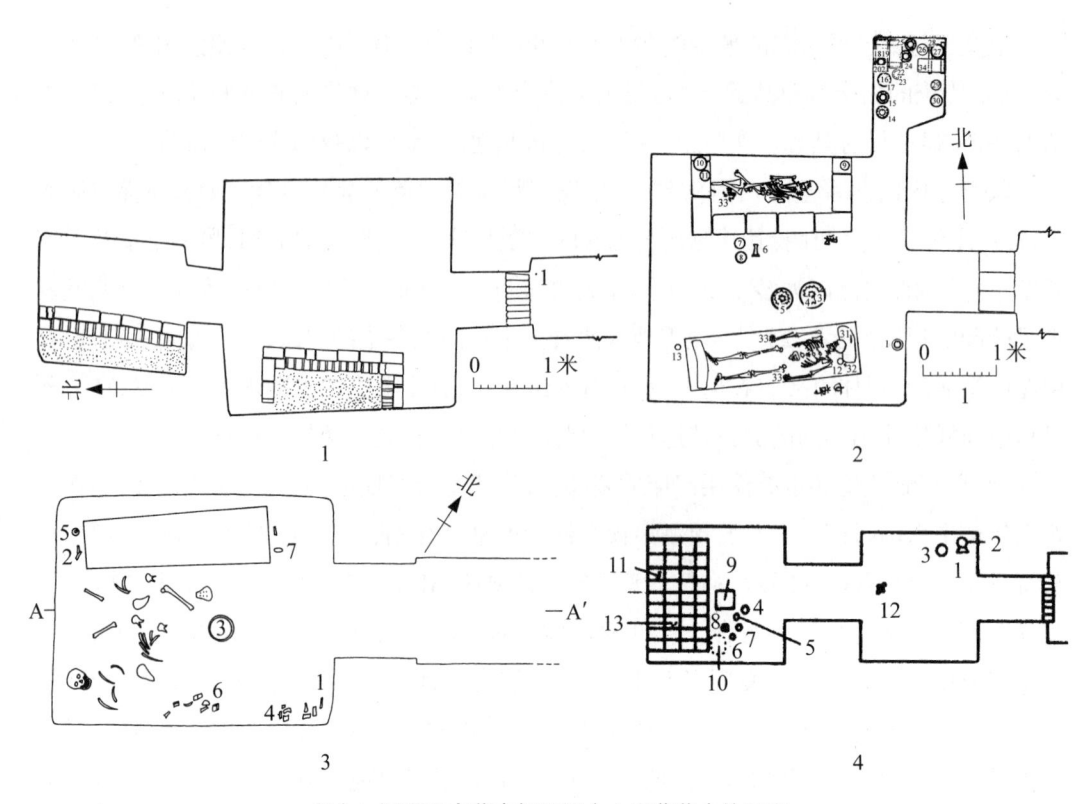

图六　河西及内蒙中部西晋十六国墓葬中的尸床

1. 敦煌祁家湾M224　2. 敦煌祁家湾M319　3. 酒泉侯家沟M9　4. 内蒙古乌审旗郭家梁大夏国田㜣墓（图片来源：1.《敦煌祁家湾：西晋十六国墓葬发掘报告》，图二一；2.《敦煌祁家湾：西晋十六国墓葬发掘报告》，图二三；3.《敦煌祁家湾：西晋十六国墓葬发掘报告》，图五；4.《内蒙古乌审旗郭家梁大夏国田㜣墓》，《文物》2011年第3期，图二）

丧家不得不使用临时性葬具来承尸、转运，而尸体在墓室内是不密封的。

墓葬中使用石材是辽西、辽东地区的本地传统，慕容鲜卑占领这一区域后，也开始大量使用石构墓葬。尤其是以石板构筑的石室墓，有墓道、耳室、壁龛，绘制壁画，内设尸床。这种形制在三燕墓葬中只出现于迁都龙城以后，具有明显的本地影响[1]。此外，在平城墓葬中常与尸床伴出的覆盆形石柱础，多以莲花、走龙作为装饰，这种风格与朝阳北塔出土的三燕础石极为相似（图八）[2]。以此可见，平城墓葬中的石质葬具构件，包括尸床、石堂、柱础等，与东北地区汉晋十六国时期的石质遗存有较大的相似性。

河西、东北地区的尸床，从形制上看与平城尸床均有一定差异，但三者共享着同一种

---

[1] 田立坤：《三燕文化墓葬的类型与分期》，第221页。
[2] 林圣智：《图像与装饰：北朝墓葬的生死表象》，台北：国立台湾大学出版中心，2019年，第103页。

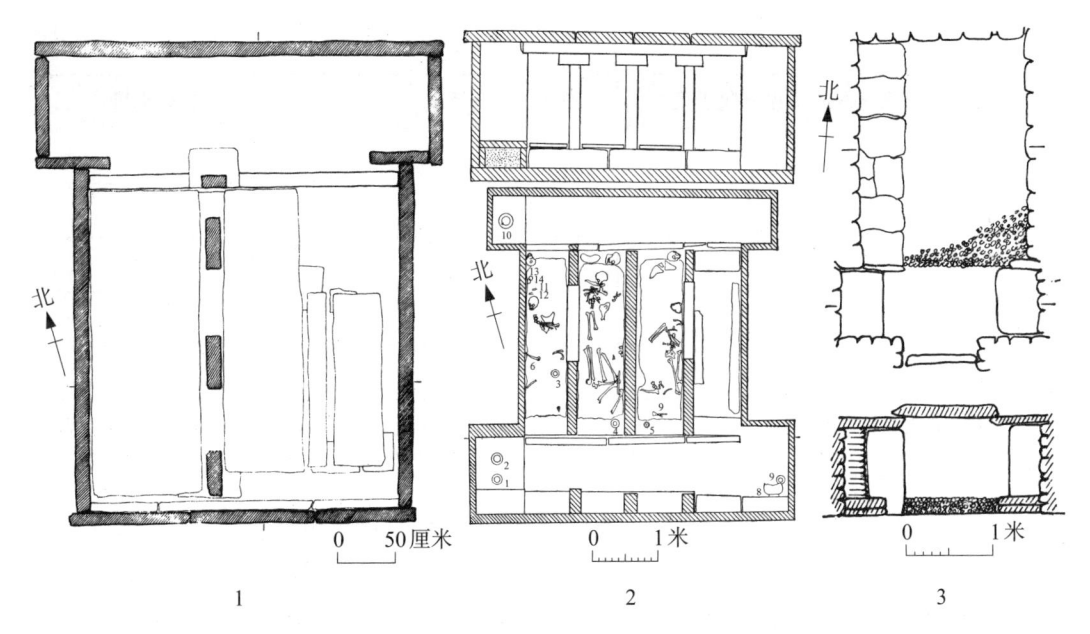

图七　东北汉晋十六国墓葬中的石质尸床

1. 辽阳旧城东门里东汉壁画墓　2. 辽阳市三道壕西晋墓　3. 辽宁本溪M1

（图片来源：1.《辽阳旧城东门里东汉壁画墓发掘报告》，《文物》1985年第6期，图二；2.《辽阳市三道壕西晋墓清理简报》，图二；3.《辽宁本溪晋墓》，《考古》1984年第8期，图一）

图八　三燕与北魏础石

1. 朝阳北塔塔基础石　2. 司马金龙墓柱础　3. 宋绍祖墓柱础　4. 七里村M37柱础

（图片来源：1. 辽宁省文物考古研究所等：《朝阳北塔：考古发掘与维修工程报告》，北京：文物出版社，2007年，图版八，4；2.《山西大同石家寨北魏司马金龙墓》，《文物》1972年第3期，封底；3.《大同雁北师院北魏墓群》，彩版五三，3；4.《山西大同七里村北魏墓群发掘简报》，《文物》2006年第10期，图五〇）

表一　平城尸床墓葬文化因素与河西、三燕墓葬的比较

平城出土尸床墓葬的常见文化因素	河西墓葬	三燕墓葬
斜坡墓道砖室墓	√	
墓室建筑仿居室	√	

礼俗文化｜器物、行为、观念：北魏平城尸床研究

(续表)

平城出土尸床墓葬的常见文化因素	河西墓葬	三燕墓葬
构筑在墓室中的尸床	√	√
灰枕	√	√
石质葬具		√
覆盆形石柱础		√
墓铭砖	√	
※457年以后大量出现	※439年北魏灭北凉	※436年北魏灭北燕

风俗：送葬、埋葬阶段分别使用两种不同的葬具，而尸体不保持密封的状态。因此，从葬俗的视角来看，三地尸床的观念是十分一致的。从表一可以看到，不仅尸床葬俗见于河西、东北地区，使用尸床的平城墓葬也与河西、东北墓葬有许多相似性。因此，平城尸床葬俗的出现，很可能是河西、东北尸床葬俗融合的结果。与之类似的是平城灰枕葬俗的来源，灰枕往往与尸床同时出现在平城墓葬中，据倪润安研究，平城灰枕的流行正是源自汉晋十六国时期河西、东北地区葬俗的融合，这与尸床葬俗的地域来源高度一致[1]。

尸床葬俗进入北魏平城始于5世纪中叶，此时正值北魏吞并北凉、大夏、北燕以后，大量的河西、东北人口被北魏统治者强制迁移到平城居住。426年，魏军围攻夏都统万城，"徙万余家而还"；次年，太武帝拓跋焘攻破统万城，并将大量人口、财物带回平城，大夏灭亡[2]。432年，魏军伐北燕，"徙豪杰三万余家以归"；436年北燕灭亡[3]。435年，"诏长安及平凉民徙在京师"；439年，魏军灭北凉，"徙凉州民三万余家于京师"[4]。通过一系列军事活动与强制迁徙的政策，平城集聚的外来人口是十分巨大的[5]。从时间上来说，在平城周边大量迁入了河西、东北人口以后，尸床葬俗才逐渐出现。

而在平城墓葬中，使用尸床的墓主有不少都与这两地的移民有关，特别是第一期、第二期的墓葬。"尉迟定州墓"墓主与尉迟氏密切相关，尉迟部族原属吐谷浑鲜卑，403年

---

[1] 倪润安：《北魏平城灰枕葬俗考》(Funerary Headrests in the Northern Wei Pingcheng Buriala), Shing Muller, Thomas O.Hollmann, and Sonja Filip: *Early Medieval North China: Archaeological and Textual Evidence*, pp.341-361.

[2] 《魏书》卷四《世祖纪上》，北京：中华书局，1974年，第71-73页。

[3] 《魏书》卷一一二《天象志三》，第2402页；《魏书》卷四《世祖纪上》，第86-87页。

[4] 《魏书》卷四《世祖纪上》，第84，90页。

[5] 参看宿白：《平城实力的集聚和"云冈模式"的形成与发展》，第176-179页。

大举内迁,入居云中[1]。宋绍祖、贾宝都来自河西大族[2]。司马金龙一族来自南朝,其两任妻子分别与河西的南凉、北凉皇室有关。此外,司马金龙的葬礼很可能受到文明太后的关照,在其随葬品中可以明显看到三燕墓葬文化的影响[3]。盖天保很可能是久居辽东的盖氏后裔[4]。金属镁厂墓群出土有"居姑臧焉"的墓铭砖,姑臧正属河西的武威一带,可见该墓群中应有不少墓主来自河西[5]。这些信息也印证了平城出现尸床葬俗,与河西、东北人口的大量迁入有密切关系。

综上,尸床的使用,代表着一种与棺椁不同的葬俗,在这种葬俗下,尸体不密封,埋葬前后使用两种不同的葬具承尸。与之类似,汉晋十六国时期的河西、三燕地区也有同样的丧葬传统;出土尸床的平城墓葬,有许多特征都可以在河西、三燕墓葬中找到相同的因素;尸床葬俗在平城的出现时间,在河西、三燕人口大量迁入平城以后;使用尸床作为葬具的墓主人,也多与两地移民有密切关系。从这些因素可以看到,平城时代使用尸床的葬俗,源自北魏征服河西、东北后,两地移民带入平城的地方葬俗。正是这些不同葬俗文化在平城发生的碰撞与交融,孕育了新葬俗的出现与发展。

四、尸床葬俗与丧葬观念

在墓室内使用尸床承尸,代表着一种特别的丧葬行为。主导这种行为的丧葬观念,自然也有其特别之处,值得进一步予以讨论。

对于不使用棺椁承尸的现象,学界多认为是粟特等外来胡族的习俗,这源于北朝时期众多入华胡人墓葬中发现的石质尸床。但从时间上来看,这些墓葬都是北魏迁洛以后才出现的,绝大多数都集中在北周、北齐至隋代。而在时代较早的平城墓葬中,尸床的使用者们既有汉人大族的,也有鲜卑族群的,却没有任何一例能够明确地指向粟特等西来胡人。更早一些的河西、东北尸床传统,显然也都是当地的汉人旧俗。因此,北朝中晚期的粟特人墓葬,很难作为北朝早期就开始流行的尸床葬俗的来源。尸床的丧葬观念,也不能贸然与祆教联系起来。

也有学者认为尸床葬俗是华夏传统中"裸葬"观念的反映。裸葬是对薄葬理念的贯

---

[1] 姚薇元:《北朝胡姓考》,第130–133页。
[2] 张庆捷、刘俊喜:《北魏宋绍祖墓两处铭记析》,《文物》2001年第7期。
[3] 宋馨:《司马金龙墓葬的重新评估》,见殷宪主编《中国魏晋南北朝史学会会议论文集》,2004年;林圣智:《图像与装饰:北朝墓葬的生死表象》,第102–205页。
[4] 殷宪:《盖天保墓砖铭考》,《晋阳学刊》2008年第3期。
[5] 韩生存等:《大同城南金属镁厂北魏墓群》,《北朝研究》1996年第1期。

彻,与之相对,厚葬的代名词则是"石椁"。魏晋南北朝主张薄葬的士人,不少都把"石椁"作为反面代表加以批判。例如梁元帝在其《金楼子·终制》篇中大谈薄葬时,就强调"晋文公请隧,桓司马石椁,甚非谓也"[1]。北周的李充信,"每言及终始,尤存简素。非秦政而褒吴礼,讥石椁而美厚薪"[2]。平城尸床有不少石质的,许多还伴有房形的石堂,显然属于"石椁"的行列,正是薄葬主张者批判的现象。此外,许多裸葬遗言都明确提出墓中不设床帐,这与平城尸床的情况也极为不符。因此,平城的尸床葬俗并非是"裸葬"观念的体现。

探究尸床葬俗的丧葬观念,还应回到对尸床本身形态的讨论中。根据同时期的壁画来看,尸床显然模仿的是作为家具的床榻。在沙岭壁画墓、云波里路壁画墓、梁拔胡墓以及智家堡石椁的内侧,均出现了墓主人的彩绘形象(图九)。图像中的墓主人坐在一张宽

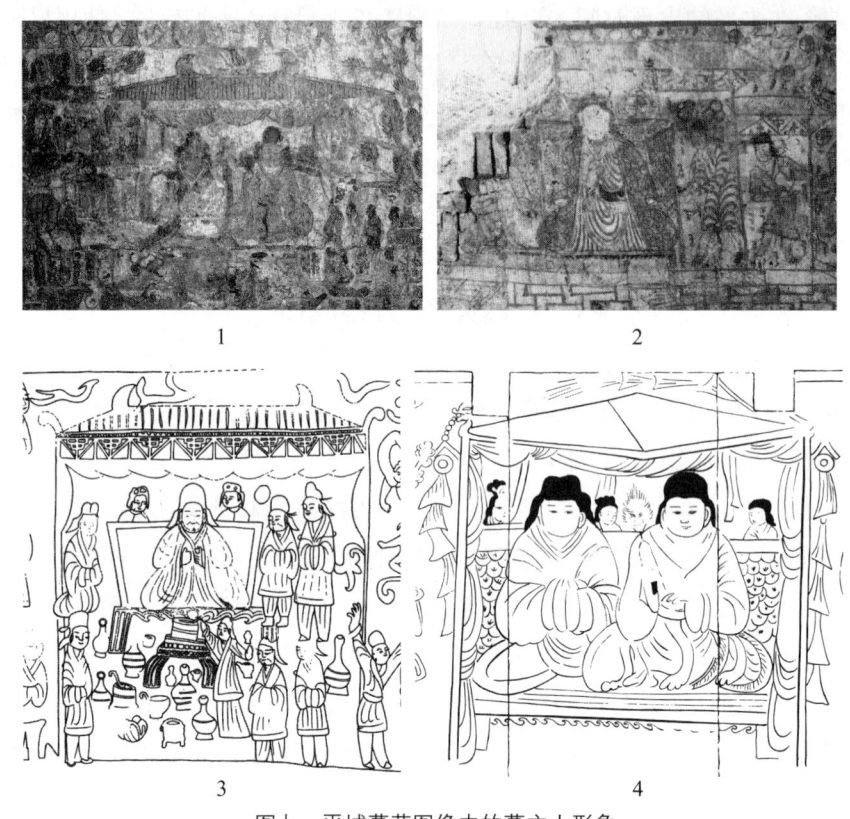

图九 平城墓葬图像中的墓主人形象

1. 沙岭壁画墓　2. 云波里壁画墓　3. 梁拔胡墓　4. 智家堡石椁

(图片来源:1. 大同市考古研究所:《山西大同沙岭北魏壁画墓发掘简报》,《文物》2006年第10期,图四〇;2. 大同市考古研究所:《山西大同云波里路北魏壁画墓发掘简报》,《文物》2011年第12期,图九;3. 山西省考古研究所等:《山西大同南郊全家湾北魏墓(M7、M9)发掘简报》,《文物》2015年第12期,图三三;4. 王银田、刘俊喜:《大同智家堡北魏墓石椁壁画》,《文物》2001年第7期,图六)

---

[1] (南梁)萧绎撰,陈志平等疏证校注:《金楼子疏证校注》卷二,上海:上海古籍出版社,2014年,第309页。
[2] 《周书》卷十《宇文广传》,北京:中华书局,1971年,第157页。

大的榻上,榻的两侧有足,中部饰有连续的对称波浪纹饰,与石质尸床的结构、纹饰几乎完全相同(图一〇)。以此来看,墓室中的尸床与图像中的坐榻一样,表现的是墓主的坐卧之具[1]。

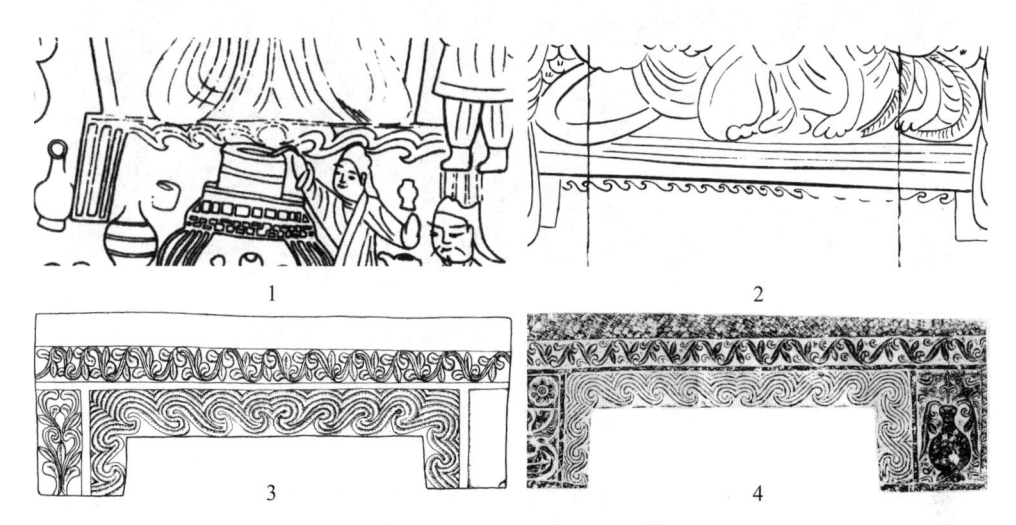

图一〇 平城壁画中的坐榻前挡与石尸床前挡

1. 梁拔胡墓坐榻图像 2. 智家堡石椁坐榻图像 3. 宋绍祖墓石尸床东南前挡
4. 南郊电焊器材厂M112石尸床前挡

(图片来源:1.《山西大同南郊全家湾北魏墓(M7、M9)发掘简报》,图三三;2.《大同智家堡北魏墓石椁壁画》,图六;3.《大同雁北师院北魏墓群》,图七八,1;4.《大同南郊北魏墓群》,图一四七,B)

与尸床一起出现的帷帐、房形葬具,同样在图像里有所体现。平城壁画中坐于榻上的墓主,都在一栋屋宇之内。屋宇上部绘出瓦垄、鸱吻、斗栱,两侧有立柱,屋檐下挂着卷起的幔帐,为坐榻上的墓主营造出一个半开放的室内空间。与之类似,墓室中的房形葬具、帷帐也为尸床上的墓主本人营造出了同样的空间。帷帐、床榻是汉晋大族生活中常见的家具[2]。墓室中的实物葬具与壁画中的图像,用不同的形式再现了墓主生前的坐卧环境。

屋宇、帷帐、坐榻的组合,在平城形成了固定的形式,不仅在墓葬中频繁出现,佛教石刻中也十分多见,形成了屋形龛、帐形龛的传统。例如在云冈第6窟南壁,佛与菩萨均在一栋悬挂幔帐的屋宇之下,维摩诘与文殊坐在带足的榻上,榻的立面饰有缠枝忍冬纹与托举力士,这与墓葬尸床前挡的装饰完全相同(图一一,1)。除龛像以外,该组合在佛传故事里也有应用,例如在该窟东壁底层,悉达多太子就坐在同样的场景里(图一一,2)。屋

---

[1] 床与榻的概念有一定区别,但墓主画像与墓主尸体姿态有别,在此不必强调二者坐卧器具的差异。实际上,南北朝时流行的许多大榻,也同样具备床的形态与功能,文献中对床、榻也没有十分严格的区分。参见胡德生《浅谈历代的床和席》,《故宫博物院院刊》1988年第1期。
[2] 杨泓:《考古所见魏晋南北朝家具(中)》,《紫禁城》2010年第12期。

图一一　云冈石窟中的屋宇形象

1. 第6窟南壁明窗与门洞之间　2. 第6窟东壁底层

（图片来源：中国社科院考古所等：《云冈石窟》第三卷，北京：科学出版社，2014年，图31、64）

宇、帷帐、坐榻，成为表现尊者居所的固定形式，被广泛应用到平城的不同场所内，甚至有一丝神圣空间的味道。

通过与图像的比较可见，尸床与帷帐、房形葬具共同在墓室中营造出了生人居所的场景。这些无法移动的葬具，宛如为死者准备的家具，静静等待墓主的归来。而在这些墓葬中，还有不少模仿生前居室的做法。例如沙岭新村M22，其墓门就模拟宅院门楼的形式，用砖雕出椽枋、斗栱等木结构；文瀛路壁画墓的四壁与顶部，绘有立柱、斗栱、梁架等内容，将墓室描绘成一座木构房屋的内部。这种模仿生人居所营造墓室的行为，仍然是传统"事死如生"观念的一种体现。

在墓室中营造生人居所场景的做法，与此前魏晋盛行的丧葬理念有所不合。魏晋上层施行薄葬的思想基础之一，就是认为"骨无痛痒之知，冢非栖神之宅"，因此"为棺椁足以朽骨，衣衾足以朽肉而已"[1]。即认为尸骨无神，墓葬只是藏尸之所，无需费心营造。与之相比，用尸床等葬具模仿生人居所的做法，则是以"栖神之宅"的方向建设墓冢了，以此希望死者能在墓室内继续生活，"事死如生"的丧葬观念再次占据了主导地位，这也是魏晋到北朝墓葬的一大转变。

总而言之，北魏平城墓葬中尸床的流行，实际上是模仿生人居所来营造墓室的一种丧葬行为，是"事死如生"丧葬观念的表现。这种观念通过河西、东北等边地再次流入平城，塑造了与前代不同的北魏墓葬文化。

---

[1]《三国志》卷二《魏书·文帝纪》，北京：中华书局，1959年，第81页。

五、结　语

本文聚焦于北魏平城墓葬中的尸床，梳理了这种葬具的形态与发展，分析了使用尸床的丧葬行为，并试图探讨这种行为背后的丧葬观念。具体而言，尸床共有石、木、砖三种材质，自五世纪中叶至六世纪初流行于平城周边各族群、各阶层的墓葬中。使用尸床是一种特殊的丧葬行为，即尸体不密封，墓室内外使用不同的葬具承尸。这种行为源自河西、东北地区的汉人旧俗，由大量被迫迁徙的移民带入平城。尸床及其伴出的帷帐、房形葬具，共同为墓主营造出生前居所的场景，体现出"事死如生"的丧葬观念。

考古学以物质遗存作为研究对象，但研究边界绝不止步于"物"。器物的不同使用方式，代表着人群的不同行为，而主导这些行为的则是各异的观念。器物、行为、观念，都是考古学应该关注并试图解决的问题范畴。葬具乃至墓葬中的其他器物，并不只是丧事形成的静态结果，还参与着丧葬活动的动态过程，与丧礼中的人有着重要的联系。本文以尸床为焦点，强调其与棺椁的不同，正是试图说明这两种葬具代表着不同的丧葬行为与丧葬观念，不能把二者混为一谈，将放置尸体的尸床与放置棺椁的棺床视为同一种器物。

魏晋南北朝政权变动剧烈，人群流动频繁，墓葬呈现出复杂多样的特点。器物与行为往往随着时代的演进而被不同的人群接受，并发生各种各样的改变。厘清一种墓葬文化的初始形态，能更好地把握其性质与演变轨迹。从北朝早期的情况来看，尸床绝非域外文化的产物。北朝晚期入华胡人墓葬出土的尸床，应当从外来族群接纳本土文化的角度进行探讨。

总的来看，综合考虑器物、行为、观念这三个不同的维度，能更好地把握墓葬文化的内涵。仅从"行为"角度考察，尸床葬俗与裸葬的做法有很大相似性，但是通过对丧葬思想的分析可见，二者的丧葬理念是完全背道而驰的。以此来看，尸床墓葬在平城的大量出现，也反映出中原魏晋墓葬的影响力在减退，"薄葬"对汉姓大族墓葬的束缚越来越小，使得北朝墓葬在魏晋的框架下，增加了多元混合的丰富内容。

附记：本文写作过程中曾受到四川大学霍巍教授、王煜教授指导，谨致谢忱！

（原载《边疆考古研究》第32辑，2022年）

试论南朝墓志与买地券的结合现象

淡 雅

墓志和买地券是六朝墓葬中发现的两种数量最多且最具有代表性的丧葬物品兼墓葬文书,形制均以长方形砖质及石质为主,但在内容和用途上却大相径庭。以自名为墓志的谢琉墓志为例[1],墓志是以生平、地望、追述祖先以及记叙子女为基本内容的,内容有简有繁。而买地券内容有强烈的宗教因素,向各路人神买宅买地以葬[2]。南朝之前,墓志和买地券的内容相互独立,并无混淆,一种是对生平祖事的记叙,另一种则是死后葬地的宗教性契约,但在南朝的一些墓志及买地券中,却发现了二者互相结合的现象,虽然这种现象目前看来尚属少数,却是在特殊历史背景下出现的新现象,尤其值得关注。因此本文试将此类材料进行梳理和分析,并探讨出现这种现象的原因。

一、墓志与买地券的结合现象

南朝墓志及买地券中,出现二者结合现象的例子暂发现三例,从内容上可以分为两类。其一是买地券中加入了墓志的内容,以南京所出罗道训买地券及武昌所出刘觊买地券为例。其二则是墓志中加入了买地券的内容,以南京所出辅国将军墓志为例,此例在定性上虽有争议[3],但本文讨论的即是两种内容结合的现象,依据开篇叙述及篇幅比例,仍

---

[1] 南京市博物馆、雨花区文物局:《南京南郊六朝谢琉墓》,《文物》1998年第5期。
[2] 王志高、董庐:《六朝买地券综述》,《东南文化》1996年第2期;张勋燎、白彬:《吴晋南朝买地券的特点、类型与分期》,见张勋燎、白彬撰《中国道教考古》,北京:线装书局,2006年,第878-888页;易西兵:《南朝买地券综论》,《东南文化》2009年第3期。
[3] 朱国平、王奇志:《南京西善桥"辅国将军"墓志考》,《东南文化》1996年第2期;章湾、力子:《南京西善桥南朝墓志质疑——兼述六朝买地券》,《东南文化》1997年第1期。

将其作为墓志来讨论（后详）。

（一）买地券中加入墓志内容

罗道训买地券（453）发现于南京淳化咸墅南朝罗氏家族墓地M5墓道封门前，与券文"右埋著延门户外，入土三尺"相符。为长方形砖质，长39厘米，宽25厘米，阴刻竖线及券文[1]，与一般买地券相比形制相似但尺寸偏大。券文如下：

> 宋元嘉卅年太岁癸巳七月辛丑朔廿一日辛酉子（时），南／徐州彭城郡彭城县都乡安上里，地下先人、蒿里／父老、墓乡右秩、左右冢候、丘丞墓伯、地下二千石、／安都丞、武夷王等，共卖此地，纵广一顷余地，／与彭城都乡安上里罗道训。以义熙五年／六月三日庚申，诏书除袭父封刘阳县开／国男，食邑五百户，地方卅五里。到十二年四月十七／日甲子，诏书除武原令。元嘉四年七月一日癸酉，／诏书除魏郡广川令。到六年六月廿一日辛巳，／诏书除南广平太守。到其年十月十九日丙申，／诏书除龙骧将军。到十七年十月七日壬戌，诏／书除左卫殿中将军。到廿二年十二月十八日壬寅，诏书／除南平昌太守。到廿七年十二月卅日乙酉，诏书／除行参征北将军事。道训得钱万万九千九／百九十九枚，钱即日毕了。承玄都鬼律、地下／女青诏书科律：从军乱以来，普天下死人，／听随生人所在郡县乡里亭邑买地埋葬。今／皆于此地中掘土作冢藏埋尸丧，魂魄自／得还此冢庐，随地下死人科法。腊节吉日、／月晦十五日，休檄上下往来，不得留难、有所呵／问、左右比居他人妄仍夺取道训地。时知者／张坚固、李定度，沽酒各半，共为券葂。／右埋著延门户外，入土三尺。／[2]

与这一时期较为典型的买地券，例如徐副买地券[3]、蔺谦买地券[4]、田和买地券等相比[5]，罗道训买地券（图一）的主要内容与其基本相似，只是以卖地的鬼神为主语来书写。券文开篇记地下各仙人共同卖地，至"与彭城都乡安上里罗道训"为买地券内容，在提及墓主之后，继续记述墓志从仕的经历，以八通诏书详细叙述了罗道训承袭爵位、入仕、迁转

---

[1] 东南大学艺术学院、南京市江宁区博物馆：《南京淳化咸墅南朝罗氏家族墓地发掘简报》，《文物》2019年第10期。
[2] 王志高、许长生：《南京淳化新见南朝罗氏地券考释》，《文物》2019年第10期。
[3] 长沙市文物工作队：《长沙出土南朝徐副买地券》，湖南省文物考古研究所编：《湖南考古辑刊》（第1辑），长沙：岳麓书社，1982年，第127-128页。
[4] 黄义军、徐劲松、何建萍：《湖北鄂州郭家细湾六朝墓》，《文物》2005年第10期。
[5] 鲁西奇：《中国古代买地券研究》，厦门：厦门大学出版社，2014年，第119页。

等经历。在写到罗道训最后"除行参征北将军事"之后，又内容一转，继续写道训以钱买地，即日交清，并依死人科法见证此契约。此券文如果除去墓主入仕的经历，剩余内容与蔺谦买地券（M8右：9-3）的内容几乎一致[1]，应为当时流行的买地券文本。而记叙迁官这类内容一般只出现在墓志当中，应是专门插入买地券文本中的。据前人所考，罗道训应为《宋书》中所记的罗训[2]，且罗道训卒于元嘉三十年，生前最后的官职为"参征北将军事"，也可以确定其被征召参加了刘劭弑父后与刘骏之间的战事。

另一例刘觊买地券（485）则出土于武昌东郊何家大湾墓地，为长方形陶质，长50厘米，宽23厘米，为同时期买地券中尺寸最大的一方，分为券身和券盖两部分，分别放置在甬道及主室内。目前所出的买地券中，仅有这一例是有券盖的，券文如下：

齐永明三年，太岁乙丑，十一月甲子朔，十二日乙亥，新/出老鬼太上老君符敕：天一、地二、孟仲四季、黄神/后土，土皇、土祖、土营、土府、土文、土武，墓上、下、左、右、中央/墓主，丘丞、墓伯，冢中二千石，左、右墓侯，五墓将军，/营土将军，土中督邮，安都丞，武夷王，蒿里父老，都集/伯侲，营域亭侲部，都墓门亭/伥，功曹、传送、大吉、小吉、胜/先、神后、太一、微明、天魁、天罡、从魁、太冲随斗十二神等：/南阳郡涅阳县都乡上支里、宋武陵王前军参军事、/□□□□□参军事刘觊，年卌五，以齐永明二年/□□四月十五日□命□，□归三天，身归三泉，/长安蒿里。父元山，宋衡阳王安西府主簿、天门太守，/宋南谯王车骑参军事、尚书都官郎。祖肃，将军/参军事、给事中。旧墓乃在荆州照心里。中府君今更新/其丘宅兆，在此江夏郡汝南县孟城山/埏。中府君敬奉太上老君，道行正直，不问龟筮。封域之内，东极甲乙，/南极丙丁，西极庚辛，北极壬癸，上至青云，下极黄泉。/从此土神买地，雇钱八万万九千九百九十九文，毕了。/日月为证，

图一 罗道训买地券

（图片来源：《南京淳化新见南朝罗氏地券考释》，《文物》2019年第10期）

---

[1] 李明晓：《两汉魏晋南北朝石刻法律文献整理与研究》，北京：人民出版社，2016年，第143页。
[2] 王志高、许长生：《南京淳化新见南朝罗氏地券考释》，《文物》2019年第10期。

星宿为明,即日葬送。丘墓之神、地下禁/忌,不得禁呵,志讦坟墓。千秋万岁,不得复注生人。/各慎天宪,明承奉行。一如泰清玄元上三天无极大/道、太上老君、地下女青诏书律令。/[1]

刘觊买地券(图二)开篇所记"新出老鬼太上老君符敕"的内容,与徐副买地券除个别字词之外几乎完全一致,之后同样写了墓主身死的时间,但紧接着就记述父祖两代的官职。从"旧墓乃在荆州照心里"之后,又写从土神处买地以葬,并请各方神仙见证,这部分内容比徐副买地券的末尾简略了一些,但大意相同。刘觊买地券的主要内容无疑是典型买地券的内容,这类内容在当时应有多种流行格套,具体使用时有所删改。但在这些格套中并没有追溯祖先的内容,这其中插入的墓主及其父祖的官职,应是使用了墓志中的部分内容。由券文可知,刘觊齐永明三年即去世,年四十五,之前为宋官。据学者考证,刘觊可能为南阳郡涅阳县刘氏的一支[2],虽不是世族,但父祖均为武官,至刘觊一代地位已有提升。除内容之外,刘觊买地券的形制似乎也仿照了北朝带有志盖的墓志,目前发现的年代较早的例子,如山西大同阳高县出土的陈涌夫妇墓志(476)以及河南洛阳出土寇臻墓志

图二 刘觊买地券

(图片来源:《武汉地区四座南朝纪年墓》,《考古》1965年第4期,图版五,12)

---

[1] 湖北省博物馆:《武汉地区四座南朝纪年墓》,《考古》1965年第4期;前揭张勋燎、白彬:《中国道教考古 3》第862—863页;鲁西奇:《中国古代买地券研究》,第121页。
[2] 鲁西奇:《中国古代买地券研究》,第124页。

(505)[1]，都与刘觊买地券的年代相近。同时期南朝墓志并无志盖发现。刘觊之所以结合北方墓志的形制，一方面或许与其父曾于安西府及天门任职有关，另一方面正说明其确实加入了部分墓志因素。

这一类材料的特点是，文本开篇和结尾均为典型买地券的内容，但在买地券内容中提到墓主之后，就接着加入墓主从仕或父祖的官职信息。这些应属墓志的信息似乎并不追求与买地券的内容完全衔接，只是插入其中。

（二）墓志中加入买地券内容

南京西善桥南朝墓中出土一件石灰岩质的石墓志，长64.5厘米，宽49厘米，在同时期墓志中尺寸偏大，由于部分字迹不清，不能确定墓志的姓名及年代，但从志文中记载的人物及官职来看，应为梁代墓葬。又因《南史》中记载天监七年"及置朱衣直阁将军官"[2]，墓主曾任此官，因此该墓葬年代应在508年至557年之间[3]。志文如下：

□□□辅国将军济晋二郡……/□□□本州功曹史齐康太守……氏，父□□本州治中/□□□、本州西曹吏，除天水太守……/□□□阳潘氏，父惠宣，除积射□□、除汉□太守/□□射声校尉、辅国将军、济阴太守、郡□郎流、宜都内史、青州司马、带□朱/衣直阁将军、镇蛮护军、晋熙太守、□流长水校尉、安城王右头司，春秋□/□有三，□于丹阳秣陵长干里□，子岁四月廿九日亡，今葬江宁县□，其年/□月廿四日于载□□□□塗长松杰□□□□，妻清河张氏，/父□帝讳，除□陵王□□□□越骑校尉、除本郡太守□□□□年五十一，建安王正佐，除海安县令/□□□□，妻东海徐氏□，父亮，九流骁骑将军、山阳太守，/□□□子英，年十八，妻彭城刘氏，父道□/□□□，子斌，年十六，妻东海徐氏，父质奉朝请/□□□，子鸢，年十一，妻□□武氏，父会超，左卫将军、太子右率、越骑刺史、豫州刺史、黄门郎/□□，太妹光妃，适清河张□，/□□父□骑将军、镇蛮护军、□熙太守、历阳太守、汝城县开国男/□□□奉朝请，除本县县令、□□令/□□□□共，墓东边，山北□所葬□□州，墓北□□徐州墓爌□□、□□□□山岭直出陈□□，南宜出陈□墓，至松城□于梁州墓煜道□/□□□□□本县/□□□□□岁庚子八月五日，雍州

---

[1] 殷宪：《北魏平城书法综述》，《东方艺术》2006年第12期；赵超：《汉魏南北朝墓志汇编》，天津：天津古籍出版社，2008年，第48页。
[2] 《南史》卷六《梁本纪上第六》，北京：中华书局，1975年，第191页。
[3] 南京博物院：《南京西善桥南朝墓》，《东南文化》1997年第1期。

民□□□□,子英今讼建康民□/□□□□□□□,东南西北□□□□□钱□□九千,走即钱地□□二/□□□□□□□□□共所买地□之□□有公私志□一付□□子不□/□□□□□□□□□凶葬□去来取板桥大□使通流保无□碍□/□□□□□□□□不能是了王要破□墓/□□□硕岭长出入□/□□□□□□□□私□□土三百车山墓,还王葬如故,侍立任供送估/□□□□□□□□氏得私约,不从侯令/□□□□□□□□□□元子喏□任□……/王买地以记。/[1]

对比有自名的谢珫墓志[2],二者有明显的相似之处。开篇即记述了墓主及其父祖的官职,并详细叙述了自己、父祖、子女、妹妹婚姻对象的官职及地望,又描述了葬地,是墓志一贯的内容和写法。但在最后,自"岁庚子八月五日"这一部分开始,应是其子英为父买地的内容,其中"共所买地""买地以记"都很清晰地标示了其性质。而且这部分内容具有一定篇幅,并不是简单说明葬地。墓主虽无名姓,但从墓志中所记载的信息,可以大致推测墓主所在的阶层。学界对于墓志中提及的官职地望等都做过详细的考证[3],可知墓主自齐至梁,几代均任高官,与墓主联姻的有当时的南朝侨姓大族,如清河张氏、东海徐氏等,也有本地士族,如彭城刘氏,还有虽然不是世族,但正居高位的官宦人家。可知墓主的家族应有较高的社会地位,但婚姻却并不限于北来大族,也积极地与本地士族和武将起家的官宦家族通婚,所以推测墓主的家族可能为南朝时期起家的大族。与第一类情况不同,其主要篇幅还是墓志的内容,只是在墓志之后直接另写买地的契约。

综上所述,南朝时期出现了墓志与买地券内容相互结合的现象,或以墓志的内容插入流行的买地券文本中,或将买地券的契约部分写于墓志之后。使用者均非门阀世族,但都有官位和爵位,有一定的社会地位。同时期百济出现过墓志与买地券刻于一志的现象[4],武宁王妃墓志背面刻写了武宁王的买地券文,同墓还出土了武宁王的墓志,可知武宁王同时使用了墓志和买地券这两种文书。南朝时期暂未发现墓志与买地券同出一墓的情况,而是出现了上述将两种文本内容相互结合的现象,这一新现象应该与南朝时期社会阶层的变化有关。

---

[1] 南京博物院:《南京西善桥南朝墓》,《东南文化》1997年第1期;李明晓:《两汉魏晋南北朝石刻法律文献整理与研究》,第215页。
[2] 南京市博物馆、雨花区文化局:《南京南郊六朝谢珫墓》,《文物》1998年第5期。
[3] 朱国平、王奇志:《南京西善桥"辅国将军"墓志考》,《东南文化》1996年第2期。
[4] 邵磊:《韩国百济武宁王陵出土墓志略论》,《苏州文博论丛》2010年第1期。

二、两种文本结合的原因

东晋时期同样使用墓志及买地券两种随葬文书,但并没有出现文本结合的现象。东晋发现的买地券数量较之墓志更少,二者在使用性质上也有很大的差别,买地券仅为丧葬买地的契约,而墓志则是记述墓主及家族身份的文书。使用买地券的墓主一般处于较低的社会阶层,目前所见身份可考者如立节都尉朱曼之妻薛氏及某司马冯庆[1],更多则缺乏身份信息,应该基本为平民,至多为基层官吏及其家人。而目前所见的墓志,大多属于聚族而葬的世家大族,如谢氏家族[2]、王氏家族[3]、温氏家族等[4]。虽然东晋的墓志与西晋相比,志文简略,形式简化,但墓志的使用仍然与西晋一样,是高门大族的文化传统。从二者的使用对象来看,东晋时期买地券与墓志的使用人群彼此存在一定的阶层差异。

而南朝时期墓志与买地券内容的结合,确实是一个特殊现象,想要理解这个现象背后的原因,还要结合上述几例志文和券文,以及南朝时期的社会背景来讨论。

从罗道训券文中可知,罗道训虽承袭其父"刘阳县开国男"的爵位,但食邑并不多,罗姓也非世族,应属于寒门的一支,使用买地券是符合其阶层文化的。但从墓葬规模上看,罗道训父亲的墓葬形制与随葬品都与南京地区高等级墓葬相似,而罗道训的墓室规模则超过了同时期谢琰的墓葬。此时罗氏家族已有了一定的政治权力及地位,加之帝位更迭前后,罗道训"除行参征北将军事",被征召参与战事,此中或许依靠军功,地位有了进一步地提高,在官职上有了可述的内容,于是就将官职迁转的经历写入了买地券中。

而刘觊,原本为刘氏不甚显赫的一支,但自宋至齐,祖父曾任"将军参军事、给事中",父亲曾任"宋衡阳王安西府主簿、天门太守,宋南谯王车骑参军事、尚书都官郎",世代于荆州为武官,握有实权,且刘觊墓葬中随葬品有四十余件,在南朝墓葬中属于较多的类型,也可知其家族财力丰厚。虽不能称之为豪门,但犹有可书的家世。因此模仿墓志的内容,将其掺入自身使用的买地券中,以标榜家族官职,显示家族地位。

时代更晚一些的西善桥辅国将军墓志的墓主,其墓葬中随葬石马、石兽、石犀牛、石

---

[1] 方介堪:《晋朱曼妻薛买地宅券》,《文物》1965年第6期;林留根:《江苏镇江东晋纪年墓清理简报》,《东南文化》1989年第2期。
[2] 南京市文物保管委员会:《南京戚家山东晋谢鲲墓简报》,《文物》1965年第6期;南京市博物馆、雨花区文化局:《南京南郊六朝谢温墓》,《文物》1998年第5期。
[3] 南京市文物保管委员会:《南京人台山东晋兴之夫妇墓发掘报告》,《文物》1965年第6期;南京市文物保管委员会:《南京象山东晋王丹虎墓和二、四号墓发掘简报》,《文物》1965年第10期。
[4] 南京市博物馆:《南京市郭家山东晋温氏家族墓》,《考古》2008年第6期;南京市博物馆《南京北郊东晋温峤墓》,《文物》2002年第7期。

俑等,墓中也置石门,与梁桂阳王萧象墓在部分随葬品上有相似之处[1],属于高等级墓葬。墓主使用了符合自身阶层的墓志,志文开篇阐述父祖官职,并将与自己联姻的家族都一一记述,以展示自己较高的社会地位。但墓志中追溯祖先只记述到父祖,大量篇幅都叙述了自己及儿女的妻族,推测墓主的家族或许是从两代以前才自寒族兴起,并非可以远溯的传统世族。因此墓主并没有完全抛弃本地随葬买地券的传统,而是将买地券的内容融入墓志中,这种现象也体现了南朝新世族的一点特征。

南朝时期政权更迭,军乱频繁,中央政府选用寒人掌管机要,各地方也开始辟召以武力著称的寒人。寒门任高官,以武人起家,靠军功加爵的现象已经屡见不鲜。关于寒人的兴起前人已有详细考述[2],如《南齐书·恩幸传》所记载"莫非左右要密,天下文簿板籍,入副其省,万机严秘,有如尚书外司,领武官,有制局监,领器仗兵役,亦用寒人被恩幸者"[3]。南朝寒族的兴起以及世族对于清官的追求,使得高门位尊而权小,寒门位卑而权大。权力与社会地位的不匹配必然会造成寒门极力想要上升并挤入更高的社会阶层,而从南朝中后期的明昙憘墓志及刘岱墓志可知[4],本地士族及寒族后期确实也开始使用墓志。这种阶层变动及其带来的阶层文化的互动,应该就是墓志与买地券结合现象出现的社会动因。

三、余 论

南朝时期墓志和买地券中出现的二者结合的新现象,是寒族兴起、阶层变动下的产物。本文中所列举的三例材料,如果按照由早到晚的顺序排列,或许可以观察到一些时间上的规律。这种结合是从买地券中混入部分墓志的内容,到混入墓志的内容增多,再到使用墓志但在篇尾加入买地券的内容。这一现象可能反映了南朝寒族首先地位上升,沿用买地券但加入了部分墓志的内容,然后这些寒族又成为了新的世族,既效仿世家大族使用墓志,也效仿当时墓志渐渐成型的规范去撰写志文,但使用买地券的习俗并没有完全消失,被部分地带入了新的阶层,两种文本的结合现象或许就体现了南朝阶层变动之中的过

---

[1] 南京博物院:《南京西善桥南朝墓》,《东南文化》1997年第1期。
[2] 唐长孺:《南朝寒人的兴起》,见氏著《魏晋南北朝史论丛续编》,北京:生活·读书·新知三联书店,1959年,第93-123页;周一良:《南朝境内之各种人及政府对待之政策》,见氏著《魏晋南北朝史论集》,北京:商务印书馆,2020年,第30-93页。
[3]《南齐书》卷五十六《列传第三十七·幸臣传》,北京:中华书局,1972年,第972页。
[4] 南京市博物馆:《南京西善桥南朝墓》,《文物》1993年第1期;镇江市博物馆:《刘岱墓志简述》,《文物》1977年第6期。

渡期。而百济武宁王所使用的墓志和买地券在形制、书法、行款上都很相似,且墓志背面有一圈干支刻文,武宁王或许并不受南朝世族阶层文化的制约,只是出于对南朝葬俗的模仿及受道教因素的影响,因而同时使用这两种墓葬文书。由于目前所见材料尚不多,对上述现象进一步的推测还需要今后的考古发现去验证,不过这些新现象的出现与东晋到南朝阶层变化的历史及社会背景应当是息息相关的。

(原载《故宫博物院院刊》2022年第9期)

再论韩琦墓前建筑遗址的性质
——也谈宋代功德寺与祠堂关系

孙 宇

韩琦墓地位于今河南省安阳市殷都区皇甫屯村,安阳市考古文物研究所于2009-2010年对其进行发掘,共发掘包括韩琦及其子韩忠彦、韩纯彦、韩粹彦、孙韩治、夫人普安郡太君崔氏等在内的大型宋代砖、石墓葬9座,墓前建筑遗存2处,出土了包括韩琦本人在内的墓志9方,以及铜镜、铁猪、铁牛、钱币和一批定窑黑白瓷器、瓷片、建筑瓦当、琉璃构件等[1](图一)。韩琦作为宋朝一代名相,其墓葬的发现,为北宋高等级墓葬的研究提供了全新的材料。但此次发掘中还有一项成果也不容忽视,那便是韩琦墓前的大型建筑遗存。

一、韩琦墓前建筑遗址概况

墓地前的建筑基址位于墓地的最南端,破坏严重,仅发现有夯土基址、门道、散水和部分柱础的遗迹、残存琉璃建筑构件及板瓦、筒瓦、青砖等遗物(图二)。报告中认为,"从其位置、形制及当时家族墓地的传统布局来分析,它应是韩琦家族墓地上的拜殿类建筑。至于建筑的性质、建筑的形式等,由于建筑本体破坏严重,且限于资料及研究水平等,尚待进一步探讨"[2]。

可以看到,报告中根据这一建筑遗存的位置、形制等,初步将其判断为拜殿遗址,但同时提出它的性质有待作进一步探讨。

---

[1] 河南省文物局:《安阳韩琦家族墓地》,北京:科学出版社,2012年,第1页。
[2] 河南省文物局:《安阳韩琦家族墓地》,第20页。

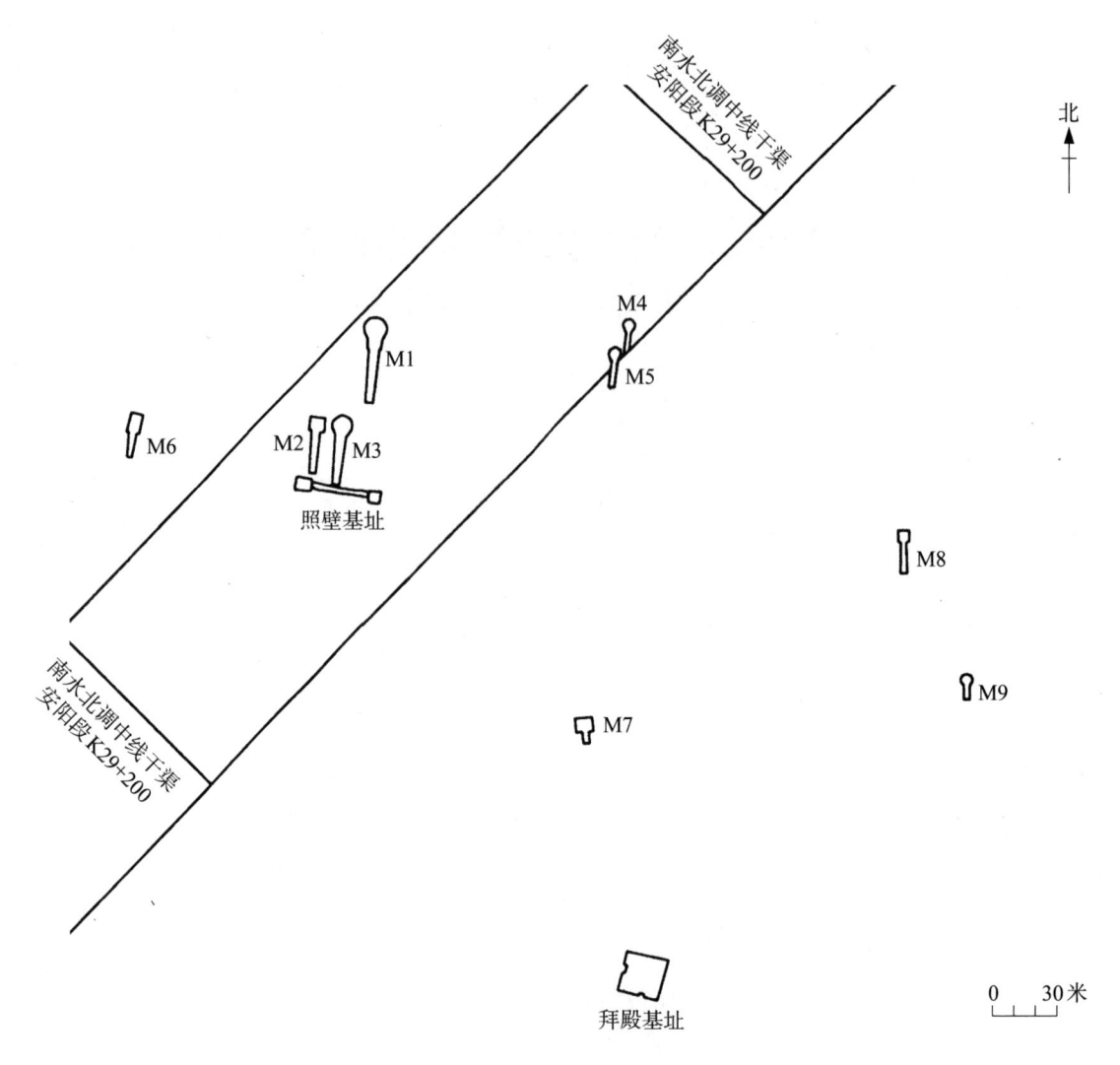

图一　韩琦墓地平面图

（图片来源：《安阳韩琦家族墓地》，第9页）

"拜殿"一词，在宋代多用作动词，即"拜于殿"之意，如欧阳修所编《新五代史》中言："循始至魏州，望州廨听事即拜，谓之'拜殿'。"[1]郑文宝著《江表志》称："又有阑入立于殿庭之下者，为'拜殿'。"[2]在《明史》中方可见作建筑物之称，"太社稷坛，在宫城西南，东西峙，明初建……垣北三门，门外为祭殿，其北为拜殿"[3]，但此处指大型国家性祭祀建筑，性质上与宋代功臣墓前建筑差别较大。若将"拜殿"一词挪用至此，恐引人误解。

---

[1]《新五代史》卷三十五《苏循传》，北京：中华书局，1974年，第381页。
[2]（宋）郑文宝：《江表志》卷下，北京：中华书局，1991年，第16页。
[3]《明史》卷四十七《礼志一》，北京：中华书局，1974年，第1228-1229页。

图二　墓前建筑平面图

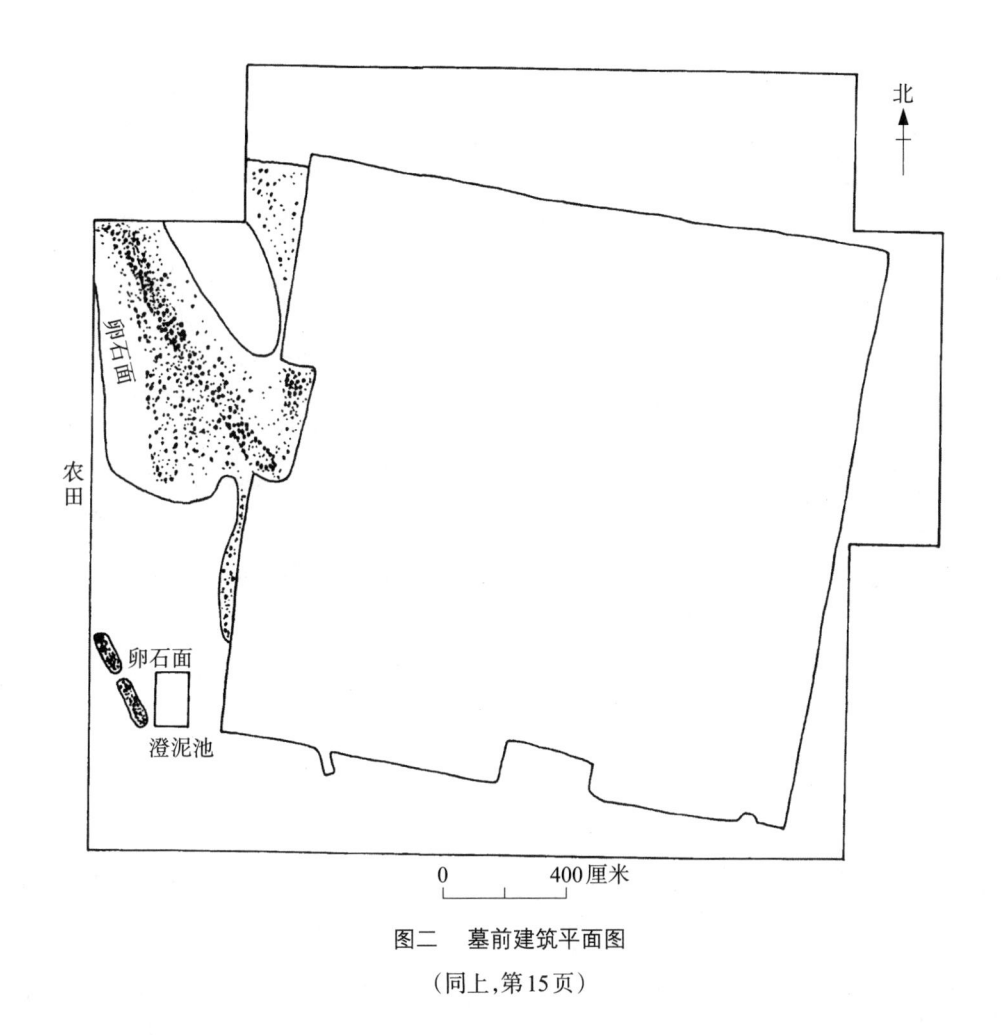

（同上，第15页）

　　宋墓发掘报告中对于墓前建筑，可见有"拜台"或"拜坛"一词，名称与此类似。华蓥安丙家族墓地尚存有较完整的拜台遗迹，墓地由5座墓葬及墓前拜台等遗迹组成（图三）。以安丙及其夫人李氏M1、M2拜台为例，其南北长19.7米，东西宽3.24米（图四）。可分为前后两部分，现如今可见部分残存石墙，及瓦片、陶器碎片等[1]。结合其尺寸与现场遗迹来看，拜台的作用类似后代"圈墓石"，可在墓前围出一部分区域，既标识墓葬范围，又可供后人跪拜祭祀墓主。而韩琦墓前建筑遗存，无论从尺寸还是建筑形式上，都与此有较大差别，因此也无法使用"拜台"一词对其进行定名。

　　综上，报告中所用"拜殿"一词虽可见于文献，但当时对于墓前建筑并无此称呼，而"拜台"一词也无法准确表明韩琦墓前建筑遗存的性质与功能。笔者将在现有考古与文

---

[1]　四川省文物考古研究院等：《华蓥安丙墓》，北京：文物出版社，2008年，第10-12页。

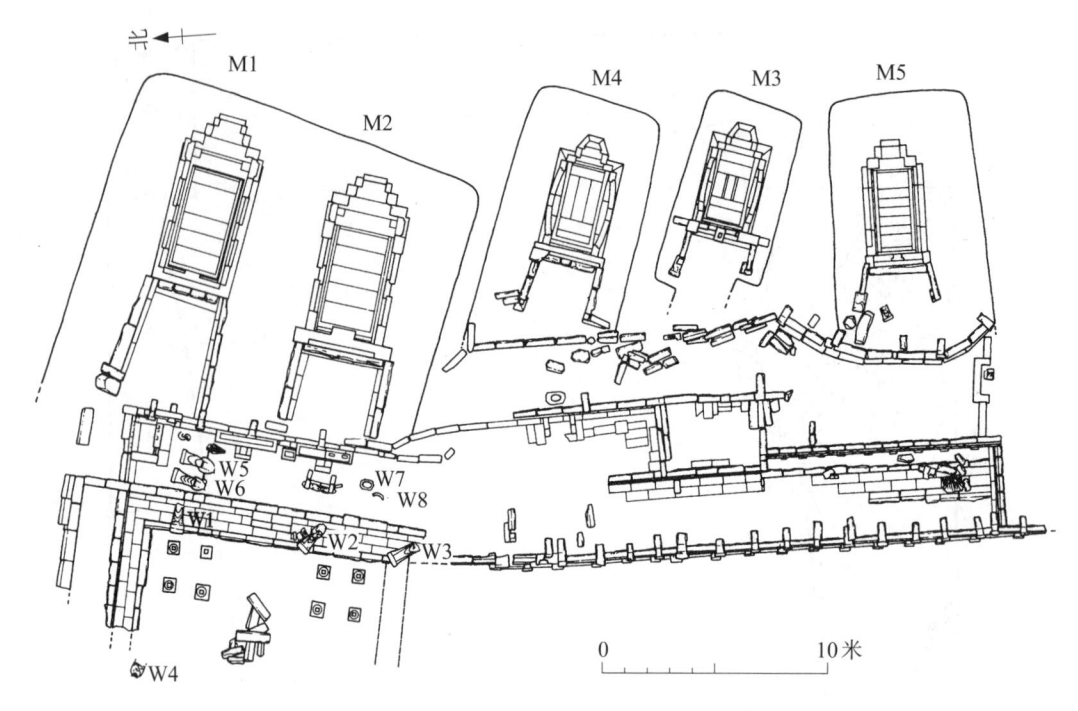

图三　安丙家族墓地平面图

（图片来源：《华蓥安丙墓》，第10-12页）

图四　安丙墓地M2拜台遗迹

（同上，图版五）

献资料的基础上,重新定义该建筑遗址性质。

二、宋代功德寺与祠堂家庙的关系

唐宋时期,随着佛教的传播发展,寺院在丧葬活动中的参与度大大提高。唐代佛寺随着世俗化的趋势而成为了多数俗众可以接受的寄殡托葬之所,这一现象已经引起士人们的反对[1]。到了宋代,寺院在丧葬活动中的作用更为显著。创置功德寺也一度成为风尚,如司马光所言"凡臣僚之家,无人守坟,乃于坟侧置寺,啖以微利,使人守护种植而已"[2]。部分文献中记载赏赐功德寺的事例在考古材料中也得到了印证。北宋名臣王拱辰曾受赏得建功德寺,《续资治通鉴长编》载:"乙亥宣徽南院使王拱辰乞依二府例,赐坟寺敕额,岁度僧一人,诏曰以拱辰历事三朝,累经内外,清要繁剧,特从其请,不得为例,又赐方团金带,拱辰辞之。"[3]1976年王拱辰墓在洛阳伊川县被发现,出土了一方墓志。墓志记载:"上眷其旧德,锡以毬文方团带,及许坟垄建寺,皆辅臣例也。"[4]可见建功德寺是臣子有功、荣耀受赏的体现,也是大臣们争相效仿的事情。

以往关于功德寺的研究中,对功德寺出现的原因,相关论述大都认为宋代普遍建立功德寺,是因为当时家庙衰微,功德寺是作为祠堂家庙的替代品出现。如《宋代功德寺研究》中言"既然家庙制度没能施行下去,那么官僚贵族们便只能寻找其他的场所来祭祀祖先"[5],《宋代的功德寺和坟寺》中写道"坟寺所司一是守坟、二是祭祠"[6]。笔者认为,从现存功德寺实例来看这一看法或许有失偏颇,功德寺与祠堂应该是同时存在的。

余庆禅院位于山西省夏县,是司马光墓所属的功德寺。李志荣曾对余庆禅院现存的建筑、碑刻进行过考察。[7]寺内现存元丰八年(1085)《敕赐余庆禅院碑》一通,记载司马光向哲宗请求创置功德寺一事"昨承蒙除门下侍郎。先世坟墓并在陕州夏县,欲乞于侧近创置一僧院,以余庆禅院为额。未修盖间权令本县崇胜寺僧行照管所有,每年剃度行者

---

[1]《旧唐书》记载姚崇在临死前便警告子孙不要用佛教仪轨,"夫释迦之本法,为苍生之大弊,汝等各宜警策,正法在心,勿效儿女子曹,终身不悟也。吾亡后必不得为此弊法。若未能全依正道,须顺俗情,从初七至终七,任设僧斋……亦不得妄出私物,徇追福之虚谈。"见于《旧唐书》卷九十六《姚崇传》。
[2](宋)司马光著,王根林点校:《司马光奏议》卷十三《永昭陵寺札子》,太原:山西人民出版社,1986年,第142页。
[3](宋)李焘:《续资治通鉴长编》卷二百九十四,北京:中华书局,1995年,第7161页。
[4] 洛阳地区文物工作队:《北宋王拱辰墓及墓志》,《中原文物》1985年第4期。
[5] 钟强:《宋代功德寺研究》,浙江大学硕士学位论文,2018年,第10页。
[6] 白文固:《宋代的功德寺和坟寺》,《青海社会科学》2000年第5期。
[7] 详见李志荣:《山西省夏县司马光墓余庆禅院的建筑》,《文物》2004年第6期。

一名。亦乞依例权度本寺行者，候盖院了日却拨归坟院……牒奉敕依所乞特赐余庆禅院为额……"[1]，因此可以确定余庆禅院的性质是功德寺。同时也可以看到，虽然司马光本人对佛教十分排斥，多次撰文批评社会大众拜佛烧香，史料中也有其反对仁宗为永昭陵建功德寺的记载[2]。但本人却也无法免俗，建功德寺余庆禅院，此举正是因为功德寺已经成为官僚贵胄荣耀身份的象征。

根据李志荣对余庆禅院的布局描述，寺内没有供奉祖先灵位的地方。所以余庆禅院应该仅用来举行佛教斋荐仪式，与祠堂关系不大。而考察报告中也指出，"1986年底整修温公墓园时，曾经初步探知温公父兄暨温公三冢外有神墙遗迹，神墙南正中有建筑基址，其外东侧有一较大的建筑基址，有较厚文化层，含较多的宋代瓦当和其他建筑构件，当为仆碑时破坏之遗迹"。《朱御史修复宋温国公司马先生碑祠记》中记载在余庆禅院原寺后旧有二祠，"皆卑隘，其前又障以僧寺"，禅院内现存一口元代铸钟，刻有"解州夏县司马温公坟余庆禅院僧尊宿志心，第二尊宿宝□□行□□□□，现住持僧福容助缘满院大众等祝延圣寿皇□□岁□□□□□□□□国泰民安"[3]，这些都说明了对于司马光墓而言，功德寺与祠堂是同时存在。

范仲淹范氏家族有两处功德寺，分别是位于洛阳的褒贤显忠寺与位于苏州的白云寺。洛阳万安山佛寺初名为"法会寺"，在范仲淹逝世时，宋仁宗赐"褒贤显忠"的匾额，更名为"褒贤显忠寺"。《重修河南范文正公祠记》载"宋魏国范文正公葬伊阙万安山下，其子忠宣公置祭田八百亩。熙宁开创褒贤显忠寺以奉香火，然而祀事未备也"[4]。可见褒贤显忠寺的建立，仅是作为功德寺供奉香火，做佛教法事，但"祀事未备"说明它并不具备祭祀功能。

对于苏州白云寺，文献中也明确记载了其与祠堂家庙的关系。《范氏家乘·碑记录》中《重修忠烈庙记》记载："公，苏人也。曾祖徐国公，祖唐国公，考周国公皆葬苏之天平山。庆历四年，文正公以本家松楸，实藉此寺照管，奏请为功德院，改律为禅，世度僧守焉。作祠于寺之右，以奉祀事。"[5]祠堂位于功德寺的右侧，作为"奉祀事"的场所，而功德寺本身并不具备祭祀功能。《范文正公文集》卷八《清宪公续定规矩》（1210）明确记载了天平山功德寺的功能："天平功德寺，乃文正公奏请追福祖先之地。为子孙者，所当相与扶持，不废香火。"进一步说明了功德寺是作为做佛教法事追荐祖先而非如祠堂一般祭祀祖先

---

[1] 转引自李志荣：《山西省夏县司马光墓余庆禅院的建筑》，《文物》2004年第6期。
[2] （宋）司马光著，王根林点校：《司马光奏议》卷十三《永昭陵寺札子》，第142页。
[3] 转引自李志荣：《山西省夏县司马光墓余庆禅院的建筑》，《文物》2004年第6期。
[4] 原碑于2004年洛阳都城博物馆东侧院与五贤祠旧址西侧建住宅楼挖地基时出土，录文见于宫万瑜：《洛阳周公庙与五贤祠的兴衰》，《中原文物》2011年第2期。
[5] （清）范端信：《重修忠烈庙记》，摘自《范氏家乘·碑记录》，光绪三十二年本，见田乐《清代范氏义庄与天平山禁山争讼案的演变》，第十届北京大学史学论坛论文集，第125-141页。

的场所。且在皇祐二年(1050)范仲淹写给其兄长的书信中提到"今令魏祐押职田钱并影堂材植去,及带匠人……仍请三月半葬事,夜作水陆斋一会,别书牌子,供养自家祖宗先亡"[1]。表明当时祠堂中有影堂的存在。北宋程颐曾说"庶人祭于寝,今之正厅是也。凡礼,以义起之可也。如富家及士,置一影堂亦可"[2]。可见,影堂也是祭祖的场所。

由此可以看到,对于范氏两处功德寺,洛阳褒贤显忠寺与苏州白云寺都没有祭祀祖先的作用,且功德寺都与祠堂、影堂等设施同时存在。结合余庆禅院、褒贤显忠寺与白云寺的例子可以看到,宋代祠堂是存在的,功德寺并不具有祭祀功能,更大程度上是以佛教活动追荐祖先的地方,祭祀还是在祠堂、影堂内进行。且此三例都表明祠堂独立于功德寺之外。

除此之外,也有将祠堂建于功德寺内的。江西金溪的周氏,宋时曾设立隆兴寺作为功德寺,将祠堂放在法堂的东边,"即法堂之东,立祠堂以奉先世祀"[3]。福建阳村宋绍定五年(1232)的《李氏祠堂之记》载"买田建寺名曰凤林,而寓李氏祠堂于其间,犹余家之长居也"[4]。《余氏重修功德禅林寺尚书公祠堂记》载:"公殁于宋太平兴国四年己卯(979)二月二日,既殁之后,能动其响灵,人畏之若神焉。寺僧恭敬奉为伽蓝,法堂之北创祠堂五间,中奉公像,夫人黄氏配。"[5]

综上所述,以往观点认为宋代功德寺出现是因为"家庙不兴",或认为功德寺兼具佛教法事与祭祀功能的观点均有失偏颇。宋代进行佛教法事、功臣邀赏借以彰显地位等应是功德寺出现的主要原因。

且宋代功德寺与祠堂往往同时存在,功德寺为做佛教法事追荐祖先的场所,而祠堂才是祭祀之处。祠堂与功德寺的位置关系则有两种情况,祠堂或独立于功德寺之外,或建于功德寺内。

三、韩琦墓前建筑遗址性质

位于河南安阳的韩琦墓地共发掘9座墓,M1为韩琦墓,是墓地中最早葬入者,之后

---

[1] 原文见[日]远藤隆俊:《宋元宗族的坟墓和祠堂》,《中国社会历史评论》2008年第1期。
[2] (宋)程颢、程颐:《二程集》,北京:中华书局,1981年,第258页。
[3] (明)吴伯宗:《吴状元荣进集》卷三《周氏会拜记》,《原国立北平图书馆甲库善本丛书》第701册,北京:国家图书馆出版社,2013年,第261页。
[4] 张小军:《"文治复兴"与礼制变革——祠堂之制和祖先之礼的个案研究》,《清华大学学报》2012年第2期。
[5] 详见《余氏总谱》,见张小军:《"文治复兴"与礼制变革——祠堂之制和祖先之礼的个案研究》,《清华大学学报》2012年第2期。

韩琦子孙陆续葬入。韩琦作为一代名相，死后葬事盛大。神宗赐为"两朝顾命定策元勋"，甚至"常令其子若孙一人官于相，以护丘墓"[1]，并"遣入内都知、利州观察使张茂则监护葬事，又遣勾当龙图天章宝文阁、入内供奉官张怀德增修坟兆，斫石以为幽堂。其费皆给于官"[2]。韩琦墓的发现也证实了他尊贵异常的葬事。据刘未研究，诏令使用石室入葬为特殊礼遇，韩琦墓是目前所知最早的一例，目前所能见到的北宋石藏墓，除皇室外，仅有少数特制宰臣。[3]如此一来，作为功臣们彰显身份地位的功德寺，自然也不可缺少。

《河朔访古记》载神宗赐传孝报先寺为韩琦的功德寺。"公薨于相之府治，神宗震悼，命陪葬山陵。其家恳辞，乃命入内都知张茂则敕葬公于安阳县西北三十里丰安乡。天子御制碑文，题曰：'两朝顾命定策元勋之碑'，命龙图阁学士宋敏求即坟所书。册赐守坟寺曰'传孝报先之寺'。"[4]《彰德府志》中也可见赐功德寺一事："公初薨，天子自撰碑额曰，两朝顾命，定策元勋之碑，命学士宋敏求就墓书之，赐坟左功德寺曰传孝报先禅院。宋乱寺毁于兵。"[5]

元代许有壬曾在中原访游时到过韩琦墓，他在《记游》中写道："明日夙兴拜韩公坟，读富郑公所撰碑，碑有亭故无损。……顾丰安兆域，寺毁于兵，僧徒解散，豪右斩木，垫人盗甓，残毁殆尽。"[6]可见《彰德府志》记载无误，功德寺在元之前已被毁，元代已不存。

由此可以总结，韩琦死后神宗赐传孝报先寺为其功德寺，位于"坟左"，且传孝报先寺在元代已经不存。

嘉庆二十四年本《安阳县志·古迹志》中有"报先寺"条载：

> 张淏《云谷杂记》，韩魏公名德，为遐迩所重，靖康间，金人至河南，所过萧然，入相州传孝寺见公画像，下马罗拜，秋毫不犯而去。[7]

《云谷杂记》一书，目前可见仅明代《文渊阁书目》中著录有"张淏《云谷杂记》一部

---

[1]《宋史》卷三百一十二《韩琦传》，北京：中华书局，1977年，第10229页。
[2] 摘自《韩琦墓志》，见河南省文物局编著《安阳韩琦家族墓地》，第92页。
[3] 刘未：《宋代的石藏葬制》，《故宫博物院院刊》2009年第6期。
[4]（元）葛逻禄乃贤：《河朔访古记》卷中，文渊阁四库全书影印本0593册，第0047d页。
[5]（明）崔铣：《彰德府志》，见《安阳韩琦家族墓地》，第5页。
[6]（元）许有壬：《圭塘小藁》别集卷下《记游》，文渊阁四库全书影印本1211册，第0710b—0710c页。
[7]（清）武穆淳等：《安阳县志》卷十四《古迹志》，台北：成文出版社，民国五十七年（1968）版，第348页。

四册阙"[1]。可知《云谷杂记》在明正统六年（1441）《文渊阁书目》编纂完成时已失传。现今可见的《云谷杂记》为辑佚本，据《永乐大典》《说郛》等辑佚而成。四库全书本也是从《永乐大典》中辑佚而出。《四库全书》中记"《云谷杂纪》四卷，宋张淏撰，淏字清"[2]，而非《安阳县志》所言张溪。

但在四库全书本《云谷杂记》卷三中有也可见到相关的记载：

> 韩魏公名德，为遐迩所重，韩魏公之子忠彦聘辽，国主知其为公子，问尝使南朝者形貌肖韩相公否，皆曰然。遂图忠彦之像。靖康间金人至河南，所过萧然，入相州传孝寺见公画像，下马罗拜，秋毫不犯而去。又觅公墓，拜谒而退。身后名德犹为敌国所重如此，昔所未闻也。[3]

此记载与《安阳县志》中所引《云谷杂记》内容相同，因此，《安阳县志》中所引《云谷杂记》应与四库全书本宋人张淏所作《云谷杂记》为同一本书，且其余版本中均将作者记为张淏，故作者为张淏应无误，《安阳县志》中"张溪"应为误记。而张淏为南宋时人，根据张淏记载，靖康年间金人入境传孝寺还存在，故寺院被毁应是在此事之后。

有韩琦画像之所，应为祭祀所用之影堂。在祠堂中专设一室悬挂祖先画像作为影堂在北宋时已经存在，而金人在"入传孝寺"之后才"见公画像"，说明祠堂在传孝寺内，即前文所言第二种情况，祠堂建于功德寺之内。且前文所涉文献在记录韩琦墓地时，关于墓地的建筑都只记载了传孝报先寺，因此可以肯定当时韩琦墓前建筑只有传孝报先寺，祠堂位于传孝报先寺内，寺院之外再无其他建筑。

据韩琦墓地发掘报告，共发现两处建筑遗址。除前文提到的一处外，另一处面积较小，报告称为"照壁"。该基址紧邻M1韩琦墓前（图一），由位于中间的长方形基址与两侧的方形基址构成。长方形基址长约10米，两侧小建筑基址两米见方（图五）。

"照壁"作为宅院建筑的一个组成部分，在宋墓中并无先例。且此遗存东部被与M1相距不远的M3打破，M3为韩琦之子韩忠彦与其妻安康郡夫人吕氏合葬墓，下葬时间晚于M1，因此该遗址应为与M1同时修建的一座小型建筑。

类似的紧邻墓葬的小型建筑，在南宋墓前较为常见。南宋时期的墓前常见有用于祭祀的小型建筑，被学者称为墓祠。郑嘉励曾在《南宋的墓前祠堂》中对墓祠的特点进行过

---

[1] （明）杨士奇：《文渊阁书目》卷八《子杂》，上海：商务印书馆，1937年，第91页。
[2] （清）永瑢等：《四库全书总目》卷一百一十八《子部杂家类》，北京：中华书局，1965年，第1019页。
[3] （宋）张淏：《云谷杂记》卷三，文渊阁四库全书影印版0850册，第0890b页。

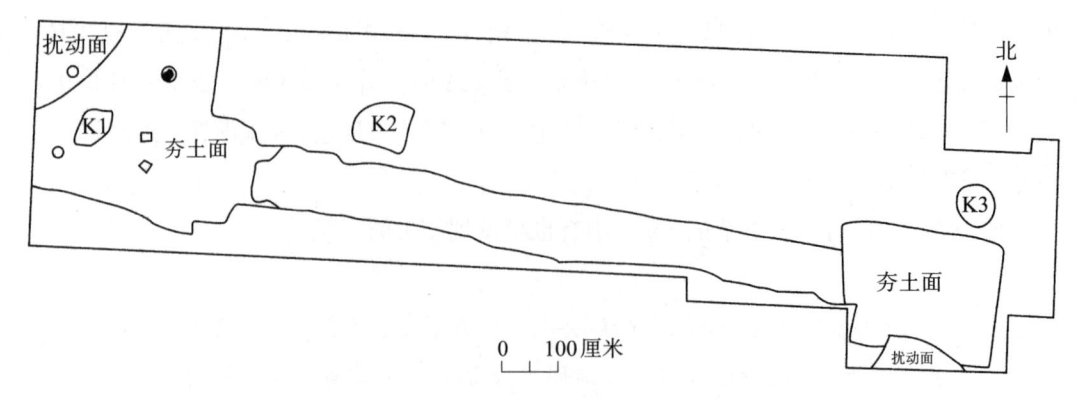

图五　M1墓前小型建筑基址平面图

（图片来源：《安阳韩琦家族墓地》，第13页）

归纳，包括位于封土前方、体量大小不定等。如湖州风车口M4墓前墓祠遗址，位于M4正前方，朝向与墓向一致，面阔8.2米，进深3米[1]。笔者认同此观点。由此反观韩琦墓前小型建筑遗址的位置、朝向与尺寸，其与M1呈南北纵向垂直分布，且同时修建，更进一步说明其附属于M1，性质应为与M1同时修建的小型墓祠。墓祠与功德寺同时存在当时也并非孤例[2]。但由于墓地建设之初缺少整体规划，因此在修建M3时被拆毁。

同时对比富弼家族墓地、蓝田吕氏家族墓地与韩琦家族墓地来看，虽然当时"五音姓利说"影响广泛，但这些北方高等级贵族的家族墓地之间，并无一套统一的固定范式。不同家族墓所展现出的不同特点，也代表了当时品官家族的丧葬、祭祀理念的不同[3]。在富弼家族墓地中，富弼夫妇墓位于墓地北部正中，其弟富鼎夫妇墓位于其西南。再向南，富弼子侄即富氏"绍"字辈纵向排列。最南端则为富弼孙子辈即"直"字辈成员。且富直方与富直英虽然同辈，但两墓却相距甚远，当与二人官位有关，富直方官位较高，较富直英墓便靠北许多。根据相关报告，墓地内未发现建筑遗存。吕氏蓝田家族墓地内，长者居南在低处，而少者居于北部高处，以长子长孙为纵向排列的中轴线。同辈人横向布局，并以中轴线为尊，年长者在左而次者居右。墓园南端设置有家庙，但没有禅院设置（图六）。富弼家族墓地与蓝田吕氏家族墓地的墓葬排列都较为密集，而韩琦墓地面积大、区域宽阔，墓葬排列也较为分散，结合M1前墓祠在修建M3时被拆毁的情况来看，修建之初或缺乏整体规划。

---

[1] 浙江省文物考古研究所、湖州市博物馆：《湖州风车口南宋墓地》，见浙江省文物考古研究所编《浙江宋墓》，北京：科学出版社，2009年，第62页。
[2] 郑嘉励在《南宋的墓前祠堂》一文中曾援引元代吴澄《吴文正集》卷二十五《临川饶氏先祠记》中所说"人家之盛，终不敌僧寺之久"来说明当时"既祭于墓，又立祠于僧舍"现象出现的原因，见于《浙江宋墓》第171页。
[3] 金连玉：《试论北宋相州韩氏家族墓地的墓葬位序与丧葬理念》，《故宫博物院院刊》2015年第1期。

图六　蓝田吕氏家族墓地平面图

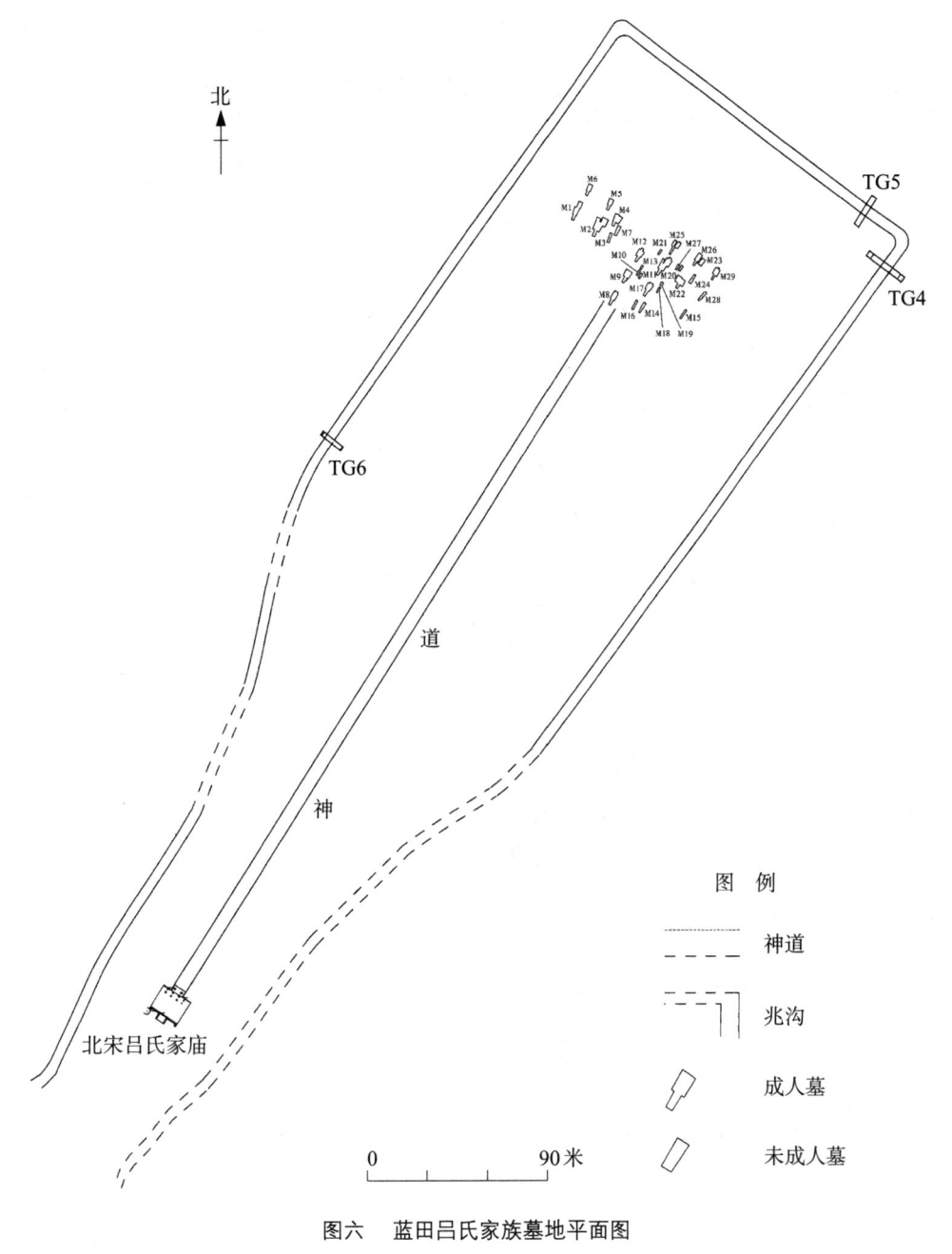

（图片来源：陕西省考古研究院、西安市文物保护考古研究院等：《蓝田吕氏家族墓园》第一册，北京：文物出版社，2018年，第7页）

根据蓝田吕氏家族墓地发掘报告，吕氏家庙在后代进行过多次重修，而宋代遗址有位于第⑧层地层中的F10与叠压于其下的第⑨层中的F11。F11面积、规格较小，应为吕氏家庙最早的建筑。据发掘者推断，F11在熙宁七年（1074）烧毁后，吕大防任宰相期间将家庙原址重建，即F10[1]。由于吕大防在任期间地位极高，F10的建筑规格较之前宏伟很多，采用了高台五开间殿堂式规格，所出瓦当也可见龙纹图案。遗址中出土的陶瓷器物，也证明了它的祭祀用途。且吕氏墓园墓葬彼此之间排列紧凑，无论是从墓葬排布，还是墓地设施来看，在建设之初就已经有了明确的整体规划，这也与吕氏家族对古"礼"的追求有关，这一点已有学者进行过总结，在此不再赘述。

综上，北宋时期高等级家族墓园虽有一定共性，但却尚无定规，在设计、排列上也有诸多不同，是否有功德寺也尚无定数。吕氏墓园外无附属功德禅院，许因神宗为勋臣赐功德寺时，吕氏家族尚无官爵显赫之人。而司马光与韩琦因官位显赫，都得以受赐功德寺。

至此，韩琦墓前的两处建筑遗址性质已逐渐明晰。紧邻M1的小型建筑基址，应为当时与韩琦墓一同建造的小型墓祠，但因修建时缺乏统一规划，在之后修建M3时被拆毁。根据文献记载，韩琦墓前有功德寺，而祠堂也位于功德寺内，且"宋乱，寺毁于兵"。据报告，在韩琦墓建筑基址F1之上仅有一层宋代文化层[2]，说明此建筑的延续时间仅到宋代为止，宋代之后已不存，此证据与历史记载"宋乱，寺毁于兵"相符合。

此建筑遗存所出众多兽面纹瓦当（图七），与河南洛阳北宋西京城遗址所出瓦当类型相同，也将它的年代限定为了宋代。瓦当尺寸与北宋洛阳城出土瓦当尺寸相仿，部分甚至略大[3]。同时，在建筑基址西侧中部偏北处有一疑似门口的缺口，缺口前分布着长约15米、宽约6米的鹅卵石路面（图二），进一步说明了这一建筑应属当时寺院建筑群落的一部分，并有道路与其他建筑相通。因此这一建筑遗址属韩琦功德寺的一部分，即传孝报先寺的一部分无疑。

但由于当时祠堂也位于功德寺内，故此建筑为功德寺内大殿遗存还是寺内的祠堂仍需进一步讨论。

根据郭黛姮在《中国古代建筑史》中对宋金时期佛殿大小的划分，"中型佛殿

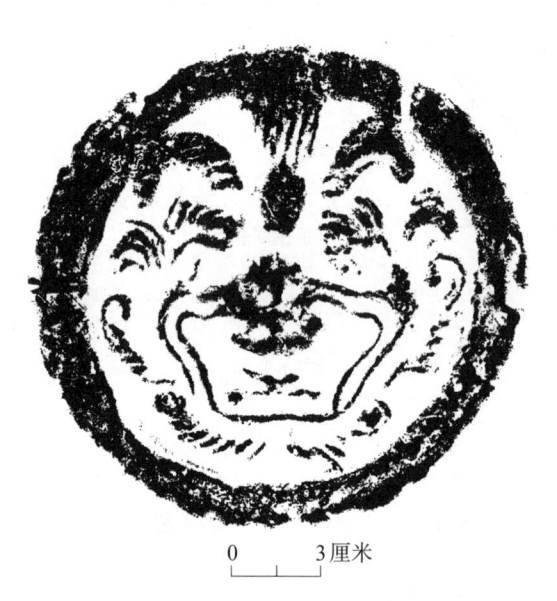

图七　韩琦墓地所出兽面纹瓦当
（图片来源：《安阳韩琦家族墓地》，第16页）

---

[1] 陕西省考古研究院、西安市文物保护考古研究院等：《蓝田吕氏家族墓园》第四册，北京：文物出版社，2018年，第1191页。
[2] 河南省文物局：《安阳韩琦家族墓地》，第15页。
[3] 北宋洛阳城瓦当形制见陈良伟：《洛阳出土隋唐至北宋瓦当的类型学研究》，《考古学报》2003年第3期。

多宽40米上下，进深25-30米，小型佛殿面宽10余米，进深也在10米上下"[1]，韩琦墓前的这座建筑规模不算大。但因功德寺与一般佛寺相比具有特殊性，与同类遗存相比，其18×19米[2]的面积已超出司马光余庆禅院大殿不少（表一）。反观蓝田吕氏家庙遗址，在历代重修中，最盛之时即F10，夯土台基为16.15×13米，建于其上的高台建筑面积应更小一点。若韩琦墓前此建筑遗址为当时位于功德寺内的祠堂，祠堂作为寺内附属建筑，尺寸尚且如此之大，那功德寺大殿的规制将更加庞大，也将远大于司马光余庆禅院，于常理不符。且家庙内出土有较多陶瓷器碎片，应为当时的祭祀用品。而此遗址仅见瓦当等建筑构件，不见祭祀用器。因此结合当前所掌握材料与文献来看，报告中将韩琦墓前建筑遗存称为"拜殿"有失偏颇，若此建筑遗址为当时功德寺院内的大殿遗址，或更加可靠。

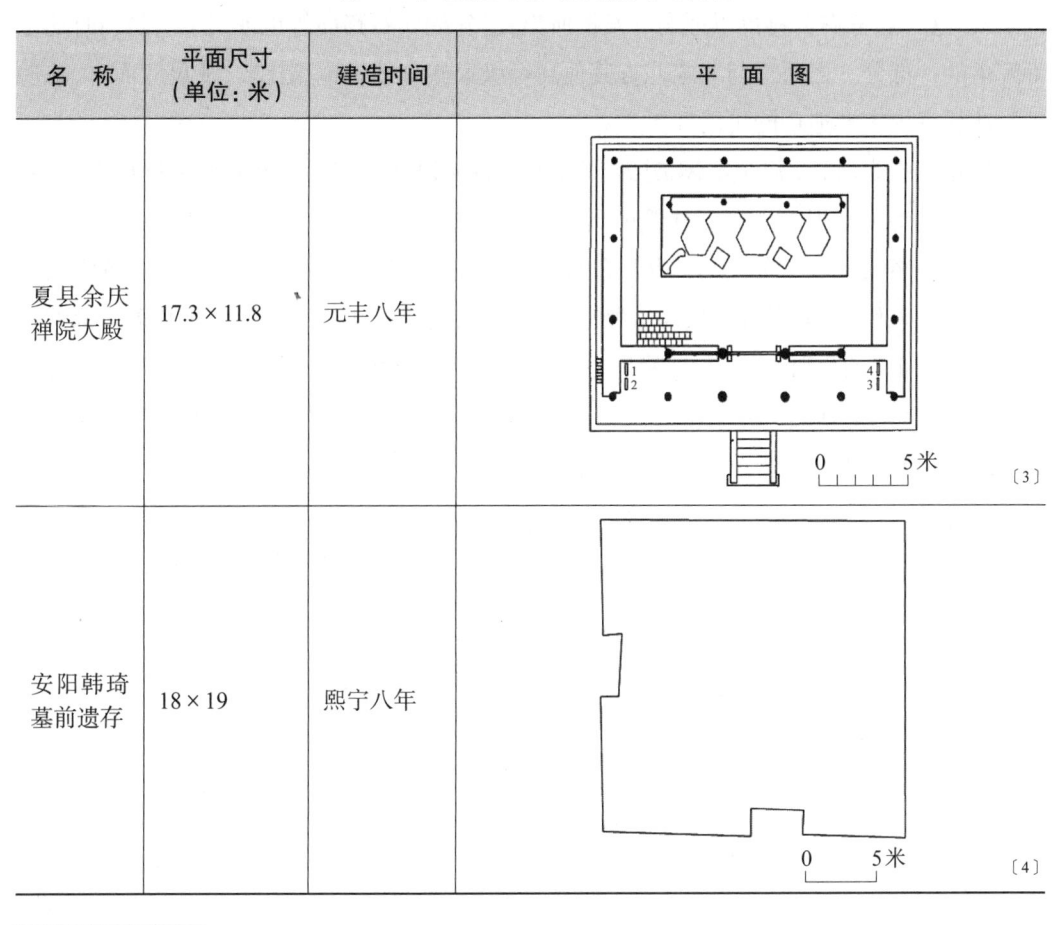

表一　司马光墓与韩琦墓功德寺对比表

名　称	平面尺寸（单位：米）	建造时间	平　面　图
夏县余庆禅院大殿	17.3×11.8	元丰八年	[3]
安阳韩琦墓前遗存	18×19	熙宁八年	[4]

---

[1] 郭黛姮主编：《中国古代建筑史》第三卷《宋、辽、金、西夏建筑》，北京：中国建筑工业出版社，2003年，第260页。
[2] 据报告，此建筑基址北壁19.3米，南壁19米，西壁18.5米，南壁18.6米，此处为行文方便采用18×19米的约数。
[3] 图片摘自李志荣：《山西省夏县司马光墓余庆禅院的建筑》，《文物》2004年第6期。
[4] 笔者根据《安阳韩琦家族墓地》中平面图改绘。

四、结　语

综上所述,提供进行佛教法事的场所、功臣邀赏借以彰显地位等应是宋代功德寺盛行的主要原因。且宋代功德寺与祠堂往往同时存在,功德寺用以做佛教法事追荐祖先,祠堂才是祭祀之处。祠堂或独立于功德寺之外,或建于功德寺内。

原报告中称为"照壁"的紧邻M1的小型基址,结合其位置、朝向与尺寸来看,应为与M1同时修建的小型墓祠,但由于墓地缺乏整体规划,出于修新墓需要而被拆除。通过文献梳理可以看到,神宗曾赐传孝报先寺为韩琦功德寺,祭祀韩琦的祠堂也位于寺院之内,除此之外韩琦墓前再无其他建筑。史料记载功德寺在北宋靖康年间之后至元朝之前因战乱被毁,这一点考古资料得以证实。发掘所出瓦当、鹅卵石路面等也证明了它是当时功德寺院落的一部分。而通过与北宋北方其他高等级家族墓地设施相比较,从尺寸而言,该遗址为功德寺内大殿遗存的可能性更大。

但正如报告所言,建筑本体被毁严重,因此只能根据目前所掌握的相关材料来看,将其定为功德寺大殿遗存。至于建筑的具体形制构造,无法再作进一步判断。关于宋代佛教渗透进世俗丧葬文化的趋势,功德寺的出现与盛行仅是一方面的体现。要继续深入研究佛教对于宋代墓葬,尤其是较高等级墓葬的影响,还需要更进一步的结合墓葬内部遗存进行探究。但"丧"和"葬"本身就是一个不可分割的整体,只有将地上遗存与地下遗存结合起来,才能更好的探究当时的丧葬观念,而地上遗存的探讨,尤其是北宋时期家族墓园的地上设施,正是目前较为薄弱之处,需要更加深入的研究。

(原载《中原文物》2021年第5期)

精神世界

四川地区汉代画像砖的排列、组合与意义

霍 巍　齐 广

四川地区是汉代画像砖分布较为集中的区域，其制作和使用方法具有很强的地域性，这些画像砖墓一直受到学界的关注，成果较为丰富。早期对四川画像砖墓的研究以考古学者为主[1]，基本解决了画像砖墓年代、类型、分期、分区、工艺制作、图像分类等问题。上世纪九十年代以来，美术史学者开始关注相关问题，讨论画像砖墓图像的组合配置与整体意义[2]，为研究画像砖墓提供了全新的视角。这些研究建立起了对四川地区汉代画像砖墓认识的基本框架，为后续相关问题的讨论建立了良好的基础。相较于由专业工匠雕刻绘制的画像石与壁画，画像砖是一种模制的商品[3]，单个画面相对简单独立，更有可能出于建墓者的个人意愿选择题材、组合和排列。研究其图像的排列与组合，对认识四川汉代墓葬文化具有重要意义。在以往研究中，已有学者注意到画像砖排列有一定规律性，可能

---

[1] 冯汉骥：《四川的画像砖墓及画像砖》，《文物》1961年第11期。
　刘志远、余德章、刘文杰：《四川汉代画像砖与汉代社会》，北京：文物出版社，1983年。
　蒋英炬、杨爱国：《汉代画像石与画像砖》，北京：文物出版社，2001年，174-192页。
　杨爱国：《汉代画像砖墓》，见刘庆柱、白云翔主编《中国考古学·秦汉卷》，北京：中国社会科学出版社，2010年，第536-543页。
　袁曙光：《四川汉画像砖墓的分区与分期》，《四川文物》2002年第4期；《四川汉画像砖墓概论》，见中国画像砖全集编辑委员会编《中国画像砖全集·四川汉画像砖》，成都：四川美术出版社，2005年，第13-50页。
　信立祥：《中国古代画像砖概论》，见中国画像砖全集编辑委员会编《中国画像石全集·四川汉画像砖》，成都：四川美术出版社，2005年，第1-12页。
　罗二虎：《四川汉代砖石室墓的初步研究》，《考古学报》2001年第4期；《中国西南汉代画像内容组合》，《社会科学研究》2002年第1期；《川渝地区汉代画像砖墓研究》，《考古学报》2017年第3期。
　范小平：《四川画像砖艺术》，成都：巴蜀书社，2008年。
[2] [美]巫鸿：《从哪里来？到哪里去？——汉代丧葬艺术中的"柩车"与"魂车"》，见氏著《礼仪中的美术：巫鸿中国古代美术史文编》，北京：生活·读书·新知三联书店，2005年，第260-273页。
[3] 冯汉骥：《四川的画像砖墓及画像砖》，《文物》1961年第11期。

表达了特殊含义[1],但尚未形成系统认识。以往相关材料发表时,多将画像砖按题材分别介绍,多用形制图表现图像排列,排列信息不清,更多关注题材内容而忽视其位置与图像组合。目前能够复原图像位置的画像砖墓,主要集中在成都平原及其周边地区,本文选择其中保存较好的近十座画像砖墓,复原其图像的位置与排列,借此对画像砖的题材与意义进行重新认识,以供学界参考。

一、画像砖墓的排列与复原

四川汉代画像砖保存十分丰富,由于历史原因,许多画像砖缺乏明确的出土信息。本文利用已经公布的相关报告与图录等资料,以墓葬为单位拼合复原画像砖墓图像排列情况。从目前发现来看,同墓中相同题材较多使用同模砖,不同墓葬也有使用同模画像砖的情况,所以我们在复原时使用的部分图像来自同模砖,至少可以作为复原示意使用。这些墓葬多不朝向正方向,许多早期发表的材料未记录墓葬方向信息。为方便叙述,下文将墓葬自墓内向外分为前后左右四个方向,单个画像砖图像朝向的判定则以观看为准。后文将部分画像砖重新定名,但为方便描述仍在本节沿用报告及图录所用名称。

成都北郊青杠包三号墓,无甬道,长方形单室墓,时代为东汉中期。墓室前部发现有10块画像砖,其中在原位置4块。发掘者根据墙上痕迹进行复原,认为左壁自墓外而内依次是斧车步从、斧车步从、轺车骑吏步从、轺车骑吏步从、四骑吏、轓车过桥、六骑吹7块画像砖(图一);墓葬右壁有亭前迎谒、"传经"、宴饮3块画像砖[2],推测最外侧为亭前迎谒(图二)。

成都北郊扬子山一号墓,长方形双室墓,时代为东汉晚期。出土9块画像砖,排列完整。甬道左壁自墓外而内依次为亭前迎谒、帷车、四骑吏、弋射收获,甬道至前室券门转角左壁有一山林盐场画像砖(图三);甬道右壁自外而内依次为亭前迎谒、六骑吹、轓车骖驾、四骑吏。甬道至前室券门转角右壁也应有一画像砖,题材不明(图四)。前室左右两壁有画像石,左壁图像分为车马出行、宴饮舞乐两个部分,车马出行朝向墓内面向宴饮图,

---

[1] 蒋英炬、杨爱国:《汉代画像石与画像砖》,第174-192页。
[美]巫鸿:《从哪里来?到哪里去?——汉代丧葬艺术中的"柩车"与"魂车"》,见《礼仪中的美术:巫鸿中国古代美术史文编》,第260-273页。
[2] 徐鹏章:《成都站东乡汉墓清理记》,《考古通讯》1956年第1期。

1. 六骑吹　　　2. 辎车过桥　　　3. 四骑吏　　　4. 轺车骑吏步从

5. 轺车骑吏步从　　6. 斧车步从　　7. 斧车步从

墓门

图一　青杠包三号墓左壁画像砖排列示意图

1. 六骑吹　2. 辎车过桥　3. 四骑吏　4、5. 轺车骑吏步从　6、7. 斧车步从

（图片来源：《中国画像砖全集·四川汉画像砖》，第32页，图四四；第5页，图五；第33页，图四五；第8页，图一〇；第13页，图一七）

墓门

1. 亭前迎谒　　　2. "传经"　　　3. 宴饮

图二　青杠包三号墓右壁画像砖排列示意图

（同上，第46页，图六五；第102页，图一三七；第57页，图八〇）

右壁图像题材为车马出行，方向朝向墓外（图五）[1]。

成都北郊昭觉寺画像砖墓，长方形双室墓，时代为东汉晚期（图六）。墓中出土画像

---

[1] 于豪亮：《记成都扬子山一号墓》，《文物参考资料》1955年第9期。
中国画像石全集编委会：《中国画像石全集7·四川汉画像石》，济南：山东美术出版社、郑州：河南美术出版社，2000年，第53-54页。据原报告照片可知，车马行进朝向宴饮图像，《中国画像石全集7·四川汉画像石》收录此石误作车马行进背向宴饮场景，此处进行重新拼对。

精神世界｜四川地区汉代画像砖的排列、组合与意义　309

图三 扬子山一号墓左壁画砖画像砖排列示意图

1. 山林弋射 甬道左壁（后）
2. 弋射收获
3. 四骑吏
4. 帷车
5. 亭前迎谒 甬道左壁（前）

墓室前壁

（同上，第81页，图一一〇；第80页，图一〇九；第34页，图一〇六；第30页，图四〇；第46页，图六五）

图四 扬子山一号墓右壁画砖画像砖排列示意图

1. 亭前迎谒 甬道右壁（前）
2. 六骑吹
3. 轺车骖驾
4. 四骑吏 甬道右壁（后）
5. 空缺 墓室前壁

（同上，第46页，图六五；第32页，图四四；第2页，图二；第34页，图四六）

310　蜀山琢玉：丧葬制度与帝国气象

1. 墓室左壁

2. 墓室右壁

图五 扬子山一号墓前室画像石拓本

(图片来源:《中国画像石全集 7·四川汉画像石》,第 53–54 页,图六三)

精神世界 | 四川地区汉代画像砖的排列、组合与意义 311

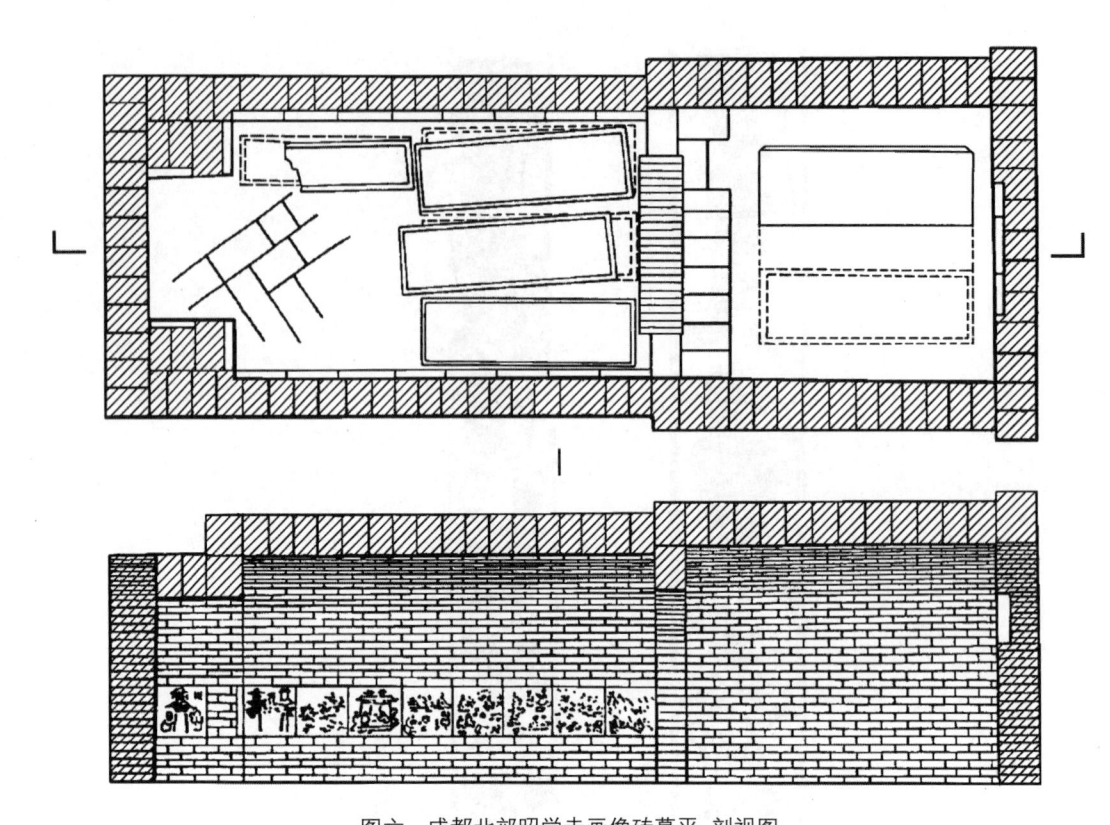

图六 成都北郊昭觉寺画像砖墓平、剖视图

(图片来源:《川渝地区汉代画像砖墓研究》,《考古学报》2017年第3期,图一三)

砖23块,甬道2块,前室18块,后室3块,排列完整。甬道左壁有一轺车骑吏步从画像砖,甬道右壁为一亭前迎谒画像砖[1]。甬道至前室左壁转角为一棨车画像砖,前室左壁有8块画像砖,自外而内依次为轺车骑吏步从、斧车步从、轺车骑吏步从、轺车骑吏步从、六骑吹、四骑吏、轜车过桥、轺车骑吏步从(图七)。甬道至前室右壁转角为一凤阙画像砖,前室右壁有8块画像砖,自外而内依次为凤阙、轺车骑吏步从、"养老"、宴饮起舞、宴舞百戏、宴饮、弋射收获、山林盐场(图八)。后室后壁有3块画像砖,位于后壁较高处,居中为西王母仙境,北侧为日神,人首鸟身,怀抱金乌,头部向左;南侧为月神,人首鸟身,怀抱蟾蜍,头部向右(图九)。

成都西郊曾家包二号墓,多室墓,时代为东汉晚期。墓中出土画像砖20块,甬道2块,前室18块,排列完整。甬道左壁为一手捧日月的伏羲女娲画像砖,甬道右壁为亭前迎

---

[1] 刘志远:《成都昭觉寺汉画像砖墓》,《考古》1984年第1期。
原报告描述右起第一块为导车,又记右起第一块为亭前迎谒。据报告中照片可知左起第一块为亭前迎谒,且该墓葬只发现1块亭前迎谒画像砖,结合报告的行文顺序,判断右起第一块应为导车。

图七 昭觉寺画像砖墓左壁画像砖排列示意图

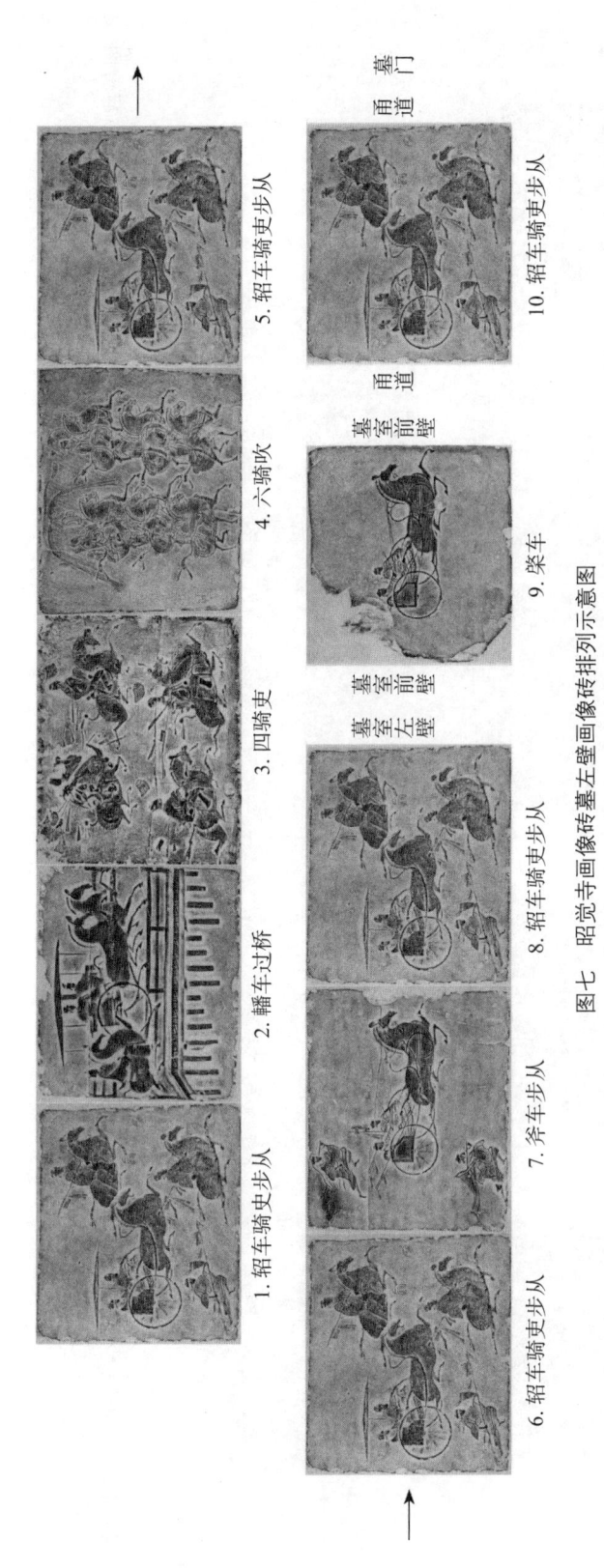

1. 轺车骑吏步从
2. 辎车过桥
3. 四骑吏
4. 六骑吹
5. 轺车骑吏步从
6. 轺车骑吏步从
7. 斧车步从
8. 轺车骑吏步从
9. 栗车
10. 轺车骑步从

墓门
甬道
甬道
墓室前壁
墓室前壁
墓室左壁

（图片来源：《中国画像砖全集·四川汉画像砖》，1、5、6、8、10.第8页，图一〇；2.第5页，图五；3.第34页，图四六；4.第32页，图四四；5.第5页，图四；7.第13页，图一七；9.第23页，图三一）

精神世界 | 四川地区汉代画像砖的排列、组合与意义　313

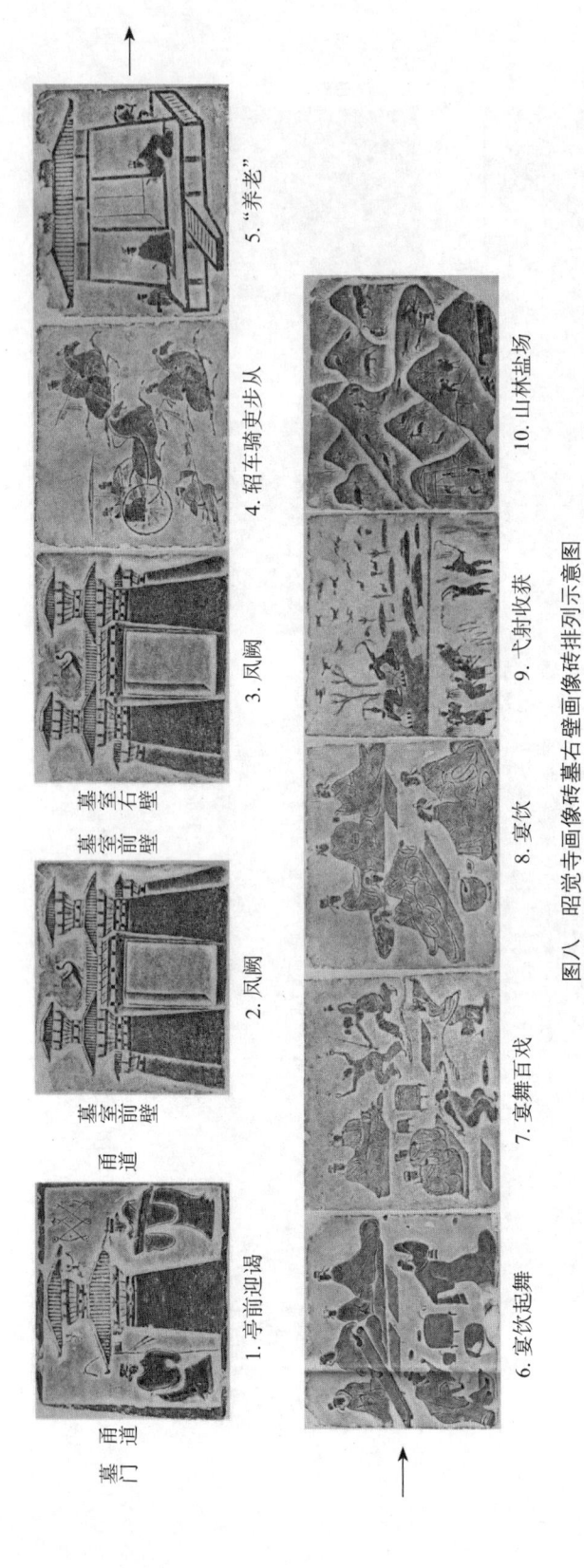

图八　昭觉寺画像砖墓右壁画砖排列示意图

(同上，1. 第46页，图六五；2、3. 第47页，图六六；4. 第8页，图一〇；5. 第107页，图一四四；6. 第64—65页，图九〇；7. 第68页，图九四；8. 第57页，图八〇；9. 第80页，图一〇九；10. 第81页，图一一〇)

314　蜀山琢玉：丧葬制度与帝国气象

1. 日神　　　　2. 西王母仙境　　　　3. 月神
图九　昭觉寺画像砖墓后壁画像砖排列示意图
（同上，第125页，图一六七；第116页，图一五七；第124页，图六六）

谒画像砖。前室左壁有9块画像砖，自外而内依次是帷车步从、辎车步从、六骑吹、宴舞百戏、宴饮起舞、宴饮、六博、庭院、山林盐场（图一〇）。前室右壁有9块画像砖，自外而内依次是凤阙、市井、帷车步从、宴饮、弋射收获、辎车步从、庭院、"养老"、山林盐场（图一一）[1]。

成都新都胡家墩画像砖墓，时代为东汉中期的永元元年（89）。墓葬破坏严重，出土画像砖10块，根据一般墓葬结构和画像砖位置，判断该部分为甬道及墓前室。北壁画像砖分为上下两层，上层5块，自西向东为辎车步从、西王母仙境、斧车步从、棚车步从、"三人叙谈"；下层5块，自西向东为辎车步从、双阙迎谒、斧车步从、辎车步从、"养老"（图一二）[2]。

四川广汉罗家包三号墓，长方形单室墓，时代为东汉中期。原应有画像砖48块，因墓葬被破坏，实际发现45块，在原位置28块，集中在甬道和墓室右壁。其中甬道有画像砖7块，右壁4块，自外而内依次是市井、辎车骑吏、辎车、市井，车马向左朝向墓外；左壁3块，自外而内依次是市井酒肆、辎车、辎车，车马向左朝向墓内。甬道至右壁转角处自外而内依次为市井、市井酒肆，甬道至左壁转角处为辎车，车马向左朝向墓内。墓室右壁有画像砖15块，自外而内依次是"养老"、宴饮起舞、2块辎车、8块辎车骑吏、3块辎车，车马向左朝向墓外；左壁画像砖排列不明。墓室后壁近右壁处有画像砖3块，都为辎车[3]。

---

[1] 成都文物管理处：《四川成都曾家包东汉画像砖石墓》，《文物》1981年第10期。
[2] 张德全：《新都县发现汉代纪年砖画像砖墓》，《四川文物》1988年第4期。
[3] 四川省文物考古研究院、广汉市文物保护管理所：《四川广汉罗家包东汉墓发掘简报》，《四川文物》2016年第1期。

图一〇 曾家包二号墓左壁画像砖排列示意图

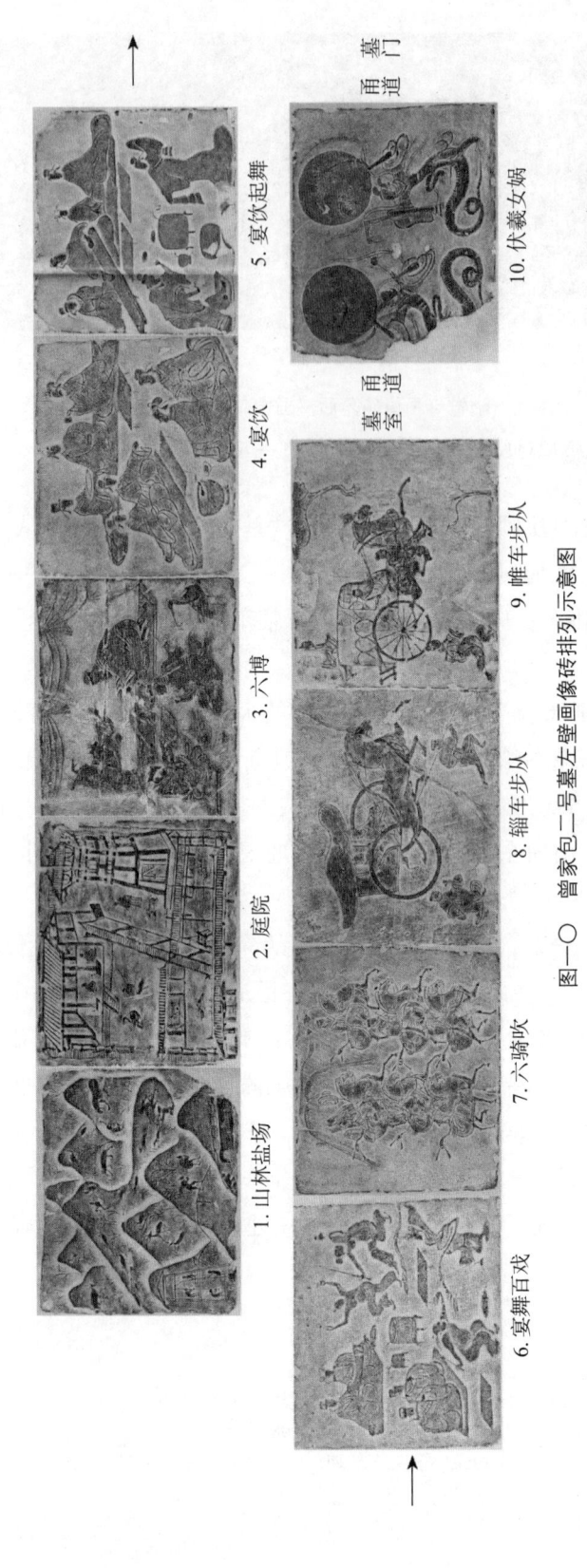

（同上，第81页，图一一〇；第110页，图一四八；第57页，图八〇；第64-65页，图九〇；第68页，图九四；第77页，图一〇六；第32页，图四四；第28页，图三八；第30页，图四〇；第130页，图一七四）

316　蜀山琢玉：丧葬制度与帝国气象

图一一 曾家包二号墓右壁画像砖排列示意图

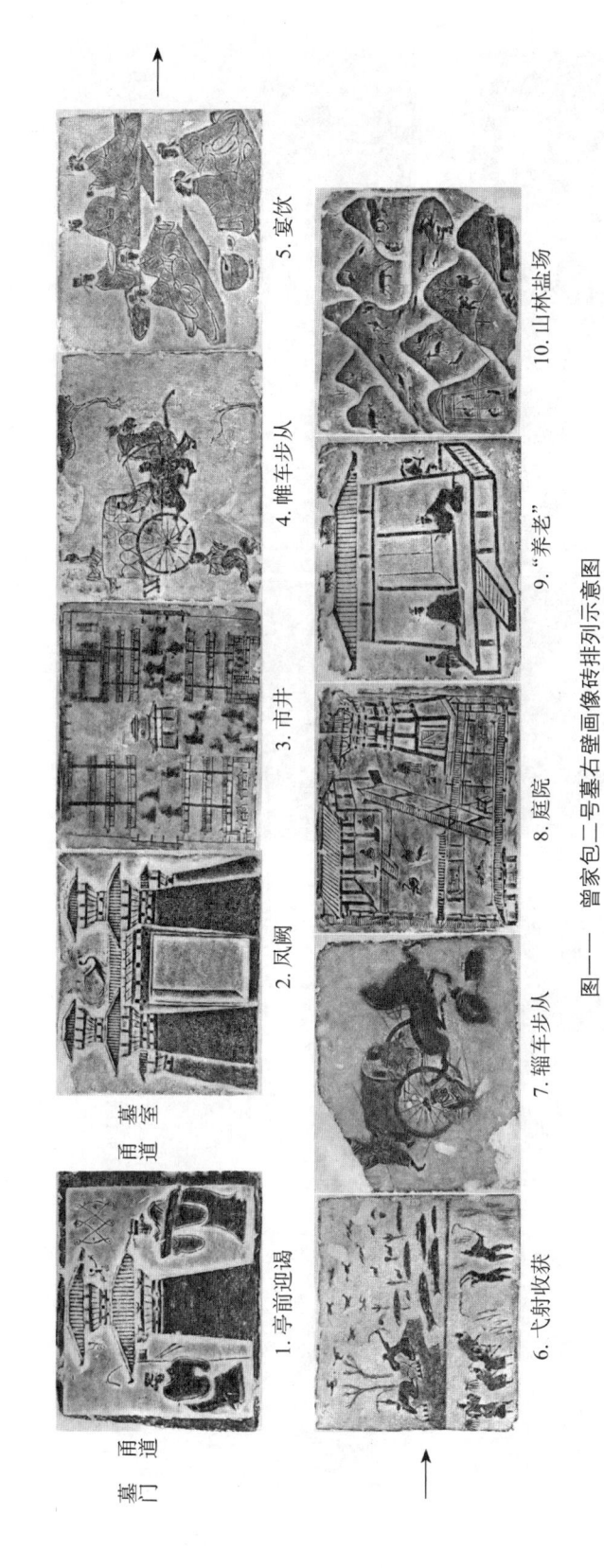

(同上,第46页,图六五;第47页,图六六;第97页,图一二九;第30页,图四〇;第57页,图八〇;第29页,图三九;第110页,图一四八;第107页,图一四四;第81页,图一一〇)

精神世界 | 四川地区汉代画像砖的排列、组合与意义

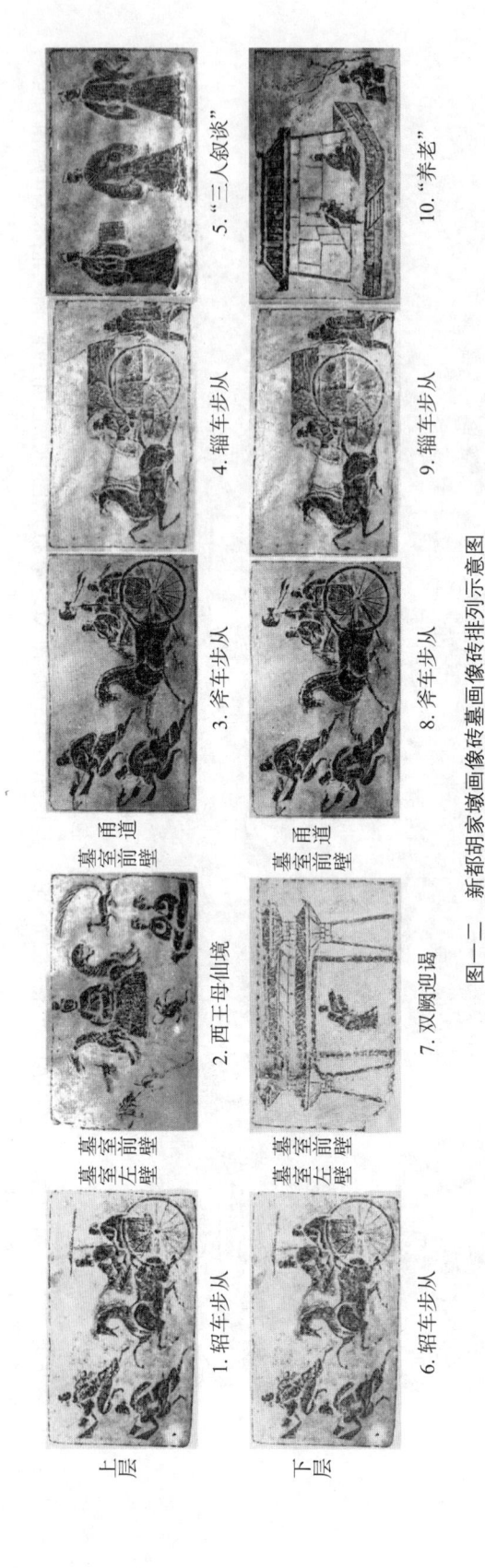

图一二　新都胡家壕画像砖墓画像砖排列示意图

（图片来源：1—6、8—10. 高文、王锦生编：《中国巴蜀汉代画像砖大全》，澳门：国际港澳出版社，2002年，1、6. 第141页，图一三九；2. 第189页，图一八七；3、8. 第153页，图一五一；4、9. 第162页，图一六〇；5. 第56页，图四四；10. 第46页，图四四；7.《中国画像砖全集·四川汉画像砖》，第51页，图七一）

318　蜀山琢玉：丧葬制度与帝国气象

成都北郊扬子山十号墓，多室墓，时代为东汉晚期。出土画像砖16块[1]，其中在原位置的有10块。甬道左右壁各有一亭前迎谒画像砖。甬道至前室南北转角各有一画像砖，题材不明。前室左右壁原来应各有6块画像砖，左壁自外而内为空缺3块、四骑吏、軿车过桥、轺车骑从；右壁自外而内分别为山林盐场、弋射收获、空缺、宴饮起舞、宴饮、凤阙。在墓中发现不明位置的画像砖6块，其中凤阙两块，轺车骑吏步从、"养老"、斧车步从、六骑吹各一块。扬子山十号墓与成都北郊的其他墓葬位置相近，所用画像砖相似，根据其他墓葬画像砖的排列规律，推测其左壁画像砖排列自外而内为亭前迎谒、凤阙、斧车步从、轺车步从、六骑吹、四骑吏、軿车过桥、轺车骑吏步从；右壁画像砖排列自外而内为亭前迎谒、凤阙、山林盐场、弋射收获、"养老"、宴饮起舞、宴饮、凤阙。

成都新都新繁清白乡画像砖墓，多室墓，时代为东汉晚期。墓中出土画像砖54块。东前室15块，其中东西壁各6块，北壁西侧有1块，北部近墓道券顶有2块日神、月神画像砖。西前室东壁有画像砖6块，北壁高处有画像砖3块，中间1块为西王母仙境，两侧为日神、月神。中室东西壁前端各有2块画像砖，中后室东西壁各有4块画像砖。西侧室、东侧室北壁有画像砖3块，中间1块为西王母仙境，两侧为日神、月神。西后室、东后室东西壁各有3块画像砖。除了西王母仙境及羽人画像砖外，其他画像砖都为亭前迎谒、轺车骑从、軿车骖驾三种，排列无明显规律[2]。

成都大邑董场乡画像砖墓，长方形单室墓，时代为三国。[3]出土画像砖28块，发掘者公布18块，其中墓室左壁17块，自外而内依次是仙人骑鹿、六博舞乐、西王母仙境、伏羲女娲与神树、轺车骑吏步从与青龙、六博舞乐、伏羲女娲与神树、轺车骑吏步从与青龙、伏羲女娲与神树、轺车骑吏步从与青龙、迎谒与天仓（砖上有"食天仓"题记）、天阙、六博舞乐、伏羲女娲与神树、轺车骑吏步从与青龙、天阙、迎谒与天仓（图一三）[4]。右壁仅公布1块，最内侧为方相氏画像砖[5]。

---

[1] 重庆市博物馆：《重庆市博物馆藏四川汉画像砖选集》，北京：文物出版社，1957年，第88页。
冯汉骥：《四川的画像砖墓及画像砖》，《文物》1961年第11期。
罗二虎：《川渝地区汉代画像砖墓研究》，《考古学报》2017年第3期。
《重庆市博物馆藏四川汉画像砖选集》记录扬子山M10画像砖18块，冯汉骥先生文中扬子山M10平面图上有画像砖16块，罗二虎先生文中也统计为16块。本文采信16块的说法。
[2] 四川省文物管理委员会：《四川新繁清白乡东汉画像砖墓清理简报》，《文物参考资料》1956年第6期。
[3] 大邑县文物局：《大邑县董场乡三国画像砖墓》，见四川省文物考古研究所 编《四川考古报告集》，北京：文物出版社，1998年，第382-396页。原报告中称该墓葬为长方形双室墓，方向为坐南朝北，据平剖面图与报告描述可知，报告中所称墓葬后室实际为墓葬甬道，报告所称的墓道为倒塌后壁，这座墓葬是常见于本地区的单室墓，墓向坐北朝南。
[4] 本文初次发表时对排列记述有误，已据报告对描述与图片进行修改。
[5] 报告称墓葬西壁完整而东壁残破，而墓葬平面图中东壁完整西壁残破，报告中西壁画像砖立面图也与墓葬平面图不符。由报告中的照片也可知画像砖立面图无误，据此采信东壁完整的说法。

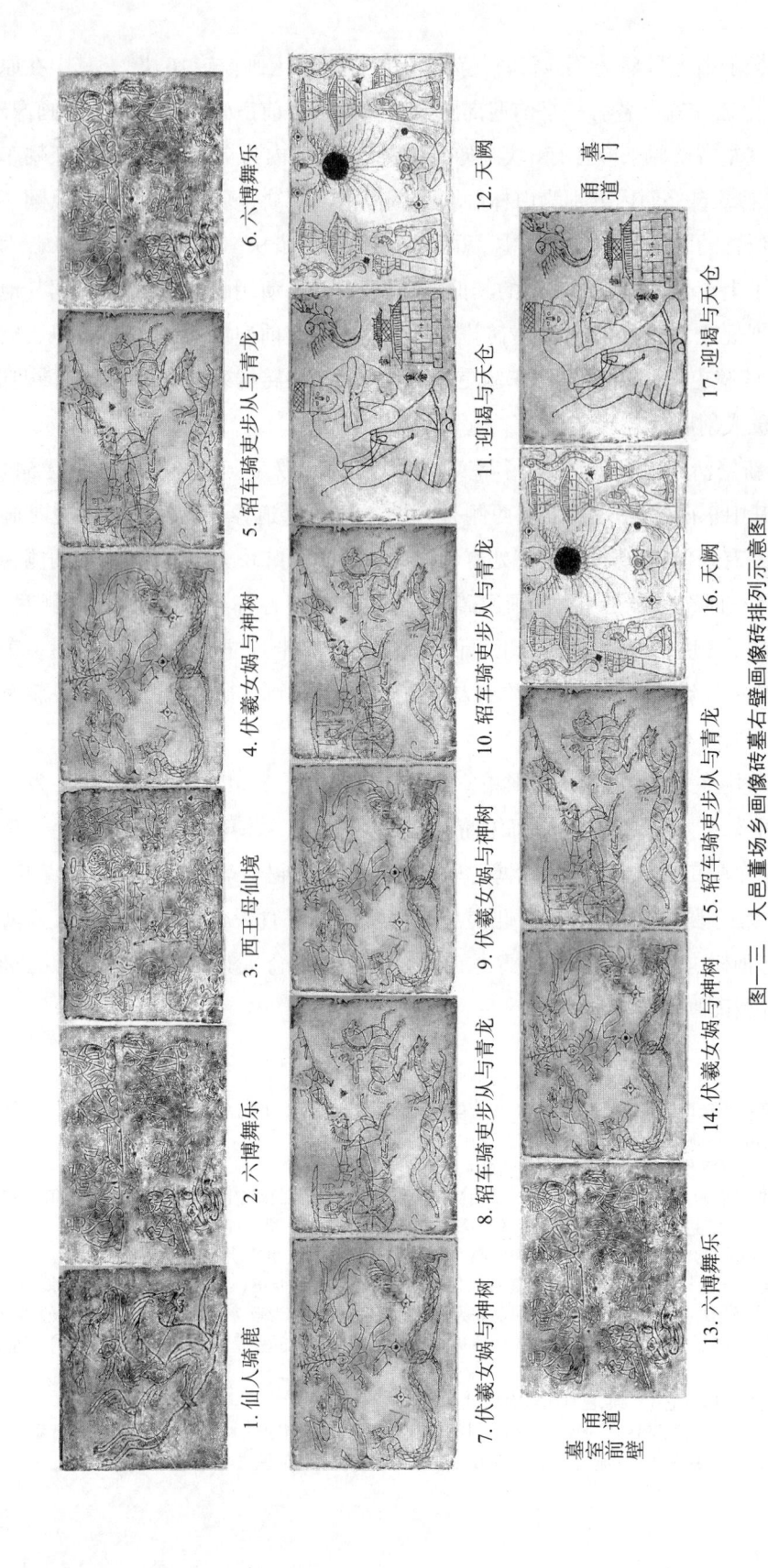

图一三 大邑董场乡画像砖墓右壁画像砖排列示意图

1. 仙人骑鹿　2. 六博舞乐　3. 西王母仙境　4. 伏羲女娲与神树　5. 轺车骑吏步从与青龙　6. 六博舞乐
7. 伏羲女娲与神树　8. 轺车骑吏步从与青龙　9. 伏羲女娲与神树　10. 轺车骑吏步从与青龙　11. 迎谒与天仓　12. 天阙
13. 六博舞乐　14. 伏羲女娲与神树　15. 轺车骑吏步从与青龙　16. 天阙　17. 迎谒与天仓

墓室前壁　甬道　墓门

（图片来源：《中国画像砖全集·四川汉画像砖》，1. 第139页，图一八六；2、6、13. 第79页，图一〇八；3. 第118页，图一六〇；4、7、9、14. 第132页，图一七六；5、8、10、15. 第133页，图一七七；11、17. 第54页，图七五；12、16. 第49页，图六八）

320　蜀山琢玉：丧葬制度与帝国气象

二、画像砖题材的方向与组合

（一）位置与方向

　　四川汉代画像砖主要排列在靠近墓门的甬道或墓室前部，在墓室后壁的画像砖则位于较高处。陕西旬邑县百子村东汉壁画墓甬道前端朱书"诸观皆解履乃得入""诸欲观者皆当解履乃入观此"[1]，郑岩据此认为墓中的壁画在建成后对公众开放，可供展示与观看[2]。画像砖墓内常有多个棺，经历过多次的开启与关闭，画像砖位置的设计，可能也是为了方便展示，可供生者观看。

　　画像砖的排列可以分为两种。第一种为单层排列，墓中画像砖大多处于同一水平线。第二种目前仅发现新都胡家墩画像砖墓一例，画像砖分上下两层，该墓左起第一、第三、第四列画像砖内容相同，第二列砖上层为西王母仙境，下层为双阙迎谒（图一二）。王煜注意到，在四川汉代图像中门阙与西王母是常见的组合[3]，胡家墩画像砖墓的西王母与门阙图像应是这种情况。就目前发现而言，双层画像砖上下层应为一体，表达意义与单层画像砖相同。

　　很多画像砖图像都有方向，其中车马出行画像砖的方向为行进方向，宴饮、"传经"等画像砖的方向为其主要人物的面向。观察墓葬中的画像砖可以发现，同一墓葬出土画像砖的朝向基本都是相同的，具有同向的特征。

　　有学者观察到扬子山一号墓甬道和前室相对两壁车马图像行进方向相反，提出墓葬图像中"双向旅行"的概念[4]。经观察可知，扬子山一号墓前室画像石的图像应只是表现了一组车马向宴饮场景行进的场面，前室左壁车马出行图像与右壁车马出行图像在墓室前侧相接，而非有意表现出车马的双向。乐山沱沟嘴崖墓画像石棺中也有类似的车马与宴饮图像[5]（图一四，3），车马行进与车马到达宴饮图像列于上下两层，方向就是相同的。同一墓葬中的画像砖具有同向的特征，同向画像砖镶嵌到相对壁面在观看上就必然体现出方向不同，扬子山一号墓甬道两侧的车马画像砖方向不同，应是这种情况。

---

[1] 陕西省考古研究所：《陕西旬邑发现东汉壁画墓》，《考古与文物》2002年第3期。
[2] 郑岩：《一千八百年前的画展——陕西旬邑县百子村东汉墓细读》，《中国书画》2004年第4期。
[3] 王煜：《汉墓天门图像及相关问题》，《考古》2019年第6期。
[4] ［美］巫鸿：《从哪里来？到哪里去？——汉代丧葬艺术中的"柩车"与"魂车"》，见氏著《礼仪中的美术：巫鸿中国古代美术史文编》，北京：生活·读书·新知三联书店，2005年，第260-273页。
[5] 高文、高成刚：《中国画像石棺艺术》，太原：山西人民出版社，1996年，第88页。

1. 前挡　　　　　　　　　　　　　　　2. 后挡

3. 左侧

图一四　乐山市沱沟嘴崖墓画像石棺画像拓本

（图片来源：1、2. 乐山市崖墓博物馆：《四川乐山市沱沟嘴东汉崖墓清理简报》，《文物》1993年第1期，图二一、图二二；3.《中国画像石棺艺术》，第88页，图四四）

（二）图像组合与意义

画像砖在排列中形成了较为固定的组合，同一组合常连续排列，主要包括车马、门阙、神话、宴饮、财富等，这些组合是构成画像砖图像序列的基本单位，认识图像组合可以帮助我们理解画像砖的整体排列规律。由于组合内部图像题材类似，因而可以重新认识一些图像的题材与意义。

1. 车马图像组合：主要包括轺车、骑吏、骖驾轺车、骑吹、斧车、辎车等题材。这一组合较为常见，上文整理的画像砖墓中基本都出现了车马图像。在不同墓葬中，车马队伍的数量与组成并不完全相同。从画像砖墓的发现来看，车马数量与墓葬等级一般没有严格的对应关系,如广汉罗家包三号墓在墓室使用的车马画像砖超过20块,显然只是为了装饰墓室。不同墓葬车马图像的排列方式也有区别,如青杠包三号墓骑吹在轺车之后,昭觉寺画像砖墓中骑吹则位于轺车之前。

总体而言,车马类画像砖的排列仍有一定规律,往往以斧车或轺车为首,继而为骑吏、骑吹等,在队伍后部有辎车、軿车过桥或骖驾轺车,最后以轺车结尾。排列混杂的罗家包三号墓,也将辎车置于车马队伍的最后。这种排列方式在汉代车马图像较为常见,也与文献记载相合,以轺车或斧车为先导,以辎车、軿车或骖驾轺车为主车,中间伴随以骑吹、骑吏、步从与骑从[1],表现了车马随仪仗和扈从出行的场景。

2. 门阙图像组合:主要包括门阙与迎谒图像,多出现在临近墓门的位置。在青杠包三号墓、扬子山一号墓、昭觉寺画像砖墓、曾家包二号墓出土的亭前迎谒画像砖,迎谒与门阙于同一画像砖出现。成都大邑董场乡画像砖墓图像排列较为杂乱,但迎谒与天仓画像砖都与天阙组合出现(图一三),表明门阙与迎谒图像是固定组合。

门阙是汉代图像常见题材,学界对其意义讨论很多,历来有两种不同的观点。一种认为门阙象征"天门",车马临阙代表升仙队伍穿过天门[2];一种认为门阙只是对现实宅院的模仿,象征着墓主生前住宅的大门[3]。有学者提出,对门阙的认识经历了从模仿现实到神秘化为天门的过程[4]。有学者也曾指出,理解墓葬门阙图像应结合实际情况,在不同地域墓葬门阙图像意义可能不同[5]。对画像砖墓图像排列的复原至少可以增进我们对门阙图像意义的认识。

从画像砖墓的情况来看,门阙图像不一定成对,也非仅出现在墓门附近。如成都北郊青杠包三号墓仅发现1块亭前迎谒画像砖,成都北郊昭觉寺画像砖墓出土1块亭前迎谒与2块凤阙画像砖,亭前迎谒画像砖位于甬道右侧,与之对应的是一块轺车骑吏步从画像砖(见图七、八)。成都西郊曾家包二号墓仅出一块亭前迎谒画像砖,与其对应的是一块伏羲女娲画像砖(图一〇、一一)。扬子山十号墓还有凤阙画像砖出现在前室的最里侧。

---

[1] 信立祥:《汉代画像中的车马出行图考》,《东南文化》1999年第1期。
[2] 赵殿增、袁曙光:《"天门"考——兼论四川汉画像砖(石)的组合和主题》,《四川文物》1990年第6期。
唐长寿:《汉代墓葬门阙考辨》,《中原文物》1993年第1期。
赵殿增、袁曙光:《"天门"续考》,见朱青生编《中国汉画研究(第一卷)》,桂林:广西师范大学出版社,2004年,第27-34页。
[日]佐竹靖彦:《汉代坟墓祭祀画像中的亭门、亭阙和车马出行》,见朱青生编《中国汉画研究(第一卷)》,桂林:广西师范大学出版社,2004年,35-69页。
王煜:《汉墓天门图像及相关问题》,《考古》2019年第6期。
[3] 孙机:《仙凡幽冥之间——汉画像石与"大象其生"》,《中国国家博物馆馆刊》2013年第9期。
[4] 宋艳萍:《从"阙"到"天门"——汉阙的神秘化历程》,《四川文物》2016年第5期。
[5] 霍巍:《阙分幽明:再论汉代画像中的门阙与"天门"》,见[美]巫鸿主编《古代墓葬美术研究(第四辑)》,长沙:湖南美术出版社,2017年,第78-90页。

门阙画像砖的主要用途是作为墓葬图像的一部分来营建场景,并非简单模仿生人的居住环境。曾家包二号墓甬道处与亭前迎谒相对的为1块伏羲女娲画像砖,伏羲、女娲分列两侧,手托日、月,持规、矩。《淮南子·览冥训》说女娲"道鬼神,登九天,朝帝于灵门"[1],《史记·天官书》说伏羲"苍帝行德,天门为之开"[2],王煜认为,汉代的观念中伏羲女娲是墓主升天旅程中的引导[3],可以认为曾家包二号墓的门阙图像表达了天门的场景。同模的亭前迎谒画像砖也见于其他墓葬,可能表达了相同的含义。大邑董场乡画像砖墓的门阙图像都与天仓及仙人组合出现,新都胡家墩画像砖墓的门阙与西王母仙境同出,应都表达了天门的含义。从题记和图像组合来看,四川画像砖墓中的门阙图像,意义较清楚的都是天门,其他墓中的类似图像可能也表达了相同的含义。

3. 神话图像组合:在成都北郊昭觉寺画像砖墓、新都清白乡画像砖墓都有发现,组合较为固定,为西王母仙境与日神、月神,且位置都高于墓中其他画像砖(图六、九)。此外,在新都胡家墩画像砖墓发现单独的西王母仙境画像砖;在新津宝墩古城遗址东汉墓群还发现了西王母仙境与手捧日、月的伏羲、女娲画像砖组合[4]。神话图像组合中都出现了西王母画像砖,是当时流行的西王母仙境与升天信仰的体现。

4. 宴饮图像组合:主要包括六博、宴饮、宴饮起舞、宴舞百戏等。不同墓葬选取宴饮类图像的数量并不相同,如昭觉寺画像砖墓使用3块,扬子山十号墓则使用2块。在没有使用宴饮类画像砖的扬子山一号墓前室的画像石上也刻有宴饮、舞蹈、百戏等场面(图五),这些图像也是连续出现的。在成都北郊青杠包三号墓出土的1块画像砖,过去多称为"传经"(图二,2),与宴饮图像相接。在汉代图像中,拜谒、宴饮、庖厨等场景常组合出现,如山东诸城前凉台画像石墓[5]、江苏铜山洪楼画像石墓[6]等,"传经"图与宴饮组合出现,表现拜谒等官场场景的可能性更大。

5. 财富类图像组合:包括山林盐场、弋射收获、庭院、市井等,在不同墓葬中的使用也有区别,但大多连续出现,应当也是一种组合。其中有一类画像砖,画面背景为粮仓,粮仓前多为老人拜谒及取物,这种画像砖在过去多命名为"养老"。观察可发现其都与财富类画像砖组合出现,成都西郊曾家包二号墓中在庭院、山林盐场之间(图一一)。成都西郊曾家包一号墓也发现有类似图像组合,墓室后壁的画像石图像上有山林弋射、耕种畜牧、纺织

---

[1] 何宁:《淮南子集释》,北京:中华书局,1998年,第485页。
[2] 《史记》卷二十七《天官书》,北京:中华书局,2014年,第1609页。
[3] 王煜:《汉代伏羲、女娲图像研究》,《考古》2018年第3期。
[4] 据我们现场发掘情况。
[5] 诸城县博物馆:《山东诸城汉墓画像石》,《文物》1981年第10期。
[6] 王德庆:《江苏铜山东汉墓清理简报》,《考古通讯》1957年第4期。

等场景,也有在粮仓前老人拜谒的场景[1],类似组合在新都胡家墩画像砖墓也有出现,都财富类画像形成了组合。在中国古代传统中,老人是参与基层治理的重要力量,常参与管理义仓与学校,这种传统的产生可以追溯到汉代,图像中可能并非"养老",而是体现了老人看守粮仓的场景。结合图像组合,砖上的老人并非图像主题,主要还是表达体现财富的粮仓。新都胡家墩自左第五列上、下层的图像过去习称为"三人叙谈"与"养老",画面与乐山市沱沟嘴崖墓画像石棺后挡(图一四,2)类似,"三人叙谈"画像砖的意义应与粮仓之事有关。

粮仓图像还出现在大邑董场乡画像砖墓(图一三,11),画面右侧建筑旁还有"食天仓"题记,显然并非现实中粮仓的反映。很多学者认为财富类图像表达了墓主对仙境生活的想象[2],这种看法无疑是正确的。

(三)图像组合之间的排列关系与意义

画像砖之间形成一定组合,在组合间又形成一定的排列关系。同一墓葬出土画像砖的朝向相同,基本都处于同一水平面,从而形成一个单向序列。许多画像砖墓图像序列中都可以发现车马、门阙、宴饮三种组合依次出现,如青杠包三号墓、昭觉寺画像砖墓、扬子山十号墓等都是这种情况,扬子山一号墓甬道画像砖中不见宴饮组合,但前室又特别制作了车马至宴饮场景的画像石,此类图像在本地区经常出现,如乐山沱沟嘴崖墓画像石棺(图一四)、郫县新胜东汉砖室墓一号石棺[3]、六号石棺的车马宴饮图像等[4]。值得注意的是,画像石棺图像中到达宴饮场景的都为辎车,扬子山一号墓则是轓车骖驾,上文已经提到辎车和轓车骖驾在汉代车马队列中处于核心地位,表现了主车到达宴饮活动的场景。

总的来说,画像砖墓图像主题是墓主乘坐车马经过天门到达仙境,在仙境世界中享受宴饮、乐舞、取之不尽的粮仓和财富等。这些图像集中出现在汉代的蜀郡,体现了当时这一地区的墓葬图像使用传统和升仙信仰的流行。

三、结 论

综上所述,本文可以得出以下结论:

---

[1] 中国画像石全集编委会:《中国画像石全集7·四川汉画像石》,第38—40页,图四三—四八。
[2] 陈路:《汉画榜题"上人马食太仓"考》,《南都学刊》2005年第3期。
罗二虎:《汉代画像石棺》,成都:巴蜀书社,2002年,第205—207页。
王煜:《也论汉墓中的"天仓"——兼谈汉代人有无升天观念》,《四川文物》2019年第4期。
[3] 中国画像石全集编委会:《中国画像石全集7·四川汉画像石》,第96页,图一二二。
[4] 四川省博物馆、郫县文化馆:《四川郫县东汉砖墓的石棺画象》,《考古》1979年第6期。

第一，四川汉代画像砖形成了较为固定的使用方式。四川汉代画像砖主要排列在墓葬靠近墓门的甬道或墓室前部，墓室后壁的画像砖则位于较高处。画像砖墓经历过多次的开启与关闭，画像砖位置的设计，可能就是为了进入墓葬的生者观看。双层画像砖上下层形成固定的组合，表达含义与单层画像砖相同。同一墓葬画像砖的方向都是相同的，除了神仙类画像砖之外基本都处于同一个水平面，从而按照画像砖的方向形成一个单向序列。

第二，四川汉代画像砖图像的组合和排列关系具有一定规律。在图像序列中，形成了车马、门阙、神话、宴饮、财富等图像组合，同组合画像砖常连续出现。不同墓葬选用的画像砖题材不同，但多是按照车马、门阙、宴饮的次序排列的，财富类画像砖的位置则不太固定。

第三，四川汉代画像砖墓图像反映了当时这一地区特殊的墓葬图像使用传统。画像砖墓图像与本地区发现的很多画像石棺图像在图像主题与排列方式上基本相同，是同一传统在不同图像载体上的体现，表明这一地区已经形成了较为成熟的墓葬图像使用传统。

第四，四川汉代画像砖墓图像反映了当时在这一地区西王母升仙信仰的流行。很多画像砖墓都发现了西王母仙境、伏羲女娲等神仙元素，位置一般较高。在一些墓中图像形成了完整的逻辑：车马出行与宴饮类图像常常分列于相对的两壁，墓门位于两者之间，这种设计可能也象征着死者自墓门进入了图像表达的升仙场境中，与车马行进队列一起向西王母仙境前进，并在升仙后可以尽情享乐。

最后需要说明的是，受限于资料，本文讨论的对象主要集中于四川汉画像砖墓最具代表性特征的成都及其周边地区，四川广汉、彭山、重庆（原属四川）等地虽然也有较多汉画像砖出土，但因缺乏完整墓葬的画像砖材料而暂未收入，期待有进一步的发现帮助我们加深对相关问题的认识。

附记：本次出版对成都大邑县董场乡三国画像砖墓部分做了更正与补充，感谢四川大学王煜教授的指正与意见。

（原载《考古》2022年第4期）

洛阳尹屯新莽壁画墓星象图及相关问题补议

霍巍 姜伊

洛阳尹屯新莽壁画墓位于河南省洛阳市宜阳县丰李镇尹屯村，发掘于2003年，正南北向，是一座小砖构筑的多室墓，墓葬结构复杂，由墓道、前甬道、前室、中甬道、中室、东甬道、东侧室、后甬道、后室及前室两侧的两个耳室共11部分组成。发掘者根据墓中出土随葬陶器的组合情况和出土货币，认为该座墓葬的时代为新莽时期。[1]该墓中室绘有星象图，顶部呈覆斗形，顶部藻井和四面斜坡均被绘制的仿木建筑构架分为数个方格。斜坡下缘绘有墨线勾勒的云纹，云纹以下的四壁上绘有梁架和立柱。藻井的东、西两方格内分绘日、月，四面斜坡上的方格内绘星辰云气，星涂淡黄色，以墨线勾勒、墨线相连。

冯时曾结合历史文献与考古材料对此星象图进行考释[2]，其考释十分重视星象图的整体性，考虑到墓室星象图的布局，及二十八宿的正确排列顺序。研究时不仅结合当时可见的考古材料，尤其是图像材料如墓室壁画、画像石、画像砖等，又注重结合相关历史文献，且参考的考古和文献材料不仅局限于汉代，也关照到先秦及魏晋时期的相关材料。他最先详细考证了尹屯壁画墓各星宿的名称及含义，也注意到此星象图中星象表现方式的独特性，以及其反映出的中国古代天文与人文的交融互动。他的研究方法与研究结论都对进一步研究有很大启发。李淞也曾探讨此图内容，综合对比了当时可见的几处汉代星象图，还对报告中公布的线图进行整合改绘（图一），丰富了对此图的研究。[3]

尹屯壁画墓星象图内容混杂，星宿排列较为混乱，壁画又漫漶脱落严重，给图像辨识带来一定难度。然而近年来新的考古发现不断涌现，可供对比参照的图像除了较早公布

---

[1] 洛阳市第二文物工作队：《洛阳尹屯新莽壁画墓》，《考古学报》2005年第1期。后文简称"尹屯壁画墓"。
[2] 冯时：《洛阳尹屯西汉壁画墓星象图研究》，《考古》2005年第1期。下文中提到的冯氏观点皆引自此文。
[3] 李淞：《中国道教美术史·第一卷》，长沙：湖南美术出版社，2012年，第140–146页。

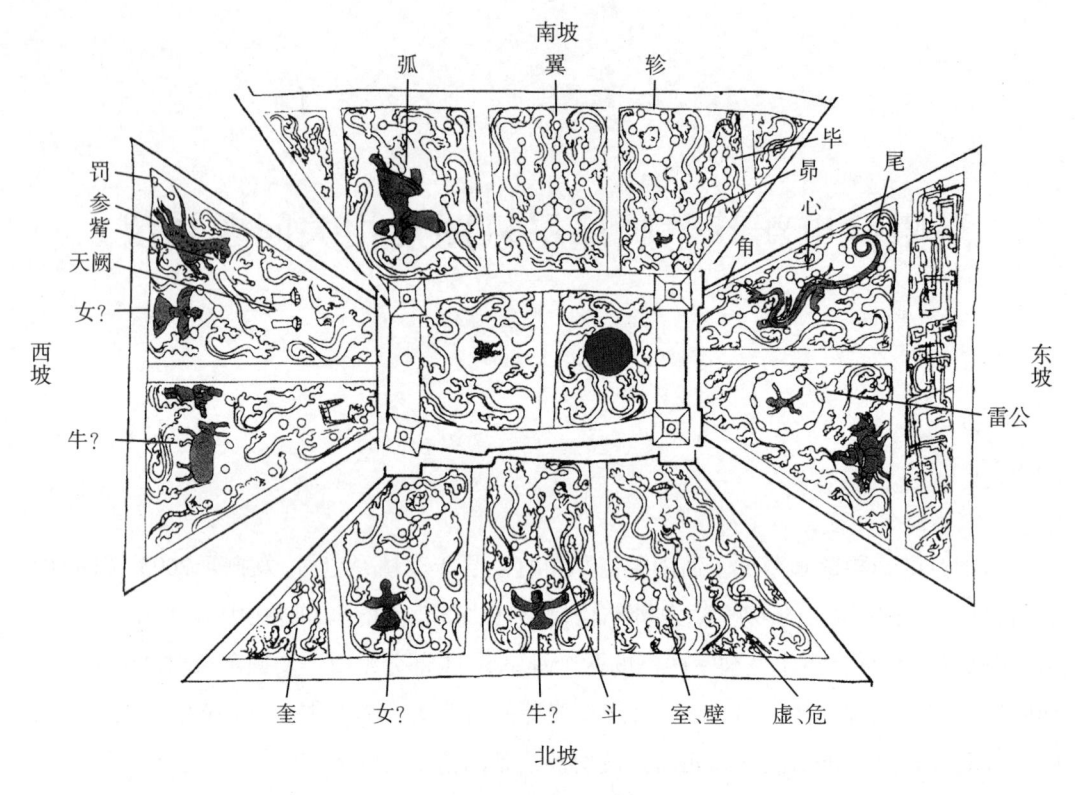

图一　尹屯壁画墓中室墓顶壁画线图

（改绘自《中国道教美术史·第一卷》，第144页，图1D04-5。部分星宿名称按本文观点）

的西安交通大学壁画墓[1]及陕西定边郝滩壁画墓[2]中的两处较为完整的星象图，又有陕西靖边杨桥畔渠树壕东汉壁画墓（2015年发掘）[3]中的星象图，该图内容保存完整，且星宿旁附有明确题记。在充分学习前人丰硕成果的基础上，新的考古发现或许可以为进一步研究提供可能。

目前考古发现的汉代天文图像总量不大，星象完整的天象图更是少见，若能借新旧考古发现及历史文献对尹屯壁画墓星象图有进一步考释，将会对理解汉代天文思想及丧葬观念有所帮助。

---

[1] 陕西省考古研究所、西安交通大学：《西安交通大学西汉壁画墓》，西安：西安交通大学出版社，1991年。
[2] 陕西省考古研究所、榆林市文物管理委员会：《陕西定边县郝滩发现东汉壁画墓》，《考古与文物》2004年第5期。后文简称"郝滩壁画墓"。
[3] 陕西省考古研究院、靖边县文物管理办：《陕西靖边县杨桥畔渠树壕东汉壁画墓发掘简报》，《考古与文物》2017年第1期。后文简称"2015年渠树壕壁画墓"。

一、星象图辨析

（一）东坡

该墓中室顶部的东坡被绘制的梁架分为两部分，北侧上部绘有一有立耳的仙人，仙人外围绘有由8个小椭圆形相连构成的开口圆环（图二）。

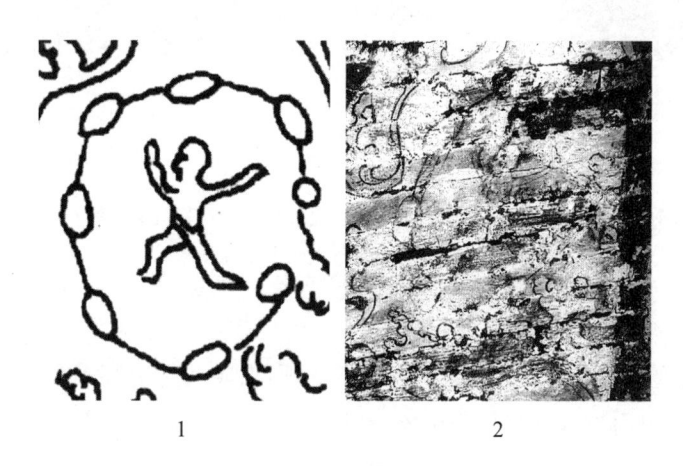

图二 雷公形象

1. 洛阳尹屯新莽壁画墓雷公线图　2. 洛阳尹屯新莽壁画墓雷公照片

（图片来源：《洛阳尹屯新莽壁画墓》，《考古学报》2005年第1期，第115页，图三、图版拾）

冯时最初将之拟定为贯索形象。然而，《论衡·雷虚篇》中提道："图画之工，图雷之状，累累如连鼓之形；又图一人，若力士之容，谓之雷公，使之左手引连鼓，右手推椎，若击之状。"[1]另外，山东临沂[2]和河南南阳[3]出土了刻绘相似图像的画像石（图三）。这些图像中相连的椭圆形应为连鼓，其中的人形应为雷公。冯时在其后来的著作中也将该图像的命名改定为雷公[4]，说明其观点有所变化。另外，朱天伟[5]、李凇[6]、王煜和焦阳[7]也曾

---

[1]（汉）王充著，黄晖校释：《论衡校释》卷六《雷虚篇》，北京：中华书局，2017年，第353页。
[2] 中国画像石全集委员会：《中国画像石全集3》，济南：山东美术出版社，郑州：河南美术出版社，2000年，第69-70页。
[3] 凌皆兵、王清建、牛天伟：《中国南阳汉画像石大全：第2卷》，郑州：大象出版社，2015年，第148页。
[4] 冯时：《中国古代物质文化史·天文历法》，北京：开明出版社，2013年，第175页；冯时：《文明以止：上古的天文、思想与制度》，北京：中国社会科学出版社，2018年，第521页。
[5] 朱天伟：《洛阳尹屯西汉壁画墓星象图中的两个问题》，《南都学坛》2005年（增刊）。转引自冯时：《中国古代物质文化史·天文历法》，第512页。
[6] 李凇：《中国道教美术史·第一卷》，第145页。
[7] 王煜、焦阳：《试析汉代图像中的风、雨、雷、电四神》，华东师范大学艺术研究所主编：《中国美术研究》第28辑，上海：上海书画出版社，2018年，第48页。

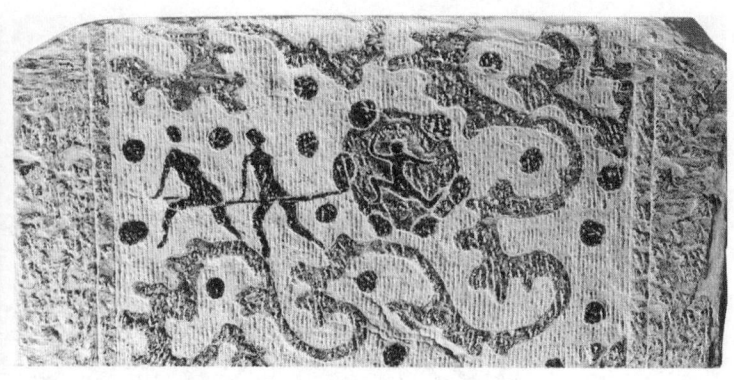

图三　雷公形象
1. 山东临沂　2. 河南南阳高庙画像石墓

（图片来源：1.《中国画像石全集3》，第56-57页，图六九；2.《中国南阳汉画像石大全·第二卷》，第148、149页）

提出过这一观点。

在星象图中绘制风、雨、雷、电诸神并非仅此孤例，陕西定边郝滩东汉壁画墓[1]及河南高庙画像石墓[2]中均存在同时刻绘星象与风、雨、雷、电诸神的情况。

东坡北侧下部绘有一人骑双头动物的形象，冯时认为这一形象与北斗有关，可备一说。东坡南侧绘有一龙，冯文对苍龙周身星宿的考证十分详尽，但是苍龙蜷曲突起的位置仅绘有一星，难以辨识其具体含义。龙身中部后爪位置绘有弧连的三星，考证此为心宿应无误。值得补充的是，汉代许多附有星宿的苍龙形象中都出现了与之类似的心宿形象[3]（图四）。

（二）南坡

南坡被分为五部分，东起第一部分仅绘有云气。第二部分中绘有一人和相连七星组成的形象，冯时将其释为南宫柳宿，然而结合新发现的图像来看，此说有探讨空间。此处相连七星大体为"Y"形，人手中持有"Y"的下柄，形状似毕，这七星的斜上方绘有一只由七星环绕的兔子（图五），恰构成人物持毕捕兔的场景。毕本为一种捕猎工具。《史记·天

---

[1] 陕西省考古研究院：《壁上丹青：陕西出土壁画集（上）》，北京：科学出版社，2009年，第73页。

[2] 石红艳、王清建：《南阳汉代画像石墓发掘报告集》，郑州：中州古籍出版社，2012年，第410页。

[3] 凌皆兵、徐颖：《南阳汉代画像石图像资料集锦》，郑州：中州古籍出版社，2012年，第233页；中国画像石全集委员会：《中国画像石全集6》，第85页；高文、王锦生：《中国巴蜀汉代画像砖大全》，香港：国际港澳出版社，2002年，第206页。

图四　苍龙形象

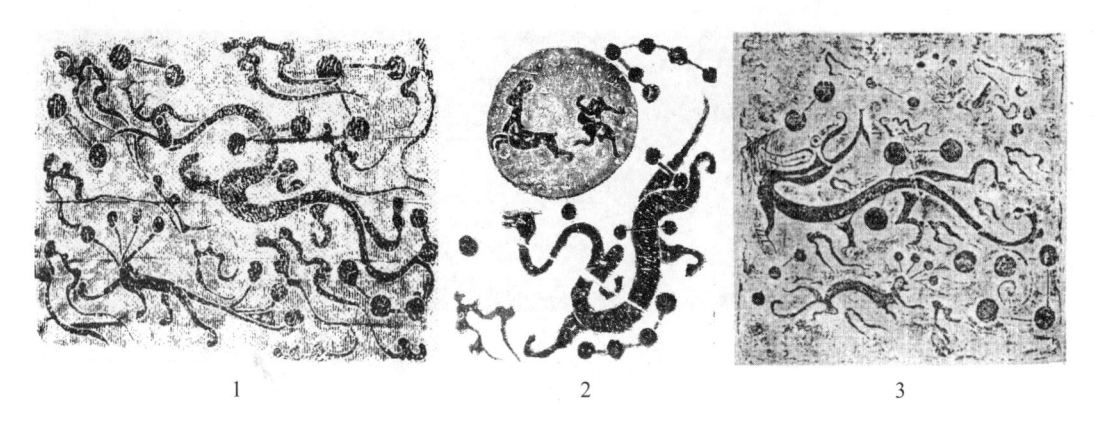

1. 河南南阳陇西寨征集　2. 河南南阳蒲山阮堂征集　3. 成都近郊出土

(图片来源：1.《南阳汉代画像石图像资料集锦》，第233页，图886；2.《中国画像石全集6》，第85页，图一一〇；3.《中国巴蜀汉代画像砖大全》，第206页，图二〇四)

官书》云："毕曰罕车，为边兵，主弋猎。"[1]《正义》引毛苌云："毕所以掩兔也。"[2]在文献之外，汉代其他墓葬的星象图中也存在这一图像组合。

在2015年渠树壕壁画墓星象图的西宫部分绘有两处相邻的星宿图像：一为一只由六星环绕的白兔，另一为一持毕的白衣男子，毕由六星组成，呈"Y"形，而且这两个星宿旁分别有字迹清晰的墨书题名"卯""毕"二字(图六，1)。另外，该墓墓顶星象图中西宫七宿的顺序与文献记载有所出入，但是毕、昴两宿仍被绘于一处。在西安交通大学西汉壁画墓中也有一处类似男子持毕捕兔的图像(图六，2)，雒启坤认为这里绘制的人、兔形象均为毕宿的组成部分[3]，但是根据上文提到的文献内容，再结合2015年渠树壕壁画墓中的图像，还是将两者分别理解为毕、昴两宿较为妥当。李淞也曾提出此观点[4]。

《史记·天官书》中记载："昴曰髦头，胡星也，为白衣会。"[5]《正义》中也提道："昴七

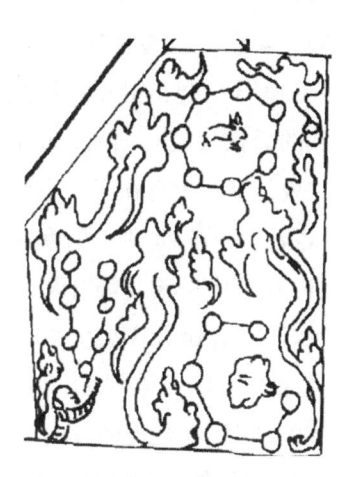

图五　洛阳尹屯新莽壁画墓南坡东起第二部分线图

(图片来源：《洛阳尹屯新莽壁画墓》，《考古学报》2005年第1期，第115页，图三)

---

[1]《史记》卷二十七《天官书》，北京：中华书局，1959年，第1305页。
[2]《史记》卷二十七《天官书》，第1306页。
[3] 雒启坤：《西安交通大学西汉墓葬壁画二十八宿星图考释》，《自然科学史研究》1991年第3期。
[4] 李淞：《中国道教美术史·第一卷》，第141页。
[5]《史记》卷二十七《天官书》，第1305页。

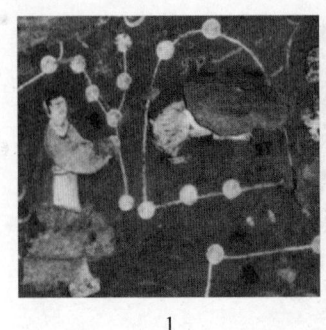

图六　毕、昴两宿形象
1. 陕西靖边县杨桥畔渠树壕东汉壁画墓（2015年发掘）　2. 西安交通大学西汉壁画墓
（图片来源：1.《陕西靖边县杨桥畔渠树壕东汉壁画墓发掘简报》，《考古与文物》2017年第1期，第17页，图三五；2.《壁上丹青——陕西出土壁画集》（上），第27页，图26）

星为毛头，胡星，亦为狱事。"[1]《开元占经》引《春秋纬》曰："昴为旄头，房衡位，主胡星，阴之象。"[2]这些文献均将昴宿释为毛头或旄头。旄头本为帝王卫士所执的旗，或是执此旗的卫士。这三处壁画以及汉画像石中[3]的昴宿形象均为数星环绕的白兔，这与文献记载的昴宿含义有出入，而在2015年渠树壕壁画墓中更将昴宿的题名写作"卯"。"卯兔"之说与十二生肖在秦简中便已出现，湖北云梦睡虎地十一号秦墓出土的甲种《日书》中有《盗者》一节，提到"卯，兔也。"[4]甘肃天水放马滩也出土了内容相似的《日书》，其中《亡盗》一节中每条之首以天干地支次序排列，同时相配十二生肖，也有"卯兔"这一说法[5]。东汉的《论衡》中提道："卯，兔也。"[6]两汉时期卯和兔的对应关系应该已经比较稳定，而且深入人心。"昴""卯"两字本就相似容易混淆，或许这是汉代天文学观念在传播时引起的讹误，在刻绘图像时又结合十二生肖和毕为捕兔工具的本意，故将昴宿描绘为一只白兔。或许这些图像反映了当时与《史记·天官书》等文献存在差异的另外一种天文学观念。

昴宿下方绘有六星相连组成的半闭合圆环，冯时认为其为觜宿（四星）以及左辖、右辖（各一星）这两个觜宿的附座，这一观点应该无误。仔细观察还可以发现图像的更多细节，数星构成的环形内部绘有一个口微张且长有立耳的仙人形象（图七，1）。结合东坡所

---

[1]《史记》卷二十七《天官书》，第1306页。
[2]（唐）瞿昙悉达：《开元占经》卷六十二，北京：九州出版社，2012年，第591页。
[3] 中国画像石全集委员会：《中国画像石全集6》，第90—91、130—131页。
[4] 于豪亮：《秦简〈日书〉记时记月诸问题》，见中华书局编辑部编《云梦秦简研究》，北京：中华书局，1981年，第356页。
[5] 何双全：《天水放马滩秦简综述》，《文物》1989年第2期。
[6]（汉）王充著，黄晖校释：《论衡校释》卷三《物势篇》，第177页。

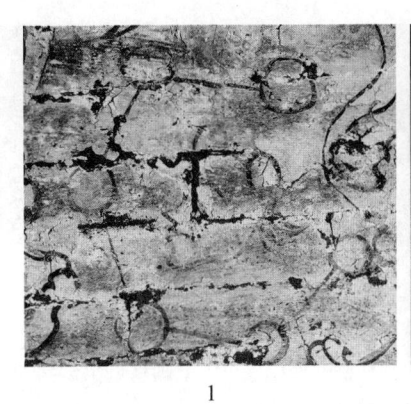

图七　轸宿、风伯形象
1. 洛阳尹屯新莽壁画墓　2. 偃师新莽壁画墓
（图片来源：1.《洛阳尹屯新莽壁画墓》，《考古学报》2005年第1期，图版拾叁；2.《洛阳古代墓葬壁画（上）》，第180页，图七）

绘雷公，此处图像除表现了轸宿外，还可能与风伯有关。《史记·天官书》中提道："轸为车，主风。"[1]《晋书·天文志》中也提道："又主风，主死丧。"[2]这处图像应是将轸宿的星占含义与风、雨、雷、电诸神结合的结果。在偃师新莽墓中也有一个口微张的侧面人像[3]，与这里的轸宿极为相似，或许也表现了风伯（图七，2）。王煜和焦阳已有相同观点[4]。

南坡中央部分绘有一形状对称、共由19颗星组成的星宿，认作翼宿应是无疑义的。第四部分绘一男子引弓，弓由三星弧连组成（图八，1），冯时认为这是南宫张宿，并认为"引弓之状"体现了宿名本义，这一观点似乎与文献记载和其他相关图像有出入。一方面《史记·天官书》曰："张，素，为厨，主觞客"[5]，《开元占经》引《黄帝占》曰："张，天府也，朱雀嗉也"[6]，均提示张宿与南宫之象朱雀有关，未提及引弓之义；另一方面，目前发现的其他南宫七宿的图像中也没有引弓人像。从星宿形象来看，此处绘制的很有可能为弧宿，《太平御览》引《大象列星图》曰："弧九星在狼东南，谓天弓也。主备盗贼，常属矢向狼星。"[7]在2015年渠树壕壁画墓和郝滩壁画墓中便有将弧宿同狼宿结合，与二十八宿图像

---

[1]《史记》卷二十七《天官书》，第1304页。
[2]《晋书》卷十一《天文志》，北京：中华书局，1974年，第303页。
[3] 洛阳市文物管理局、洛阳古代艺术博物馆：《洛阳古代墓葬壁画（上）》，郑州：中州古籍出版社，2010年，第180页。
[4] 王煜、焦阳：《试析汉代图像中的风、雨、雷、电四神》，见华东师范大学艺术研究所主编：《中国美术研究》（第28辑），第48页。
[5]《史记》卷二十七《天官书》，第1303页。
[6]（唐）瞿昙悉达：《开元占经》卷六十三，第601页。
[7]（宋）李昉等：《太平御览》卷六《天部六·星中》，北京：中华书局，1960年，第30页下。

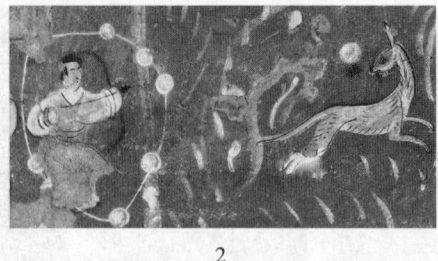

图八　弧、狼两宿形象
1. 洛阳尹屯新莽壁画墓　2. 陕西靖边县杨桥畔渠树壕东汉壁画墓（2015年发掘）
3. 陕西定边郝滩东汉壁画墓

（图片来源：1.《洛阳尹屯新莽壁画墓》，《考古学报》2005年第1期，第115页，图三；2.《陕西靖边县杨桥畔渠树壕东汉壁画墓发掘简报》，《考古与文物》2017年第1期，第21页，图四四；3.《壁上丹青——陕西出土壁画集》（上），第60、61页，图12、13）

混绘的情况（图八，2、3）。其中弧宿皆表现为一人引弓。南坡的第五部分仅可见云气，未见星宿。

（三）西坡

西坡被分为两部分，南侧部分的上部绘有双阙，双阙下方的南侧绘有白虎，虎口中有一星，尾处有两星。冯时认为双阙为天阙，虎口之星为觜宿，虎身象参宿，虎尾处两星为参宿中的罚星，此说应无误。

白虎北侧绘有一跽坐女子，女子上方有呈三角形相连的三星。西坡北侧部分则绘有一男子牵牛的形象，男子身侧似绘有星，牛上方绘有三星。冯时认为跽坐女子为织女，牵牛图像为牛宿，且认为北坡西起第二幅所绘的女子与三星为婺女，第三幅中男子托三星的形象为河鼓。值得注意的是，星空中共有两组牛女，一组是二十八宿中北宫的牛宿即牵牛（六星）和女宿即婺女（四星），另一组是中宫的河鼓（三星）和织女（三星），《史记·天官书》记载："牵牛为牺牲。其北河鼓。……婺女，其北织女。"[1]明显区分了两组星官，但受牵牛织女神话等的影响，汉代相关文献和图像常将这两组星宿混淆[2]。从结合的人物、动物形象以及星宿的形态来看，尹屯壁画墓中绘有两组牛、女形象毋庸置疑，但是汉代文献和图像常将两组牛、女混淆，此处壁画又漫漶不清，报告描述、线图、照片三者有出入，实难判断这四处图像具体表现了哪一个星宿。

---

[1]《史记》卷二十七《天官书》，第1310–1311页。
[2] 王煜：《汉代牵牛、织女图像研究》，《考古》2016年第5期。

（四）北坡

北坡被分为四部分，西起第一部分绘有一人持由六星组成的"圭"形（图九，1），报告又称第二部分绘有横身跽坐者，手部已剥落，身着青袍，两手置于胸前，周围环绕八星。

冯时认为这两处图像分别代表了西宫毕宿和奎宿。上文已经提到毕宿应为绘于南坡的一处图像，这里的六星应为奎宿。《史记·天官书》记载："奎曰封豕，为沟渎。"[1]《正义》中提道："奎，苦圭反，十六星……星不欲团圆，团圆则兵起。"[2]《晋书·天文志》中提道："奎十六星，天之武库也。一曰天豕，亦曰封豕。主以兵禁暴，又主沟渎。"[3]奎宿虽共有十六星，但是在图像中均有省略，如西安交通大学壁画墓中只绘五星，且形状均较为扁长，与此处六星极为相似（图九，2），2015年渠树壕壁画墓只绘七星（图九，3）。第二部分上方所绘图像已经漫漶不清，仅依稀可见有星环绕的轮廓，虽然结合报告描述来看，这处图像也与奎宿有相似之处，但是目前发现的奎宿图像尚无与跽坐人像结合的情况，也缺少相关文献记载，认为其为奎宿似有待推敲。2015年渠树壕壁画墓中奎宿表现为数星环绕的小蛇，这与文献中的"沟渎"相去甚远，或许在壁画中绘制者仅取"蜷蛇"之义。

第二部分和第三部分下方绘有一组牛、女，具体情况已在前文介绍，此处不再赘述。

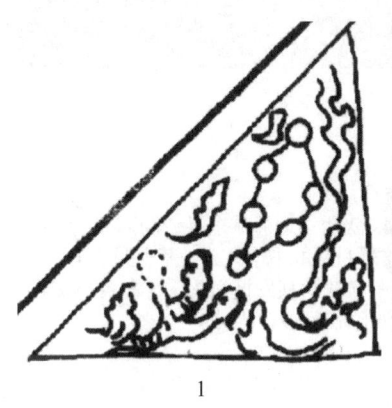

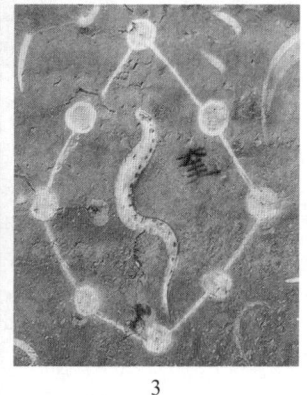

图九 奎宿形象

1. 洛阳尹屯新莽壁画墓　2. 西安交通大学西汉壁画墓
3. 陕西靖边县杨桥畔渠树壕东汉壁画墓（2015年发掘）

（图片来源：1.《洛阳尹屯新莽壁画墓》，《考古学报》2005年第1期，第116页，图四；2.《壁上丹青——陕西出土壁画集》（上），第26页，图25；3.《陕西靖边县杨桥畔渠树壕东汉壁画墓发掘简报》，《考古与文物》2017年第1期，第15页，图三一）

---

[1]《史记》卷二十七《天官书》，第1305页。
[2]《史记》卷二十七《天官书》，第1305页。
[3]《晋书》卷十一《天文志》，第301页。

第三部分上方绘有一人持斗的形象,斗由六星组成,应为北宫斗宿无疑。斗宿形象在汉代墓葬星象图中较为稳定,常表现为一人持六星相连组成的斗,但是在郝滩壁画墓的斗宿图像中,红衣兔首人所持斗却由七星组成。斗宿又被称为南斗,由六星组成,形状又与北斗相似,郝滩壁画墓中的七星斗宿应是北斗与南斗的名称和形状相似引起的讹误,实取北斗之形、表南斗之意。

  第四部分下方西侧绘有四星相连组成的四边形。冯时结合文献考证,此处应为北宫的室、壁两宿(图一〇,1)。在西安交通大学西汉壁画墓中两宿也仅表现为一四边形(图一〇,2),在2015年渠树壕壁画墓和郝滩壁画墓中,则表现为一由四星相连组成的四边形,其中绘有两鹿,且前者有题名(图一〇,3、4)。这两宿在文献中也常被一起提及,《开元占经》引郝萌曰:"营室东壁四星,四辅也,欲其正。"[1]冯氏更认为室、壁两宿本就为一宿[2]。与室、壁两宿东侧相邻处绘有两蛇,一蛇缠绕三星,一蛇缠绕两星,应为北宫的虚、危两宿,后文将对这两宿的形象作进一步分析。

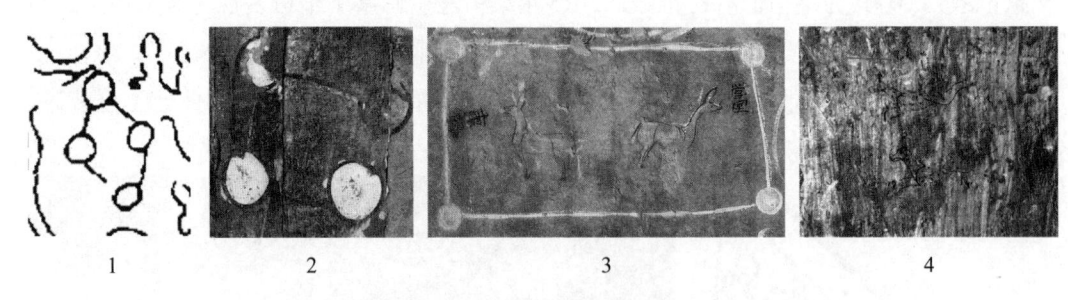

图一〇 室、壁两宿形象
1. 洛阳尹屯新莽壁画墓   2. 西安交通大学西汉壁画墓
3. 陕西靖边县杨桥畔渠树壕东汉壁画墓(2015年发掘)   4. 陕西定边郝滩东汉壁画墓
(图片来源:1.《洛阳尹屯新莽壁画墓》,《考古学报》2005年第1期,第116页,图四;2.《壁上丹青——陕西出土壁画集》(上),第26页,图25;3.《陕西靖边县杨桥畔渠树壕东汉壁画墓发掘简报》,《考古与文物》2017年第1期,第14页,图二九;4.《壁上丹青——陕西出土壁画集》(上),第53页,图5)

二、相关问题探究

  中国的传统天文学体系将天赤道附近的星空划分为四宫二十八宿,各宫由四象统辖,与苍龙、玄武、白虎和朱雀相配。

---

[1] (唐)瞿昙悉达:《开元占经》卷六十一,第588页。
[2] 冯时:《中国古代物质文化史·天文历法》,第111页。

在洛阳尹屯新莽壁画墓中，可见苍龙、白虎，以及象征朱雀的翼宿，但是不见龟蛇相缠的典型玄武形象。

《史记·天官书》中提道："北宫玄武，虚、危。"[1]《淮南子·天文训》也提道："北宫……其神为辰星，其兽玄武，其音羽，其日壬癸。"[2]说明西汉中期已有"玄武"之名，且与其他三神并列，代表北方。但在这一时期的考古材料中，却不见后世常见的龟蛇相缠的玄武形象，比如洛阳烧沟M61[3]和河南芒砀山柿园汉墓的壁画中均只出现苍龙、白虎和朱雀[4]，洛阳地区出土陶壶上的四神图像中也不见这种玄武形象[5]。

相似的情况也出现在星象图中，《史记·天官书》提到虚、危两宿为玄武，然而在尹屯壁画墓和西安交通大学西汉壁画墓中，这两个星宿皆仅合绘为五星和缠绕的两蛇（图一一，1、2）。

但是在2015年渠树壕壁画墓和郝滩壁画墓中，虚、危两宿处除绘有五星、两蛇外还有龟形动物出现（图一一，3、4），而这两座墓的年代皆不早于新莽时期。

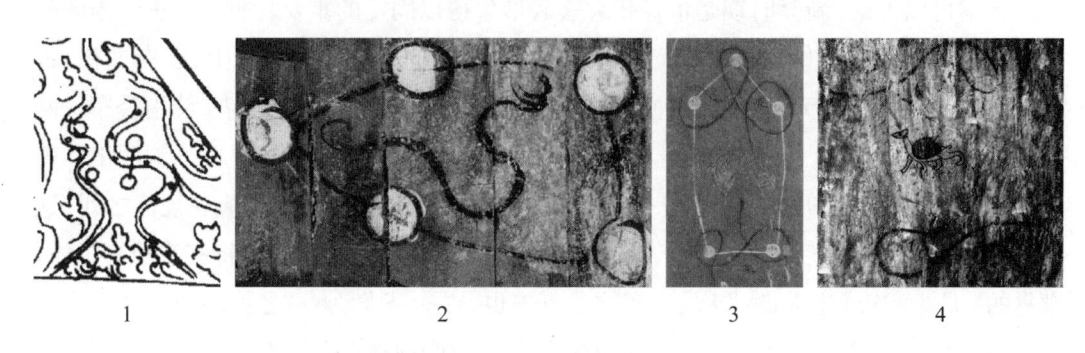

图一一 虚、危两宿形象

1. 洛阳尹屯新莽壁画墓　2. 西安交通大学西汉壁画墓
3. 陕西靖边县杨桥畔渠树壕东汉壁画墓（2015年发掘）　4. 陕西定边郝滩东汉壁画墓

（图片来源：1.《洛阳尹屯新莽壁画墓》,《考古学报》2005年第1期，第116页，图四；2.《壁上丹青——陕西出土壁画集》（上），第21页，图20；3.《陕西靖边县杨桥畔渠树壕东汉壁画墓发掘简报》,《考古与文物》2017年第1期，第14页，图三〇；4.《壁上丹青——陕西出土壁画集》（上），第54页，图6）

在汉长安城南郊发现的被认为是"王莽九庙"的礼制建筑遗址中发现了大量的四神瓦当，而且分出建筑四门，其中的玄武表现为蛇缠龟的典型形象[6]（图一二，1），与新莽以

---

[1]《史记》卷二十七《天官书》，第1308页。
[2]（汉）刘安等著，何宁校释：《淮南子集释》卷三《天文训》，北京：中华书局，1998年，第188页。
[3] 河南省文化局文物工作队：《洛阳西汉壁画墓发掘报告》,《考古学报》1964年第2期。
[4] 徐光冀主编：《中国出土壁画全集6》，北京：科学出版社，2012年，第1页。
[5] 王绣、霍宏伟：《洛阳两汉彩画》，北京：文物出版社，2015年，第212页。
[6] 中国社会科学院考古研究所：《西汉礼制建筑遗址》，北京：文物出版社，2003年，第196页。

1　　　　　　　　　　2

图一二　新莽时期玄武形象

1. 王莽九庙出土玄武图案瓦当　2. 新莽时期四神博局镜局部

（图片来源：1.《西汉礼制建筑遗址》，第195页，图一六一，4；2.《洛阳五女冢267号新莽墓发掘简报》，《文物》1996年第7期，第52页，图二七）

降四神铜镜上的玄武形象一致[1]（图一二，2）。

基本可以推论，新莽时期是龟蛇相缠玄武形象得以固定的重要转折点。王莽当政时期，曾多次改革礼制，修建礼制建筑，而且"征天下通一艺教授十一人以上，及有逸礼、古书、毛诗、周官、尔雅、天文、图谶、钟律、月令、兵法、史篇文字，通知其意者，皆诣公车。网罗天下异能之士，至者前后千数，皆令记说廷中，将令正乖缪，壹异说云"[2]。说明王莽曾对天文等方面的知识进行规范和统一，作为四象之一的玄武，其形象也应在规范之列，这种行为可能对当时和后世都产生了深远影响。新莽以后的文献也基本将玄武释为龟蛇。蔡邕的《月令章句》中提道："天官五兽之于五事也，左有苍龙、大辰之貌，右有白虎、大梁之文，前有朱雀、鹑火之体，后有玄武、龟蛇之质。"[3]张衡在《思玄赋》中写到"玄武缩于壳中兮，腾蛇蜿而自纠"[4]，说明玄武似龟有壳，而李贤等的注文中则提到"玄武谓龟、蛇也"[5]。文献记载与新莽以降玄武形象多表现为龟蛇相缠的情况是较为一致的。

新莽之后，龟蛇相缠的玄武图像逐渐成为定式，但是似乎不应作为判断早期图像是否为玄武的唯一标准，因为西汉时期的文献中已经出现"玄武"之名，而且与星宿存在一定的对应关系，所以或可将汉代壁画中仅以蛇相配的虚、危两宿视为玄武。

另外，在尹屯壁画墓中四象只取象于一宫中的部分星官，这与《史记·天官书》中的记载一致，后世正史中的相关记载也与之基本相似，但是也有汉代文献记录了不同情况。

---

[1] 洛阳市第二文物工作队：《洛阳五女冢267号新莽墓发掘简报》，《文物》1996年第7期。

[2] 《汉书》卷九十九上《王莽传第六十九上》，北京：中华书局，1962年，第4069页。

[3] （宋）李昉等：《太平御览》卷六《天部六·星中》，第32页上。

[4] 《后汉书》卷五十九《张衡列传》，北京：中华书局，1965年，第1929页。

[5] 《后汉书》卷五十九《张衡列传》，第1929页。

比如《尚书考灵曜》记载："二十八宿,天元气,万物之精也。故东方角、亢、氐、房、心、尾、箕七宿,其形如龙,曰左青龙。南方井、鬼、柳、星、张、翼、轸七宿,其形如鹑鸟,曰前朱雀。西方奎、娄、胃、昴、毕、觜、参七宿,其形如虎,曰右白虎。北方斗、牛、女、虚、危、室、壁七宿,其形如龟蛇,曰后玄武。二十八宿,皆有龙虎鸟龟之形,随天左旋。"[1]东汉晚期的《风俗通义》中也提道："四方皆有七宿,各成一形:东方成龙形;西方成虎形,南首而北尾;南方成鸟形;北方成龟形,西首而东尾。以南方之宿象鸟,故谓之朱鸟七宿者也。"[2]都明确提到各象均由七个星宿组成,这种观点在汉代以后也有出现,《宋中兴天文志》还详细说明了星宿与动物身体部位的对应关系[3],道教更将四象与二十八宿的关系进一步细化,并纳入其神仙系统。这两种观念或许在汉代便同时存在,且长期并存,汉代墓葬中的图像和《史记·天官书》均只为其中一种观念的表现,但是也不排除汉代以后,一象纳七宿的看法变得更为普遍的可能。

虽然尹屯壁画墓中的二十八宿图像分布较为零散、混乱,且混杂有其他内容的图像,但是其中的苍龙、玄武(虚宿、危宿)、白虎,以及象南宫朱雀的翼宿都分别处在对应方位的墓顶斜坡上,而且在2015年渠树壕壁画墓、西安交通大学西汉壁画墓和郝滩壁画墓中也存在相似的情况。或许可以据此推测,在设计和绘制此类图像时,工匠会首先绘制四象作为参照,标示方向,再基于四象的位置绘制其他星官。

四象更是整幅星象图中的重点绘画内容。在汉代,四象不仅出现在绘有系统二十八宿的星象图中,也出现在仅随意绘制散星的壁画星象图中[4],或许前者是在天文知识充足的条件下对后者的发展与丰富。四象的形成本就与星宿关系紧密,无论是在四象周围绘制二十八宿中的星官,还是随意描绘散星,都可以更好地将四象与日、月、云气等图案结合,达到生动形象地描绘天象的目的。

这种情况在汉代以后也有延续,比如唐代的一些墓葬中也出现了将零散星辰与四象结合的墓顶天象图[5],如果没有将这两者绘制在同一画幅内便不需协调这两个题材,二者内容独立,比如晚唐钱宽夫妇墓的墓顶便仅绘有二十八宿[6]。

引人注目的是,除了前文详述的毕、昴等宿,汉代其他墓葬图像中星宿的表现形式,也常与文献记载的星占含义不同。比如东宫箕宿,《史记·天官书》云:"箕为敖客,曰口

---

[1] [日]安居香山、中村璋八辑:《纬书集成》(上)《尚书考灵曜》,石家庄:河北人民出版社,1994年,第366页。
[2] (汉)应劭著,王利器校注:《风俗通义校注》佚文,北京:中华书局,1981年,第612页。
[3] (宋)马端临:《文献通考》卷二百七十九《象纬考二》,北京:中华书局,2011年,第7619-7645页。
[4] 宝鸡市博物馆、千阳县文化馆:《陕西省千阳县汉墓发掘简报》,《考古》1975年第3期。
[5] 李奉山:《太原市金胜村第六号唐代壁画墓》,《文物》1959年第8期。
[6] 浙江省文物考古研究所:《晚唐钱宽夫妇墓》,北京:文物出版社,2012年,第22页。

舌。"[1]《晋书·天文志》云:"箕四星,亦后妃之府……又主口舌,主客蛮夷胡貉。"[2]但是在壁画墓中箕宿均表现为一人持箕的图像(图一三)。

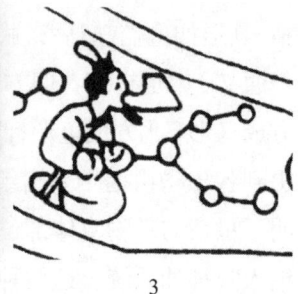

图一三 壁画中的箕宿形象
1. 陕西靖边县杨桥畔渠树壕东汉壁画墓(2015年发掘) 2. 陕西定边郝滩东汉壁画墓
3. 西安交通大学西汉壁画墓
(图片来源:1.《陕西靖边县杨桥畔渠树壕东汉壁画墓发掘简报》,《考古与文物》2017年第1期,第13页,图二八;2.《壁上丹青——陕西出土壁画集》(上),第49页,图1;3.《西安交通大学西汉壁画墓》,第25页)

西宫娄宿,2015年渠树壕壁画墓和郝滩壁画墓中,娄宿均表现为一只野猪的形象。"娄"本就有"猪"的含义,《左传》中有"既定尔娄猪,盖归吾艾豭"[3]的说法。然而,《史记·天官书》云:"娄为聚众,"[4]《晋书·天文志》云:"娄三星,为天狱,主苑牧牺牲,供给郊祀。"[5]在这两条文献中,娄宿的含义与野猪差别极大(图一四)。

与之相似的还有同在西宫的胃宿,郝滩壁画墓中西宫胃宿表现为刺猬,且有榜题(图一五),而《史记·天官书》提到"胃为天仓"[6],《晋书·天文志》提到"胃三星,天之厨藏,主仓廪,五谷府也,明则平和"[7]。

在墓葬中绘制具有一定科学性的星象图,必然要依赖天文学。天文学复杂精细,有很强的专业性,而且在中国古代与星占学相辅相成、互相影响,二者都需要对星象进行观测。今天学者们用以释读汉代墓葬中的二十八宿图像时依托的文献,如《史记·天官书》《晋书·天文志》《开元占经》等的内容实是对星占的记载。古代星占学中建立的分野体系将天上的恒星进行划分,以达到通过观察星象变化预测人间吉凶的目的。官方的星占文献

---

[1]《史记》卷二十七《天官书》,第1298页。
[2]《晋书》卷十一《天文志》,第300页。
[3] (清)阮元校刻:《十三经注疏》,北京:中华书局,1980年,第2151页下。
[4]《史记》卷二十七《天官书》,第1304页。
[5]《晋书》卷十一《天文志》,第301页。
[6]《史记》卷二十七《天官书》,第1304页。
[7]《晋书》卷十一《天文志》,第302页。

图一四　娄宿形象
1. 陕西靖边县杨桥畔渠树壕东汉壁画墓（2015年发掘）　2. 陕西定边郝滩东汉壁画墓
（图片来源：1.《陕西靖边县杨桥畔渠树壕东汉壁画墓发掘简报》，《考古与文物》2017年第1期，第15页，图三二；2.《壁上丹青——陕西出土壁画集》（上），第72页，图24）

常将二十八宿等星宿与皇家和统治运数相联系。汉代以后有统治者为了维护统治，垄断这种预测能力，唐代便将此类书籍划为民间禁书，并颁布诏令禁止民众私下学习此类知识[1]。由于缺少相关文献，目前我们尚不能得知汉代统治者对此类行为的态度。但是汉代墓葬中星象的表现形式往往"望文生义"，其内涵与官方史书中记载的晦涩星占内容有较大出入，这或许可以体现汉代不同阶层对天文星占知识掌握程度的差别，这种差别可能不仅是教育程度不同导致的，也有可能是因为统治者对天文学知识的控制。另外人们很有可能根据形态为星宿命名，例如传说流传甚广的牛、女，以名称和形态为参照描绘墓室中的星宿更为直接。星占作为进一步抽象化、精密化的学说，即使广为散播似乎也不一定作为图像绘制的模仿对象。而这种以直观的形式表现星宿形态的做法，似乎更能传达出在墓葬中复刻天象用以升天的功能，也体现了墓葬天象图与科学星图的差别所在。

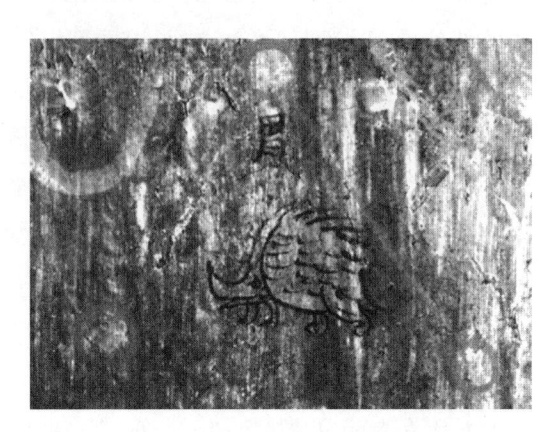

图一五　陕西定边郝滩东汉壁画墓中的胃宿形象
（图片来源：《壁上丹青——陕西出土壁画集》（上），第56页，图8）

---

[1]（唐）长孙无忌等：《唐律疏议》，北京：中华书局，1983年，第94页；（宋）宋敏求：《唐大诏令集》，北京：商务印书馆，1959年，第566页。

三、结　语

　　尹屯壁画墓星象图与目前所见其他几处汉代壁画墓星象图相比，其中的二十八宿图像不甚完整，排列顺序也最为混乱，但是基本按照文献记载的顺序排列。另外，此处星象图还包含其他内容的图像，所以在释读时不能完全根据图像位置以及星宿包含的星数来判断其中的名称。结合现有考古发现和文献记载，本文对毕宿、昴宿、奎宿，以及二十八宿以外的弧、狼两宿图像作了进一步的辨识。但是由于该墓壁画的保存情况较差，壁画中还有许多分布零散的星，缺少与人物、动物等图像组合，笔者受知识、能力所限仍难辨识。

　　尹屯壁画墓星象图表现的星宿含义与其他墓葬中的发现较为一致，其中描绘的与蛇相缠的虚、危二宿也可反映北宫玄武形象在新莽前后的演变。此图中四象与二十八宿的组合情况也与《史记·天官书》等文献以及其他几处星象图基本相同，各象仅取象于一宫中的部分星官。而且我们常常可以看到汉代墓葬图像与星占文献存在差异，表现出区别于统治阶层星占学的民间天文学知识。目前出现星宿图像的汉代壁画墓、画像石墓和画像砖墓等级普遍不高，这似乎更显示出这些图像与民间的紧密关联，反映了更为普遍与朴素的天文学知识和观念。另外，墓葬中的星象图虽然与天文学有关，但终究是墓葬中的一部分，是为丧葬服务的。墓室顶部绘制的星宿只是丰富和发展天象的表现形式，而非科学的星图，其根本功能仍是发挥"象天"的作用，以求达到墓主人灵魂升天的目的。

　　总体来看，此处星象图对于理解汉代天文观念具有重要意义，然而由于目前发现的汉代较为系统的二十八宿星象图数量较少，尹屯壁画墓星象图中的具体星宿仍有释读空间，可对其中包含的汉代天文学观念做进一步观察，或许还可以进一步探究这类图像在墓葬中的功能与意义。

（原载《自然科学史研究》2021年第4期）

抽象宇宙：汉代式盘类图像的图式观察

王 煜　康轶琼

除形象化地表达对宇宙模式的认识和想象外[1]，古人还有一种源远流长的形式，即以抽象的数字和符号系统来模拟天地及其运动，在战国秦汉时期往往表现为术数的形式，通过模拟宇宙及其运行来推演"规律"，预测吉凶。此种模拟和表达宇宙的抽象模式，在《周易》，尤其是对《周易》符号系统的解释中表现得淋漓尽致。如《周易·系辞上》云："参伍以变，错综其数。通其变，遂成天地之文；极其数，遂定天下之象。"[2]《周易》推演的基本原则即是以数字系统模拟天地构造及其变化。如《系辞上》中说："大衍之数五十，其用四十有九，分而为二以象两，挂一以象三，揲之以四以象四时，归奇于扐以象闰，五岁再闰，故再扐而后挂。天数五，地数五，五位相得而各有合。天数二十有五，地数三十，凡天地之数五十有五，此所以成变化而行鬼神也。乾之策二百一十有六，坤之策百四十有四，凡三百有六十，当期之日。二篇之策，万有一千五百二十，当万物之数也。……天一、地二、天三、地四、天五、地六、天七、地八、天九、地十。"[3]即是以数字来抽象模拟和推演天地构造及时空变化，当然是一种抽象的术数化宇宙模式的表达[4]。

《周易》的数字系统过于抽象和简略，虽是以宇宙模式为基础，但难以直观地反映抽象的宇宙模式。而战国秦汉时期的一种占卜工具——式盘上的图式则更能进行直观的反映，在这个方面学界已经有许多成果，不仅较为系统地梳理了目前所见的秦汉时期式盘，

---

[1] 王煜：《象天法地：先秦至汉晋铜镜图像寓意概说》，《南方文物》2017年第1期。
[2] （魏）王弼等注，（唐）孔颖达等正义：《周易正义》卷七《系辞上》，《十三经注疏》阮刻本，上海：上海古籍出版社，1997年，第81页。
[3] （魏）王弼等注，（唐）孔颖达等正义：《周易正义》卷七《系辞上》，《十三经注疏》阮刻本，第80-81页。
[4] 刘大均：《周易概论》，成都：巴蜀书社，2016年，第123页。

也较为完整、深入地讨论了式盘图式与宇宙模式的关系[1]。学者们普遍认为,此时流行的一种棋类游戏——六博,其棋盘即博局上的图式与式盘的图式,构造一致,关系密切,式盘图式甚至直接是博局图式的来源[2]。除式盘和博局外,此种图式及其简化形式在铜镜、画像石、画像砖及某些器物上广泛出现。不论是直接来源于式盘图式,还是具有另外的共同来源和背景[3],或是后期发展中的趋同[4],目前所见的材料中,式盘的图式确实是最为完整全面和标注最为系统的,所以这里我们将其统称为"式盘类"图像。需要说明的是,学界往往直接称为"式图",有些只指代式盘上的图式,有些则涵盖博局及其他器物上的类似图式。从目前材料来看,是否所有类似图式都直接来源于式盘,这一问题并不是没有疑问的,所以谨慎起见,我们使用其最具代表性的图式即式盘上的图式来比类。以往学者们对这一类图像的研究主要偏重术数方面,术数方法和观念当然是无法回避的问题,也是研究的基础,但此类图像既然流变和影响到了其他装饰图样甚至实用器物,其中恐怕就不全是术数的问题,还有图像本身的问题。所以此处拟从图像本身对其进行跨载体地分类,考察其后的宇宙观背景,当然也要以基本的术数问题为基础,好在这个方面学界已经提供了坚实基础[5],便于我们从图像本身的角度来研究图式。

一、基本图式:钩绳图

此类抽象图式有一种最为简略,却也最为稳定,应是一种最基本的图式。整个构图或方或圆,以方形为多,中间有两条线在中心处垂直相交,呈"+"形,四角对称分布四个等腰直角三角形,呈"V"形,开口向外。

在术数类简牍帛书中常有此种图式。如湖北荆州30号秦墓出土简牍中即有一幅[6],在"+"形线的四端和四个"V"形线形成的八个端头,共十二个线端依次标出十二支("子"居正北,顺时针排列),在十二支内侧的"+"形四端和中心交午处则按方位标出十

---

[1] 严敦杰:《式盘综述》,《考古学报》1985年第4期;陈梦家:《汉简年历表叙》,《考古学报》1965年第2期;连邵名:《式盘中的四门与八卦》,《文物》1987年第9期;李零:《"式"与中国古代的宇宙模式》,《中国文化》1991年第4期;黄儒宣:《式图与式盘》,《考古》2015年第1期。
[2] 李零:《"式"与中国古代的宇宙模式》,《中国文化》1991年第4期。
[3] 王煜:《四川汉墓画像中"钩绳"博局与仙人六博》,《四川文物》2011年第2期。
[4] 黄儒宣:《六博棋局的演变》,《中原文物》2010年第1期。
[5] 李学勤:《楚帛书中的古史与宇宙观》,见张正明编《楚史论丛》初集,武汉:湖北人民出版社,1984年,第145-154页;李零:《中国方术考》,北京:东方出版社,2001年,第89-231页;黄儒宣:《〈日书〉图像研究》,上海:中西书局,2013年,第28-108页。
[6] 湖北省荆州市周梁玉桥遗址博物馆:《关沮秦汉墓简牍》,北京:中华书局,2001年,第107页。

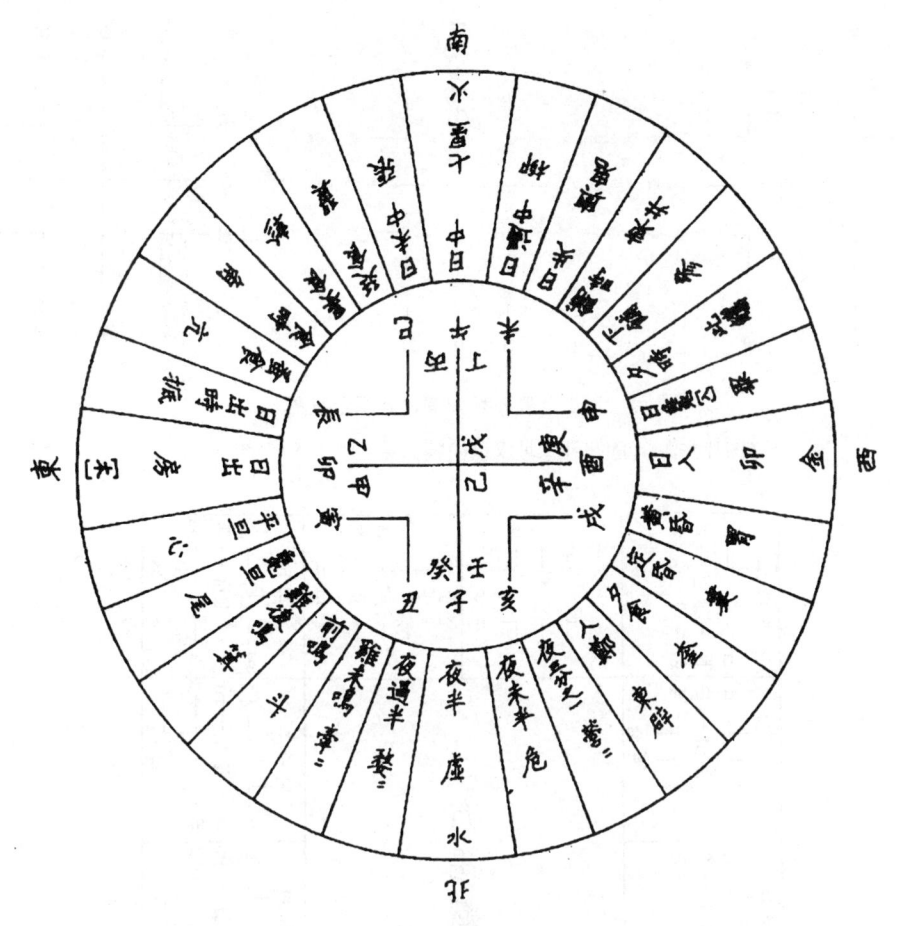

图一　湖北荆州30号墓出土简牍示意图
（图片来源：《关沮秦汉墓简牍》，第107页，线图一）

干，甲乙在东，丙丁在南，戊己居中，庚辛在西，壬癸在北（图一）。湖北随州孔家坡汉简《日廷》中有三幅[1]，一幅十二端依次标出十二支及占语，一幅为十二支和十二月，一幅为五行（析为十二种）和占语，最后一幅上还标有十干，位置同周家台出土者（图二）。马王堆汉墓出土帛书《禹藏图》周围的十二个小图亦是此种图式[2]，"+"形中心标月份，四周线端则标数字（图三）。马王堆帛书《堪舆》章首亦有一幅相似的图式[3]，不过中间省略了"+"形线，但相应位置的十干和十二支（十二支为逆时针，与前述有所不同）仍然标出，另外在最外侧的边框上还按方位标出二十八宿（逆时针排列）（图四）。

---

[1] 湖北省文物考古研究所、随州市考古队：《随州孔家坡汉墓简牍》，北京：文物出版社，2006年，第144-145页。
[2] 马王堆汉墓帛书整理小组：《马王堆汉墓帛书[肆]》，北京：文物出版社，1985年，第134页，附图二。
[3] 马王堆汉墓帛书整理小组：《马王堆帛书〈式法〉释文摘要》，《文物》2000年第7期。

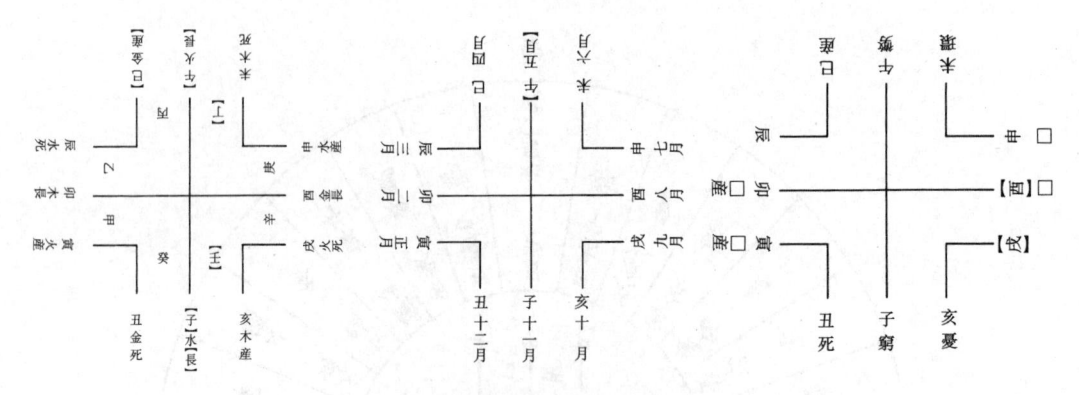

图二　孔家坡汉简日廷图示意图

（图片来源：《随州孔家坡汉墓简牍》，第144、145页，图一、二、三）

图三　马王堆汉墓帛书《禹藏图》示意图

（图片来源：《马王堆汉墓帛书（肆）》，第134页，附图二）

在式盘的地盘也见有此种图式。如湖北江陵王家台15号秦墓出土式盘[1]（图五）和安徽阜阳双古堆汝阴侯墓M1出土一件式盘的地盘背面[2]。汝阴侯墓出土者四角部分还

---

[1]　荆州地区博物馆：《江陵王家台15号秦墓》，《文物》1995年第1期。
[2]　安徽省文物工作队、阜阳地区博物馆、阜阳县文化局：《阜阳双古堆西汉汝阴侯墓发掘简报》，《文物》1978年第8期。

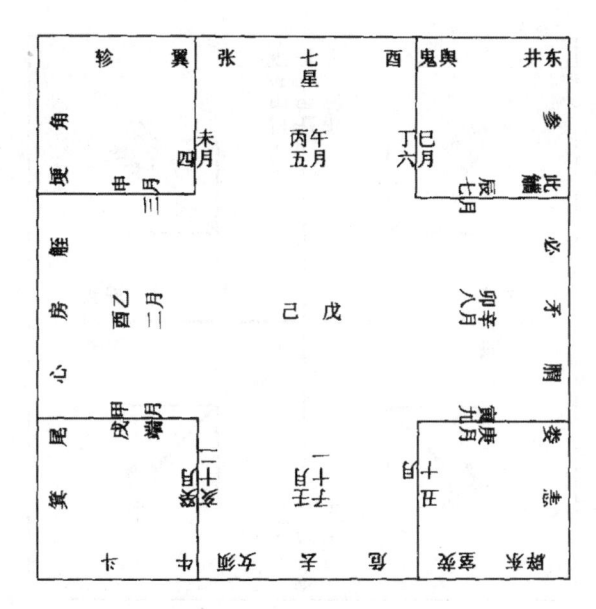

图四　马王堆《堪舆》示意图

(图片来源:《马王堆帛书〈式法〉释文摘要》,《文物》2000年第7期)

有四条对角线,增加了对四维的表现(后详),图式上还标有数字和节气(图六)。江苏仪征刘集联营西汉早期墓葬出土一件漆盘,很可能也是一种式盘,其上也有此种图式[1]。稍有不同的是其"＋"形线中心与四边之间断开,但整个构图显然是相连的。盘上朱书隶书文字五层,内容较一般的此种图式更复杂。外层边框按方位标出二十八宿(逆时针排列),十二条线外端标十二月(顺时针),向内标十二支(逆时针,与前述马王堆《堪舆》相同,值得注意),内端及中心交午处按方位标十干和五行,除二十八宿外皆与图式中线的位置相关,可见,也许是因为其内容过多,所以才断开中间的线条,使其出现更多可供标注的线端(图七)。安徽阜阳双古堆汝阴侯墓M1(汉文帝十五年,公元前165年)出土的另一件式盘地盘正面应该也是此种图式,虽然天盘遮挡了盘面中心大部分位置,但从天盘未遮挡的四端和四角来看,仍然是中央"＋"字形线加上四角"Ｖ"形线的布局,十二个线端也标出十二支(顺时针),再外围为二十八宿(逆时针)。十二支内也按方位标出十干,四角标天(西北)、土(地,东南)、人(西南)、鬼(东北)(图八)。

博局的图式比起此类图式来更为复杂(后详),但在四川地区汉代画像的仙人六博图

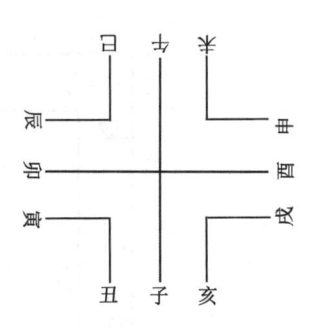

图五　湖北江陵王家台秦墓式盘结构示意图
(作者绘)

---

[1] 仪征博物馆:《江苏仪征刘集联营西汉墓出土占卜漆盘》,《东南文化》2007年第6期。

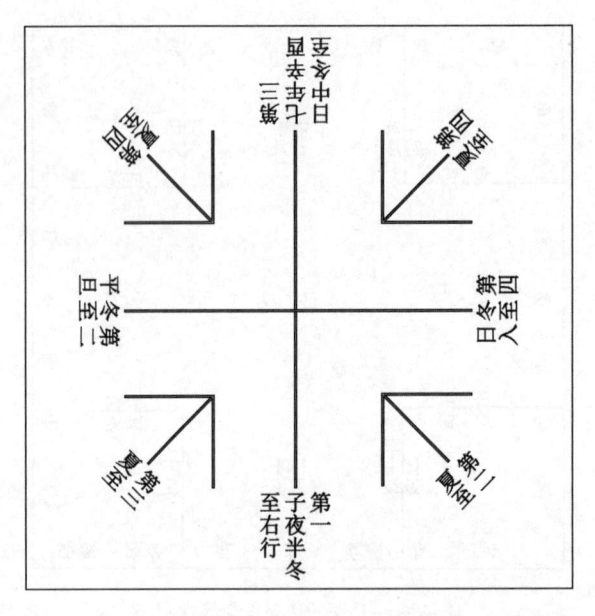

图六　安徽阜阳双古堆M1出土二号式盘地盘背面示意图

（作者绘）

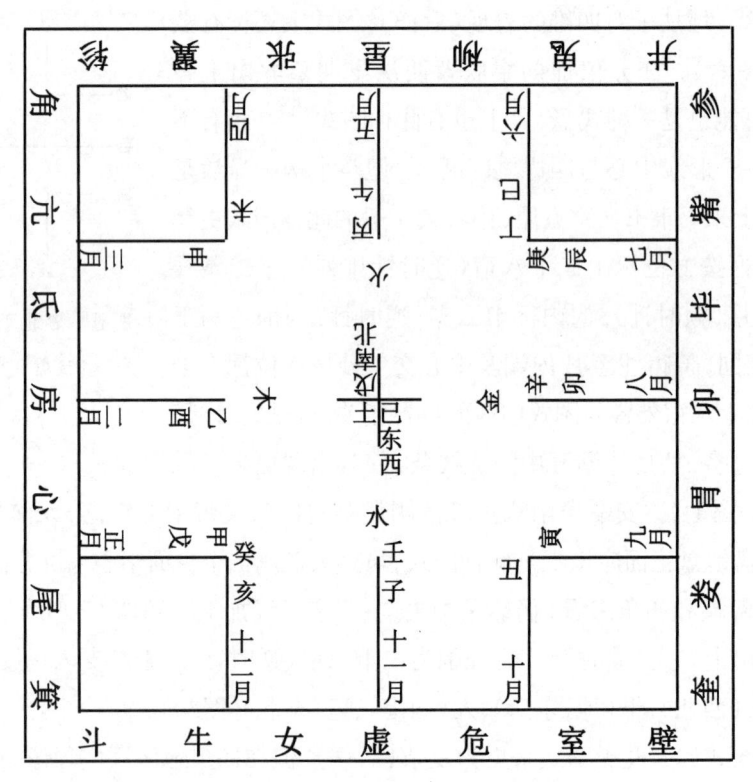

图七　江苏仪征刘集联营西汉墓出土式盘示意图

（作者绘）

348　蜀山琢玉：丧葬制度与帝国气象

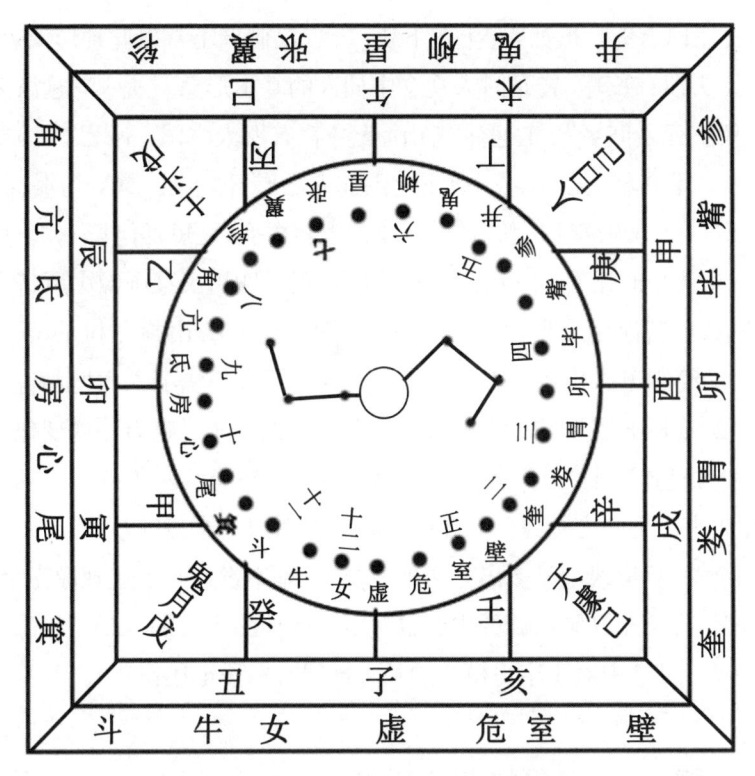

图八　安徽阜阳双古堆M1出土一号式盘示意图
（作者绘）

像中，往往将博局简化表现为此种图式。如新津宝子山崖墓1号石棺一侧左部为一幅仙人六博画像，其上二人跪坐于一"上广下狭"的山顶上对博[1]。二人为裸体，身形清癯，头顶有长耳，肩后生羽，其旁又有凤鸟和凤尾状的芝草（图九）。罗二虎先生认为二人坐于云气之上[2]，其实当为仙山，古人观念中的仙山多为"上广下狭"。《十洲记》云："（昆仑山）广万里，形如偃盆，下狭上广。"[3]《拾遗记》亦云："海中三山，一名方壶方丈，

图九　四川新津宝子山崖墓一号石棺仙人六博画像
（图片来源：《汉代画像石棺》，第39页，拓本一二）

---

[1] 罗二虎：《汉代画像石棺》，成都：巴蜀书社，2002年，第38—39页。
[2] 罗二虎：《汉代画像石棺》，第38页。
[3] （北魏）郦道元撰，陈桥驿校证：《水经注校证》卷一《河水》引，北京：中华书局，2007年，第12页。

二曰蓬壶蓬莱,三曰瀛洲。形如壶,上广下狭。"[1] 汉画像上常以此种形象表现仙山。二人肩后有羽翼,头顶有长耳,皆是时人观念中仙人的基本形象。《楚辞·远游》中说"仍羽人于丹丘兮,留不死之旧乡",王逸注《山海经》言有羽人之国,不死之民,或曰人得道,身生毛羽也"[2]。《论衡·无形篇》中也说"图仙人之形,体生毛,臂变为翼,行于云,则年增矣,千岁不死"[3]。汉乐府《长歌行》中云"仙人骑白鹿,发短耳何长"[4]。可见,此画像表现的是仙人六博于仙山之上,而其所用之博局,正是四川汉墓画像中所特有的这一类。类似的画像还见于新津崖墓所出另一石棺[5](图一〇),彭山梅花村496号崖墓石棺右侧[6](图一一)。简阳鬼头山崖墓3号石棺右侧右上部有一幅羽人六博画像,自题为"先(仙)人博"[7],意义十分明确。其所用博局也属于此类,只不过略有一些变化,即在四角的四个"∨"形中再对置四个"∨"字形线,但其"+"形格局及四角设"∨"形的基本格局是一致的。德阳市出土一方画像砖上亦有一幅仙人六博画像,其所用博局亦属此类,只不过在四角的四个"∨"形线中又多出一两条短线[8],基本设计与上述画像完全一致。

此外,在四川出土东汉画像砖的中心也有不少此种图式(图一二)。

《淮南子·天文训》中对于宇宙模式的基本框架有一段记述:

图一〇 四川新津崖墓石函仙人六博画像　　图一一 四川彭山梅花村496号崖墓石棺仙人六博画像
(图片来源:《中国画像石全集7》,第171页,　　(图片来源:《汉代画像石棺》,第52页,图三六)
图二〇七)

---

[1] (唐)徐坚等:《初学记》卷五《地理》引,北京:中华书局,1962年,第92页。
[2] (宋)洪兴祖:《楚辞补注》卷五《远游》,北京:中华书局,1983年,第167页。
[3] 黄晖:《论衡校释》卷二《无形篇》,北京:中华书局,1990年,第75页。
[4] (宋)郭茂倩:《乐府诗集》卷三〇《相和歌辞》,北京:中华书局,1979年,第442页。
[5] 中国画像石全集编辑委员会:《中国画像石全集7·四川汉画像石》,济南:山东美术出版社、郑州:河南美术出版社,2000年,第171页,图二〇七。
[6] 罗二虎:《汉代画像石棺》,第50—52页。
[7] 罗二虎:《汉代画像石棺》,第71—72页。
[8] 高文、王锦生:《中国巴蜀汉代画像砖大全》,澳门:国际港澳出版社,2002年,第394页,图五三六。

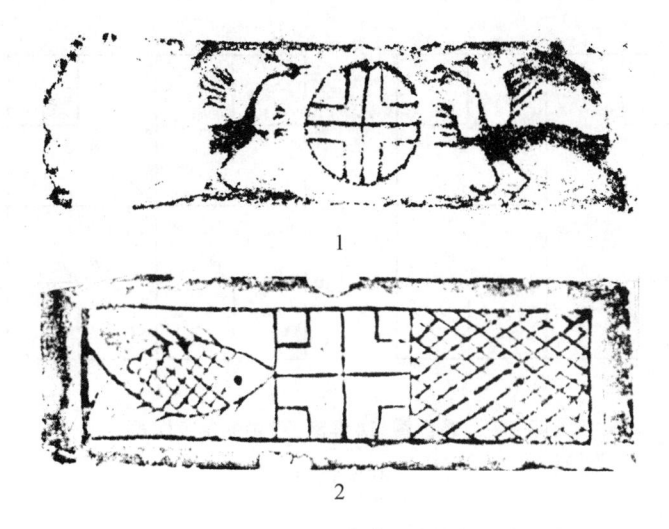

图一二　四川汉画像砖上的钩绳图式
1. 四川郫县出土画像砖拓片　2. 四川芦山县出土画像砖拓片
（图片来源：《中国巴蜀汉代画像砖大全》，第386页、第411页，图五一五、图五八一）

　　子午、卯酉为二绳，丑寅、辰巳、未申、戌亥为四钩，东北为报德之维也，东南为常羊之维，西南为背阳之维，西北为蹄通之维。[1]

案"南北为经，东西为纬，故曰二绳"[2]，则"子午""卯酉"二绳代表最基本的一对经纬线。在此二绳之间，等分安排十二辰中其他八辰，丑与寅、辰与巳、未与申、戌与亥相钩，是为"四钩"。二绳的四头即是"四正"，四钩所在即是"四隅"，四隅之线即是"四维"，合而言之即是"八纮"，也称"八维"，高诱注"八纮，天之八维也"[3]。

由此二绳、四钩、四正、四隅、四维、八纮、十二辰即构成了宇宙模式的基本框架，如果用图式表示出来，正好就是上述"十"形和"∨"形构成的图式（图一三），也即宇宙模式的基本图式。由于构成此种框架的最基本元件为"钩"和"绳"，我们依此称之为钩绳图。有学者根据孔家坡汉简术数文献中此种图式的题名，结合《论衡》的记载，将其称为"日廷图"[4]，我们认为是有道理的。不过，如前所述，本文不重在术数方面的探讨，而重在图像方面的观察，另外，不同的术数也可共用一种基本图式，为便于直接揭示其核心构图，我们还是按照其产生将其称为钩绳图。

---

[1] 何宁：《淮南子集释》卷三《天文训》，北京：中华书局，1998年，第207页。
[2] 何宁：《淮南子集释》卷三《天文训》，第207页。
[3] 何宁：《淮南子集释》卷三《天文训》，第23页。
[4] 黄儒宣：《〈日书〉图像研究》，第57页。

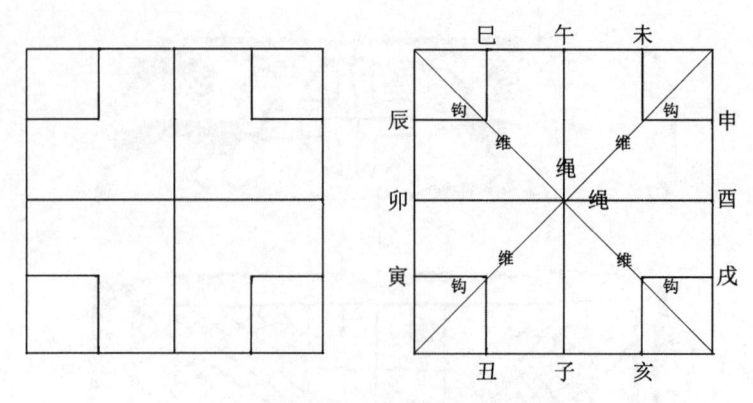

图一三　钩绳图与《淮南子》中的宇宙模式
（作者绘）

"钩"即规、矩，与"绳"同为营造、设计的基本工具。《庄子·马蹄》："我善治木，曲者中钩，直者中绳。"[1]《汉书·扬雄传》："带钩矩而佩衡兮，履欙枪以为綦。"颜注引应劭曰："钩，规也。"[2]绳是用来作直线或测量垂直的工具，规为画圆或弧的工具，矩为画方或直角的工具。实际上只要用一直角的"钩"，方或圆都能画成，所以钩即包括了规、矩。"钩"又可作"钜""巨"。潘岳《西征赋》云"驰青鲲于纲钜"，李善注"钜，钩也"[3]。

钩（规、矩）、绳不仅是建构宇宙模式的基本元件，而且是管理和运行宇宙的基本工具。《淮南子·天文训》云："规生矩杀，衡长权藏，绳居中央，为四时根。"[4]《淮南子·天文训》中又说：

东方木也。其帝太皞，其佐句芒，执规而治春。……南方火也。其帝炎帝，其佐朱明，执衡而治夏。……中央土也。其帝黄帝，其佐后土，执绳而治四方。……西方金也。其帝少昊，其佐蓐收，执矩而治秋。……北方水也。其帝颛顼，其佐玄冥，执权而治冬。[5]

在钩（规、矩）、绳以外又加以权、衡以治四时五方。而《天文训》中讲宇宙中基本要素四时（四季）、五星（金木水火土星）、五宫（田、司马、理、司空、都）、六府（十二地支的相配）、八风（条风、明庶风、清明风、景风、凉风、阊阖风、不周风、广莫风）、九野（钧天、苍天、

---

[1]（清）王先谦：《庄子集解》卷三《马蹄》，北京：中华书局，1999年，第82页。
[2]《汉书》卷八十七《扬雄传》，北京：中华书局，1962年，第3516—3517页。
[3]（梁）萧统编，（唐）李善注：《文选》卷一〇《赋戊》，北京：中华书局，1977年，第160页。
[4] 何宁：《淮南子集释》卷三《天文训》，第207页。
[5] 何宁：《淮南子集释》卷三《天文训》，第183—188页。

变天、玄天、幽天、颢天、朱天、炎天、阴天)、二十八宿(角亢氐房心尾箕、斗牛女虚危室壁、奎娄胃卯毕觜参、井鬼柳星张翼轸)运行时,都是以二绳、四钩作为其基本图式的框架,在此基础上有所增添。

可见,合则为"钩",分则为"规""矩",图式加入规、矩的元素更加详细地反映了宇宙模式。

二、经典图式：博局图

二绳四钩是此类图式中最基本的形式,比较复杂的是另一种图式,数量极多,应用广泛,不仅出现在占卜遗存上,还大量被运用到相关的生活器具中,我们称之为经典图式。

此种图式即一般所谓的博局图[1],因为其最典型的反映即是汉代博局上的图式,由于已经广泛使用,仍然沿用这一名称。具体图式为：内外两重方框；内方外侧的四正位置对称分布四个"⊥"形线,竖线朝内,横线朝外；相对的外方内侧的四正位置分布四个"⌐"形线,竖线朝外,横线朝内,开口逆时针方向排列；四角仍然为四个"V"形线,开口向外,扣在四角；内外方之间对角的位置上或连为直线,更多的以圆圈、花叶、乳突等方式来表现(图一四)。已有学者指出此种博局图式是在西汉前期才定型,由于这里不涉及其起源、演变问题[2],且整个汉代均以此种图式为绝对主流,在本文中以其为经典代表是不成问题的。

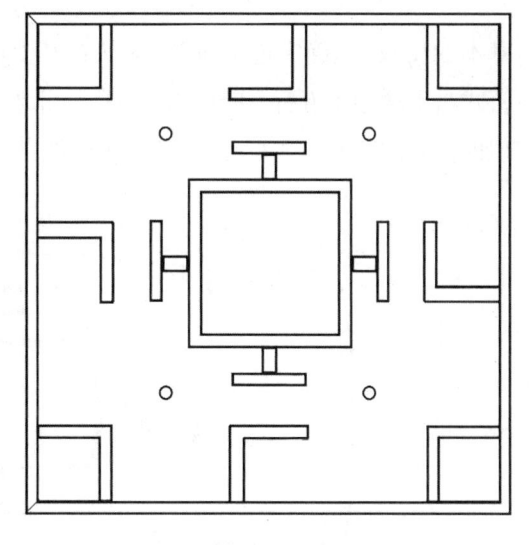

图一四　博局示意图
(作者绘)

除了上述四川地区仙人六博画像中使用的博局为钩绳图外,大量秦汉时期出土博局实物及图像上的图式皆为此种图式(个别图像刻画上可能有一些省略)。流行于西汉晚期至东汉中期,尤其是新莽时期的大量博局纹镜,也是以此种图式为基本构图格局(图一五)。由于此类铜镜上个别有铭文为"刻娄

---

[1] 傅举有：《论秦汉时期的博具、博戏兼及博局纹镜》,《考古学报》1986年第1期。
[2] 黄儒宣：《六博棋局的演变》,《中原文物》2010年第1期。

图一五　博局镜示意图
（作者绘）

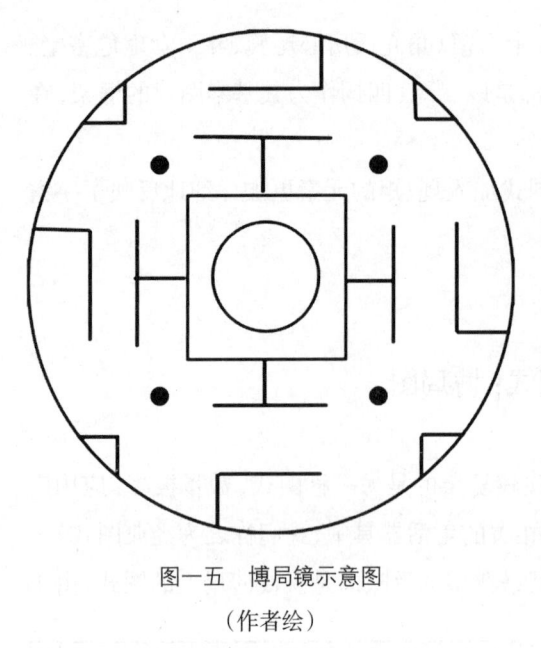

（镂）博局去不羊（祥）"[1]，可信其构图应该与博局纹有关。除大量的博局和博局纹镜外，甘肃省天水放马滩秦墓M14中出土木板画一面也绘有此种图式[2]，另一面为一只虎栓于树下（图一六）。江苏东海尹湾西汉晚期墓出土占卜木牍"博局占"上也有此种图式[3]，其上还标有六十干支（图一七）。汉长安城长乐宫六号建筑遗址[4]和北宫南面砖瓦窑遗址[5]出土方砖上也刻画有此种图式，也可能是一种简易的博局（图一八）。甚至还见于一些陶罐之上的刻画（图一九），可见其流行。

如前所述，二绳四钩虽然是宇宙模式最基本的反映，但确实过于简单，无法在其上标注更多的符号系统。上述江苏仪征刘集联营式盘上增加了五行、十干、十二月、二十八宿等内容，原来图式上的线条便已不能胜任，但即使该图断开了"+"形的四方中间线条，从而增加了八个线端，仍然不够使用，还在同

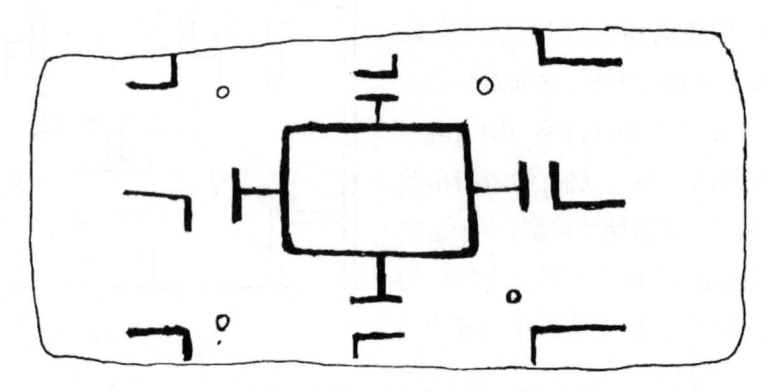

图一六　甘肃天水放马滩秦墓木板画背面示意图

（图片来源：《放马滩M14秦墓板画中的宗教信仰》，见詹石窗主编《老子学刊》第5辑，第80页，图4）

---

[1] 周铮：《"规矩镜"应改称"博局镜"》，《考古》1987年第12期。
[2] 姜守诚：《放马滩M14秦墓板画中的宗教信仰》，见詹石窗主编《老子学刊》第5辑，武汉：长江出版社，2014年，第80页，图4。
[3] 连云港市博物馆：《江苏东海县尹湾汉墓群发掘简报》，《文物》1996年第8期。
[4] 中国社会科学院考古研究所汉长安城工作队：《西安市汉长安城长乐宫六号建筑遗址》，《考古》2011年第6期。
[5] 中国社会科学院考古研究所汉城工作队：《汉长安城北宫的勘探及其南面砖瓦窑的发掘》，《考古》1996年第10期。

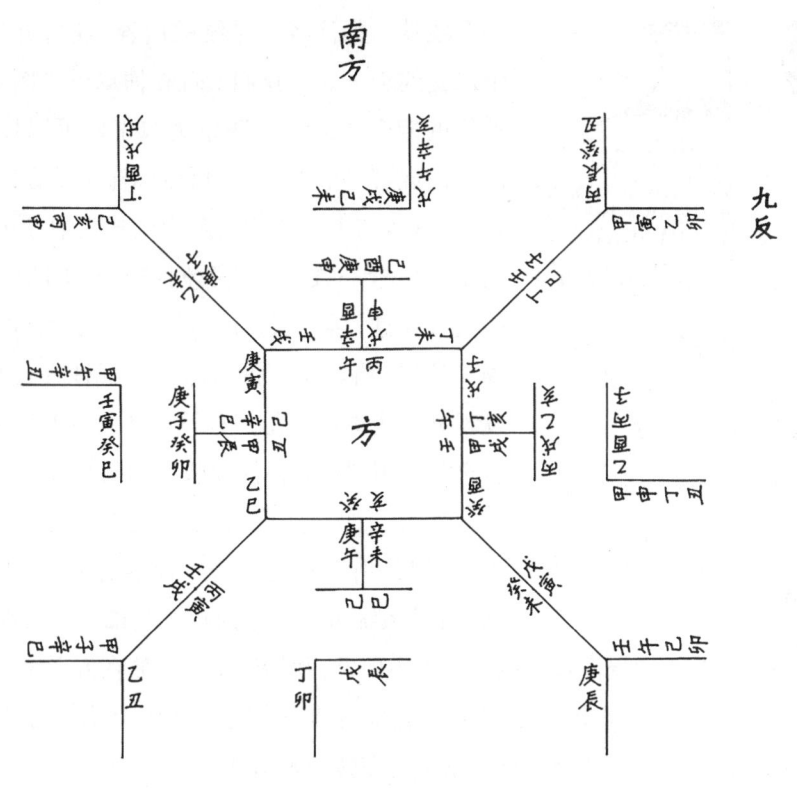

图一七　尹湾汉墓"博局占"示意图

（图片来源：连云港市博物馆、中国社会科学院简帛研究中心、东海县博物馆、中国文物研究所：《尹湾汉墓简牍》，北京：中华书局，1997年，第125页）

图一八　汉长安城长乐宫六号建筑遗址出土博局纹砖拓片

（图片来源：《西安市汉长安城长乐宫六号建筑遗址》，《考古》2011年第6期，图八，8）

精神世界｜抽象宇宙：汉代式盘类图像的图式观察　355

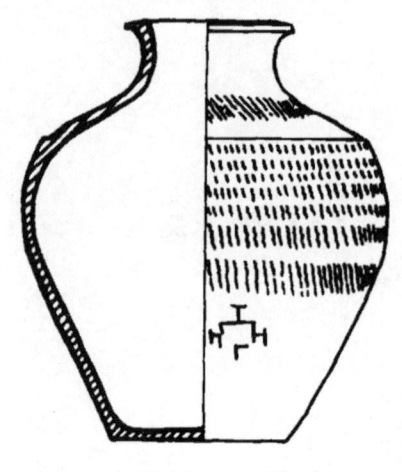

图一九　咸阳塔尔坡秦墓出土陶罐

（图片来源：咸阳市文物考古研究所：《咸阳塔尔坡战国墓发掘简报》，《文物》1997年第8期，图三，1）

一个线端上标注各个系统的内容，使得五行、十干和十二支处于一处。我们发现在博局图的图式中，内方外侧的四个"⊥"形，四条竖线正好可以标注五行的四方，横线的两端正好也可以标注十干在四方的八个符号，这也与上述汝阴侯墓出土式盘地盘正面图式上的十干位置一致。于是我们按照刘集联营式盘和汝阴侯墓式盘，再参照其他有标注的式盘类图式上的格局和位置，将其所用的符号系统标注在此种图式上，发现其确实更加满足多种符号体系的共同使用，也完全符合所用图式和标注反映出的基本模式（图二〇）。

其实，有的博局镜上也在图式的相关位置标注了干支，只是由于其已经是一种生活用具，更多属于装饰，符号系统可以尽量简化和装饰化。秦汉铜镜的传统类型为圆镜，只是将博局图放在圆形背景中而已，我们试图将其放在方形图式中并补出上述符号系统，发现二者完全一致，符号系统也与其图式完全吻合，不仅完全证明了图式的性质和意义，也为此种图式及其符号系统的完整表现增加了证据（图二一）。

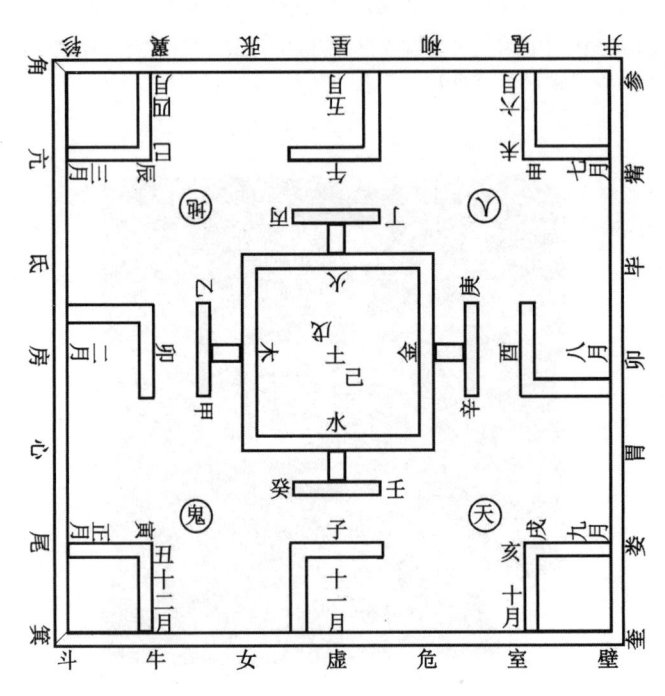

图二〇　博局图与符号体系示意图

（作者绘）

356　蜀山琢玉：丧葬制度与帝国气象

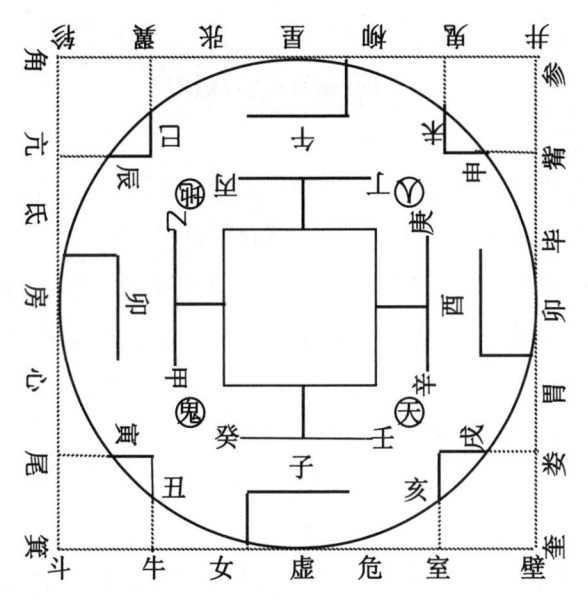

图二一　博局图（博局镜图式）与符号系统的配伍示意图
（作者绘）

值得指出的是，尹湾汉墓出土木牍"博局占"上的此种图式上，标注系统与上述有别，是将干支组合在一起，从东北方位（甲子）开始按一定规律依次排列六十干支。有学者认为此种标注顺序可能与六博中行棋规则有关[1]，由于六博毕竟还是一种实际生活中的棋类游戏，宇宙模式虽是其观念背景，还要考虑现实的行棋规则，可能在这个以宇宙模式为基本格局的棋盘上，还有实际的行棋方式。

我们看到，此种图式与上一种图式的最大区别，即是在相同位置上将两条直线（二绳）改为里面四个"⊥"形和外面四个"L"形，以往将它们称为规矩纹，还是有一定道理的，确实"⊥"形和"L"形与汉代图像中常见的伏羲、女娲手中所持的规、矩具有相似性。而上文已经讨论过，四角的四个"V"形来源于四钩，而钩正好是规、矩的合称。可见，此种图式即是以钩（规、矩）代替绳，一方面纯粹以钩（规、矩）来作为构成宇宙模式的基本元件，另一方面增加基本图式上的符号系统容量。关于规、矩在宇宙模式中的意义，上文已经论述，兹不赘述。规、矩为画方、圆的工具，所谓"不以规矩，不成方圆"，而天圆地方为人们的基本观念，如《淮南子·天文训》云"天道曰圆，地道曰方"[2]，纯粹以规矩纹来构建宇宙模式是可以理解的。

---

[1] 李学勤:《〈博局占〉与规矩纹》，《文物》1997年第1期。
[2] 何宁:《淮南子集释》卷三《天文训》，第169页。

三、简易图式：八位图

汉代式盘以及其他相关图像中还有一种更为简易的图式，即以四正四隅的四条连线直接构成一个指示八方的图式。由于此种图式过于简单，并不比一般线条纹和几何纹复杂多少，如果运用在一般装饰上也可能是受对称、美观等观念下产生的纹饰，不具有多少意义。但当其作为式盘和其他占卜用具上的主要图式出现，情况显然不能同日而语。

安徽阜阳双古堆汝阴侯墓M1出土两件式盘[1]，其图式不同。一件天盘上为北斗、十二月和二十八宿，是后来"罗列图式"中天盘部分的来源（详下述），地盘上为钩绳图式（详上述）。另一件的天盘上直接以四正四隅四条连线构成，并标有数字和文字，地盘与之相应的八个位置也分两层标写文字。具体来说，天盘过圆心划四条等分线，在线两端刻"一，君"对"九，百姓"，"二"对"八"，"三，相"对"七，将"，"四"对"六"。绕圆心刻"吏""招""摇""也"四个字。地盘在天盘槽外至边缘中间刻一方框线，框内外按八方刻字。框内按顺时针的次序为："当者病""当者有喜""当者有憀""当者显""当者死""当者有盗争""当者有患""当者有忧"。框外相对依次为："立春天溜□六日废明日""春分仓门□六四废明日""立夏阴洛□五日废明日""夏至上天□六日废明日""立秋玄委□六日废日明""秋分仓果□五日明日""立冬新洛□五日明日""冬至叶蛰□六日废明日"。可见，其框内部分是占辞，框外部分则是二分二至四立八个节气（图二二）。地盘背面整个为钩绳图式。

由于两件式盘的图式和符号、文字系统差异很多，不少学者按照后世式法的一些标准，将前者称为"六壬式"，而将后者称为"太一式"。这个问题我们这里不去讨论，恐怕也很难讨论得清楚，这里的重点是讨论此种图式与当时人观念中的宇宙模式及其抽象系统之间的关系。

湖南沅陵虎溪山汉墓M1也出土一件式盘[2]，根据出土文字，时代在汉文帝后元二年（前162），与双古堆汝阴侯墓年代极为接近。式盘分为天盘和地盘，但其上的线条、符号和文字大多磨灭漫漶。天盘上已无痕迹字迹保留，地盘四正四隅方向等列八个方框，由于为刻出，尚能清晰看到，其中一框内还保留有朱书的干支，推测其他框中也应该有干支排列。地盘背面也有钩绳图式，只是缩小为符号，且有多个。虽然该式盘保存状况较差，但根据

---

[1] 安徽省文物工作队、阜阳地区博物馆、阜阳县文化局：《阜阳双古堆西汉汝阴侯墓发掘简报》，《文物》1978年第8期。

[2] 湖南省文物考古研究所、怀化市文物处、沅陵县博物馆：《沅陵虎溪山一号汉墓发掘简报》，《文物》2003年第1期。

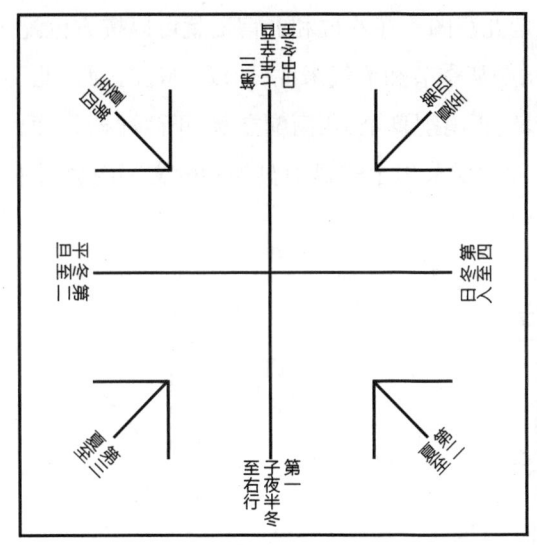

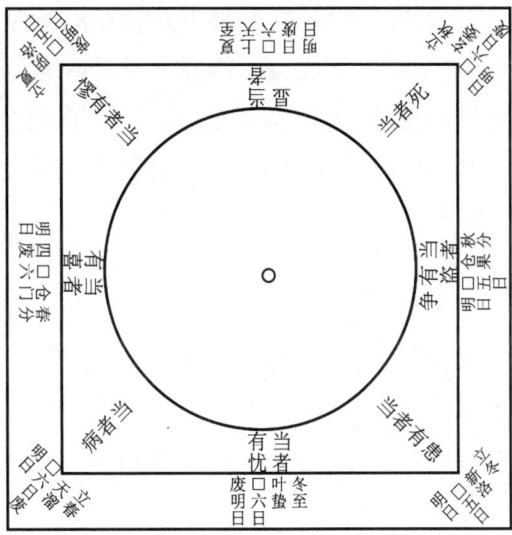

地盘背面　　　　　　　　　　地盘正面

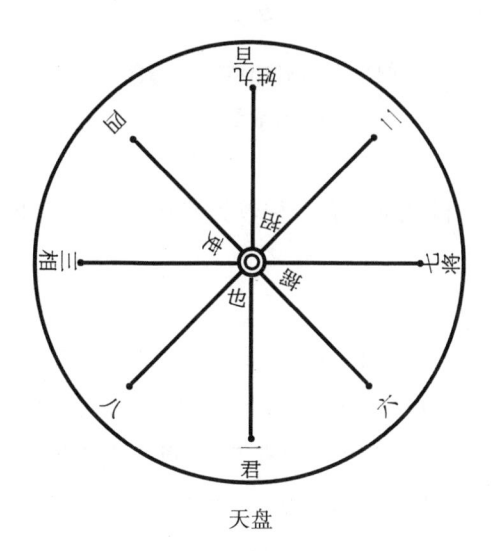

天盘

图二二　双古堆一号墓出土二号式盘示意图
（作者绘）

其地盘总体分为四正四隅八个方位构图的形式，再加上底面也有钩绳图式的特点，应该也是上述汝阴侯墓出土式盘中的八方式布局，只是其用方框框出八个方位，再在其中写文字，与汝阴侯墓出土者直接在八个方位写字稍有不同，但大致布局应是一致。

此种图式直接表示了四正四隅八个方位，最直接的表现就是汝阴侯墓出土式盘上四正四隅的四条直接连线，再在八方配以数字。所有术数研究者意见都十分一致，此种图式应该起源甚早，最开始用以表示四正四隅八方方位，一般称为八位图，再加上中心的交

精神世界｜抽象宇宙：汉代式盘类图像的图式观察　　359

点，其实是九个方位，如果用方格画出，也就是九宫图。在八位和九宫上就可以按方位配合季节、时令、干支、数字等多种符号系统。比如从季节和节气来说，即以"东、南、西、北"配"春、夏、秋、冬"，以正东配春分、东南配立夏、正南配夏至、西南配立秋、正西配秋分、西北配立冬、正北配冬至、东北配立春，也就是汝阴侯墓出土式盘地盘外侧的文字内容（图二三）。

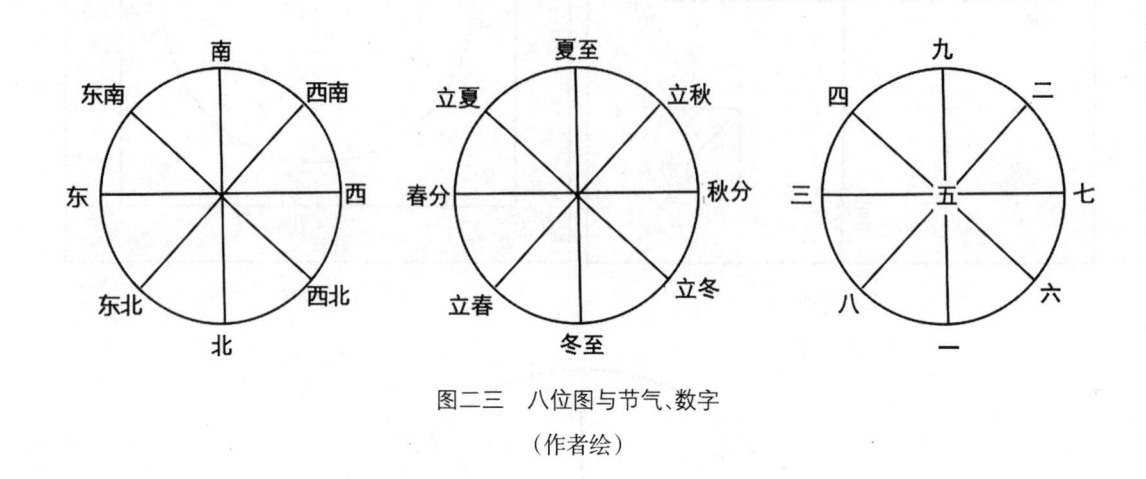

图二三　八位图与节气、数字
（作者绘）

关于与数字的配伍，后世文献中有一种较为特殊的形式。如朱熹《周易本义·易图》中解释说：

> 《系辞》传曰："河出图，洛出书，圣人则之。"又曰："天一、地二、天三、地四、天五、地六、天七、地八、天九、地十。天数五，地数五，五位相得而各有合；天数二十有五，地数三十，凡天地之数五十有五，此所以成变化而行鬼神也。"此河图之数也。洛书盖取龟象，故其数戴九履一，左三右七，二四为肩、六八为足。[1]

可见，后世所谓洛书的配数原则即是在四正四隅的八个方向上，"九"与"一"对列南北，"三"与"七"对列东西，"二"与"四"平列西南、东南两隅，"六"与"八"平列西北、东北两隅。后世洛书见下图（图二四），如果将它换为数字，我们就会发现，其与汝阴侯墓出土式盘天盘八位图中所标示数字的位置、顺序完全一致。关于洛书构图的形成，学者们有比较复杂的术数方面的解释[2]。但不管怎么说，这种配数原则显然与对宇宙模式的抽象化、

---

[1] （宋）朱熹撰，李一忻点校：《周易本义》，北京：九州出版社，2004年，第3页。
[2] 刘大均：《周易概论》，第123页。

图二四　洛书及其数字表现
（作者绘）

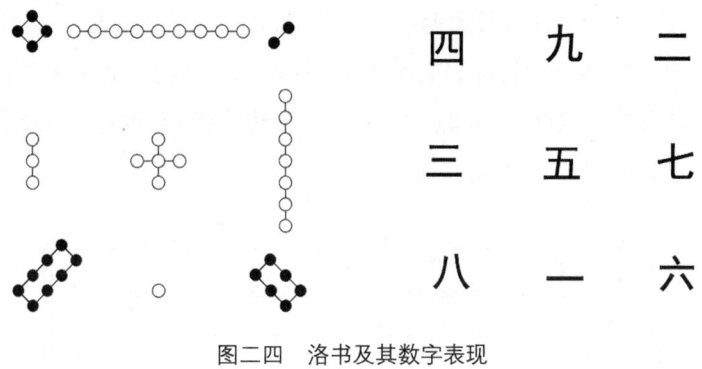

术数化有关的。不论河图洛书具体的出现时间为何，与洛书一致的这种配数原则显然在西汉前期就已经形成了。

四、罗列图式：罗盘图

所谓"罗列图式"，即是在基本的方、圆框架中直接按方位和顺序将上述或更多符号系统罗列于其上，而不以上述所谓钩绳图、博局图和八位图中的框架为表现主体，正如后世的罗盘，也应该是后世罗盘的直接源头，只是后来符号系统逐渐增加并将磁针运用于其中而已，所以我们将之称为"罗盘图"。

这种图式目前主要见于式盘上，除上述江苏仪征刘集联营出土的一件（此件由于没有天盘，是否直接为式盘尚可怀疑，本研究中暂将其列入式盘）、安徽阜阳双古堆汝阴侯墓出土的两件和湖南沅陵虎溪山汉墓M1出土的一件外，其他的式盘均为此种罗列图式。

如甘肃武威磨咀子汉墓M62出土式盘，发掘者推测该墓葬的时代为王莽时期[1]。分为天盘和地盘两部分，天盘可以转动，刻同心圆三圈，中心圈内用竹珠镶出北斗七星，其第五星是利用盘轴充当，各星之间刻细线相联。第二圈隶书阴刻十二神：神后、大吉、功曹、太冲、天罡、大一、胜先、小吉、传从、从魁、天魁、徵明（顺时针排列）。功曹、大吉之间，又刻一戊字。外层隶书阴刻二十八宿（逆时针）。地盘刻字两层，内层按方位篆书阴刻十干四周的八个（即东方甲、乙，南方丙、丁，西方庚、辛，北方壬、癸）、十二支（顺时针），干支并未组合，但混排在一圈内，共二十字。其中子、卯、午、酉四字围刻界格，下镶竹珠，应是对二

---
[1] 甘肃省博物馆：《武威磨咀子三座汉墓发掘简报》，《文物》1972年第12期。

绳四正的强调。外层二十八宿，每边七宿，排列同天盘。盘中心有四条辐射状双线与四角相联，内各镶一大二小共三颗竹珠，应是对四维的强调。凡盘上有文字处，上方都刻一个小圆点。天、地盘边缘均刻许多小圆点为刻度，天盘边缘微残，现存150余个刻度；地盘共有182个刻度。式盘背部素面无文字（图二五）。

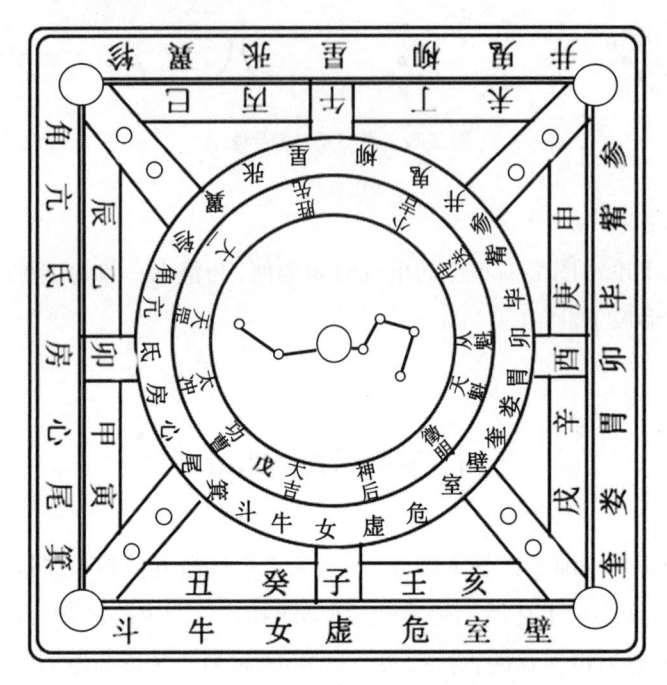

图二五　甘肃武威磨咀子式盘示意图
（作者绘）

再如朝鲜乐浪遗址王盱墓出土式盘，该墓中有永平纪年的器物出土，可知大概在东汉明帝时期[1]。式盘也分为天盘和地盘两部分。天盘中心有孔，以黄色为地。正中朱绘北斗七星，第五星正好为天盘中孔。北斗外天盘自内向外划分为四圈，第一圈内墨书十二神：神后、大吉、功曹、太冲、天罡、大一、胜先、小吉、传从、从魁、天魁、徵明（顺时针排列）。第二圈墨书十干、十二支（顺时针），干支并未组合，但混排在一圈内，共二十字。第三、四圈无字，四维位置有线标注。地盘自内向外列四层，第一层按方位墨书十干四方的八个，四正及四维位置墨书八卦符号，方位为后天八卦，震在正东，巽在东南，离在正南，坤在西南，兑在正西，乾在西北，坎在正北，艮在东北。第二层按方位排列十二支（顺时针），第三层无字，第四层为二十八宿（逆时针）（图二六）。

―――――――――
[1]　[日]原田淑人、田泽金吾等:《乐浪五官掾王盱の坟墓》，东京：东京刀江书院，1930年，第60-62页。

362　蜀山琢玉：丧葬制度与帝国气象

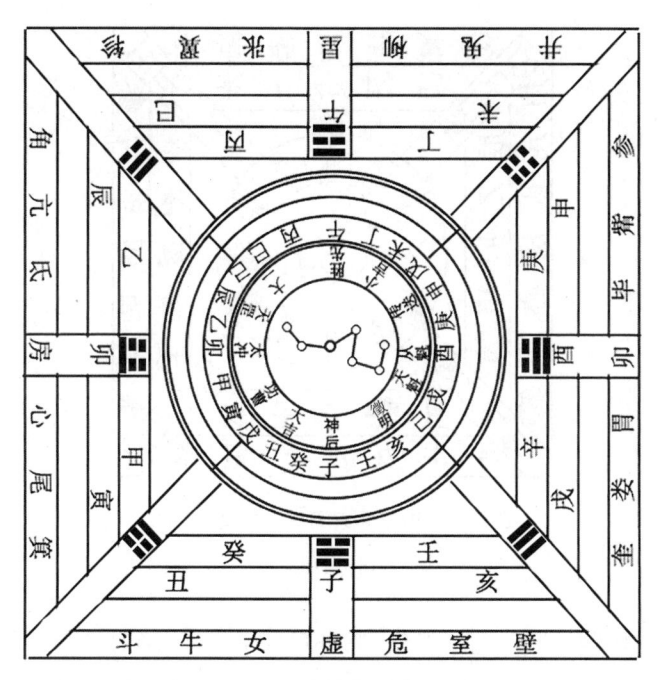

图二六　乐浪王盱墓式盘示意图
（作者绘）

敦煌市西北部孟家桥乡祁家湾墓群亦出土一件魏晋时期较完整式盘。该式盘由天盘、地盘组成。天盘半球状，底面直径3.5、厚1厘米；地盘方形，上边长5.3、下边长4.2、厚0.6厘米。天盘从内向外依次排列有北斗、十二神。天盘中心阴刻北斗七星，并连线，外列十二神。斗魁第一星指向魁戌，斗柄指向天罡。天罡之后顺时针依次为大一、胜先、小吉、传送、从魁、魁戌、徵明、神后、大吉、功曹和大冲（太冲）。按照报告的排列顺序可看出十二月神为逆时针排列，依次为徵明、魁戌、从魁、传送、小吉、胜先、大一、太冲、功曹、大吉和神后。地盘从内向外依次排列为干支、二十八宿、地盘四角对列天、地与人、鬼四门，四边外侧是二十八星宿，内侧混列八干十二支。其中在鬼、地门之间，顺时针列寅、甲、卯、乙、辰和箕、尾、心、房、氐、亢、角[1]。可看出地盘上干支为顺时针排列，二十八宿为逆时针排列（图二七）。

综合目前所见的材料来看，此种图式总体上比较固定，只是符号系统的层次有所区别。西汉前期汝阴侯夏侯灶墓出土的一件式盘的天盘上已经以北斗七星为中心并环列二十八宿，但尚未出现十二神，其地盘也还用的是钩绳图式，最迟至王莽时期此种图式已

---

[1] 中国考古学年鉴编委会：《考古文物新发现》，见中国考古学会编《中国考古学年鉴2014》，北京：中国社会科学出版社，2015年，第461页；马洪连、张俊民：《敦煌祁家湾新出魏晋式盘研究》，《敦煌研究》2020年第2期。

图二七　敦煌祁家湾出土式盘示意图
（作者绘）

经成熟。天盘中心皆刻绘北斗七星形象，其外环列十二神（逆时针），斗杓指向天罡，其外往往还环列干支（顺时针）和二十八宿（逆时针），二十八宿在最外层。地盘则由内而外列干支（有的四方八干和十二支分为内外两层，有的混在一层，顺时针）和二十八宿（逆时针）。地盘四正四维上往往按列后天方位的八卦。魏晋以后的此类式盘还在四维列天（西北）、地（东南）、人（西南）、鬼（东北）四门，此种做法最早见于西汉前期汝阴侯墓出土的一件式盘上。再晚一些的式盘上有的还在地盘最外层列三十六禽[1]，此种做法未见于汉代（图二八）。

罗列图式中一般具备北斗、十二神、二十八宿这几类元素，只在个别式盘上有些许变化。

北斗在中国古代的天文学中具有十分重要的地位，是上古时期观象授时最重要的指标。《鹖冠子·环流》云："斗柄东指，天下皆春；斗柄南指，天下皆夏；斗柄西指，天下皆秋；斗柄北指，天下皆冬。斗柄运于上，事立于下，斗柄指一方，四塞俱成。"[2]《史记·天官书》云："斗为帝车，运于中央，临制四乡。分阴阳，建四时，均五行，移节度，定诸纪，皆系于斗。"[3]实际上这种观念来源于上古时的天象观察，公元前第四千纪前后[4]北斗曾处于天极位置。由于岁差的缘故，汉代时的天极已偏离北斗较远，但是这样的观念却保存了下来，并对中国文化产生了深远的影响。直至汉代，仍有一些文献中以北斗为天之中心。桓

---

[1] 严敦杰：《式盘综述》，《考古学报》1985年第4期。
[2] 黄怀信：《鹖冠子汇校集注》卷五《环流》，北京：中华书局，2004年，第76页。
[3] 《史记》卷二十七《天官书》，北京：中华书局，1959年，第1291页。
[4] 冯时：《中国天文考古学》，北京：中国社会科学出版社，2007年，第128页。

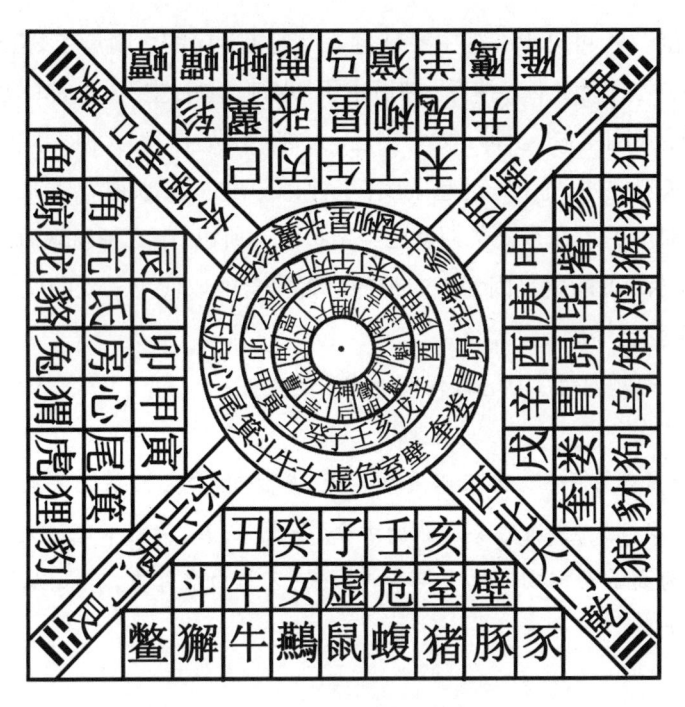

图二八　六朝铜式盘示意图

（作者绘）

谭《新论·启悟篇》云："天之卯酉，当北斗极，北斗极天枢，枢天轴也，犹盖有保斗矣。盖虽转而保斗不移，天亦转周匝，斗极常在，知为天之中也。"[1]《尚书纬》中更云："北斗居天之中，当昆仑之上。"[2] 而且由于北斗位处中宫，全年可见，又十分醒目，其绕极旋转（逆时针，即左行），具有较易观察的指示时间、节令的作用，因此被人们作为极星之用，甚至作为极星的代表。如《春秋文耀钩》云："中宫大帝，其北极星下一明者（同书又云：中宫大帝，其精北极星），为大一之先，含元气，以斗布常。"[3] 图式中北斗居中央，显然是以斗杓（斗柄）作为占卜的指针，即是对北斗"运于中央，临制四乡。分阴阳，建四时，均五行，移节度，定诸纪"的模拟。

北斗的外围排列十二神，又称"十二月将"，即徵明（亦有称登明）、魁（亦有称河魁天魁）、从魁、传从、小吉、胜先、大一（亦有称太一）、天冈（亦有称天刚、天罡）、太冲、功曹、大吉、神后。王充《论衡》中说："或（式）上十二神，登明、从魁之辈，工伎家谓之皆天神

---

[1]（汉）桓谭撰，朱谦之校辑：《新辑本桓谭新论》卷七《启悟篇》，北京：中华书局，2009年，第29页。
[2][日]安居香山、中村璋八辑：《纬书集成》，石家庄：河北人民出版社，1994年，第393页。
[3][日]安居香山、中村璋八辑：《纬书集成》，第662页。

精神世界｜抽象宇宙：汉代式盘类图像的图式观察　365

也,常立子丑之位。"[1]可见十二神主要是与十二支相对应的。隋萧吉《五行大义》卷五引《玄女拭经》曰:"六壬所使十二神者:神后主子,水神;大吉主丑,土神;功曹主寅,木神;大冲主卯,木神;天刚主辰,土神;太一主巳,火神;胜先主午,火神;小吉主未,土神;传送主申,金神;从魁主酉,金神;河魁主戌,土神;徵明主亥,水神。"[2]从上述王盱墓出土式盘来看,这种对应关系在东汉早期就已经定型了。所以,十二神出现后的天盘上或在其外标出干支或不标,可能就是因为十二神的位置完全能取代十二支的位置,标了十二神,干支的位置其实就已经确定了。

《吴越春秋·夫差内传》中记载有关于式法的描述:

> 今年七月辛亥平旦,大王以首事。辛,岁位也;亥,阴前之辰也。合壬子岁前合也。利以行武,武决胜矣。然德古今,斗击丑,丑,辛之本也。大吉为白虎而临辛,功曹为太常而临亥。大吉得辛为人丑,又与白虎并重,有人以此首事,前虽小胜,后必大败。[3]

此段占法中的具体规则虽然已难以充分理解,但其中"斗击丑""大吉临辛""功曹临亥"的占象,应该是指天盘斗柄指向地盘丑位、天盘十二神中大吉处于地盘辛位、功曹处于亥位,我们试着转动上述王盱墓出土式盘正好可以出现这种结果,说明该文献记载中的式盘正好是此种图式,也说明占式实际上是以天盘上的指针和符号系统(主要是斗柄和十二神)对应地盘上的干支来进行的。实际上天盘上斗柄固定指向十二神中的天罡,其与十二神的位置关系也是固定的,占验的核心实际就是以天盘斗柄指向地盘干支来确定。汉代以后个别式盘天盘上没有北斗,但有十二神,其原理还是一致的。

二十八宿,即东宫角、亢、氐、房、心、尾、箕,北宫斗(南斗)、牛(牵牛)、女(婺女、须女)、虚、危、室(营室)、壁(东壁),西宫奎、娄、胃、昴、毕、觜(觜觿)、参,南宫井(东井)、鬼(舆鬼)、柳、星(七星)、张、翼、轸,是以星象为基础而对天区进行划分,用以度量日月星辰运行的位置。《论衡·谈天篇》中说:"二十八宿为日月舍,犹地有邮亭为长吏廨矣。邮亭著地,亦如星舍著天也。"[4]最早的完整的二十八宿名称出现于战国早期的曾侯乙墓漆箱上。虽然各种文献中对二十八宿的具体名称甚至选用的星官有个别差异,但式盘上的二十八宿名称却比较稳定。除极个别材料外,二十八宿从西汉早期开始一直是式盘地

---

[1] 黄晖:《论衡校释》卷二十四《难岁篇》,第1021-1023页。
[2] 黄晖:《论衡校释》卷二十四《难岁篇》注引,第1022页。
[3] (汉)赵晔撰,(明)吴管校:《吴越春秋》卷五《夫差内传》,北京:中华书局,1985年,第98-99页。
[4] 黄晖:《论衡校释》卷十一《谈天篇》,第564页。

盘上不可或缺的元素,在此类图式中更是从未缺席,有的天盘最外圈也标出二十八宿。二十八宿本来是天上的分区,但很早就被人们对应为地上的分野,用于占卜地上各国和各地区人事的吉凶。如《淮南子·天文训》云:"星部地名:角、亢,郑;氐、房、心,宋;尾、箕,燕;斗、牵牛,越;须女,吴;虚、危,齐;营室、东壁,卫;奎、娄,鲁;胃、昴、毕,魏;觜嶲、参,赵;东井、舆鬼,秦;柳、七星、张,周;翼、轸楚。"[1]可见,在天盘外周标出二十八宿是天界分区的一种表示,而在地盘外围标出二十八宿则可能与二十八宿对应地上分野的观念有关,即将大地对应于天,并以同样的符号系统予以划分区域。

《史记·律书》中在描述八方八风中的条风时,将八风和二十八宿、季节气候、方位以及干支配伍起来:

> 条风居东北,主出万物。条之言条治万物而出之,故曰条风。南至于箕。箕者,言万物根棋,故曰箕。正月也,律中泰蔟。泰蔟者,言万物蔟生也,故曰泰蔟。其于十二子为寅。寅言万物始生螾然也,故曰寅。南至于尾,言万物始生如尾也。南至于心,言万物始生有华心也。南至于房。房者,言万物门户也,至于门则出矣。[2]

即将东北的箕、尾、心、房四宿对应于十二支的寅,从上述式盘上来看,箕、尾、心、房四宿确实处于十干的甲和十二支的寅位[3],与《史记》所云一致。可见,从西汉前期开始干支与二十八宿的对应关系即已确定,式盘的地盘上基本都是由内往外将干支和二十八宿组合排列,这便是天文和术数观念定型化的反映。

五、宇宙运动:天旋地转,阴阳相错

上文中我们根据式盘类图像上的图式,讨论了当时人们观念中宇宙模式和结构的抽象化、术数化表现。其实,式盘和六博等不仅模拟天地的结构,而且其式法(即用式盘占卜的方法)和博法(即在博局上行棋的方法)还在一定程度上体现了人们对天地运动的一般认识。

---
[1] 何宁:《淮南子集释》卷三《天文训》,第272—274页。
[2] 《史记》卷二十五《律书》,第1245页。
[3] 江苏仪征刘集联营汉墓出土式盘上的十二支为逆时针排列,所以其对应关系不合,但此为特例,其他所有或与之同时或比之稍晚的式盘十二支皆为顺时针排列,而且对应关系与此相合。

(一）式法模拟的天地运动

汉代的式法已经失传，不少学者根据唐代以来文献的记载进行了想象性的复原，但具体究竟有多少是汉代古式真正的使用方法，目前还很难说。我们这里只就基本现象予以推断，所以目前也只能在基本层面来讨论式盘体现的宇宙运动。

如前所述，式盘天盘上的主要标志物为北斗斗柄，地盘上的主要标志物是干支，其基本占法主要是旋转天盘，得到斗柄及其配属符号指向地盘的干支位置来进行推验。我们知道，由于地球自西向东自转，站在地球自转轴与天球的交点（即北极星、天极）的角度看地球是逆时针转动，正对北极星看地球是顺时针转动，北斗七星围绕北极星作逆时针转动，也就是古代天文文献说的左旋或左行。虽然《淮南子·天文训》中说："北斗之神有雌雄，十一月始建于子，月从一辰，雄左行，雌右行，五月合午谋刑，十一月合子谋德。"[1]将北斗分为雌、雄，雄的左行（逆时针旋转），雌的右行（顺时针），这显然是根据阴阳对立统一的理论造出一个雌性的北斗来，实际天象中北斗是左行的。既然式盘的天盘上最重要的指针是北斗，那么天盘的转动方向理应为左行（逆时针），而地盘上的符号就相对右行（顺时针）。由上文可知地盘上最重要的符号系统即为干支，干支即是顺时针排列（右行）。有些式盘的天盘上后来还出现了干支和十二神，十二神在早期记载中没有明确的排列顺序，其是与十二支配合的，干支的排列是顺时针，所以十二神也为顺时针。但从出土式盘材料来看，干支、十二神都是东汉以来才配置在天盘上，用以丰富其符号系统的，可有可无，北斗才是核心。而且除北斗外，出现最早的系统有二十八宿和十二月（汝阴侯墓出土式盘），二十八宿自然为逆时针排列，其上的十二月也作逆时针排列，可见在设计之初，天盘的旋转方向确实是以斗柄的旋转方向，即左行（逆时针）为准。这点从与其相对运动的地盘上主要系统为干支作顺时针排列也可以推测。虽然地盘边缘也有二十八宿，但如前所述，这里的二十八宿是地对应天的分野，并不代表地盘自身的方向，而且从前述文献记载的式法来看，都是占看与天盘对应的地盘上的干支，所以干支才是地盘的核心，地盘的方向也应以干支的方向为准，即右行（顺时针）。

可见，汉代式盘的具体式法虽不可详知，但其基本的使用方法是使天盘左转（逆时针），而地盘相对右行（顺时针），这就是人们对天地运行方向的基本理解。

《逸周书·武顺解》云："天道尚左，日月西移；地道尚右，水道东流。"[2]《尸子》云：

---

[1] 何宁：《淮南子集释》卷三《天文训》，第278页。
[2] 黄怀信：《逸周书校补注译》卷三十二《武顺解》，西安：西北大学出版社，1996年，第162页。

"天左舒而起牵牛,地右辟而起毕、昴。"[1]《白虎通义·日月》云:"天左旋,日、月、五星右行何?日、月、五星比天为阴,故右行。右行者,犹臣对君也。"[2]《论衡·说日》云:"儒者论曰:天左旋,日月之行不系于天,各自旋转。"[3]《晋书·天文志》引盖天家言:"天圆如张盖,地方如棋局。天旁转如推磨而左行,日月右行,随天左转,故日月实东行,而天牵之以西没。"汉代纬书《春秋元命苞》云:"天左旋,地右动。"又云:"地所以右转者,气浊精少,含阴而起迟,故转迎天佐其道。"又云:"地不足东南,阴右动终而入灵门。"注:"右动,动而东也。"[4]《河图括地象》已云:"天左动,起于牵牛;地右动,起于毕。"[5] 可见,虽然对于日、月等天体的实际运行方向等还有多种解说,但战国秦汉文献一致认定天左行、地相对右行,这是明确无疑的,而上述式盘的旋转方法及相应的指针和符号系统的排列正好是对这一基本运动方向的模拟。

(二)博法模拟的天地运动

如前所述,博局是此类图式中,尤其是经典图式博局图的主要载体,我们前面讨论的是其静态结构,但博局实际上是六博游戏中行棋所用,棋子在博局上运行也可寓意博局图式上的运动,那么六博的行棋规则中是否一定程度上体现了某种天地运行的模式。

"六博"(又称"陆博""博戏")是秦汉时期十分流行的一种棋类游戏,主要以投掷六根"博"(长条状,一般为竹制,截面为新月形,又称"箸""箭""究"等)来决定步数,在特定的博局(即棋局)上行棋争胜(双方各十二枚棋子)。六博中博局是一方面,但如何在博局上行棋,则决定于投出的点数。班固《弈旨》中便说:"夫博悬于投,不必在行。"[6] 投点数有投箸或投茕(即骰子)两类,投茕当然方便得多,在出土的实例中西汉前期已经流行[7],但更多的,尤其是汉墓画像中的六博全为投箸,此情况是有其深层的含义的。

"箸"即"博"(本作"簿"),又有"箭""究"等名。傅举有及李零先生都认为又可称为"筹(算)"[8]。实际上"筹"是计算胜负的筹码,与博箸不是一回事。湖北江陵凤凰山8号西汉墓中出土遣册中记为"博、筭、□(上"央"下"糸")、梮、博席一具、博橐一"[9],

---

[1] (宋)李昉等:《太平御览》卷三七《地部》引,北京:中华书局,1960年,第175页。
[2] (清)陈立撰,吴则虞点校:《白虎通疏证》卷九《日月》,北京:中华书局,1994年,第423页。
[3] 黄晖:《论衡校释》卷十一《说日篇》,第580页。
[4] [日]安居香山、中村璋八辑:《纬书集成》,第598页。
[5] [日]安居香山、中村璋八辑:《纬书集成》,第1090页。
[6] (宋)李昉等:《太平御览》卷七五三《工艺》引,第3345页。
[7] 如长沙马王堆3号墓,江陵凤凰山10号墓。傅举有:《论秦汉时期的博具、博戏兼及博局纹镜》,《考古学报》1986年第1期。
[8] 傅举有:《论秦汉时期的博具、博戏兼及博局纹镜》,《考古学报》1986年第1期;李零:《中国方术考》,第167页。
[9] 金立:《江陵凤凰山八号汉墓竹简试释》,《文物》1979年第6期。

出土物中有竹制博箸一套六枚；长沙马王堆3号墓中出土遣册记为"博一具、博局一、象棋十二、象食其（棋）廿、象箸三十……"[1]，而出土物中正有长箸十二枚（即"博一具"，博箸本一套六枚，双方自用博箸则为十二枚），短箸三十枚（即"象箸三十"），可见"博"和"箸"并非一事。

李零先生将"博"等同于"箸（算）"，便认为博箸即是算筹，是计算用的筹码[2]，这显然不对。实际上博箸与骰子一样是用来投的，文献中一般称其为"投"或"掷""击"[3]。汉墓六博画像中对博之人往往表现为举手投箸的姿态，成都市郊出土六博画像砖上，还隐约可见博席上刚刚投下的散乱博箸[4]。新津崖墓一画像石棺上，有二人手握博箸，举手欲投[5]，是博箸为投掷所用的明证（图二九）。

博箸标准的应为六枚。《说文·竹部》："簙，局戏也，六箸十二棋也。"[6]《楚辞·招魂》

图二九　新津崖墓石棺"投箸"画像拓片
（图片来源：《巴蜀汉代画像集》，图77）

云"菎蔽象棋，有六博些"，王逸注"投六箸"[7]。曹植《仙人篇》："仙人揽六箸，对博太山隅。"[8]虽然文献中也提到有用二箸和八箸的[9]，但皆为孤证，或为误传，从汉代的画像材料上看，所用皆为六箸无疑。那么，投掷六枚博箸如何决定行棋的步数呢？

从出土实物来看，博箸是由一细长的半边竹管，中间填以金属粉、铜丝或其他物质加固而成，其断面呈新月形[10]。这样的构造使它具有正、背两个面，投掷下去便会出现正面朝上或背面朝上两种结果。我们推测，时人或许以某一面朝上为计数，有几枚此面朝上，则投得的数字便是几，棋也依此而行，这与骰子的原理是一样的。此说虽然纯是推测，未必可靠，但由博箸具有正背两面的特性来看，投箸当是以这种正背关系来决定行棋步数，这

---

[1] 熊传薪：《谈马王堆三号西汉墓出土的陆博》，《文物》1979年第4期。
[2] 李零：《中国方术考》，第167页；李零：《跋中山王墓出土的六博棋局》，《入山与出塞》，北京：文物出版社，2004年，第177页。
[3] 傅举有：《论秦汉时期的博具、博戏兼及博局纹镜》，《考古学报》1986年第1期。
[4] 高文、王锦生：《中国巴蜀汉代画像砖大全》，第74页，图七二。
[5] 龚廷万、龚玉、戴嘉陵：《巴蜀汉代画像集》，北京：文物出版社，1998年，图77。
[6] （汉）许慎撰，（清）段玉裁注：《说文解字注》，上海：上海古籍出版社，1981年，第198页。
[7] （宋）洪兴祖：《楚辞补注》卷九《招魂》，第211页。
[8] （唐）欧阳询：《艺文类聚》卷四二《乐部》引，上海：上海古籍出版社，1965年，第756页。
[9] （汉）刘歆撰，（晋）葛洪集，王根林校点：《西京杂记》卷四，见《汉魏六朝笔记小说大观》，上海：上海古籍出版社，1999年，第107页；《汉书》卷九九《王莽传》颜注引鹿度，第4170页。
[10] 傅举有：《论秦汉时期的博具、博戏兼及博局纹镜》，《考古学报》1986年第1期。

一点应当可以肯定。那么,既然骰子早已出现,为何汉墓画像中所见的六博不用更为方便的骰子,而都要用六枚博箸呢?

我们认为,投箸中实际上蕴含了《周易》阴阳六爻的哲学和宗教思想,汉人尊崇《周易》象数的观念是其流行的背景。汉代人尊崇《周易》,推之为"群经之首",对象数、谶纬的迷信尤为风行。《周易》的象数集中于易卦,它以阴阳二爻("—""- -")为基本单位,六爻成一卦,由阴阳二爻的变化共可生成六十四卦。六博中博箸的正反两面恰可代表阴阳二爻,一枚博箸便是一爻,六枚正是一卦,六枚博箸的投掷共可出现六十四种情况。笔者认为这些绝不是耦合,六博的投箸正是对《周易》阴阳六爻的模拟。

博法中就多有对易卦思想的模拟。《楚辞·招魂》谈及六博时云"菎蔽象棋,有六博些。分曹并进,遒相迫些。成枭而牟,呼五白些",王逸注"言己棋已枭,当成牟胜,射张食棋,下兆于屈,故呼五白以助投也"[1]。"成枭"即棋子成为"枭棋",成为"枭棋"后便可吃别人的棋子,是取胜的关键,如《史记·魏世家》所说"博之所以贵枭者,便则食,不便则止矣"[2]。对于《招魂》此段描述及王逸的注解,傅举有先生解释道"棋成枭后,就到了获胜的关键时刻,如果投箸能成'五白'的话,就可以获得最后胜利,故'呼五白以助投'"[3]。其实也可以理解为投出"五白",棋便可以成为枭棋,取得制胜的关键。不论怎样,投出"五白"在六博中是至关重要的,那么"五白"究竟是什么,受人如此青睐。按照上述投箸的推测,笔者认为,"五白"即是五个"白"面朝上。为何时人不以"六白"或其他为贵,而以五白朝上为贵呢?这实际上是《周易·乾卦》思想的反映。

乾卦为《周易》首卦,当然至为重要,其六爻皆阳,从初爻到上爻反映的是阳气逐渐上升的过程。"阳"数字上用"九"表示,卦辞中以"龙"喻阳气,"龙"从初爻到上爻逐渐飞升,比喻阳气逐渐上升。当上升到第五爻时为"九五,飞龙在天,利见大人"[4],是最吉利、最尊贵的一爻,所以有"九五至尊"的说法。但当阳气上升到第六爻(上爻)时为"上九,亢龙有悔"[5],反而不好了,物极必反,盛极必衰是《周易》的一个基本思想。所以,"六阳"反而不如"五阳","五阳"最为尊贵、吉利,六博重"五白"当是这种思想的直接反映。

这里不考虑排列组合问题,因为根据不同的排列组合,投出五个白面朝上也有六种情况,每一次投出的概率是六十四分之一,对于游戏来说,计数过大,规则过于繁琐严重影响娱乐活动。我们推测六博的投箸只是计其数,不需考虑排列组合问题,其对《周易》的模

---

[1] (宋)洪兴祖:《楚辞补注》卷九《招魂》,第211页。
[2] 《史记》卷四四《魏世家》,第1854页。
[3] 傅举有:《论秦汉时期的博具、博戏兼及博局纹镜》,《考古学报》1986年第1期。
[4] (魏)王弼等注,(唐)孔颖达等正义:《周易正义》卷一,《十三经注疏》,第14页。
[5] (魏)王弼等注,(唐)孔颖达等正义:《周易正义》卷一,《十三经注疏》,第14页。

拟应是总体上的,不可能不顾规则繁琐而要求完全切合。

东汉边韶《塞赋》云:

  人操厥半,六爻列也。赤白色者,分阴阳也。乍亡乍存,像日月也。行必正直,合道中也。趋隅方折,礼之容也。迭往迭来,刚柔通也。周则复始,乾行健也。局平以正,坤德顺也。[1]

《庄子·骈姆篇》释文:"塞,博之类也。"[2]根据学者的研究,六博的行棋方法正是循环往复[3],即"迭往迭来,刚柔通也;周则复始,乾行健也",可见六博确实受到《周易》及乾坤思想的影响。

因此,战国秦汉时期流行的六博,不仅是其棋盘(博局),其规则也深深体现了时人观念中的宇宙模式和宇宙运行法则。

时人认为宇宙的运动根本上是阴阳两种力量相互作用和运动的结果。《淮南子·天文训》中云:"天地以设,分而为阴阳。阳生于阴,阴生于阳。阴阳相错,四维乃通。"[4]六博中正以具有正反两面的博箸代表阴阳,以六枚博箸为《周易》的阴阳六爻,十二枚棋子象征十二辰(十二时),博局则象征着宇宙的基本框架。六枚博箸的变化和组合推动着十二棋子在博局上运行,正象征着阴阳六爻推动着十二辰在宇宙之中运转。乾卦《彖》辞曰:"大哉乾元,万物资始,乃统天。云行雨施,品物流形。大明终始,六位时成,时乘六龙以御天。"[5]六博正是"乘六龙以御天"的象征。《薛孝通谱》云:

  乌曹作博,其所由来尚矣。双箭以象日月之照临,十二棋以象十二辰之躔次。则天地之运动,法阴阳之消息,表人事之穷达,穷变化之几微。[6]

"双箭"即博箸的正反两面代表了阴阳二爻,故以之配日月,由此可见,六博所蕴含的整体意义再明显不过了。

---

[1] (唐)欧阳询撰:《艺文类聚》卷七四《巧艺部》引,第1280页。
[2] (清)王先谦撰:《庄子集解》卷三《骈姆篇》,第80页。
[3] 曾蓝莹:《尹湾汉墓〈博局占〉木牍试解》,《文物》1999年第8期;李解民:《〈尹湾汉墓博局占木牍试解〉补订》,《文物》2000年第8期;李零:《跂中山王墓出土的六博棋局》,《入山与出塞》,第180-183页。
[4] 何宁:《淮南子集释》卷三《天文训》,第282页。
[5] (魏)王弼等注,(唐)孔颖达等正义:《周易正义》卷一,《十三经注疏》,第14页。
[6] (宋)李昉等:《太平御览》卷七五四《工艺部》引,第3346页。

六、结　语

我们以式盘、六博、博局镜、占卜简牍等器物上的常见图式（由于式盘包括各种图式且系统最为完整，我们统称为式盘类图像）为中心，讨论当时一般观念中对于宇宙模式的抽象表达和术数化、符号化的象征。

第一，此类图式可归纳为我们所谓的钩绳图、博局图、八位图和罗盘图几种形式。钩绳图即以二绳（子午、卯酉）四钩（丑寅、辰巳、未申、戌亥）标示四正四隅和十二辰（十二支），形成宇宙模式的基本框架，因此我们称其为基本图式。博局图与钩绳图密切相关，增加了内方，并纯粹用规矩纹标示内外各个方向和位置，能更为完整的配属四正、四维、五行、十干、十二支、十二月、二十八宿等符号体系，是将基本图式与多种符号系统配合得最为完备的一种图式，流行也最为广泛，因此我们称其为经典模式。八位图直接以四正四隅的连线表示四方八位九宫，并配属节气和数字，其数字的排列方式与后世的洛书完全一致，应该是其渊源，这是一种最为简易的图式，因此我们只能把讨论范围限定在式盘等配合有符号系统占卜工具的图式上。罗盘图则是在上述图式提供的基本布局中，主要不再以图式结构为重点，而以在天盘和地盘上罗列各种符号系统为主要特点。从其中心刻画的北斗和图式的基本框架以及其上包罗万象的各种符号系统来看，这些图式确实是当时观念中对宇宙模式的抽象化、术数化模拟。

第二，上述四种图式中，前三种出现的时间较早，都在汉代以前，具体孰早孰晚，目前的材料不足以判断。如果把并非出现在占卜工具上的纹饰算上，显然八位图的渊源更加久远，但由于其图式简单，完全可以是对称装饰造成，在普通器物上辨认具有一定危险性。如果从逻辑来说，似乎八位图确实应该更早更原始，钩绳图次之，能够完美配属更多符号系统的博局图最晚，但这只是一种出于单线进化的猜测。实际的出土情况是，战国时期博局已很流行，明确的钩绳图式却比较少见，具体关系，尚不清楚。三者之间，尤其是钩绳图和博局图之间显然是具有密切关系的。从目前的材料来看，罗盘图出现最晚，西汉前期及以前的式盘上尚不见此种图式，至迟在新莽时期已经成熟，其后成为式盘的标准模式。其上的各种元素如天盘中心的北斗，天盘上的十二神，以及天、地盘上皆有的十干、十二支、二十八宿，和地盘上的四门皆来自早期的式盘，可能增加了八卦，显然是上述图式的继续发展，并最后定型。以往的研究更多从后世式法文献的记载中去反推各种式盘的属性，其实，式盘的差异根本上是其反映的图式的差异，暂时抛开晚期文献和复杂术数语言、规则的干扰，从图式本身梳理其种类和发展演变可能更能把握其要领。

第三，早期的部分式盘和成熟后的汉代式盘皆以北斗为天盘中心，从当时文献反映出的一些情况来看，主要以北斗斗柄指向地盘上的干支来占验吉凶。充分反映了北斗"运于中央，临制四乡。分阴阳，建四时，均五行，移节度，定诸纪"的天文观念。天盘以北斗的运动方向左旋（逆时针），地盘上的符号系统相对天盘右行（顺时针），是"天左旋，地右动"观念的直接模拟和表达。

第四，六博中除了博局的图式是宇宙模式的抽象表现外，整个六博游戏皆有模拟宇宙结构及其运动的内涵。六博主要以投掷六根博箸来确定数字，十二枚棋子按投数在博局上运行，以具有正反两面的博箸代表阴阳，以六枚博箸为《周易》的阴阳六爻，十二枚棋子象征十二辰（十二时），博局则象征着宇宙的基本框架。六枚博箸的变化和组合推动十二棋子在博局上运行，正象征着阴阳六爻推动十二辰在宇宙之中运转。虽然是一种流行的游戏，但其文化底色具有深刻的宇宙论意义，也反映出天文观念在汉代一般社会中广泛而深刻的影响。

(原载赵俊杰主编:《春山可望——历史考古青年论集》第三辑，
上海：上海古籍出版社，2021年)

汉代"凤鸟献药"图像试探

庞 政

汉代图像中有很多"羽人"和"凤鸟"相伴出现的情况，出现在各式各样的场景中，学界通常把此类图像称为"羽人饲凤"，很少有学者对其命名缘由、性质和意义发表看法。笔者最近在翻阅汉代画像资料时，发现一些所谓"羽人饲凤"的图像并不是在表现"饲凤"而是"凤鸟献药"。笔者拟对相关图像进行梳理，并结合文献材料对其性质和意义进行考察。对此类图像的理解，也会为进一步认识汉人的升仙观念提供一些帮助。

一、汉代的"凤鸟献药"图像

笔者认为，"羽人饲凤"中有一些明显表现的是凤鸟在给予凤卵或是丹药，无论是凤卵还是丹丸，都是汉人认为服食后可以达到长生不老甚至升仙的仙药。因此笔者将此类图像称为"凤鸟献药"。有些图像明显地表现了凤鸟口中所含之物为卵，有些则明确地表现为丹丸状，这里有必要根据凤鸟口中所含之物的形状和大小，将图像细分为"凤鸟献卵"和"凤鸟献丹"两类。

（一）"凤鸟献卵"图像

此类图像既有壁画也有画像石，表现为凤鸟口中衔卵，可称为"凤鸟含卵"；或表现为凤鸟献卵状物于羽人（包括胡人貌羽人），可称为"羽人求卵"。

1. "凤鸟含卵"图像

洛阳偃师辛村新莽墓中后室间横额壁画上[1]，彩绘了一只口衔凤卵的凤鸟，作回首

---

[1] 洛阳市第二文物工作队：《洛阳汉墓壁画》，北京：文物出版社，1996年，第139页。

状,冠羽华丽,孔雀翎般的尾羽舒展上翘,口中的凤卵表现得十分明显(图一)。

图一 洛阳偃师辛村新莽墓中后室间横额凤鸟壁画

(图片来源:《洛阳汉墓壁画》,第139页,图二十五)

2."羽(胡)人求卵"图像

江苏徐州市贾汪区征集的一方东汉画像石[1]上,画面最左边(以观者为准,后同)一只凤鸟口衔一串卵状物,一羽人蹲踞在凤鸟前,双手捧着卵状物(图二)。很明显这是凤

图二 江苏徐州市贾汪区征集东汉"凤鸟献卵"画像石拓片

(图片来源:《中国画像石全集》第四卷,第70页,图九八)

---

[1] 中国画像石全集编辑委员会:《中国画像石全集4·江苏、安徽、浙江汉画像石》,郑州:河南美术出版社,济南:山东美术出版社,2000年,第70页。

鸟在给予羽人一些卵状的东西，并不像介绍此画像石的书中说的"羽人饲凤"。

1957年山东邹城市峄山镇大故村收集的两方东汉晚期画像石上，刻画着十分明显的"凤鸟献卵"图案，可是介绍两方画像石的书中依旧将此图案解释为"羽人饲凤"[1]。画面正中有一棵大树，树根作双兽状，两兽背上分别有一人弯弓射箭；大树上立一凤鸟，两个戴着尖帽的羽人伸手承接着凤鸟口中吐出的卵状物，另有一戴尖帽羽人立于凤鸟身上拨弄着它的羽毛（图三）。

山东临沂市白庄出土的一方东汉画像石[2]上，一只凤鸟口衔卵状物，卵状物被串联起来，一个头戴怪异装饰的羽人在其身后抚摸着凤头，似乎在引导凤鸟吐卵；画面中央有一翼兽手捧卵状物，疑为画面上部凤鸟所吐之物（图四，1）。山东临沂白庄出土的另一方东汉画像石[3]与前一方画像石较为相似，画面分为四格，上起第二格图像表现了一凤鸟口衔三个被串联在一起的卵状物，一羽人立于前，伸手抚摸着凤鸟的喙部和颈部，也应是在引导吐卵（图四，2）。

山东滕州桑村镇大郭村东汉中期画像[4]上，刻绘了楼阁拜谒、椎牛和车马出行等图像，在画面右上方刻画了一株大树，一只凤鸟立于树上，一羽人立于凤前，右手上举，疑似导引；右手从凤鸟嘴中接过被串联在一起的卵状物（图五）。山东滕州桑村镇西户口村出土的一方东汉晚期画像石[5]与上一方画像石在内容上比较相似，此处不再赘述。

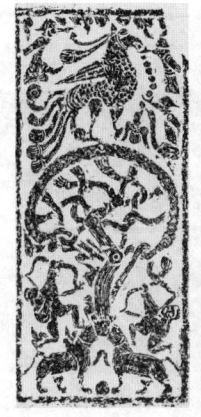

图三　邹城市峄山镇大故村"凤鸟献卵"画像石拓片

（图片来源：《邹城汉画像石》，图版第150、151页，图一八五、图一八六）

图四　山东临沂市白庄"凤鸟献卵"画像拓片

（图片来源：《中国画像石全集3》，第24、25页，图二七、二八）

---

[1] 胡新立：《邹城汉画像石》，北京：文物出版社，2008年，图版说明67。
[2] 中国画像石全集编辑委员会：《中国画像石全集3·山东汉画像石》，第24页。
[3] 中国画像石全集编辑委员会：《中国画像石全集2·山东汉画像石》，第25页。
[4] 中国画像石全集编辑委员会：《中国画像石全集2·山东汉画像石》，第198页。
[5] 中国画像石全集编辑委员会：《中国画像石全集2·山东汉画像石》，第208页。

图五　山东滕州桑村镇大郭村东汉中期"凤鸟献卵"画像石拓片

（图片来源：《中国画像石全集2》，第198页，图二〇六）

（二）"凤鸟献丹"图像

一些"凤鸟献药"图像中，凤鸟所含之物为丹丸状，明显与第一类图像中的卵状区分开来，这类图像可称为"凤鸟献丹"。一般有两种表现形式，一为凤鸟口含丹状物，可称为"凤鸟含丹"；二为羽人或胡人向凤鸟索取丹状物，可称为"羽（胡）人求丹"。

1. "凤鸟含丹"图像

河南新安磁涧镇里河村汉墓的脊顶壁画[1]中，描绘了两只凤鸟，其中一只口衔红色丹状物（图六）。这应该是"凤鸟献丹"图像的简化形式或另一种表达方式。

成都大邑县出土的一方汉画像砖[2]上，双阙之上栖一凤鸟，口衔丹丸状物（图七）。

河南郑州出土的一方西汉晚期至东汉早期的画像砖[3]上下各有一幅凤鸟含丹的图像，两图完全一致（图八）。

江苏徐州茅村汉墓画像[4]中，在亭子上有两只凤鸟对衔丹状物，下为宴饮场景（图九）。

---

[1]　中国墓室壁画全集编辑委员会：《中国墓室壁画全集·汉魏晋南北朝》，石家庄：河北教育出版社，2011年，第12页。
[2]　高文、王锦生：《中国巴蜀汉代画像砖大全》，澳门：国际港澳出版社，2002年，第176页。
[3]　《中国画像砖全集》编辑委员会：《中国画像砖全集·河南画像砖》，成都：四川美术出版社，2006年，第32页。
[4]　江苏省文物管理委员会：《江苏徐州汉画像石》，北京：科学出版社，1959年。

图六　河南新安磁涧镇里河村汉墓脊顶壁画（局部）
（图片来源：《中国墓室壁画全集·汉魏晋南北朝》，第12页，图一六）

图七　成都大邑汉代"凤鸟含丹"画像砖拓片
（图片来源：《中国巴蜀汉代画像砖大全》，第176页，图一七四）

图八　河南郑州西汉晚期至东汉早期"凤鸟献丹"画像砖拓片

(图片来源:《中国画像砖全集·河南画像砖》,第32页,图三〇)

图九　江苏徐州汉墓"凤鸟献丹"画像石拓片

(图片来源:《江苏徐州汉画像石》,图版十一)

1972年山东沂水县韩家曲出土的一方东汉画像石[1]中,一羽人单膝跪于高台之上,手持仙草,疑似正在导引凤鸟;羽人两旁各有一凤鸟,其中左侧凤鸟口含丹丸状物(图一〇)。

---

[1] 中国画像石全集编辑委员会:《中国画像石全集3·山东汉画像石》,第62页。

图一〇　山东沂水县韩家曲东汉"凤鸟献丹"画像石拓片

（图片来源：《中国画像石全集3》，第62页，图七六）

1996年出土的陕西神木大保当东汉墓左右门扉[1]上，各有一凤鸟立于铺首之上，口含丹丸状物（图一一）。

2."羽（胡）人求丹"图像

山东莒县东莞镇东莞村出土东汉画像石[2]上，在画面右上方仙草丛中有一凤鸟，身子前倾，口衔丹丸状物；前有一深目高鼻、头戴尖帽的羽人，一手扶壁，一手高举，准备承接凤鸟给他的丹丸状物（图一二）。

1970年山东济宁市喻屯镇城南张村出土的东汉晚期画像石[3]上，对于"凤鸟献丹"的描绘更加清晰生动。画面最上一格中，一凤鸟立于左侧，身前有三人索取丹状物，最前的羽人单膝跪地，左手高抬，承接着正在从鸟喙中吐出的丹丸状物，画面十分生动；另外两头戴尖帽、深目高鼻的胡人跪在羽人身后，同样左手高抬，向凤鸟祈求丹状物。画面上方还有两人首鸟身怪在空中飞翔，人首深目高鼻、带尖帽状（图一三）。

图一一　陕西神木大保当汉墓左右门扉

（图片来源：《中国画像石全集5》，第157页，图二一一、二一二）

"凤鸟献丹"图像在陕西、河南、山东和江苏等地十分流行，类似图像在各地东汉画像

---

[1] 中国画像石全集编辑委员会：《中国画像石全集5·陕西、山西汉画像石》，第157页。
[2] 中国画像石全集编辑委员会：《中国画像石全集3·山东汉画像石》，第123页。
[3] 中国画像石全集编辑委员会：《中国画像石全集2·山东汉画像石》，第7页。

图一二　山东莒县东莞镇东莞村东汉"凤鸟献丹"画像石拓片

（图片来源：《中国画像石全集3》，第123页，图一四○）

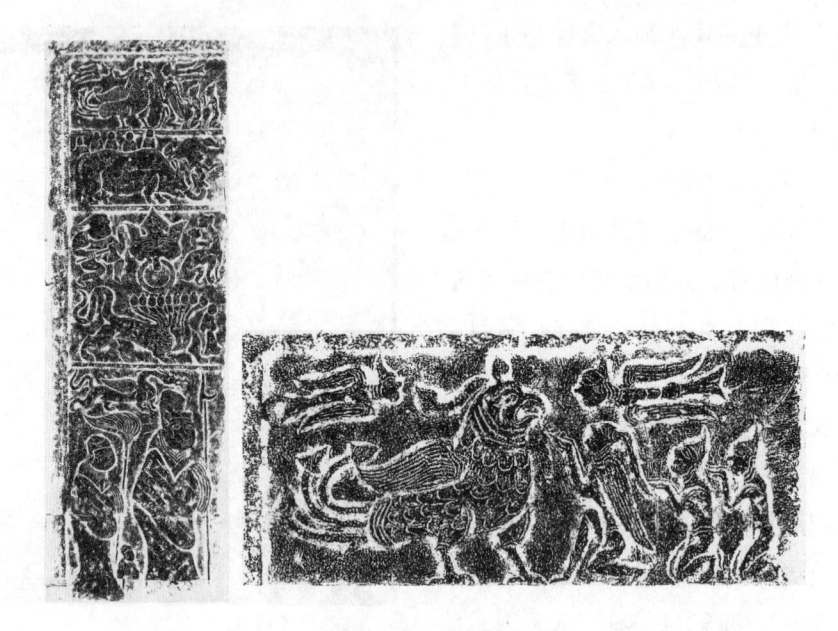

图一三　山东济宁市喻屯镇城南张村东汉晚期画像石及"凤鸟献丹"画像西部拓片

（图片来源：《中国画像石全集2》，第7页，图一一）

石上多有表现（附表）。

综上所述，所谓"羽人饲凤"图案中的一部分应该不是在表现羽人饲养凤鸟，而是"凤鸟献药"；这类图像又可以分为"凤鸟献卵"和"凤鸟献丹"两种。前者主要分布在山东、河南和江苏等地，出现于王莽新朝时期到东汉晚期的壁画和画像石中。后者主要分布在河南、山东、江苏和陕西等地，出现于西汉晚期到东汉晚期的壁画、画像石和画像砖上。两者均有一定的格套。而且值得注意的是，图像中胡人形象（胡人貌羽人）出现频繁。那么，"凤鸟献药"图像中的卵状物和丹状物是什么，此类图像的意义又如何？为什么胡人与此类图像结合得如此紧密呢？

二、汉代"凤鸟献药"图像性质与意义

(一)凤鸟与西王母和服食丹药的关系

为了说明此类图像的性质和意义,我们有必要对相关文献进行一番考察。《山海经》中有许多关于凤鸟的描写,《大荒西经》便有这样的记载,其云:

> 西有王母之山、壑山、海山。有沃之国,沃民是处。沃之野,凤鸟之卵是食,甘露是饮。凡其所欲,其味尽存。爰有甘华、甘柤、白柳、视肉、三骓、璇瑰、瑶碧、白木、琅玕、白丹、青丹,多银、铁。鸾凤自歌,凤鸟自舞,爰有百兽,相群是处,是谓沃之野。[1]

一般认为,此处的"西有王母之山"为"有西王母之山"之误[2]。可见,当时人们观念中西王母之地的"沃民"是以凤卵为食的。《海外西经》也记载了有关故事:

> 此诸夭之野,鸾鸟自歌,凤鸟自舞;凤皇卵,民食之;甘露,民饮之,所欲自从也。百兽相与群居。在四蛇北。其人两手操卵食之,两鸟居前导之。[3]

"诸夭"为"诸沃"之误[4]。此处的描述更加详细、生动。《吕氏春秋·本味篇》也有相关记载:"流沙之西,丹山之南,有凤之丸,沃民所食。"高诱注曰:"丸,古卵字也。"[5] 略晚时期编撰的《弘明集》更进一步记载了相关情况:

> 《山海经》说死而复生者甚众。昆仑之山,广都之野,轩辕之丘,不死之国,气不寒暑,凤卵是食,甘露是饮,荫玕琪之树,歃朱泉之水,人皆数千岁。[6]

可见,人们认为,在昆仑山、西王母之地服食凤卵的"沃民"可以长生不死。

由上述文献可知,在汉代和稍晚时候人们观念中西方的沃国与食凤卵的沃民和西王母有密切的关系,而且食凤卵有长生不死的功效。

---

[1] 袁珂校注:《山海经校注》,北京:北京联合出版公司,2014年,第335页。
[2] 袁珂校注:《山海经校注》,第335页。
[3] 袁珂校注:《山海经校注》,第202页。
[4] 袁珂校注:《山海经校注》,第202页。
[5] 许维遹撰,梁连华整理:《吕氏春秋集释》卷十四《本味篇》,北京:中华书局,第2009年,第316页。
[6] (梁)僧佑编,刘立夫、魏建、胡勇译注:《弘明集》卷三,北京:中华书局,2013年,第218页。

西王母在汉人的观念中是居住在昆仑神山之上，拥有不死之药，可以令人升仙并进入天界的神灵。所以汉人为了长生不死和升仙，便去寻找凤卵。《抱朴子·释滞》便有这样的记载：

> 抱朴子曰："……是探燕巢而求凤卵，搜井底而捕鳝鱼，虽加至勤，非其所有也，不得必可施用，无故消弃日月，空有疲困之劳，了无锱铢之益也。进失当世之务，退无长生之效……"[1]

虽然葛洪是从批评的角度来记述的，却正说明了汉晋时期人们的这种观念。直到数百年后的唐代，人们依然认为食凤卵可以长生不死并升仙入天。王勃的《九成宫颂》便是最好的证据："龙胎凤卵，入禹膳而调芳；石乳琼浆，委尧樽而湛色。……华胥已泰，济群生于不死之庭；阊阖可观，致仙历于无穷之境。"[2] "阊阖"疑为"阊阖"，即天门。"凤鸟献卵"的性质与意义说明之后，"凤鸟献丹"的性质与意义便更加清晰。

炼制并服食丹药是汉人为达长生不死目的的重要方法之一。《史记·封禅书》便对武帝时炼丹的情况有这样的记载：

> 少君言上曰："祠灶则致物，致物而丹沙可化为黄金，黄金成以为饮食器则益寿，益寿而海中蓬莱仙者乃可见，见之以封禅则不死，黄帝是也。臣尝游海上，见安期生，安期生食巨枣，大如瓜。安期生仙者，通蓬莱中，合则见人，不合则隐。"于是天子始亲祠灶，遣方士入海求蓬莱安期生之属，而事化丹沙诸药齐为黄金矣。居久之，李少君病死。天子以为化去不死，而使黄锤史宽舒受其方。求蓬莱安期生莫能得，而海上燕齐怪迂之方士多更来言神事矣。[3]

《史记》和《汉书》中有大量关于炼丹情况的记载，诸如李少君等一大批方士为皇帝炼丹的事迹比比皆是。葛洪在《抱朴子·仙药》中引《玉经》说："服金者寿如金，服玉者寿如玉。"[4]认为服食用金石炼制的丹药便可长生不死，升仙入天。《抱朴子》《淮南子》等书中详细记载了大量炼制和服食丹药的情况。《山海经·南次三经》中记载，凤鸟居于"丹穴之山，其上多金、玉"[5]。金、玉便是炼丹的重要原料。而且《艺文类聚》引《庄子》记载了凤鸟食玉，其云："老子叹曰：'吾闻南方有鸟其名为凤，所居积石千里，天为生食，其树名

---

[1] 王明校释：《抱朴子内篇校释》卷八《释滞》，北京：中华书局，1985年，第151页。
[2] （唐）王勃著，蒋清翊注：《王子安集注》卷第十三，上海：上海古籍出版社，1995年，第369–371页。
[3] 《史记》，北京：中华书局，1959年，第1385–1386页。
[4] 王明校释：《抱朴子内篇校释》卷十一《仙药》，第204页。
[5] 袁珂校注：《山海经校注》，第14页。

384　蜀山琢玉：丧葬制度与帝国气象

琼枝,高百仞,以璆琳琅玕为实。'"[1]《尔雅·释地》云:"西北之美者,有崐崘虚之璆琳琅玕焉。"郭璞注:"璆琳,美玉名。"[2]

炼丹包括"外丹"与"内丹"。凤鸟服食昆仑美玉,在体内修炼内丹,将仙丹贡献出来,人服食后可以长生不老,升仙入天。图七将此描绘得淋漓尽致,口衔仙丹的凤鸟立于天门之上,人只有服食丹药后,才能够穿过天门,进入仙界。所以人们竞相前往西方昆仑,寻找凤鸟,求取仙药。汉代人认为凤卵和丹丸都是可以使人长生不老,升仙入天的仙药,而且两者形状相似,便出现两者相互混淆,并存的现象,将凤鸟口中的卵替换成丹丸便是合乎情理的事情。

由前文的图像材料可以看出,求取仙药的有一些是胡人或是胡人装束的羽人,这又说明了什么?

(二)求取仙药的胡人

西王母在遥远的西方,汉代的西方就是广袤的西域,汉人因此将西王母所在地推定在西域之西,并且随着人们对西域认识的不断加深而"西移",总是在人们认识的最西国家之西[3]。汉人观念中的胡人主要为以匈奴为主的游牧民族,但西域诸国也可称为"西胡"[4],相对于匈奴和东胡而言。在西王母之地的胡人,前去求取仙药便是自然而然的事情;拥有这些壁画或画像的墓主人可能会请求胡人帮助自己前去求取仙药,以达到死后升仙的目的。这便是"凤鸟献药"图像中胡人形象的性质与意义。

三、结论与余论

综上所述,汉代图像中一些所谓的"羽人饲凤"图案应该是"凤鸟献药"的表现。这些图像可以分为"凤鸟献卵"和"凤鸟献丹"两大类,两者均有一定的数量,且有一定的格套;两者在主要汉画像流行区域均有出现,流行时间自西汉晚期到东汉晚期,应该是一种比较普遍的信仰观念的表现。这里的"凤鸟献药"图像表达了汉代人渴望前往西王母之地,获得仙药,进而实现长生不老和升仙的愿望;时人认为西王母在西域之西,求取仙药需要胡人的帮助。此外,"凤鸟献丹"图像也体现了汉人服食丹药和修炼内丹的观念,其

---

[1] (宋)欧阳询撰,汪绍楹校:《艺文类聚》卷九十,上海:上海古籍出版社,1982年,第1558页。
[2] (晋)郭璞注,(宋)邢昺疏:《尔雅注疏》,《十三经注疏》标点本,北京:北京大学出版社,1999年,第193页。
[3] 王煜:《西王母地域之"西移"及相关问题讨论》,《西域研究》2011年第3期;王煜:《"车马出行——胡人"画像试探——兼谈汉代丧葬艺术中胡人形象的意义》,《考古与文物》2012年第1期。
[4] 王国维:《西胡考》,见《观堂集林》卷十三,北京:中华书局,1959年,第606页。

实也是汉人渴望长生不老和升仙观念的体现。

除前文所述明确为"凤鸟献药"图像外,还有一部分"羽人饲凤"图像,这些图像内容表达不够明确,但根据前文的分析,笔者认为也应是"凤鸟献药"的表现。不过,河南西华县出土的一方东汉画像砖[1]中,有两幅一模一样的"凤鸟献药",一头戴尖帽,深目高鼻的羽人双手捧物立于凤鸟前,鸟喙中疑似还有一颗丹药(图一四)。前文曾说到凤鸟以"璆琳琅玕"为食,郭璞注:"璆琳,美玉名。琅玕,状似珠也。"[2]羽人手中之物也"状似珠也";或许该画像中的羽人确实在饲喂凤鸟,也未可知。目前此类图像无法给出一个合理的解释,暂且存疑。此类图像多分布在河南和山东两省,分布时期贯穿整个东汉,在画像石和画像砖中均有表现,也有一定的格式和套路,应该是比较流行的观念的一种体现,虽然无法肯定地确认为"凤鸟献药"图像,但继续称之为"羽人饲凤"也不合适,建议改称"羽人——凤鸟"图,这样不会有太大的问题。

图一四　河南西华县东汉"凤鸟献药"画像拓片

(图片来源:《中国画像砖全集·河南画像砖》,第132页,图一二六)

附记:本文写作过程中得到四川大学霍巍和王煜两位先生的悉心指导和帮助,谨此致以衷心感谢。

(原载王煜主编:《文物、文献与文化——历史考古青年论集》第一辑,上海古籍出版社,2017年)

---

[1]《中国画像砖全集》编辑委员会:《中国画像砖全集·河南画像砖》,第132页。
[2] 袁珂校注:《山海经校注》,第26页。

附表　汉代"凤鸟献药"图像一览表

类	型	地　　点	时　代	质地	出　　　处
凤鸟献卵	凤鸟含卵	河南洛阳偃师高龙乡辛村	王莽新朝	壁画	《洛阳汉墓壁画》，第139页
	羽人求卵	江苏徐州市贾汪区	东汉	画像石	《中国画像石全集4·江苏、安徽、浙江汉画像石》，第70页
		山东邹城市峄山镇大故村	东汉晚期	画像石	《邹城汉画像石》，第150、151页
		山东临沂市白庄	东汉	画像石	《中国画像石全集3·山东汉画像石》，第24页
		山东临沂白庄	东汉	画像石	《中国画像石全集3·山东汉画像石》，第25页
		山东滕州桑村镇西户口村	东汉晚期	画像石	《中国画像石全集2·山东汉画像石》，第208页
		山东滕州桑村镇大郭村	东汉中期	画像石	《中国画像石全集2·山东汉画像石》，第198页
凤鸟献丹	羽（胡人）求丹	山东莒县东莞镇东莞村	东汉	画像石	《中国画像石全集3·山东汉画像石》，第123页
		山东济宁市喻屯镇城南张村	东汉晚期	画像石	《中国画像石全集2·山东汉画像石》，第7页
	凤鸟含丹	河南新安磁涧镇里河村	西汉后期	壁画	《中国墓室壁画全集·汉魏晋南北朝》，第12页
		河南郑州	西汉晚期至东汉早期	画像砖	《中国画像砖全集·河南画像砖》，第32页
		河南新野	东汉	画像砖	《中国画像砖全集·河南画像砖》，第121页
		河南新野樊集	东汉	画像砖	《中国画像砖全集·河南画像砖》，第96页
		河南永城酂城	东汉	画像石	《中国画像石全集6·河南汉画像石》，第46页
		河南南阳环城乡	汉	画像石	《南阳汉代画像石图像资料集锦》，第177页
		河南唐河县湖阳辛店	汉	画像石	《南阳汉代画像石图像资料集锦》，第182页

(续表)

类型		地点	时代	质地	出处
凤鸟献丹	凤鸟含丹	江苏徐州茅村	东汉	画像石	《江苏徐州汉画像石》,图版十一
		山东临沂白庄	东汉	画像石	《中国画像石全集3·山东汉画像石》,第8页
		山东临沂白庄	东汉	画像石	《中国画像石全集3·山东汉画像石》,第17页
		山东沂水县韩家曲	东汉	画像石	《中国画像石全集3·山东汉画像石》,第62页
		山东微山两城	东汉中晚期	画像石	《微山汉画像石选集》,第131页
		陕西米脂县尚庄	东汉	画像石	《中国画像石全集5·陕西、山西汉画像石》,第33页
		陕西绥德县	东汉	画像石	《中国画像石全集5·陕西、山西汉画像石》,第51页
		陕西绥德县	东汉	画像石	《中国画像石全集5·陕西、山西汉画像石》,第88页,图一一五、一一六
		陕西绥德四十里铺	东汉	画像石	《中国画像石全集5·陕西、山西汉画像石》,第132页
		陕西清涧县	东汉	画像石	《中国画像石全集5·陕西、山西汉画像石》,第150页
		陕西神木大保当	东汉	画像石	《中国画像石全集5·陕西、山西汉画像石》,第157页
		陕西米脂官庄	东汉	画像石	《陕北汉代画像石》,第33页
		陕西绥德县后思家沟	东汉	画像石	《陕北汉代画像石》,第66页
		陕西绥德县后思家沟	东汉	画像石	《陕北汉代画像石》,第68页
		陕西绥德县后思家沟	东汉	画像石	《陕北汉代画像石》,第69页
		陕西绥德裴家茆	东汉	画像石	《陕北汉代画像石》,第137页
		陕西绥德贺家沟	东汉	画像石	《陕北汉代画像石》,第201页

试论早期祠堂画像中西王母与羿（后羿）的组合

庞 政

　　最早的西王母图像都是单独出现，处于独尊状态，可见于西汉中晚期和东汉早期的壁画及画像之上，如洛阳卜千秋墓[1]中最早的西王母形象便是如此。东王公图像自出现以来，与西王母图像形成对应组合关系，大量出现在画像石、壁画和铜镜之上，成为汉魏时期并举的两位天界大神。有关早期西王母图像的对应组合情况，学界以往有学者提出过风伯之说，认为在以孝堂山石祠为代表的山东部分地区的早期画像中曾出现过风伯与西王母对应组合的图像。信立祥先生认为东汉早期的祠堂画像中，与西王母对应的东壁画像还没有固定下来，到了公元1世纪后期，风伯作为与西王母形象相对应的男性大神被刻画在东壁上层，风伯即箕星，可用于表示东方，且风伯为男性，从而与表示阴性、西方的西王母相对[2]。巫鸿先生也持此说[3]。此后，李淞先生从"星相理论、阴阳理论、形式法则的角度"对信说提出质疑，并认为风伯与西王母的关系是"基于石祠艺术的目的，主要基于对人的生命的理解"，提出"风伯吹开屋顶，是为了让墓主的魂能顺利升天，不至于被幽闭于墓室"的说法[4]。笔者十分赞同这里提出的质疑，且风伯之说将风伯从风雨雷电的组合中剥离出来，使之与西王母对应也忽略了图像的整体性，更重要的是风伯的地位无法与西王母匹配而形成组合，风伯之说还有进一步讨论的余地[5]。敏锐地观察到图像在墓葬中的意

---

[1] 洛阳博物馆：《洛阳西汉卜千秋壁画墓发掘简报》，《文物》1977年第6期。
[2] 信立祥：《汉代画像石综合研究》，北京：文物出版社，2000年，第154页。
[3] [美]巫鸿著，柳扬、岑河译：《武梁祠：中国古代画像艺术的思想性》，北京：生活·读书·新知三联书店，2006年，第130、132页。
[4] 李淞：《论汉代艺术中的西王母图像》，长沙：湖南教育出版社，2000年，第87-96页。
[5] 笔者虽然同意李淞先生对风伯之说的质疑，但风伯之说也有值得我们注意之处，那就是风伯可能有表示东方的属性，而且风伯也是天神之一，这使得风伯有可能与西王母组合在一起。在近年公布的一批微山县出土的画像石中，一方西汉晚期画像石上，西王母头戴胜端坐于平台上面向右侧，其右有玉兔捣药、九尾狐、羽人、三足乌等，画面下方有鸡首人和马首人；画面右侧为风伯正在面向左侧的西王母吹风（详见微山县文物管理所：《山东（转下页）

义和作用,这种观察角度是研究墓葬美术所必需的。近年来,王煜先生从整体的眼光考察孝堂山祠堂,提出东壁山墙画像表现了东夷不死之国和大人国,推测画像中的风雨雷电等神与长生不死之境和升天成仙相关[1]。这些研究都具有一定的价值,但也存在进一步探索的空间。

早期西王母图像的对应关系到底如何,这种对应关系的性质和意义又是怎样的,要搞清楚这些问题,需要重新审视图像细节和文献材料。这里笔者不揣浅薄,提出一点新的认识,望学界仁人批评指正。

一、相关图像材料梳理

建于公元1世纪东汉早期的山东孝堂山祠堂[2]是有关早期西王母对应组合图像的代表性材料,这里有必要先将该祠堂的情况介绍一下。祠堂东西两壁是本文研究的重点,这里将着重描述。祠堂西壁山墙中央端坐的大神为西王母,两旁有侍者、玉兔捣药和三足乌等,山墙顶端有持规的女娲;东壁山墙中央为一房屋,一体型较为高大的男子怀抱一弓端坐屋中,前立一人。屋外有一体型肥胖的男子,一腿前伸,另一腿作屈膝状,双手高抬似持一物向屋顶作吹气状,屋顶已被掀起。信立祥先生和巫鸿先生已正确地指出此吹气之人为风伯[3]。风伯之后,有四人拉一车,上有四面鼓,一人手持二槌坐于车中,此人应为雷公;之后还有戴盆降雨的雨师。东壁山墙顶端为手持矩的伏羲(图一)[4]。细观东壁画像,处于西壁山墙中央的不是风伯而是房屋,更准确地说是屋中抱弓端坐的高大男子,将此人认定为与西壁山墙中央的西王母形成对应组合关系较风伯更为恰当。正如西王母身边的侍者、玉兔和三足乌等元素标志西王母身份和地位一样,屋中男子周围的人物事物元素也扮演着相同的角色。与此类似的画像还有四处,如山东嘉祥五老洼出土画像石第十二石[5]中,此类图案位于最顶层,画面左部一房屋内有两人,一高大男子抱弓端坐,前立一

(接上页)微山县近年出土的汉画像石》,《考古》2006年第2期)。西王母与风伯虽然好像是作为画面中对置的两位较突出的人物,但是与后期西王母组合模式差异较大,且目前只有这一处孤证,若将二者看作形成对应组合关系也是较为勉强的。

[1] 王煜:《山东长清孝堂山祠堂山墙画像整体考释》,见丁宁、李淞主编《2012年北京大学美术学博士生国际学术论坛论文集》,西安:陕西师范大学出版社,2013年,第34-37页。

[2] 蒋英炬等著:《孝堂山石祠》,第80页。

[3] 信立祥:《汉代画像石综合研究》,第154页;[美]巫鸿著,柳扬、岑河译:《武梁祠:中国古代画像艺术的思想性》,第130、132页。

[4] 蒋英炬等著:《孝堂山石祠》,北京:文物出版社,2017年,第31、41页。

[5] 中国画像石全集编辑委员会编:《中国画像石全集2·山东汉画像石》,郑州:河南美术出版社、济南:山东美术

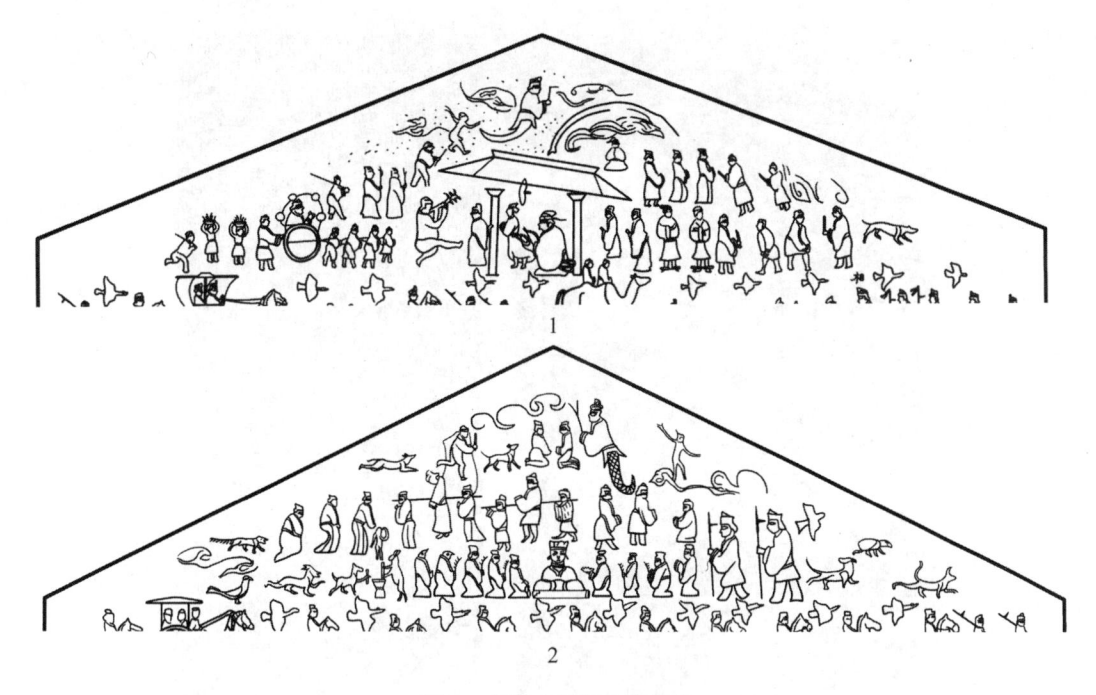

图一　孝堂山石祠山墙画像

1. 东壁山墙　2. 西壁山墙

（图片来源：《孝堂山石祠》，第31页，图19；第41页，图23）

人，屋外右侧的风伯屈膝，双手前伸，向房屋吹气，屋顶已被掀开，风伯身后有两个羽人跟从（图二，4）。其他三处类似的画像为山东汶上县先农坛出土画像石[1]、山东嘉祥五老洼出土画像石第八石[2]和山东出土的一方画像石[3]（图二，1、2、3），此类图像均出现在画像顶部，信立祥先生已指出它们也是祠堂东壁，且年代要早于孝堂山祠堂[4]。观察以上五幅图像，它们共同存在两个特点：第一，屋内有一高大男子抱弓端坐；第二，风伯多呈屈膝状将屋顶吹开。这些共同的图像细节正是解释此类图像的关键。

二、图像的性质与意义

结合图像细节和文献记载，笔者认为屋中抱弓端坐的男子应是羿（后羿），关于此人

出版社，2000年，第131页，图一四〇。
[1]　中国画像石全集编辑委员会编：《中国画像石全集2·山东汉画像石》，第10页，图一六。
[2]　中国画像石全集编辑委员会编：《中国画像石全集2·山东汉画像石》，第129页，图一三八。
[3]　中国画像石全集编辑委员会编：《中国画像石全集2·山东汉画像石》，第114页，图一二二。
[4]　信立祥：《汉代画像石综合研究》，第131页。

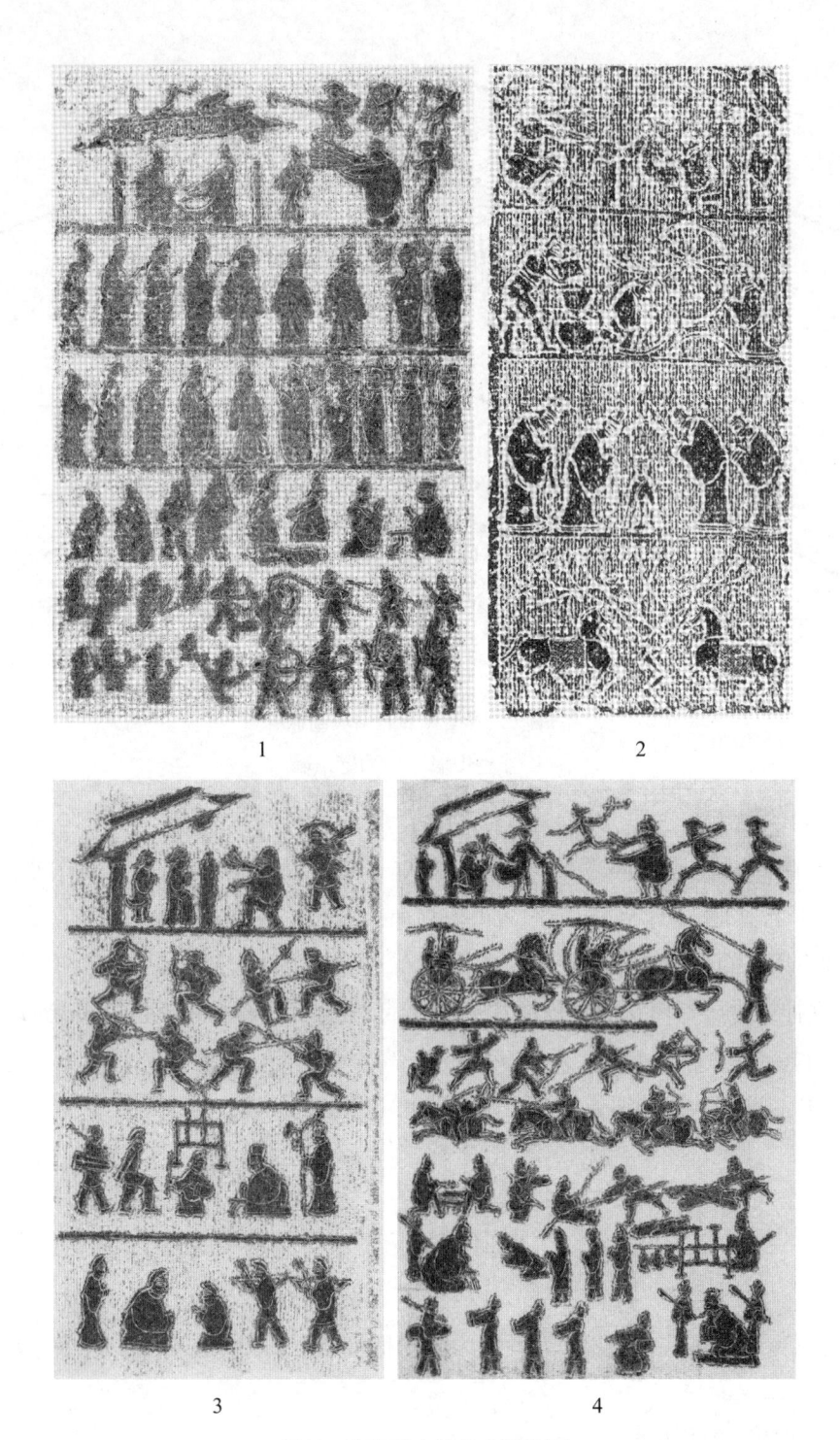

图二 山东出土的几方画像石

1. 汶上县先农坛画像 2. 山东画像石 3. 嘉祥五老洼画像第八石 4. 嘉祥五老洼画像第十二石
（图片来源：《中国画像石全集2·山东汉画像石》，第10页，图一六；第114页，图一二二；第129页，图一三八，第131页，图一四〇）

的历史记载比比皆是,有必要先梳理相关文献。

有关后羿的描述最早见于《左传》襄公四年的记载,后羿为夏代善射之人,乘夏德方衰以代夏政。后因不修民事,任用奸人寒浞,被人戏弄不知悔改,终遭灭亡,寒浞霸占了其家室[1]。《论语·宪问》云:"南宫适问于孔子曰:'(后)羿善射,奡荡舟,俱不得其死然。禹稷躬稼而有天下。'夫子不答。南宫适出,子曰:'君子哉若人!尚德哉若人!'"[2]可见后羿的故事在孔子和弟子那里已成为常识。此处之"羿"和"奡"即指《左传》中所记之"后羿"和"浇"("奡""浇"古通用)。"羿善射"即《左传》所记"恃其射也,不修民事,而淫于原兽";"奡荡舟"即《左传》所记"使浇用师,灭斟灌及斟寻氏"之事。先秦文献多言后羿之事,足见战国时期后羿事迹流传深远。

文献记载中还有一名"羿"者,此人多带有神话色彩,主要有以下几种描述:有关羿的神话最早出现于《山海经》中,《海内经》云:"帝俊赐羿彤弓素矰,以扶下国,羿是始去恤下地之百艰。"[3]《海外南经》载:"羿与凿齿战于寿华之野,羿射杀之。在昆仑虚东。羿持弓矢,凿齿持盾。"[4]《大荒南经》曰:"大荒之中,有山名曰融天,海水南入焉。有人曰凿齿,羿杀之。"[5]

又见于《楚辞·天问》,云:"羿焉彃日?乌焉解羽?"[6]其后见于《淮南子·本经训》:"逮至尧之时,十日并出,焦禾稼,杀草木,而民无所食。猰貐、凿齿、九婴、大风、封豨、修蛇,皆为民害。尧乃使羿诛凿齿于畴华之野,杀九婴于凶水之上,缴大风于青丘之泽,上射十日而下杀猰貐,断修蛇于洞庭,禽封豨于桑林。万民皆喜,置尧以为天子,于是天下广狭、险易、远近,始有道里。"[7]羿成为射十日、为民除害的英雄,先秦古籍中类似记载很多,多认为羿是善射的英雄,流传相当广泛。

此外关于羿的神话传说,还有广为人知并流传至今的"嫦娥奔月"故事,较为完整的记载见《淮南子·览冥训》,云:"譬若羿请不死之药于西王母,姮娥窃以奔月,怅然有丧,无以续之。何则?不知不死之药所由生也。"高诱注曰:"姮娥,羿妻。羿请不死之药于西王母,未及服之,姮娥盗食之,得仙,奔入月中为月精。"[8]这里将羿与西王母、嫦娥和升仙联系在了一起。

---

[1] (晋)杜预注,(唐)孔颖达正义:《春秋左传正义》卷二十九,见《十三经注疏》,北京:中华书局,1980年,第1933页。
[2] (魏)何晏集解,(宋)邢昺疏《论语注疏》卷十四《宪问》,见《十三经注疏》,第2510页。
[3] 袁珂校注:《山海经校注》,北京:北京联合出版公司,2013年,第391页。
[4] 袁珂校注:《山海经校注》,第184页。
[5] 袁珂校注:《山海经校注》,第316、317页。
[6] (宋)洪兴祖撰,白化文等点校:《楚辞补注》卷三《天问》,北京:中华书局,1983年,第96页。
[7] 何宁撰:《淮南子集释》卷八《本经训》,北京:中华书局,1998年,第574-578页。
[8] 何宁撰:《淮南子集释》卷六《览冥训》,第501、502页。

值得注意的是,屈原的《天问》中将羿与后羿混为一谈,《楚辞·天问》云:"羿焉彃日?乌焉解羽?"这是羿射十日之事,但在《离骚》中又说"羿淫游以佚畋兮,又好射夫封狐,固乱流其鲜终兮,浞又贪夫厥家"[1],这又是前述后羿之事。这种现象也见于《史记·夏本纪》张守节《正义》引《帝王纪》云:"帝羿有穷氏未闻其先何姓。帝喾以上,世掌射正。至喾,赐以彤弓素矢,封之于鉏,为帝司射,历虞、夏。羿学射于吉甫,其臂长,故以善射闻。"[2]

郭璞为《山海经》作注时已做过辨析,将羿与后羿分开[3],袁珂先生也认为羿为"东夷民族之主神,故称夷羿,与传说中之夏代有穷后羿,确是两人……然羿与后羿故事,先秦典籍即已混殽不清"[4]。

无论羿与后羿是同为一人,还是存在共同点的两人,在先秦两汉时期常常被混淆应是事实。

前述《淮南子·本经训》中曾记载"尧之时,十日并出","大风"等"皆为民害",尧命羿为民除害,其中羿"缴大风于青丘之泽",高诱注:"大风,风伯也,能坏人屋舍。"[5]画像中的风伯正在向房屋吹气,屋顶已被掀起,与文献记载吻合。值得注意的是,风伯往往呈屈膝状,这种现象不仅出现在本文所论五处画像中,其他风伯的画像也几乎全部采取这种表现形式,较为典型的如安丘墓中的风伯形象(图三)[6],风伯为何要屈膝呢?这段故事在《淮南子·氾论训》中也有提及,曰"羿除天下之害而死为宗布",高诱注:"风伯坏人屋室,羿射中其膝。"[7]羿射中了风伯的膝盖,膝盖中箭的风伯无法直立,只能屈膝吹气。那么,屋中抱弓端坐的高大男子很可能就是羿,孝堂山画像中羿的上方还挂有一把弓,更表明人物身份。

经过此番讨论,此类画像的内容基本明

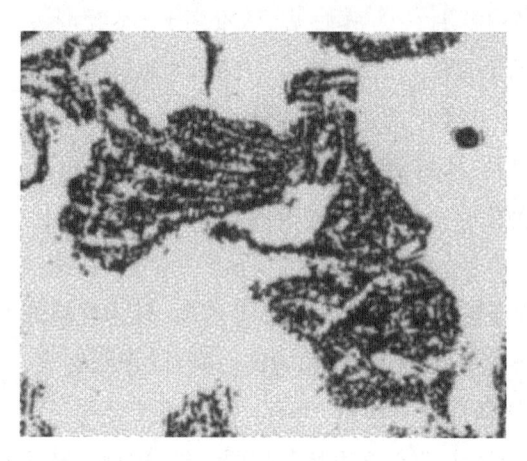

图三 安丘墓前室封顶石中段的风伯画像
(图片来源:《中国画像石全集1·山东汉画像石》,第100页,图一三七)

---

[1] (宋)洪兴祖撰,白化文等点校:《楚辞补注》卷一《离骚》,第21、22页。
[2] 《史记》卷二《夏本纪》,第86页。
[3] 袁珂校注:《山海经校注》,第392页。
[4] 袁珂校注:《山海经校注》,第392页。
[5] 何宁撰:《淮南子集释》卷八《本经训》,第574页。
[6] 中国画像石全集编辑委员会编:《中国画像石全集1·山东汉画像石》,第100页,图一三七。
[7] 何宁撰:《淮南子集释》卷八《本经训》,第986页。

了,那就是屋中端坐的高大男子为画面中心,展现了"羿射风伯"的故事,以此来表现中心人物——羿(后羿)的身份。那么此人为何能与西王母组合在一起出现呢?通过前文对羿和后羿的阐述,可知羿为东夷之神,而后羿则是夏代帝王,两者均可作为东方的代表,且地位高贵。《说文》云:"夷,东方之人也。从大从弓。"段注:"东夷从大,大人也。夷俗仁,仁者寿,有君子、不死之国。"[1]此外,"羿射风伯"之事发生在"青丘之泽",高诱注"青丘,东方之泽也"[2],也可作为其代表东方的辅证。这符合当时的阴阳理论和方位对称的观念。然而更重要的原因在于,前述《淮南子》所记"羿请不死之药于西王母"的故事,说明此时的羿已与西王母、仙药和升仙结合在了一起,且东方有"不死之国",将之布置在祠堂东壁与西王母相对十分合理,也是时人渴望求取仙药、升天成仙的表现,符合当时的生死观念、升仙信仰及将其绘制在墓葬内的意义。

三、结　语

综上所述,笔者认为,东汉早期,在以孝堂山石祠为代表的山东部分地区的早期画像中,西王母与羿(后羿)形成组合,而不是学界以往认为的风伯。

值得注意的是,与其他四处画像不同的是,孝堂山石祠东壁画像中,风伯之后还有雷公和雨师,当时风雨雷电四神常常组合出现,且与不死和升仙密切相关。屈原在《楚辞·远游》中幻想自己来到"不死之旧乡","风伯为余先驱兮,氛埃辟而清凉……左雨师使径侍兮,右雷公以为卫"[3]。《淮南子·原道训》也有类似记载:"昔者冯夷、大丙之御也,乘云车,入云蜺,游微雾,骛怳忽,历远弥高以极往。经霜雪而无迹,照日光而无景,扶摇抮抱羊角而上,经纪山川,蹈腾昆仑;排阊阖,沦天门……令雨师洒道,使风伯扫尘;电以为鞭策,雷以为车轮;上游于霄雿之野,下出于无垠之门。"[4]《淮南子》的记载中还出现了"昆仑""阊阖"和"天门",时人认为西王母是身处昆仑掌管仙药之神,求仙之人须穿过阊阖和天门,登上昆仑,求取仙药才能升仙[5]。总之,这些图像元素均与仙境、西王母和升仙相关。虽然除孝堂山外其他四方画像石中只有风伯而没有出现雷神、雨师等人物,但应该也蕴含了这些思想和信仰。

---

[1] (汉)许慎撰,(清)段玉裁注:《说文解字注》,上海:上海古籍出版社,1981年,第493页。
[2] 何宁撰:《淮南子集释》卷八《本经训》,第576页。
[3] (宋)洪兴祖撰,白化文等点校:《楚辞补注》卷五《远游》,第170、171页。
[4] 何宁撰:《淮南子集释》卷一《原道训》,第12—20页。
[5] 王煜:《昆仑、天门、西王母与天神——汉晋升仙信仰体系的考古学综合研究》,四川大学博士学位论文,2013年,第244页。

此外，本文所论图像中的羿（后羿）并不是表现为正面形象与西王母对应，巫鸿先生曾指出古代艺术中存在两种构图类型：偶像型和情节型[1]，此处的羿（后羿）并不是典型的偶像型，东壁画像中的风伯、羿（后羿）、雷神、雨师和一些随从表现的确实是一些故事"情节"，与西王母相对的可能并不是羿（后羿）这一个体，而是这些与东方、阴阳、升仙和西王母等密切相关的"情节"也未可知。

近来有学者提出，西汉后期，在鲁南地区曾出现"子路—西王母"组合，见于山东微山、邹城等地出土的一些西汉画像石中，认为西王母与孔子的弟子子路组成对应关系[2]。文中作者所论的卧虎山2号石椁中西王母与子路分别出现在南板内侧和北板外侧，侧板画面分为三格，子路图像位于中间一格，而西王母图像出现在最左一格中，两者的位置并未形成对应关系；且汉画像中的子路多作为孔子的弟子出现；更重要的是，子路出现在这里并非出于与西王母对应的考虑，而是子路在当时人们的观念中不仅是孔子的弟子和高尚的儒者，还可以作为雷神出现，《风俗通义校注·佚文》云"子路感雷精而生，尚刚好勇"[3]，子路可能被时人当作雷神，作为天神的子路出现在西王母和众多祥瑞神怪周围也是理所当然的。基于以上三点，笔者认为这一问题有待进一步探索。

东汉早期与羿（后羿）或是相关情节的组合，没有很好地解决与西王母对应的问题。此时的西王母多为正面端坐的形象，身旁排列着侍者，已有较为固定的模式；羿（后羿）图像虽有一定的模式，但也不能与西王母很好地对应组合。到了东汉时，在时人思想骨干的阴阳观念的推动下[4]，东王公与西王母固定组合在一起[5]。

（原载《中国美术研究》第31辑，2019年）

---

[1] [美]巫鸿著，柳扬、岑河译：《武梁祠：中国古代画像艺术的思想性》，第149、150页。
[2] 姜生、种法义：《汉画像石所见的子路与西王母组合模式》，《考古》2014年第2期。
[3] （汉）应劭撰，王利器校注：《风俗通义校注》，北京：中华书局，2010年，第563页。据王利器先生统计，《北堂书钞》卷一四六、《开元占经》卷一〇二、《白帖》卷五、《太平御览》卷一三、八六五、《事类赋》卷三和《天中记》卷四六等文献也存在类似的记载。
[4] 顾颉刚：《秦汉的方士与儒生》，北京：北京出版社，2012年，第1页。
[5] 学界以往认为东王公出现于东汉时期，近年刘贺墓孔子衣镜的出土打破了这一看法，根据镜框盖板的题记可知，衣镜镜框上方边框绘有西王母和东王公，二人形成对应组合关系，但这一时期确认为东王公图像的材料仅此一例，直到东汉才大量出现，中间的缺环可能反映其出现初期的阶级性和地域性，但从目前的材料来看，西王母与东王公固定组合在一起是从东汉中晚期开始应该没有问题。有关东王公的出现，及其与西王母的对应组合等问题有待于进一步的探索。参看王意乐等：《海昏侯刘贺墓出土孔子衣镜》，《南方文物》2016年第3期；刘子亮等：《汉代东王公传说与图像新探》，《文物》2018年第11期。此外笔者也提出过一些认识，参看拙文：《从海昏侯墓衣镜看西王母、东王公图像的出现及相关问题》，《江汉考古》2020年第5期。

钱树枝干图像的整体研究
——兼论钱树的主要内涵与功能

焦 阳

钱树也称"摇钱树",因其枝叶下部铸有大量钱币图案而得名,是汉晋时期流行于西南地区的一种丧葬器物,多数钱树树体为青铜质地,配之以陶质或石质器座。钱树的枝叶、枝干和底座往往有丰富的图像,例如凤鸟、西王母、佛像、动物等,因而持续受到学者的关注,对于钱树的定名、源流、传播途径、图像内容及其内涵都有较多研究。总体来看,前人对于钱树的功能有较为一致的认识,即通过枝叶、枝干及树座上的图像以表达求财、辟邪、祈福利后、升天成仙的愿望[1]。由于钱树图像十分丰富、题材各不相同,以往研究常常将图像拆解出来,逐一观察与讨论,对其意义的认识也大多是通过题材的分类而进行简单归纳,要么仅强调其中一方面,要么多元并列,未分主次。诚然,钱树的图像是有多元意义的,但钱树作为一个成系统的、独立的器物,其上的图像是否应该存在一个核心主题?不同图像之间是否有主次关系?关于钱树树座的研究相对较多,材料也相对完整,主体意义已较为明确,多数与西王母、昆仑信仰相关[2],而对于内容更加丰富的枝干图像的研究尚需要进行整体观察。本文即重点关注钱树枝干的图像内容和组合,以寻求整个图像组合的内在逻辑并探讨钱树的主要内涵与功能。

---

[1] 何志国:《汉魏摇钱树初步研究》,北京:科学出版社,2007年;邱登成:《西南地区汉代摇钱树研究》,成都:巴蜀书社,2011年;周克林:《东汉六朝钱树研究》,成都:巴蜀书社,2012年。
[2] 霍巍:《四川汉代神话图像中的象征意义——浅析陶摇钱树座与陶灯台》,《华夏考古》2005年第2期;王煜、师若予、郭凤武:《雅安芦山汉墓出土钱树座初步研究——再谈钱树的整体意义》,《中国国家博物馆刊》2016年第5期;张倩影、王煜:《成都博物馆藏东汉陶仙山插座初探》,《四川文物》2020年第4期。

一、完整钱树枝干的整体观察

目前可见保存较完整的钱树不下40件[1],其中有出土信息的22件。枝干由顶部枝叶、侧枝和树干组成,三种枝叶上的图像各有特点且种类较多,已有学者对各种枝叶的组合情况进行过梳理[2],不再赘述。根据以往的复原研究及近年的出土材料可知,顶枝的形制、结构及枝叶大小与侧枝有明显区别,安装方式也与侧枝不同,故顶枝组合较容易复原。侧枝数量众多,因其多是插挂在树干上,历经千年出土时多已散落,故侧枝上下位置的复原困难。本文主要侧重于钱树枝干图像的观察,研究显示侧枝的图像多为主题式并杂糅许多内容,逻辑关系较弱(后详),因此侧枝的具体排布并不影响本文的整体讨论。本文在对钱树各部位枝叶进行细致观察的基础上,分析各部位枝叶在整株钱树中的作用,寻找枝叶图像中的关键元素,以期探讨钱树的整体内涵及其意义层次。

(一)顶枝

顶枝的图像在整棵树中是独一无二的,且图像刻画最为清楚,又位于顶端中央位置,所以钱树枝干最重要的部分当属顶部及其附近的枝叶,其特有的形制及图像组合方式,较容易在众多枝叶中识别出来。根据顶部枝叶图像及组合的不同将钱树进行分类,较容易把握钱树的主要特点及内涵。

由于钱树数量较多,图像内容和组合有一定规律可循,为方便起见采用划分类型的方式对材料进行介绍。首先,多数完整钱树的最顶端是一只凤鸟,凤鸟之下有时会接西王母、佛像或其他人物,有时直接与树干相接。根据凤鸟是否直接与树干相接可将钱树顶枝分为两型。

A型:22件。凤鸟图像之下紧接人物或动物图像,图像刻画清楚,主体地位明显。根据凤鸟之下图像内容的不同,可分为四亚型。

Aa型:8件。顶枝图像组合为"凤鸟+西王母+璧"。四川绵阳何家山M2出土钱树,顶枝图像为西王母坐于龙虎座上,头顶圆璧,璧上立一只凤鸟[3](图一,1)。四川茂汶出土钱树,枝干顶端有一璧,璧两侧各有一捣药玉兔。圆璧之上有西王母图像,西王母头上立

---

[1] 部分钱树虽顶枝、侧枝有残缺,但根据类似钱树可推知全貌者;仅存顶枝或侧枝,但图像完整、清晰者,亦在本文讨论之列。另外,部分钱树虽保存较完整,但数据公布不详,暂未纳入讨论。
[2] 周克林:《东汉六朝钱树研究》,第26-182页。
[3] 何志国:《四川绵阳何家山2号东汉崖墓清理简报》,《考古》1991年第3期。

图一　Aa型钱树顶枝
1. 绵阳何家山M2钱树　2. 茂汶钱树
（图片来源：1. 绵阳市文物管理局、绵阳博物馆：《涪江遗珠：绵阳可移动文物》，北京：文物出版社，2015年，第41页；2.《汉魏摇钱树初步研究》，图11-7）

一只凤鸟；旁枝各有一阙，阙上立有凤鸟，有一人挑着两串钱从中走出[1]（图一，2）。

Ab型：7件。顶枝图像组合为"凤鸟+佛像+璧"。四川资阳雁江区狮子山M2出土钱树，顶枝凤鸟已不存，佛像位于中央枝干上方，坐于圆璧之上；旁枝为骑鹿的长耳仙人手举日月，亦站立在璧上[2]（图二）。重庆丰都包肚地M7出土钱树[3]、成都青白江战斗村出土钱树[4]若顶部保存完整应与之类似。陕西宝鸡郭家崖M15出土钱树与之类似，唯顶枝凤鸟口含绶璧，旁枝为站立在璧上的凤鸟[5]。

Ac型：2件。顶枝图像组合为"凤鸟+三峰冠人物+璧"。湖北郧阳出土钱树，顶枝中央有一璧，璧上站立一位头戴三峰冠的人物；旁枝为猴子蹲坐于璧上，并附带有凤鸟栖

---

[1] 何志国：《汉魏摇钱树初步研究》，第57-59页。
[2] 四川省文物考古研究院、资阳市雁江区文物管理所：《资阳市雁江区狮子山崖墓M2清理简报》，《四川文物》2011年第4期。
[3] 重庆市文物局、重庆市移民局：《丰都镇江汉至六朝墓群》，北京：科学出版社，2013年，第61页。
[4] 现藏于青白江博物馆。
[5] 陕西省考古研究院、宝鸡市考古研究所：《宝鸡郭家崖汉唐墓发掘简报》，《文博》2019年第2期。

图二　Ab型钱树顶枝

(图片来源:《资阳市雁江区狮子山崖墓M2清理简报》,《四川文物》2011年第4期,图二〇,1)

立在钱树上的图像[1](图三)。波特兰艺术博物馆藏有一件完整的此类型钱树,三峰冠人物头顶立有一只凤鸟[2]。由此观之,湖北郧阳钱树顶部应当有所残缺。

Ad型:3件。顶枝图像组合为"凤鸟+其他人物(动物)图像",这里的人物往往为两位男性形象,有的似仙人,有的着长袍戴冠。例如,绵阳何家山M1出土钱树,凤鸟下方的主干图像为一棵外形奇特的树,树干刻绘菱形纹饰,树旁站有两位穿着右衽短袍、束发髻

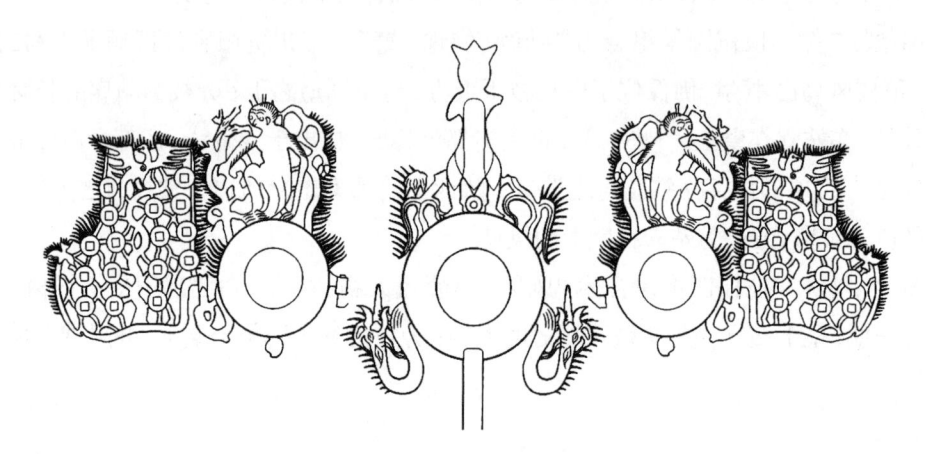

图三　Ac型钱树顶枝

(改绘自:湖北省文物局:《汉丹集萃:南水北调工程湖北库区出土文物图集》,北京:文物出版社,2009年,第194页)

---

[1] 方国荣:《湖北郧阳博物馆馆藏汉代青铜摇钱树的修复》,《江汉考古》2009年第3期。
[2] http://www.portlandartmuseum.us/mwebcgi/mweb.exe?request=record;id=33119;type=101(2020/10/11)

的男性人物[1](图四,1)。同样的枝叶图案亦见于陕西汉中宁强县出土钱树。四川西昌马道杨家山M1出土钱树,凤鸟之下的主干图像为两位身穿宽袍大袖、头戴冠的男性形象,一人为仰头侧卧状,形态轻松自然,另一人做抡锤状,似想击打侧卧的人物[2](图四,2)。

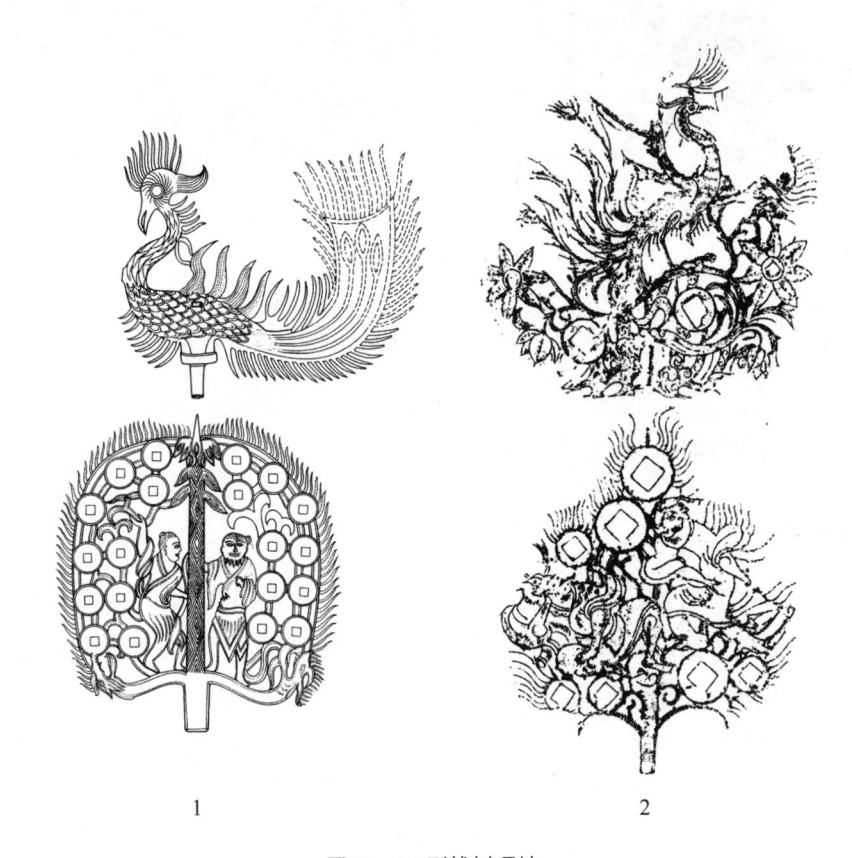

图四　Ad型钱树顶枝

1. 绵阳何家山M1钱树　2. 西昌杨家山M1钱树

(图片来源:1.《涪江遗珠:绵阳可移动文物》,第49页;2.《四川西昌市杨家山一号东汉墓》,《考古》2007年第5期,图一〇、一一)

B型:14件。凤鸟直接与树干相接。这一类型凤鸟身旁常会出现手举日月的伏羲女娲、仙人、植物、动物图像。例如,四川彭山双江出土钱树,凤鸟口含丹药,面前有一人物双膝跪地,似在向凤鸟求取丹药;一旁为人首蛇身的女娲,双手上举圆月,月中绘制蟾蜍[3](图五,1)。四川新津宝资山出土钱树与之图像相同[4]。绵阳石塘乡出土钱树,凤鸟口衔

---

[1] 何志国:《四川绵阳何家山1号东汉崖墓清理简报》,《考古》1991年第3期。
[2] 四川凉山彝族自治州博物馆:《四川西昌市杨家山一号东汉墓》,《考古》2007年第5期。
[3] 张琴:《四川博物院藏汉代摇钱树研究》,《文物天地》2015年第1期。
[4] 何志国:《汉魏摇钱树初步研究》,第29—30页。

图五　B型钱树顶枝
1. 彭山双江钱树　2. 绵阳石塘乡钱树

（图片来源：1.《四川博物院藏汉代摇钱树研究》，《文物天地》2015年第1期，图三；2.《涪江遗珠：绵阳可移动文物》，第45页）

枝蔓，面前有一骑马的长耳仙人[1]（图五，2）。

（二）侧枝

侧枝图像有较高重复性，部分钱树的侧枝无甚特别，全部是钱币的罗列，例如湖北郧阳出土钱树。但更多钱树侧枝则有非常丰富的图像，除了常见的西王母外还会有动物、历史故事、杂技、乐舞、车马出行等。由于钱树出土时枝叶多已散乱，且侧枝的枝叶形制较为相似，侧枝的上下顺序及组合方式并不能确定。根据侧枝的图像和枝叶形态，可分为三型。

A型：14件[2]。长条形枝叶。根据图像主题的不同，可分为两亚型。

Aa型：10件。西王母和乐舞、杂技图像枝叶。彭山双江出土钱树，侧枝枝干下方为钱币图像，上方则是以西王母图像为中心，两侧分布有捣药仙人、乐舞、跳丸、叠案等杂技图像，枝叶外侧还有人物一手持绶璧一手牵引凤鸟的图像[3]（图六，1）。类似的枝叶还有四川广汉万福出土钱树、新津宝资山出土钱树等。

Ab型：4件。出行图像枝叶。资阳雁江区狮子山M2出土钱树，枝叶一端有持节人物从双阙中进入，前方还有一位骑马的人物，身前有一人躬身迎谒；中间有一建鼓，另一侧也有一位骑马人物，身后跟有两人，最后一位头戴斗笠[4]（图六，2）。陕西汉中铺镇砖厂

---

[1] 绵阳市文物管理局、绵阳博物馆：《涪江遗珠：绵阳可移动文物》，北京：科学出版社，2015年，第44-45页。
[2] 因同一棵钱树往往有多件同质的侧枝，故此处计数实则为钱树棵树。
[3] 张琴：《四川博物院藏汉代摇钱树研究》，《文物天地》2015年第1期。
[4] 四川省文物考古研究院、资阳市雁江区文物管理所：《资阳市雁江区狮子山崖墓M2清理简报》，《四川文物》2011年第4期。

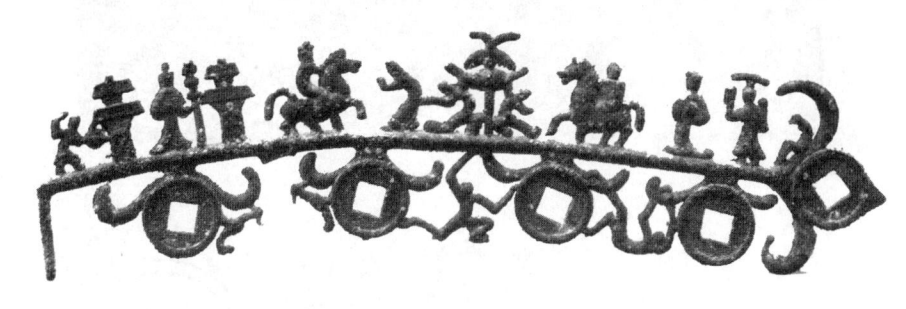

图六　A型钱树侧枝

1. 彭山双江钱树　2. 资阳M2钱树

（图片来源：1.《四川博物院藏汉代摇钱树研究》，图五；2.《资阳市雁江区狮子山崖墓M2清理简报》，图版一，2）

M5出土钱树，虽然侧枝有残损，仍可辨识出人物临阙图像[1]。另外，意大利东方艺术博物馆藏钱树，侧枝有双阙图像，一位仙人驭两头大象正往阙门行进[2]。东京国立博物馆藏钱树上层侧枝展现了一幅风伯、雨师和雷公的出行图[3]。

B型：14件。宽短形侧枝。图像内容繁杂，多以西王母图像为中心，各类人物穿插在枝干和钱币之间。这类枝叶较A型大，在钱树上多重复出现。广汉三水出土钱树，枝叶中间上部有一西王母坐于龙虎座上，下方两侧有两位身形较小的人物呈跪地祈求状。枝叶外侧上端的树枝上可见有一只九尾狐，其下方有两位坐于平台上的人物，一人弹琴一人聆听。再下方可见有一骑牛男子，与前方手拿纺锤的女子对望。枝叶内侧有两人执手相看，身边立有一马。枝叶空隙处还有仙人、鹿、鸟等动物图像（图七，1）。广汉万福出土钱树，

---

[1] 何志国：《汉魏摇钱树初步研究》，第66页。
[2] https://artsandculture.google.com/asset/money-tree-with-bear-form-support-unknown/PQFk_SpbU7Ydcg (2020/10/11)
[3] 罗世平：《早期佛教进入巴蜀的途径——以摇钱树佛像为中心》，《湖北美术学院学报》2011年第2期。

1

2

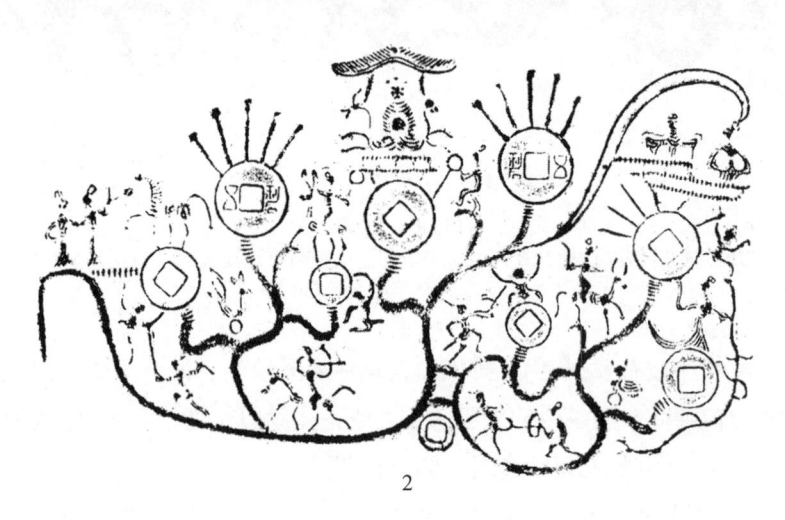

图七　B型钱树侧枝
1. 广汉三水钱树　2. 广汉万福钱树
（图片来源：1. 作者摄；2.《汉魏摇钱树初步研究》，图2-15）

整体图像与广汉三水类似，枝叶空隙处可见拉弓狩猎图像，钱币上的文字为"五利后"[1]（图七，2）。

C型：6件。不规则枝叶。这类枝叶图像与前两型不同，枝叶形态较为多样，图像内容没有形成较为固定的组合。绵阳何家山M2出土钱树侧枝有胡人驭象图，象背上还驮

───────
[1] 何志国：《汉魏摇钱树初步研究》，第30—32页。

有两壶(图八,1)。汉中勉县出土钱树残枝上有车马出行,另一残枝上可见配鞍的鹿[1](图八,2)。成都青白江战斗村出土钱树侧枝中央有棵钱树,两胡人手持长杆似在摘钱,枝叶外端立有一只凤鸟[2]。西昌杨家山M1出土钱树侧枝,枝叶较短小,图像除却钱币纹外,一侧展现了一幅狩猎场景(图一四,1),一侧为持节人物牵引凤鸟和仙马图像[3]。

图八 C型钱树侧枝
1. 绵阳何家山M2钱树　2. 汉中勉县钱树
(图片来源:1.《涪江遗珠:绵阳可移动文物》,第42页;2.《陕西勉县红庙东汉墓清理简报》,《考古与文物》1983年第4期,图十一)

D型:5件。枝叶插件。除以上三型侧枝主体枝叶外,在侧枝上还会出现片状外插件。如云南昭通桂家院子出土钱树的侧枝插件出现了持节羽人和风伯形象[4](图九,1),以往学者多将跪地吹风的风伯认作蟾蜍,显然是出现了偏差。风伯常与雷公、雨师一同出现在汉代画像石上,外形特征明显,腹部圆鼓,作跪地吹风状,南阳王庄汉画像石[5]和四川郫县一号石棺[6]上的风伯形象即是如此(图一〇)。由此来看,钱树上的风伯与汉代画像石、石棺中的相似,呈屈膝跪地、仰头吹风的姿态。旧金山亚洲艺术博物馆藏钱树灯的侧枝出现了同版的风伯形象,所处位置也与昭通钱树相同,均是紧邻顶部西王母枝叶的侧枝[7]。湖北秭归台子湾Ⅲ区M3也出土有同样的枝叶插件[8],可惜整株钱树缺损严重难以

---

[1] 唐金裕、郭清华:《陕西勉县红庙东汉墓清理简报》,《考古与文物》1983年第4期。
[2] 现藏于青白江博物馆。
[3] 四川凉山彝族自治州博物馆:《四川西昌市杨家山一号东汉墓》,《考古》2007年第5期。
[4] 云南省文物工作队:《云南昭通桂家院子东汉墓发掘》,《考古》1962年第8期。
[5] 凌皆兵、王清建、牛天伟:《中国南阳汉画像石大全2》,郑州:大象出版社,2015年,第192页。
[6] 高文:《中国画像石棺全集》,太原:三晋出版社,2011年,第125页。
[7] http://searchcollection.asianart.org/view/objects/asitem/search@/0?t:state:flow=99d684f6-4ccc-41a4-8592-374fc4990918(2020/10/11)。
[8] 国务院三峡工程建设委员会办公室、国家文物局:《湖北库区考古报告集(第一卷)》,北京:科学出版社,2003年,第485页。

图九　D型钱树侧枝

1. 云南昭通桂家院子钱树　2. 西昌杨家山M1钱树

（图片来源：1.《云南昭通桂家院子东汉墓发掘》,《考古》1962年第8期,图六,3、6；2.《四川西昌市杨家山一号东汉墓》,图一七）

图一〇　风伯图像

1. 南阳王庄画像石　2. 郫县一号石棺

（图片来源：1.《中国南阳汉画像石大全2》,第192页；2.《中国画像石棺全集》,第125页）

复原。西昌杨家山M1钱树侧枝插件，图像为两个男子站立在一个豆状器两侧，各有一只手伸向中间；其中一身形高大，衣袖飞扬，另一位身材矮小，手中持节（图九，2）。

（三）树干

树干可分为有装饰和无装饰两类，有装饰的图像较为多样，动物类的有猴、熊、蝉、龙，人物类的有佛像、羽人等。其中，保存较好并装饰有熊的树干有7件。例如，成都青白江战斗村出土钱树[1]、新都区互助村M3出土钱树[2]、资阳雁江区狮子山M2出土钱树等树干均为装饰熊和璧（图一一，1）。保存较好并装饰有佛像的树干有12件，如绵阳何家山M1出土钱树、安县出土钱树、郧阳出土钱树、汉中铺镇砖厂M5出土钱树[3]等树干装饰佛像和璧（图一一，2）。以上两种在有装饰的树干中占大多数。

（四）小结

从时间关系上看，各类枝干暂未发现较为明显的早晚关系。从分布地域看，Aa型顶枝主要见于四川地区，Ab型则在四川、陕西、重庆均有出土，Ac型只有两件，仅知一件出土于湖北地区，Ad型在四川、陕西均有出土，B型顶枝主要集中在四川地区。其中，四川和陕西地区的Ab、Ad型顶枝出现了同模的情况。从数量上看，以Aa、Ab和B型顶枝最为常见，三者约占现存顶枝的80%。就侧枝而言，A、B型侧枝

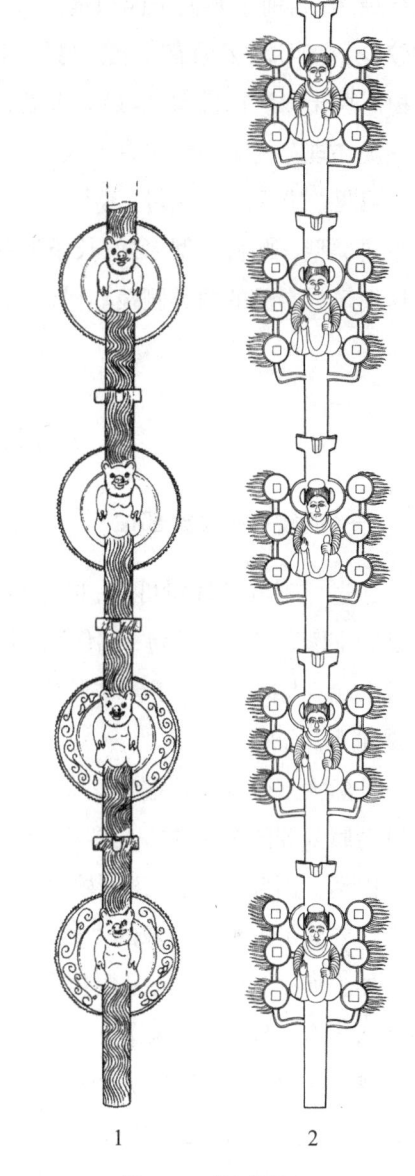

图一一　钱树树干

1. 新都钱树　2. 绵阳何家山M1钱树
（图片来源：1.《成都市新都区东汉崖墓的发掘》，《考古》2007年第9期，图一八，1；2.《涪江遗珠：绵阳可移动文物》，第47页）

---

[1] 现藏于青白江博物馆。
[2] 成都文物考古研究所、新都区文物管理所：《成都市新都区东汉崖墓的发掘》，《考古》2007年第9期。
[3] 何新成：《陕西汉中市铺镇砖厂汉墓清理简报》，《考古与文物》1989年第6期。

数量最多，目前主要见于四川地区，二型多在同一棵钱树上组合出现，C型侧枝和D型相对较少，在四川、云南有发现。另外，四川、陕西、湖北地区均出土有侧枝仅装饰钱币纹的钱树。树干以装饰佛像、熊最为常见，且二者分布没有明显的地域性，其次为素面无装饰。此三类在现存树干中约占有七成。

可见，"凤鸟+西王母+璧""凤鸟+佛像+璧"以及凤鸟直接与树干相接，是钱树顶枝的主要类型。侧枝类型多样，长条形和宽短形枝叶的形制和图像主题较为固定，也是完整钱树中最为常见的两类侧枝。树干上的装饰则主要为佛像和熊。

二、钱树各部位内涵与功能探析

（一）顶枝——关键部位

通过梳理各类钱树可知，凤鸟与树干直接相接是顶部枝叶最常见的情况，其次就是"凤鸟+西王母"和"凤鸟+佛像"的顶枝类型。这类图像组合所处位置较为统一，位于树干最上端；人物明显大于侧枝及树干处的图像，且内容刻画十分清晰，对整株钱树来说其重要性不言而喻。

虽然大部分钱树顶端会站立一只凤鸟，作用看似十分重要。但凤鸟的形态差异不大，且凤鸟属墓葬图像中的常见形象，仅关注凤鸟个体很难去了解其意义，亦难以把握钱树的主要内涵。因此，B型钱树顶枝虽然最为常见，但其图像较为简单，所能显示的有效信息较少。要想了解顶枝图像的主要内涵，可以观察数量同样较多的Aa和Ab型钱树顶枝。

如上所示，A型顶枝多数会出现璧。以Aa型"凤鸟+西王母+璧"图像组合为例，有的外面还有双阙，此种构图亦可见于同时期的圆形铜棺饰上。例如巫山县城坡南东井坎出土鎏金铜棺饰，西王母位于两阙之中头顶圆璧，其上刻有"天门"榜题，凤鸟立于双阙之间的"人"字形结构之上[1]（图一二）。李清泉先生提出，门阙与西王母题材组合的模式是具有标型价值的天门图像[2]。霍巍先生也注意到，铜牌饰上的西王母、仙人和圆璧图像具有代表仙界的属性[3]。王煜先生也曾提出，"天门"常与璧、西王母、凤鸟等神物、神人、神

---

[1] 重庆巫山县文物管理所、中国社会科学院考古研究所三峡工作队：《重庆巫山县东汉鎏金铜牌饰的发现与研究》，《考古》1998年第12期。
[2] 李清泉：《"天门"寻踪》，载巫鸿、朱青生、郑岩主编《古代墓葬美术研究》（第三辑），长沙：湖南美术出版社，2015年，第27-48页；又载氏著《由图入史——李清泉自选集》，上海：中西书局，2019年，第23-51页。
[3] 霍巍：《阙分幽明：再论汉代画像中的门阙与"天门"》，载巫鸿、朱青生、郑岩主编《古代墓葬美术研究》（第四辑），长沙：湖南美术出版社，2017年，第78-90页。

图一二　巫山县城坡南东井坎铜棺饰

(图片来源:《重庆巫山县东汉鎏金铜牌饰的发现与研究》,《考古》1998年第12期,图一,2)

兽组合在一起[1]。此类图式具有天门含义已被广泛接受。此外,这类图像组合中的璧也当给予关注。《三辅黄图·汉宫》云:"宫之正门曰闾阖,高二十五丈,亦曰璧门"[2],即闾阖亦称之为璧门。《说文解字·门部》云:"闿,闾阖,天门也。"可见,东汉时期闾阖、璧门和天门含义已经相同。《白虎通·辟雍》:"辟者,璧也。象璧圆以法天也。"[3]璧以象天的观念在汉代十分流行。由此,象天的圆璧出现在"天门"榜题之下,两侧又配之以门阙,此处的圆璧无疑为闾阖、璧门(天门)[4]。因而,"凤鸟+西王母+璧"的顶枝图像带有明显的"天门"含义。

此处的西王母图像还可被佛像所代替,这点已有学者观察到[5]。佛像身旁的人物与西王母身旁人物姿态相似,均做跪地求取状,与后代佛教题材图像组合差别较大。《后汉

---

[1] 王煜:《汉墓天门图像及相关问题》,《考古》2019年第6期。
[2] 何清谷校注:《三辅黄图校注》卷二《汉宫》,西安:三秦出版社,1995年,第116、117页。
[3] (唐)欧阳询:《艺文类聚》卷三十八《礼部上》引《白虎通·辟雍》,上海:上海古籍出版社,1965年,第690页。
[4] 王煜:《也论马王堆帛画——以闾阖(璧门)、天门、昆仑为中心》,《江汉考古》2015年第3期。
[5] 罗二虎:《陕西城固出土的钱树佛像及其与四川地区的关系》,《文物》1998年第12期;霍巍:《中国西南地区钱树佛像的考古发现与考察》,《考古》2007年第3期;王苏琦:《汉代早期佛教图像与西王母图像之比较》,《考古与文物》2007年第4期。

书·西域传》云："西方有神,名曰佛。"[1]在佛教初传中国时期,人们对于佛的认识显然是十分粗浅的,认为佛是来自西方的神人,与居于极西之地的西王母有共通之处。且与佛像同层的旁枝上,常有骑鹿仙人手举日、月立于璧上守护在佛两侧,此种情况与手举日、月的伏羲、女娲多有相似。东汉班彪《览海赋》云："指日月以为表,索方瀛与壶梁。曜金璆以为阙,次玉石而为堂。"[2]可见,日月在通往仙界的路途中具有标识作用。因此,Ab型顶枝"凤鸟+佛像+璧"的图像组合同样意在表示"天门"。Ac型顶枝整体构图与Aa、Ab型相似,唯中央人物替换为头戴三峰冠的形象,从身形、冠服来看应当也是神人,此类亦可与上述两种顶枝一同看待。

如此,A型顶枝中最常见的两种图像组合均与"天门"相关,或可说明钱树顶枝在多数情况下具有同样意图,只不过图像选择略有差异。以B型钱树顶枝为例,多数凤鸟身旁会出现手举日、月的伏羲、女娲,这类图像在四川地区的画像石棺和画像砖墓中,常带有"天门"的含义。例如,泸州15号棺前挡刻绘有托举日、月的伏羲、女娲,上缘还刻有铺首衔环;后挡是双阙图像,有门吏、朱鸟与之组合;侧挡是神仙、异兽和秋胡戏妻故事场景[3]。再如合江1号棺,前挡为胜和双阙图像,后挡刻绘托举日、月的伏羲、女娲,侧挡则是西王母、龙虎衔璧图像[4]。有学者指出,综合考虑石棺四面的画像内容主要为与西王母相关的仙境,可以将前、后挡出现的伏羲、女娲和双阙视为对天门的表现[5]。由此,B型钱树顶枝虽然图像内容和组合均十分简单,但依然在间接表示"天门"。

通过以上分析,钱树顶枝总是出现凤鸟的原因或可明了。凤鸟在文献中又称为"凤凰""大雀"等。班固《西都赋》曰："设璧门之凤阙,上觚棱而栖金雀。"李善注引《三辅故事》："建章宫阙上有铜凤皇,然金爵则铜凤也。"[6]建章宫有璧门、凤阙当是时人所熟知的事情。西汉长安城的规划理念中带有明显的"象天设都"的想法,城中各类建筑的定名也往往与天界对应。如张衡《西京赋》言"正紫宫于未央,表峣阙于阊阖"[7],《三秦记》云："未央宫,一名紫微宫。"[8]东汉继承西汉的做法,洛阳城的规划也同样具有"象天设都"

---

[1]《后汉书》卷八十八《西域传》,北京:中华书局,1965年,第2922页。
[2] (唐)欧阳询:《艺文类聚》卷八《水部》引《览海赋》,第152页。
[3] 成都文物考古研究院、泸州市博物馆:《四川泸州汉代画像石棺研究》,北京:文物出版社,2019年,第72-79页。
[4] 成都文物考古研究院、泸州市博物馆:《四川泸州汉代画像石棺研究》,第91-94页。
[5] 李清泉:《"天门"寻踪》,载巫鸿、朱青生、郑岩主编《古代墓葬美术研究》(第三辑),第27-48页;又载氏著《由图入史——李清泉自选集》,第23-51页;霍巍:《阙分幽明:再论汉代画像中的门阙与"天门"》,载巫鸿、朱青生、郑岩主编《古代墓葬美术研究》(第四辑),第78-90页;王煜:《汉墓天门图像及相关问题》,《考古》2019年第6期。
[6]《后汉书》卷四十《班彪列传》,第1341、1345页。
[7] (梁)萧统编,(唐)李善注:《文选》第二卷《西京赋》,上海:上海古籍出版社,2019年,第52页。
[8] (汉)辛氏:《三秦记》,见《汉唐方志辑佚》,北京:北京图书馆出版社,1997年,第1页。

的观念[1]。又《建章凤阙赋》云："象玄圃之层楼，肖华盖之丽天。"[2]因此，建章宫所设的璧门、凤阙应该有模仿天门的含义。璧门的门阙立雀或可从侧面体现时人对于天门的理解——天之门会有凤鸟栖立。

凤鸟一类的鸟禽在汉代往往带有神性，亦与西方昆仑紧密联系。《说文解字》曰："凤，神鸟也。"《论衡·物势篇》云："而鸠雀鹄雁产于西方也，自是筋力勇怯相胜服也。"[3]班超从西域回，献大雀，其妹班昭做《大雀赋》云："嘉大雀之所集，生昆仑之灵丘。同小名而大异，乃凤皇之匹畴。"[4]可见，汉时此类鸟雀已被看做从西方而来的祥瑞之物。而这种观念在魏晋时期依然流行，晋顾恺之做《凤赋》曰："朱冠赫以双翘，灵质翔其高举，历黄冠于招摇，陵帝居之悬圃。"[5]将凤鸟与西方之地的昆仑悬圃联系在一起。再有汉武帝时《郊祀歌》云："神之斿，过天门，车千乘，敦昆仑。"[6]《论衡·道虚篇》云："如天之门在西北，升天之人，宜从昆仑上。"[7]显然，汉代已将天门与昆仑紧密结合在一起[8]。因此，凤鸟常与天门并举也是情理之中的事情。

当然，并非所有钱树顶枝均是表现"天门"，Ad型顶枝图像就较难划入其中。绵阳何家山M1钱树顶枝的两位人物虽然衣着发饰较为特殊，但身份难以判定；勉县钱树顶枝虽然刻画有胡人形象，但顶枝有残缺，均难以深入讨论。最为特殊的一例当属杨家山M1钱树顶枝，两个人物一位做抡锤状，一位仰倒在地。有学者推测这类图像可能是值守鬼门的神荼、郁垒二人[9]。但从二者的衣着、动作和构图来看，更可能是历史故事中的人物。同样的图像亦可见于四川地区的汉阙顶部[10]，乐山柿子湾B区M1崖墓享堂后壁墓门两侧[11]，在雅安芦山汉墓出土的一件石质钱树座上也有出现[12]，以往多认为图像所表现的是高祖斩蛇和张良锤秦皇两个故事，现在看似不确，二者应当是共同构成一个历史故事。

总之，钱树凤鸟之下的顶部枝叶图像，无论是西王母、佛像还是与之配伍的双阙、日月

---

[1] 梁轩：《"象天设都"与东汉洛阳城的空间布局》，《自然科学史研究》2019年第1期。
[2] (唐)欧阳询：《艺文类聚》卷六十二《居处部二》引《建章凤阙赋》，第1117页。
[3] 黄晖：《论衡校释》，北京：中华书局，1990年，第153页。
[4] (唐)欧阳询：《艺文类聚》卷九十二《鸟部下》引《大雀赋》，第1596页。
[5] (唐)欧阳询：《艺文类聚》卷九十九《祥瑞下》引《凤赋》，第1709页。
[6] 《汉书》卷二十二《礼乐志》，北京：中华书局，1962年，第1066页。
[7] 黄晖：《论衡校释》，第319页。
[8] 王煜：《昆仑、天门、西王母与天帝——试论汉代的"西方信仰"》，《文史哲》2020年第4期。
[9] 施品曲：《汉魏时期中国西南地区明器"钱树"之图像内涵及其渊源探析》，台湾师范大学硕士学位论文，2002年。
[10] 重庆市文化局、重庆市博物馆：《四川汉代石阙》，北京：文物出版社，1992年，第74、104、115页。
[11] 四川省文物考古研究院、乐山大佛风景名胜区管理委员会：《四川乐山市柿子湾崖墓B区M1调查简报》，《四川文物》2016年第5期。
[12] 王煜、师若予、郭凤武：《雅安芦山汉墓出土钱树座初步研究——再谈钱树的整体意义》，《中国国家博物馆馆刊》2016年第5期。

大多直接或间接表示出"天门"的含义。邢义田先生在讨论汉代墓葬图像中"泗水捞鼎"的故事时曾论,"当画工想要借用这个众人熟知的故事为其他的目的服务时,一个简单的手法就是保留关键元素。"[1]结合本文所讨论的钱树,顶枝图像虽然有多种图像组合形式,但无一不在"西王母——天门"的表达体系中。不过是工匠受限于钱树本身的造型,而选取这一系统中的关键元素放置于树顶,以突显钱树的主要内涵。

(二)侧枝——图像杂糅

多数侧枝的图像是以西王母为中心进行布局,顺着枝叶走势安插一些汉代常见的人物和动物图像。少数枝叶虽然没有出现西王母,但整个枝叶上的图像组合也多与"西王母——天门"信仰相关。有趣的是,部分钱树侧枝上还会出现历史故事中的人物形象,这是以往学者所未观察到的;另有直接套用画像石棺或画像砖中图像格套的情况。

首先,最常见的钱树侧枝为A型和B型,图像内容多是以往所称的"西王母与杂技"和"西王母与人物"。这两种枝叶也常常组合在一起,形成一株完整的钱树。因此,对钱树侧枝图像内涵的理解,可从A、B两型枝叶入手,再推及其他少数枝叶类型。

关于A型枝叶的"西王母与杂技"图像,王煜先生认为此枝叶图像所表现的并非歌舞祠西王母,而是汉代人认为表演杂技、魔术的眩人来自西域中的西王母所在之地,这些杂技和魔术又被称为幻术,意在描绘仙境和升仙[2]。

B型枝叶上的图像丰富,除西王母外,可辨识的人物还有伯牙、子期和牵牛、织女图像。以南京博物院藏钱树为例,侧枝右下方,女性人物手持纺锤回身望向身后的男性人物,男性人物则一手牵牛、一手牵女子。此图像与郫县2号石棺盖上的牵牛、织女图像如出一辙,此前已有学者注意到[3]。类似的图像亦可见于广汉三水钱树、绵阳石塘乡钱树、彭山双江钱树等,不过牵牛图变化为牛郎坐在牛背上。在牵牛、织女图像上方,往往有一对人物坐于平台之上,一位弹琴,另一位似在聆听。这类图像极易让人联想到伯牙弹琴的故事,此故事图像在汉代十分流行,在绵阳杨氏阙、雅安高颐阙、四川地区的画像石棺、东汉时期的神兽镜中皆可见到。

B型枝叶上的伯牙、子期和牵牛、织女,在汉代图像、文献材料中,多已具有神仙色彩[4]。鄂州出土重列神兽镜,边有铭文一周:"建(安)十九年八月五日,吾作竟,□□日月,

---

[1] 邢义田:《画为心声:画像石、画像砖与壁画》,北京:中华书局,2011年,第418页。
[2] 王煜:《四川汉墓出土"西王母与杂技"摇钱树枝叶试探——兼论摇钱树的整体意义》,《考古》2013年第11期。
[3] 施品曲:《汉魏时期中国西南地区明器"钱树"之图像内涵及其渊源探析》,台湾师范大学硕士学位论文,2002年。
[4] [美]巫鸿:《四川石棺画像的象征结构》,载[美]巫鸿著,郑岩编《传统革新——巫鸿美术史文集》,上海:上海人民出版社,2019年,第223-242页。

白牙单琴,黄帝仙人,东王父西(王)母,宜子先,大吉羊,位至三公,□□夫。"[1]加之在汉代画像石棺上伯牙、子期常与仙人六博图像出现在同一场景中,因而有学者提出伯牙的神仙化在东汉时期已经完成[2]。牵牛、织女图像在汉代墓葬壁画中多出现在墓顶天象图中,且明确的牵牛、织女图像中皆有天门、天阙[3],其在墓葬中升天成仙的寓意明显,二者显然也已神仙化。

A型和C型枝叶上的出行图像往往也与西王母升仙信仰相关。东京国立博物馆藏钱树,上层侧枝展现了一幅风雨雷神的出行景象,其中风伯的形象最易辨识,整个侧枝上的出行图与四川郫县1号石棺(图一〇,2)和富顺1号石棺十分相似[4]。风伯及与之组合出现的雷公、雨师出行的图像,在汉代画像石中十分常见,多出现在天界出行场景中,此类图像已有学者进行过系统梳理[5]。文献记载也与图像相合,班固《东都赋》曰:"山灵护野,属御方神,雨师泛洒,风伯清尘。"[6]此外,风伯也常出现在西王母身旁,例如樊集吊窑M37陶房所绘西王母仙境图像[7],微山夏镇青山村画像石椁西王母仙界图像[8]。绵阳何家山M2钱树和勉县钱树侧枝上的大象与车马出行,前人已论证与西王母升仙信仰有关[9],兹不赘述。

以上,是钱树侧枝所常见的与西王母升仙信仰相关的图像。当然,与顶枝情况相似的是,并非所有侧枝图像均在升仙体系中。侧枝较于顶枝图像内容更丰富,因而杂糅了各个题材的图像,如历史故事、狩猎、宴饮等。西昌杨家山M1钱树D型枝叶,一高一矮两位男子各伸出一只手作拿取状,加之二者之间有一豆形器物,与"二桃杀三士"的故事构图类似(图九,2)。其中身形矮小者,可能为晏子。晏子作为献计之人,汉代墓葬图像中常将其也绘制出来,如山东武氏祠左石室画像石[10]、陕西靖边杨桥畔渠树壕汉墓壁画[11],三士形象后均跟随有一身形矮小的男子。蔡邕《短人赋》云:"名之侏儒,生则象父。唯有晏子,在齐辨勇。"[12]晏子身材矮小为人熟知。故而,此棵钱树侧枝上的图像很可能是"二桃杀三士"故事的简化版。

---

[1] 湖北省博物馆、鄂州市博物馆:《鄂城汉三国六朝铜镜》,北京:文物出版社,1986年,第12页。
[2] 王中旭:《敦煌佛爷庙湾墓伯牙弹琴画像之渊源与含义》,《故宫博物院院刊》2008年第11期。
[3] 王煜:《汉代牵牛、织女图像研究》,《考古》2016年第5期。
[4] 高文:《中国画像石棺全集》,第125、254页。
[5] 王煜、焦阳:《试析汉代图像中的风、雨、雷、电四神》,《中国美术研究》2018年第4期。
[6] 《后汉书》卷四十《班彪列传》,第1363页。
[7] 河南省南阳地区文物研究所:《新野樊集汉画像砖墓》,《考古学报》1990年第4期。
[8] 微山县文物管理所:《山东微山县近年出土的汉画像石》,《考古》2006年第2期。
[9] 王煜:《汉代大象与骆驼图像研究》,《考古》2020年第3期;曾蓝莹:《仙马、天马与车马——汉镜纹饰流变拾遗》,载颜娟英、石守谦主编:《艺术史中的汉晋与唐宋之变》,北京:北京大学出版社,2016年,第23—50页。
[10] 蒋英炬主编:《中国画像石全集1》,济南:山东美术出版社,2006年,第59页。
[11] 徐光冀主编:《中国出土壁画全集6》,北京:科学出版社,2011年,第44页。
[12] (唐)徐坚:《初学记》卷十九《人部下》引《短人赋》,北京:中华书局,1962年,第463页。

另有宁夏固原出土钱树，A型侧枝上出现了秋胡戏妻的故事片段[1]。在靠枝叶外侧的位置，有一位衣带飘飘的女子站在一棵树旁，一手攀树枝，脚边放置一个篮子。这个图像片段与四川画像石棺中的秋胡妻的形象并无二致，唯出现场景不同（图一三）。将这里的女子与树解释为秋胡戏妻故事显然不合适（出现在这里的杂技场景中很可能是所谓的"植瓜种树"之类），可能是制作钱树的工匠借用了历史故事的格套。类似的情况还见于西昌杨家山M1钱树，C型侧枝的狩猎图像与新津22号石棺侧挡的图像基本一致[2]（图一四）；A型枝叶的乐舞宴饮图像，无论是图像结构还是观者的姿态与形象，均与四川出土的西王母宴乐画像砖十分相似（图一五）。

再者，侧枝同样是钱币图像集中出现的区域，绵阳桐子梁崖墓M40出土钱树座还描绘有人物手持长杆在钱树下打钱，或是躬身捡钱的图像[3]。钱树具有求财的意义毋庸置

图一三 秋胡戏妻图像
1. 宁夏固原钱树枝叶　2. 四川射洪石棺
（图片来源：1.《宁夏固原市北塬东汉墓》，《考古》2008年第12期，图一三，1；2.《中国画像石棺全集》，第237页）

---

[1] 宁夏文物考古研究所、固原市原州区文物管理所：《宁夏固原市北塬东汉墓》，《考古》2008年第12期。
[2] 高文：《中国画像石棺全集》，第201页。
[3] 四川省文物考古研究院、绵阳市文物管理局、涪城区文物管理所：《四川绵阳市涪城区桐子梁东汉崖墓发掘简报》，《四川文物》2015年第4期。

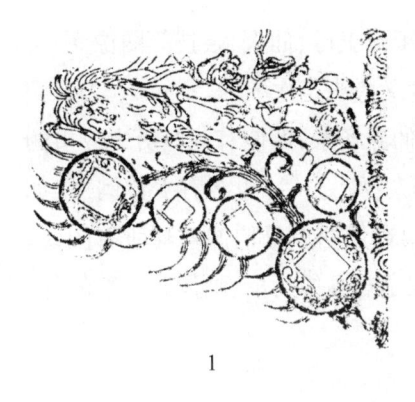

图一四 狩猎图像
1. 西昌杨家山M1钱树 2. 新津22号石棺
（图片来源：1.《四川西昌市杨家山一号东汉墓》,图一七；2.《中国画像石棺全集》,第201页）

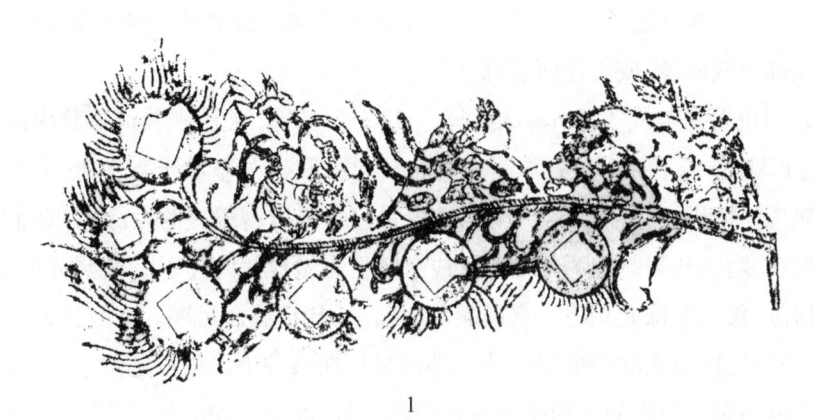

图一五 宴乐图像
1. 西昌杨家山M1钱树 2. 西王母画像砖
（图片来源：1.《四川西昌市杨家山一号东汉墓》,图一五；2. 中国画像砖全集编辑委员会：《中国画像砖全集1》,四川美术出版社,2006年,第117页）

疑。但钱币主要出现在侧枝下方和枝叶间隙中间，相较于西王母、仙人、杂技等图像而言，钱币纹显得不甚突出，更像是一种装饰性元素，求财的含义应当是次要的。

总体来看，侧枝图像主要还是描绘与西王母有关的仙界场景，即使有一些历史故事的人物或图像片段，所选取的也往往是已经神仙化的历史人物。当然，也会有少数例外，如西昌马道杨家山M1钱树，各类图像杂糅在一棵树上，很难用西王母信仰解释所有图像。另外，通过梳理图像题材可看到，钱树侧枝上的很多图像是与画像石棺、画像砖共享的，并未脱离当时的流行传统。

（三）树干——支撑部位

对于树干上图像的含义，前人也多是从图像具有美好寓意的角度来解释。树干对于整株钱树来说起支撑和连接作用，这是其最主要的功能。最常见的树干类型有三种，分别是树干上装饰熊或佛像，或无任何装饰。

树干装饰也多是与其支撑作用相符合。树干上的熊，常用来装饰墓葬内部的支撑结构，如墙壁下端、柱子下部等位置。河南省陕县刘家渠73号墓出土陶水榭，榭身四个转角处各蹲一熊托住楼板[1]。许多铜器、陶器的器足也会饰以蹲踞式的熊，如南阳陈棚68号汉墓出土的陶仓、陶磨和陶鼎均为熊足[2]。钱树座也有做成熊的样子。《鲁灵光殿赋》云："狡兔跧伏于柎侧，猨狖攀椽而相追。玄熊舑舕以断断，却负载而蹲跂。"[3]且钱树树干处的熊呈蹲踞状，与作支撑用途的熊形态一致。佛像最早在墓葬中出现也是位于墓室门楣处[4]，这也表现出早期对于佛像的认识既不成熟也不一致，既可以作为代替西王母的神人，也可以作为支撑结构的装饰。

总观钱树树干上的图像，主要从三方面来选择装饰元素：一是常用来装饰支撑结构的图像；二是本身具有美好寓意的栖息于树上的动物；三是被赋予神性的人物或动物。从数量上看，以无装饰或选择支撑类图像为多。综上，树干根本上是一个支撑结构，相较于顶枝与侧枝上，其上的图像更像是一种装饰元素。

（四）小结

钱树的顶枝、侧枝和树干图像内容各有侧重。顶端多为一只凤鸟，其下常见为西王母、佛像与璧的组合，有的还出现双阙。顶枝图像较明显，刻画十分清晰。无论是A型还

---

[1] 黄河水库考古工作队：《河南陕县刘家渠汉墓》，《考古学报》1965年第1期，第107-168页。
[2] 河南南阳市文物考古研究所：《河南南阳市陈棚村68号汉墓》，《考古》2008年第10期。
[3] （梁）萧统编，（唐）李善注：《文选》第十一卷《鲁灵光殿赋》，第523页。
[4] 乐山市文化局：《四川乐山麻浩一号崖墓》，《考古》1990年第2期。

是B型顶枝，主要意图表现"天门"。侧枝的图像多有重复，杂糅的图像也较多，最常见的情况是一层A型侧枝加多层B型侧枝。侧枝上出现的人物、动物形象体型都较小，远观很难看清图像细节。图像主要是以西王母为中心排布的，常见有牵牛、织女、伯牙、子期、风伯、羽人等神仙人物和一些动物图像，多数图像表现形式与画像石棺和画像砖上的有相同之处。钱树顶枝和侧枝还见有历史故事图像，由于钱树枝叶体积的限制，往往会将一些常见的历史故事及人物简化。除此，侧枝下方和空隙处也装饰有钱币纹，附带求财含义。树干以素面和装饰熊、佛像为主，其主要作用是支撑和连接枝叶。所选取的图像主要是常用来装饰支撑结构，或是栖息于树上的动物。

三、钱树的整体内涵

有关钱树内涵的解读，以往大致认为钱树具备升天[1]、求财[2]、祈福和原始神树崇拜等多重内涵[3]，或侧重一种，或侧重并列。近年，对于钱树单一枝叶图像的关注较多，如对于西王母乐舞杂技、车马出行枝叶图像的解读[4]；另有学者敏锐地观察到钱树枝叶与树座上的"天门"图像[5]。以上研究均为本文深入探讨钱树整体内涵提供了坚实的基础。

整体观察钱树体，位置最突出、图像最醒目的当属顶部枝叶，且顶部枝叶的图像在整株树中具有不可替代性。顶部枝叶基本不出现钱币，主要是通过"凤鸟+西王母（佛像）+璧"等图像组合，来展现"天门"的含义，寄托了时人升天成仙的愿望。当然这些图像并非一定要全部展现在钱树顶枝上，使用者往往会选取其中一两个关键元素。侧枝图像内容丰富，但依然是围绕西王母进行选题和布局。西王母形象多位于侧枝的中心位置，其他人物或动物图像则是围绕西王母与升仙主题择取现有的图像题材。侧枝图像既有表现静态的仙界场景，如选择一些标志性的仙人、神兽放置于枝叶上；也有表现动态的升仙路程，如利用车马（大象）出行、临阙等图像展现升仙之路。树干上的装饰图像主要表现其

---

[1] 邱登成：《汉代摇钱树与汉墓仙化主题》，《四川文物》1994年第5期；[美]艾素珊著，何志国译：《东汉时期的钱树（下）》，《民族艺术》2006年第3期；周克林：《东汉六朝钱树研究》，第359页。
[2] 江玉祥：《关于考古出土的"摇钱树"研究中的几个问题》，《四川文物》2000年第4期。
[3] 史占扬：《四川古代摇钱树及其一般性文化内涵》，《四川文物》1999年第6期；何志国：《摇钱树内涵溯源》，《中华文化论坛》2000年第4期；巴家云、李军：《关于摇钱树起源及内涵的研究》，《中国钱币》2000年第4期；张逸枫、秦丽荣：《汉魏"摇钱树"相关问题的再探讨》，《中原文物》2015年第6期。
[4] 王煜：《汉代大象与骆驼画像研究》，《考古》2020年第3期；曾蓝莹：《仙马、天马与车马——汉镜纹饰流变拾遗》，载颜娟英、石守谦主编：《艺术史中的汉晋与唐宋之变》，第23-50页。
[5] 李清泉：《"天门"寻踪》，载巫鸿、朱青生、郑岩主编《古代墓葬美术研究》（第三辑），第27-48页；又载氏著《由图入史——李清泉自选集》，第23-51页；王煜：《汉墓天门图像及相关问题》，《考古》2019年第6期。

作为支撑结构的属性,总体来看树干处有无图像、有什么图像并不影响整株钱树的内涵。

由此观之,钱树枝干的整体布局存在明显的规划性,图像内容及表现形式有较为固定的格套。再有,枝叶和枝干图像内涵主次鲜明,从图像的大小、位置以及各类题材数量上看,钱树枝干图像的核心内涵是"西王母—天门"所代表的升仙信仰。虽然少数顶枝和侧枝会出现历史故事图像,但这并不影响钱树整体所要表达的升仙内涵。其他诸如钱币、动物等图像所表现的求财、祈福利后、辟邪镇墓等内涵,使钱树的意义更加多元,但均处于次要地位。

树座的研究已有较多论述,树座多见有山形、仙人骑乘形、翼兽形、天禄辟邪形等。有学者认为山形树座多表现昆仑,与西王母信仰相关[1]。天禄辟邪在汉代人看来也是引自于西域之物[2]。另有绵阳河边乡西王母座和广汉连山西王母座[3],整个树座直接以天门与西王母为主体。可见,多数钱树座所表现的依旧是与西方昆仑、天门相关的升仙信仰。

东汉时期认为天门位于昆仑神山之上的想法已然成形。《论衡·道虚篇》云:"天之门在西北,升天之人,亦从昆仑上。"[4]焦延寿《易林·比》云"登昆仑,入天门"[5]。王逸为《九叹》做注时亦云"登昆仑之上,北向天门,众神尽来谒见"[6]。又昆仑与西王母在时人的认知中均在极西之地,二者均与不死信仰有关[7]。《肥君碑》更是直言:"土仙大伍公,见西王母于昆仑之墟,受仙道。"[8]因此,昆仑与西王母结合是顺理成章的。加之上文涉及考古材料显示,西王母与天门结合紧密。由此,西王母、天门和昆仑三者被紧密的绑定在一起,三者结合成为一种较有系统的西方神仙信仰[9]。另外,神话传说中时常流传昆仑之上有神树、铜柱,关于登天神树、登天神山与钱树的关系,多位学者有过探讨[10]。

钱树作为一种图像内容丰富、主题鲜明的丧葬器物,完美诠释了昆仑、西王母和天门

---

[1] 王煜:《昆仑、天门、西王母与天神——汉晋升仙信仰体系的考古学综合研究》,四川大学博士学位论文,2013年,第134-144页。
[2] 林梅村:《天禄辟邪与古代中西文化交流》,载氏著《汉唐西域与中国文明》,北京:文物出版社,1998年,第96-101页。
[3] 何志国:《汉魏摇钱树初步研究》,第33、159页。
[4] 黄晖:《论衡校释》,第319页。
[5] 徐芹庭:《焦氏易林新注》,北京:中国书店,2010年,第99页。
[6] (宋)洪兴祖:《楚辞补注》卷一六《九叹》,北京:中华书局,1983年,第309页。
[7] 王煜:《也论马王堆帛画——以阊阖(璧门)、天门、昆仑为中心》,《江汉考古》2015年第3期。
[8] 河南偃师县文物管理委员会:《偃师县南蔡庄乡汉肥致墓发掘简报》,《文物》1992年第9期。
[9] 王煜:《昆仑、天门、西王母与天帝——试论汉代的"西方信仰"》,《文史哲》2020年第4期。
[10] 霍巍、赵德云:《战国秦汉时期中国西南的对外文化交流》,成都:巴蜀书社,2007年,第174-196页;王煜:《四川汉墓出土"西王母与杂技"摇钱树枝叶试探——兼论摇钱树的整体意义》,《考古》2013年第11期;史占扬:《四川古代摇钱树及其一般性文化内涵》,《四川文物》1999年第6期;何志国:《摇钱树内涵溯源》,《中华文化论坛》2000年第4期;巴家云、李军:《关于摇钱树起源及内涵的研究》,《中国钱币》2000年第4期;张逸枫、秦丽荣:《汉魏"摇钱树"相关问题的再探讨》,《中原文物》2015年第6期。

三者所构成升仙体系。枝干图像表现的是西王母、天门以及西王母所处的神仙世界，而树座常常制作成山形也是含有昆仑之意，整体是一棵树的造型又与早期神话中昆仑神树、铜柱暗合。无论是钱树枝叶还是树座，所描绘的主要是西王母所处的西方昆仑仙境，进而体现了"昆仑—西王母—天门"为主体的西方信仰。

（原载《艺术史研究》第25辑，2021年）

成都博物馆藏东汉陶仙山插座初探

张倩影　王　煜

成都及周边地区东汉晚期墓葬中出土有一种明显为仙山造型的陶质插座，倾向于为摇钱树的树座。其整体的三山、平台、洞穴造型及其上较为丰富的人物、羽人、伏羲、女娲、西王母形象应是当时观念中以昆仑、西王母为中心的神仙信仰的表现。将其制作为专门的丧葬用品，一方面反映了当时丧葬文化中的神仙信仰成分和超越死亡的升仙愿望，另一方面也再次印证了西南地区流行的摇钱树的主要内涵应与升仙有关。

成都及周边地区东汉晚期墓葬中出土有一类颇为突出的陶质插座，收藏和展出于成都博物馆的几件最为典型，其形体皆较为高大，造型十分奇特，为突出的峰峦、山洞及平台形态，其上堆塑和贴塑不少人物和神仙形象，应是专为丧葬制作的特殊器物，具有较高的历史和艺术价值。其中某些树座在一些研究中曾被简单提及，目前尚无专门详细的论述和考察，使得其基本信息和学术价值都无法完整地体现。因此，我们拟对基本信息进行较为详细的介绍，并对其用途、造型和题材等问题作出初步的讨论，以供学界参考。

一、成都博物馆藏东汉陶仙山插座

相比以往成都地区东汉墓葬中出土的陶质插座，这类陶座显得更为高大、精美，造型也较为突出而自成一类，应该具有共同的属性和背景。以下分别予以介绍。

(一) 成都百花潭汉墓出土陶仙山插座

20世纪中期出土于成都百花潭汉墓[1]。由于未发表相关报告，墓葬具体情况已无法

---

[1] 于豪亮：《"钱树""钱树座"和鱼龙漫延之戏》，《文物》1961年11期。

得知。根据四川地区此类陶质插座的总体情况,学界一般认为其时代应为东汉晚期[1]。对比下文中将要提到的其他几件同类插座,这一认识无疑是正确的。

插座为泥质灰陶,通高60.5、底宽42厘米。整体呈峰峦重叠的形态。仔细观察其背部可以发现,其整体山峦形态实际是由并列的三个主峰和其前的一个山峰状平台组成,这一点在后面几件插座上体现得更为清楚。从纵向上看,整个山体又大致分为四层,每一层中皆表现有山洞和人物。底层边沿向上突出,似火焰状。其上有五人,面部已模糊不可辨,左侧(以观者为准,后同)四人,右侧一人右手抬于胸前,似向其右的山洞作引导状,此人双耳奇长,耸立于头上。最右侧有一圆形拱洞,顶部尖耸似火焰。第二层分为左右两部分,右侧两人拱手而立,左侧方形洞穴较深直通火焰状顶部,一长耳人物跪坐在洞穴前端,左手自然下垂,右手抚胸,对比早期拍摄的黑白照片,长耳人物右侧原有一蟾蜍[2],现已脱落不存。第三层边沿向上突出似火焰状,其内站立五人,右侧有一较深方形洞穴,穴顶仍是上卷的火焰状。其前尚突出一平台,平台边沿亦卷起似火焰,一人坐于平台之上,左手抚胸,右手下垂。第四层中央有一中空圆形插孔,插孔前正面端坐一人,头结高髻,右手持杵,左手托钵,似在舂捣,一长耳人物立于左侧。层与层之间似有通道相连接。以上的分层主要是以人物为准,便于介绍(图一)。如果按山体上十分突出的火焰状边沿来分,则明显分作三层,这恐怕更符合器物原本的意匠,这一点在下面几件插座上表现得更突出。

(二)金堂李家梁子汉墓M23出土陶仙山插座(一)

出土于成都市金堂县赵镇沱源社区前进村李家梁子汉墓M23中,发掘者根据墓葬形制和随葬器物及其组合将该墓的时代推定为东汉晚期[3]。

插座为泥质黄陶,通高70、底宽40厘米。整体造型与上述百花潭汉墓出土者类似,也是由峰峦和山洞构成,但更为简洁,层次分明。横向上由三座山峰构成主体,其前还有一山峰状平台。主体山形背面为素面,呈三个圆柱形相连,可见制作时遗留的摸痕。纵向上分为三层,边沿也突出作火焰状,上面一层最为明显。每层中也堆塑和贴塑人物,较百花潭汉墓出土者为少,不排除已有部分脱落遗失的情况。底层左侧为一椭圆形拱洞,顶部尖耸作火焰状;中部有一长方形凸起,可能是上述火焰状边沿的简化;右侧一山峰状平台升入第二层。平台上跪坐三人,左右两名长耳人物面带微笑相向而视,左手五指并拢垂放膝

---

[1] 何志国:《汉魏摇钱树初步研究》,北京:科学出版社,2007年,第26、96页。
[2] 朱伯谦:《中国陶瓷全集3·秦汉》,上海:上海人民美术出版社,2000年,第229、295页。
[3] 成都文物考古研究所、金堂县文物保护管理所:《金堂赵镇李家梁子唐宋墓发掘简报》,见成都考古研究所编《成都考古发现2007》,北京:科学出版社,2009年,第564页。

图一　成都百花潭汉墓出土陶仙山插座
（作者自摄、自绘）

图二　金堂李家梁子汉墓出土陶仙山插座（一）
（作者自摄）

上，右手斜倾放于胸前；中间一人面带微笑平视前方，头结高髻，左手持药丸，右手所持物模糊不可辨。第二层中部有一较深的圆形洞穴，与上、下层相通，洞穴前方最右侧分支上立有一鸟。第三层左侧有一人首蛇身神人，头戴三锋状冠，左手托圆形物；与之对应右侧亦有一人首蛇身神人，头结高髻，左手所托之物已残缺；中部为一平台，边沿上翻作火焰状。平台顶部有一中空圆形插孔，口部有三角形装饰（图二）。

（三）成都金堂李家梁子汉墓M23出土陶仙山插座（二）

与上一例插座同出一墓，泥质灰陶，大小、形制相同，主体部分结构、细节基本一致，现存的堆塑和贴塑更少，对比前例，应有脱落。仍由作为主体的横向三峰和其前部的一个山峰形平台构成。纵向上分为三层：底层平台左侧为椭圆形拱洞；第二层左侧蹲立一鸟，中部有一山洞；第三层左右两侧亦为人首蛇身手托圆形物的神人，中部为一边沿上翻作火焰状的平台，平台顶部有一中空圆形插孔，口部有三角形装饰。前部突出的山峰形平台上目前未见堆塑，但对比前例，原来可能也有类似的人物形象（图三）。

（四）成都羊子山一号汉墓出土陶仙山插座

除上述三件收藏于成都博物馆者，尚有一件同类材料收藏于四川博物院。该插座于上世纪中期出土于成都羊子山一号墓，至今没有发表详细的报告。从各种著录和研究中使用的该墓的形制和随葬品来看，应该是东汉晚期的一座大型画像砖石墓[1]。该墓出土一件与前述金堂李家梁子汉墓M23出土者造型几乎完全一致的陶质插座，具体尺寸不详，应与上述材料相似。仍由作为主体的横向三峰构成，左侧的山峰中部以上残缺，主体山峰前尚有一个已经整体残损的断口，应该就是上述材料中的山峰形平台。残存的中部和右侧山峰仍然在纵向上分为三层，由类似火焰状的凸起分割。其上仍堆塑和贴塑一些人物，应有较多脱落。现能辨认的有中部山峰中层的跪坐人物，右部山峰顶端的人首蛇身手托圆形物的神人。值得注意的是，与前述材料稍有不同的是，其中部山峰顶部为一个十分突出的端坐于龙虎座之上的人物形象，毫无疑问为四川地区流行的西王母形象[2]（图四）。

以上是此类陶质插座的基本情况，其中金堂李家梁子的二件同出一墓，应该为同时同工制作，故而形制上基本一致，羊子山出土者也与其几乎一致，而与百花潭出土者略有差别，或许时代上略有先后。但总体来看，四件插座的整体造型和具体装饰具有明显的一致

图三　金堂李家梁子汉墓出土陶仙山插座（二）
（作者自摄）

---

[1] 罗二虎：《四川汉代砖石室墓的初步研究》，《考古学报》2001年第4期。
[2] 于豪亮：《"钱树""钱树座"和鱼龙漫延之戏》，《文物》1961年第11期。

性，应为同类物品，具有共同的背景，也表明此种插座并非一时一墓兴起造作的特例，应反映了一些较为普遍的思想观念（后详）。其造型以山峦重叠为主，其上装饰人物中有特征十分鲜明、且常见于四川汉墓中的长耳羽人的形象（后详），也有人首蛇身而手托日、月的伏羲、女娲的形象（后详）和西王母形象，并非一般的山峦，所以我们称之为"陶仙山插座"。

关于此种插座的性质和功能，以往提及者一般将之作为摇钱树的树座[1]。通常来说，四川东汉晚期墓葬中出土的塑有神仙形象的陶座，一般为摇钱树座或灯座。摇钱树座顶端正中有较细的插孔，用于插放铜质树干和枝叶，由于盗扰严重，铜树往往不存。灯座则有灯盏或托放、插放灯盏的平台、插孔。二者有时容易混淆[2]。上述四件插座上不见有灯盏构件，虽有一些平台，但其上明显是用于堆塑人物的，不能托放灯盏，而其顶端正中的插孔也符合摇钱树座的一般特征。不过，其上的一些洞穴及穴顶火焰状突起的造型似乎又有一点陶灯的意味，用于放置灯火和通烟也不是完全没有可能。然而，我们认为这种可能性较小，因为有些洞穴位置太低，如作为灯火位置，照明效果太差。综合目前的材料和其整体形制、设计来看，我们倾向于认为其为摇钱树的插座。

图四　成都羊子山一号汉墓出土陶仙山插座
（图片来源：《"钱树""钱树座"和鱼龙漫延之戏》，《文物》1961年第11期）

二、题材与内涵

上文已经提及，此种插座上的堆塑人物有些具有明显的神仙因素，最为突出的便是长耳尖出的羽人和人首蛇身托举日、月的伏羲、女娲和西王母。

长耳羽人的形象在西汉时期已经出现，如西安南玉丰村汉城遗址出土的西汉羽人小

---

[1] 何志国：《汉魏摇钱树初步研究》，第26页。
[2] 苏奎：《汉代陶钱树座与陶灯座》，《华夏考古》2015年第1期。

铜像,其身体清癯,双耳尖长,高出头顶,肩后有羽翼,腿生长毛,十分形象[1],与之类似者还有洛阳东郊出土的一件东汉羽人小铜像[2](图五)。西安理工大学壁画墓中的羽人长耳突出于头顶,羽毛飞扬,十分生动[3]。此种形象在东汉时期广泛流行于各地的壁画和画像中[4],尤以四川地区为常见,多出现在西王母、仙人六博、仙人骑鹿等场景中,往往作为西王母的侍者、使者、游戏者和升仙的导引者(图六)。汉乐府《长歌行》云:"仙人骑白鹿,发短耳何长。"[5]晋葛洪《抱朴子·论仙》云:"(仙人)邛疏之双耳,出乎头巅。"[6]汉王充《论衡·无形篇》云:"图仙人之形,体生毛,臂变为翼。"[7]可见,长耳羽人即是当时观念中仙人的一种形象。上述陶仙山插座上的长耳人物特征十分鲜明,虽然由于材质的制约是否表现了羽翼并不清晰,有的似乎还穿有衣服,但表现的为仙人无疑。第一例底层右侧的长耳仙人右手抬起,似向右方引导其左侧的四人进入山洞;第二层最左侧之长耳仙人侧身跪坐于山洞一侧,顶层之长耳仙人侧立于中心人物左下侧,皆应为侍者。第二例山峰状平台上的长耳仙人跪坐于中间人物两侧,侧面向中间人物,也应为侍者。可见,他们仍然

图五 汉代铜羽人像

1、2. 西安南玉丰村汉城遗址出土　3. 洛阳东郊出土
(图片来源:《中国青铜器全集12·秦汉》,第141-143页)

---

[1] 西安市文物管理委员会:《西安市发现一批汉代铜器和铜羽人》,《文物》1966年第4期。
[2] 中国青铜器全集编委会:《中国青铜器全集12·秦汉》,北京:文物出版社,1998年,第143页。
[3] 西安市文物保护考古所:《西安理工大学西汉壁画墓发掘简报》,《文物》2006年第5期。
[4] 贺西林:《汉代艺术中的羽人及其象征意义》,《文物》2010年第7期。
[5] (宋)郭茂倩:《乐府诗集》卷三〇《长歌行》,北京:中华书局,1979年,第442页。
[6] 王明校释:《抱朴子内篇校释》卷二《论仙》,北京:中华书局,1980年,第15页。
[7] 黄晖校释:《论衡校释》卷二《无形篇》,北京:中华书局,1990年,第66页。

图六　四川汉画像中的羽人

1. 彭州出土画像砖拓片　2. 渠县王家坪无名阙画像拓片　3. 新津崖墓石棺画像拓片

（图片来源：1. 俞伟超、信立祥主编：《中国画像砖全集·四川汉画像砖》，成都：四川美术出版社，2006年，第134页；2. 张孜江、高文主编：《中国汉阙全集》，北京：中国建筑工业出版社，2017年，第354页；3. 高文主编：《中国画像石全集·四川汉画像石》，郑州：河南美术出版社，1999年，第171页）

主要为这个神仙世界中的侍者和引导者。

人首蛇身而手托圆形物的对偶形象在汉代广泛流行，其余风甚至一直延续到新疆阿斯塔拉的唐代墓葬中，从大量圆形物中间出现的金乌、蟾蜍和桂树的情况来看，毫无疑问应该是日、月的表现。此种形象目前所见最早出现于西汉中晚期的洛阳卜千秋墓[1]中，一般认为是伏羲、女娲，也有学者持不同意见[2]。人首蛇身而手持规、矩的形象因为自身题刻和文献记载都很明确，为伏羲、女娲没有争议，而尚有许多托举日、月的人首蛇身神人同时又手持规、矩，因此，我们认为其应当还是伏羲、女娲[3]。此种形象也特别流行于四川地区东汉晚期的画像石棺和画像砖上，往往与西王母、仙山、仙人六博等题材组合在一起（图七）。

如上所述，长耳羽人和伏羲、女娲的形象在四川地区东汉晚期墓葬中往往与西王母形象结合在一起，那么，上述插座上是否也出现了西王母的形象呢？羊子山一号墓出土者在整个插座最突出的位置，即中部山峰的顶端有一个十分突出的坐于龙虎座上的人物形象，虽有些许残缺，但此种形象为四川地区最为流行的西王母形象已无需再论。另外，百花潭汉墓出土插座上仙山的顶端中央正面也端坐一人，头结高髻，右手持杵，左手托钵，似在舂捣，一长耳仙人侍立于其旁。根据其发髻，判断当为女性无疑。其处于仙山顶端正中，地位也十分突出。而且传说中西王母正是掌管能令人长生不死并升天成仙的仙药的神祇，

---

[1] 洛阳博物馆：《洛阳西汉卜千秋壁画墓发掘简报》，《文物》1977年第6期。

[2] 吴增德、周到：《南阳画像石中的神话与天文》，见韩玉祥主编《南阳汉代天文画像石研究》，北京：民族出版社，1995年，第6-13页；刘文锁：《伏羲女娲图考》，见中山大学艺术史研究中心编《艺术史研究》（第8辑），广州：中山大学出版社，2006年，第143页；孟庆利：《汉墓砖画"伏羲、女娲像"考》，《考古》2000年第4期；贺西林：《汉画阴阳主神考》，见巫鸿、郑岩主编《古代墓葬美术研究》（第1辑），北京：文物出版社，2011年，第121-130页。

[3] 王煜：《汉代伏羲、女娲图像研究》，《考古》2018年第3期。

如《淮南子·览冥训》云"羿请不死之药于西王母，姮娥窃以奔月"[1]，该女性手持杵、钵，正是捣药的形象，说明这一人物确实与西王母有关。然而，从目前所见大量的汉墓图像材料来看，西王母旁往往以玉兔、蟾蜍或羽人捣药，未见有西王母亲自捣药者，所以该人物是否能确定就是西王母，还是有一些疑问的。金堂李家梁子出土第一例插座上仙山顶端虽没有人物，但其前突出的山峰形平台正中正好端坐有一高髻的女性，两侧有长耳羽人夹侍。而汉代墓葬图像中十分

图七　成都市郊出土伏羲、女娲画像砖拓片
（图片来源：《中国画像砖全集·四川汉画像砖》，第130页）

流行以西王母端坐于一山峰形平台上的形象（图八），我们曾经做过专门的讨论，认为这应该是西王母与昆仑悬圃的表现[2]，与该插座上的这一形象十分一致，也提示我们该女性为西王母的可能性。我们知道，汉代西王母的形象往往头戴其标志性的头饰——胜，四川汉墓中的西王母形象还往往坐于龙虎座之上。上述二件插座上的女性形象都没有戴胜而是挽髻，也没有龙虎座，但这并不能否认她们可能为西王母的形象，因为四川地区东汉晚期墓葬中也有不少西王母图像并不戴胜而是挽髻，也偶见有不坐龙虎座的西王母形象。根据其位置、组合和上述情况来看，我们倾向于认为其应为西王母的表现，至少可以肯定其与西王母有十分密切的关系。另外，除了前述的长耳羽人和伏羲、女娲外，这些插座上还有一些蟾蜍、鸟的形象，也符合西王母图像中常见蟾蜍、青鸟、三足乌的情况，可为旁证。

西王母形象或至少是与西王母密切相关的形象的出现，对于理解此种插座突出的仙山造型的意义具有重要意义。西王母的传说由来已久，关于其所在早期文献语焉不详，但自东汉以来，人们十分确定其居住于昆仑之上[3]。而汉代人心中的昆仑正是三山、三重、三级以及平台状的悬圃的形象。

《尔雅·释丘》云"三成为昆仑丘"，郭璞注"成，犹重也……昆仑山三重，故以名

---

[1] 何宁集释：《淮南子集释》卷六《览冥训》，北京：中华书局，1998年，第501页。
[2] 王煜：《昆仑、西王母、天门与天神——汉晋升仙信仰体系的考古学研究》，四川大学博士学位论文，2013年，第58-86页；王煜《也论马王堆帛画——以阊阖（璧门）、天门、昆仑为中心》，《江汉考古》2015年第3期。
[3] [美]巫鸿著，柳扬、岑河译：《武梁祠：中国古代画像艺术的思想性》，北京：生活·读书·新知三联书店，2006年，第136页；王煜：《西王母之"西移"及相关问题讨论》，《西域研究》2011年第3期。

图八　汉代壁画、画像中的西王母与平台图像

1. 陕西郝滩新莽东汉墓墓室西壁壁画局部　2. 山西离石马茂庄二号东汉墓前室南壁左侧画像拓片局部　3. 四川彭山出土画像砖　4. 山东嘉祥满硐乡梁山出土画像石拓片局部　5. 安徽萧县圣泉乡圣村M1第4石正面拓片局部　6. 安徽淮北市电厂出土画像拓片局部

（图片来源：《也论马王堆帛画——以阊阖（壁门）、天门、昆仑为中心》，《江汉考古》2015年第3期）

云"[1]。《淮南子·墬形训》云"昆仑之丘，或上倍之，是谓凉风之山，……或上倍之，是谓悬圃，……或上倍之，乃维上天，是谓太帝之居"，又云"悬圃、凉风、樊桐在昆仑阊阖之中"[2]。《水经注·河水》引《昆仑说》云："昆仑之山三级，下曰樊桐，一名板桐；二曰玄圃，

---

[1]（晋）郭璞注，（宋）邢昺疏：《尔雅注疏》卷七《释丘》，见《十三经注疏》，上海：上海古籍出版社，1997年，第2616页。

[2] 何宁集释：《淮南子集释》卷四《墬形训》，第328页。

一名阆风；上曰增城，一名天庭，是为太帝之居。"[1]《广雅·释山》亦云"昆仑虚有三山，阆风、板桐、元圃"，王念孙疏"悬圃与元圃同，阆风或作凉风，板桐或作樊桐"[2]。《十洲记》又云："昆仑山三角。其一角正北，干星辰之辉，名曰阆风巅；其一角正西，名曰玄圃台；其一角正东，名曰昆仑宫。"[3]

从上引文献中大概可以知道汉晋时期人们心中昆仑的一个概括的形象，即昆仑有"三重""三级""三山"或"三角"。虽然三部分的具体名称各书多有抵牾，但在昆仑有三部分这方面，大家都没有疑义。其中，"三重""三级"大概是一种纵向的三个层次的形象，而"三山""三角"则更偏向于是横向的三个山峰。所以曾布川宽先生认为关于昆仑的形象，有由垂直的"三重"向横向的"三山"演变的过程[4]。如果从上引文献的时代关系来看，这种看法无疑是无法辩驳的。然而，对于人们心目中山峦的形象而言，"三重"与"三山"未必有本质的区别，现实生活中雄伟的大山也需是一重重的山峰逐渐到达最高的顶峰，纵向与横向是统一在一起的。我们注意到上述仙山插座的基主体造型都是横向的三个山峰，纵向上也明显分为三重，与当时人观念中昆仑的形象十分切合。

在昆仑的各部分中，以悬圃最为重要。悬圃上引文献中又名玄圃台，即悬于空中的大型园圃，为昆仑登天信仰中最重要的部分。《楚辞·天问》中对昆仑发问时就直问"昆仑悬圃"，王逸注"（昆仑）其巅曰悬圃，乃上通于天也"[5]，《楚辞·离骚》王逸亦注"悬圃，神山，在昆仑之上。《淮南子》云：昆仑悬圃，维绝，乃通天"[6]。西汉严忌《哀时命》中云："愿至昆仑之悬圃兮，采钟山之玉英。揽瑶木之谭枝兮，望阆风之板桐。"王逸注："愿避世远去，上昆仑山，游于悬圃，采玉英咀而嚼之，……复欲引玉树之枝，上望阆风、板桐之山，遂陟天庭而游戏也。"[7]上述仙山插座之上皆有十分突出的山峰形平台，其上端坐者可能为西王母已见上述，应即昆仑悬圃的反映。

上述仙山插座上还比较突出地表现了山洞。《山海经·大荒西经》中云："西海之南，流沙之滨，赤水之后，黑水之前，有大山，名曰昆仑之丘。……其下有弱水之渊环之，其外有炎火之山，投物辄然。有人，戴胜，虎齿，有豹尾，穴处，名曰西王母。此山万物尽有。"[8]

---

[1] 陈桥驿校证：《水经注校证》卷一《河水》，北京：中华书局，2007年，第1页。
[2] （魏）张揖著，（清）王念孙疏证：《广雅疏证》卷九《释山》，北京：中华书局，1983年，第303页。
[3] 王根林校点：《海内十洲记》，见《汉魏六朝笔记小说大观》，上海：上海古籍出版社，1999年，第70页。
[4] [日]曾布川宽：《昆仑山と升仙图》，《东方学报》第51册，1979年，第83—185页。
[5] （宋）洪兴祖补注：《楚辞补注》卷三《天问》，北京：中华书局，1983年，第92页。
[6] （宋）洪兴祖补注：《楚辞补注》卷一《离骚》，第26页。
[7] （宋）洪兴祖补注：《楚辞补注》卷一四《哀时命》，第260页。
[8] 袁珂校注：《山海经校注》（增补修订本），成都：巴蜀书社，1993年，第466页。

其云西王母穴居于昆仑。司马相如《大人赋》亦云："低徊阴山翔以纡曲兮,吾乃今日睹西王母。皓然白首戴胜而穴处兮,亦幸有三足乌为之使。必长生若此不死兮,虽济万世不足以喜。"[1]亦云西王母居住于洞穴之中。仙山插座上突出表现的山洞更加印证了我们关于其整体表现昆仑、西王母的论点。

另外,值得注意的还有其上每层边沿翻卷呈火焰状的造型。上引《山海经·大荒西经》中说昆仑外有炎火之山围绕,《西山经》中也说"南望昆仑,其光熊熊,其气魂魂",郭璞注"皆光气炎盛相焜燿之貌"[2],也说明传说中昆仑之上确有火光缭绕。这些翻卷的火焰状造型是否就是炎火之山或火光熊熊的表现?由于不像上述问题一样有图像和文献两种材料可资对比考察,这里只好存此疑问了。

三、结　语

通过比较同类材料及相关图像材料并联系当时文献材料,我们认为成都博物馆收藏展出的成都及周边地区东汉晚期墓葬中出土的一种造型突出的陶质仙山插座为同一类器物,具有共同的设计理念和观念背景,出土于不同地方的墓葬中,反映出这些观念具有一定的普遍性。我们倾向于其为摇钱树的树座,是目前所见摇钱树座中体型较大、制作较好、内涵较丰富的精品。其整体的三山、平台、洞穴造型及其上较为丰富的堆塑、贴塑形象应是当时观念中昆仑、悬圃、西王母信仰的表现。将其制作为专门的丧葬用品——摇钱树座,一方面反映了当时丧葬文化中的神仙信仰成分和超越死亡的升仙愿望,另一方面也再次印证了西南地区流行的摇钱树的主要内涵应与升仙有关[3]。

另外,由于后世道教中对昆仑、西王母及仙人穴居等观念和信仰的发展,使得有学者认为此类物品即是早期道教观念下的产物。我们认为,对于昆仑、西王母及相关内容的信仰由来已久,从考古材料来看,至迟在西汉晚期二者已经结合起来并风行于全国。应该是道教出现之前就已经形成的一种社会一般信仰,早期道教恰恰是吸收了其内容而不是相反。虽然早期道教在东汉已经产生,但其宗教性主要体现在教团组织(如太平道、五斗米道)和对老君的特别神化(如《老子想尔注》中相关内容)方面,在一般信仰方面尚未见有特别的体系。因此,将汉代丧葬和神仙信仰中无特别确定的道教因素的一般内容指认为

---

[1]《汉书》卷五十七《司马相如传》引,中华书局,1962年,第2596页。
[2] 袁珂校注:《山海经校注》(增补修订本),第53—54页。
[3] 王煜:《四川汉墓出土"西王母与杂技"摇钱树枝叶试探——兼论摇钱树的整体意义》,《考古》2013年第1期。

早期道教内容,应该特别谨慎。

附记:本文的写作得到四川大学历史文化学院考古系索德浩先生的帮助,并准许使用金堂李家梁子汉墓的相关材料,谨此致以衷心感谢!

（原载《四川文物》2020年第2期）

小鸟依魂：敦煌佛爷庙湾魏晋壁画墓鹦鹉图像初探

王　煜　陈姝伊

目前公布的敦煌地区的魏晋壁画墓主要见于佛爷庙湾墓地，规模同样庞大的祁家湾墓地中则主要是小型的土洞墓，除3块砖画外，基本不见图像装饰[1]。而佛爷庙湾墓地一些规模较大的墓葬在墓室中尤其照墙上绘制了丰富的图像，反映出当时当地社会生活和思想信仰的许多方面。其中较为集中地出现了一类关于鹦鹉的题材，此种题材在其他地区及之前汉代墓葬的壁画、画像砖、画像石中都殊为少见，显得特别而突出。以往的报告和图录中已经辨识到此种题材，但缺乏进一步的探讨。少有的涉及该题材的研究中，由于主题和侧重的不同，还缺乏系统和深入的讨论。我们拟对该题材进行专题研究，在全面、系统梳理材料的基础上，结合图像位置、环境等因素，探讨该类图像出现的背景及其在墓葬中的内涵和意义。希望能引起学界的注意和讨论。

一、敦煌佛爷庙湾魏晋壁画墓中的鹦鹉图像

目前所见材料中，敦煌佛爷庙湾魏晋壁画墓[2]中的鹦鹉图像主要出现在墓葬照墙砖画和墓室中帷帐壁画的顶端。

---

[1] 甘肃省文物考古研究所：《敦煌祁家湾——西晋十六国墓葬发掘报告》，北京：文物出版社，1994年，第139页。
[2] 甘肃省文物考古研究所：《敦煌佛爷庙湾西晋画像砖墓》，北京：文物出版社，1998年。此墓地中的材料如无特别说明皆依据该报告，后不赘。

（一）照墙砖画中的鹦鹉

河西地区魏晋时期壁画墓的一大特点是往往用小砖修葺照墙，其上刻画或绘制各种仿木建筑装饰或砖画。这种情况在敦煌佛爷庙湾墓地最为突出：照墙往往修葺得十分高大，其上多以一砖一画的形式绘制大量图像，题材主要为各种神仙和瑞禽神兽，也有少量历史故事等。在众多瑞禽神兽中即有鹦鹉出现。

M37照墙现存部分最下部为仿木斗栱和结构，仿木结构上方集中了各种瑞禽神兽，其中下数第二排两侧绘制一对相向而立的禽鸟，二者形态、色彩、特征完全一致。皆圆眼钩喙，长尾阔爪。羽毛整体涂白色，喙部涂红色，背部墨绘条状斑纹，腹部为红色斑纹（图一）。自发掘报告发表以来均认定为鹦鹉，不见

图一　M37照墙鹦鹉砖画
1. M37∶6-1　2. M37∶6-4
（图片来源：《敦煌佛爷庙湾西晋画像砖墓》，图版六三）

异说，从其整体形态及钩喙、阔爪的特点和羽毛的颜色、斑纹来看，无疑是鹦鹉的表现。

M133照墙下部仿木斗栱两侧也绘制有一对相向而立的禽鸟，亦为圆眼钩喙，长尾阔爪。从报告中的摹本看，似为墨绘，无涂色，但其背部仍有上述鹦鹉图像的条状斑纹（图二）。除无色彩外，整体形态和特点都与M37照墙所绘鹦鹉完全一致，当然也是鹦鹉的表现。

M118照墙下部仿木斗栱两侧同样绘制有一对相向的禽鸟，以墨勾绘，更为写意，但整体形态和特征与上述两对鹦鹉一致，钩喙的特点也十分突出。唯一不同的是，其趾爪描绘为总体向前的姿态，与上述两对鹦鹉前后阔爪略有不同（图三）。鹦鹉的一个重要特征即前后对趾，如上述照墙所绘，这里的一对禽鸟似乎不符合这一特征。但是，从所处位置、形态和特点来看，这里要表现的题材应与上述一致，只是勾画更为抽象和随意。因此对其进行辨别应该注意观察整体风格并与相同位置、组合中的同类图像作对照，不必完全拘泥于局部细节。

图二　M133照墙鹦鹉砖画摹本

（同上，图版六三）

1　　　　　　2

图三　M118照墙鹦鹉砖画摹本

1. M118：8-1　2. M118：8-2

（同上，图九五）

此外，墓地中还出土了一些散落的壁画砖，其中也有鹦鹉题材[1]，描绘或精或粗，但皆具有钩喙阔爪的特征，有的背部也有条状斑纹。从这些砖的形制、大小和壁画所在的砖面来看，应该原来也属于照墙上的砖画。

（二）墓室壁画中的鹦鹉

M1墓室后壁满绘一座帷帐，墓主夫妇对坐于帷帐之内的两个榻上，帷帐脊顶两侧绘有一对禽鸟。圆眼、钩喙、长尾，头部、背部和翅膀涂绿色，背部有墨绘条状斑纹，腹部也点有斑纹，爪部未表现[2]。从其整体形象和突出特征来看，毫无疑问也是鹦鹉的表现。

M37墓室后壁绘有一座帷帐，帷帐前设置有供台，帷帐内未绘制墓主人像，帷帐脊顶

---

[1] 甘肃省古籍文献整理研究中心：《甘肃出土魏晋唐墓壁画》，兰州：兰州大学出版社，2009年，第541页。
[2] 殷光明：《敦煌西晋墨书题记画像砖墓及相关内容考论》，《考古与文物》2008年第2期。

两侧也绘制有一对鹦鹉,位置、组合、形象皆与上述M1所见相同(图六)。

与上述两座单室墓不同,M133具有前、后双室,在前室北壁(墓向正西)设置壁龛。壁龛正面绘一座帷帐,帷帐前面设置有陶案等供器,帷帐内未绘墓主人像。帐顶两端也绘有一对鹦鹉,圆眼钩喙,喙部涂红色,背部和翅膀似为浅绿,背部有墨绘条状斑纹(图四、七)。

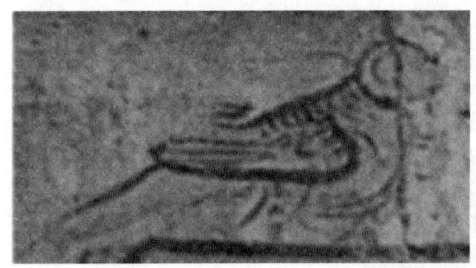

图四　M133壁龛彩绘帷帐上鹦鹉壁画
(同上,图版一二)

可见,敦煌佛爷庙湾魏晋壁画墓中出现有较多的鹦鹉图像,有的描绘较具象,甚至还敷以色彩,有的则仅用墨线勾绘,比较粗率,导致其具体细节表现略有不同,但根据总体特点、斑纹表现和出现位置的相互比较,应该能确定为同类。敷色者喙部基本为红色,身上羽毛有绿色和白色两种。目前所见,除一些散见的砖画外,主要出现在几座较为完整的墓葬(M1、M37、M118、M133)中。实际上该墓地较为完整的壁画墓共发表6座(M37、M39、M91、M118、M133、M167),其中有3座出现鹦鹉图像,说明该图像应该是比较流行的题材。

河西地区汉晋时期流行带有茔域的家族墓地,墓地中砖室墓和壁画墓的比例都很低,根据其规格和位置,往往都是墓地中的祖墓。如M1位于家族茔域最南端,M37、M133位于家族茔域最北端,皆被推测为祖墓。这几座墓葬的年代也属于墓地中最早的一期,报告中推断为西晋早期,并根据墓葬形制、规格和随葬品等推测为迁入河西地区的世家大族墓葬,"是中原传统文化在敦煌地区的改造和变异"[1]。也有学者根据河西地区墓葬的综合研究,将这几座墓的时代推定为曹魏至西晋前期,也属于河西魏晋十六国壁画墓中最早的一期[2]。

---

[1] 甘肃省文物考古研究所:《敦煌佛爷庙湾西晋画像砖墓》,第105页。
[2] 孙彦:《河西魏晋十六国壁画墓研究》,北京:文物出版社,2011年,第35页;郭永利:《河西魏晋十六国壁画墓》,北京:民族出版社,2012年,第38页。

然而，鹦鹉图像却不是中原传统的墓葬装饰题材。商周时期虽然曾有过一些鹦鹉形的玉饰[1]，但与这里墓葬图像中的鹦鹉显然相去甚远，汉晋时期的玉饰中似乎也缺少传承，应该没有太大关系。自汉代以来出现并流行的帛画、壁画、画像石、画像砖等墓葬图像中，钩喙的鸟类多是鸱鸮的表现，并无鹦鹉。有些带有神仙色彩的鸟也被描绘为钩喙状，个别与鹦鹉的形象还颇有类似之处，如山东济宁喻屯镇出土画像石上的口吐丹丸的大鸟[2]和四川大邑董场乡出土画像砖上仓房（旁有题记"食天仓"）上的飞鸟[3]，但根据场景和组合它们显然更应该被理解为凤鸟[4]，也不具有能判断为鹦鹉的细节。应该说敦煌佛爷庙湾墓地中较为流行的鹦鹉图像是具有较为具体的时代和地域背景的。

二、鹦鹉图像出现的背景

鹦鹉原是种群众多、分布广泛的鸟类，在中国境内就有一定分布[5]。先秦时期其基本特点也已被人们知晓，上述商周时期的一些鹦鹉形玉饰即为一种表现。《山海经·西山经》载："（黄山）有鸟焉，其状如鸮，青羽赤喙，人舌能言，名曰鹦䳇。"[6]《礼记·曲礼上》云："鹦鹉能言，不离飞鸟；猩猩能言，不离禽兽。"[7]《淮南子·说山训》云："鹦鹉能言，而不可使长。是何则？得其所言，而不得其所以言。"高诱注："鹦鹉，鸟名，出于蜀郡，赤喙者是，其色缥绿，能效人言。"[8]《说文·鸟部》亦云："鹦䳇，能言鸟也。"[9]可见，到汉代人们对鹦鹉的认识已比较具体，除形态特征外，还特别注意到其学舌的特性，并以之作为譬喻，说明这一认识在观念中已有一定的广泛性。

除本土的鹦鹉外，汉晋时期文献中还记载徼外蛮夷和外国常向朝廷进献鹦鹉。如

---

[1] 如虢国墓地所出鹦鹉玉饰。见河南省文物考古研究所：《三门峡虢国墓》，北京：文物出版社，1999年，第444页。
[2] 中国画像石全集编委会：《中国画像石全集3·山东汉画像石》，济南：山东美术出版社，2000年，第123页。
[3] 大邑县文化局：《大邑董场乡三国画像砖墓》，见四川省文物考古研究所编《四川考古报告集》，北京：文物出版社，1998年，第393页。
[4] 参见庞政：《汉代"凤鸟献药"图像试探》，见王煜主编《文物、文献与文化——历史考古青年论集（第一辑）》，上海：上海古籍出版社，2017年，第187-200页。
[5] 参见何业恒、文焕然、谭耀匡：《中国鹦鹉分布的变迁》，《兰州大学学报》1981年第1期。
[6] 袁珂校注：《山海经校注》（增补修订本），成都：巴蜀书社，1996年，第36页。按，原书中"䳇"字为左"母"右"鸟"，为异写，本文所引文献中个别也有作此异写的情况，由于现代已不用该字，本文也不涉及版本考证等问题，因此全部正写为"䳇"，特此说明。
[7] （汉）郑玄注，（唐）孔颖达正义：《礼记正义》卷一《曲礼上》，见《十三经注疏》阮刻本，上海：上海古籍出版社，1997年，第1231页。
[8] 何宁集释：《淮南子集释》卷十六《说山训》，北京：中华书局，1998年，第1107-1108页。
[9] （汉）许慎著，（清）段玉裁注：《说文解字注》，上海：上海古籍出版社，1981年，第156页。

《汉书·武帝纪》中载"(元狩二年夏)南越献驯象、能言鸟",颜注:"即鹦鹉也,今陇西及南海并有之。万震《南州异物志》云有三种,一种白,一种青,一种五色。交州以南诸国尽有之。白及五色者,其性尤慧解,盖谓此也。隋开皇十八年,林邑国献白鹦鹉,时以为异。是岁贡士咸试赋之。圣皇驭历,屡有兹献。"[1]可见,汉唐时期南海诸国一直有进献鹦鹉的传统,大概其地的鹦鹉比较卓异(如"白及五色者,其性尤慧解"),被作为域外奇禽的代表。《初学记》引汉魏之际刘艾(芳)《汉帝传》[2]云:"(献帝)兴平元年,益州蛮夷献鹦鹉三。"[3]《晋书·安帝纪》亦载:"(义熙十三年)六月癸亥,林邑献驯象、白鹦鹉。"[4]

最值得注意的是,汉魏之际兴起的咏物赋中忽然流行《鹦鹉赋》的写作,特别兴盛于魏晋,直到东晋南朝,作者之多,影响之大,在中国文学史上十分突出。其中写作最早和影响最大的首数汉末祢衡的《鹦鹉赋》[5],而其写作背景即源于西域进献的鹦鹉。据序中介绍:"时黄祖太子射,宾客大会。有献鹦鹉者,举酒于衡前曰:'祢处士,今日无用娱宾,窃以此鸟自远而至,明慧聪善,羽族之可贵,愿先生为之赋,使四坐咸共荣观,不亦可乎?'"[6]从"有献鹦鹉者"和"此鸟自远而至"来看,显然是外方进献,但具体从哪里来呢?祢衡的赋开篇即言"惟西域之灵鸟兮,挺自然之奇姿。体金精之妙质兮,合火德之明辉。性辩慧而能言兮,才聪明以识机",又云"命虞人于陇坻,诏伯益于流沙,跨昆仑而播弋,冠云霓而张罗"[7],所咏的鹦鹉来自西域应无疑问。

其后,汉魏之际的曹植、陈琳、王粲、应玚、阮瑀,两晋的成公绥、张华、傅玄、傅咸、左芬、卢谌、曹毗、桓玄等人群起仿效,直到南朝的颜延之、谢庄、萧统等人还有类似作品[8],可见其影响之深远。其中,汉末阮瑀《鹦鹉赋》云:"惟翩翩之艳鸟,诞嘉类于京都。秽夷风而弗处,慕圣惠而来徂。"[9]也指出所咏鹦鹉来自殊方远域。西晋傅咸《鹦鹉赋》云:"有金商之奇鸟,处陇坻之高松。谓崇峻之可固,然以慧而入笼。"[10]提到鹦鹉来自"金商"之地,也就是西方(五行属金,五音属商)。东晋初卢谌《鹦鹉赋》云:"有遐方之奇鸟,产瓜州之旧壤。挥绿翰以运影,启丹觜以振响。"[11]直接将祢衡所谓的"西域"、傅咸所谓的"金

---

[1] 《汉书》卷六《武帝纪》,北京:中华书局,1962年,第176页。
[2] 徐冲:《〈献帝纪〉与〈献帝传〉考论》,《首都师范大学学报(社会科学版)》2018年第6期。
[3] (唐)徐坚:《初学记》卷三十《鸟部》,北京:中华书局,1962年,第737页。
[4] 《晋书》卷十《安帝纪》,北京:中华书局,2010年,第266页。
[5] 参见金性尧:《祢衡与〈鹦鹉赋〉》,《古典文学知识》1996年第5期。
[6] 费振刚、胡双宝、宗明华辑校:《全汉赋》,北京:北京大学出版社,1993年,第611页。
[7] 费振刚、胡双宝、宗明华辑校:《全汉赋》,第611页。
[8] 参见(唐)欧阳询:《艺文类聚》卷九十一《鸟部中》,上海:上海古籍出版社,1999年,第1575-1577页。
[9] 费振刚、胡双宝、宗明华辑校:《全汉赋》,第619页。
[10] (唐)欧阳询:《艺文类聚》卷九十一《鸟部中》引,第1576页。
[11] (唐)欧阳询:《艺文类聚》卷九十一《鸟部中》引,第1576页。

商"之地比定在地接西域的瓜州。

《左传·襄公十四年》云"昔秦人迫逐乃祖吾离于瓜州",西晋杜预注"瓜州,地在今敦煌";《昭公九年》又云"故允姓之奸,居于瓜州",杜预注"瓜州,今敦煌"[1]。据现代学者研究,先秦时期的瓜州可能并不在敦煌[2],但汉晋时期人们确实认为其地在敦煌。除上引西晋大学者杜预的意见外,《汉书·地理志》云"敦煌郡,武帝后元年分酒泉置。……县六:敦煌,中部都尉治步广侯官。杜林以为古瓜州地,生美瓜"[3],《续汉书·郡国志》亦云"敦煌郡,武帝置。……敦煌古瓜州,出美瓜"[4],皆言瓜州在敦煌。

可见,从祢衡而降的早期《鹦鹉赋》中所咏的鹦鹉极有可能来自敦煌地区,而同一时期在敦煌佛爷庙湾壁画墓中出现较多不见于之前和其他地区的鹦鹉图像,恐怕不能说是全然巧合。西晋张华《禽经注》说:"鹦鹉,出陇西,能言鸟也。"[5]上引颜师古注《汉书》时也提道:"即鹦鹉也,今陇西及南海并有之。"看来陇西直到唐代仍然出产鹦鹉,也可见上述文学作品并非臆想。不过,或许由于一方面南海所出的鹦鹉更加突出,另一方面晋室南渡之后与南海的交通更为便利,东晋以后的鹦鹉诗赋中更多属于南海诸国进献的情况。另外,敦煌地区更为突出的是连接西域的关键点,从其地进献的鹦鹉是源出本地还是中转西域,由于材料无征,目前只能存疑。

三、鹦鹉图像的功能与意义

汉晋时期流行的《鹦鹉赋》主要在于借鹦鹉的特性和遭遇表达丽而被拘、慧而被笼,充当玩好而怀才不遇的情感,墓葬中的鹦鹉图像又重在表达何种意义,具有何种文化内涵呢?我们认为,图像题材的功能与意义不能脱离其所处的图像场景与组合去考察。如前所述,目前所见的鹦鹉图像皆出现在照墙砖画和墓室壁画中,且二者皆具有较为稳定的图像场景和组合,这是探讨其功能和意义的关键。

我们知道,敦煌地区魏晋时期壁画墓的图像有着总体的结构:墓室内主要表现墓主的帷座和物品,以及一些生产生活题材;照墙最上部往往突出表现一扇大门,一般认为代

---

[1] (晋)杜预注,(唐)孔颖达疏:《春秋左传正义》卷三二《襄公十四年》、卷四五《昭公九年》,见《十三经注疏》阮刻本,第1955、2056页。
[2] 参见杨伯峻:《春秋左传注》,北京:中华书局,2009年,第1005页。
[3] 《汉书》卷二十八《地理志》,第1614页。
[4] 见《后汉书》,北京:中华书局,1965年,第3521页。
[5] (清)王琦辑注:《李太白全集》卷二十四《初出金门寻王侍御不遇,咏壁上鹦鹉》注引,北京:中华书局,1977年,第1132页。

表天门[1],最下部则为仿木斗栱,二者之间以一砖一画的形式集中排列各种神仙神兽,偶有一些历史人物。

M37、M118和M133的照墙砖画上皆有鹦鹉出现,总体处于各种神仙神兽的环境中,其更可能是作为一种神仙化的瑞禽而描绘的。值得注意的是,在M37照墙砖画上,鹦鹉出现于青龙、白虎、朱雀、玄武、鹿、象、独角兽和伯牙、子期的环境中,图像分布明显具有对称性(图五)。除此以外,青龙与白虎、朱雀与玄武搭配也显示出一定的设计性。鹦鹉多与大象搭配。当然,这样的搭配在对称原则下可能具有偶然性,目前尚属特例,难以进一步推论。然而,当时文献中也确实常将鹦鹉与大象并提。如上引《汉书·武帝纪》中说"南越献驯象、能言鸟",《晋书·安帝纪》也说"林邑献驯象、白鹦鹉"。《后汉书·南蛮西南夷列传》云"驯禽封兽之赋",李贤注"驯禽,鹦鹉也。封兽,象也"[2]。可见,不论砖画上是否刻意将鹦鹉与大象组合在一起,在这里它们都是作为域外奇禽异兽的代表,在整体青龙、白虎、朱雀、玄武和鹿、独角兽的环境中当然也是神禽瑞兽的表达。将域外的奇禽异兽

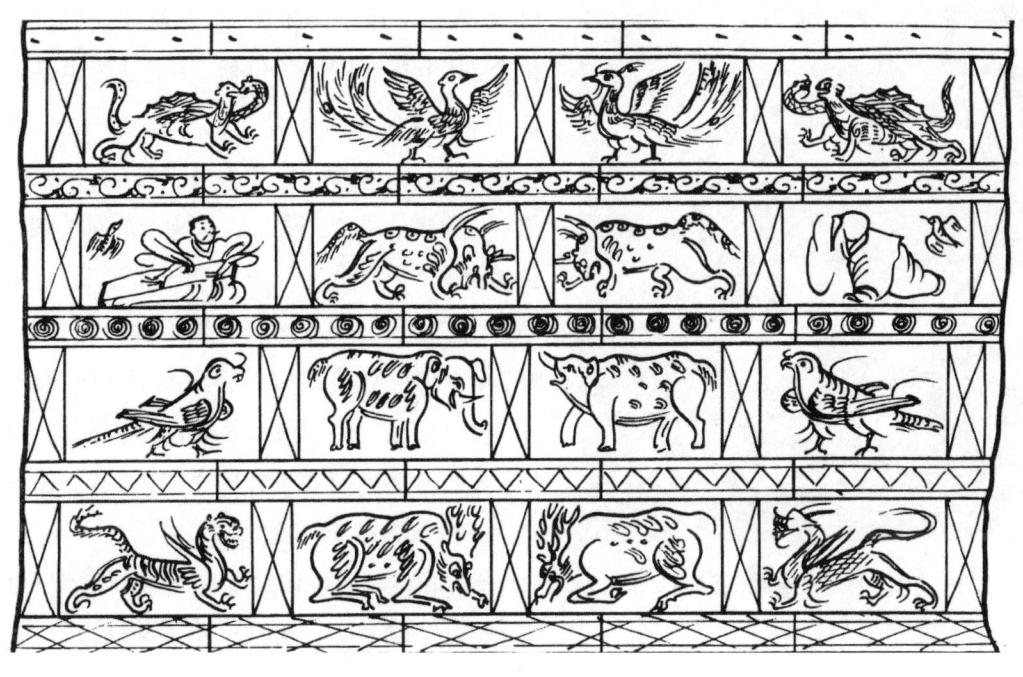

图五 M37照墙鹦鹉砖画场景与组合(局部,相邻四排)

(同上,图九)

---

[1] 郑岩:《魏晋南北朝壁画墓研究》,北京:文物出版社,2002年,第157页。
[2] 《后汉书》卷八十六《南蛮西南夷列传》,第2860–2861页。

进行一定程度的神仙化在汉墓图像中十分普遍，我们已多有讨论[1]，兹不赘述。将鹦鹉神仙化大概与其智慧能言的特性有关。如上引祢衡《鹦鹉赋》即云："惟西域之灵鸟兮，挺自然之奇姿。体金精之妙质兮，合火德之明煇。性辩慧而能言兮，才聪明以识机。"魏晋南北朝开始流行的志怪小说如《异苑》《宣验记》中都有神仙化鹦鹉的故事，而其核心皆与鹦鹉能言有关[2]。

图六 M37墓室后壁帷帐壁画及供案
（同上，图版五）

除照墙砖画外，鹦鹉还出现于M1、M37、M133墓室壁画中，都被表现在帷帐顶部两端。M1帷帐下绘出男、女墓主对坐像，M37和M133皆是一座空的帷帐，且在帷帐前设置有供台，其上还有陶案等供器，一般认为也是象征墓主灵魂所在并在墓中享祭（图六、七）。西晋成公绥《鹦鹉赋》云："小鸟以其能言解意，故育以金笼，升之堂殿。"[3]壁画中成对的鹦鹉虽然没有"育以金笼"，其栖于帷帐顶端，也可谓"升之堂殿"。东晋桓玄《鹦鹉赋》亦云："革好音以迁善，效言语以自骋。翦羽翮以应用，充戏玩于轩屏。"[4]可见，魏晋时鹦鹉常作为玩好，被修剪羽翼而置于轩屏之间，与其立于帷帐之上的场景颇为一致。

图七 M133墓室壁龛帷帐壁画及供台
（同上，图版十二）

特别值得注意的是，根据曹魏时周宣《梦书》记载："鹦鹉为亡人居宅也。梦见鹦鹉，是

---

[1] 王煜：《汉墓"虎食鬼魅"画像试探——兼谈汉代墓前石雕虎形翼兽的起源》，《考古》2010年第12期；王煜：《西王母地域之"西移"及相关问题讨论》，《西域研究》2011年第3期；王煜：《汉墓胡人戏兽画像与西王母信仰》，《中原文化研究》2014年第5期；王煜：《汉代大象与骆驼画像研究》，《考古》2020年第3期；王煜：《昆仑、天门、西王母与天帝——试论汉代的"西方信仰"》，《文史哲》2020年第4期。
[2] （唐）欧阳询：《艺文类聚》卷九十一《鸟部中》引，第1575页。
[3] （宋）李昉等：《太平御览》卷九二四《羽族部一一》引，北京：中华书局，1960年，第4102页。
[4] （唐）欧阳询：《艺文类聚》卷九十一《鸟部中》引，第1577页。

亡人也,其在堂上。"[1]鹦鹉在魏晋时期还被当作"亡人居宅"的象征。出现在表示墓主灵魂所在的帷帐之上的鹦鹉,是否还有强调墓主灵座的丧葬意义?由于其一方面与墓葬和帷帐壁画的环境更为贴合,另一方面目前所见的所有三例墓主帷帐上都出现了鹦鹉,似乎已形成一种较为具体的格套,或许具有更为特别的涵义,我们认为这种阐释方向是值得考虑的。当然,目前材料尚有限,需要今后进一步的发现和更多材料的公布来检验。

四、结论与余论

综上所述,敦煌佛爷庙湾魏晋壁画墓中出现了较多的鹦鹉图像,皆为钩喙、圆眼、长尾,背腹部往往有条状斑纹,其形象或具象或抽象。有的描绘出鹦鹉特有的对趾,性质十分明确;有的则为一般鸟趾,而描绘为一般鸟趾的都比较抽象、写意。从整体特征、位置和组合等因素综合来看,无疑属于同类。有的图像还敷彩,鸟喙皆涂红色,羽毛有绿色和白色两种,也与鹦鹉的特征相合。

该题材并不见于汉代流行的墓葬图像中,目前也未见于其他地区的魏晋墓葬。鹦鹉在中国本土即有出产,多体小而色绿,先秦至汉代人们对其已有一定认知。而殊方远域出产的鹦鹉不仅体大,且兼有绿色、白色和五彩多种,更被人们珍视,成为进献宫廷的重要珍禽,人们也更强调其来自域外,其来源主要有南方和西方两个方向。据记载,魏晋时期的敦煌地区也出产鹦鹉,直至唐代仍颇知名。由于敦煌为汉地与西域的转接点,似乎不能排除有西域传来的可能性(祢衡《鹦鹉赋》中便笼统说西域)。而从其地或西域而来的鹦鹉更是刺激了当时《鹦鹉赋》的产生和流行,在文化史上具有重要影响。因此,鹦鹉题材突然流行于魏晋时期敦煌地区的墓葬壁画中,是具有中原传统墓葬文化(壁画及神禽瑞兽装饰)与敦煌本地乃至西域珍奇物产相结合的特殊时代和地域文化背景的。

一方面,鹦鹉图像比较固定地出现于照墙砖画的神禽瑞兽中,可能由于其聪慧能言,人们在丧葬文化中对其有一定的神仙化。鹦鹉与大象作为域外进献珍禽异兽的代表,常在魏晋时期的文献中组合出现,也组合出现在敦煌魏晋壁画墓照墙上的神禽瑞兽中。另一方面,鹦鹉图像还固定出现于墓室壁画中表示墓主灵魂所在的帷帐顶部,或可理解为墓主居室中的玩好宠物,但其格套化明显,可能具有更为特殊的意义。根据魏晋时期文献的记载,鹦鹉在当时人观念中可以是"亡人居宅"的象征,而出现或不出现墓主形象的帷帐正好是"亡人居宅"的表现,其前还有供祭设施和器具,鹦鹉出现于其上,可能表达了这一

---

[1] (宋)李昉等:《太平御览》卷九二四《羽族部一一》引,第4102页。

特殊的丧葬意义。

另外，出现鹦鹉图像的这些墓葬往往都是家族墓地中的祖墓，是西迁河西的世家大族丧葬文化的代表，其中反映出的结合汉代以来传统丧葬文化和河西本地乃至西域文化因素的现象也就不足为怪了。

再有，在北印度犍陀罗佛教石刻中，有一些在拱形门内雕刻菩萨像或佛传故事，而拱形门的两侧也出现对称的鹦鹉，时代在公元2-3世纪[1]，其意匠与帷帐两端对称鹦鹉有一定相似之处。考虑到敦煌地区的特殊地理位置和文化背景，以及上述魏晋鹦鹉文化与西域的关系，我们认为也应将这个问题在余论中附带提及，期待今后的研究继续对此进行判别和探究。

（原载《敦煌研究》2022年第3期，收入此集时前加一主标题概括，特此说明）

---

[1] 如湖北省博物馆：《佛像的故乡：犍陀罗佛教艺术》，北京：文物出版社，2017年，第82页。

墓葬中的石窟：邢合姜石堂壁画略论

马伯垚

2015年，山西大同南郊发现了纪年为皇兴三年（469）的邢合姜墓，其中出土了一具绘满了佛像的石堂[1]。张庆捷、张志忠曾先后披露了这具石堂的结构与图像内容，张志忠还指出了壁画中的二佛并坐像与北魏墓葬中常见的墓主夫妇并坐图之间的联系，认为这反映了佛教思想对北魏墓葬的深刻影响[2]。李梅田认为石堂图像象征从过去向未来的转化，反映出净土信仰与传统生死观的交融[3]。韦正指出这一佛堂式墓葬情况反常，体现出其对佛教理解不够深入[4]。常青将之与炳灵寺第169窟相比较，提出两者具有诸多相似性[5]。李崇峰、李聿骐则先后指出了该石堂壁画绘制技法与印度凹凸画技法间的联系[6]。北朝墓葬中带有佛教因素的图像屡见不鲜，出现标准佛像的例子却几乎绝无仅有[7]。这件石堂的图像

---

[1] 大同市考古研究所：《山西大同全家湾北魏邢合姜墓石椁调查简报》，《文物》2022年第1期。需要指出的是，石堂与墓表都未经完整考古发掘而出土，二者的关系并不能完全确定。但该信息来自一线考古工作者，暂时被学界普遍接受，且该石堂形制、图像都同时代石质葬具、佛教图像大致接近，因此本文也接受这一观点，以"邢合姜石堂"称之。

[2] 张庆捷：《献给另一个世界的画作——北魏平城墓葬壁画》，见上海博物馆编《壁上观——细读山西古代壁画》，北京大学出版社，2017年；张志忠：《大同北魏墓葬佛教图像浅议》(On the Buddhist Imagery of a Northern Wei Tomb in Datong), Shing Muller, Thomas O. Hollmann, and Sonja Filip, *Early Medieval North China: Archaeological and Textual Evidence*, Wiesbaden: Otto Harrassowitz GmbH & Co. KG, 2019.

[3] 李梅田、张志忠：《北魏邢合姜石椁壁画研究》，《美术研究》2020年第2期。

[4] 韦正、吴娇：《从平城到邺城——聚焦于墓葬文化的变迁》，《故宫博物院院刊》2021年第1期。

[5] 常青：《北魏平城佛教艺术与后秦长安的关系》，《故宫博物院院刊》2020年第8期。

[6] Chongfeng Li, "Mural Paintings of the Monastic Complex and Shading & Highlighting Techniques of Hinduka", *Studies in Chinese Religions*, Vol. 4, No. 2: pp. 195-258；李聿骐：《天竺遗法在平城》，《故宫博物院院刊》2020年第3期。

[7] 关于北朝墓葬中的佛教因素分析，参见林圣智：《墓葬、宗教与区域作坊：试论北朝墓葬中的佛教图像》，见台湾大学艺术史研究所编《美术史研究集刊》第二十四期，台北：台湾大学艺术史研究所，2008年；杨莹沁：《汉末魏晋南北朝时期墓葬中神仙与佛教混合图像分析》，见中国古迹遗址保护协会石窟专业委员会等：《石窟寺研究》（第3辑），北京：文物出版社，2012年；刘聪：《北朝墓葬中佛教因素遗存的相关研究》，南京大学硕士学位论文，2013年；王倩：《北朝墓葬图像中的佛教因素初探》，《西部考古》第14辑，2017年；赵春兰、韦正：《试论南北朝墓葬中的佛教因素——兼及高句丽墓葬》，《四川文物》2019年第2期；吴桂兵：《中古丧葬礼俗中佛教因素演进的考古学研究》，北京：科学出版社，2019年。

极具特殊性，其内容布局、丧葬理念等问题仍然有进一步勾勒的必要。因此，本文以此为中心，试分析邢合姜石堂图像的理念与成因，以期扩展对北朝墓葬与佛教关系的认识。

一、地下佛窟：石堂壁画内容再分析

邢合姜石堂由地栿、侧壁、梁架、顶板四部分组成，图像分布于四壁、顶板内侧，以及前壁外侧。前壁于中部开有门，门外侧两端各绘一尊力士，内侧两端则为带有双翼的虎形神兽，上部绘七尊坐佛。左右侧壁上部各有坐佛两尊，中部偏下为供养人行列。后壁布局与侧壁相似，中部偏下绘供养人行列，上部中央为二佛并坐像，其右绘坐佛一尊，左侧石板上部残缺，仅存下部供养人图像（图一）。顶板内侧绘六尊飞天。

这样的内容、配置与石窟图像十分接近，特别是与其时代、地域相同的云冈石窟。从

图一 邢合姜石堂内壁彩绘

1. 后壁　2. 前壁　3. 左壁　4. 右壁

（图片来源：张志忠：《大同北魏墓葬佛教图像浅议》，图25-28）

题材来看，其后壁中心的二佛并坐像，在云冈石窟中有大量发现，据统计共有近400龛，是当时最为流行的题材之一[1]。在第2、3、7、12等第二期洞窟，二佛并坐像还出现在正壁下层、中心柱南面等重要位置（图二）。石堂后壁右侧的坐佛旁边，绘有手捧雀鸟的外道形象，应当表现的是婆薮仙[2]。婆薮仙在石窟造像中常与鹿头梵志同时出现，如云冈第19窟A洞东壁、第9窟前室明窗两侧，都出现了这一组合（图三）。石堂右壁坐佛右手轻抚一半跪状童子的头顶，表现的应是罗睺罗释子因缘像，类似图像在云冈第19窟南壁两侧、第9窟前室西壁均有发现（图四）[3]。此外，坐佛上侧童子状的飞天，也是云冈石窟中常见的图式。

图二　石堂与云冈石窟中的二佛并坐像

1. 邢合姜石堂后壁　2. 云冈第19窟A洞前壁　3. 云冈第7窟主室北壁

（图片来源：1.《大同北魏墓葬佛教图像浅议》，图25；2. 中国社科院考古所等：《云冈石窟》第十四卷，北京：科学出版社，2014年，图74；3.《云冈石窟》第四卷，北京：科学出版社，2014年，图30）

从整体布局来看，石堂图像与云冈第二期石窟更为相似：正壁中心绘二佛并坐像，可举第7、12窟为例。门洞上部绘七尊坐佛，可举第10窟为例。门外绘尖耳的金刚力士，则可举第7、10窟为例。此外，石堂右壁绘两尊坐佛，其中一尊表现罗睺罗释子因缘的做法，与第9窟前室西壁下层的布局几乎一致[4]。

---

[1] 张艳：《云冈石窟中的二佛并坐和文殊问疾》，《文物世界》2005年第4期。
[2] 关于婆薮仙图像的认定，可参看王惠民《婆薮仙与鹿头梵志》，《敦煌研究》2002年第2期；张元林：《莫高窟北朝窟中的婆薮仙与鹿头梵志图像再识》，《敦煌研究》2002年第2期。
[3] "时罗睺罗礼佛已讫，正在如来左足边立，如来即以无量劫中所修功德相轮之手，摩罗睺罗顶"。见（北魏）昙曜译《杂宝藏经》卷十，《大正藏》第四册，No. 203，第497页。不过，李静杰曾将此类图像比定为《法华经》中的授记图像，见李静杰：《关于云冈第九、第十窟的图像构成》，中山大学艺术史研究中心《艺术史研究》（第10辑），广州：中山大学出版社，2008年，第336-339页。
[4] 邢合姜墓表文字简短，皇兴三年究竟是墓主卒年还是下葬年份，并不明确。因此，只能确定该石堂晚于469年，约在云冈第二期洞窟开凿伊始，其是否受到云冈第二期洞窟的直接影响，难以完全肯定。

图三　石堂与云冈石窟中的婆薮仙图像

1. 邢合姜石堂后壁　2. 云冈第19窟A洞前壁　3. 云冈第9窟前室明窗东侧

（图片来源：1.《大同北魏墓葬佛教图像浅议》，图25；2.《云冈石窟》第十四卷，图74；3.《云冈石窟》第六卷，图46）

图四　石堂与云冈石窟中的罗睺罗释子因缘像

1. 邢合姜石堂右壁　2. 云冈第19窟前壁西侧　3. 云冈第9窟前室西壁

（图片来源：1.《大同北魏墓葬佛教图像浅议》，图27；2.《云冈石窟》第十四卷，图29；3.《云冈石窟》第六卷，图16）

表一 邢合姜石堂壁画与云冈第二期石窟图像布局比较

内　　　容	石堂上的位置	云冈石窟中的位置
二佛并坐像	后壁	第7、12窟后室后壁
两尊坐佛	侧壁	第7-10窟前室侧壁
七佛	内门楣	第10窟门楣
金刚力士	门外两侧	第7、10窟门两侧

此外，该石堂图像中众多空白的榜题框也表明，制作者完全把石窟绘画的做法用在了葬具上。石堂作为拼合式的石质葬具，难以整体移动，在送葬过程中应始终位于墓室内，这些图像又都画在观者难以进入的石堂内壁，原本无需绘制榜题，同类型的北魏葬具石堂也均未见榜题[1]。更为明显的是，壁画中的三十多位供养人身旁也有榜题框。为出资修建、装饰佛像的供养人留名，这是宗教造像的做法，其在葬具图像中出现，显然是机械地照搬了石窟画像的习惯[2]。

当然，邢合姜石堂壁画绝非与墓葬图像毫无联系，其前壁内侧的虎形神兽，绘有纤细的双翼，以及勾云状的装饰，与沙岭壁画墓（435）墓室北壁顶端的神兽极为相似（图五），文瀛路壁画墓甬道、张智朗石堂前壁外侧也有此类神兽，显然这是平城墓葬壁画的传统图像[3]。不过，此类神兽在上述墓葬中均以分格的形式连续出现，而在邢合姜石堂中则只有对称分布的两只。在南北朝佛教图像中，对称的双狮是极为常见的元素，在云冈第一期洞窟中，部分双狮雕刻得更接近于虎。因此，这对虎形神兽画在邢合姜石堂内的众多佛像之间并不突兀，似乎是制作者巧妙化用了墓葬中常见的神兽，将其比拟于佛像前的双狮，筑成这组地下佛窟。

邢合姜石堂图像题材、布局与云冈石窟十分相似，其榜题框的绘制也是石窟画像的习惯，原本墓葬中习见的虎形神兽也被比拟为佛前的双狮，以此可见，制作者并未遵照墓葬

---

[1] 从宋绍祖墓的发掘照片来看，其地栿埋在墓底的土层中，应当不会出现在其他丧葬场合。大同周边还发现了几具与石堂功能相似的"木堂"，其构件更多，同样难以整体移动，可见此类葬具应当并不出现在墓室以外的丧葬场地。此外，同时期的漆棺外壁上偶见榜题，但漆棺的不同之处是其便于移动，可以出现于停灵、送葬等多个场合，易于被人观看。

[2] 当然，佛像作为被参拜、供养的神圣图像，本身就不适合出现在地下的墓葬中，邢合姜石堂绘制佛像这一做法，本身就与丧葬语境十分不匹配。汉晋墓葬中发现的零星佛像，往往混杂在各种神仙图像中，与此石堂壁画有明显的不同，参见温玉成《公元1至3世纪中国的仙佛模式》，《敦煌研究》1999年第1期。

[3] 大同市考古研究所：《山西大同沙岭北魏壁画墓发掘简报》，《文物》2006年第10期；大同市考古研究所：《山西大同文瀛路北魏壁画墓发掘简报》，《文物》2011年第12期。这类神兽图像可能源自三燕，但经过几十年的整合与积淀，已经可以视为平城墓葬的传统。

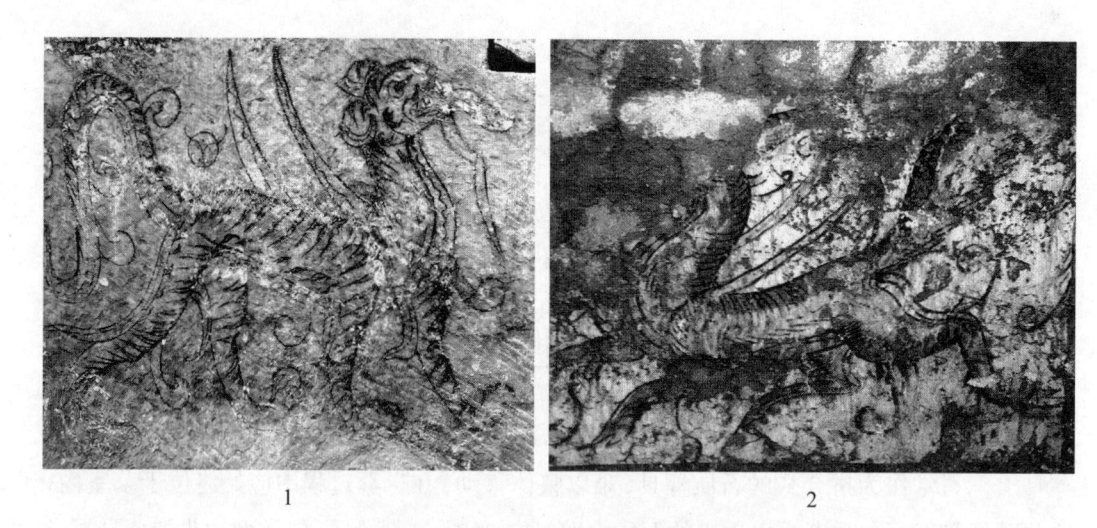

图五　石堂与沙岭壁画墓中的神兽

1. 邢合姜石堂前壁　2. 沙岭壁画墓北壁顶端

（图片来源：1.《大同北魏墓葬佛教图像浅议》，图28；2.《山西大同沙岭北魏壁画墓发掘简报》，《文物》2006年第10期，图三一）

图像的传统，而是直接把石窟壁画的模式搬进了葬具之中。

二、事死如生：墓葬环境中的石堂与石床

邢合姜石堂图像从题材、布局都十分接近云冈石窟，但无法忽视的是，这些图像绘制在葬具中，深埋于地下，与地上的石窟有本质的区别。因此，要理解佛像在邢合姜石堂中的出现，首先应当思考石堂在墓葬环境中的意义。

北魏平城时期的葬具石堂，多与石尸床配合使用，在墓室内用于放置尸体。这样的石堂在大同周边目前已发现多例，其中"尉迟定州"墓（457）、宋绍祖墓（477）、智家堡墓所出土的石堂，其外形、结构、组装方式均与邢合姜石堂基本一致[1]。这几具石堂，均由地栿、山墙、梁架、屋顶组成，模仿了房屋的造型，其内部大都有一组承放尸体的石床（图六）。类似的房形葬具在同时期还有木制的，大同七里村M1、二电厂M31墓室内均发现了由地栿、立柱、围板组成的木葬具，从残存结构来看，应当也是类似宋绍祖石堂那样带有

---

[1] 山西省考古研究所等：《大同市北魏宋绍祖墓发掘简报》，《文物》2001年第7期；大同市考古研究所：《大同雁北师院北魏墓群》，北京：文物出版社，2008年，第128-130页；王银田、刘俊喜：《大同智家堡北魏墓石椁壁画》，《文物》2001年第7期；大同市考古研究所：《山西大同阳高北魏尉迟定州墓发掘简报》，《文物》2011年第12期。

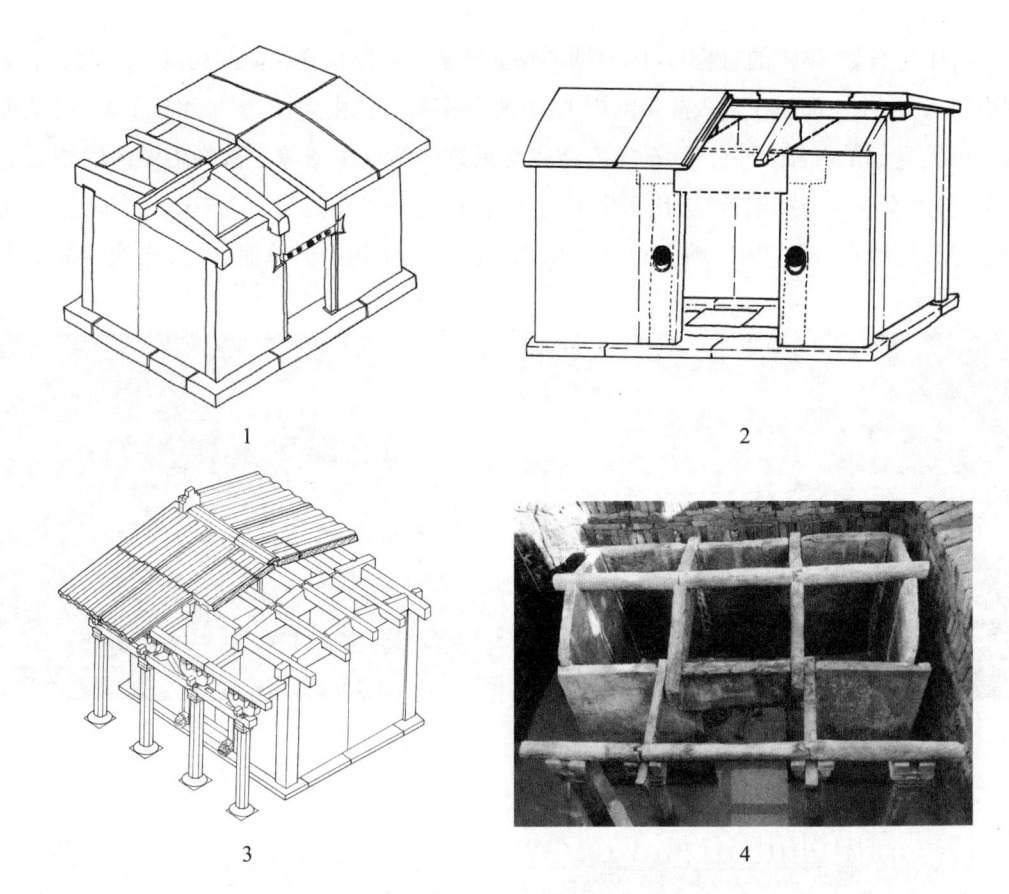

图六　北魏平城时期的房形石堂

1. 邢合姜石堂　2. 智家堡石堂　3. 宋绍祖石堂　4. "尉迟定州"石堂

（图片来源：1.《山西大同仝家湾北魏邢合姜墓石椁调查简报》，《文物》2022年第1期，图二；2.《大同智家堡北魏墓石椁壁画》，《文物》2001年第7期，图二；3.《大同雁北师院北魏墓群》，图五八；4.《山西大同阳高北魏尉迟定州墓发掘简报》，《文物》2011年第12期，图八）

前廊的房形葬具[1]。在这两具"木堂"内，均有一组木尸床用于直接承放尸体。

作为房形葬具的邢合姜石堂，其内也有一组石尸床，该石床前挡刻成三足形，并饰有对称水波纹及缠枝纹。类似的石床并不只在房形葬具内出现，平城及其周边的墓葬中也多有出土，如司马金龙墓、大同田村北魏墓等[2]。司马金龙墓石床周边发现柱础、帐杆，田村北魏墓石床前挡两端镶嵌有铁环，其上方淤土内出土帐杆，可见这两具石床在下葬时虽然没有房形葬具包裹，但都有帷帐环绕，并非单独出现在墓室内。

---

[1] 大同市考古研究所：《山西大同七里村北魏墓群发掘简报》，《文物》2006年第10期；大同市考古研究所：《山西大同二电厂北魏墓群发掘简报》，《文物》2019年第8期。

[2] 山西省大同市博物馆等：《山西大同石家寨北魏司马金龙墓》，《文物》1972年第3期；大同市考古研究所：《山西大同南郊区田村北魏墓》，《文物》2010年第5期。

石床与石堂、帷帐的组合，在同时期的墓葬壁画中可以找到相似的场景。北魏墓室壁画中的墓主，往往都坐在一张高足的榻上，其外部多有一栋由立柱、屋顶组成的亭廊，亭廊檐下可见卷起的帷帐（图七）。石堂内壁也常见这样的墓主图像。这些图像内的亭廊上有出檐，下有斗栱与梁架，可类比于房形的葬具石堂；图像中的榻，与石床形制接近，立面上也都有对称水波纹装饰；帷帐也同时出现在图像与实物中。总而言之，图像中的墓主

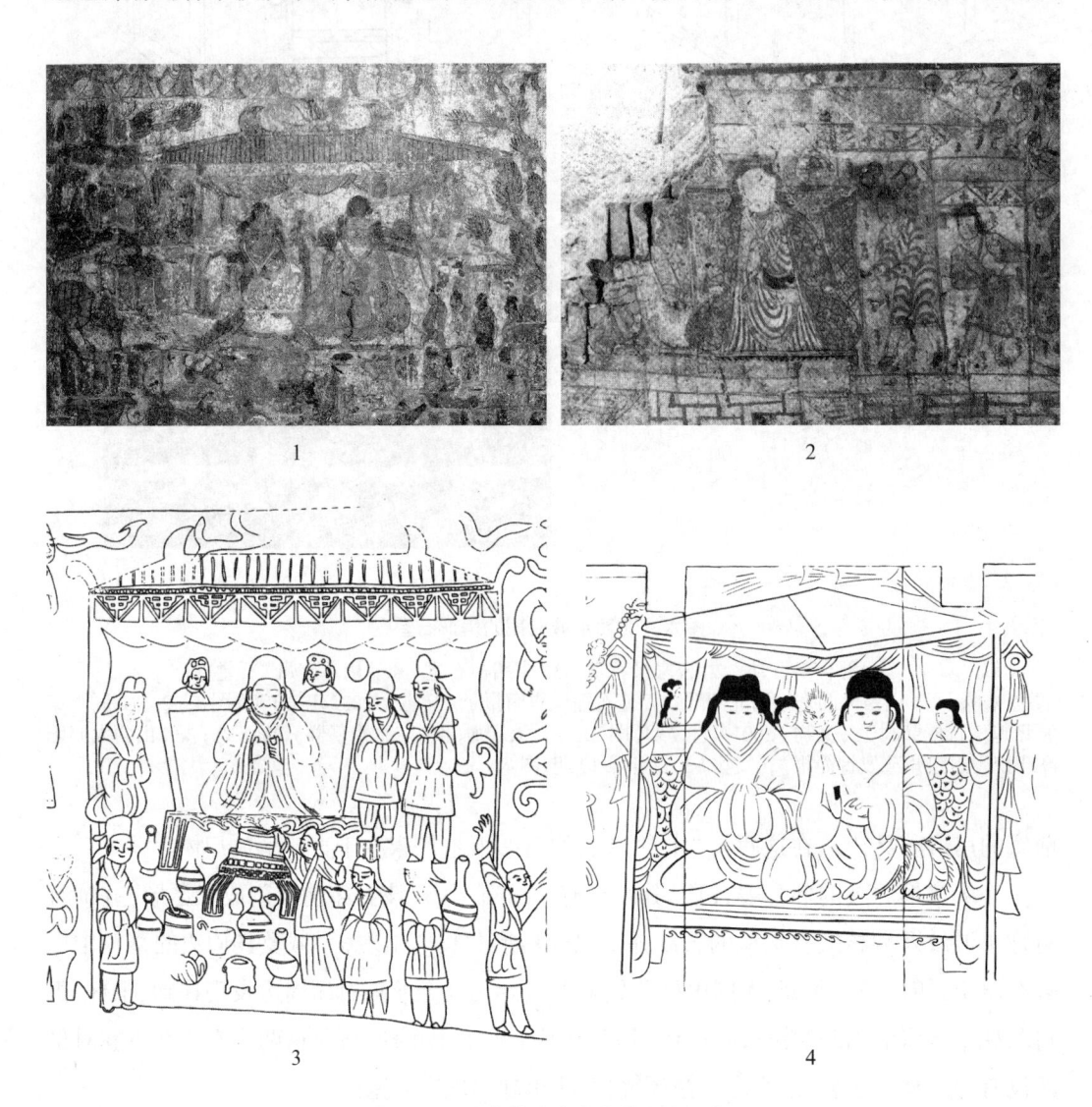

图七 平城墓葬图像中的墓主人形象

1. 沙岭壁画墓　2. 云波里壁画墓　3. 梁拔胡墓　4. 智家堡石椁

（图片来源：1.《山西大同沙岭北魏壁画墓发掘简报》，《文物》2006年第10期，图四〇；2. 大同市考古研究所：《山西大同云波里路北魏壁画墓发掘简报》，《文物》2011年第12期，图九；3. 山西省考古研究所等：《山西大同南郊仝家湾北魏墓（M7、M9）发掘简报》，《文物》2015年第12期，图三三；4.《大同智家堡北魏墓石椁壁画》，《文物》2001年第7期，图六）

人坐在床榻、帷帐、屋宇构筑的空间内,而墓室中的墓主尸体则躺在石床、帷帐、石堂构筑的空间内,两种不同的形式再现了同一种场景,模仿的应当都是墓主生前的床榻、帷帐与居室。

在北魏平城时期的墓葬中,可以看到不少模仿生前居室的做法。如沙岭新村M22,墓门顶部雕有出檐、横枋、斗栱,形似宅院的门楼;文瀛路壁画墓的墓室中上部,绘有梁架、斗栱、横枋组成的屋宇结构,使墓室具有木构建筑的观感[1]。与之类似,邢合姜墓中模拟房屋的石堂、模拟床榻的石床,也是力图把墓室营建为生人居室的反映。地下墓葬模仿地上居室的做法,显然是"事死如生"这一传统丧葬观念下的产物。

通过以上比较可以看到,邢合姜石堂作为葬具与石床配合使用,这一组合在北魏平城墓葬中多有发现,与同时期墓主图像中的亭廊、坐榻较为接近,模仿了墓主人生前的居室场景,反映出"事死如生"的丧葬理念。

三、墓中禅堂:石堂图像与《法华经》的修行

在众多的平城葬具石堂中,邢合姜石堂的结构并不特别,但其图像装饰却独树一帜,无可比拟,即便是放眼所有南北朝墓葬,这种绘制地下石窟的做法都极其少见。如何理解佛像在墓葬中的出现,是邢合姜石堂带来的重要议题之一。

根据墓表内容,邢合姜石堂制作于469年前后,此时正值北魏皇家重兴佛教事业。自452年开始,文成帝、献文帝屡次造像立寺,起塔开窟,宿白曾断言:"公元470年以前,平城佛教实力已极雄厚,佛教建置日臻壮丽。"[2]此时云冈第一期的"昙曜五窟"已基本完工,第二期洞窟正开始建设[3]。上行下效,皇室对佛的热忱,对平城社会有着深刻的影响,各种造像兴福活动愈演愈烈,以至于魏廷不得不于延兴二年(472)下诏禁断:"内外之人,兴建福业,造立图寺,高敞显博,亦足以辉隆至教矣。然无知之徒,各相高尚,贫富相竞,费竭财产,务存高广,伤杀昆虫含生之类。苟能精致,累土聚沙,福钟不朽……自今一切断之。"[4]

---

[1] 大同市考古研究所:《山西大同文瀛路北魏壁画墓发掘简报》,《文物》2011年第12期;大同市考古研究所:《山西大同沙岭新村北魏墓地发掘简报》,《文物》2014年第4期。
[2] 宿白:《平城实力的集聚和"云冈模式"的形成与发展》,见《中国石窟·云冈石窟(一)》,北京:文物出版社,1991年,第181—182页。
[3] 宿白:《云冈石窟分期试论》,《考古学报》1978年第1期;李治国、刘建军:《云冈石窟雕刻艺术》,见李治国主编《中国石窟雕塑全集3·云冈》,重庆出版社,2001年。
[4] 《魏书》卷一百一十四《释老志》,北京:中华书局,1974年,第3300页。

社会上下对佛教活动的热情，使得平城墓葬整体发生了变化，越来越多的佛教因素进入墓葬图像装饰体系中[1]。北魏平城时代早期墓葬中，唯有沙岭壁画墓（435）甬道顶部的摩尼珠显现出与佛教的些许联系。到了460年，张智朗石堂门扇出现了卷发尖耳、身绕帔帛、足踏神兽的守护神（图八，1），十分接近佛教的金刚力士，佛教因素开始明确出现。470年以后，力士、天人、童子、伎乐等佛教图像在墓室壁画、石堂彩绘、棺板画中更是屡见不鲜（图八，2-4）。这一改变正始于五世纪六七十年代，反映出此时正是佛教文化改变平城社会的重要节点。

　　在平城佛教活动的兴盛之前，墓主本人很可能已受佛教文化的侵染。墓表中提到，邢合姜出自望族河间邢氏，曾迁移至长安冯翊郡万年县。这样的迁移似乎并非偶然，北魏名臣寇赞本出自上谷郡，也曾"因难徙冯翊万年"[2]。寇赞生于362年，邢合姜生于403年，两人时代相距不远，其家从河北迁往关中，理应都在十六国时期。与北魏消灭其他政权后迁徙其人口的做法一样，十六国诸政权也惯于将被征服地区的吏民强制迁移到其统治中心地带。石虎曾"徙辽西、北平、渔阳万余户于兖、豫、雍、洛四州之地"，苻坚在击败前燕后，"赦慕容暐及其王公已下，皆徙于长安"，并于次年（371）"徙关东豪杰及诸杂夷十万户于

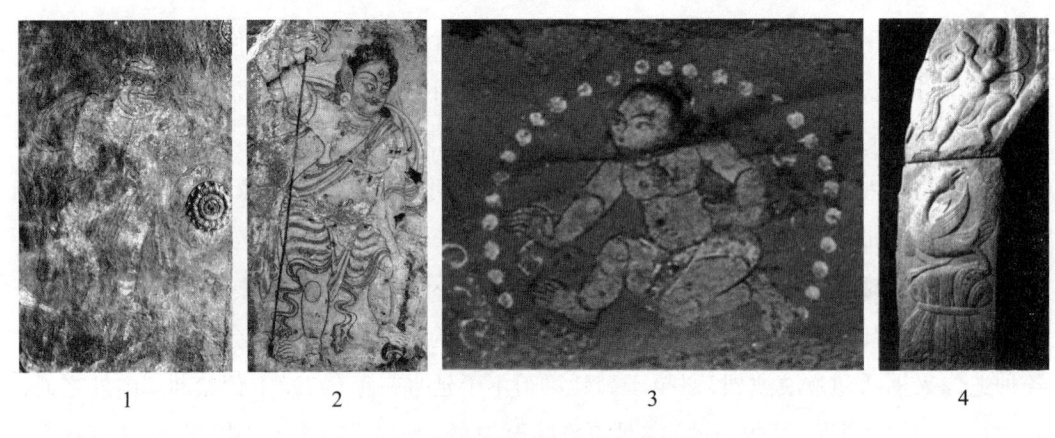

图八　平城墓葬图像中的佛教因素

1. 张智朗石堂门扇　2. 文瀛路壁画墓甬道东侧　3. 二电厂M37漆棺侧板　4. 方山永固陵石门楣
（图片来源：1. 张志忠：《大同北魏墓葬佛教图像浅议》，图13；2.《山西大同文瀛路北魏壁画墓发掘简报》，《文物》2011年第12期，封三，2；3.《山西大同二电厂北魏墓群发掘简报》，《文物》2019年第8期，封三，1；4. 大同市博物馆等：《大同方山北魏永固陵》，《文物》1978年第7期，图版叁，1）

---

[1] "佛教因素"是一个极为宽泛的概念，在此只限于那些形象、位置与佛教造像近似，可能体现出制作者具有明确佛教认识的图像，而不考虑莲花、忍冬等纯粹的装饰性图案。具体可参见林圣智：《墓葬、宗教与区域作坊：试论北魏墓葬中的佛教图像》，《美术史研究集刊》第二十四期，2008年。

[2]《魏书》卷四十二《寇赞传》，第1046页。

关中"[1]。邢合姜家迁入长安，极有可能源自这几次强制性迁徙。而此时长安正是北方佛教的重要中心区域，名僧释道安、鸠摩罗什先后居此，深受前秦苻坚、后秦姚兴的敬重，发挥了极大的影响力[2]。邢合姜家在长安时便受到佛教文化的耳濡目染，她本人迁居平城后参与新兴的佛事就更加顺理成章了。

值得注意的是，姚秦时代的长安，在《法华经》流行的过程中扮演着重要角色。影响力最大的译本《妙法莲华经》，正是鸠摩罗什在长安译出的。随后，其弟子道融、昙影、慧观等人还分别为之疏解[3]。《法华经》在南北朝时的影响范围极广，北魏平城也不例外，云冈石窟中近400龛二佛并坐像即是力证。二佛并坐像源自《见宝塔品第十一》，在《法华经》中具有承前启后的关键作用，历代注疏和研究者对其意义都十分关注，甚至将其作为《法华经》的象征[4]。除此以外，《从地踊出品》《如来寿量品》《妙音菩萨品》等章也围绕释迦、多宝二佛展开。因此，二佛并坐像从出现伊始就在《法华经》图像中具有代表性意义[5]。邢合姜石堂后壁内侧最中心的位置，绘制的正是二佛并坐像。此外，其前壁上还出现了七佛，这也符合北朝法华图像引入过去七佛而与二佛并坐像形成组合的特点[6]。《法华经》在长安与平城广泛流行，邢合姜有了解《法华经》的充分条件，其葬具的中心位置又出现了代表性的法华图像，因此，邢合姜石堂图像应与《法华经》有重要联系。

《法华经》的修习方法，在《思惟略要法》中有所阐释："三七日一心精进如说修行，正忆念《法华经》者，当念释迦牟尼佛于耆阇崛山与多宝佛在七宝塔共坐……习如是观者，五欲自断，五盖自除，五根增长，即得禅定。"[7]即主要依照《见宝塔品》进行修行，观想释迦与多宝佛在塔中并坐，然后与禅定合行，令心坚固，以断除五欲、五盖，增长五根，称作"法华三昧观法"[8]。禅窟、造像在北朝的广泛发展，正与这类观想修禅之法的流行有较大关系[9]。也就是说，信众开窟造像，刻画二佛并坐的场景，除了营造功德以外，还有帮助自

---

[1]（北魏）崔鸿撰，（清）汤球辑补：《十六国春秋辑补》卷十七《后赵录七》，北京：中华书局，2020年，第211-212页；卷三十四《前秦录四》，第432-433页。
[2] "道安后入苻坚，坚素钦德问，既见，宗以师礼……法旨大著中原……鸠摩罗什为姚兴所敬，于长安草堂寺集义学八百人，重译经本。"《魏书》卷一百一十四《释老志》，第3291-3293页。
[3]（南梁）释僧祐：《出三藏集记》卷八《法华经后序第九》，北京：中华书局，1995年，第307页；（南梁）释慧皎：《高僧传》卷六、七，北京：中华书局，1992年，第241、243、264页。
[4] 释圣凯：《论中国早期以〈法华经〉为中心的信仰形态（上）》，《法音》2002年第7期，第4-5页；李静杰：《关于云冈第九、第十窟的图像构成》，中山大学艺术史研究中心《艺术史研究》（第10辑），第333页。
[5] 张元林：《敦煌北朝时期〈法华经〉艺术及信仰考察》，《敦煌研究》2006年第5期，第17页。
[6] 张元林：《敦煌北朝时期〈法华经〉艺术及信仰考察》，《敦煌研究》2006年第5期，第19页。
[7]（姚秦）鸠摩罗什译：《思惟略要法》，《大正藏》第十五册，No. 617，第300页。
[8] 有关"法华三昧观法"的具体阐释，参见释圣凯：《论中国早期以〈法华经〉为中心的信仰形态》，《法音》2002年第7、8期。
[9] 刘慧达：《北魏石窟与禅》，《考古学报》1978年第3期。

身禅观修行的目的。因此,邢合姜石堂以二佛并坐像为中心绘制的法华图像,本身就具有帮助信徒禅观佛像、修习佛法的功能。

根据前文的论述,墓葬中的石堂与石床,模仿的是墓主生前的房屋与床榻。而以二佛并坐像为代表的法华图像,可以帮助信众通过观看来进行修行。综合这两点来看,帮助墓主生前禅观修行的佛教图像,出现在模仿墓主生前居室的石堂内壁,背后的丧葬理念并不矛盾,都是"事死如生"观念下的产物,是丧家将墓主生前修行的佛堂搬到地下以伴之长眠的结果。这组出现在地下的佛教图像,形式上与传统丧葬图像有巨大的差异,但其内涵并不符合佛教的冥世理念,反而仍然与传统丧葬观念更为接近。

此外,北魏高僧惠始的迁葬,也可能为邢合姜石堂的制作带来启发。太平真君六年(445),惠始迁葬于平城南郊,"送葬者六千余人,莫不感恸。中书监高允为其传,颂其德迹。惠始冢上,立石精舍,图其形像"[1]。画着惠始形象的石精舍,既可以供信众追念祭拜,同时也代表着亡者的居所。而惠始的葬礼声势浩大,这座石精舍一定广为人知。从这个角度看,邢合姜石堂也是韩受洛拔为其亡妻制作的一座石质"精舍",以佛法伴随她在地下长眠。

综上,邢合姜及其家族从长安到平城,经历了两地佛教的繁盛时期,同时也是《法华经》在两地广泛流行的时间;邢合姜石堂内壁的图像,无疑与《法华经》有重要联系,并且具有帮助禅观修行《法华经》的功能;这组用以修行的法华图像绘制在模仿地上房屋的石堂内,体现出的仍然是"事死如事生"的传统丧葬理念。

四、结　语

本文分析了邢合姜石堂内壁图像的题材与布局,认为其画工照搬了佛教石窟壁画的模式装饰这座石堂。石堂图像内容与《法华经》联系密切,具有帮助墓主生前修行的作用,而石堂本身作为葬具,在这一时期多与石床配合使用,以模仿墓主生前的居室与坐榻。结合这两点来看,这座地下佛窟尽管与传统墓葬图像有着巨大的差异,但仍然是在传统丧葬观念的主导下出现的。

像这样绘满佛教图像的石堂,在平城时期毕竟只是个例,在此后的墓葬图像中,佛教题材的图像大都只是替换了传统丧葬图像中的某些元素,并未彻底改变墓葬图像体系。可以明显地看到,在这些墓葬中占主导的仍然是传统的丧葬思想而非佛教的冥世理念。

---

[1]《魏书》卷一百一十四《释老志》,第3295页。

丧葬礼俗往往是社会文化中改变相对缓慢的一环,魏晋南北朝时佛教影响力的急剧扩张,为墓葬装饰提供了不少新的元素,至于传统丧葬习俗的转变,仍然是一个漫长的过程[1]。

当然,放眼整个南北朝,墓葬与石窟之间并不是毫无联系,将逝者安葬于佛教天地中的尝试,邢合姜石堂绝非孤例。龙门石窟中发现有瘗窟,西魏皇后乙弗氏于麦积山凿龛而葬,北齐神武帝高欢"潜凿成安鼓山石窟佛寺之旁为穴,纳其柩而塞之"[2]。佛教影响了南北朝社会的方方面面,时人的生死观与丧葬习俗也难免受其波及,以至于一些墓葬的形式与内涵都发生了改变。不过,邢合姜石堂的例子似乎可以提示我们,形式上的巨大变化并不意味着内涵的彻底改变,探讨中古佛教对墓葬的影响程度,还应当从多个维度综合考虑。

附记:本文写作过程中受到四川大学霍巍、王煜教授及云冈石窟研究院刘建军老师的指导与帮助,并曾在复旦大学主办的"考古艺术研究的新视野:第一届美术考古青年论坛"进行报告,会议讨论中得到在场师友的指点和启发,在此感谢诸位老师的帮助。

(原载《故宫博物院院刊》2021年第11期,该石堂的正式调查简报此后发表于《文物》2022年第1期,本次补入了该简报的相关信息)

---

[1] 当然,此时业已出现如火葬、林葬等受佛教思想主导的丧葬行为,但在社会中的影响力还相当有限。
[2] 对于北朝墓葬与石窟的联系,吴桂兵曾详细梳理,见吴桂兵:《洞房石室与珉床雕户:关于北朝墓葬与佛教龛窟关联的思考》,[美]巫鸿编《古代墓葬美术研究》(第三辑),长沙:湖南美术出版社,2015年。

北宋李彬夫妇墓出土五星俑研究

吕瑞东

1978年底,江苏省溧阳县发现并清理了两座砖室墓。根据墓志得知,两座墓的墓主是北宋富户李彬及其夫人潘氏。墓葬中出土了大量的随葬器物,其中陶塑像数量较多,报告将其定名为四神、五星、二十八宿、功曹、金刚神像。由于简报公布俑像时未给出定名依据,并且简报所给出的文字图像材料有限,故而这些俑像的定名遭到学者的质疑。彭辉认为,李彬夫妇墓的形制与《大汉原陵秘葬经》中所见的墓葬规制相符,墓葬中所出俑像应为十二辰俑,同时也认为李彬墓出土器物具有浓厚的道教色彩[1]。根据报告对墓中出土随葬俑的描述,笔者认为将造型各异的俑像归入十二辰系统略显牵强。结合唐宋时期有关五星的图像、石刻材料考虑,笔者基本认同报告中的定名,并且认为墓中随葬的五星俑与佛教密切相关,同时对随葬俑组合的含义也加以判断。

一、出土五星俑形象分析

李彬夫妇墓位于溧阳县城西北二十公里的竹箦公社中梅大队附近的一个小土堆东侧。一共发现两座墓葬,形制结构完全相同,均为长方形券顶砖室墓。根据墓志及其墓间填土推测,两墓为同穴合葬。墓室长5、宽约1.8-1.97、高2.65米,底部为一层砌作人字形的铺地砖,中部有凸出的棺床。四壁为砖砌的仿木构结构,并在侧壁、后壁及四角底部设有壁龛,侧壁壁龛分上下两排,每排6个;后壁设并排的3个壁龛。墓葬中的出土器物数量较多,共有琉璃建筑构件8件,各种神像、佛像及力士俑等34件,陶瓷器36件,以及铜

---

[1] 彭辉:《江苏溧阳北宋李彬夫妇墓出土俑像、墓志及葬俗特征研究》,《东南文化》2015年第3期。

镜、石砚等其他器物9件[1]。

关于墓葬是否完整，报告中没有说明，但是据报告中的相关描述可推知一二。首先，从出土的陶瓷器来看，仅有两件俑像的头部缺失，其余俑像保存完好，尤其是结构复杂的琉璃制楼亭轩榭也保存完整，整体来看随葬俑、模型器的残损程度较小。其次，从出土贵重物来看，墓中出土大量银扣器，还有部分银器和铜器，随葬品中贵重器物也没有残损的描述，可见保存相对完好。另外，在一件直径23.5厘米的铜锣内盛有十余斤铜钱，钱币数量较多，也没有散乱的迹象，出土时铜锣内的钱币应该没有被扰乱。从上述迹象来看，墓葬整体上保存较好，没有被盗扰的痕迹，所以墓葬中所出土的俑像组合应该与墓主下葬时基本一致。

出土的34件俑像中，力士俑嵌于墓室四角底部的小龛作支撑墓壁状，各种神像发现于墓底，原来是否放置在壁龛中我们不得而知。随葬的神像、佛像主要出土于李彬墓中，其中有5件神像被识读为五星，其形态特征如下[2]。

黄釉女俑：呈坐姿人像，头部缺失。身着披肩，长袍蔽膝，下裳，宽带前垂，怀抱琵琶（图一，1）。

黄釉文官俑：呈坐姿文官像，保存完好。头戴冠，冠前有一猪首，长袍蔽膝，下裳，宽带前垂，怀抱笏板（图一，2）。

黄釉妇人俑：呈坐姿老妇人像，保存完好。头部束发，头上有水浪状发饰，右手托一方形物件于胸前。身着披肩，长袍蔽膝，下裳（图一，3）。

姜黄釉武士俑：呈坐姿武士像，保存完好。在左右耳部各塑一同样的小面，披发，顶有一驴首，着披肩，上身裸体。四臂，两臂高举，似持物状，两手抱于胸前，四腕带镯。项戴铃圈，下着裙，袒腹，赤脚。顶部驴首施绿釉，其余部位施姜黄釉（图一，4）。

绿釉半裸俑：呈坐姿人像，保存完好。怒目披发，上身裸体，项戴锁铃，一手握拳半举于胸前，似持物状，下着衣裙，赤脚（图一，5）。

这五件俑的高度均在26-27厘米，全部出土于李彬墓中，报告将其依次识读为太白、岁星、辰星、荧惑、镇星。除了这五件五星俑外，还有被识读为二十八宿的神像俑八件。两墓所出神像俑在塑造方面差异不大，均为坐姿人像，尺寸相近，高均在26-27厘米，男性以文官形象为主。五星俑组合中，太白、岁星、辰星的形象比较写实，体态特征也很明显，荧惑和镇星的形象较为夸张。由于简报公布的图片材料较少，对二十八宿俑特征的识读也较主观，其定名的准确性也难考证。

---

[1] 镇江市博物馆、溧阳县文化馆：《江苏溧阳竹箦北宋李彬夫妇墓》，《文物》1980年第5期。
[2] 镇江市博物馆、溧阳县文化馆：《江苏溧阳竹箦北宋李彬夫妇墓》，《文物》1980年第5期。

图一　李彬墓出土五星俑
1. 太白俑　2. 岁星俑　3. 辰星俑　4. 荧惑俑　5. 镇星俑
（作者绘）

此类五星俑在其他墓葬材料中未见报道，相关的图像材料也不见于其他墓葬中。在唐宋时期，五星常常作为九曜或十一曜的一部分出现在寺院壁画中，洞窟壁画及传世图像材料中也有相关的形象出现，且大部分与佛教有密切联系。

南朝时期便有画家绘制五星题材的绘画，《宣和画谱》中记载南朝梁武帝时期的画家张僧繇便绘有《九曜像》《镇星像》和《五星二十八宿真形图》[1]。到唐宋时期，五星题材的作品明显增多，现存于日本大阪市立美术馆的唐代绘画《五星二十八宿神形图》（图二）则是其中的代表。绘画的作者为唐朝中期的画家梁令瓒，根据画中的人物特征推测其应该是依据时代更早的底本传摹而作[2]。图中每个人物旁均有篆书题记，记载了该星宿的名称和祭祀方法。图中太白为戴凤首冠骑凤鸟的女性；岁星为骑野猪的兽面人；辰星为左手持笔右手抱卷的女性；荧惑为骑在驴上的驴头武士，赤身，六只手持各种武器；镇星为一肤青黑的长须老者，赤裸上半身，骑一青牛。目前所见唐宋时期的五星形象应是在神形图所绘五星形象的基础上有了进一步发展，但是基本特征仍然保留。

英国博物馆所藏敦煌出土的唐代绢画《炽盛光佛并五星图》（图三）中也有五星形象出现[3]。图画旁有"炽盛光佛并五星"的题记，可知图中坐在车舆上的为炽盛光佛，围绕炽

---

[1]《宣和画谱》，见《文渊阁四库全书》第813册，台北：台湾商务印书馆，1983年，第71页。
[2] 中国古代书画鉴定组：《中国绘画全集：战国—唐》，北京：文物出版社，2014年，第30页。
[3] 中国美术全集编辑委员会：《中国美术全集·绘画编二：隋唐五代绘画》，北京：人民美术出版社，2006年，第100页。

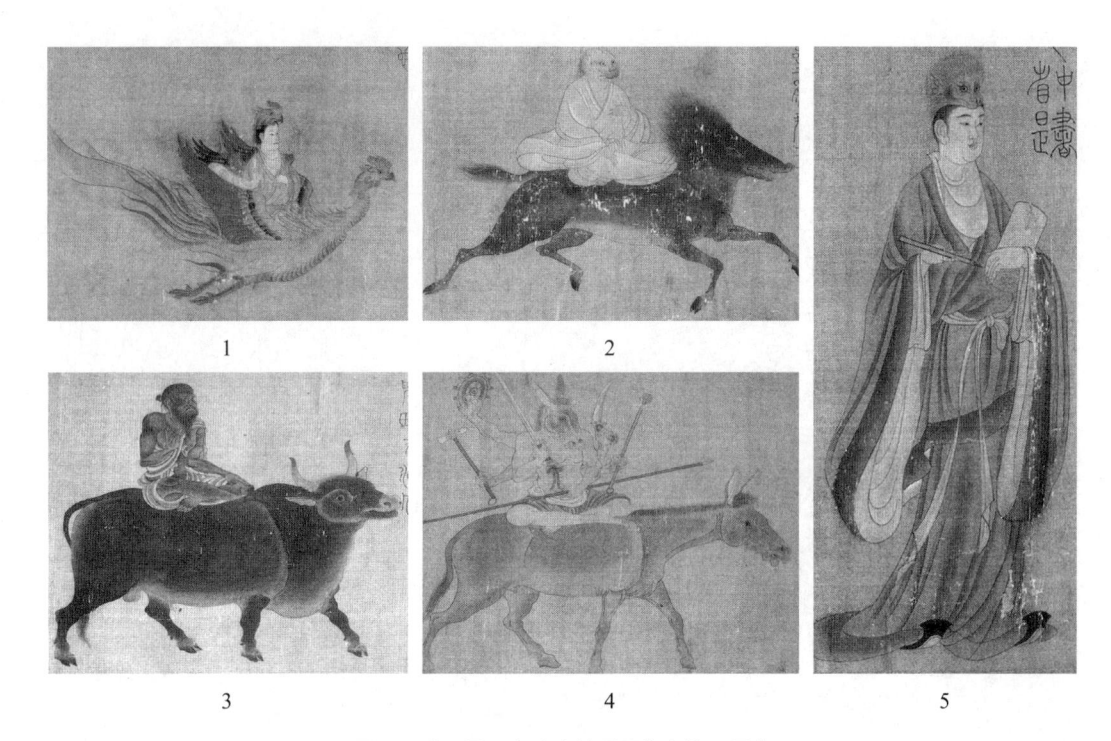

图二 《五星二十八宿神形图》中的五星像
1. 太白 2. 岁星 3. 镇星 4. 荧惑 5. 辰星
（图片来源：《中国绘画全集：战国—唐》，第30页）

盛光佛的五个人物为五星。对比同时期所绘的神形图可大致识别辰星、镇星和荧惑。从图中可以看出：最里侧的为一女性，头上戴一猿形发饰，手持文书和笔，应该是辰星；车舆前方一侧为一肤色青黑的长须老者，头戴猪形饰物，半赤裸上身，手牵青牛引导车舆前行，应为镇星；最右侧为一四臂武士，头发上冲，戴马形饰物，半赤裸上身，手脚戴环，手持兵器，应为荧惑。画面正前方为一身着白衣、手弹琵琶的女子，头戴鸡形冠，对比神形图中头戴凤鸟冠的太白像来看，该人物表现的应该是太白，手弹琵琶也符合文献中所记"白练衣弹弦"[1]的特征。车舆前方着白衣的青年，形象特征不明显，可见其头戴一顶造型奇特的冠，手捧物于胸前，推测应为岁星。这是目前已知的最早带纪年的炽盛光佛和五星组合的图像材料。

大足北山石窟中，开凿于前蜀乾德四年（922）的佛湾第39号金轮炽盛光佛龛中可见五星的形象（图四）[2]。根据右侧门楣上的题记可知此龛所供奉的是"炽盛光佛并九曜"。

---

[1]（唐）一行：《梵天火罗九曜》，见《大正新修大藏经》第21册，东京：大正一切经刊行会，1983年，第459-461页。
[2] 郭相颖、黎方银：《大足石刻雕塑全集·北山石窟卷》，重庆：重庆出版社，1999年，第31页。

图三　炽盛光佛并五星图

（图片来源：《中国美术全集·绘画编二：隋唐五代绘画》，第100页，图五〇）

图四　大足北山石窟第39号窟

（图片来源：《大足石刻雕塑全集·北山石窟卷》，第31页，图三四）

佛龛的主体是端坐于莲花座上的炽盛光佛，佛像左右为九曜。九曜像部分损毁，但是可辨识出主尊右侧第二层两尊塑像的形态。这两尊塑像形态特征较明显，均为女子，一人怀抱琵琶，一人手持笔、卷，根据留存的神形图可知，这两尊塑像对应的应该是太白和辰星。岁星下的一尊像虽然模糊不清，但是根据其隐约可见的下体穿裙衫的特点来看，可能是镇星像。

北宋年间刻印的《大威德炽盛光消灾吉祥陀罗尼》（图五）图像中也有五星的形象[1]。图像有残损，有学者对其进行了复原和研究，该版画以炽盛光佛为中轴对称构图，上部分表现的是炽盛光佛和太阳、太阴、罗睺、计都，下部分表现的为五星，依次为太白、镇星、辰星、荧惑[2]。五星均列于炽盛光佛前，人像立于祥云之上。对比其他图像来看，形象清晰的仅辰星、镇星和荧惑，太白仅部分可见，从右向左依次为岁星（缺失）、太白（残）、镇星、辰星、荧惑。图中太白像残，仅见其怀抱琵琶；镇星为一倚杖而立的长须老者，头戴牛首，赤

---

[1] 周心慧：《中国古代佛教版画集》卷一，北京：学苑出版社，1998年，第43页。
[2] 廖旸：《炽盛光佛构图中星曜的演变》，《敦煌研究》2015年第4期。

裸上半身；辰星为女性，头上有一猿形发饰，左手持纸，右手持笔；荧惑部分残损，但可见其为一武士形象，头发冲天，赤裸上身，手脚戴环，四只手臂持多种兵器。

莫高窟第61窟甬道壁画也绘有炽盛光佛出行图（图六），车舆周围簇拥着九曜星神[1]。甬道图像重绘于元朝，有学者根据西夏文题记及人物形象对画面中的人物进行了考证，并推测该图的蓝本可能早至西夏[2]。图像有残损，但是大致可以根据人物特征来分辨图中人物的身份。车前着绿衣的妇女，手抱装在套中的物件，从其手势和物件形状来看，所抱之物应该是琵琶，此人应为太白。太白身后有一人，状如天王，头戴驴形冠，头发倒立，四手持兵刃，应为荧惑。车前一人图像残，仅见其头戴兽形冠，手举一杖，学者推测其为镇星[3]。车轮后一人，着绿衣，画面残损不能分辨。除此之外，车后还有三人，学者推测其为太阳、太阴和罗睺[4]。画面上方还出现十二宫和部分二十八宿的形象。

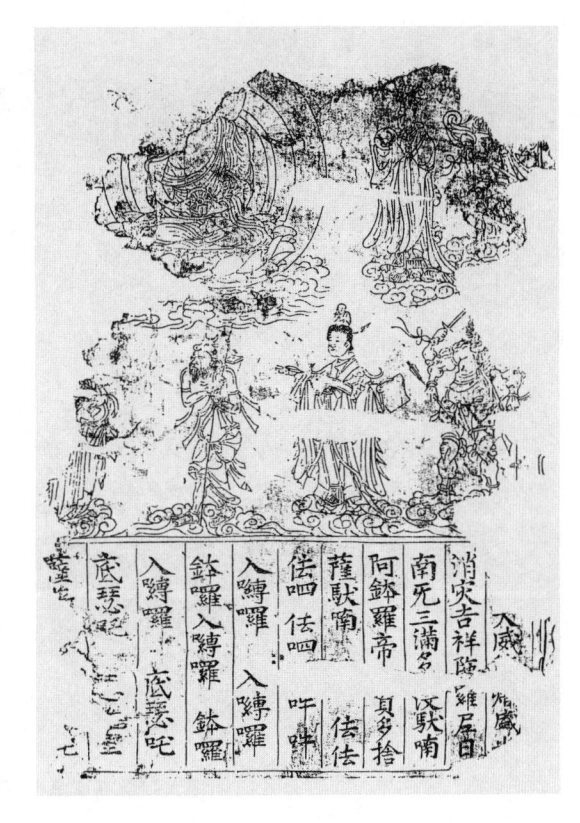

图五 北宋年间刻印的《大威德炽盛光消灾吉祥陀罗尼》
（图片来源：《中国古代佛教版画集》卷一，第43页）

从上述图像和雕塑材料来看，五星的形象特征非常明显，多见两女性、一男子、一武士、一老者的组合。其中太白多表现为抱琵琶的女性形象，李彬墓出土太白俑（图一，1）虽然头部缺失，但仍可看出其为怀抱琵琶的女性形象。岁星特征不突出，图像中多表现为一年轻男子形象，李彬墓所出头戴猪首冠的文官俑（图一，2）和与之年代最为接近的北宋刻经中戴猪首冠的年轻男子形象相似，可以确定为岁星俑无误。辰星多为手持纸笔的女性形象，出土俑像中的辰星俑（图一，3）为一女性手持一物于胸前，应该是手持文书的表现。荧惑特征突出，为四臂的武士形象，图像材料和荧惑俑（图一，4）均表现出这一特征。

---

[1] 敦煌文物研究所：《中国石窟·敦煌莫高窟》卷五，北京：文物出版社，1999年，第159-160页。
[2] 赵声良：《莫高窟第61窟炽盛光佛图》，《西域研究》1993年第4期。
[3] 赵声良：《莫高窟第61窟炽盛光佛图》，《西域研究》1993年第4期。
[4] 赵声良：《莫高窟第61窟炽盛光佛图》，《西域研究》1993年第4期。

图六　莫高窟第61号窟甬道壁画

（图片来源：《中国石窟·敦煌莫高窟》卷五，第159-160页）

图像中的镇星形象也很典型，多为一老年婆罗门形象，戴牛冠或牵一牛，但李彬墓出土的镇星俑（图一，5）与之存在较大的差异，镇星俑通体施绿釉，赤裸上半身，怒目披发的形象可能是对镇星形象的曲解。

二、五星形象来源分析

在中国传统思想观念中便有赋予星象具体形象的做法，随着佛教的传入，外来的天文学、占星术的思想也对中国传统的星宿形象产生影响[1]。在佛教传播的过程中，其自身的文化内涵与中国本土的道教信仰相互借鉴，两种信仰的神仙体系也出现了融合的趋势，在星宿形象方面也产生一些共性。

《晋书·天文志》中记载："凡五星盈缩失位，其精降于地为人。岁星降为贵臣；荧惑

---

[1] 廖旸：《炽盛光佛构图中星曜的演变》，《敦煌研究》2015年第4期。

降为童儿,歌谣嬉戏;镇星降为老人妇女;太白降为壮夫,处于林麓;辰星降为妇人。"[1]按《晋书》所记,岁星为贵臣,荧惑对应童子,镇星为老人妇女,太白是壮夫,辰星为妇人。《搜神记》中也有荧惑化身童子来预示前程的记载[2]。可见,这种五星拟人化的观点在《晋书》成书之前已经广为流传。由此看来,《晋书》所记载的五星拟人的观点与上文所见图像材料中的五星形象并非同一系统。

成书于南北朝时期的道教经典《太上三十六尊经》中记载:"木德星君兔头、猪身、虎尾。火德星君马身、蛇尾。金德星君猴头、鸡身。水德星君黑猿捧笔墨砚。土德星君羊角、龙头、犬耳、牛身。"[3]唐宋时期的道教文献《上清十一大曜灯仪》中描述:岁星"果玩蟠桃,兽蹄钢髭";荧惑"森剑戟之兼持,俨弧矢之在御";太白"常御四弦之乐,旁观五德之禽";辰星"立木猴而捧砚,执素卷以抽毫";镇星"带剑伏牛,杖锡持印"[4]。而同时期的经典《太上洞真五星秘授经》中将五星描述为"戴星冠,蹑朱履""手执玉简,悬七星金剑,垂白玉环珮"[5]的星官形象。道教文献中记载的五星形象应该发生过变化,早期道经所见五星形象与唐宋时期的图像材料存在较大差异。唐宋时期的道教经典《上清十一大曜灯仪》中的五星形象与佛经相似,应是两教交流的产物。

唐代中期的佛教文献中最早出现了对五星形象的描述。唐代僧人一行所著《梵天火罗九曜》描述:"中宫土星……其宿最凶……其形如波罗门。牛冠首手持锡杖……行年至此宿名北辰……其神状妇人。头首戴猿冠手持纸笔……太白星西方金精也……形如女人。头戴首冠。白练衣弹弦……南方荧惑星……神形如外道。首戴驴冠。四手兵器刀刃……东方木精……其神形如卿相。著青衣。戴亥冠。手执华果。"[6]同时期的僧人金俱吒在《七曜攘灾决》中描述为:"金其神是女人著黄衣。头戴鸡冠手弹琵琶……木其神如老人。著青衣带猪冠容貌俨然……水其神女人著青衣。带冠手执文卷……火其神……作铜牙赤色貌。带嗔色。驴冠。著豹皮裙。四臂一手执弓。一手执箭。一手执刀……土其神似婆罗门色黑。头带牛冠。一手柱杖。一手指前。微似曲腰。"[7]佛教文献中对五星的形象描述较统一,也与目前所见图像材料相近。

对比李彬墓出土的五星俑来看,其造型特点与佛教经典所描述的形象较吻合,但有一些不同。如怒目披发的镇星俑与状如婆罗门的镇星像之间便存在较大差异,笔者认为

---

[1]《晋书》卷十二《天文志中》,北京:中华书局,1998年,第320页。
[2]（晋）干宝:《搜神记》卷八,北京:中华书局,1979年,第113页。
[3]《道藏》,北京:文物出版社、上海:上海书店、天津:天津古籍出版社,1988年,第1册,第591页。
[4]《道藏》,第3册,第562页。
[5]《道藏》,第1册,第871页。
[6]（唐）一行:《梵天火罗九曜》,见《大正新修大藏经》第21册,东京:大正一切经刊行会,1983年,第459-461页。
[7]（唐）金俱吒:《七曜攘灾决》,见《大正新修大藏经》第21册,第426-451页。

怒目披发的特征有可能是对文献中"其宿最凶"[1]这一特点的夸张表现。从人物形象的塑造来看，这些俑像也带有明显的佛教风格，如荧惑四臂三面的形象便具有佛教明王的特点。

三、五星俑组合及意义分析

李彬墓所出五星俑组合与唐宋时期图像、雕刻材料中的五星形象基本一致，应是同一题材的神像。从图像组合来看，这些五星神像多出现在炽盛光佛的图像中，作为炽盛光佛图像构图的一部分。在有些材料中，二十八宿和十二宫也是炽盛光佛图像的组成部分。发现于日本的北宋开宝五年刻《炽盛光佛顶大威德销灾吉祥陀罗尼经》（图七）中的星图

图七　北宋开宝五年刻《炽盛光佛顶大威德销灾吉祥陀罗尼经》

（图片来源：李际宁：《佛经版本》，南京：江苏古籍出版社，2002年，第31页）

---

[1]（唐）一行：《梵天火罗九曜》，见《大正新修大藏经》第21册，第459—461页。

中也有炽盛光佛、十一曜和十二宫、二十八宿组合的画面[1]。从李彬墓出土俑像来看,五星俑及二十八宿俑的尺寸基本一致,高都在26-27厘米,人物各部位比例接近,且造型均为坐姿。对比同墓所出其他俑像,五星俑及二十八宿俑很可能是同一个体系的神像。同时,李彬墓中还出土一件佛像,跏坐于莲台上,双手交叉,头有顶光,高30.5厘米,略高于五星俑和二十八宿俑。这件佛像有可能代表炽盛光佛,并且与五星俑、二十八宿俑一起构成了唐宋时期流行的炽盛光佛的神像系统。在这个系统中佛像为主体,尺寸略小的五星及二十八宿俑应是作为炽盛光佛随从的身份出现。

唐宋时期,密宗炽盛光陀罗尼信仰较为流行,人们会雕造炽盛光经咒以消灾祈福[2]。《佛说炽盛光大威德消灾吉祥陀罗尼经》中认为:"若有国王及诸大臣所居之处及诸国界,或被五星陵逼,罗睺彗孛妖星,照临所属本命宫宿及诸星位……但于清净处置立道场,念此陀罗尼一百八遍或一千遍,若一日二日三日乃至七日,依法修饰坛场,至心受持读诵,一切灾难皆悉消灭不能为害。"[3]对于当时人们来说,"五星罗睺计都彗孛妖怪恶星",能致灾祸,而诵此陀罗尼便可"一切灾难悉皆不能为害,变灾为福皆得吉祥"。同时期的寺院壁画中也常常绘制炽盛光佛题材的壁画。《东京梦华录》中描述大相国寺"大殿两廊,皆国朝名公笔迹,左壁画炽盛光佛降九鬼百戏,右壁佛降鬼子母揭盂"[4];《挥麈录》也记载蔡元度与门下士在京郊观音院"观壁间所画炽盛光佛降九曜变相"[5];《益州名画录》中记载杨元真所绘"圣兴寺天王院天王及部属,炽盛光佛、九曜二十八宿"[6]"大圣慈寺炽盛光佛、九曜二十八宿"[7]。炽盛光佛与星宿的组合应是寺院壁画的一个常见题材,也是画家所熟悉的题材。据《七曜攘灾决》所述,七曜的运行也与人的运势相关,运行到"命宿"即能对人产生影响,且多不祥。书中认为五星"所致人命星多不吉""多有哭泣声起"或"吉凶不等"[8]。当时人们认为九曜皆能致人祸患,而诵读此陀罗尼经能消灾去难,因此出现了许多以炽盛光佛为主题的绘画,反映了时人希望通过信奉炽盛光佛消灾解难。

但是当时人们对于九曜又不单纯是一种畏惧的态度,根据墓主在墓中随葬五星俑的

---

[1] 韦兵:《日本新发现北宋开宝五年刻〈炽盛光佛顶大威德销灾吉祥陀罗尼经〉星图考——兼论黄道十二宫在宋、辽、西夏地区的传播》,《自然科学史研究》2005年第3期。

[2] 韦兵:《日本新发现北宋开宝五年刻〈炽盛光佛顶大威德销灾吉祥陀罗尼经〉星图考——兼论黄道十二宫在宋、辽、西夏地区的传播》,《自然科学史研究》2005年第3期。

[3] (唐)不空:《佛说炽盛光大威德消灾吉祥陀罗尼经》,见法国国家图书馆编《法国国家图书馆藏敦煌西域文献》第8册,上海:上海古籍出版社,1998年,第302-303页。

[4] (宋)孟元老:《东京梦华录》,北京:中华书局,2008年,第89页。

[5] (宋)王明清:《挥麈录》,见《文渊阁四库全书》第1038册,台北:台湾商务印书馆,1983年,第488页。

[6] (宋)黄休复:《益州名画录》,见《文渊阁四库全书》第812册,第499页。

[7] (宋)黄休复:《益州名画录》,见《文渊阁四库全书》第812册,第499页。

[8] (唐)金俱吒:《七曜攘灾决》,见《大正新修大藏经》第21册,第426-451页。

行为来看,应该也带有一种祈福的愿望。《挥麈录》中也提道:"方群神逞威之际,而其下趋走,有稽首默敬者。元度笑以指示群公曰:'此小鬼最叵耐。上面胜负未分,他底下早已合掌矣。'"[1]这里可以看出炽盛光佛降九曜题材应该带有使"九曜"或"九鬼"归化的含义。同时人们又认为五星二十八宿也是具有守护意义的组合。《一切如来心秘密全身舍利宝箧印陀罗尼经》中指出:"若人暂见是塔能除一切灾难……四大天王与诸眷属昼夜卫护。二十八部大药叉将。日月五星幢云彗星昼夜护持。"[2]此时五星便不是带来灾害的象征,而是具有守护功能的神将。《七佛八菩萨所说大陀罗尼神咒经》中也指出念此"神咒"使"我等诸天日月五星二十八宿咸来拥护"[3]。因此在佛教信仰中,五星之神在某种程度上也应具有守护信众、以防灾祸降临的作用。李彬墓中放置的佛像及五星二十八宿神像应该也带有禳灾去邪的含义。

据墓志记载,李彬生前"平日诵佛书日数卷,清约而寡欲,世事是非一不芥蒂。巫觋祈禳,乡之人用以起病徼福"[4]。可见李彬本人应是一位虔诚的佛教信徒,并且采用一些佛教仪式来"起病徼福"也是本地乡俗。《佛说炽盛光大威德消灾吉祥陀罗尼经》《七曜攘灾决》等佛经中即记载了祭祀星宿神像来祈福禳灾的仪式,《五星二十八宿神形图》上也题有对诸神像的祭祀之法。由此来看,李彬墓中放置星宿像及佛像应该具有供奉以求禳灾去邪之意。此外这批神像的背后均有一孔洞,一般也只有供养人藏经卷的神像如此。墓葬中还随葬长柄手持香炉和七宝香炉等物品,应是用来诵经供佛的法器[5]。李彬本人在日常生活中也应有供奉佛像、诵经以求避祸去灾的行为,故而在墓葬中随葬相关俑像不仅是其本人信仰的反映,也是其生前供佛行为的延续。

李彬墓中随葬的神像不仅仅是其佛教信仰的产物,还表现出当时社会上流行的道教元素。墓中所出的真武像是典型的道教神像,这件真武像尺寸与佛像接近,高31.5厘米,略大于五星俑。但是从功能上看,真武像所在墓葬中的所表达的含义应与佛像及五星二十八宿像组合所代表的含义相同。道教经典《太上玄天真武无上将军箓》记载:"世间善男信女,佩受太上玄天真武无上将军箓,供食尊礼,万神护佑,众恶咸消,延固寿年,享福无量,子宜敬奉焉。"[6]《元始天尊说北方真武妙经》中记载:"天尊告曰:不劳吾威神。此去北方,自有大神将,号曰真武。部众勇猛,极能降伏邪道,收斩妖魔。"[7]可见,供奉真武

---

[1] (宋)王明清:《挥麈录》,见《文渊阁四库全书》第1038册,第488页。
[2] (唐)不空:《一切如来心秘密全身舍利宝箧印陀罗尼经》,见《大正新修大藏经》第19册,第711页。
[3] 《七佛八菩萨所说大陀罗尼神咒经》,见《大正新修大藏经》第21册,第547页。
[4] 镇江市博物馆、溧阳县文化馆:《江苏溧阳竹箦北宋李彬夫妇墓》,《文物》1980年第5期。
[5] 彭辉:《江苏溧阳北宋李彬夫妇墓出土俑像、墓志及葬俗特征研究》,《东南文化》2015年第3期。
[6] 《道藏》,第28册,第500页。
[7] 《道藏》,第1册,第813页。

像也能达到"万神护佑""降福祛邪"的功效。另外,李彬及其夫人潘氏墓中,棺床四周放置四神俑镇墓的做法也是同时期墓葬常见的习俗。总体来说,李彬墓中随葬俑的造型及组合具有浓厚的佛教风格,与墓主生前信仰相关,道教元素的随葬品应该也是用来表达墓主禳灾祈福,死后仍求诸神护佑的愿望。

综上所述,李彬夫妇墓随葬的五星俑的造型与佛教图像中的五星形象一致,具有明显的佛教因素。随葬俑组合中也融入了道教神仙的元素,但仍然以佛教信仰为主。随葬俑的组合反映了墓主希望通过供奉神像来禳灾驱邪,求众神庇护的愿望。这种在墓中供奉神像的行为也是墓主生前供佛行为的延续。对比已有材料来看,该墓的随葬俑的组合具有独特性,由于同类墓葬材料太少,我们很难判断这种墓葬习俗的来源和去向,相关问题值得继续关注。

(原载《东南文化》2020年第6期)

民族交融

新疆地区出土覆面研究

焦　阳

新疆地区因其特殊的气候和埋藏环境，使得尸体和有机质物品保存较好，从而为研究本地区葬俗提供了丰富的考古材料。作为东西方文化交流的重要十字路口，新疆自古以来就呈现出丰富多彩的文化面貌。墓葬中保存下来的各类器物，成为我们了解该地区文化多样性的"窗口"。透过墓葬中出土的覆面可以发现，新疆地区既有与中原地区相似的葬俗，也有独具特色之处。

覆面作为中国古代常用的面部葬具，在新疆亦有大量发现，更为可贵的是，新疆地区的覆面多为丝织品，且保存较好。关于新疆地区出土的覆面，前人多将目光聚焦在阿斯塔那墓地，研究主要集中于覆面的形制[1]、用途[2]和来源三个方面。马沙先生对我国古代覆面进行过全面的梳理，认为古代多数墓葬都有覆面出土，只不过新疆地区气候干燥保存下来的比较多，并认为覆面的质量在客观上显示死者的身份和地位[3]。关于使用覆面的习俗来源，中国学者多认为是受到汉地随葬覆面的习俗影响[4]。乌兹别克斯坦学者认为新疆吐鲁番盆地出土的覆面和眼罩的源头在乌兹别克斯坦境内[5]，俄国学者 Е.И.鲁伯-列斯尼契科认为，具有中央亚细亚传统的金属面具、眼罩及其丝锦代用品已融入了中国的葬俗，沿用了中国"覆面"一词[6]。

---

[1] 巴音其其格：《试析阿斯塔那出土织锦覆面的文化意义》，《丝绸之路》2014年第10期。
[2] 王㑺：《复面、眼罩及其他》，《文物》1962年第Z2期；安路：《东胡族系的覆面葬俗及相关问题》，《北方文物》1985年第1期。
[3] 马沙：《我国古代"覆面"研究》，《江汉考古》1999年第1期。
[4] 武伯纶：《唐代的复面和胡部新声》，《文物》1961年第6期；王㑺：《复面、眼罩及其他》，《文物》1962年第Z2期；陆锡兴：《覆面和面具之研究》，《南方文物》2016年第1期。
[5] ［乌］马特巴巴伊夫、赵丰：《大宛遗锦——乌兹别克斯坦费尔干纳蒙恰特佩出土的纺织品研究》，上海：上海古籍出版社，2010年，第29页。
[6] Е. И. Лубо-Лесниченко. Могильник Астана. Восточный Туркестан и Средняя Азия. История. Культура. Связи. ГРВЛ, 1984: 108–120.

如上所述,学者对于新疆地区的覆面虽有研究,但多将目光集中于吐鲁番盆地,对于整个新疆境内所出现的覆面探讨较少,受材料的局限往往难以一窥全貌。本文拟对新疆各地区墓地考古资料按时间早晚进行梳理,着重关注覆面出土位置、使用方式及器物组合,并与中亚和中原地区出土的类似葬具进行比较。希图总结新疆地区中古以前面部葬具的时空特点,并对其背后的文化因素进行探讨。

一、覆面出土情况

(一)史前时期的覆面

史前时期的覆面可见于哈密市艾斯克霞尔墓地、吐鲁番鄯善县苏贝希墓地、且末扎滚鲁克墓地、吐鲁番市胜金店墓地。几处墓地时代相异,覆面仅在这些墓地极少数的墓葬中出现。

艾斯克霞尔墓地年代为距今3 000年,出土覆面3件,覆面为羊皮质地,形状不规则且大小不一[1];苏贝希墓地年代在公元前5-公元前3世纪,Ⅰ号墓地M11出土覆面2件,为羊皮和毛布制[2]。扎滚鲁克墓地和胜金店墓地年代较上述墓地晚,但墓葬所呈现的面貌依然较原始。扎滚鲁克一号墓地第二期文化墓葬中,死者有的戴帽子、蒙面,嘴上盖椭圆形的金片饰,人死后有彩色绘面化妆的习俗[3],而胜金店墓地仅有一座墓出土覆面[4]。由此可见,史前时期新疆地区使用覆面殓葬的现象少见,分布区域较为分散,覆面形制不规则。此时,覆面并没有形成一种固定葬俗。

(二)汉晋时期的覆面

汉晋时期的覆面见于尼雅墓地、尉犁营盘墓地、洛浦县山普拉墓地、洛浦县比孜里墓地。该时期覆面的数量有所增加,形制和使用方式较为统一,部分覆面上的纹饰带有明显的汉地色彩。

尼雅墓地共发现覆面11件,多为绢质。例如,尼雅95MNⅠ号墓地M3出土覆面2件,男尸覆面用"世毋极锦宜二亲传子孙"锦,边幅红绢,长53、宽35厘米(图一,1)。女尸覆

---

[1] 新疆文物考古研究所、哈密地区文物管理所:《新疆哈密市艾斯克霞尔墓地的发掘》,《考古》2002年第6期。
[2] 新疆文物考古研究所、吐鲁番地区博物馆:《新疆鄯善县苏贝希遗址及墓地》,《考古》2002年第6期。
[3] 王炳华:《新疆古尸》,乌鲁木齐:新疆人民出版社,2001年,第74-75页;新疆博物馆文物队:《且末县扎滚鲁克五座墓发掘简报》,《新疆文物》1998年第3期。
[4] 吐鲁番学研究院:《新疆吐鲁番市胜金店墓地发掘简报》,《考古》2013年第2期。

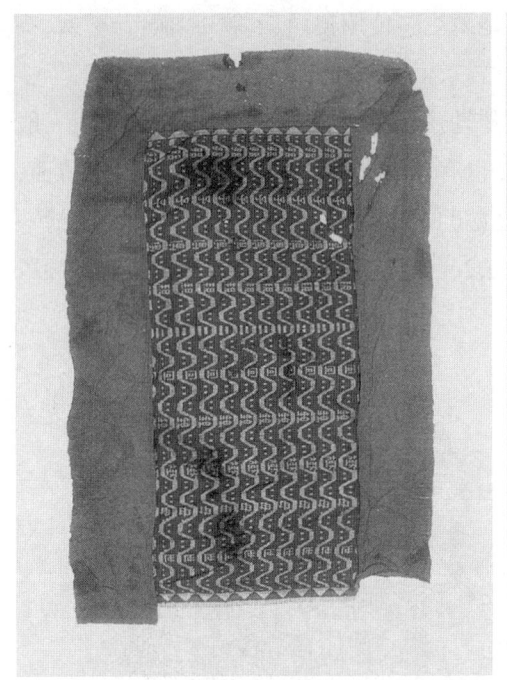

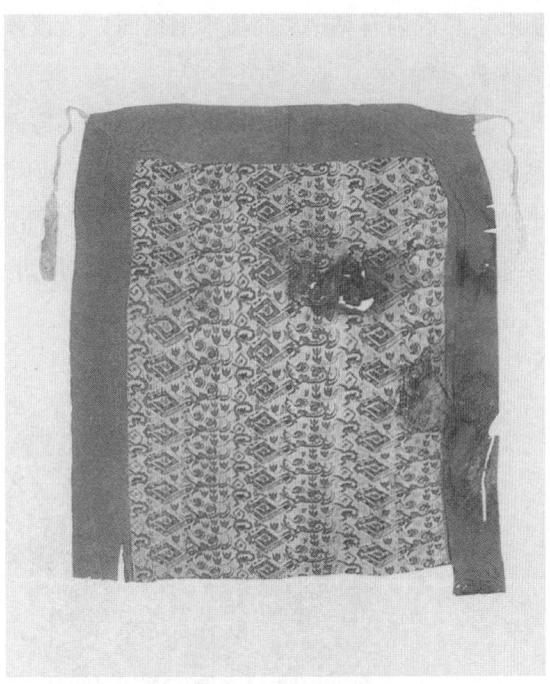

图一　尼雅95MNⅠM3出土覆面

面用茱萸纹锦,边幅红绢,长64、宽58厘米(图一,2)[1]。在出土覆面的墓葬中,死者下颌常系有绢带,头戴风帽或用丝棉缠裹,鼻孔塞有织物鼻塞。使用精美的汉锦随葬,透露出墓主人身份的尊贵。

尉犁营盘墓地共出土18件覆面,多为绢质(图二)。1999年发掘的M6墓主为女性,下颌用一条棉布带勒住系于脑后,额前束红绢带,其上缝缀一排圆形银片饰,共11枚。面部覆盖素棉布覆面[2]。M8男性墓主头部包一层丝棉和一层棉布,额部束红绢带,带上缝缀数枚圆形薄铜片,头顶系一条绢带将下颌

图二　尉犁营盘墓地出土覆面

―――――――――
[1] 中日日中共同尼雅遗迹学术考察队:《中日日中共同尼雅遗迹学术调查报告书(第二卷)图版编》,中日日中共同尼雅遗迹学术考察队,1999年,第105页。
[2] 新疆文物考古研究所:《新疆尉犁县营盘墓地1999年发掘简报》,《考古》2002年第6期。

托住。鼻孔内有鼻塞。面覆素绢覆面[1]。该墓地墓主多使用覆面、下颌带、额带、鼻塞，头部缠裹丝棉。

洛浦县山普拉墓地共出土覆面6件。覆面质地主要是毛褐和素绢，也有棉布。一般为长方形，上边有两条系带，自前额系于脑后，也有和帽缝在一起。例如M2出土覆面，长方形，四周加饰边。通长52、宽36厘米，饰边宽0.8-3厘米不等。覆面上边两角各缝一系带（图三，1）[2]。M44出土白色棉布覆面（图三，2）[3]。个别出土覆面的墓中还有护颔罩并出。

图三　山普拉墓地出土覆面

汉晋时期与覆面组合使用的有鼻塞、下颌带、额带、裹头丝棉。其中，对头部进行缠裹，使用下颌托和覆面是几处墓地所共有的特征。尼雅墓地中墓主还常头戴风帽，部分覆面会与风帽缝缀在一起，营盘墓地中与覆面同出的还有鼻塞和额带，比孜里墓地有墓主额头系带且头戴花环[4]。可见，汉晋时期的新疆各地区在丧葬习俗上具有共性，亦有区域间的差别。

---

[1] 新疆文物考古研究所：《新疆尉犁县营盘墓地1999年发掘简报》，《考古》2002年第6期。
[2] 新疆维吾尔自治区博物馆、新疆文物考古研究所：《中国新疆山普拉》，乌鲁木齐：新疆人民出版社，2001年，第36页。
[3] 新疆维吾尔自治区博物馆、新疆文物考古研究所：《中国新疆山普拉》，第40页。
[4] 胡兴军、阿里甫：《新疆洛浦县比孜里墓地考古新收获》，《西域研究》2017年第1期。

(三)十六国至唐代的覆面

此阶段的覆面见于吐鲁番阿斯塔那—哈拉和卓墓地[1]、吐鲁番巴达木墓地和鄯善三个桥墓地[2]。该时期所见覆面的数量较前两阶段明显增加,尤以阿斯塔纳—哈拉和卓墓地为多,覆面形制统一且纹饰丰富。

阿斯塔那墓地经过数年来的发掘,从目前公布的资料看,覆面不少于90件[3]。阿斯塔那墓地墓葬数量多,有十六国、麴氏高昌国、唐西州时期的墓葬,以麴氏高昌国至唐西州时期墓葬为主。覆面多为绢质或锦质,方形,四周带褶边(图四,1)。部分覆面主体部分绣有图案,有连珠立鸟纹锦覆面(图四,2)、小团花纹锦覆面、连珠猪头纹锦覆面(图四,3)、对羊纹锦覆面(图四,4)。斯坦因认为阿斯塔那墓地出土覆面上的纹饰带有典型的萨珊风格[4]。王㐨先生对此种覆面的使用情况进行了复原,认为覆面形制是套帽状[5]。

阿斯塔那墓地的覆面常与眼罩共出,眼罩或置于覆面上或置于覆面下。墓主多手握握木和头枕鸡鸣枕,少数墓葬有口含金币的葬俗。部分墓葬中保存有衣物疏,为覆面和眼罩的定名提供了帮助。

根据部分保存有墓志的墓葬可知,覆面的使用无等级限制,既有官吏亦有平民。例如59TAM303出土1件素绢覆面,墓主为曾任虎牙将军、令兵将军、明威将军、民部参军的赵令达[6]。72TAM200出土1件黄地杯花鹰纹锦覆面,墓主为曾任凌江将军、洿林令的张仲庆夫妇[7]。73TAM197出土有覆面,同墓出土了张难陁墓表[8],并未记录有官职。虽然覆面的使用无等级限制,但覆面材质和纹饰可能与墓主等级或财力有关。

除出土的覆面实物外,衣物疏中对覆面也有记录。目前衣物疏中所见覆面共26例,时间从十六国至唐西州,主要集中在麴氏高昌国时期。哈拉和卓M99张世容衣物疏记有

---

[1] 新疆文物考古研究所:《吐鲁番阿斯塔那—哈拉和卓墓地:哈拉和卓卷》,北京:文物出版社,2018年。
[2] 新疆文物考古研究所、新疆大学历史系、吐鲁番地区博物馆、鄯善县文化局:《新疆鄯善三个桥墓葬发掘简报》,《文物》2002年第6期。
[3] 鲁礼鹏:《吐鲁番阿斯塔纳古墓群发掘墓葬登记表阿斯塔那墓葬登记表》,《新疆文物》2000年第3、4期。另有衣物疏中所记覆面,已刊布的发掘简报及报告等。
[4] [英]奥雷尔·斯坦因著,巫新华、秦立彦、龚国强、艾力江译:《亚洲腹地考古图记》,桂林:广西师范大学出版社,2004年,第940页。
[5] 王㐨:《复面、眼罩及其他》,《文物》1962年第Z2期。
[6] 侯灿、吴美琳:《吐鲁番出土砖志集注》,成都:巴蜀书社,2003年,第50页。
[7] 侯灿、吴美琳:《吐鲁番出土砖志集注》,第329页。
[8] 侯灿、吴美琳:《吐鲁番出土砖志集注》,第430页。

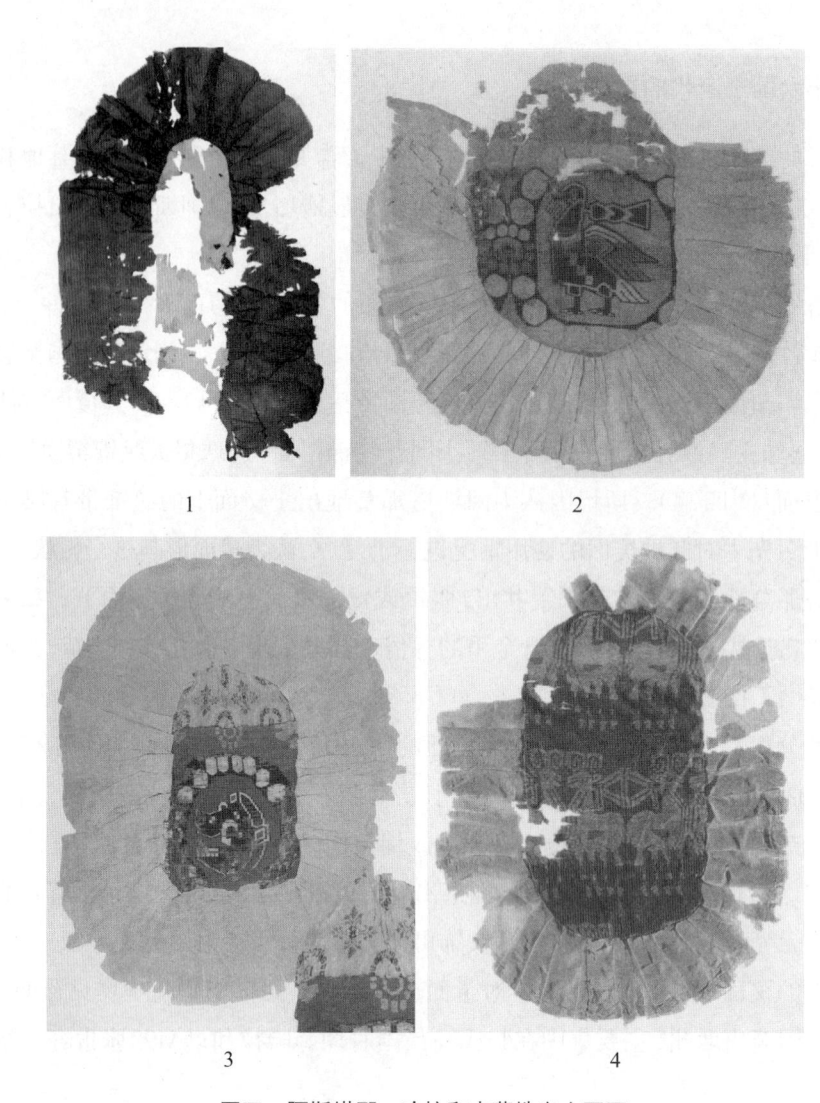

图四　阿斯塔那—哈拉和卓墓地出土覆面

1. 吐鲁番哈拉和卓墓地M103出土蓝绮荷叶边覆面　2. 吐鲁番阿斯塔纳墓地出土连珠立鸟纹锦覆面
3. 吐鲁番阿斯塔纳墓地出土连珠猪头纹锦覆面　4. 吐鲁番阿斯塔纳墓地出土绿地对羊纹锦覆面

"故帛縓（練）覆面一枚"[1]，阿斯塔那M169张孝章衣物疏记有"细锦面衣一枚"[2]，哈拉和卓M90阿苟母衣物疏记有"故面衣一枚"[3]等。其中，阿苟母随葬衣物疏中的"苟"即

---

[1] 国家文物事业管理局古文献研究室、新疆维吾尔自治区博物馆、武汉大学历史系编：《吐鲁番出土文书（一）》，北京：文物出版社，1981年，第184页。

[2] 国家文物事业管理局古文献研究室、新疆维吾尔自治区博物馆、武汉大学历史系编：《吐鲁番出土文书（二）》，第215页。

[3] 国家文物事业管理局古文献研究室、新疆维吾尔自治区博物馆、武汉大学历史系编：《吐鲁番出土文书（二）》，第2页。

"狗"的同音字,狗在祆教教义里是神圣的。因此,有学者认为"阿苟"一名也带有同一时期粟特人名中强烈的祆教色彩[1]。同墓出土的"代人"木牌上还写有粟特文。从衣物疏所显示的姓氏看,使用覆面是吐鲁番地区较为普遍的葬俗,不仅仅局限于汉人中。

吐鲁番巴达木墓地出土2件覆面,均为锦质。M245出土连珠猪头锦。黄色,长方委角形,边缝荷花边(残)。长23、宽13厘米。M252出土连珠对马纹锦覆面,黄色,边缝黄绢。长28、宽22厘米(图五)[2]。另有眼罩6件,薄铜片捶揲制作,罩边沿镂间距匀称小孔与覆面连接,周边残存绢带。巴达木墓地墓葬年代在麴氏高昌国至唐西州时期,除却使用覆面和眼罩随葬外,死者手中多有握木,个别墓中尚保存有衣物疏。

图五　吐鲁番巴达木墓地04TBM252出土连珠对马纹锦覆面

十六国至唐时期与覆面组合而出的为眼罩、握木、金币(口琀)。眼罩在新疆地区仅见于麴氏高昌国至唐西州时期,出土地点均在吐鲁番盆地。形制较为统一,材质有银、铜和铅三类。眼罩的使用情况主要分为两类:单独使用,盖于死者眼部;与覆面同出,有的盖于覆面之上,有的盖在死者眼部,其上再遮盖覆面。但多数情况下,眼罩为单独使用或置于面罩之下。握木即手握,新疆地区手握多呈亚腰形,部分缠有织物。口含金币的情况

---

[1] 荣新江:《高昌王国与中西交通》,《欧亚学刊》2000年。
[2] 吐鲁番地区文物局:《新疆吐鲁番地区巴达木墓地发掘简报》,《考古》2006年第12期。

仅见于麹氏高昌国至唐西州时期，金币主要为萨珊波斯钱币。

（四）小结

新疆地区覆面早在公元前3000年就已经出现，但史前时代的覆面出土数量极少，没有统一的形制，分布地区分散。进入汉晋时期，覆面数量增多，分布较广，集中出土于塔里木盆地边缘的绿洲小国。从覆面材料公布较为丰富的营盘、尼雅和山普拉墓地来看，覆面形制也较为统一。这一时期覆面真正在新疆地区使用开来，覆面纹饰和形制带有明显的汉地风格。覆面常与下颌带、裹头丝棉等一同使用。十六国至唐代，覆面出土数量依旧较多，但与汉晋时期的覆面在形制上有很大差异，覆面上的纹饰也体现了异域色彩。出土地点较为集中，多出自吐鲁番盆地。此时期墓葬中出现了金属眼罩，常与覆面组合使用。汉晋时期常用的下颌带此时期并未见到，而使用握木的情况较为普遍。

二、覆面来源

（一）史前时期

史前时代的新疆地区已有人群将覆面用于丧葬，但此时覆面的使用仅仅局限于某些地区的少数人群。艾斯克霞尔墓地是目前所知时代最早的出土覆面的地点，苏贝希墓地和扎滚鲁克一号墓地第二期文化墓葬也有使用覆面的情况。从时间上看，艾斯克霞尔墓地年代要早于苏贝希墓地和扎滚鲁克一号墓地；空间上，三处墓地彼此相距较远；从墓葬出土器物和丧葬方式来看，除了均出现使用覆面的情况外，其他方面差异较大，分属于不同的考古学文化。在同一墓地中，出土覆面的墓葬所占比重极小。可见，此时期新疆地区覆面的使用并未形成固定的丧葬习俗，可能只是个别人的丧葬选择。这种使用覆面的情况，可能与中原地区的幎目传统关系较小，在三处墓地中并未见到有明显特征的中原器物，没有证据可以表明中原地区的丧葬习俗已经影响到了新疆地区。且新疆地区的覆面制作比较简单，没有固定形制。此时期新疆地区使用覆面的行为或许是本地土著人群的一种个人行为。

（二）汉晋时期

汉晋至唐代时期新疆地区使用覆面的葬俗应该是受到中原的影响，与外国学者所提及的面具传统差别较大。汉晋时期的覆面形制统一，为方形带系带的形制，此种形制与文献中所载的幎目相似。《仪礼》:"幎目,用缁,方尺二寸,赪里,著,组系。"[1]郑玄注:"幎目,覆面者也。……著,充之以絮也。组系,为可结也。"[2]甘肃武威磨咀子墓地和永昌水泉子墓地出土多件织物面罩和覆面,年代在西汉晚期至东汉[3]。从形制上看,新疆地区汉晋时期的覆面与文献记载和河西地区出土的覆面十分相似。尼雅墓地的"世毋极锦宜二亲传子孙"锦覆面、"王侯合昏千秋万岁宜子孙"锦被等,更是表明了该地区与中原存在联系。

在尼雅遗址和营盘墓地中,死者除面盖覆面外,常常还用丝棉缠裹头部,用织物填塞鼻孔。东周至秦汉时期的墓葬中,鼻塞的使用是十分常见的,只不过中原地区多使用玉石质鼻塞。缠裹头部的织物,《仪礼》中称之为"掩",郑玄认为:"掩,裹首也。析其末,为将结于颐下,又还结于项中。"[4]《仪礼·士丧礼》云:"商祝掩、瑱,设幎目,乃屦,綦结于跗,连絇。"[5]而尼雅与营盘墓地敛尸方式与《仪礼》所记的中原形式颇有相似之处。可见,中原地区的丧葬习俗对新疆地区的影响是多方面的。但由于墓葬形制的改变,西汉以后中原地区墓葬中的有机物难以保存,较难发现织物覆面的身影。新疆因其特殊的气候条件,保存了大量的葬具、干尸,透过这些材料可反观中原的情况,为深入了解中原及周边地区的葬俗提供了丰富的实物材料。

乌兹别克斯坦的哈拉布拉克墓地、费尔干纳盆地的波罗克拜孜墓地、塔拉盆地的肯科尔墓地、蒙恰特佩墓地也有覆面的出土。外国学者对蒙恰特佩出土的1件覆面进行了复原,覆面主体呈长方形,中以褐色缯为芯,边缘为褐色绢,有两根系带[6](图六)。蒙恰特佩的墓葬年代在5-6世纪,哈拉布拉克墓地的年代在公元前1世纪至公元1-2世纪。通过复原图可知,蒙恰特佩墓地出土的覆面与新疆地区汉晋时期覆面十分相似。瑞德维拉孔在其著作中指出,在费尔干纳的蒙卡特佩墓冢发现了用来覆盖逝者面部的中国名贵丝绸;在费尔干纳南部的哈拉布拉克墓冢和七河的肯可拉墓中也发现了用中国丝绸做的面罩[7]。时间上看,哈拉布拉克墓地年代较早,但也并没有早于中国境内织物覆面出现的时间,故而认为新疆地区的覆面源自乌兹别克斯坦缺乏有力的证据。相反,乌兹别克斯坦地区使用覆面的丧俗可能是随着中国丝绸一同进入该地区的。

自张骞凿空西域后,中原王朝与西域的联系日益增多。两汉时期塔里木盆地边缘的

---

[1](汉)郑玄注,(唐)贾公彦疏:《仪礼注疏》卷三十七《士丧礼》,北京:北京大学出版社,1999年,第670页。
[2](汉)郑玄注,(唐)贾公彦疏:《仪礼注疏》卷三十七《士丧礼》,第670页。
[3] 甘肃省博物馆:《武威磨嘴子三座汉墓发掘简报》,《文物》1972年第12期;甘肃省文物考古研究所:《甘肃武威磨咀子东汉墓(M25)发掘简报》,《文物》2005年第11期;甘肃省文物考古研究所:《甘肃永昌县水泉子汉墓群2012年发掘简报》,《考古》2017年第12期。
[4](汉)郑玄注,(唐)贾公彦疏:《仪礼注疏》卷三十七《士丧礼》,第669页。
[5](汉)郑玄注,(唐)贾公彦疏:《仪礼注疏》卷三十七《士丧礼》,第680页。
[6][乌]马特巴伊夫、赵丰:《大宛遗锦——乌兹别克斯坦费尔干纳蒙恰特佩出土的纺织品研究》,第33页。
[7][乌]瑞德维拉孔著,高原译,毛铭校:《张骞探险之地》,桂林:漓江出版社,2017年,第173-174页。

图六　乌兹别克斯坦蒙恰特佩墓地出土覆面复原图

绿洲小国时常依附于中原王朝,并会遣质子入中原。《后汉书·西域传》:"车师前王、鄯善、焉耆等十八国俱遣子入侍,献其珍宝。及得见,皆流涕稽首,愿得都护。"[1]正是在这时代背景下,中原与西域交流日益密切。史书中记载有宣帝时期龟兹王学习汉朝衣服制度、礼仪之事。《汉书·西域传》:"而龟兹王绛宾亦爱其夫人,上书言得尚汉外孙为昆弟,愿与公主女俱入朝。元康元年,遂来朝贺……后数来朝贺,乐汉衣服制度,归其国,治宫室,作徼道周卫,出入传呼,撞钟鼓,如汉家仪。外国胡人皆曰:'驴非驴,马非马,若龟兹王,所谓骡也。'"[2]可见,已有西域小国接受了汉朝的文化,并自觉效仿。虽被其他胡人所嘲笑,但不可否认,汉文化确已影响到了西域。覆面在新疆地区汉晋墓葬中出现,表明中原地区的丧葬文化也随着两地间互动传入了西域,并被西域诸国所接受。

(三)十六国至唐代

十六国至唐代新疆地区的织物覆面形制十分特殊,不同于汉晋时期的覆面,纹饰上也带有中亚风格。此时期墓葬中常随葬有衣物疏,阿斯塔那M15出土衣物疏中记载有"波斯锦面衣一枚""银眼农(笼)一"[3],阿斯塔那M170出土衣物疏中记载有"故树叶锦面衣一枚"[4]。有学者考证此处的"银眼笼"就是常与覆面一同使用的眼罩[5]。十六国时期的衣物疏中皆称之"覆面",麴氏高昌国和唐西州时期称为"面衣"。《大唐开元礼》记载:"帛

---

[1]《后汉书》卷八十八《西域传》,北京:中华书局,1966年,第2924页。
[2]《汉书》卷九十六《西域传》,北京:中华书局,1962年,第3916—3917页。
[3] 国家文物事业管理局古文献研究室、新疆维吾尔自治区博物馆、武汉大学历史系编:《吐鲁番出土文书(三)》,第32页。
[4] 国家文物事业管理局古文献研究室、新疆维吾尔自治区博物馆、武汉大学历史系编:《吐鲁番出土文书(三)》,第60页。
[5] 陆锡兴:《覆面和面具之研究》,《南方文物》2016年第1期。

巾一,方尺八寸;充耳白纩;面衣用玄,方尺,纁里,组系。"[1]《酉阳杂俎》载:"遭丧妇人有面衣,期已下妇人着帼,不着面衣。又妇人哭,以扇掩面。或有帷幄内哭者。"[2]唐人贾公彦《仪礼注疏》将覆面称作面衣,可见将置于死者面部的织物称作面衣是唐人的普遍认知,使用面衣下葬应该是比较普遍的习俗。十六国时期习惯将其称之为覆面,可能是沿用了汉代以来的称谓。

由于此时期中原地区的墓葬中并没有覆面保存下来,故而难以对实物进行比较,但可在文献中寻找线索。贾公彦《仪礼注疏》云:"此面衣亦萦于面目……云'组系,为可结也'者,以四角有系于后结之,故有组系也。"[3]从现有考古出土材料看,吐鲁番地区的覆面是将四周的褶边于脑后系结,或是直接摊开盖在脸上,并未发现有成组的系带,与文献描述不完全一致。此时,吐鲁番地区的覆面可能与中原地区的覆面形制上有差异。

吐鲁番地区覆面上的纹饰多样,单兽纹和对兽纹图案多位于团窠纹饰内部,主要有猪头、鸟、羊、鹿、翼马等。多数兽纹在撒马尔罕的壁画可找到相似图案,这些图案皆带有明显的中亚色彩。目前学界多认为对兽纹锦产自中国,而单兽纹锦来自粟特本土[4]。有学者认为,经线加"Z"捻的中亚式连珠纹纬锦为吐鲁番文书所记载、当地人所认知的波斯锦,图案受波斯艺术影响,但不一定产自波斯[5]。另在阿斯塔那M173、M15所出衣物疏中,均记有"波斯锦面衣一具"[6]。覆面实际的样式虽不得而知,但可推测应该是这类带有中亚元素图案的织锦覆面。

与此同时,常与覆面伴出的金属眼罩亦是本阶段较有特点的敛尸器物。关于金属眼罩的来源,目前有两种观点:一是本地起源,汉民为了应对西北的气候而发明[7],眼罩可作为古代的风镜,防止强光、风沙对眼睛造成伤害[8];二是外来传入,认为双目相连的眼罩是面具的简约形式[9]。

---

[1] (唐)萧嵩:《大唐开元礼》,光绪十二年公善堂刊本,第656页。
[2] (唐)段成式:《酉阳杂俎》,上海:上海古籍出版社,2012年,第73页。
[3] (汉)郑玄注,(唐)贾公彦疏:《仪礼注疏》卷三十七《士丧礼》,第670页。
[4] 薄小莹:《吐鲁番地区发现的联珠纹织物》,见北京大学考古系编《纪念北京大学考古专业三十周年论文集(1952-1980)》,北京:文物出版社,1990年,第311-340页;[意]康马泰著,毛铭译:《唐风吹拂撒马尔罕》,桂林:漓江出版社,2016年,第137-144页。
[5] 王乐、赵丰:《吐鲁番出土文书和面衣所见波斯锦》,《艺术设计研究》2019年第2期。
[6] 国家文物事业管理局古文献研究室、新疆维吾尔自治区博物馆、武汉大学历史系编:《吐鲁番出土文书(三)》,第267、32页。
[7] 陆锡兴:《覆面和面具之研究》,《南方文物》2016年第1期。
[8] 柳用能:《新疆古代文明》,乌鲁木齐:新疆美术摄影出版社,1999年,第61页;杨东宇:《眼罩功能与流变考论》,《民族研究》2008年第5期;陆锡兴:《覆面和面具之研究》,《南方文物》2016年第1期。
[9] Benkö M. Burial Masks of Eurasian Mounted Nomad Peoples in the Migration Period (1st Millennium A.D.). Acta Orientalia Academiae Scientiarum Hungaricae, 1992, 46(2/3): 113-131.

就目前所公布的材料看,新疆地区的眼罩仅在麴氏高昌至唐西州时期的墓葬有发现,之前之后均无所见(图七,1)。新疆地区史前时期的墓葬中虽有用石片覆盖眼部的情况,但与眼罩形制和使用方法相去甚远,中原地区也未曾发现类似的器物。国外的考古材料中,帕提亚出土的金眼罩与吐鲁番盆地的金属制眼罩较为相似,时代约在2世纪[1](图七,2)。位于费尔干纳盆地南部的卡拉布拉克墓地出土有丝绸眼罩,时代在2-4世纪(图七,3、4)。该墓地亦使用覆面殓葬,丝绸眼罩缝缀于覆面之上[2]。但卡拉布拉克墓地出土覆面的形制与阿斯塔那不同,与蒙恰佩特更接近[3]。由此来看,吐鲁番盆地墓葬中常见的金属眼罩更可能是来自中亚,而非本土创造。

不仅在覆面和眼罩上可以看到中西方文化交融的痕迹,这一时期吐鲁番墓葬所展现的文化面貌也是多元统一的。墓葬形制多为长斜坡洞室墓,有些有天井,墓葬中所绘壁画与中原无异。悬挂在墓室顶部的伏羲女娲绢画,画面上的伏羲女娲面部多高鼻深目,日、

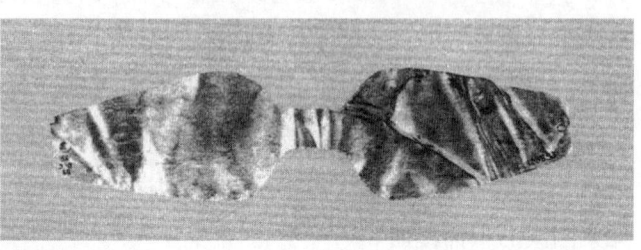

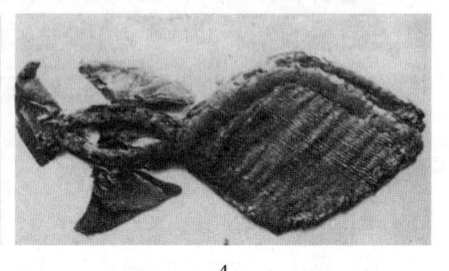

图七 眼罩
1. 吐鲁番哈拉和卓墓地M42出土铜眼罩 2. 伊拉克尼尼微出土金眼罩
3、4. 吉尔吉斯斯坦卡拉布拉克墓地出土织物眼罩

---

[1] John Curtis, *Parthian gold from Niniveh, The Classical Tradition: The British Museum Yearbook (I)*, London: British Museum Press, 1976: 47-66.
[2] Е. И. Лубо-Лесниченко. Могильник Астана. Восточный Туркестан и Средняя Азия. История. Культура. Связи. ГРВЛ, 1984: 108-120. "Benkö M. Burial Masks of Eurasian Mounted Nomad Peoples in the Migration Period (1st Millennium A.D.)", *Acta Orientalia Academiae Scientiarum Hungaricae*, 1992, 46(2/3): 113-131.
[3] [乌] 马特巴巴伊夫、赵丰:《大宛遗锦——乌兹别克斯坦费尔干纳蒙恰特佩出土的纺织品研究》,第14页。

月的绘画形式与克孜尔石窟第38窟顶部日、月图像有相似之处。多数墓葬配以墓表来表明墓主身份,用汉字书写于砖板上。通过墓表可知,吐鲁番地区有多个康氏茔院,康为粟特人常见姓氏,这些外来居民的墓葬与当地汉人并无差别。这种墓葬形制、随葬器物及丧葬方式在吐鲁番地区是较为固定的。所以,此时期吐鲁番的墓葬是一种以中原文化为底色,同时吸收域外文化因素的地方类型,所展现的文化面貌较为统一,并为多个民族所接纳和使用。

吐鲁番虽地处边陲,但民族主体为汉人。《魏书·高昌传》记载北魏孝明帝对高昌的诏书曰:"何者？彼之氓庶,是汉魏遗黎,自晋氏不纲,因难播越,成家立国,世积已久。"[1]在中原王朝的统治者看来,高昌地区的居民多是汉魏以来逃亡此地的百姓,即"汉魏遗黎"。史学界也多承认高昌的主体居民为汉人。《隋书·西域传》载:"其都城周回一千八百四十步,于坐室画鲁哀公问政于孔子之像……男子胡服,妇人裙襦,头上作髻。其风俗政令与华夏略同。"[2]高昌国国王麴伯雅和麴文泰皆亲身前往唐朝,麴伯雅还曾推行易服改制的改革。可见,吐鲁番盆地与中原地区始终保持着联系,且文化面貌与中原十分相似。至640年,唐朝军队攻破高昌国建立西州,吐鲁番地区进入了中原王朝的统治范围。这一时期中西交往更显频繁,西方文化因素也影响到了中原,《魏书》记载波斯使团数次来朝。隋唐时期中原开始仿制波斯锦,《隋书·何稠列传》载:"波斯尝献金绵锦袍,组织殊丽。上命稠为之。稠锦既成,逾所献者,上甚悦。"[3]新疆出土的波斯锦里或许就有何稠仿制的系列[4]。

综上,通过衣物疏和文献记载并结合历史背景可知,十六国至唐时期吐鲁番盆地使用覆面的葬俗是从中原而来的。但其形制可能与中原地区有所差别,覆面上的纹饰受到了中亚地区的影响,有些织锦可能并非产自本土。之所以在覆面的使用上出现了多种文化因素交织的现象,与吐鲁番的人员构成、地理位置和"丝绸之路"的兴盛有密切联系。

三、结 论

新疆地区覆面的使用可分为三个阶段,第一阶段覆面数量较少,形制不固定,为皮质或毛质覆面。从区域上看,出土覆面的墓地较为分散。随葬品也各具特色,分属不同的考

---

[1]《魏书》卷一百二《高昌传》,北京:中华书局,1999年,第2244页。
[2]《隋书》卷八十三《西域传》,北京:中华书局,1973年,第1847页。
[3]《隋书》卷八十三《西域传》,第1596页。
[4] 赵丰:《唐系翼马纬锦与何稠仿制波斯锦》,《文物》2010年第3期。

古学文化。此时期覆面的使用是极个别的现象，并没有成为固定葬俗。第二阶段对应中原地区的汉晋时期，覆面数量较多，主要出土于塔里木盆地边缘。覆面形制较固定，主体呈方形并带有系带，覆面上的纹饰有较多汉地因素。第三阶段为十六国至唐代，覆面数量多且集中出土于吐鲁番盆地。此阶段覆面形制十分特殊，主体为方形，四周有褶边，纹饰带有明显的中亚风格。与覆面一同出土的衣物疏中将其称之为"覆面"或"面衣"。第二、三阶段，使用覆面丧葬成为较固定的葬俗。

　　第一阶段的覆面或许是新疆地区独立产生的，与中原地区的覆面传统关系较小。第二阶段，无论是从覆面的形制还是丧葬所用的器物组合来看，均体现出与中原地区明显的相似性，中原地区的文化因素也在该地区多有出现。此时期常与覆面同出的有鼻塞、下颌带、额带、裹头丝棉，但不同墓地之间器物组合稍有不同。第三阶段稍显特殊，就覆面的形制看，与中原地区一直以来的覆面形制有较大差别。衣物疏中的"面衣"与此时期丧礼记载可对应，覆盖于死者面部的织物是文献中的面衣当无异议。通过墓葬出土文字材料可知，覆面的使用没有等级限制，且不仅仅局限于汉人之中，粟特人也入乡随俗使用了覆面随葬。该时期与覆面组合使用的还有金属眼罩和木质手握。眼罩形制奇特，其使用方法和流行年代均与中原地区的眼盖有较大差异，可能来自中亚或更远的地方。

　　综上，新疆地区出土的覆面需要分时段、分地区进行研究。随着汉武帝经营西域，新疆与中原的联系日益紧密。与此同时，在新疆地区出现了与中原系统的覆面相似的面部葬具，其中不乏用汉锦制作而成。十六国隋唐时期，高昌地区大量出现覆面，衣物疏中自名"覆面"或"面衣"，这也与中原文化系统一脉相承。当然，由于此时与中亚的交流增多，位于十字路口的高昌吸收了中亚的文化因素，这在覆面上也有所体现。更重要的是，此时期墓葬展现出了以中原文化为底色的地方特点，这种多元一体的文化面貌被生活在此地的各民族所接受。新疆地区的覆面与中亚、西亚的面具当分属两个不同的系统，代表了两种不同的丧葬文化。

（原载《考古与文物》2022年第5期）

成都新津宝墩西汉墓出土"羌眇君"印考

齐 广　唐 淼

2019年成都市新津县宝墩遗址M147西汉墓棺中出土了一枚印章（图一），铜质，扁薄长方形钮，钮上有圆穿，钮下部呈坡状延展至印背四角，长方形印台，钮部与印台一体铸造而成（图二）。通高2.7厘米，印面上部略有残损，长约2.3厘米，宽0.9厘米。印文带边框，阳文篆书，经辨认为"羌眇君"（图三）。其印文内容与印章形制都比较特殊，对研究汉代少数民族墓葬、治理政策、用印制度等问题具有重要意义。

图一　出土时的情况
（作者摄）

图二　印章正面
（作者摄）

图三　印文
（作者摄）

一、印文考释

从印章的形制与印文内容来看，这枚印章应当是汉朝颁发给当地少数民族首领的官印。西汉时期各个阶层的私印印面以正方形为主，长方形印面较少。这次发现的印章印文为"羌眇君"，目前尚未有材料表明汉代已经出现了"羌"姓。甘肃敦煌出土的悬泉汉简记录了许多羌人的姓名，如"东怜""奴葛""芒东"等等，并未以羌为姓[1]。新疆库车永寿四年（158）《刘平国碑》记载"从秦人孟伯山、狄虎贲、赵当卑、万羌、囗当卑、程阿羌等六人"[2]，其中的万羌和程阿羌应是羌人，仅以羌为名，而不以羌为姓氏。且汉代赐予少数民族的官印常用于随葬，又以族名列于印前。综合来看，"羌眇君"应是一枚赐予羌族首领的官印。

"眇"字不可解，可能是地名，1958年朝鲜平壤贞柏里汉墓出土的"夫租薉君"印[3]，林沄先生考释"夫租"为"沃沮"，即汉代沃沮县薉（秽）族首领所用之印[4]。"越青邑

---

[1] 王桂海：《从出土资料谈汉代羌族史的两个问题》，《西域研究》2010年第2期。
[2] 毛远明校注：《汉魏六朝碑刻校注》，北京：线装书局，2008年，第214页。
[3] 李明浩：《从朝鲜出土的汉印、晋印看古代濊人及其政治设置》，《古籍整理研究学刊》2020年第6期。另作"夫租濊君"，参见周晓陆编《二十世纪出土玺印集成》，中华书局，2010年，第338页。
[4] 林沄：《说"貊"》，《史学集刊》1999年第4期。

君""越贸阳君""越归汉蜻蛉长"等印都是以族名为首,中间两字据王人聪先生考证都是地名[1],"羌眇君"印应与之类似。

"君"字应指墓主的身份等级,《汉书·昭帝纪》曰:"度辽将军明友前以羌骑校尉将羌王、侯、君、长以下击益州反虏。"[2]《汉书·宣帝纪》记载"军旅暴露,转输烦劳,其令诸侯王、列侯、蛮夷王侯君长,当朝二年者,皆毋朝"[3],可见西汉政府对少数民族首领册封以不同名号,君即是其中的一级。汉代颁发给少数民族的印中也有许多刻有"君"字,上文提到的"夫租薉君""越青邑君""越贸阳君"外,还有"新越馀壇君"[4]"汉夷邑君"[5]等印。

二、印主等级

M147墓葬的年代为西汉晚期,墓圹呈"凸"字形,其中墓坑长约4.76、宽约2.3米,出土较多的陶器、铁器,还有少量铜器与漆器。从墓葬规模与随葬品来看,墓主"羌眇君"拥有一定财力,符合我们对其少数民族首领身份的认定。通过印章的形制与印文内容还可以具体确认其身份等级。

"羌眇君"印的印面为长方形,长度约为汉代的一寸,宽约四分,属半通印。《汉官仪》记载汉武帝在元狩四年(前119):"令通官印方寸大小,官印五分。"[6]《汉官旧仪》:"皇太子黄金印,龟纽,印文曰章。下至二百石,皆为通官印。"[7]《汉旧仪补遗》:"章,二百石以上,皆为通官印。"[8]所谓通官印,是指两百石以上官员所用的方形印章。相对通官印,又有半通印,《后汉书·仲长统传》曰:"身无半通青纶之命,而窃三辰龙章之服。"李贤引《十三州志》注曰:"有秩、啬夫,得假半章印。"[9]《续汉书·百官志》注曰:"有秩,郡所署,秩百石,掌一乡人;其乡小者,县置啬夫一人。"[10]《汉官》亦记载:"乡户五千,则置有秩。"[11]可知半通印一般为百石一级的基层官吏使用。"羌眇君"应该就属于百石这一

---

[1] 王人聪:《西汉越族官印试释》,《东南文化》1991年第1期。
[2] 《汉书》卷七《昭帝纪》,北京:中华书局,1962年,第229页。
[3] 《汉书》卷八《宣帝纪》,第261页。
[4] 罗福颐:《秦汉南北朝官印征存》,北京:文物出版社,1987年,第117页。
[5] 王少泉:《襄樊地区出土的几方铜印》,《江汉考古》1990年第1期。
[6] (汉)应劭撰、(清)孙星衍校集:《汉官仪》(卷下),《汉官六种》,北京:中华书局,1990年,第118页。
[7] (汉)卫宏撰、(清)纪昀等辑:《汉官旧仪》(卷下),《汉官六种》,第46页。
[8] (汉)卫宏撰、(清)孙星衍校集:《汉旧仪补遗》(卷上),《汉官六种》,第93页。
[9] 《后汉书》卷四十九《仲长统传》,北京:中华书局,1965年,第1651页。
[10] (西晋)司马彪:《续汉书》卷二十八《百官志》,见《后汉书》,第3624页。
[11] 佚名撰、(清)孙星衍辑:《汉官》,《汉官六种》,北京:中华书局,1990年,第8页。

级,作为首领管理部众。

《汉书·宣帝纪》曰"共左右当户之群皆列观,蛮夷君、长、王、侯迎者数万人,夹道陈"[1],所谓数万人可能不只是指少数民族首领,但也能体现出当时少数民族首领众多,则其等级必然不高。最近,湖北荆州胡家草场西汉墓M12出土了一批简牍,其中包括与蛮夷管理有关的蛮夷律。简2597:"蛮夷君当官大夫,公诸侯当大夫、右大夫、左大夫,□彻公子当不更。"[2]此处的"蛮夷君"应当就是指"羌眣君"这个等级的少数民族首领。

简中所说的官大夫、大夫、不更分别是汉代二十等爵中的第六、五、四级。朱绍侯先生研究指出,西汉时具有民爵和官爵的区分,民爵为一级公士至八级公乘,且民爵与官爵间界限森严,不可逾越[3];阎步克先生认为汉代时"赐民爵"与"赐吏爵"共同使用公士至公乘的爵位[4],蛮夷君所当的官大夫属于吏员乃至平民所任的爵位,等级较低。张家山汉简《奏谳书》记载有两人为官大夫,分别为"戍卒官大夫有"和"邮人官大夫内"[5]。《居延汉简》中记载一人任官大夫,职务不明[6]。比官大夫更高一级的公大夫任职明确的有两处,分别为"肩水候官执胡隧长公大夫路奚人"[7]"隧卒昌里公大夫马□"[8],分别是燧长与燧卒。张家山汉简《二年律令·户律》:"自五大夫以下,比地为伍,以辨券为信,居处相察,出入相司,"[9]第九级五大夫以下都要参服劳役。综上所述,蛮夷君所当的官大夫在西汉爵制中处于比较低的位置,在西汉时政治地位不高。

三、关于用印制度

目前考古发现的少数民族官印较少,过去研究中主要使用的是传世的玺印材料。由于缺乏出土信息,很多印章的年代尚有争议。这次发现的"羌眣君"出土环境明确,墓葬

---

[1]《汉书》卷八《宣帝纪》,第271页。
[2] 李志芳、蒋鲁敬:《湖北荆州市胡家草场西汉墓M12出土简牍概述》,《考古》2020年第2期。
[3] 朱绍侯:《军功爵制研究》,北京:商务印书馆,2017年,第126-144页。
[4] 阎步克:《从爵本位到官本位:秦汉官僚品位结构研究》,北京:生活·读书·新知三联书店,2017年,第64-70页。
[5] 张家山二四七号汉墓竹简整理小组:《张家山汉墓竹简(二四七号墓)》(释文修订本),北京:文物出版社,2001年,第96-97页。
[6] 谢桂华、李均明、朱国炤:《居延汉简释文合校》,北京:文物出版社,1987年,第189页。
[7] 谢桂华、李均明、朱国炤:《居延汉简释文合校》,第286页。
[8] 甘肃省文物考古研究所、甘肃省博物馆、文化部古文献研究室、中国社会科学院历史研究所:《居延新简》,北京:文物出版社,1990年,第449页。
[9] 张家山二四七号汉墓竹简整理小组:《张家山汉墓竹简(二四七号墓)》(释文修订本),第41页。

年代、墓主等级等信息比较清楚，可以作为研究汉代少数民族用印制度的重要材料。

首先是印文是否冠"汉"的问题。《汉书·匈奴传》记载了王莽时更换单于玺的事件，单于使者说："汉赐单于印，言玺不言章，又无'汉'字。诸王已下乃有汉，言章。今即去玺加新，与臣下无别。"[1]从这条文献可知，西汉晚期朝廷赐予匈奴单于的印并不带"汉"字，赐予王以下首领则带"汉"字。不过从目前的考古发现来看，明确是西汉时期的少数民族官印，印文前多直接冠以族名而非"汉"字。"羌眇君"墓时代为西汉中晚期，出土"滇王之印"印章的云南晋宁石寨山M6的年代为西汉中晚期[2]，出土"夫租薉君"印的朝鲜平壤贞柏里汉墓年代也在西汉中晚期[3]。"越归汉蜻蛉长"印出土于汉长安城遗址，时代应在西汉[4]。1990年湖南平江梅仙镇出土的"蛮夷侯印"与慈利县零阳乡出土的"沅蛮夷长"印[5]，瓦钮铜印，时代都在西汉。还有出土于江苏宜兴的"越稻君印"[6]，孙慰祖先生认为其时代在西汉[7]。此外，上文提到的"越贸阳君"和"越青邑君"印，王人聪先生根据印钮样式与印文字体认为两印的年代都在西汉[8]。

值得注意的是，这些印章发现或所指的地点也都在汉王朝直接设置郡县管理的地区。"羌眇君"墓所在的新津县汉武帝后即属犍为郡，云南晋宁石寨山为古滇国故地，当时属益州郡，"夫租薉君"则在玄菟郡的夫租县，出土"蛮夷侯印"的湖南平江属长沙郡，出土"沅蛮夷长"印的慈利县属武陵郡。据王人聪先生考证，"越贸阳君"在浙江北部的会稽郡一带，"越青邑君"则在长沙郡。结合《汉书》中提到王莽之前"诸王已下乃有汉，言章"[9]的记载，可以认为在西汉时赐予少数民族首领的官印前是否冠以"汉"字可能与其是否在政府直接管辖的区域有关，也是当时"内外观"的一种反映[10]。此外，还有"新越余坛君"印与"新越三阳君印"，其位置也在当时设置郡县的地区[11]，在印前冠以"新"字，这可能是王莽时期的新政策，也与文献中王莽更换玺印的记载相合。

另一个问题是汉代少数民族首领中"君"等级的问题。"羌眇君"印为鼻钮半通铜印，"越贸阳君"印、"越青邑君"印都为瓦钮方形铜印，"夫租薉君"印则为驼钮方形银

---

[1]《汉书》卷九四《匈奴传》，第3821页。
[2] 云南省博物馆：《云南晋宁石寨山古墓群发掘报告》，北京：文物出版社，1959年，第134页。
[3] 佟柱臣：《"夫租薉君"银印考》，中国考古学会：《中国考古学会第六次年会论文集(1987)》，北京：文物出版社，1990年，第128-135页。
[4] 陈直：《汉晋少数民族所用印文通考》，见氏著《文史考古论丛》，天津：天津古籍出版社，1988年，第355-382页。
[5] 陈松长：《湖南古代玺印》，上海：上海辞书出版社，2004年，第29页。
[6] 周晓陆：《二十世纪出土玺印集成》，第338页。
[7] 孙慰祖：《阳羡新出秦汉官印考》，见氏著《孙慰祖论印文稿》，上海：上海书店出版社，1999年，第61页。
[8] 王人聪：《西汉越族官印试释》，《东南文化》1991年第1期。
[9]《汉书》卷九四《匈奴传》，第3821页。
[10][日]阿部幸信：《西汉时期内外观的变迁：印制的视角》，《浙江学刊》2014年第3期。
[11] 王人聪：《西汉越族官印试释》，《东南文化》1991年第1期。

印。《汉官仪》记载:"孝武皇帝元狩四年,令通官印方寸大小,官印五分。王、公、侯金,二千石银,千石以下铜印。"[1]从用印制度可知"夫租薉君"等级为两千石,"羌眇君"为百石,"越贸阳君""越青邑君"则在两者之间。同样是以"君"为号,但其等级相差悬殊,这可能与其承担的军事职责不同有关。汉代重视军事,归顺汉朝的少数民族首领很多都统率部众参与汉朝的军事活动。汉印中常见封赐少数民族首领百长、千长等军职,《续汉书·百官志》曰:"大将军营五部,部校尉一人,比二千石。军司马一人,比千石。部下有曲,曲有军候一人,比六百石。曲下有屯,屯长一人,比二百石。"[2]一曲五百人,一屯五十人。佰长统率百人,在军候和屯长之间,官秩应在二百石至六百石之间,故可使用通官方印。考古发现和传世汉印中许多都为"佰长",1966年韩国庆尚北道新光面马助里古墓出土了"晋率善秽佰长"铜印[3],黑龙江齐齐哈尔亦曾出土过"魏丁零率善佰长"铜印[4],都为方形。传世汉印中有"汉归义秽佰长"[5]"汉休著胡佰长""汉归义胡佰长""汉归义夷仟长"等印[6],都是驼钮方形铜印。此外,还有"新西河左佰长""新西国安千制外羌佰右小长""新五属左佰长印"[7]等印,都为瓦钮方形铜印。"夫租薉(秽)君"显然高于"秽佰长",可以统率佰长作战,自然需要使用更高等级的银印来表明等级。

"夫租薉君"所在的玄菟郡,西汉时仍是战争频发的边地,面临周边诸多势力较强的军事威胁,乃至于要迁徙治所。《后汉书·东夷传》记载"武帝灭朝鲜,以沃沮地为玄菟郡。后为夷貊所侵,徙郡于高句骊西北"[8],其中所说玄菟郡迁移之事在西汉昭帝始元五年(前82)[9]。"越青邑君"等越族首领所在的长沙、武陵、会稽等郡,西汉时武陵蛮"时为寇盗"[10],武陵蛮等少数民族经常与汉朝政府发生矛盾冲突。汉成帝河平年间,夜郎王与钩町王等举兵反汉,一度近迫武陵郡[11]。到东汉光武帝时,长沙蛮、武夷蛮与朝廷矛盾激化,乃至于起兵击败朝廷军队,攻破关隘郡县[12],可见两汉时这一地区始终面临一定的军事压力。"羌眇君"墓在西汉的犍为郡武阳县境内,犍为郡虽为武帝开拓西南夷所设,靠近少数

---

[1]（汉）应劭撰、（清）孙星衍校集:《汉官仪》(卷下),《汉官六种》,第118页。
[2]（晋）司马彪:《续汉书》卷二十四《百官志》,见《后汉书》,第3564页。
[3][日]梅原末治:《晋率善秽佰长铜印》,《考古美术》1967年第8卷第1号。转引自李明浩:《从朝鲜出土的汉印、晋印看古代濊人及其政治设置》,《古籍整理研究学刊》2020年第6期。
[4]金铸、李龙:《黑龙江齐齐哈尔市发现"魏丁零率善佰长"印》,《考古》1988年第2期。
[5]王天姿:《秽王、秽侯、秽城、夫租秽君合考》,《黑龙江民族丛刊》2016年第2期。
[6]罗福颐:《秦汉南北朝官印征存》,第218页。
[7]罗福颐:《秦汉南北朝官印征存》,第117页。
[8]《后汉书》卷八十五《东夷传》,第2816页。
[9]魏存成:《玄菟郡的内迁与高句丽的兴起》,《史学集刊》2010年第9期。
[10]《后汉书》卷八十六《南蛮西南夷列传》,第2831页。
[11]《汉书》卷九十五《西南夷两粤朝鲜传》,第3843页。
[12]《后汉书》卷八十六《南蛮西南夷列传》,第2831-2832页。

民族区域，但武阳县原属蜀郡，开发较早，且汉代较少为羌乱波及，加之西汉晚期蜀地安定，"羌眊君"可能已经不再统领作战，主要职责是参与部众的治理，其等级自然只与治乡的有秩相当，只能使用百石的半通印。总的来说，西汉时少数民族的"君"本身等级不高，如果其参与军事活动，等级会随军职相应提高，但仍以"君"为名号。

四、余　论

从"羌眊君"墓的情况来看，"羌眊君"死后采用了汉式的葬俗，陪葬品组合以仿铜陶礼器、日用陶器为主，还出土了陶井等模型明器，与汉人墓葬相似，验证了出土文献中关于少数民族首领汉式葬的记载。荆州胡家草场西汉墓M12简2621、简2630规定蛮夷长可以通过"入禾粟"即缴纳粮食的方式保存原有的埋葬习俗。简2621记载："蛮夷长死，欲入禾粟戎葬者，许之。邑千户以上，如四千石；不盈千户，入两千石；不盈百户，"简2630记载："入千五百石；不盈五十户及毋邑人者，入千石。"[1]"羌眊君"墓从汉式葬俗，正是当时这一政策的体现。这也表明，汉朝一方面规定直接统治区域内的少数民族首领要按照汉式礼仪埋葬，但是也允许他们缴纳粮食来保存旧有习俗，这种做法客观上促进了中原文化传播与民族融合，也体现了西汉民族政策的灵活性。

"羌眊君"墓在西汉的犍为郡武阳县境内，汉武帝建元六年（前135），为开拓西南夷而设置，处于汉文化与西南夷交界的地区。经过西汉较长时间的治理，西汉晚期犍为郡已经与蜀郡、广汉郡并称"三蜀"，被称为："士多仁孝，女性贞专。"光武帝赞为"士大夫之郡"[2]，可见中原文化的流行。北部的武阳县原属蜀郡，更是较早完成汉化的区域，西汉晚期应该已经完成了编户化。"羌眊君"墓见证了西南地区开发与民族融合的重大历史场景，是汉代少数民族治理政策的具体反映，也是这一地区"汉化"进程的生动展现。

附记：本文在写作中得到四川大学霍巍教授、王煜教授的指导，庞政、焦阳、刘骐亦给予帮助，在次谨致谢忱。

（原载《南方文物》2022年第2期）

---

[1] 李志芳、蒋鲁敬：《湖北荆州市胡家草场西汉墓M12出土简牍概述》，《考古》2020年第2期。
[2] （晋）常璩著，任乃强校注：《华阳国志校补图注》（卷三）《蜀志》，上海：上海古籍出版社，1987年，第172页。

拉萨大昭寺鎏金银壶及吐蕃金银器相关问题再探究

祝 铭

一、银壶概况

西藏自治区拉萨大昭寺中心佛殿二层松赞干布殿内供奉一件大型鎏金银壶，据传为松赞干布生前遗物。为了保护这件银壶，大昭寺于2013年出资制作了一件复制品，原件供奉于松赞干布塑像前，复制品存于二楼回廊内。由于原件未公开展出，一些关于大昭寺银壶的研究是基于照片或复制品展开的。2021年6月，笔者有幸在大昭寺见到银壶原件，并在寺管人员允许下拍摄了若干照片。经比对可以发现，复制品的纹样细节与原件有所出入。为了更加准确地认识和讨论这件器物，现将银壶原件照片、细节介绍如下（图一）。

该壶银质，局部鎏金。通高82、口径7.8、最大径约50厘米。银壶形制、装饰较为复杂：

银壶顶端作兽首造型，兽首顶部焊接一碗状开口，由银片弯曲而成，背部交接处有铆钉和焊接痕迹，口沿包裹一圈窄条形银片，敞口，直腹，外壁有凸起的"山字形"纹饰。兽首刻画较为写实，兽首狭短，面部狭长，吻端有孔状流，鼻孔较小，眼睛较大，向左右突出，无眶下腺，椭圆状束耳，脸颊下有末端向上卷曲的毛发。

兽首下接细长束颈，交界处有焊接痕迹，其下饰1周作减地处理的"四瓣球纹"，"四瓣球纹"上下分别饰3条、2条凹弦纹。颈部上端四分之一处有藏文题记，残存两行，抄录如下：

第一行：རབ་བྱུང་བཅུ་དྲུག་པ་མེ་ཁྱི་ལོ

汉译：藏历十六饶炯火狗年

第二行：འདི་ཉིད་གཏེར་མ་བྱིན་ཅན་བདེ་བཀའ་བཀག

图一　大昭寺银壶及其细部纹饰、题记
(作者摄)

汉译：此件依为珍贵伏藏品由噶厦政府

题记大意：银壶作为珍贵的伏藏品供奉于大昭寺，藏历十六饶炯火狗年（1946）噶厦政府对其著录登记[1]。

---

[1] 目前针对银壶题记有多种解释，阿米·海勒认为此壶是于1946年被重新发现而且可能被重新镀金，黎吉生认为指在此时按原件仿制了一件复制品，冯·施罗德认为该壶是于此时被重新发现。参见Amy Heller, "The Silver Jug the Lhasa Jokhang: Some Observations on Silver Objects and Costumes from the Tibetan Empire (7th-9th Century)", *Silk Road and Archaeology*, 2003, pp. 213-237.

颈部下接腹部，交界处有焊接痕迹，其下饰回形纹和作减地处理的卷叶、"四瓣球纹"各一周。

银壶腹部呈球状，可分为上、下两部分。银壶上腹部均匀分布3组较大的心形纹饰。银壶上、下腹部分界处饰一周条带装饰，整体高于器表，由两周花瓣纹、两条凸弦纹和一条"四瓣球纹"组成。银壶下腹部交错饰3组人物图像和3组风格化的折枝卷叶纹，其中二组为单人"反弹琵琶"舞蹈场景，均头戴"日月"宝冠，冠上有羽翼状装饰，身穿宽松长袍，腰间系带，带上挂鞶囊；另一组图像由三个人物构成，居中一人呈倾倒状，一大一小二人分别从背后、胯下抱起居中一人。

银壶圈底，近底处焊接细长流管，系后世所加。

二、银壶的既往研究

大昭寺藏鎏金银壶形体较大、纹样精美，受到国内外学者的广泛关注。自20世纪80年代以来，数有学者对其进行探讨，研究涉及到大昭寺银壶的风格、产地、年代等多个方面。对银壶的产地主要有"中亚说"和"吐蕃本土说"两种意见，认为银壶产自中亚一带的学者主要有黎吉生（H. E. Richardson）[1]、乌尔里希·冯·施罗德（Ulrich von Schroeder）[2]、宿白[3]、安娜·阿卡索伊（Anna Akasoy）[4]、和沈琛[5]等人；认为银壶产自吐蕃本土的学者主要有阿米·海勒（Amy Heller）[6]和周杨[7]。此外，还有观点表明银壶可能

---

[1] H. E. Richardson, "Some Monuments of the Yarlung Dynasty", in M. Aris. ed. *High Peaks Pure Earth*. London, 1998, pp. 292-302.

[2] Ulrich von Schroeder, *Buddhist Sculptures in Tibet*, Hong Kong: Visual Dharma Publications, 2001, p. 792.

[3] 宿白先生敏锐地观察到此件器物的西方因素，先后三次撰文对其进行了介绍和研究，不断披露了这件鎏金银壶的相关信息。宿白：《西藏发现的两件有关古代中外文化交流的重要文物》，《传统文化与现代文化》1994年第6期。后来收录到《魏晋南北朝唐宋遗稿辑丛》一书中，并新收入了《三记拉萨大昭寺藏鎏金银壶》一文，补充了一些新的考古测量数据和新的文物信息，参见该书第206-208页，北京：文物出版社，2011年。

[4] Anna Akasoy, *Charles Burnett, Ronit Yoeli-Tlalim, Islam and Tibet Interactions along the Musk Routes*, London; New York: Routledge, 2016, pp. 103-104.

[5] 沈琛：《麝香之路：7-10世纪吐蕃与中亚的商贸往来》，《中国藏学》2020年第1期。

[6] Amy Heller, "The Silver Jug the Lhasa Jokhang: Some Observations on Silver Objects and Costumes from the Tibetan Empire (7th-9th Century)", *Silk Road and Archaeology*, 2003, pp. 213-237. 后杨清凡对其进行了翻译，详见阿米·海勒著，杨清凡译：《拉萨大昭寺藏银瓶——吐蕃帝国（7世纪至9世纪）银器及服饰考察》，《藏学学刊》（第3辑），成都：四川大学出版社，2007年，第194-238页。

[7] 周杨：《西藏拉萨大昭寺藏鎏金银壶再探讨》，《考古与文物》2020年第2期。

产于回鹘[1]或尼泊尔[2]。部分学者还针对银壶图像题材进行考释，如葛承雍[3]、祝嫒超[4]对"反弹琵琶"图像的讨论和霍巍[5]对"醉酒图像"的考订。

目前针对大昭寺银壶的研究，方家各抒己见，莫衷一是。对其风格有中亚、吐蕃、多种文化因素交融等不同见解；对其产地有西亚、中亚、吐蕃本土和尼泊尔等意见；对其年代有8世纪、7-9世纪、9世纪以后等多种观点。研究的切入点包括器型、人物服饰、人物场景、文献材料等多个角度。但一个基本的认识是可以成立的，即该银壶呈现出文化来源的多样性，是文化交流的产物，应当放置在跨区域交流的国际视野下进行探讨。

那么，这件银壶究竟是不是产于吐蕃，它与吐蕃有着怎样的关系？回答这个问题之前，必先对"吐蕃金银器"[6]有所了解和认识。但遗憾的是，相比于粟特、萨珊和唐代金银器，吐蕃金银器的研究还稍显薄弱。造成这种局面的一个重要原因是材料的缺乏。在相当长的一个时期内，由于考古出土材料的罕见，对于吐蕃金银器的讨论主要集中在一些私人收藏家的藏品，以及流传于各博物馆的部分传世金银器[7]。这些传世精品在一定程度上展现了吐蕃金银器的若干特征，但数量较少，且不具备出土信息。上世纪八十年代至九十年代末，青海省文物考古研究所、北京大学考古文博学院等单位在都兰县热水乡等地发掘一批吐蕃墓葬[8]，部分墓葬中出土有金银制品。但这几次考古发掘出土的金银器多为形制较简单的饰片，不见容器。故由于材料所限，以往论著在讨论大昭寺银壶时，始终缺乏对吐蕃金银器的整体考量。

近年来，吐蕃时期墓葬考古工作持续推进，不少出土品或经盗掘后追缴回的器物陆续涌现出来，极大地丰富、充实了吐蕃金银器的数量。这些考古新发现使得我们对于吐蕃金银器的面貌有了更进一步的认识，也为我们考察大昭寺银壶奠定了更加坚实的基础。

---

[1] 林梅村曾多次在学术研讨会上提到这件银壶，并根据回鹘高昌佛寺壁画将其定名为回鹘银壶。杜玮：《丝绸之路——南亚廊道（青海段）考古调查成果论坛综述》，《中国文物报》2019年5月5日第006版；罗华庆、李国：《从雪域高原到丝路重镇："6-9世纪丝绸之路上的文化交流国际学术研讨会"综述》，《敦煌研究》2020年第1期。

[2] 西藏大学艺术学院的那孕才让在一次学术研讨会议上作题为《浅谈拉萨大昭寺马首银壶》的专题汇报，他从藏文文献的角度考证了银壶的名称及产地等问题，认为该器物可能来自尼泊尔。四川大学中国藏学研究所、西藏大学文学院主办"高原丝绸之路历史文化国际学术研讨会"，四川成都，2019年10月。

[3] 葛承雍：《"反弹琵琶"：敦煌壁画舞姿艺术形象来源考》，《敦煌研究》2020年第1期。

[4] 祝嫒超：《饮酒、癫狂与重生——大昭寺兽首鎏金银壶反弹琵琶图像考源》，《艺术工作》2021年第2期。

[5] 霍巍：《吐蕃系统金银器研究》，《考古学报》2009年第1期。又见其著：《吐蕃时代考古新发现及其研究》，北京：科学出版社，2011年，第162-219页。近来，这一观点又在其新作中得以补充，参见霍巍：《欧亚文明交流的见证——拉萨大昭寺藏银壶》，见上海博物馆编《文物的亚洲》，南京：译林出版社，2019年。

[6] 本文采纳霍巍对"吐蕃系统金银器"的定义，即包括吐蕃本土及其在扩张过程中所兼并的青藏高原各部的金银器在内。在这一前提下，也可简称其为吐蕃金银器。后文均简称为"吐蕃金银器"。参见霍巍：《吐蕃系统金银器研究》，《考古学报》2009年第1期。

[7] 霍巍、祝铭：《20世纪以来吐蕃金银器的发现与研究》，《西藏大学学报》（社会科学版）2020年第2期。

[8] 许新国：《都兰吐蕃墓中镀金银器属粟特系统的推定》，《中国藏学》1994年第4期；北京大学考古文博学院、青海省文物考古研究所：《都兰吐蕃墓》，北京：科学出版社，2005年。

三、银壶的造型与纹样

在藏文文献中,这件银壶一直被视为松赞干布的酒壶,一些学者也力主银壶的产地就在吐蕃。因此,在讨论这件银壶的风格源流及产地之前,有必要先对那些典型的吐蕃金银器进行考察。兹选取几件较为典型的吐蕃金银器,试做比较。

克利夫兰艺术博物馆收藏银瓶(图二,1):通体鎏金。喇叭口,细长颈,圆肩,长鼓腹,圈足。主题纹饰为羽人、狮、龙,辅助纹饰为缠枝卷草、葡萄、连珠纹等。高23、口径8、底径6.5厘米。

普利兹克收藏银瓶(图二,2):通体鎏金。喇叭口,细长颈,圆肩,长鼓腹,圈足。主题纹饰为翼马、翼龙、翼狮、交颈禽鸟,辅助纹饰为缠枝花草、连珠纹等。瓶底刻有藏文题记。高18.5、口径7、底径6厘米。

牛津大学阿西莫伦博物馆收藏银瓶(图二,3):喇叭口,细长颈,圆肩,长鼓腹,圈足。主题纹饰为对凤,辅助纹饰为折枝花草、缠枝、连珠纹等。高17厘米。

青海省化隆回族自治县博物馆收藏银铜复合瓶(图二,4):口、颈及圈足银质,腹部铜质。喇叭口,细长颈,斜肩,长鼓腹,圈足。颈下饰心形纹饰。高15、最大径9厘米。

普利兹克收藏金胡瓶(图二,5):鸭嘴状流,细长颈,圆鼓腹,环形单把,细高圈足,圈足与瓶身相接处有一节状装饰。瓶身饰有鸳鸯、凤鸟、翼马、狮、鹿等纹样。胡瓶把手背面刻有圆圈纹样。高49、最大径19厘米。

阿勒萨尼收藏金胡瓶(图二,6):鸭嘴状流,细长颈,圆鼓腹,环形单把,细高圈足,圈足与瓶身相接处有一节状装饰。瓶身镶嵌绿松石块,形成高于器表的纹样。主题纹饰为凤鸟,辅助纹饰有树叶纹等。高32、腹径12.9、底径9.7厘米。

阿勒萨尼收藏金瓶(图二,7):喇叭口,细长颈,圆鼓腹,矮圈足。瓶身镶嵌绿松石块,形成高于器表的凤鸟纹样。器表还錾刻花卉纹样和鱼子纹。从造型、工艺上看,此瓶与上述金胡瓶应为同一组器物,一同收藏的还有一件金盘。高17.7、口径8、腹径10.2厘米。

都兰热水墓群出土金瓶(图二,8):喇叭口,细长颈,长鼓腹,矮圈足。素面。高17.1-19.7、口径6.6-7.3、壁厚0.05厘米。

上述器物或出土于青海吐蕃墓葬,或作为传世品,数经学者考证,基本上可以认定为吐蕃时期的典型器物[1],代表了当时贵族阶层的一般审美和金银工匠在制作过程中的习

---

[1] 关于上述传世品系吐蕃金银器的考证,参见 Martha L. Carter, "Three Silver Vessels from Tibet's Earliest Historical Era: A Preliminary Study", *Cleveland Studies in the History of Art*, Vol. 3, 1998, pp. 22–47. Amy Heller, "Archeological Artefacts from the Tibetan Empire in Central Asia", *Orientations* 34/4: 55–64. 霍巍:《一批流散海外的吐蕃文物的初步考察》,《故宫博物院院刊》2007年第5期。

图二 吐蕃金银瓶

1. 克利夫兰艺术博物馆收藏 2、5. 普利兹克收藏 3. 牛津大学阿西莫伦博物馆收藏
4. 化隆县博物馆收藏 6、7. 阿勒萨尼收藏 8. 都兰吐蕃墓地出土

（图片来源：1、2、5-7. 王旭东主编：《丝绸之路上的文化交流：吐蕃时期艺术珍品》，北京：中国藏学出版社，2020年7月，第257、118、162、210、212页；3. Amy Heller, "The Silver Jug the Lhasa Jokhang: Same Observations on Silver Objects and Costumes from the Tibetan Empire (7th-9th Century)", *Silk Road and Archaeology*, 2003, pp. 213-237, Fig. 16. 4、8. 首都博物馆、青海省博物馆：《山宗·水源·路之冲——一带一路中的青海》，北京：文物出版社，2019年，第188、219页）

惯性选择。虽然它们装饰各异,但我们仍可从中窥探到吐蕃金银的某些共性特征。在造型方面,它们的口沿多呈喇叭口状(胡瓶为鸭嘴状流口),腹部修长,流行圈足。在目前所知的吐蕃金银器当中,绝大多数器物都带有圈足,仅个别为平底器[1],尚未发现有圜底器。在纹饰方面,器表多锤揲出神鸟、神兽等动物形象,并以风格化的缠枝、卷草纹样作为辅助形装饰。

与之相比,大昭寺银壶在造型、装饰上的选择具有明显差异。具体表现为:1. 兽首造型在吐蕃金银器中尚属孤立;2. 吐蕃金银器流行圈足,不见圜底器;3. 银壶装饰纹样不是吐蕃金银器上的典型题材,吐蕃金银容器上多饰动物、植物,少有人物形象,更不见如此写实的人物形象[2];4. 吐蕃金银器纹饰布局紧凑,少有大量留白的情况;5. 吐蕃金银器以通体鎏金为主,局部鎏金较少,少有的几件局部鎏金器物,也是在背景处鎏金,而非纹饰处鎏金。因此,我们认为这件银壶不符合吐蕃时期典型的金银器制作传统。

法国巴黎卢浮宫收藏有两件铜壶,壶上端作牛首造型,顶部开口,吻端有流(图三,1、2)。两件铜壶均出自伊朗高原,伊朗艺术史学家苏伦·梅利基安(Melikian-Chirvani)将其年代定在11至12世纪[3]。卢浮宫藏品中还有一件出自伊朗耶苏坎德(Yāsūkand)的绿釉陶壶,陶壶上端亦作牛首造型,腹部饰有人物纹样(图三,3)。波普(Arthur Upham Pope)认为其年代亦处于11至12世纪之间[4]。可见,兽首容器曾一度流行于伊朗高原。虽然上述器物与大昭寺银壶之间还存在诸多差异,但二者在造型上的选择应当是一脉相承的。

由于银壶的形制十分特殊,缺乏可供比较的器型材料,在现有材料的基础上,银壶上的图像仍是我们讨论其风格、产地的重要线索。

大昭寺银壶腹部饰3组人物图像,共计5人,均以写实的手法刻画出五官和服饰。几位人物的面部特征完全不同于吐蕃人,故前人在研究中称之为"胡人"。胡人是我国古代对北方或西域各族的称呼,泛指外族人群。这个几个胡人卷发,长髯,卷须,鼻翼宽大,比较符合中亚人群的容貌特征。类似的人物形象可见于波斯帝国阿契美尼德王朝时期的石雕艺术上(图四),这种形象一般被视为标准的波斯帝王像[5]。此外,两位"反弹琵琶"舞者

---

[1] 吐蕃金银器中,目前可见平底器2件:一件是克利夫兰艺术博物馆收藏的1件带把杯,参见Martha L. Carter, "Three Silver Vessels from Tibet's Earliest Historical Era: A Preliminary Study", *Cleveland Studies in the History of Art*, Vol. 3, 1998, pp. 22-47;另一件是戴克成收藏的一件鎏金银壶,参见Frantz Grenet, "The Deydier Vase and Its Tibetan Connections: A Preliminary Note", *Interaction in the Himalayas and Central Asia*, 2017, pp. 91-103.

[2] 若干吐蕃金银盘上饰有写实的人物形象,从人物容貌特征来看,这些器物明显系外来输入品。

[3] Melikian-chirvani, "Les taureaux à vin et les cornes à boire de l'Iran islamique", dans Bernard, Paul; Grenet, Frantz (dir.), "Histoire et cultes de l'Asie centrale préislamique: Sources écrites et documents archéologiques (French Edition)", Paris, CNRS, 1991, pp. 101-125.

[4] Arthur Upham Pope, *A Survey of Persian Art* (vol 9), Oxford: Oxford University, p. 620.

[5] 李零:《波斯笔记》(上),北京:生活·读书·新知三联书店,2019年,第66页。

图三　伊朗出土的牛首壶

1、2. 牛首铜壶　3. 牛首绿釉陶壶

［图片来源：1、2. Melikian-chirvani, Les taureaux à vin et les cornes à boire de l'Iran islamique, dans Bernard, Paul; Grenet, Frantz (dir.), Histoire et cultes de l'Asie centrale préislamique: Sources écrites et documents archéologiques (French Edition), Paris, CNRS, 1991, pp. 101-125. 3. Arthur Upham Pope, *A Survey of Persian Art* (vol 9). Oxford: Oxford University, p. 620.］

图四　阿契美尼德石刻残件

1. 卢浮宫收藏　2. 芝加哥大学东方研究所收藏　3. 洛杉矶博物馆收藏

（李零摄）

所戴冠饰也显示出与古代伊朗艺术的某些联系。"日月宝冠"上装饰双翼的做法常见于萨珊银盘和银币上的帝王像。阿米·海勒认为银壶上的日月图案是一种发饰，用以强调其中亚血统，是萨珊徽章的改造、变体，并非完全是萨珊王冠的翻版[1]。在萨珊艺术当中，王冠造型不一定要如实反映某位君王的特定装扮，也存在大量用以象征君权的王冠，这些王冠通常很难与特定的君主联系起来。例如在波斯萨珊时期的织锦上常见头戴王冠的国王肖像，这些形象通常很难判断是哪一位具体的国王，一般被理解成王权的表现[2]。银壶上两位舞者的冠饰很可能是这种观念化的王冠。

另一个可以表明人物身份特征的是他们的服饰。两位舞者身穿翻领长袍，一左衽，一右衽，长袖上堆叠出大量衣褶，腰间系带，下身宽松，呈"百褶裙"状。阿米·海勒认为这种服饰曾普遍流行于吐蕃社会[3]。扬之水也认为，"画面中的人物，貌若胡人，衣则吐蕃"[4]。由于吐蕃时期的相关资料比较零散，我们对于吐蕃服饰还未形成一个完整、系统的印象[5]。以往对于银壶人物服饰的研究，多是参考吐蕃时期的壁画或棺板画，缺乏相同质地材料的比对。青海省藏文化博物馆收藏三件吐蕃时期人物金饰片（图五，1-3），以十分写实的手法刻画出吐蕃贵族的形象和服饰特征。可见人物身着三角形翻领长袍，左衽，长袖过膝，衣领、袖口和袍服边缘均有华丽的花纹装饰，腰间系蹀躞带。都兰热水墓地出土两件盘坐人物金饰片（图五，4、5），二人皆身穿翻领长袍，袍服边缘饰花纹，左衽，腰间系带，手握腰带盘坐于方垫之上。香港梦蝶轩收藏两件人物骑射金饰片（图五，5、6）[6]，人物著翻领长袍和对襟长袍，袍服边缘饰花纹。

通过对上述几例吐蕃服饰的观察，可以发现其与银壶上的人物服饰有明显差异，最显著的是对衣褶的表现。金银饰片中的人物服饰均较为平整，即使作盘坐、射猎动作时，袖口和衣摆也不见明显褶皱。这可能与衣服的材质、款式或工匠的表现习惯有关。"百褶裙"是典型的希腊式服装，希腊人称之为"彼普隆"[7]。宁夏固原北周李贤墓出土一件鎏金银胡瓶[8]，胡瓶腹部饰有6个半浮雕人物形象，其中5人着"百褶裙"（图六）。有研究表明，胡瓶图像题材表现的是希腊神话内容，属于萨珊金属器系统中的"巴克特里亚制

---

[1] Amy Heller, "The Silver Jug the Lhasa Jokhang: Same Observations on Silver Objects and Costumes from the Tibetan Empire (7th-9th Century)", *Silk Road and Archaeology*, 2003, pp. 213-237.

[2] 王旭东主编：《丝绸之路上的文化交流：吐蕃时期艺术珍品》，北京：中国藏学出版社，2020年，第78页。

[3] Amy Heller, "The Silver Jug the Lhasa Jokhang: Same Observations on Silver Objects and Costumes from the Tibetan Empire (7th-9th Century)", *Silk Road and Archaeology*, 2003, pp. 213-237.

[4] 扬之水：《吐蕃金银器见知录》，《紫禁城》2020年第5期。

[5] 杨清凡：《藏族服饰史》，西宁：青海人民出版社，2003年，第33页。

[6] 苏芳淑：《金耀风华·赤狨青骢——梦蝶轩藏中国古代金饰》，香港中文大学艺术系及文物馆，2013年，第124-127页。

[7] [德]温克尔曼著，邵大箴译：《论希腊人的艺术》，《世界艺术与美学》第三辑，1984年，第344-363页。

[8] 宁夏回族自治区博物馆、宁夏固原博物馆：《宁夏固原北周李贤夫妇墓发掘简报》，《文物》1985年第11期。

1　　　　　　　　　2　　　　　　　　　3

4

5

6　　　　　　　　　7

图五　吐蕃金饰片

1-3. 青海藏文化博物馆收藏　4、5. 都兰热水墓地出土　6、7. 香港梦蝶轩收藏
（图片来源：1-5. 作者摄；6、7.《金耀风华·赤狨青骢——梦蝶轩藏中国古代金饰》，2013年，第124-127页）

品"[1]。除此之外，在一些早期输入到西藏的银盘上也可见到穿着此类服饰的人物形象[2]。

---

[1] 罗丰：《北周李贤墓出土的中亚风格鎏金银瓶——以巴克特里亚金属制品为中心》，《考古学报》2000年第3期。
[2] 浪卡子县曾出土一件希腊风格的银盘，银盘上饰有酒神狄俄尼索斯和他的随从，其中一名随从即穿着"百褶裙"。该银盘现藏于山南市博物馆，笔者将另文介绍，此处不赘。

图六　北周李贤墓出土胡瓶及其腹部纹饰

（图片来源：《丝绸之路上的文化交流：吐蕃时期艺术珍品》，第170-175页）

图七　吐蕃琵琶

1. 99DRNM3出土彩绘木板　2. 普利兹克收藏鎏金银饰片

（图片来源：1.《都兰吐蕃墓》，第103页，图七五；2.《丝绸之路上的文化交流：吐蕃时期艺术珍品》，第132页）

反弹琵琶艺术题材，最早见于开元二十五年（737）贞顺皇后石椁上[1]，流行于吐蕃统治敦煌时期的莫高窟壁画中[2]。迄今为止，我们在吐蕃本土还未见到反弹琵琶形象。但可以确定的是，吐蕃时期已有弹奏琵琶的表演形式。青海都兰血渭草场热水沟南岸三号吐蕃墓（99DRNM3）出土的彩绘木板上饰有弹奏琵琶画面（图七，1），其中演奏者盘坐于地，双手持琵琶于胸前弹奏，发掘者根据人物的"赭面"妆容推断其为吐蕃人[3]。普利兹克藏品中有一件鎏金银饰片，造型为弹奏琵琶的迦陵频伽（图七，2）。这两例吐蕃琵琶造型基

---

[1] 葛承雍：《"反弹琵琶"：敦煌壁画舞姿艺术形象来源考》，《敦煌研究》2020年第1期。
[2] 宿白：《三记拉萨大昭寺藏鎏金银壶》，见宿白著《魏晋南北朝唐宋考古文稿辑丛》，北京：文物出版社，2011年，第206-208页。
[3] 北京大学考古文博学院、青海省文物考古研究所：《都兰吐蕃墓》，北京：科学出版社，2005年，第101页。

本一致，均为四弦四柱的梨形直项琵琶。这种形制的琵琶集中出现在中晚唐时期的敦煌壁画当中[1]。大昭寺银壶上的两件琵琶亦为四弦四柱，一为直项，一为曲项。经日本学者林谦三考证，四弦四柱的梨形曲项琵琶源于伊朗，与阿拉伯的乌特（oud）同源[2]。

相比于两组反弹琵琶图像，第三组图像的主题并不明确。前文提到，霍巍曾联系郭里木出土的彩绘棺板将其考订为醉酒图[3]。我们知道大昭寺银壶是在宫廷宴会上作为酒器使用的，银壶上的图像场景有很大可能与宴会密切相关，这样看来"醉酒图"的说法有其合理性。但仔细观察可以发现，图像中的人物并非是做普通的搀扶动作。尤其是图中下方一人抱起中间一人大腿向前奔走的场景，更像是要扳倒中间的人，而不是扶起。另外，将醉酒后行动不便的场景装饰在酒器上的做法似乎有些不妥。

王室宴饮是萨珊银器中的常见题材。一件赛克勒美术馆（Arthur M. Sackler）收藏的银碗对我们讨论该图像的主题具有启示意义。这件银碗的外壁饰有几组浅浮雕图像：第一组图像表现的是国王与王后居榻上饮酒的场景，国王左手持酒杯，右手与王后一同握住一个花环（图八，2）；第二组图像，一戴口罩的人手持托盘与酒壶向国王走去，在他的身后是制作酒水的场景（图八，3）；第三组图像中，两名男子正在摔跤，二人面前有一男子双手和双脚平放在地上，背部与地面平行，似乎是杂技演员（图八，4）；第四组图像是二人对弈的场景（图八，5）；第五组图像是演奏乐器的场景，其中一人打鼓，一人弹奏竖琴（图八，6）。几组图像分别表现了皇室宴饮活动的各个环节，有学者认为，图像的主题是伊朗传统节日"诺鲁兹（Nowruz）"期间在宫廷举办的葡萄酒宴会[4]。

如果将大昭寺银壶上的三组图像也视为对整场宴会的叙事，那么在欣赏表演到醉酒散场之间还缺少了饮酒等环节。在赛克勒银碗上，宴会中的助兴活动是多样的，既有演奏乐器，还包括摔跤、杂技等项目。这提示我们，大昭寺银壶上的第三组图像很可能与反弹琵琶一样，同为宴会中的助兴活动。从人物形态特征来看，也不排除是摔跤或搏斗等表演性质的场景。

最后让我们把目光聚焦到整个银壶最独特之处，即壶顶的兽首造型。藏文文献一般称其为"马首银壶"，后世学者也有鹿首、羊首、骆驼首等不同称谓。在吐蕃金银器中，银壶的兽首造型并非孤例。克利夫兰艺术博物馆收藏一件鎏金银角杯，其末端作兽首造型，吻端有管状流（图九，1）。这件角杯与一件带把杯和上文提到该馆收藏的银瓶为同一组

---

[1] 周杨：《隋唐琵琶源流考——以石窟寺所见琵琶图像为中心》，《敦煌研究》2020年第4期。
[2] [日] 林谦三著，钱稻孙译，曾维德、张思睿校注：《东亚乐器考》，上海：上海书店出版社，2013年，第275页。
[3] 霍巍：《吐蕃时代考古新发现及其研究》，第162–219页。
[4] A. S. Melikian-Chirvani, "The Iranian Wine Horn from Pre-achaemenid Antiquity to the Safavid Age", *Bulletin of the Asia institute*, 1996, New Series, Vol. 10, Studies in Honor of Vladimir A. Livshits (1996), pp. 85–139.

图八　赛克勒收藏银碗及其细部纹饰

[图片来源：A. S. Melikian-Charvan, "The Iranian Wine Horn from Pre-Achaemenid Antiquity to the Safavid Age", *Bulletin of the Asia Institute*, 1996, New Series, Vol. 10, Studies in Honor of Vladimir A. Livshits (1996), pp. 85–139, Fig. 19–24.]

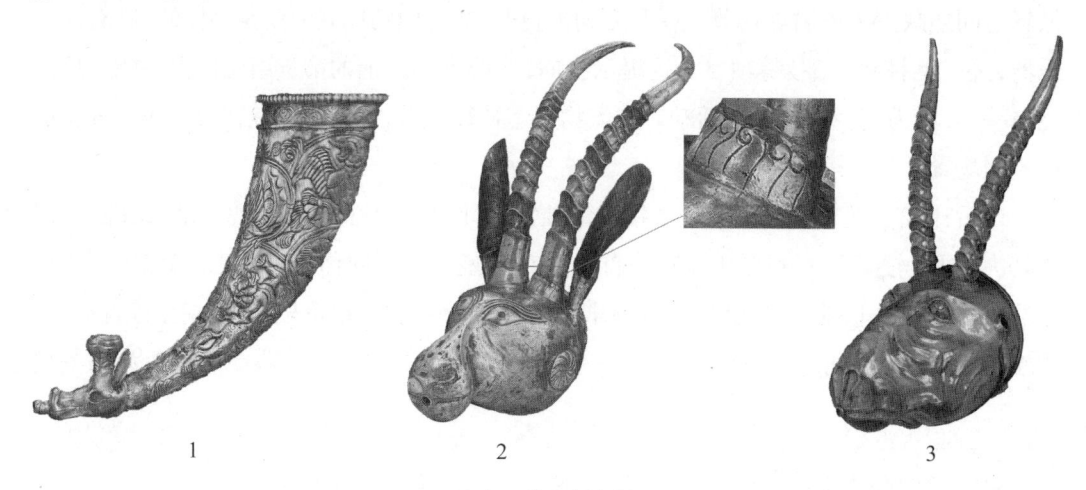

图九　鎏金银角杯

1. 克利夫兰艺术博物馆收藏　2. 阿勒萨尼收藏　3. 纽约大都会艺术博物馆收藏

（图片来源：1、2.《丝绸之路上的文化交流：吐蕃时期艺术珍品》，第256、257页；3. https://www.metmuseum.org/art/collection/search/324024）

器物,其中银杯底部刻有藏文题记[1],据此可以确定这组器物属吐蕃系统金银器。角杯这类器物广泛流行于希腊化时代,在希腊罗马称其为来通(Rhyton)。随着希腊文明的东传,角杯在伊朗高原的阿契美尼德王朝时期得到了进一步发展。至萨珊时期,作兽首造型的金银质地角杯已十分普及。例如阿勒萨尼收藏有一件萨珊时期的角杯,鎏金银质,羚羊造型,长角长耳,其中一角根部饰有卷曲的毛发,面部狭长,两颊有圆形涡纹,鼻孔较小,吻端有孔状流(图九,2)。该造型与大昭寺银壶兽首有诸多相似之处,尤其是对卷曲毛发的表现,几乎如出一辙。另一件可供比较的材料是纽约大都会艺术博物馆收藏的鎏金银角杯,这件器物亦作羚羊造型,有长角,无耳郭,吻端有孔状流(图九,3)。据此来看,大昭寺银壶兽首表现的应是羊首,将其称为"羊首银壶"更为恰当。由于要在羊首顶部开口,故舍去两角,使得后世对其种属的讨论一直悬而未决。

四、结 语

结合上述讨论我们可以发现,大昭寺银壶与吐蕃时期典型金银器皿有明显差别,其在造型、工艺、图像题材等方面显示出与古代伊朗艺术的密切联系,在银壶的装饰纹样中还包含若干来自敦煌的因素。但迄今为止,我们在伊朗或者敦煌的古代艺术品中还未见到与大昭寺银壶同属一类的器物。因此,将其定为境外输入品的结论还为时尚早。藏文文献《五部遗教》中记载,在雍布拉康一处赞普陵墓中随葬有"稀少的银质马头壶三件"[2]。另外,虽在吐蕃及其邻近地区罕见圜底金银器,但吐蕃时期的圜底陶罐却十分流行。由此来看,圜底兽首造型的鎏金银壶也符合吐蕃人的审美情趣。

综上,我们至少可以从这件银壶当中看到来自伊朗、敦煌和吐蕃本土的文化因素,其理想的制作地点可能是敦煌地区。参考吐蕃占领敦煌和"反弹琵琶"图像题材在敦煌一带的流行时间来看,银壶制作的时间大致处于八世纪末至九世纪中期之间。敦煌文书中常见有"波斯僧"[3]、"波斯沙钵那"[4]等字眼,表明敦煌曾是东迁波斯人活动的一个据点。大昭寺银壶很可能出自旅居敦煌的波斯工匠之手,辗转为吐蕃贵族所获,或因躲避战乱而

---

[1] Martha L. Carter, "Three Silver Vessels from Tibet's Earliest Historical Era: A Preliminary Study", *Cleveland Studies in the History of Art*, Vol. 3, 1998, pp. 22-47.
[2] 夏吾卡先:《吐蕃王陵的墓室复原研究》,《西藏研究》2015年第6期。
[3] 姜伯勤:《敦煌与波斯》,《敦煌研究》1990年第3期。
[4] 朱雷:《跋敦煌所出〈唐景云二年张君义勋告〉——兼论"勋告"制度渊源》,见氏著《朱雷敦煌吐鲁番文书论丛》,上海:上海古籍出版社,2012年,第247-268页。

深埋地下，或是作为随葬品一同入葬，后经伏葬供奉于大昭寺内，流传至今。

附记：四川大学霍巍教授、西藏大学夏吾卡先副教授对本文的写作提出了中肯的意见和建议。谨致谢忱。

（原载《西藏大学学报（社会科学版）》2022年第1期）

唐代敦煌地区着狮(虎)皮形象再探讨
——兼论吐蕃大虫皮制度的来源及影响

王文波

　　唐代敦煌石窟壁画中存在大量着狮(虎)皮神祇的形象,关于其来源,学界有两种不同的观点,一种认为是外来文化的产物[1],另一种则认为是吐蕃大虫皮制度影响下的产物[2]。同时邢义田先生指出,这些形象不宜一概称为虎皮帽、虎皮盔或虎头形兜鍪,其中存在狮皮帽的形象[3];李凇先生也指出,这类狮头盔传入中国后逐渐转变为虎头盔[4]。但目前学界对其中狮与虎的形象未做明确区分,对狮向虎转变的时空条件也讨论不多。本文通过重新梳理材料,尝试区分狮和虎的不同形象,探讨敦煌地区着狮(虎)皮形象出现的组合及其变化,并由此重新思考吐蕃大虫皮制度的起源及其对新疆地区的影响。

---

[1] 参见:谢明良:《希腊美术的东渐?——从河北献县唐墓出土陶武士俑谈起》,《故宫文物月刊》1997年总第175期;李凇:《略论中国早期天王图像及其西方来源》,见李凇《长安艺术与宗教文明》,北京:中华书局,2002年,第105–142页;邢义田:《赫拉克利斯在东方——其形象在古代中亚、印度与中国造型艺术中的流播与变形》,见邢义田《画为心声:画像石、画像砖与壁画》,北京:中华书局,2011年,第458–513页;沈睿文:《唐镇墓天王俑与毗沙门信仰推论》,见樊英峰主编《乾陵文化研究(五)》,西安:三秦出版社,2010年,第138–152页;郭晓涛:《陕西凤翔唐墓出土陀罗尼经咒的图像解读》,《中国国家博物馆馆刊》2017年第8期。

[2] 向达:《西征小记——瓜州谈往之一》,见向达《唐代长安与西域文明》,北京:商务印书馆,2015年,第370–371页;段文杰:《段文杰敦煌石窟艺术论文集》,兰州:甘肃人民出版社,1994年,第262、305页;李其琼:《论吐蕃时期的敦煌壁画艺术》,《敦煌研究》1998年第2期;姚士宏:《关于新疆龟兹石窟的吐蕃窟问题》,《文物》1999年第9期;陆离:《大虫皮考——兼论吐蕃、南诏虎崇拜及其影响》,《敦煌研究》2004年第1期;陆离:《敦煌、新疆等地吐蕃时期石窟中着虎皮衣饰神祇、武士图像及雕塑研究》,《敦煌学辑刊》2005年第3期;陆离:《关于吐蕃告身和大虫皮制度的再探讨——英藏新疆米兰出土古藏文文书Or.15000/268号研究》,四川大学中国藏学研究所编:《藏学学刊》第14辑,北京:中国藏学出版社,2016年,第1–13页。

[3] 邢义田:《赫拉克利斯在东方——其形象在古代中亚、印度与中国造型艺术中的流播与变形》,见邢义田《画为心声:画像石、画像砖与壁画》,第509–510页。

[4] 李凇:《略论中国早期天王图像及其西方来源》,见李凇《长安艺术与宗教文明》,第134页。

一、唐代敦煌地区的着狮(虎)皮形象

唐代敦煌地区着狮(虎)皮形象众多,首先需要进行一些辨识。在莫高窟231窟、237窟、367窟赞普礼佛图中有着虎皮的形象,但这些形象与佛教题材中的着虎皮形象有明显区别[1],与吐蕃、南诏时期的大虫皮制度形象有较大差异,加之同时期敦煌赞普礼佛图中着虎皮形象也出现较少,因此其可能与传统的虎崇拜、以虎皮为饰习俗相关。本文对这类着虎皮形象暂不涉及,主要讨论受佛教影响的着狮(虎)皮形象(参见附表)。

关于狮和虎的区别,除邢义田先生指出的狮子头部鬃毛明显外(图一,1),狮子的尾部特征也比较突出(图一,2),而虎则有明显的虎斑纹(图一,3),尾部特征也与狮子有别。唐代敦煌地区的着狮(虎)皮形象,一般表现为人物头戴狮(虎)头、兽爪系结于颈前,部分身后可见完整兽身,有的则简化后仅表现出兽头。从目前材料来看,这类着狮(虎)皮形象主要出现在经变画天龙八部和毗沙门天王组合之中。

在经变画中,天龙八部之一的乾闼婆多为着狮皮形象,一般表现为头戴狮头、狮头两侧鬃毛明显、狮爪系结于人物颈前(图二)。从时间上看,敦煌地区这类着狮皮形象从盛

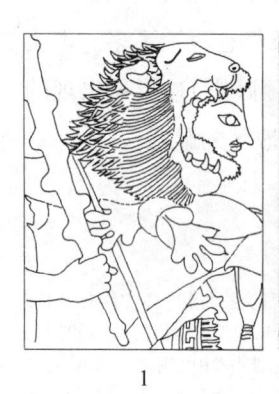

图一 着狮(虎)皮形象和狮子形象

1. 典型的赫拉克利斯形象 2. 敦煌藏经洞发现的狮子纸本墨画(9世纪末)
3. 吐鲁番石窟发现的乾闼婆彩色绘绢画残片(8-9世纪)

(图片来源:1、3.《赫拉克利斯在东方——其形象在古代中亚、印度与中国造型艺术中的流播与变形》,见邢义田《画为心声:画像石、画像砖与壁画》,第464页,图5,第506页,图53;2. 马炜、蒙中:《西域绘画9》,重庆:重庆出版社,2010年,第17页)

---

[1] 如莫高窟231窟着虎皮者站于赞普身后,外套上为虎皮、下为豹皮做的半袖长裙,头戴用虎皮做的浑脱帽,参见:谢静:《敦煌莫高窟〈吐蕃赞普礼佛图〉中吐蕃族服饰初探——以第159窟、第231窟、第360窟为中心》,《敦煌学辑刊》2007年第2期。

图二　唐代、五代敦煌及相关地区的着狮皮形象

1. 莫高窟445窟天龙八部局部（盛唐）　2. 榆林25窟天龙八部局部（中唐）
3. 莫高窟158窟涅槃经变局部（中唐）　4. 莫高窟138窟报恩经变局部（晚唐）
5. 莫高窟138窟维摩诘经变局部（晚唐）　6. 莫高窟36窟文殊八部众之一（五代）
7. 山西平顺大云院弥陀殿诸天局部（五代）
8. 甘肃肃北五个庙石窟第1窟弥勒下身经变像局部（西夏）

（图片来源：1. 王惠民主编：《敦煌石窟全集·弥勒经画卷》，香港：商务印书馆，2002年，第62页；2. 敦煌研究院：《中国石窟·安西榆林窟》，北京：文物出版社，1997年，图26；3. 段文杰主编：《中国敦煌壁画全集7》，天津：天津人民美术出版社，2006年，图版第55页；4、5. 如常主编：《世界佛教美术图说大辞典·石窟3》，高雄：佛光山宗委会，2013年，第1067、1068页；6. 罗华庆主编：《敦煌石窟全集·尊像画卷》，香港：商务印书馆，2002年，第247页；7. 柴泽俊、贺大龙：《山西佛寺壁画》，北京：文物出版社，2006年，第109页，图二二；8. 如常主编：《世界佛教美术图说大辞典·石窟1》，第128页）

唐到晚唐一直存在，并延续至五代时期（图二，1-6），稍晚向西在山西五代时期壁画、甘肃西夏五个庙石窟中也有零星发现（图二，7、8）。很多学者指出，这类着狮皮形象是外来文化的产物，其远源甚至可以追溯到希腊罗马神话中的赫拉克利斯形象[1]。需要注意的是，这类着狮皮形象中，部分狮头已经接近虎头形态。

在毗沙门天王组合中，天王旁的神将多为着狮皮或着虎皮形象，且形象特征较明显。

---

[1] 这一观点以邢义田先生论述最为详实，参见：邢义田：《赫拉克利斯在东方——其形象在古代中亚、印度与中国造型艺术中的流播与变形》，见邢义田《画为心声：画像石、画像砖与壁画》，第458-513页。

着狮皮形象多见于海外藏的敦煌遗画中[1],时间上从中唐一直延续到五代,狮头两侧鬃毛突出,部分狮腿、狮尾也比较明显(图三,1、4),如榆林25窟毗沙门天王旁神将,身披狮皮,身后可见明显的狮尾(图三,1)。而着虎皮形象一般表现为神将头戴虎头、虎爪系结于颈前、身后可见虎腿和虎尾,虎皮上虎斑纹明显(图三,5-7)。其中建于吐蕃时期的莫高窟205窟比较特殊,着虎皮者为北方天王塑像,虽然头部残损,但身后明显可见虎腿(图三,8)。

前述出现于吐蕃期洞窟中的敦煌毗沙门天王造像,毗沙门天王与乾闼婆、吉祥天女、坚劳地神、金鼠等人物或全部或部分组合出现,兼具吐蕃和西域因素,日本学者称其为兜跋毗沙门天王[2];其中部分毗沙门天王两腿间生出地乳(或称地天)托举天王的形象,是来自于阗的基本样式[3]。至于着狮(虎)皮者的身份,有吐蕃密宗"库藏神"、毗沙门天王、乾闼婆、毗沙门天第二子独键等不同观点[4]。从榆林25窟天龙八部中乾闼婆形象与毗沙门天王旁神将很相似来看,笔者倾向于认为毗沙门天王旁的着狮(虎)皮者为乾闼婆。

总结来说,唐代敦煌地区的着狮(虎)皮形象,主要出现在经变画天龙八部和毗沙门天王组合中,并以前者为多。天龙八部中乾闼婆基本为着狮皮形象,而毗沙门组合中神将,则着狮皮与着虎皮两种形象并存。从时间上来看,着狮皮形象出现较早,并有较清晰的传播路径,因此毗沙门天王组合中的着狮皮形象,很可能受天龙八部中同类形象的影响而产生,但在敦煌本土文化的影响下,逐渐转变为着虎皮的形象。

---

[1] 本文在国际敦煌项目(IDP)网站下载的图片资料,编号索引等信息主要参考:袁婷:《敦煌藏经洞出土绘画品研究史》,兰州大学博士学位论文,2012年,第239-257页;张德明:《伯希和集品敦煌遗画目录》,四川大学中国藏学研究所:《藏学学刊》(第11辑),北京:中国藏学出版社,2014年,第56-109页。
[2] 松本文三郎、谢继胜、李翎、彭杰、佐藤有希子等对这一问题都有讨论,沙武田先生对学术史进行过详细梳理,参见沙武田:《吐蕃统治时期敦煌石窟研究》,北京:中国社会科学出版社,2013年,第46-53页。
[3] 霍巍:《从于阗到益州:唐宋时期毗沙门天王图像的流变》,《中国藏学》2016年第1期。
[4] 参见:沙武田:《文化认同与艺术选择——以榆林窟第15、25窟为例看吐蕃密教艺术进入敦煌石窟的尝试》,见宽旭主编《首届大兴善寺唐密文化国际学术研讨会论文集 第3编 密意神韵—唐代密教的文化与艺术》,西安:陕西师范大学出版社,2012年,第194-208页;郭晓涛:《陕西凤翔唐墓出土陀罗尼经咒的图像解读》,《中国国家博物馆馆刊》2017年第8期;张永安:《敦煌毗沙门天王图像及其信仰概述》,《兰州大学学报(社会科学版)》2007年第6期;李翎:《毗沙门图像辨识——以榆林25窟前室毗沙门天组合图像的认识为中心》,故宫博物院:《故宫学刊》(第7辑),2011年,第180-194页;李翎:《图像辨识习作之一——以榆林窟第25窟前室毗沙门天图阶段性认识为中心》,见樊锦诗主编《敦煌吐蕃统治时期石窟与藏传佛教艺术研究》,兰州:甘肃教育出版社,2012年,第375-398页。

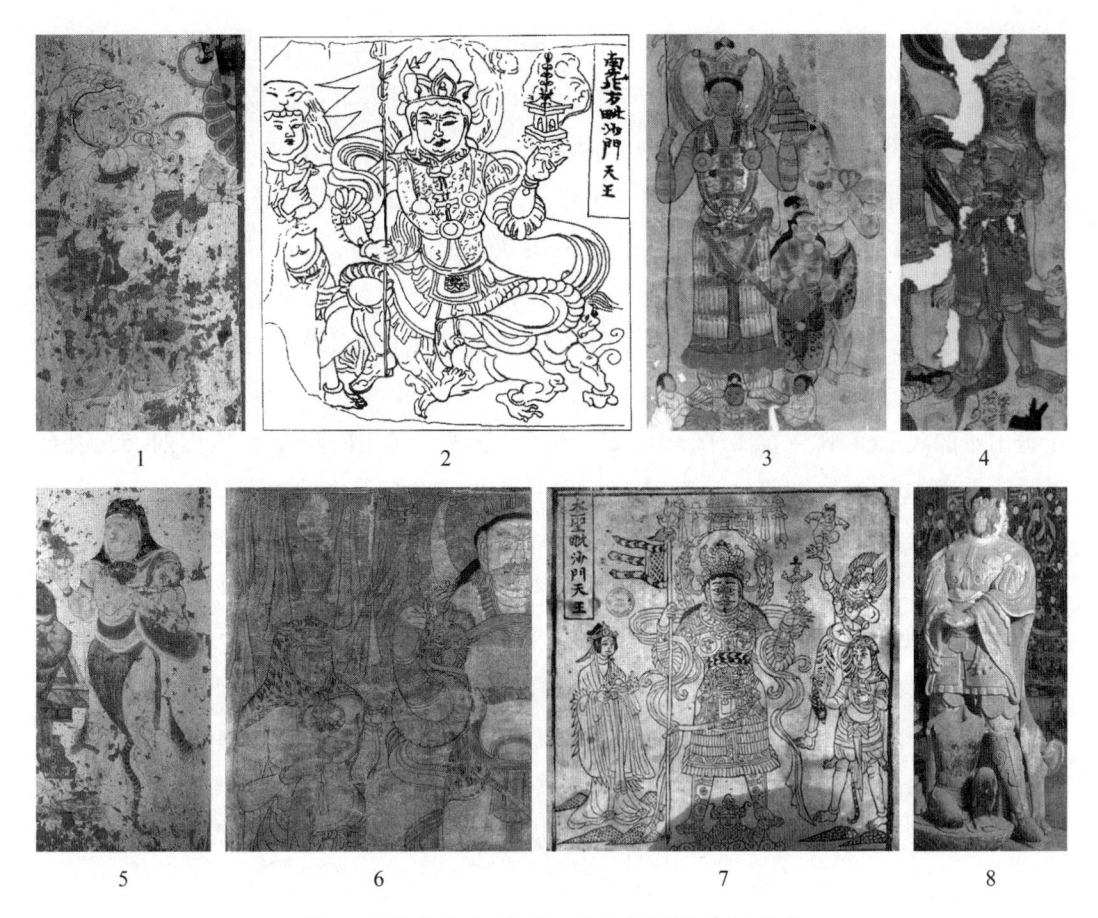

图三 敦煌地区毗沙门天王组合中着狮（虎）皮形象

1. 榆林 25 窟毗沙门天王旁神将（中唐） 2. 大英博物馆藏龙纪二年（890）纸本版画
3. 法国吉美博物馆藏伯希和敦煌遗画《释迦牟尼与毗沙门等护法像》局部（编号：EO 1162）
4. 法国国家图书馆藏五代《兜跋毗沙门天像》局部［编号：Pelliot chinois 4518 (27)］
5. 榆林 15 窟毗沙门天王旁神将 6. 大英博物馆藏毗沙门天王与乾闼婆绢画（8 世纪）
7. 法国国家图书馆藏开运四年（947）纸本版画［编号：Pelliot chinois 4514 (1) 10］
8. 莫高窟 205 窟北方天王

（图片来源：1.《中国敦煌壁画全集 7》，图版第 65 页；2.《赫拉克利斯在东方——其形象在古代中亚、印度与中国造型艺术中的流播与变形》，见邢义田《画为心声：图像石、图像砖与壁画》，第 508 页，图 56；3、4、7. 国际敦煌项目网站 http://idp.nlc.cn/；5.《中国石窟·安西榆林窟》，图 4；6.《西域绘画 5》，第 29 页；8. 孙毅华、孙儒僩主编：《敦煌石窟全集·石窟建筑卷》，香港：商务印书馆，2002 年，第 102 页）

二、敦煌地区"着狮皮"向"着虎皮"的转变

唐代敦煌地区的着狮（虎）皮形象，与佛教的东传密切相关，在新疆地区早期石窟及更早的犍陀罗艺术中能找到其源头。在犍陀罗艺术和新疆早期石窟中，着狮皮和着虎皮

形象都有存在,但明确为虎的形象较少[1],同时着狮(虎)皮者身份也不固定,而到唐代敦煌地区,则发生了明显的变化。如前所述,唐代敦煌地区的着狮(虎)皮形象,主要出现在经变画天龙八部和毗沙门天王组合中,并继续东传至中原地区。

唐代敦煌地区经变画中,着狮皮者主要是天龙八部之一的乾闼婆,并有从"着狮皮"向"着虎皮"转变的趋势。而到四川石窟中,此类形象众多,除川北地区个别为着狮皮形象外,其余已基本为着虎皮形象[2]。总的来看,四川石窟中的着虎皮形象,唐代早期集中在川北的广元、巴中、绵阳等地,其后在乐山、安岳等地也有出现(图四,1-3),有明显的自北向南传播迹象,这也与四川地区石窟的发展趋势一致。同时,河北及两京地区部分唐墓及窑址出土的武士俑,除懿德太子、节愍太子墓武士俑戴有鬃毛的狮头外[3](图四,5),其余基本为着虎皮形象[4](图四,6-8)。李星明先生指出,这类唐墓中的护法式镇墓武士俑,借用了当时流行天龙八部中戴虎或狮头帽的乾闼婆形象和戴鸟形冠饰的迦楼罗形象[5]。此外日本奈良天平六年(734)所造兴福寺西金堂护法神八部众像中的乾闼婆,也是着虎皮的形象[6](图四,4)。这说明在中原地区佛教天龙八部中乾闼婆的形象,已经完全转变为着虎皮形象,受其影响产生的唐墓武士俑亦然,而这一转变的过程应追溯到敦煌地区。

唐代敦煌地区毗沙门天王组合中,着狮皮和着虎皮形象并存,其中的着狮皮形象,与犍陀罗和新疆早期佛教艺术中的同类形象一脉相承。而着虎皮形象,虽然可能受敦煌本地虎崇拜的影响,但其源头仍是外来的着狮皮形象,这在榆林15窟、25窟中有较明确的

---

[1] 在拉合尔博物馆藏魔众像、库木吐喇23窟日天、克孜尔224窟护法中有接近虎的形象,参见:如常主编:《世界佛教美术图说大辞典·石窟3》,第866页;如常主编:《世界佛教美术图说大辞典·雕塑4》,第1421页;新疆维吾尔自治区文物管理委员会等编:《中国石窟·克孜尔石窟3》,北京:文物出版社,1997年,图220。

[2] 邢义田先生曾提及四川石窟中的着虎皮形象,并指出广元千佛崖大像窟乾闼婆为着狮皮形象,参见:邢义田:《赫拉克利斯在东方——其形象在古代中亚、印度与中国造型艺术中的流播与变形》,见邢义田《画为心声:画像石、画像砖与壁画》,第503-504页。但目前学界对唐代四川石窟中的着虎皮形象讨论较少,具体材料可参见:刘长久主编:《安岳石窟艺术》,成都:四川人民出版社,1997年;刘长久主编:《中国石窟雕塑全集8》,重庆:重庆出版社,1999年;成都文物考古研究所等:《巴中石窟内容总录》,成都:巴蜀书社,2006年;四川省文物管理局等:《广元石窟内容总录·皇泽寺卷》,成都:巴蜀书社,2008年;程崇勋:《巴中石窟》,北京:文物出版社,2009年;于春、王婷主编:《绵阳龛窟——四川绵阳古代造像调查研究报告集》,北京:文物出版社,2010年;四川省文物考古研究院、西安美术学院:《夹江千佛岩——四川夹江千佛岩古代摩崖造像考古调查报告》,北京:文物出版社,2012年;四川文物管理局等:《广元石窟内容总录·千佛崖卷》,成都:巴蜀书社,2014年;大足石刻研究院等:《安岳卧佛院考古调查与研究》,北京:科学出版社,2015年。

[3] 这两座墓出土此类武士俑数量众多,参见:陕西省考古研究所、富平县文物管理委员会:《唐节愍太子墓发掘报告》,北京:科学出版社,2004年,第81-85页;陕西省考古研究院、乾陵博物馆:《唐懿德太子墓发掘报告》,北京:科学出版社,2016年,第326-337页。

[4] 关于此类武士俑,邢义田先生在《赫拉克利斯在东方》一文中已有详细梳理,另在洛阳偃师前杜楼、洛阳宜阳、河北内丘唐代邢窑遗址等处也有发现。

[5] 李星明:《唐代护法神式镇墓俑试析》,见石守谦、颜娟英主编《艺术史中的汉晋与唐宋之变》,台北:石头出版社,2014年,第281-310页。

[6] 如常主编:《世界佛教美术图说大辞典·雕塑1》,第92-93页。

图四　唐代中原地区及日本兴福寺的着虎（狮）皮形象

1. 广元皇泽寺51窟（初唐）　2. 安岳千佛寨51号龛（盛唐）　3. 巴中西龛10号龛（715）
4. 日本奈良兴福寺西金堂护法神八部众之乾闼婆（734）　5. 唐节愍太子墓C型武士俑（710）
6. 河北内丘唐邢窑遗址调查采集　7. 河南巩义92HGSM1出土（690-700）　8. 洛阳宜阳县出土（唐）

（图片来源：1. 罗宗勇：《广元石窟艺术》，成都：四川美术出版社，2005年，第54页；2.《中国石窟雕塑全集8》，图版第99页；3.《巴中石窟》，第194页；4.《世界佛教美术图说大辞典·雕塑1》，第93页；5.《唐节愍太子墓发掘报告》，第85页；6. 内丘县文物保管所：《河北省内丘县邢窑调查简报》，《文物》1987年第9期，图版壹，4；7. 郑州市文物考古研究所：《巩义芝田晋唐墓葬》，北京：科学出版社，2003年，彩版九，4；8. 洛阳市文物管理局：《洛阳陶俑》，北京：北京图书馆出版社，2005年，第266页）

反映。榆林15窟、25窟营建要早于莫高窟中的吐蕃窟，其中榆林25窟是瓜州"盛唐吐蕃期"营建，代表榆林窟的盛唐艺术[1]。榆林25窟北壁弥勒经变中，天龙八部之一的乾闼婆头戴狮头，狮爪系结于人物颈下（图五，1），而在其前室东壁北侧，绘有毗沙门天王组合，

---

[1] 沙武田先生对此有详细论述，参见：沙武田：《吐蕃统治时期敦煌石窟研究》，北京：中国社会科学出版社，2013年，第355-386页。

民族交融｜唐代敦煌地区着狮（虎）皮形象再探讨　513

图五 毗沙门天王组合中的着狮皮、人面形护腰形象
1. 榆林25窟天龙八部中的乾闼婆 2. 榆林25窟毗沙门天王旁力士
3. 榆林25窟毗沙门天王旁力士脚后兽腿及兽尾 4. 榆林25窟毗沙门天王人面形护腰
（图片来源：1.《中国石窟·安西榆林窟》，图26；2-4.《中国敦煌壁画全集7》，图版第65页）

其中天王左侧神将，其形象与北壁乾闼婆形象很相似（图五，2）。该神将人物形象完整，从其脚部附近兽尾形态来看（图五，3），与法国国家图书馆藏五代《兜跋毗沙门天像》中神将的着狮皮形象很接近（图三，4），应同是头戴狮头、身披狮皮的形象。同时如前所述，毗沙门天王组合中，毗沙门天王也带有明显的西域因素，因而其组合中的着虎皮形象，很可能源于着狮皮形象。此外谢明良先生也指出，榆林15窟毗沙门天王的人面形护腰（图五，4），可能与希腊神话中的女妖美杜莎有关[1]，这类人面形装饰也见于前述开运四年纸本版画（图三，7），这进一步说明了毗沙门天王组合中着虎皮形象包含的西方因素。

总的来看，着狮（虎）皮形象从西向东的传播过程中，到敦煌地区着狮（虎）皮者身份逐渐固定，主要为天龙八部和毗沙门天王组合中的乾闼婆形象，其中后者可能是受前者影响的产物。敦煌地区着虎皮形象出现较多，可能与这一时期吐蕃占领敦煌和吐蕃本民族的虎崇拜有关[2]，因而毗沙门天王中的着狮皮形象逐渐转变为着虎皮形象，到中原地区则几乎全为着虎皮形象。关于这类形象由狮向虎转变的原因，李凇先生认为可能与佛教中狮子具有崇高地位有关[3]，从前文论述来看，可能也与中国本土没有狮子和传统的虎崇拜相关。

---

[1] 谢明良：《希腊美术的东渐？——从河北献县唐墓出土陶武士俑谈起》，《故宫文物月刊》1997年总第175期。
[2] 陆离：《大虫皮考——兼论吐蕃、南诏虎崇拜及其影响》，《敦煌研究》2004年第1期；陆离：《敦煌、新疆等地吐蕃时期石窟中着虎皮衣饰神祇、武士图像及雕塑研究》，《敦煌学辑刊》2005年第3期。
[3] 李凇：《略论中国早期天王图像及其西方来源》，见李凇《长安艺术与宗教文明》，第134页。

三、再论吐蕃大虫皮制度的起源及其对新疆地区影响

关于唐代敦煌地区的着虎皮形象，很多学者认为是吐蕃大虫皮制度影响下的产物[1]，邢义田先生则认为其在渊源上可能和佛教中的同类形象有关，和希腊的赫拉克利斯形象有间接联系[2]。笔者同意邢先生的观点，考虑其时代背景、传统虎崇拜等因素，笔者认为吐蕃大虫皮制度很可能是佛教影响下的产物，以下试作分析。

陆离先生认为吐蕃大虫皮制度源于吐蕃民族的虎崇拜，与古羌戎的虎崇拜关系密切[3]。但所谓的虎崇拜在古代是广泛存在并长期延续的，如北魏孝文帝元宏南征时，"宏引军向城南寺前顿止，从东南角沟桥上过，伯玉先遣勇士数人著斑衣虎头帽，从伏窦下忽出，宏人马惊退，杀数人"[4]，其中的"著斑衣虎头帽"，虽然接近佛教题材中头戴虎头、身披虎皮的形象，但仍是传统虎崇拜的一种体现。而在西南少数民族地区，这类虎崇拜则更加普遍[5]。这些传统虎崇拜中的着虎皮形象，不仅分布广泛，而且时代也早于吐蕃时期，很难说是吐蕃大虫皮制度的主要来源。

其次，正如陆离先生所指出的，唐代从天竺传入的佛教密宗中也有着虎皮衣饰的图像，这一时期的密宗经典中记载了很多神祇以虎皮为裙、肩膊上掩虎皮或用虎皮缦胯[6]。而在法国国家图书馆藏敦煌藏文卷子遗画毗沙门天王（编号 Pelliot tibétain 1122）中，天王旁神将身穿虎皮裙，与常见的头戴虎头、身披虎皮形象不同（图六，1），这类着虎皮衣饰形象在同时期其他地区佛教遗存中也有较多发现。同时虎在西藏较为少见，主要分布在藏南森林地带[7]。此外在北周史君墓中，石堂南壁浮雕人物腰部着虎皮，虎头、虎爪明显可见[8]（图六，2），这些都说明唐代敦煌地区毗沙门天王中的着虎皮形象，很可能与外来文化

---

[1] 持此观点的有向达、段文杰、李其琼、姚士宏、陆离等，参见：向达：《西征小记——瓜州谈往之一》，见向达《唐代长安与西域文明》，第370-371页；段文杰：《段文杰敦煌石窟艺术论文集》，第262、305页；李其琼：《论吐蕃时期的敦煌壁画艺术》，《敦煌研究》1998年第2期；姚士宏：《关于新疆龟兹石窟的吐蕃窟问题》，《文物》1999年第9期；陆离：《大虫皮考——兼论吐蕃、南诏虎崇拜及其影响》，《敦煌研究》2004年第1期；陆离：《敦煌、新疆等地吐蕃时期石窟中着虎皮衣饰神祇、武士图像及雕塑研究》，《敦煌学辑刊》2005年第3期；陆离：《关于吐蕃告身和大虫皮制度的再探讨——英藏新疆米兰出土古藏文文书Or.15000/268号研究》，四川大学中国藏学研究所编：《藏学学刊》（第14辑），第1-13页

[2] 邢义田：《赫拉克利斯在东方——其形象在古代中亚、印度与中国造型艺术中的流播与变形》，见邢义田《画为心声：画像石、画像砖与壁画》，第504-510页。

[3] 陆离：《大虫皮考——兼论吐蕃、南诏虎崇拜及其影响》，《敦煌研究》2004年第1期。

[4] 《南齐书》卷五十七《魏虏传》，北京：中华书局，1972年，第997页。

[5] 张泽洪：《中国西南少数民族宗教中的虎崇拜研究》，《中南民族大学学报（人文社会科学版）》2007年第6期。

[6] 陆离：《敦煌、新疆等地吐蕃时期石窟中着虎皮衣饰神祇、武士图像及雕塑研究》，《敦煌学辑刊》2005年第3期。

[7] 西藏自治区地方志编纂委员会：《西藏自治区志 动物志》，北京：中国藏学出版社，2005年，第126页。

[8] 西安市文物保护考古研究院：《北周史君墓》，北京：文物出版社，2014年，第82-91页。

图六　法藏敦煌藏文卷子遗画和史君墓石堂浮雕人物
1. 法国国家图书馆藏敦煌遗画　2. 西安史君墓出土石堂南壁浮雕
（图片来源：1. 国际敦煌项目网站 http://idp.nlc.cn/；2.《北周史君墓》，图80）

尤其是佛教的传播关系密切。

此外，从目前材料来看，能反映吐蕃大虫皮制度的材料主要分布在敦煌地区的佛教遗存中，而在吐蕃本土很少发现。尽管吐蕃大虫皮制度与当地传统的虎崇拜有一定关联，但考虑到同时期佛教的传播和影响，这类着虎皮的形象很可能是佛教影响下的产物，其远源可以追溯到西方传统的着狮皮形象，传入中国后受传统虎崇拜的影响，逐渐转变为着虎皮形象，吐蕃大虫皮制度的来源主要应与佛教的传播相关。

至于新疆地区早期石窟中的着狮（虎）皮形象，李其琼、姚士宏、陆离等先生考证认为应该是吐蕃占领时期开凿或重修[1]，笔者认为不宜一概而论。首先，新疆早期石窟中的着狮（虎）皮形象，很多年代上早于吐蕃，与犍陀罗艺术存在渊源关系。其次，从兽头形态看，新疆早期石窟中的着狮（虎）皮形象兽面特征不明显，同时人物身份尚未固定，多为护法神及听法菩萨，这些都显示出其早期特征。此外，中原地区也有早期着狮（虎）皮形象形象发现，如河南巩县石窟北魏时期的第4窟中心柱基坛北面的狮神王、天水麦积山石窟第4窟北周时期的天龙八部之一。当然，新疆地区石窟中少量着虎皮的形象，可能受到吐蕃影响，但这只是佛教东渐过程中的一点回流。

---

[1] 李其琼：《论吐蕃时期的敦煌壁画艺术》，《敦煌研究》1998年第2期；姚士宏：《关于新疆龟兹石窟的吐蕃窟问题》，《文物》1999年第9期；陆离：《敦煌、新疆等地吐蕃时期石窟中着虎皮衣饰神祇、武士图像及雕塑研究》，《敦煌学辑刊》2005年第3期。

四、结　语

综上所述，唐代敦煌地区着狮（虎）皮形象主要出现在经变画天龙八部和毗沙门天王组合中，毗沙门天王组合中的着狮皮形象可能受天龙八部中的同类形象影响而产生，并在本地文化传统影响下逐渐转变为着虎皮形象。而到中原地区，石窟中的天龙八部及受其影响的唐墓武士俑，则已基本为着虎皮形象，这一形象的转变应追溯到敦煌地区。

毗沙门天王组合中的着虎皮形象，与吐蕃大虫皮制度存在密切联系。吐蕃大虫皮制度固然与其自身的虎崇拜有一定联系，但从当时的历史背景来看，这一时期中西文化交流频繁，佛教也开始向吐蕃地区传播，这类着虎皮形象很可能是佛教传播的产物，吐蕃大虫皮制度应主要源于佛教的影响。至于新疆早期石窟中的着狮（虎）皮形象，其源头主要是犍陀罗艺术而非吐蕃大虫皮制度。

需要指出的是，这一时期着狮（虎）皮形象在传统虎崇拜、佛教神祇（包括部分唐墓武士俑）、大虫皮制度中都有存在。如在大理国《张胜温画卷》中，"利贞皇帝礼佛图"中的贵族（图七,1）和"武士名群矣"[1]（图七,2），全身披虎皮，很可能是受吐蕃影响的大虫皮制度的反映；但在"南无释迦牟尼佛会""十六大国王众"中也有类似形象，前者为佛教神祇，头戴有鬃毛的狮头（图七,3），后者头戴虎头形饰物（图七,4），两者可能分别与佛教、传统虎崇拜的影响有关。这类着狮（虎）皮形象在虎崇拜、佛教、大虫皮制度中同时并存，说明三者之间是相互影响交融的，但形成制度化、等级化和具有勇猛寓意的大虫皮制度，主要还是与佛教的传播有关。

此外，隋唐时期双肩有虎头装饰的形象较为常见，在人物腹部、胸前及腿部等位置也有出现，部分还见于骆驼俑驼囊上[2]。这类狮（虎）头装饰在南北朝时期已经出现，隋唐时期较为常见，应该是这一时期中西文化交流的产物，但同时也有一个本土化的过程，"狮"向"虎"的转变就体现了这一点。其后的两宋时期，在安岳、大足石窟中仍有这类着虎皮形象发现[3]，类似形象也见于泸州宋墓石刻武士，其中有些虎头上刻有"王"字[4]。在宋人的记述中，也有"靖康已前，汴中家户门神多番样戴虎头盔，而王公之门，至以浑金饰

---

[1] 此处"名群矣"形象与《南诏图传》中的"名群矣"很接近，对比可知其为身披虎皮的形象。
[2] 此类骆驼俑发现较多，可参见：郑州市文物考古研究所：《河南唐三彩与唐青花》，北京：科学出版社，2006年，第353-355页。
[3] 如安岳毗卢洞第8号窟左侧护法天王像、大足北山石窟佛湾第149号如意轮观音窟神将、大足宝顶山石窟大佛湾第2龛护法神像等。
[4] 参见：四川省文物考古研究所等：《泸县宋墓》，北京：文物出版社，2004年；泸州市博物馆：《泸州市博物馆藏宋墓石刻精品》，北京：中华书局，2016年。

图七　大理国《张胜温画卷》中的着狮（虎）皮形象
1. "利贞皇帝礼佛图"中贵族形象（大理国盛德五年，1180）　2. "武士名群矣"形象
3. "南无释迦牟尼佛会"局部　4. "十六大国王众"局部

（图片来源：李昆声主编：《南诏大理国雕刻绘画艺术》，昆明：云南美术出版社、云南人民出版社，1999年，第194、223、217、239页）

之"[1]的记载，由此可见这类着虎皮形象的深远影响。

附表　唐、五代时期敦煌地区着狮（虎）皮形象统计表

发现点	时代	相关描述	材料来源
莫高窟445窟北壁天龙八部之一	盛唐	此处绘五身护法神，最后一身是鬼子母，天龙八部之一头戴一白色兽头	《敦煌石窟全集·弥勒经画卷》，第62页
榆林15窟前室北壁东侧力士	中唐	前室北壁为北方天王，右侧力士身披虎皮，头戴虎头，虎爪系于颈下，可见虎尾	《中国石窟·安西榆林窟》，图4、图6、第228-229页
莫高窟205窟佛坛外北侧北方天王	中唐	天王塑于初唐佛坛外侧，头部残，穿甲胄，外披虎皮，以浮雕和刻画手法塑出甲胄各部	《敦煌石窟全集·塑像卷》，第224页
榆林25窟北壁天龙八部之一	中唐	弥勒经变中的弥勒初会，有迦楼罗、乾闼婆、摩睺罗迦，皆武将形象，其中乾闼婆头戴狮头，狮爪系于颈下	《中国石窟·安西榆林窟》，图26、第230页

---

[1]（宋）袁褧、周辉撰，尚成、秦克校点：《枫窗小牍 清波杂志》，上海：上海古籍出版社，2012年，第27页。

(续表)

发 现 点	时代	相 关 描 述	材 料 来 源
榆林25窟前室东壁北侧神将	中唐	图绘毗沙门天王,右随天女,左有神将,其中的神将戴一兽头,兽爪结于颈下	《中国敦煌壁画全集7》,图版第65页、图版说明第25页
莫高窟158窟涅槃经变之四童现身品	中唐	图绘天龙八部中的阿修罗、天、夜叉、比丘、居士,其中之一头戴兽头,兽爪结于颈前	《中国敦煌壁画全集7》,图版第55页、图版说明第20页
莫高窟144窟北壁罗刹天	晚唐	为《报恩经变》中的龙天诸神,其中之一戴狮头冠,兽爪结于颈前	《中国敦煌壁画全集8》,图版第93页、图版说明第55页
莫高窟9窟东壁北侧文殊变人物之一	晚唐	画面中心为文殊菩萨,右侧帝释天及其眷属与四大天王一同供养听法,其中之一头戴兽头	《中国石窟·敦煌莫高窟》第四卷,图179、第230页
莫高窟138窟主室东壁报恩经变人物	晚唐	释迦坐于莲座上说法,两侧围绕弟子、菩萨、天王等圣众,听法人物之一头戴兽头	《世界佛教美术图说大辞典·石窟3》,第1066-1067页
莫高窟138窟主室东壁维摩诘经变人物	晚唐	维摩诘、文殊分别坐于画面两侧,身后围绕菩萨、弟子及天龙八部,其中人物之一头戴兽头	《世界佛教美术图说大辞典·石窟3》,第1068-1069页
莫高窟46窟举哀弟子头像之一	唐	彩塑,头像造型精致,八字眉,三角眼,其中一件弟子头像上戴兽头	《中国古代雕塑图典》,第267-268页
榆林16窟前室北壁天龙八部之一	五代	北壁绘四大菩萨和摩睺罗迦、狮神王、龙王、迦楼罗、阿修罗等,其中狮神王头戴狮头,狮爪系颈前	《中国石窟·安西榆林窟》,图59、第234页
莫高窟36窟南壁文殊八部众之一	五代	跟随文殊菩萨天龙八部,有手握利剑的鳌鱼神、执钺的青狮神以及龙王、夜叉	《敦煌石窟全集·尊像画卷》,第247页
莫高窟6窟西壁龛内北侧天龙八部之一	五代	龛内北壁与南壁大体对称,西起画四菩萨及天龙八部护法神将五身,其中之一头戴狮头	《中国石窟·敦煌莫高窟》第五卷,图38、第215页
莫高窟99窟西壁龛内北侧天龙八部之一	五代	八部众局部,有大蟒神摩睺罗迦、鳌鱼神、狮神,其中狮神面相圆平,头戴兽头	《敦煌石窟全集·尊像画卷》,第250页
榆林38窟南壁思益经二天王	五代	图为赴法会的二天王,其后有一头戴兽头的人物,只见兽面,似为狮头	《敦煌石窟全集·楞伽经画卷》,第181页

(原载《中国美术研究》第33辑,2020年)

敦煌石窟回鹘王像身份属性再思考

刘人铭

上世纪80年代"沙州回鹘"概念提出后，敦煌西夏石窟的断代分期也随着这一学术观点的提出作了调整，于"西夏洞窟"中划分出23个"沙州回鹘洞窟"[1]。由于石窟分期的改变，原绘制有王像的莫高窟第409窟从"西夏洞窟"变成"沙州回鹘洞窟"，同时也遗留下第409窟王像身份是西夏王还是回鹘王的学术争论。史金波、汤晓芳、任怀晟等学者认为第409窟王像为西夏王像[2]，刘玉权、杨富学、谢静、谢生保、贾应逸、侯世新、沈雁等学者则持回鹘王之观点[3]，另松井太、森安孝夫、刘永增等学者在承认回鹘王推论基础上讨论了其与西州回鹘的关系[4]。至今为止，第409窟王像身份仍是学界的一个悬案，并未有

---

[1] 刘玉权：《敦煌莫高窟、安西榆林窟西夏洞窟分期》，见敦煌文物研究所编《敦煌研究文集》，兰州：甘肃人民出版社，1982年，第273-318页；刘玉权：《关于沙州回鹘洞窟的划分》，见敦煌研究院编《1987年敦煌石窟研究国际讨论会文集·石窟考古编》，沈阳：辽宁美术出版社，1990年，第1-29页；刘玉权：《敦煌西夏洞窟分期再议》，《敦煌研究》1998年第3期。

[2] 史金波、白滨：《莫高窟、榆林窟西夏资料概述》，《敦煌学辑刊》1980年第1期；史金波、白滨：《莫高窟榆林窟西夏文题记研究》，《考古学报》1982年第3期；史金波：《西夏皇室和敦煌莫高窟刍议》，杜建录主编：《西夏学》（第4辑），银川：宁夏人民出版社，2009年，第165-171页；汤晓芳：《对莫高窟409窟壁画人物"回鹘国王"的质疑》，《西夏研究》2018年第3期；任怀晟：《敦煌莫高窟第409窟、237窟男供养人像思考》，《敦煌学辑刊》2019年第3期。

[3] 刘玉权：《沙州回鹘石窟艺术》，见敦煌研究院编《中国石窟·安西榆林窟》，北京：文物出版社，1989年，第216-227页；杨富学：《9-12世纪的沙州回鹘文化》，《敦煌学辑刊》1994年第2期；杨富学：《回鹘与敦煌》，兰州：甘肃教育出版社，2013年；杨富学：《敦煌石窟"西夏艺术风格"献疑》，《黑河学院学报》2019年第10期；杨富学：《裕固族初世史乃解开晚期敦煌石窟密码之要钥》，《敦煌研究》2019年第5期；谢静、谢生保：《敦煌石窟中回鹘、西夏供养人服饰辨析》，《敦煌研究》2007年第4期；谢静：《敦煌石窟中的少数民族服饰文化研究》，兰州：甘肃教育出版社，2001年，第201-227页；沈雁：《中国古代北方少数民族服饰研究（回鹘卷）》，上海：东华大学出版社，2013年；贾应逸、侯世新：《莫高窟409窟与柏孜克里克石窟供养人对比研究》，《吐鲁番学研究》2008年第1期。

[4] [日]森安孝夫著，梁小鹏译：《沙州回鹘与西回鹘国》，《敦煌学辑刊》2000年第2期；[日]松井太著，刘宏梅译：《敦煌石窟中回鹘文题记劄记（二）》，《吐鲁番学研究》2019年第1期；刘永增：《敦煌"西夏石窟"的年代问题》，《故宫博物院院刊》2020年第3期。

统一意见。纵观前人研究,第409窟王像身份判定囿于就此窟论此窟的思维模式,并未有学者将与第409窟王像图像模式相同的第237、148窟以及西千第16窟王像作整体思考。故本文在承认其回鹘王身份基础上,爬梳四幅王像图像信息,试图推敲西夏王说观点,同时为回鹘王说提供新的证据,希望能够对其西夏王、回鹘王之争提供新的启示,不当之处,敬希方家教正。

一、回鹘王夫妇像图像内容以及特征

敦煌石窟中有四所洞窟绘有回鹘王夫妇像,即莫高窟第409、237、148窟以及西千第16窟。四幅回鹘王夫妇像中除第409窟绘于东壁外,其余皆绘制于甬道,布局方法为分壁绘制,一壁面绘回鹘王像,一壁面绘可敦像,二者相互对应。四幅回鹘王夫妇像中,回鹘王以及可敦皆立于方毯上,回鹘王头戴尖顶形冠,身着圆领窄袖长袍,腰系蹀躞带,脚着毡靴,身后跟随仪仗队;可敦头戴桃形冠,身着对襟窄袖长袍,其具体图像如下:

第409窟:回鹘王1身,身前男童1身,身后侍从8身,分别持伞盖、障扇、弓、箭筒、盾、金瓜、剑等器物;可敦2身,南向列第1身可敦前有女童1身。回鹘王像榜题框内残存元代重写题记"el arslan xan……män sävg(i)……",日本学者释读为"阿思兰汗……我娑匐克"[1](图一)。

第237窟:回鹘王1身,身前童子1身,身后侍从残缺,只余障扇与伞盖部分可见,形制与第409窟相同;可敦2身,东向列第2身残损,可敦身后绘有帷幔(图二)。

第148窟:回鹘王1身,身后侍从残缺,只余伞盖可见;可敦像残存半身,根据甬道长度判断应该为2身,可敦身前绘女童2身,身后绘有帷幔。此窟回鹘王像题记残存"[tn]grikän qu[t] [t]utmïš t(ng)ri"内容,日本学者释读为"神圣而保持天宠的圣洁"[2](图三)。

西千第16窟:回鹘王1身,身前女童2身,身后侍从4身,分别持伞盖、弓箭之物体;可敦2身,南向列第1身可敦前有女童2身(图四)。

梳理、观察上述四幅回鹘王夫妇像,其具有以下三点值得关注的特征:

第一,四幅回鹘王像的冠、服饰样式相同,但服饰纹样略有区别。第148窟回鹘王服饰上为团窠图案,其余回鹘王服饰上为团龙图案。

---

[1] 此回鹘文榜题 el arslan xan 意为"頡=阿思兰=汗",män sävg(i) 意为"我娑匐克"。参见[日]松井太著,刘宏梅译:《敦煌石窟中回鹘文题记劄记(二)》,《吐鲁番学研究》2019年第1期。

[2] 此回鹘文榜题翻译为"神聖にして天寵を保持した聖なる……"参见[日]松井太、荒川甚太郎编:《敦煌石窟多言语资料集成》,东京:东京外国语大学アジア・アフリカ言语文化研究所,2017年,第33页。

图一　莫高窟第409窟回鹘王夫妇供养像

1. 第409窟回鹘王供养像　2. 第409窟回鹘可敦供养像

（图片来源：段文杰主编：《中国敦煌壁画全集10》，天津：天津人民美术出版社，1996年，图版25、27）

图二　莫高窟第237窟回鹘王夫妇供养像

1. 第237窟回鹘王供养像　2. 第237窟回鹘可敦供养像

（"敦煌西夏石窟研究"课题组供图）

1　　　　　　　　　　　　　　2

图三　莫高窟第148窟回鹘王夫妇供养像

1. 第148窟回鹘王供养像　2. 第148窟回鹘可敦供养像
（图片来源:《中国敦煌壁画全集10》,图版29、30）

1　　　　　　　　　　　　　　2

图四　西千16窟回鹘夫妇供养像

1. 西千第16窟回鹘王供养像　2. 西千第16窟回鹘可敦供养像
（"敦煌西夏石窟研究"课题组供图）

第二,回鹘王夫妇供养像图像程式化。四幅回鹘王夫妇像皆为1身回鹘王,2身可敦的人物组合关系,此外,仪仗队是回鹘王像中的基本图像元素,仪仗人数视壁面大小而定。

第三,汉、回鹘元素共存。龙纹样、伞盖、障扇是中原文化中祥瑞、权力的象征。回鹘服饰、回鹘文字、方毯、帷幔则是回鹘传统的体现。

总体来看,四幅回鹘王夫妇像在花纹、色彩、孩童数量等细微处有所不同,但是从男女供养人数量、服饰样式、仪仗队配置等方面来看,其构图模式以及图像元素皆相同,我们可基本判断四幅回鹘王夫妇像是来源于同一图像粉本,是同一位统治者的写照。

二、西夏王说献疑

长期以来,部分学者依据史书中1035年元昊"遂取瓜沙肃三州"的记载[1],认为1036年西夏开始统治瓜沙地区,第409窟王像应该是西夏王像,并寻找西夏文献记载试图构建西夏与第409窟王像的联系。虽然,谢静、贾应逸、侯世新先生等人将第409窟王像服饰与图像遗存中西夏王、回鹘王服饰作对比[2],承认了其回鹘属性;杨富学先生梳理文献认为西夏1036年正式统治敦煌所用史料为一孤例,孤证难立[3]。但是,持西夏王说的学者还是多方举证判断其为西夏王,非回鹘王,然而仔细梳理西夏王说观点的立论依据,些许疑点值得思考。

(一)体貌特征

史籍记载回鹘人具有虬髯特征[4],西夏有用镊子拔除胡须的习惯[5],没有胡须是西夏人的体貌特征,故学者认为没有胡须的第409窟王像应为西夏王。但是现今西夏遗存图像中,西夏王具有胡须,显然拔胡习惯与画像是否绘制胡须,不能画等号。

(二)服饰特征

学者认为王像服饰为唐宋公服样式,并非回鹘民族专属服饰,故服饰不能作为身份判断依据。第409窟男像、西州回鹘男像服饰与唐宋公服的确存在相似性,这是历史发展与民族融合的产物,隋唐时期,统一南北,继承了北方少数民族的圆领缺骻袍[6]。但是根据《唐会要》记载[7],唐开元以降,中原公服虽为圆领窄袖长袍,但已无垂吊蹀躞特征。宋代

---

[1]《宋史》卷四百八十五《夏国上》,北京:中华书局,1977年,第13994页。
[2] 谢静、谢生保:《敦煌石窟中回鹘、西夏供养人服饰辨析》,《敦煌研究》2007年第4期;贾应逸、侯世新:《莫高窟409窟与柏孜克里克石窟供养人对比研究》,《吐鲁番学研究》2008年第1期。
[3] 杨富学:《回鹘与敦煌》,第272-278页。
[4] 任怀晟:《敦煌莫高窟第409窟、237窟男供养人像思考》,《敦煌学辑刊》2019年第3期。
[5] 陈炳应译:《西夏谚语》,西安:陕西人民出版社,1993年,第12页。
[6] 孙机:《华夏衣冠:中国古代服饰文化》,上海:上海古籍出版社,2016年,第84页。
[7]《唐会要》记载"(711年)令内外官依上元元年敕,文武官咸带七事""(714年)珠玉锦绣,既令禁断……宜于腰带及马镫、酒杯、杓依式,自外禁断"。参见(宋)王溥撰:《唐会要》卷三十一《舆服上》,上海:上海古籍出版社,2006年,第665页。

沈括《梦溪笔谈》中"带衣所垂蹀躞,盖欲佩戴弓剑、帉帨、算囊、刀砺之类。自后虽去蹀躞,而犹存其环"[1]也描述了此变化,唐墓壁画以及宋代人物画像也可与此互证。蹀躞带是敦煌四幅王像、西州回鹘男像服饰与中原服饰的根本区别。

西夏服饰深受汉文化影响,多沿袭唐宋服饰,学者对此已做过详致论述[2]。西夏图像遗存中的西夏王服饰与中原帝王服饰同,皆是腰系革带,非蹀躞带,其中以《西夏译经图》中的"子明盛皇帝"为代表(图五)。在文献记载与图像遗存中西夏武官服饰具有蹀躞带的特点,但是其还有旋襴、抱肚特征[3],所以无论从文献还是图像上看,王像服饰皆不具备西夏服饰特征。

图五 《西夏译经图》中的西夏皇帝
(图片来源:李之檀主编:《中国版画全集 佛教版画》,北京:紫禁城出版社,2008年,图版129)

(三)帝王仪制

西夏文献《天盛律令》规定皇帝以外人员禁止着龙纹服饰,不准民间以龙、凤做装饰[4],故学者认为敦煌石窟中出现龙纹样式,是西夏皇室身份的反映[5],并且西州回鹘遗存中不见龙纹与仪仗,更说明第409窟着龙纹服饰,享有仪仗的王者为西夏王。

龙纹、仪仗是王者形象塑造的重要元素,龙纹为十二章之一,"能否使用龙纹,是尊贵身份的象征"[6],仪仗队是王者身份地位的体现。龙纹、仪仗是供养人身份尊贵的表现,不是西夏独有的文化特征,不能作为供养人族属判断的标准。虽然西夏因政治需求,刻意构建与超自然的龙之间的联系,文献和遗存中都有龙的身影[7]。但是至少从现今出土的绘制

---

[1] (宋)沈括著,侯真平点校:《梦溪笔谈》卷一,长沙:岳麓书社,1998年,第3页。
[2] 谢静:《敦煌石窟中的少数民族服饰文化研究》,第203—227页。
[3] 《宋史》记载西夏"文资则幞头、靴、笏、紫衣、绯衣""武职则冠金帖起云镂冠、银帖间金镂冠、黑漆冠、衣紫旋襴,金涂银束带,垂蹀躞"。参见《宋史》卷四百八十五《夏国上》,第13993页。
[4] 《天盛律令》规定:"节亲主、诸大小官员、僧人、道士等一律敕禁男女穿戴鸟足黄、鸟足赤、杏黄、绣花、饰金、有日月,及原已纺织中有一色花身,有日月,及杂色等上一团身,官民女人冠子上插以真金之凤凰龙样一齐使用。"参见史金波、白滨译注:《天盛改旧新定律令》,北京:法律出版社,2000年,第282页。
[5] 史金波:《西夏皇室和敦煌莫高窟刍议》,杜建录主编:《西夏学》(第4辑),第170页。
[6] 施爱东:《16-20世纪的龙政治与中国形象》,北京:生活·读书·新知三联书店,2014年,第125页。
[7] 李玉峰:《西夏装饰纹样研究》,宁夏大学博士学位论文,2019年,第60页。

有西夏皇帝像的《西夏译经图》《西夏帝王画像》等图像遗存来看，西夏王服饰上皆无龙纹。并且，若以龙纹的使用判断供养人的西夏皇室属性，此处还有一点难以解释：

在一批与第409窟同时期的集社或家族重修洞窟中，常以龙纹作藻井图案，如第310、363窟等，这不符合《天盛律令》中民间禁止使用龙纹作装饰的规定。

上述三点是西夏王说的图像学依据，但是疑点较多，使西夏王说难以成为定论。仔细分析西夏王说之疑点，是学者未将王像放在敦煌语境下考虑图像问题所致。只有正确理解敦煌画匠意识中的王像建构这一问题，才能从客观角度判断供养人的身份属性。

敦煌石窟的供养像大部分不是真容像，它在一定真实的基础上加入了画家的想象与设计。因不是真容像，故画像并不是以个人体貌特征为标准，而是以敦煌共同的审美特征为标准，相书中相好的要求是敦煌地区审美的集中体现[1]。以第409窟为代表的4幅王像是敦煌石窟供养像中一种新的图像粉本，其"新"之处为服饰、龙纹、仪仗皆不见于前代供养像中，这种新图像出现自然与新统治有密切关系。在新的统治时期，敦煌画匠如何构造统治者供养像，从构图来看，王像的布局方式与敦煌前代统治者供养像一脉相承，其中王者与仪卫的组合方式，常见于归义军时期，如榆林窟第16窟曹议金供养像（图六），只是曹氏供养像的侍从数量和持物还构不成仪卫的等级，但是这种图像模式以及对侍从错落有致的安排方式，却是一样的。新的统治时期，敦煌画工将龙纹、仪仗队元素加入到供养像中，用以表现供养人身份的尊贵，而这一元素不见于归义军时期的供养像中，是因为画家深知归义军首领不能使用此规制。

成书于11世纪70年代的《突厥语大词典》中无回鹘龙崇拜的相关信息，现存史料中也无相关记载，回鹘民俗中的十二生肖（也用十二生肖方式纪年）也无龙这一形象[2]，故回鹘本无龙崇拜，西州回鹘图像中无龙纹也十分

图六　榆林窟第16窟曹议金供养像
（图片来源：《中国石窟 安西榆林窟》，图版16）

---

[1] 郑炳林：《敦煌写本相书理论与敦煌石窟供养人画像——关于敦煌莫高窟供养人画像研究之二》，《敦煌学辑刊》2006年第4期。
[2] 麻赫穆德·喀什噶里著，何锐等译：《突厥语大词典（第一卷）》，北京：民族出版社，2002年，第364-366页。

正常,但是敦煌王像的建构是敦煌画工的设计,是画工将汉文化中表现尊贵的元素运用到王像上,与回鹘的龙崇拜没有必然联系,它在一定程度上是画工意识的体现。

而西夏文化源于汉文化,西夏的礼仪制度皆效仿宋朝,敦煌、西夏地区出现龙纹、仪仗相同的文化因素是二者植根于汉文化的外现。今藏于美国克利夫兰艺术博物馆的两宋时期地狱变图像中,出现了与第409窟王像、《西夏译经图》中相同的对龙纹障扇,即是证明敦煌、西夏地区相同的图像元素和文化因素为中原文化辐射的反映,而不是敦煌与西夏腹地有图像上的粉本联系(图七)。

图七 美国克利夫兰艺术博物馆藏地狱变图像中的对龙纹障扇
(图片来源:中国古代书画研究中心:《宋画全集 第6卷第2册》,杭州:浙江大学出版社,2008年,第175页)

三、回鹘王观点的图像学与文献学证据

在对西夏王、回鹘王说的分歧根源作探讨后,将问题回到对四幅王像身份属性的判断上,其回鹘王身份属性的判断是否有充足依据呢?前代学者比对第409窟王像与西州回鹘供养像,从服饰角度对其回鹘属性予以承认,我们近期考察图像与史籍记载,种种迹象表明以第409窟为代表的王像为回鹘王应是大体不差。我们之所以这样判断,是基于以下图像与文献依据,以及新材料的发现:

第一,从史料角度看,记载沙州地区进贡的文献中,1041至1042年出现了"沙州镇国王子"[1]"沙州北亭可汗"[2]名号的回鹘统治者,说明归义军之后敦煌地区有回鹘居住和统治的情况,回鹘统治者的存在为回鹘王像的出现提供了可能。

第二,从供养像着装来看,男女供养像服饰与西州回鹘相似,具有明显回鹘特征,此研

---

[1] (宋)李焘撰,(清)黄以周等辑补:《续资治通鉴长编》卷一百三十一《仁宗》,上海:上海古籍出版社,1986年,第1191-1192页。沙州镇国王子奉书中称"我本唐甥,天子实吾舅也"。根据《宋史》载"先是,唐朝继以公主下嫁,故回鹘世称中朝为舅,中朝每赐答诏亦曰外甥。五代之后皆因之。"可知沙州镇国王子为回鹘人。参见《宋史》卷四百九十《外国六》,第14114页。

[2] (清)徐松:《宋会要辑稿》第一百九十九册《番夷七》,北京:中华书局,1957年,第7852页;(清)徐松:《宋会要辑稿》第一百九十八册《番夷五》,第7768页。

究学界著述颇丰,有丰硕研究成果可参考,在此不再赘述。前人学者在关注服饰的同时,未过多言及冠饰,其原因是四幅王像冠饰线条漫漶,只余留下相同的轮廓。可幸的是,最近我们在高清图片下,发现西千第16窟冠饰残存线条,其与西州回鹘冠饰呈现出一致性(图八)。"礼莫明于服,服莫重于冠"[1],冠服是服饰礼仪的重要组成部分,也是民族属性特征之一,此特征更加证实了其与回鹘的密切关系。

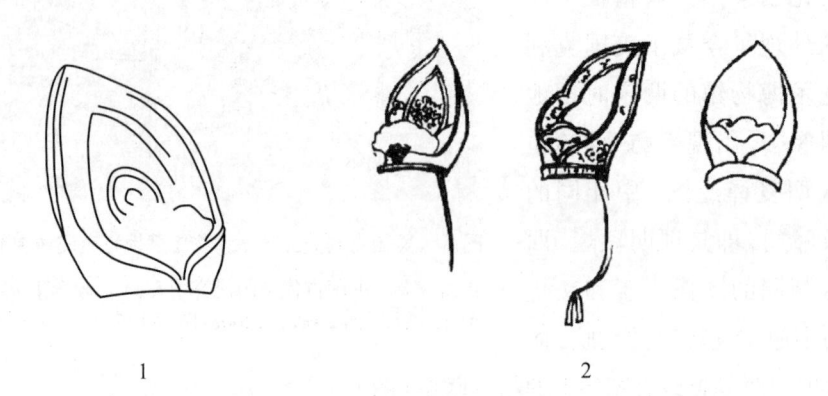

图八　回鹘王冠式
1. 敦煌回鹘王像冠饰线描图　2. 西州回鹘冠饰线描图
(图片来源:1. 作者绘;2.《敦煌莫高窟第409窟、237窟男供养人像思考》,《敦煌学辑刊》2019年第3期,图版4)

第三,前人判断四窟王像身份属性,并未将其与同时代的其他洞窟相联系。刘玉权先生用考古类型学、风格学划分出一批与此四窟重修时代相同的洞窟,我们将所有供养像进行梳理,发现了汉人易服回鹘装的现象(表一)。

表一　供养人服饰分析表[2]

石窟名称	窟　　号	原修时代	供养人画像着装
莫高窟	第363窟	中唐	男性回鹘装,女性汉装
莫高窟	第399窟	隋	男性回鹘装,女性供养人漫漶
莫高窟	第409窟	隋	男性回鹘装,女性回鹘装
莫高窟	第148窟	盛唐	男性回鹘装,女性回鹘装
莫高窟	第237窟	中唐	男性回鹘装,女性回鹘装

[1] (元)马端临:《文献通考》卷一百十二《王礼考七》,杭州:浙江古籍出版社,1988年,考一零一二。
[2] 根据刘玉权《关于沙州回鹘洞窟的划分》以及《沙州回鹘石窟艺术》二文整理。其中莫高窟第97窟、第309窟供养人像已经漫漶。此外,西千佛洞编号后来有变更,表中编号为现在西千佛洞使用的编号。

（续表）

石窟名称	窟号	原修时代	供养人画像着装
莫高窟	第245窟	唐	男性回鹘装，女性汉装
莫高窟	第418窟	隋	男性回鹘装，女性汉装
莫高窟	第97窟	唐	男性回鹘装，女性汉装
莫高窟	第309窟	隋	男性回鹘装，女性回鹘装
莫高窟	第310窟	隋	男性回鹘装，女性回鹘装、汉装
莫高窟	第194窟	唐	男性回鹘装，女性汉装
西千佛洞	第12窟	北周	男性回鹘装，女性回鹘装
西千佛洞	第16窟	唐	男性回鹘装，女性回鹘装
西千佛洞	第15窟	隋	漫漶
榆林窟	第39窟	不明	男性回鹘装，女性回鹘装、汉装

西夏服饰和回鹘服饰学界已有全面论述，故在供养像服饰判断上基本不会存在错误。上述表格统计中，没有汉装男像，但是汉装女像却大量存在，出现这种现象的洞窟一般都为家族窟或者结社窟，故不会是胡汉和亲情况，而是汉人男性易服回鹘装（图九）。这种情况同样出现在吐蕃统治敦煌时期，吐蕃迫使敦煌汉人男性易服[1]，所以敦煌石窟中出现了男像吐蕃装、女像汉装的组合关系。

图九 回鹘男、汉装女供养像共存图
（"敦煌西夏石窟研究"课题组供图）

《天盛律令》中有详细记载[2]，"西夏是以党项羌为主体，汉、吐蕃、回鹘等多民族成分

---

[1]《新唐书》载："州人皆胡服臣虏，每岁时祀父母，衣中国之服，号恸而藏之。"参见《新唐书》卷二百一十六《吐蕃传》，北京：中华书局，1978年，第6101页。
[2]《天盛律令》载："任职人番、汉、西番、回鹘等共职时，位高低名事不同者，当依各自所定高低而坐。此外，名事同，位相当者，不论官高低，当以番人为大……又番、汉、降汉、回鹘共职者，官高低依番汉共职法实行。"参见史金波、白滨译注：《天盛改旧新定律令》，第378—379页。

的少数民族政权"[1]，根据记载西夏对汉人没有实行易服的要求[2]，"在西夏文《三才杂字》和西夏汉文本《杂字》中，除'番姓'外，都有'汉姓'一节"[3]，"在西夏文《碎金》的一千个字中也记载了120个汉姓"[4]。此外，西夏文化源于中原文化，服饰礼仪皆效仿中原，从这一层面来说，西夏也不可能实行汉人易服规定。是故，汉人易服回鹘装的图像证据说明回鹘在瓜沙地区实行了有效统治，从侧面说明回鹘王像在敦煌出现也是属于正常的历史现象。

第四，使用帷幔、地毯等回鹘习俗的保留。梳理图像细节，我们发现敦煌、西州二地王像中都使用地毯、帷幔等用品（图一〇），这不仅是图像设计，也是生活习惯的反映，今出土西夏遗存图像中则没有这些图像细节。回鹘人为草原民族，畜牧业发达，善于纺织是其民族特性，文献记载"［回鹘］又善结金线，相瑟瑟为珥及巾环，织熟锦、熟绫、注丝、线罗等物"[5]"［高昌］出貂鼠、白氎、绣文花蕊布"[6]。纺织品地毯、帷幔成为回鹘生活中常见用具，在11世纪回鹘书籍中收录kiviz（地毯）[7]，且收录不同的帷幔kərim（花幔）[8]、tülfir（帷幔）[9]、münderü（帷幔）[10]词汇并解释了其不同的功用。虽然，地毯在中原也十分流行，已经成为一种普及性生活用品，但帷幔却是具有回鹘民族特点的生活用具，这一用具不见于之前和之后的敦煌石窟供养像中。

图一〇　西州回鹘王像

（图片来源：吐鲁番研究院等编：《中国新疆壁画艺术》第6卷，乌鲁木齐：新疆美术摄影出版社，2009年，图版188）

第五，回鹘保存有多妃制度，可解释王妃为两位的现象。回鹘的婚俗以及妃制学界无系统的研究，根据回鹘史料记载，küni是指妻妾

---

[1] 梁继红：《武威出土西夏文献研究》，北京：社会科学文献出版社，2015年，第47页。
[2] 《天盛律令》载："汉臣僚当戴汉式头巾，违律不戴汉式时，有官罚马一，庶人十三杖。"参见史金波、白滨译注：《天盛改旧新定律令》，第431页。
[3] 史金波：《西夏社会》，上海：上海人民出版社，2007年，第41页。
[4] 史金波：《西夏社会》，第43页。
[5] （宋）洪皓著，翟立伟标注：《松漠纪闻》，长春：吉林文史出版社，1986年，第15页。
[6] 《宋史》卷四百九十《外国六》，第14111页。
[7] 麻赫穆德·喀什噶里著，何锐等译：《突厥语大词典（第一卷）》，第384页。
[8] 麻赫穆德·喀什噶里著，何锐等译：《突厥语大词典（第一卷）》，第419页。
[9] 麻赫穆德·喀什噶里著，何锐等译：《突厥语大词典（第一卷）》，第482页。
[10] 麻赫穆德·喀什噶里著，何锐等译：《突厥语大词典（第一卷）》，第552页。

间相称的姐妹[1],推测在回鹘中存在多妻制度。虽然,回鹘的多妻制度不能成为判断供养人身份的依据,但是至少可说明供养像中两位可敦像存在的合理性。西夏图像遗存中则没有一位皇帝与两位妃子的图像组合关系出现。

第六,回鹘文榜题在王像回鹘身份判断中有一定参考价值。第148、409窟王像榜题部分尚存,其文字为回鹘文,说明此窟与回鹘有一定关系。第409窟回鹘榜题为后来重写,为"蒙古时代文献中所见的'工整草书体'"[2],蒙古的回鹘人有追溯民族史的传统,其认为这是"回鹘王",代表着当时人们对此像的理解[3],从侧面证明其具有回鹘王的形象特征。值得注意的是,回鹘是西夏属民之一,是否有回鹘人绘制西夏王像的可能性呢?史籍记载西夏对回鹘实行的是羁縻制度,"回鹘,自唐末浸微,……甘、凉、瓜、沙皆有族帐,后悉羁縻于西夏"[4],由于二者之间不存在直接的统治关系,回鹘人绘制西夏王的可能性比较小。

是故,从回鹘实行民族政策的情况、图像透露出回鹘生活习惯以及语言使用的现象、王像冠服饰的回鹘特征来看,以第409窟为代表的四幅王像还是当属回鹘王。

四、沙州回鹘还是西州回鹘王像

通过对比和分析论证,我们认为第409、237、148、西千第16窟王像为回鹘王。学界针对敦煌地区的回鹘势力提出了"沙州回鹘"的观点,森安孝夫、刘永增先生认为沙州回鹘就是西州回鹘,且后者认为第409窟王像为西州回鹘王像;钱伯泉先生认为沙州回鹘即龟兹回鹘;李正宇、杨富学、杜海先生等学者认为沙州回鹘是一个独立的政权[5]。从前论述中可知,沙州回鹘供养人装束与吐鲁番地区西州回鹘时代贵族供养人像装束基本一致[6],但是对比敦煌石窟中沙州回鹘、甘州回鹘供养像[7],沙州回鹘女像与甘州回鹘天公主形像有所区别(图一一),故我们难以否认沙州回鹘、西州回鹘之间存在密切联系。

---

[1] 麻赫穆德·喀什噶里著,何锐等译:《突厥语大词典(第三卷)》,第232页。
[2] [日]松井太著,刘宏梅译:《敦煌石窟中回鹘文题记劄记(二)》,《吐鲁番学研究》2019年第1期。
[3] [日]松井太著,刘宏梅译:《敦煌石窟中回鹘文题记劄记(二)》,《吐鲁番学研究》2019年第1期。
[4] (宋)洪皓著,翟立伟标注:《松漠纪闻》,第15页。
[5] [日]森安孝夫著,梁晓鹏译:《沙州回鹘与西回鹘国》,《敦煌学辑刊》2000年第2期;钱伯泉:《沙州回鹘研究》,《社会科学杂志》1989年第6期;李正宇:《悄然湮没的王国——沙州回鹘国》,见敦煌研究院编《1990年敦煌学国际研讨会文集·石窟史地语文编》,沈阳:辽宁美术出版社,1995年,第155-156页;杨富学:《回鹘与敦煌》,第239-299页;杜海:《敦煌归义军政权与沙州回鹘关系述论》,《敦煌学辑刊》2015年第4期。
[6] [日]森安孝夫:《沙州ウイグル集団と西ウイグル王国》,《内陆アジア史研究》第15号,2000年,第25页。
[7] 敦煌石窟中只绘甘州回鹘女性供养像,无男性供养像,故此处只提及女性形象,未涉及男性。

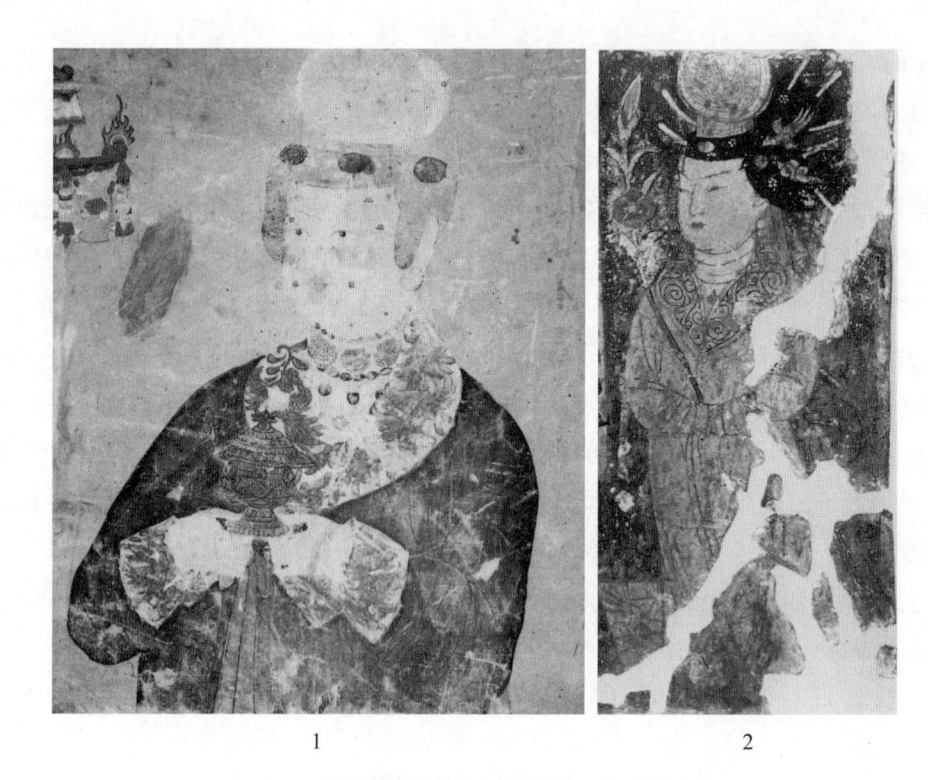

图一一　甘州回鹘天公主、西州回鹘公主像对比图
1. 甘州回鹘天公主供养像　2. 西州回鹘公主供养像
（图片来源：1.《中国石窟 敦煌莫高窟五》，图版40；2.《中国新疆壁画艺术》第6卷，图版204）

学界提出沙州回鹘是（归属于）西州回鹘，除沙州、西州回鹘供养人服饰相似这一证据外，主要依据的是第409窟元代重写榜题"el arslan xan"，el arslan xan 意为"（回鹘国）的狮子王"。史书中有高昌回鹘（西州回鹘）称"阿厮兰汗（狮子王）"的记载：

其［高昌］王始称乎西州外生（甥）师（狮）子王阿厮兰汉。[1]
时四月，［高昌］师（狮）子王避暑于北庭。[2]

但是，"阿厮兰汉（狮子王）与博格拉汗（公驼）同为阿尔泰语系对其可汗的称呼，这是借助古代图腾的一种尊称，表现了人们的共同信仰。'阿厮兰汗'并不仅仅用于高昌回鹘，还用于指其他一些阿尔泰语系民族的可汗，如花剌子模及喀喇汗王朝的可汗"[3]。

---

[1]《宋史》卷四百九十《外国六》，第14110页。
[2]《宋史》卷四百九十《外国六》，第14112页。
[3] 张峰峰、张鹏：《高昌王国》，北京：中国国际广播出版社，2013年，第166页。

另元代人在榜题框中书写"el arslan xan",也是基于其形象上与西州回鹘王近似,虽有一定的参考意义,但是单以此证据便判断其为西州回鹘王,难免片面,其是否为西州回鹘王像,还有待辨析。

据研究"成于1019年的德藏第三木柱铭文则明确记载西州回鹘的势力向东已经影响到沙州"[1],可能西州回鹘在沙州回鹘夺取归义军政权斗争中起到了巨大作用,后来沙州回鹘曾依附西州回鹘,否则难以解释为何高昌、沙州地区回鹘人服饰的相似性。但是无论"沙州回鹘"是否为独立政权,都难以影响到今天我们对四幅王像为"沙州回鹘王"身份的判断。

回鹘原是一个游牧民族,按部落分散居住,有时虽有统一汗国,但是各部落仍有相当的自主权[2],史料记载回鹘"各立君长,分领族帐"[3]。西州回鹘在继承唐西州汉制基础上,也保留了回鹘旧有的传统。9世纪以后,在部落组织解体的基础上则逐渐形成了以城堡为中心的村社领主制度[4]。吉洪诺夫在其研究中也提出(西州)回鹘王国的行政机构是按领土的特征建立的,其结构上仍保留有游牧组织的一些特点[5],并且西州回鹘"境内实行双王制,即高昌回鹘和龟兹回鹘分立"[6]。故建立在部落制度之上的西州回鹘政权管理不具有中原汉制中严格的等级以及隶属关系。

更有学者研究,M1摩尼教《赞美诗集》反映了回鹘在西域采取了类似唐朝的羁縻制,983年宋使王延德出使高昌所见伊州被陈氏数十世统治的现象也只能用羁縻制来解释[7]。故西州回鹘政治中心位于吐鲁番地区,与沙州距离相对遥远,即使占领沙州,西州回鹘对沙州如何管辖是一个问题,这可能也是采取羁縻制度,以派兵常驻或者按期缴纳赋税的方式管理,其名义上归属于西州,但是二者关系松散。从现存资料来看,归义军灭亡后,沙州地区以单独名义持续上贡,则说明沙州回鹘势力具有极强的独立性(表二)。

---

[1] T. Moriyasu, "Uighur Buddhist Stake Inscriptions from Turfan", *De Dunhuang à Istanbul-Hommage à James Russell Hamiltom*, pp. 150–223;[日]森安孝夫:《西ウイグル王国史の根本史料としての棒坑文書》,《東西ウイグルと中央ユーラシア》,名古屋大學出版會,2015年,683-694页。转引自付马:《丝绸之路上的西州回鹘王朝——9-13世纪中亚东部历史研究》,北京:社会科学文献出版社,2019年,第235页。
[2] 陈炳应:《西夏与敦煌》,《西北民族研究》1991年第1期。
[3] (清)吴广成撰,龚世俊等校正:《西夏书事校证》,兰州:甘肃文化出版社,1995年,第79页。
[4] 郭宏珍:《突厥语诸族社会组织研究》,北京:社会科学文献出版社,2008年,第174-175页。
[5] [俄]吉洪诺夫:《10-14世纪回鹘王国的经济和社会制度》,转引自郭平梁、刘戈《回鹘史指南》,乌鲁木齐:新疆人民出版社,1995年,第175页。
[6] 白寿彝、陈厥主编:《中国通史》(第七卷上),上海:上海人民出版社,2015年,第362页。
[7] 劳心:《从敦煌文献看9世纪后的西州——兼论吐鲁番出土回鹘文木杵文书年代和沙州回鹘的兴衰》,《敦煌研究》2002年第1期。

表二　沙州回鹘上贡统计表[1]

时间	史料记载	资料出处
1037	沙州遣使、副(使)杨骨盖靡是贡玉牛……	《宋会要辑稿·番夷七》
1037	沙州大使杨骨盖,副使翟延顺入贡	《宋会要辑稿·番夷五》
1040	沙州遣人入贡方物	《宋会要辑稿·番夷五》
1041	沙州遣大使安谔支、副使李吉入贡	《宋会要辑稿·番夷五》
1041	北亭可汗奉表贡玉……	《宋会要辑稿·番夷七》
1042	北亭可汗王遣大使密、副使张进零……	《宋会要辑稿·番夷五》
1050	沙州符骨笃末似婆温等来贡玉	《宋会要辑稿·番夷七》
1050	沙州遣人来贡方物	《宋会要辑稿·番夷五》
1051	沙州来贡方物	《宋朝事实》卷一二
1052	龟兹国、沙州并遣使入贡物	《山堂考索后集》卷六四
1052	沙州遣使来贡方物	《宋会要辑稿·番夷七》

此外,前述史书中出现了沙州地区的实际统治者,沙州镇国王子、沙州北亭可汗,此处的沙州镇国王子与沙州北亭可汗,李正宇先生认为是一个人[2],我们认为这个可能比较大。

史书中这二人的相关记载为:

(1041)夏,四月,……琮欲诱吐蕃特角图贼,得西州旧贾,使谕意,而沙州镇国王子遣使奉书曰:"我本唐甥,天子实吾舅也。自党项破甘、凉,遂与汉隔。今愿率首领为朝廷击贼。"[3]

(1041)二年十一月十五日,北亭可汗奉表贡玉、乳香、硇砂、名马。[4]

庆历二年(1042)二月,沙州北亭可汗王遣大使密、副使张进零、和延进、大

---

[1] 此表绘制参照杨富学:《回鹘与敦煌》,兰州:甘肃教育出版社,2013年,第273-274页。
[2] 李正宇:《悄然湮没的王国—沙州回鹘国》,见敦煌研究院编《1990年敦煌学国际学术研讨会文集·史地语文编》,第149-174页。
[3] (宋)李焘撰,(清)黄以周等辑补:《续资治通鉴长编》卷一百三十一《仁宗》,上海:上海古籍出版社,1986年,第1191-1192页。
[4] (清)徐松:《宋会要辑稿》第一百九十九册《番夷七》,第7852页。

使曹都都,大使翟入贡。[1]

相近时间内汉文史料记载同一地区统治者出现的不同称谓,二者为一人可能性极大[2]。又据学者研究11世纪中期西州回鹘军事环境比较严峻:

到10世纪末为止,西州回鹘王朝和喀喇汗王朝分别在中亚东部和西部建立起强大的政权,两支势力展开了正面的交锋……11世纪中叶,西州回鹘在与喀喇汗王朝的竞争中渐处于下风,其西侧的领土不断失守,其军事行动的中心显然在王国的西侧。在这样的背景下,处于西州回鹘最东端的哈密不再受其控制而成为独立政权[3]。

所以,在此军事背景下,西州回鹘、沙州回鹘本就松散的政治关系则会更加不受束缚,若之前沙州回鹘归属于西州,此时则可能如哈密脱离西州而成为独立政权,这也能吻合历史文献中"沙州镇国王子"称"沙州北亭可汗"的记载。

此外,从供养人服饰和题记来看,沙州回鹘似乎也有较为健全的管理制度——番汉制度,在保留回鹘传统的同时,也保留和继承了归义军的管理制度,97窟、39窟题记中记有"都头"官职[4]。前述沙州回鹘实行的易服政策,也不见于西州回鹘记载中。

论述至此,我们认为沙州回鹘可能有一个从归属势力到独立政权转变的过程,但无论什么时期,沙州回鹘都拥有极大的独立性,与西州回鹘的政治关系松散。那么问题回到以第409窟为代表的回鹘王像上,沙州回鹘与西州回鹘关系松散,故沙州回鹘绘制的回鹘王像不会是来自西州回鹘的行政命令。反之,若以第409窟为代表的回鹘王像为沙州、西州回鹘共主——西州回鹘王像,那么沙州实际统治者"沙州回鹘王"供养像的缺失是一个疑问。敦煌石窟营建不仅仅是功德的体现,同时也是为统治阶级服务的工具,只绘制名义上的西州回鹘王像,却没有实际统治者"沙州回鹘王"像,是难以解释的。故我们认为此四窟王像为"沙州回鹘王"像,根据现有文献记载,推测此处的"沙州回鹘王"像身份即可能为沙州镇国王子,即沙州北亭可汗。

---

[1] (清)徐松:《宋会要辑稿》第一百九十八册《番夷五》,第7768页。
[2] 李正宇先生认为:沙州镇国王子在1041年四月上书纳忠请封,受到宋封授"沙州北亭可汗",十一月遣使赴朝谢恩并进贡,1042年再次以"沙州北亭可汗"名义进贡。参见李正宇:《悄然湮没的王国——沙州回鹘国》,见敦煌研究院编《1990年敦煌学国际学术研讨会文集·史地语文编》,第149—174页。
[3] 付马:《丝绸之路上的西州回鹘王朝——9-13世纪中亚东部历史研究》,北京:社会科学文献出版社,2019年,第237页。
[4] 冯培红先生认为:归义军政权中的都头虽然类型各异,充斥于从衙前到地方的各级机构中,但他们是节度使的亲信,无论在任职衙内,或外遣任职,奉命出使,都反映了归义军节度使对衙前、军事与外交上的集权控制。参见冯培红:《晚唐五代宋初归义军武职军将研究》,见郑炳林主编《敦煌归义军史专题研究》,兰州:兰州大学出版社,1997年,第130页。

余 论

　　四幅回鹘王像虽大致相同，但又各具特点，这可能与功德主以及绘制时间先后有关系。第148窟回鹘王夫妇像可能为最早绘制，第148窟是李家窟，回鹘重修时绘制了28身供养人群像以及21身僧人像，并未绘制佛教题材，这是极为特殊的，也是极具政治目的的。从敦煌石窟营建传统来看，敦煌当地统治者统治初期常以绘制僧团像的做法拉拢僧团，借助其势力巩固统治。张先堂先生曾经以回鹘王团花纹服饰和"印充河西应管内外释门"榜题为依据，提出了第148窟王像为西夏时期回鹘王的观点[1]，即为四窟中最晚。敦煌文书S.4654《杂字》中写有"敕授河西应管内释门都僧统京城内外临坛供奉阐扬三教大法师赐紫"等[2]内容，可见"印充河西应管内外"为敦煌敕授沙门常冠头衔，不能作为断代的直接依据。

　　第409、237、西千第16窟绘制时间可能稍晚，三者中以第409窟为最早。虽然，此三窟中都绘有回鹘王夫妇像，回鹘王夫妇是名义上的施主，但是第409窟可能才是三所洞窟中回鹘王夫妇的功德窟。因其整窟重绘，没有其他供养像，且以千佛作为佛教题材。千佛的绘制本就是功德的表现[3]，又据《过去庄严劫千佛名经》载"愿共六道一切众生，皆生无量寿佛国"[4]内容，可知千佛功德回向对象是众生，它体现了统治者的民生思想，而与一般佛教徒以往生净土的佛教供养目的不同。

　　所以，我们认为第148窟可能为最早绘制，第409窟稍晚，从第148窟到第409窟，服饰纹样由团花变成了团龙，并影响了第237、西千第16窟。

（原载《中国美术研究》第38辑，2021年）

---

[1] 张先堂先生认为：由于西夏统治，回鹘王由以前的团龙纹变成团花纹，且"印充河西应管内外"说明了西夏对敦煌佛教的管理。参见张先堂：《敦煌莫高窟第148窟西夏供养人图像新探——以佛教史考察为核心》，杜建录主编：《西夏学》（第11辑），上海：上海古籍出版社，2015年，第218—227页。
[2] 郑炳林：《晚唐五代敦煌佛教教团阐扬三教大法师与敦煌佛教兼容性形成》，见郑炳林主编《敦煌归义军史专题研究三编》，兰州：甘肃文化出版社，2005年，第131页。
[3] 梁晓鹏：《敦煌莫高窟千佛图像研究》，北京：民族出版社，2006年，第145页。
[4] 失译：《过去庄严劫千佛名经》，《大正藏》，第14册，第371页。

政治的隐喻：榆林窟第39窟主室题材布局内涵探析

刘人铭

归义军覆灭后，沙州回鹘接替归义军在敦煌进行了短暂统治，并于敦煌石窟营建上颇有建树。沙州回鹘新的统治带来了新的文化基因，这种新因素在沙州回鹘洞窟中表现得尤为明显。榆林窟第39窟是沙州回鹘洞窟代表窟之一，其不但传达了新时期的民众信仰，而且弥补了沙州回鹘史料少的缺憾，为研究沙州回鹘艺术提供了"标型物"，对探讨敦煌石窟营建史有重要意义。多年以来，只有沈雁[1]在谈及回鹘服饰以及刘玉权[2]、松井太[3]等学者在言及沙州回鹘洞窟营建时对第39窟略有涉及，近日学者马莉对第39窟定光佛授记（儒童本生）图像中胁侍的考证将第39窟的研究向前推进了一步[4]。但是第39窟图像粉本来源、图像组合思想的表达、图像与历史背景的关联等基本且核心的问题依然未得到很好的回答，而我们发现这些问题都能以第39窟定光佛授记这一新图像为线索——解开。故本文通过对佛教文献、佛教图像的基本爬梳，从定光佛授记图像透视到第39窟主室图像乃至整个洞窟图像的组合设计，尝试对第39窟主室图像组合思想以及营建目的等问题进行回答，希望能够起到抛砖引玉的作用，引起更深入的讨论，不当之处，敬希方家教正。

---

[1] 沈雁：《回鹘服饰文化研究》，东华大学博士学位论文，2008年；沙武田：《归义军时期敦煌石窟考古研究》，兰州：甘肃教育出版社，2017年，第220-221页。
[2] 刘玉权：《沙州回鹘石窟艺术》，见敦煌研究院编《中国石窟·安西榆林窟》，北京：文物出版社，1989年，第216-227页。
[3] [日]松井太著，刘宏梅译：《敦煌石窟中回鹘文题记劄记（二）》，《吐鲁番学研究》2019年第1期。
[4] 马莉：《榆林39窟"儒童本生"中的菩萨及持"拂"天王身份考——兼论其"合并叙述"的构图形式及内涵》，《南京艺术学院学报（美术与设计）》2020年第4期。

一、第39窟洞窟题材内容与空间布局概况

第39窟位于榆林窟西崖左段,形制为中心柱窟,整窟由前甬道、前室、甬道、主室构成,初建于唐,沙州回鹘时期整窟重修。前甬道顶绘凉州瑞像一身(图一),两壁绘供养人像,女像绘于北侧,有4身尼人像、9身回鹘装女像以及13身汉装女像(图二,1)。男像绘于南侧,有1身僧人像、21身回鹘装男像,前两身男像十分高大且跟有侍从(图二,2)。现存供养人题记汉文11条,回鹘文4条,汉文题记和回鹘文题记分别可见于《安西榆林窟》《敦煌石窟多言语资料集成》[1]等资料。前室绘说法图、药师、菩萨和化佛。前室南、北间各设一像台,像台上保存有清代塑像。前室顶、南、北壁绘说法图各一铺,东壁门南、北绘菩萨各四身,西壁门南、北绘药师佛各一铺,西壁门上绘十五身化

图一 前甬道顶凉州瑞像
("敦煌西夏石窟研究"课题组供图)

1　　　　　　　　　2

图二 前甬道供养人像
1. 女性供养人像　2. 男性供养人像
(图片来源:《中国敦煌壁画全集10》,图版10、12)

---

[1] 张伯元:《安西榆林窟》,成都:四川教育出版社,1995年,第263—266页;[日]松井太、荒川慎太郎著:《敦煌石窟多言语资料集成》,东京:东京外国语大学アジア・アフリカ言语文化研究所,2017年,第130—133页。

佛,化佛榜题清晰可见[1]。甬道顶绘说法图,南、北壁绘千手观音各一铺。

主室绘三种题材,定光佛授记、三身佛和十六罗汉。东壁门南、北绘定光佛授记各一铺,此图为单幅画形式,定光佛立于画面中央,菩萨弟子侍立左右,儒童于定光佛侧旁布发于地(图三)。南、北壁东侧绘三身佛各一铺,三身佛皆为倚坐,呈"品"字形排列,图中除三身佛外无其他天众人物以及装饰性图案,此三身佛的身份与尊格学界还未有明确观点(图四)。南、北壁西侧以及西壁绘十六罗汉,现今西壁罗汉像残缺脱落,北壁残存二身,南壁残存三身(图五)。十六罗汉形象相似于高僧像,呈现出世态之相,可能依张玄本而绘。主室中心柱四面为清代重塑塑像。

图三 主室定光佛授记图像
(图片来源:张伯元:《安西榆林窟》,成都:四川教育出版社,1995年,图版73)

图四 主室三身佛示意图
(吕瑞东绘)

第39窟整窟左、右壁题材相同,布局对称(图六),尤其是在主室采用了新的图像题材定光佛授记以及三身佛,这种组合不见于前代洞窟,那么这一组合有何内涵?我们可以尝试从新题材定光佛授记入手进行分析。

---

[1] 榜题此前并未刊布,本人于2020年1月考察期间对其进行了摘录,详情参见附表。

图五　主室十六罗汉局部

（图片来源：《沙州回鹘石窟艺术》，见敦煌研究院编《中国石窟·安西榆林窟》，图4）

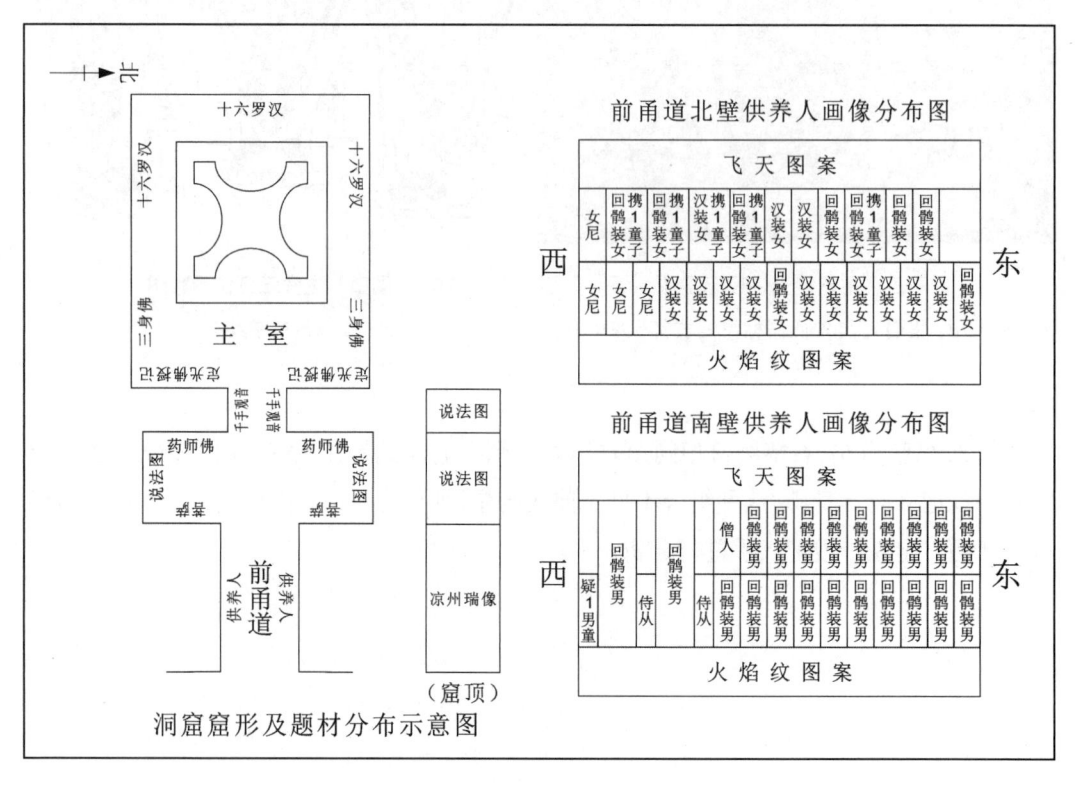

图六　第39窟洞窟形制以及题材分布图

（乔天绘）

540　蜀山琢玉：丧葬制度与帝国气象

二、从图像流变与粉本来源看定光佛授记本生图像之特殊性

第39窟是敦煌唯一一个绘制单行本定光佛授记图像的洞窟[1]，此定光佛授记图像不仅是敦煌石窟中的新题材，也是沙州回鹘时期敦煌石窟营建的一种"复古"现象。定光佛授记故事发生在那揭国城，讲述了释迦佛过去为儒童菩萨，以花和身体布施定光佛，而得定光佛授记成佛的故事[2]。定光佛授记图像是定光佛授记本生故事的图像化，其起源于犍陀罗地区，"犍陀罗式的定光佛授记的图像后来成为各地区效仿的标准"[3]，最完整的图像包括买花、献花抛花、以发铺地、授记腾空四个故事情节（图七）。《高僧传》中"（罽宾人）跋摩于殿北壁手自画作罗云像及定光儒童布发之形"[4]的记载为定光佛授记图像传入中国提供了时间下限，即南朝宋时期，从出土实物来看，现今出土最早且最集中的时间是北魏时期[5]，图像与犍陀罗地区基本一致，只是情节选取有所侧重。南北朝"发端于小乘佛教美术的本生、因缘、佛传图像，在中原北方佛教美术中被借用，成为表述大乘佛教思想的因子"[6]，隋唐时期随着大乘佛教中更为方便的净土法门的发展，佛传、本生等强调累世修行的图像被摒弃，南北朝之后中原及河西地区很少使用包括定光佛授记在内的本生故事作为造像题材了。

图七 拉哈尔博物馆藏定光佛授记图像

（图片来源：孙英刚、何平：《犍陀罗文明史》，北京：生活·读书·新知三联书店，2018年，第274页）

定光佛授记图像在敦煌石窟中的再现与回归，与第39窟题材组合的思想表达以及敦

---

[1] 莫高窟第61窟曾绘制屏风画式佛传故事，其中定光佛授记（儒童本生）作为佛传内容的一部分出现。敦煌单行本定光佛授记图像只出现在榆林窟第39窟，且敦煌石窟中仅此一例。
[2] 《修行本起经》是最早记录此故事的经典，后译的《佛说太子瑞应本起经》《普曜经》《增一阿含经》《佛本行经》《大智度论》等经典中都记载了此故事，不同经典对故事的叙事有所差别，主要在于"授记腾空"与"以发踏地"二者的先后顺序。
[3] 朱天舒：《克孜尔第123窟主室两侧壁画新探》，《敦煌研究》2015年第3期。
[4] （梁）慧皎撰，汤用彤校注：《高僧传》卷三《宋京师祇洹寺求那跋摩》，北京：中华书局，1992年，第107页。
[5] 参见赵雨昆：《云冈的儒童本生及阿输迦施土信仰模式》，《佛教文化》2004年第5期；李静杰：《北朝时期定光佛授记本生图像的两种造型》，见《艺术学》第23期，台北：台北艺术大学美术史研究所，2007年，第75—116页。
[6] 李静杰：《北朝隋代佛教图像反映的经典思想》，《民族艺术》2008年第2期。

煌地区的时代背景密切关联。1030年左右沙州回鹘开始统治瓜沙地区[1]，由于与高昌回鹘同源之故，其在图像艺术上受到高昌回鹘的影响，流行于高昌回鹘的依据《佛本行集经》绘制的誓愿画成为了第39窟定光佛授记图像的粉本来源（图八）。

比对沙州回鹘、高昌回鹘的定光佛授记图像，可以发现其有几处共同点：其一，二者都是单幅画，构图上皆以立佛为中心，胁侍围绕，儒童布发于侧旁；其二，定光佛袈裟覆肩右绕且佛衣下摆呈两侧散开式，菩萨着喇叭式裤且帔帛呈"S"环状垂下；其三，执拂尘金刚以及双手外展执花菩萨是二图中的共同人物，敦煌本地没有执拂尘的金刚像，但

图八　高昌回鹘柏孜克里克石窟第20窟定光佛授记图像
（图片来源：吐鲁番学研究院等：《中国新疆壁画艺术》第六卷，乌鲁木齐：新疆美术摄影出版社，2009年，图版112）

是高昌回鹘壁画中却十分多见，马莉先生考证执拂尘人物为"帝释天"[2]。

从图像对比中可以发现，敦煌定光佛授记图像中有"授记腾空"情节，即"菩萨以双手合十，跪在一放光的圆环里"，而高昌回鹘出土的定光佛授记图像皆无此情节。"授记腾空"在南北朝依犍陀罗粉本绘制的定光佛授记图像中是重要组成部分，此处的"授记腾空"图像与南北朝时期乃至犍陀罗地区的造像一致，应该是借鉴了前代图像（图九），刘玉权先生认为此为化生，显然是不正确的[3]。是故，通过分析可以看出，第39窟定光佛授记图像粉本虽然源于高昌回鹘，但是并不是完全照搬照抄，而是以高昌回鹘本为蓝本还参考了南北朝时期的本子，图像中"授记腾空"因素的加入，应该是基于整个洞窟营建思想表达的需要。

---

[1] 刘人铭：《莫高窟第310窟回鹘供养人画像阐释——兼论曹氏归义军的回鹘化》，见沙武田主编《丝绸之路研究集刊》（第3辑），北京：商务印书馆，2019年，第318—334页。
[2] 马莉：《榆林39窟"儒童本生"中的菩萨及持"拂"天王身份考——兼论其"合并叙述"的构图形式及内涵》，《南京艺术学院学报（美术与设计）》2020年第4期。
[3] 刘玉权：《沙州回鹘石窟艺术》，见敦煌研究院编《中国石窟·安西榆林窟》，第218页。

图九　云冈石窟第10窟北魏定光佛授记图像

(图片来源：云冈石窟文物保护所：《中国石窟·云冈石窟 二》，北京：文物出版社，2016年，图版60)

三、定光佛授记图像中的"授记腾空"与主室三身佛身份之关联

第39窟主室的三身佛是整窟中唯一没有明确身份的图像，敦煌研究院的内容总录中笼统称之为三身佛。第39窟定光佛授记图像在高昌粉本基础上加入前代图像因素"授记腾空"，是为了契合整个主室主题，那么从整个主室题材选取与设计思想来看，三身佛与"授记腾空"情节这二者应该是有关联的，可以以此为切入点对三身佛身份进行考证。

不同于儒童"以发铺地"情节强调的是佛教中的自身布施，"授记腾空"情节则强调的是佛教中的付法传承。画工在高昌粉本上特意加入这一情节，其意欲强调付法传承的佛教主题，而这恰对主室中未定名的三佛的身份进行了暗示。定光佛授记讲述的是过去佛定光佛付法于现在佛释迦佛，那么循此逻辑，按照付法顺序，三佛主题则应该与未来佛弥勒有关。若以此推测三佛的弥勒身份还稍显臆断的话，那么主室的罗汉像再作证据之补充，以证其为弥勒身份应是大体不差。十六罗汉是主室中除定光佛授记、三身佛之外的唯一题材，绘制于南、北壁西侧以及西壁整壁。罗汉信仰起源于印度，在唐代玄奘翻译《大阿罗汉难提蜜多罗所说法住记》(简称《法住记》)前，罗汉仅仅限于观念，"迄至玄奘译出《法注记》后，十六罗汉的功德神通和特殊身份方始界定，成为我国民间罗汉信仰的真正典据"[1],"可以说我国历史悠久的罗汉信仰基本上是从《法住记》付嘱十六罗汉起始,尔后发展盛行的"[2]。在《法住记》中载:

> 佛薄伽梵般涅盘时,以无上法付嘱十六大阿罗汉并眷属等,令其护持使不灭没。……我受教勒护持正法,及与天人作诸饶益,法藏已没有缘已周今辞灭度,说是语已一时俱入无余涅盘。先定愿力起火焚身,如灯焰灭骸骨无遗,时窣堵波便陷入地。……次后弥勒如来应正等觉出现世间……具如弥勒成佛经说。弥勒如来成正觉已,为声闻众三会说法令出生死得证涅槃。[3]

为罗汉在佛教中的功能作了说明,即释迦灭度后护持正法等待弥勒降临。《法住记》中对弥勒世界作了详细描绘,并且明确提到即《弥勒成佛经》所绘世界,而《弥勒成佛经》的主体内容是弥勒三次说法,即弥勒三会,主室三倚坐佛表现得应该就是弥勒三会。弥勒三会在初唐已经进入敦煌壁画,是弥勒经变最为主要的部分,其他如婚嫁图、一种七收、剃度图等都是在以三会为主体的构图中而增加的次要因素。梳理敦煌壁画中的弥勒三会图像,几乎均为三身倚坐弥勒成"品"字形的模式(图一〇),与此处的坐姿与排列相同。

由此观之,主室定光佛授记、十六罗汉、三身佛三种题材关系密切,定光佛授记中"授记腾空"情节对付法传承的强调,以及十六罗汉护世待弥勒降生的作用最终将三身佛的身份指向了弥勒,也由此确定了三身佛内容实则是弥勒三会的简化。

四、主室题材组合所蕴含的"转轮王"的政治意涵

敦煌的佛教对大部分僧俗而言,是为大众服务的民俗佛教,敦煌石窟的壁画题材和内容都是为社会服务的,敦煌石窟是"社会化的佛教场所"[4]。第39窟作为敦煌石窟中唯一一个绘制单行本定光佛授记图像的洞窟,其图像不见于前代石窟中,除粉本与审美之故,更是其所具有的转轮王的政治蕴意使节度使身份的归义军统治者所忌讳。"燃灯佛授记(定光佛授记)在佛教信仰体系中居于极为特殊的地位,带有明确的宗教和政治意涵。其发源于犍陀罗地区,在印度本土罕见,却在中国中古政治和信仰世界里成为一个重要

---

[1] 沈柏村:《罗汉信仰及其造像艺术》,《青海社会科学》1997年第3期。
[2] 沈柏村:《罗汉信仰及其造像艺术》,《青海社会科学》1997年第3期。
[3] (唐)玄奘译:《大阿罗汉难提蜜多罗所说法住记》,《大正藏》,第49册,第12–14页。
[4] 马德:《敦煌莫高窟史研究》,兰州:甘肃教育出版社,1996年,第192页。

1

2

图一〇 敦煌石窟弥勒经变

1. 莫高窟第148窟盛唐弥勒经变图 2. 莫高窟第116窟盛唐弥勒经变图

(图片来源:王惠民主编:《敦煌石窟全集》第六卷,北京:商务印书馆,2002年,第60页)

的信仰主题和政治理念。"[1]定光佛授记与政治的关联在于经典中对儒童转轮王身份的赋予,经典中记载:"菩萨承事定光,至于泥曰……毕天之寿,下生人间,作转轮圣王飞行皇帝……如是上作天帝,下为圣主。"[2]定光佛授记所蕴含的转轮王的政治概念于佛教传

———————

[1] 孙英刚:《布发掩泥的北齐皇帝:中古燃灯佛授记的政治意涵》,《历史研究》2019年第6期。
[2] (吴)支谦译:《太子瑞应本起经》,《大正藏》,第3册,第473页。

入后对中古君主观念产生了很大影响,佛教传入前,"中国传统君主观念主要植根于天人感应、阴阳五行思想,强调统治者'顺乎天而应乎人'"[1],佛教传入后,"在中土本有的'天子'意涵之外,加上了'转轮王'的内容,形成了可以称之为'双重天命'的政治论述"[2]。在中古民众意识中,"转轮王"是"君主"的代名词,是"君权神授"的象征。在政治实践上,北齐高洋、唐代武则天等统治者都曾经通过塑造自身转轮王的身份以示自己天命的合法性。

第39窟主室中采用的三种题材则完成了在佛教表象下转轮王身份的建构,定光佛授记图像是对儒童转轮王身份的强调,而相呼应的是弥勒三会中对转轮王国家的叙述,在《佛说弥勒下生成佛经》中记载,弥勒下生而三次说法的国家其君主则为转轮王,经典记载"其国尔时,有转轮王,名曰蠰佉,有四种兵,不以威武治四天下"[3],转轮王所在国土国泰民安、四时顺节、清净庄严、强盛无有怖扰、人民安居乐业[4]。

因此,敦煌石窟的属性是综合性的,不仅具有宗教内涵,更具有世俗功能,敦煌石窟壁画的内容和形式要服从于功德主的实际需要,"赞助者的营建意图通过工匠之手得以实现"[5]。第39窟的功德主通过选择具有政治蕴涵的佛教图像表达了"转轮王"的身份诉求,使得洞窟在宗教内涵之外更具有了浓厚的政治色彩。

五、主室转轮王身份的强调对功德主身份的启示

第39窟主室布局严密、题材独特、思想突出且明确,不但反映出功德主的功德观念,同时也传达出功德主的身份信息。政治色彩如此浓郁、如此强调转轮王身份的洞窟,功德主大抵是沙州回鹘统治者才能与洞窟强调的转轮王身份相契合。第39窟中位于南壁的第1、2身男像比其他供养人像更加高大,并且冠式也不同于其他供养人像,可知身份等级应该比其他供养人高,从排列规律看,二者中又以第1身为尊。第1身男像榜题为回鹘文,具体内容是"el'ögäsi sangun ögä bilgä bäg qutï-nïng körmiš ätöz-i bo ärür qutlu γ qïvlï γ bolmaqï bolzun yamu",松井太先生对其释读为"宰相sangun ögäsi biligä bäg阁下的真实影像正在此处,祝愿他获得上天宠爱,从此变得幸福"[6],而"sangun""ögäsi"词语皆为官职,分别为"将军""宰相"之意,故这此榜题可理解为"宰相将军biligä bäg阁下的真实

---

[1] 孙英刚:《布发掩泥的北齐皇帝:中古燃灯佛授记的政治意涵》,《历史研究》2019年第6期。
[2] 孙英刚:《布发掩泥的北齐皇帝:中古燃灯佛授记的政治意涵》,《历史研究》2019年第6期。
[3] (后秦)鸠摩罗什译:《佛说弥勒下生成佛经》,《大正藏》,第14册,第424页。
[4] (后秦)鸠摩罗什译:《佛说弥勒下生成佛经》,《大正藏》,第14册,第424页。
[5] 张利明、张敏:《肃南上石坝河石窟第3窟壁画研究》,《敦煌研究》2018年第3期。
[6] [日]松井太、荒川慎太郎:《敦煌石窟多言语资料集成》第130页。

影像正在此处，祝愿他获得上天宠爱，从此变得幸福"。松井太先生在其注语中论述到"biligä bäg"为11世纪左右统辖沙州的"沙州将军"，其可能为圣彼得堡所藏吐鲁番出土回鹘文书2kr17中的西州回鹘同名宰相"必里哥（伯克）"[1]。虽然，松井太先生对于"biligä bäg"西州回鹘属性的推测还需要更多的证据，但是至少为我们提供了此回鹘文榜题主人公为"biligä bäg"的讯息。若对此窟功德主为沙州回鹘统治者的推测不误的话，这里的"biligä bäg"可能应该就是汉文史料所载唯一可查的沙州回鹘统治者——沙州镇国王子，《续资治通鉴长编》载：

（1041）夏，四月，……琮欲诱吐蕃特角图贼，得西州旧贾，使谕意，而沙州镇国王子遣使奉书曰："我本唐甥，天子实吾舅也。自党项破甘、凉，遂与汉隔。今愿率首领为朝廷击贼。"[2]

根据《宋史》"先是，唐朝继以公主下嫁，故回鹘世称中朝为舅，中朝每赐答诏亦曰外甥。五代之后皆因之"[3]的记载，可知文中称唐甥的沙州镇国王子为回鹘人。这里的沙州镇国王子在之后不久称可汗，《宋会要辑稿》载：

（1041）二年十一月十五日，北亭可汗奉表贡玉、乳香、硇砂、名马。[4]
（1042）庆历二年二月，沙州北亭可汗王遣大使密、副使张进零、和延进、大使曹都都，大使翟入贡。[5]

李正宇先生已经论据充分地论述了沙州镇国王子与沙州北亭可汗实为一人[6]，在此不再赘述。沙州回鹘取代归义军的时间于1030左右，在1041年贡宋材料中沙州回鹘统治者以沙州镇国王子名义贡宋，此次贡宋后被宋朝封授可汗，此后汉文史料中才出现可汗称号，是故，回鹘文题记中未出现可汗名号类词语也属正常。正是如此，我们有了断代依据，此窟的时代应该在沙州回鹘统治者被封授可汗之前，即1041年之前。

---

[1]〔日〕松井太、荒川慎太郎：《敦煌石窟多言语资料集成》，第131页。
[2]（宋）李焘撰，（清）黄以周等辑补：《续资治通鉴长编》卷一百三十一《仁宗》，上海：上海古籍出版社，1986年，第1191—1192页。
[3]《宋史》卷四百九十《外国六》，北京：中华书局，1977年，第14114页。
[4]（清）徐松：《宋会要辑稿》第一百九十九册《番夷七》，北京：中华书局，1957年，第7852页。
[5]（清）徐松：《宋会要辑稿》第一百九十八册《番夷五》，第7768页。
[6] 李正宇：《悄然湮没的王国——沙州回鹘国》，见敦煌研究院编《1990年敦煌学国际学术研讨会文集·史地语文编》，沈阳：辽宁美术出版社，1995年，第149—174页。

论述至此,也应该对第39窟其他供养人像有所说明。第39窟是沙州回鹘洞窟中供养人数量最多的洞窟,从题记中看还有"石、安、王"等敦煌大族姓氏、"都头"官职[1]、"可敦殿下"称呼[2],可见这些供养像并不是沙州镇国王子的家族成员,十分有可能是沙州镇国王子夫妇及其僚属家庭。通过在敦煌石窟中绘制统治者及其僚属供养像以达到宣示地位和巩固统治的目的,滥觞于归义军时期,曹氏归义军苦心营建莫高窟第98窟并绘制曹氏归义军文武官员实则是其巩固政权的一项重要措施[3],而第39窟的营建目的相似于第98窟,即拉拢当地僧俗大众以及宣誓统治地位合法性。在供养人像上方绘制的凉州瑞像也揭露了这一目的,《续高僧传》载"此崖当有像现,若灵相圆备,则世乐时康,如其有阙,则世乱民苦"[4],一般认为凉州瑞像"通过像首的完整与否,预示王朝与佛法的兴衰"[5]。巫鸿先生提到凉州瑞像是一尊具有极强意义的佛像,它的形象的完整和受尊崇就意味着国家的统一与人民的安居乐业[6]。

综上所述,第39窟主室如此强调转轮王身份和国家统一、人民安乐,使得其与沙州回鹘统治者产生了联系,此窟极大可能为沙州回鹘统治者沙州镇国王子所营建,供养人群像为沙州镇国王子夫妇以及其僚属家庭、敦煌大族家庭,其目的是拉拢当地僧俗与地方大族,彰显自身统治合法性,维护沙州回鹘统治。

结论与余论

榆林窟第39窟是沙州回鹘洞窟中十分特殊且重要的洞窟,从第39窟改造本定光佛授记图像入手,可以以点带面地对第39窟主室壁画组合进行解读,从而发现了主室壁画隐藏在佛教主题中的"转轮王"的政治意涵,而"转轮王"在政治中的独特内涵,将功德主的身份指向了沙州回鹘统治者,即文献中的沙州镇国王子,也就是沙州北亭可汗。

此外,还需要对前室的图像布局作一说明。甬道与前室的题材分别为说法图、化佛、千手观音、药师、菩萨题材。前室西壁的化佛与南、北壁的说法图共同构建了十方佛的空间概念,并配合甬道的千手千眼观音共同完成"灭罪"的宗教功能,《千手千眼观世音菩萨

---

[1] 张伯元:《安西榆林窟》,第263—266页。
[2] [日]松井太、荒川慎太郎:《敦煌石窟多言语资料集成》,第131页。
[3] 荣新江:《归义军史研究——唐宋时代敦煌历史考索》,上海:上海古籍出版社,2015年,第241页。
[4] (唐)道宣撰,郭绍林点校:《续高僧传》卷二十六《魏文成沙门释慧达传》,北京:中华书局,2014年,第981页。
[5] 张小刚:《敦煌佛教感通画研究》,兰州:甘肃教育出版社,2015年,第407页。
[6] [美]巫鸿:《敦煌323窟与道宣》,见巫鸿著,郑岩、王睿编《礼仪中的美术》,北京:生活·读书·新知三联书店,2016年,第425页。

大悲心陀罗尼》载"今诵大悲陀罗尼时,十方佛即来为作证明,一切罪障悉皆消灭"[1]应该是此设计的典据。前室东壁的8身菩萨与西壁药师配合起到接引之功能[2]。总体看来前室主要强调灭罪的佛教主题,这一主题可能反映了政权更迭之下统治者借助佛教洗涤罪恶的心理状态。

因此,可以看出前室和主室的落脚点是不同的,前室更注重佛教功能,主室更强调政治功能。与敦煌多数洞窟单纯以追求佛教功能的功德目的不同,由于第39窟功德主身份的特殊性与营建目的的多重性,其欲在宗教表象下去完成一个政治主题的表达,使得此窟具有宗教的一面,更有世俗的一面。所以主室和前室的设计并不能用一个连贯的宗教思想去解读,这是由功德主的身份、营建目的等因素所决定的,看似矛盾而又有理可循,因为整个洞窟在佛教内涵之外更突出对政治主题的建构。

附表　第39窟西壁门上化佛榜题录文

第一身	南无宝□□佛灭贪长住罪
第二身	南无白亿万恒沙□起佛□念一遍同看大藏经一遍
第三身	南无一切香花自在力王佛念一声灭破斋□罪
第四身	南无下方世界一切法门神变威德光明照耀如来
第五身	南无上方世界虚空吼声净妙庄严光明照如来
第六身	南无东北方世界无数劫积集菩提如来
第七身	南无西北方世界种种胜光明威德王(如来)
第八身	南无西南方世界最上妙色殊胜光明如来
第九身	南无东南方世界千云雷吼声王如来
第十身	南无北方世界积集无量辩才智慧如来
第十一身	南无西方世界一切法殊胜辩才庄严如来
第十二身	南无南方世界功德宝胜庄严威德王(如来)
第十三身	南无东方世界无量功德宝庄严威德王如来
第十四身	南无金刚坚强□伏散坏佛念一声去煞罪

[1]（唐）不空译:《千手千眼观世音菩萨大悲心陀罗尼》,《大正藏》,第20册,第116页。
[2]（唐）玄奘译:《药师琉璃光如来本愿功德经》载"若闻世尊药师琉璃光如来名号,临命终时,有八菩萨,乘神通来,示其道路,即于彼界种种杂色众宝华中,自然化生"。

(续表)

第十五身	南无宝光日殿妙音尊佛念一声免入阿鼻地狱
注：录文顺序为由南至北	

（原文发表于《西夏学》第23辑，2021年）

泸州宋墓石刻武士"虎头盔"形象试探

王文波

泸州宋墓作为全国最大规模的宋代石室墓群，以出土大量的精美石刻而闻名。目前学界对泸州宋墓石刻进行了多方面的研究[1]，但对其中石刻武士头戴"虎头盔"这一特殊形象关注较少。在泸州宋墓石刻武士中，武士双肩、腰间等部位常见虎头装饰，这类虎头装饰的形象在宋代戎装中比较普遍[2]，也见于同时期的其他区域[3]。但是考古所见宋代头戴"虎头盔"的人物形象，除温州白象塔、宜兴法藏寺地宫有零星出土外[4]，主要发现于泸州及其周边地区的墓葬和石窟[5]，考虑到其特殊性，笔者尝试对其进行一些探讨。

一、泸州宋墓石刻武士的"虎头盔"形象

泸州宋墓石刻武士戴"虎头盔"的材料，主要见于《泸县宋墓》和《泸州市博物馆藏宋墓石刻精品》两书[6]，另据笔者所见，在合江、泸县等地博物馆中也有一些尚未发表的

---

[1] 关于泸州宋墓石刻研究综述可参见吴思佳：《泸县宋墓石刻研究综述（2002-2017）》，《贵州大学学报（艺术版）》2018年第4期。
[2] 傅伯星：《图说宋人服饰》，上海：上海古籍出版社，2014年，第146-147页。
[3] 参见：金维诺主编：《中国寺观雕塑全集·辽金元寺观造像》，哈尔滨：黑龙江美术出版社，2005年；柴泽俊、贺大龙：《山西佛寺壁画》，北京：文物出版社，2006年；郭相颖主编：《大足石刻雕塑全集：南山、石门山、石篆山等石窟卷》，重庆：重庆出版社，1999年；杨古城、龚国荣：《南宋石雕》，宁波：宁波出版社，2006年。
[4] 温州博物馆：《白塔慧光·温州白象塔·慧光塔典藏大全》，北京：文物出版社，2010年，第66-67页；许夕华主编：《法相光明：江苏宜兴法藏寺北宋地宫文物》，北京：中国书店，2015年，第74页。
[5] 关于南方宋墓出土石刻武士材料的梳理，可参见：张梦纳：《南方宋墓装饰题材的区域性研究》，吉林大学硕士学位论文，2017年。
[6] 四川省文物考古研究所等：《泸县宋墓》，北京：文物出版社，2004年；泸州市博物馆：《泸州市博物馆藏宋墓石刻精品》，北京：中华书局，2016年。

此类材料。根据"虎头盔"的虎头特征,笔者将其分为三型。

A型,表现一般虎面特征,但虎牙及虎耳不明显。如泸县奇峰镇M2墓门右侧武士,高1.15米,头戴头鍪顿项,顶作虎头形[1](图一,1)。又如,泸州市博物馆藏宋墓出土的两件石刻武士,其虎形头鍪也属于这一类型(图一,2、3)。

图一　A型戴"虎头盔"石刻武士

1. 泸县奇峰镇M2出土石刻武士　2、3. 泸州市博物馆藏石刻武士

(图片来源:1.《泸县宋墓》,彩版二七;2、3.《泸州市博物馆藏宋墓石刻精品》,第32、33页)

B型,虎面特征明显,突出表现虎的两侧獠牙。如泸县牛滩镇滩上村M1征集的女武士,残高1.83米,头戴虎首头鍪兜鍪,兜鍪饰虎面图案,接近顶部刻一"王"字,护耳下有虎的双爪[2](图二,1、2)。泸州市博物馆藏宋墓石刻武士的"虎头盔",突出虎的上下两侧獠牙,武士头部含于虎口之中(图二,3)。

C型,虎面特征明显,同时表现上颌完整虎牙。如泸州市博物馆藏宋墓石刻武士,高1.65米,戴虎首头鍪(图三,1)。泸县博物馆藏宋墓石刻武士"虎头盔"与此类似(图三,2),而另一件出土于合江县宋墓的石刻武士,则在头盔上还加刻一"王"字(图三,3)。

这些石刻武士中,泸县奇峰镇M2武士时代为南宋淳熙十三年(1186),牛滩镇滩上村M1的女武士时代为南宋中期[3]。其余因目前公布材料有限,尚难判断其年代,但从石刻

---

[1] 四川省文物考古研究所等:《泸县宋墓》,第94-96页。

[2] 四川省文物考古研究所等:《泸县宋墓》,第114-115页。

[3] 四川省文物考古研究所等:《泸县宋墓》,第175-176页。

图二　B型戴"虎头盔"石刻武士

1、2. 泸县牛滩镇滩上村M1出土石刻女武士　3. 泸州市博物馆藏石刻武士

（图片来源：1、2.《泸县宋墓》，彩版三九，第114页，图一一〇；3.《泸州市博物馆藏宋墓石刻精品》，第30页）

图三　C型戴"虎头盔"石刻武士

1、2. 泸州市博物馆藏宋墓石刻武士　3. 合江县宋墓出土石刻武士

（图片来源：1.《泸州市博物馆藏宋墓石刻精品》，第32页；2.《中国艺术报》2011年7月18日"发现泸县惊世石刻艺术"报道 http://www.cflac.org.cn/ysb/2011-07/18/content_23257785.htm，实物现存泸县博物馆；3. 收藏于合江县汉代画像石棺博物馆，作者摄）

分布最集中的泸县来看，出土宋墓石刻大多属南宋中期，部分晚至南宋后期[1]，因此可以推测泸州宋墓戴"虎头盔"石刻武士的年代，大致也在南宋中后期。

在上述材料中，泸县牛滩镇M1和合江县出土武士，头盔上刻有"王"字（图二，2；图三，3）。而这类墓葬中同出的四神雕刻，部分白虎头顶也刻有"王"字[2]（图四，1、2），这进一步说明这类兽头形象为虎。此外，贵州遵义杨粲墓女室中也发现一件戴虎头兜鍪的女武士[3]（图四，3），有学者指出，两宋时期成熟的川东南石室墓对黔北石室墓产生了很大影响[4]，而杨粲墓女室的戴"虎头盔"女武士，也与泸县牛滩镇滩上村M1女武士很相似（图二，1、2），因而很可能是川东南石室墓影响下的产物。

图四　泸县宋墓白虎雕刻和杨粲墓女室戴"虎头盔"女武士
1、2. 泸县宋墓出土白虎石刻　3. 遵义杨粲墓女室出土石刻女武士
（图片来源：1、2.《泸县宋墓》，第125页，图一二四，第128页，图一二九；3.《杨粲墓石刻》，《文物天地》2015年第5期，第41页）

总的来看，泸州南宋中后期的石室墓中存在一定数量的戴"虎头盔"石刻武士，"虎头盔"从虎头形态上可以分为三种类型，盔顶大多有长缨。而从人物形象来看，无论男女均

---

[1] 四川省文物考古研究所等：《泸县宋墓》，第175-176页。
[2] 参见：四川省文物考古研究所等：《泸县宋墓》，第125、128页。
[3] 胡进：《杨粲墓石刻》，《文物天地》2015年第5期。
[4] 杨菊：《川东南渝西黔北宋元明石室墓研究》，四川大学硕士学位论文，2014年。

为武士装束，手持各类兵器，一般位于墓门两侧，具有守护墓室的意味。这类"虎头盔"形象少见于其他地区的宋墓，而在邻近泸州的安岳、大足宋代石窟中有一些发现，因而具有特殊性，其出现的原因值得进一步探讨。如果我们往前追溯，就会发现在隋唐时期川渝石窟中有大量戴"虎头帽"的形象，同时在河北及两京地区的部分唐墓中，也出土有戴"虎头帽"形象的武士俑，两者都与泸州宋墓的"虎头盔"形象存在密切联系。

二、川渝石窟和中原唐墓中的"虎头帽"形象

新疆、敦煌地区的石窟中，有很多戴"虎（狮）头帽"的人物形象，是佛教东传过程中的产物，学界对此已有很多讨论[1]，但对川渝石窟中的同类形象关注较少。总的来看，这类戴"虎（狮）头帽"形象从新疆到敦煌有一个发展演变的过程，进而影响到川渝地区隋唐时期石窟中的戴"虎头帽"形象。隋唐时期川渝石窟中戴"虎头帽"形象众多（附表一），分布较广，戴"虎头帽"者多为天龙八部之一的乾闼婆，虎头特征比较明显（图五），部分虎爪和敦煌地区类似，搭于人物双肩或颈前（图五，7、8）。

而到两宋时期，在安岳、大足石窟中也延续有这类"虎头帽"形象。如安岳毗卢洞第8号窟左侧护法天王像，像高2.8米，头戴虎头盔（图六，1），时代为北宋[2]；大足北山石窟佛湾第149号如意轮观音窟神将，头顶兽头骨（图六，2），时代为南宋建炎二年（1128）[3]；大足宝顶山石窟大佛湾第2龛护法神像，头戴虎头装饰（图六，3），时代为南宋[4]。但此时戴"虎头帽"者身份已多样化，分布范围也较小。

由上可知，隋唐两宋时期川渝石窟中的戴"虎头帽"形象，早期主要集中在川东北的广元、巴中、绵阳等地，其后在川东南的安岳、乐山、大足等地也有发现（附表一），与这一时期川渝石窟由北向南传播的背景相一致[5]。具体来说，巴中水宁寺第8龛（图五，3）、安

---

[1] 谢明良：《希腊美术的东渐？——从河北献县唐墓出土陶武士俑谈起》，《故宫文物月刊》1997年总第175期；李淞：《略论中国早期天王图像及其西方来源》，见李淞《长安艺术与宗教文明》，北京：中华书局，2002年，第105-142页；邢义田：《赫拉克利斯在东方——其形象在古代中亚、印度与中国造型艺术中的流播与变形》，见邢义田《画为心声：画像石、画像砖与壁画》，北京：中华书局，2011年，第458-513页；陆离：《大虫皮考——兼论吐蕃、南诏虎皮崇拜及其影响》，《敦煌研究》2004年第1期；陆离：《敦煌、新疆等地吐蕃时期石窟中着虎皮衣饰神祇、武士图像及雕塑研究》，《敦煌学辑刊》2005年第3期；沈睿文：《唐镇墓天王俑与毗沙门信仰推论》，见樊英峰主编《乾陵文化研究（五）》，西安：三秦出版社，2010年，第138-152页；郭晓涛：《陕西凤翔唐墓出土陀罗尼经咒的图像解读》，《中国国家博物馆馆刊》2017年第8期。
[2] 刘长久主编：《中国石窟雕塑全集8》，重庆：重庆出版社，1990年，图版第126页，图版说明第43页。
[3] 郭相颖主编：《大足石刻雕塑全集：北山石窟卷》，重庆：重庆出版社，1999年，第81页，图版说明第19页。
[4] 如常主编：《世界佛教美术图说大辞典·石窟1》，高雄：佛光山宗委会，2013年，第85页。
[5] 郭璇：《巴蜀地区摩崖佛寺的流变》，《重庆建筑大学学报》2005年第6期。

图五　隋唐时期川渝石窟中的戴"虎头帽"形象

1. 广元皇泽寺第28窟(隋)　2. 广元皇泽寺第51窟(初唐)　3. 巴中水宁寺第8龛(盛唐)
4. 安岳卧佛院第3号窟(唐)　5. 安岳千佛寨第51号龛(盛唐)
6. 乐山夹江千佛岩D区第72号龛(中唐)　7. 巴中西龛第5号龛(初唐)
8. 巴中西龛第10号龛(开元三年,715)

(图片来源：1、2. 罗宗勇：《广元石窟艺术》，成都：四川美术出版社，2005年，第20、54页；3. 程崇勋：《巴中石窟》，北京：文物出版社，2009年，第171页；4. 刘长久主编：《安岳石窟艺术》，成都：四川人民出版社，1997年，第25页；5、7、8.《中国石窟雕塑全集8》，图版第99页、51页、52页；6. 四川省文物考古研究院、西安美术学院：《夹江千佛岩——四川夹江千佛岩古代摩崖造像考古调查报告》，北京：文物出版社，2012年，图版七三)

岳毗卢洞第8窟(图六，1)中的头戴虎头形象，与泸州宋墓武士A型虎头盔形象一致。广元皇泽寺第28窟(图五，1)、广元皇泽寺第51窟(图五，2)、巴中西龛第10龛(图五，8)中的头戴虎头形象，与泸州宋墓武士B型虎头盔相似。安岳卧佛院第3窟(图五，4)、安岳千佛寨第51龛(图五，5)中的头戴虎头形象，与泸州宋墓武士C型虎头盔形象接近。同时大足、安岳宋代石窟中戴"虎头盔"的护法神形象，也大多手持兵器(图六，1、2)。

唐墓中戴"虎头帽"形象主要出现在武士俑中，谢明良、邢义田两位先生对此曾做过

556　蜀山琢玉：丧葬制度与帝国气象

图六　大足、安岳宋代石窟中的"虎头盔"形象
1. 安岳毗卢洞第8号窟护法天王像　2. 大足北山石窟佛湾第149窟神将
3. 大足宝顶山大佛湾第2龛护法神像

（图片来源：1.《中国石窟雕塑全集8》，图版第126页；2.《大足石刻雕塑全集：北山石窟卷》，第81页；3. 如常主编：《世界佛教美术图说大辞典·石窟1》，第85页）

专门论述，其中邢义田先生论述详实，并指出这些唐墓多集中在河北地区[1]。沈睿文先生则进一步指出，这类"虎头帽"武士俑可能与圆形墓有一定关联[2]。李星明先生也指出，唐代墓葬中的护法式镇墓武士俑存在借用当时流行天龙八部中戴虎或狮头帽的乾闼婆形象和戴鸟形冠饰的迦楼罗形象的情况[3]。同时谢明良先生曾指出，顺畅的交通可能促进了陶俑样式的传播，形成了这类明器文化圈[4]。

笔者在前人的基础上，对唐墓出土戴"虎头帽"武士俑重新进行了梳理（附表二）。从时间上看，这些武士俑在初唐、盛唐、中唐均有出土，以盛唐时期（650-755）发现最为集中，中唐及以后发现较少，可能与安史之乱的影响有关。从地域分布来看，河北中南部、洛

---

[1] 谢明良：《希腊美术的东渐？——从河北献县唐墓出土陶武士俑谈起》，《故宫文物月刊》1997年总第175期；邢义田：《赫拉克利斯在东方——其形象在古代中亚、印度与中国造型艺术中的流播与变形》，见邢义田《画为心声：画像石、画像砖与壁画》，第458-513页。
[2] 沈睿文：《唐镇墓天王俑与毗沙门信仰推论》，见樊英峰主编《乾陵文化研究（五）》，第138-152页。
[3] 李星明：《唐代护法神式镇墓俑试析》，见石守谦、颜娟英主编《艺术史中的汉晋与唐宋之变》，台北：石头出版社，2014年，第281-310页。
[4] 谢明良：《希腊美术的东渐？——从河北献县唐墓出土陶武士俑谈起》，《故宫文物月刊》1997年总第175期。

阳周边、西安周边地区分布集中，其中西安地区的懿德太子墓、节愍太子墓出土数量众多，此外山西中南部、天津地区、朝阳地区也有一些发现。整体来看，这类武士俑应有特定的分布区域。

这些唐墓出土的戴"虎头帽"陶俑，大多为武士俑，大小不一，手势多为持物状，虎头特征明显。具体来看，洛阳关林镇M1289出土武士俑（图七，2）、洛阳宜阳县出土武士俑（图七，5），与泸州宋墓武士B型虎头盔接近。节愍太子墓出土武士俑（图七，3）、首都博物馆藏唐代武士俑（图七，4），与泸州宋墓武士C型虎头盔相似。而类似泸州宋墓武士A型虎头盔的样式则较少，只见于河南博物院藏天王俑（图七，6）和西安韩森寨唐墓出土襁褓婴儿俑[1]。但也存在同时表现上颌完整虎牙和两侧獠牙，将武士头部含于虎口之中的情况（图七，1）。

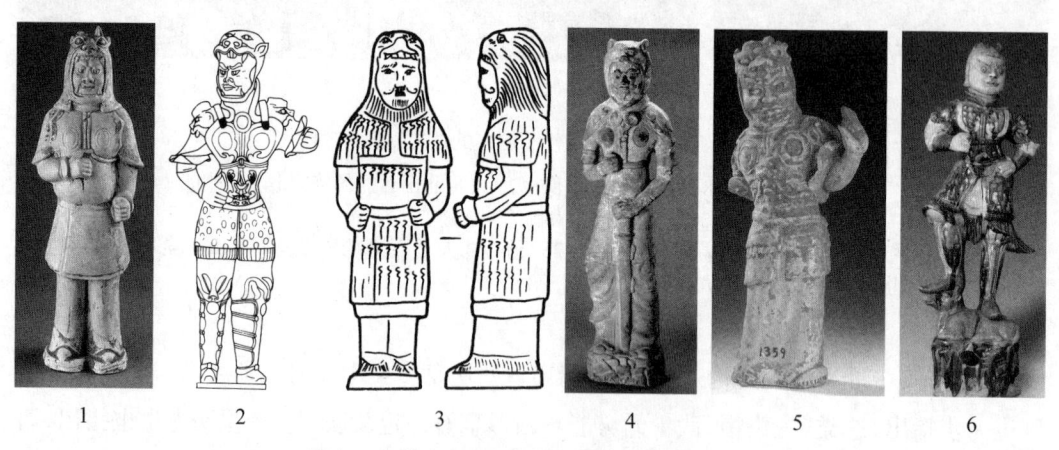

图七　唐墓出土及馆藏陶俑戴"虎头帽"形象

1. 洛阳偃师前杜楼出土（初唐）　2. 洛阳关林镇M1289出土（盛唐）
3. 唐节愍太子墓C型武士俑（710）　4. 首都博物馆藏（唐）
5. 洛阳宜阳县出土（唐）　6. 河南博物院藏（唐）

（图片来源：1、5. 洛阳市文物管理局：《洛阳陶俑》，北京：北京图书馆出版社，2005年，第286页、266页；2. 洛阳市文物工作队：《洛阳关林镇唐墓发掘报告》，《考古学报》2008年第4期，第522页，图一五，2；3. 陕西省考古研究所、富平县文物管理委员会等：《唐节愍太子墓发掘报告》，北京：科学出版社，2004年，第85页，图五八，4；4. 中国陶瓷编辑委员会：《中国陶瓷·唐三彩》，上海：上海人民美术出版社，1993年，图3；6. 郑州市文物考古研究所：《河南唐三彩与唐青花》，北京：科学出版社，2006年，第272页）

三、泸州宋墓"虎头盔"形象的来源和相关社会背景

如上所述，隋唐两宋时期川渝石窟中的戴"虎头帽"形象，在虎头形态上与泸县宋墓

---

[1] 刘善玲、郭建、郝陵生：《大唐气象（上）》，上海：上海锦绣文章出版社，2013年，第27页。

"虎头盔"形象存在密切关联。同时川渝石窟中戴"虎头帽"者作为护法神,与位于墓门两侧的泸州宋墓石刻武士具有相同的用意,特别是延续至两宋时期石窟中戴"虎头帽"的护法神,形体高大,手中持有兵器,很接近泸州宋墓中戴"虎头盔"的武士形象。邹西丹指出泸州宋墓石刻武士形态是唐代佛教造像艺术发展的结晶,吴敬也指出大足周边的石室墓雕刻与大足石刻文化存在密切关系[1]。泸州宋墓武士"虎头盔"形象呼应了这些观点,从时代上看,很可能是川渝石窟中戴"虎头帽"形象由北向南传播发展的产物,从地域上看,石刻武士和同时期周边石窟中同类形象应该具有相同的工匠传统。

而唐墓中的戴"虎头帽"武士俑,同样与泸州宋墓中的"虎头盔"石刻武士关系密切。除虎头形态特征相似外,两者都出现在墓葬中,身份相近,同时手势都为持武器状,具有守护墓室的用意,部分墓门两侧的武士除头戴虎头的区别外,其余特征都很相似[2]。吴敬指出泸州等地的宋代画像石室墓武士题材,可能来自晋南、冀南、宁南等地区,以晋南地区为主;而赵兰认为北方移民带进的装饰墓因素,对四川画像石室墓影响有限,武士题材应源于四川本地[3]。如前所述,出土戴"虎头帽"武士俑的唐墓多集中在河北中南部、洛阳和西安周边地区(图七),与吴敬所说的晋南、冀南地区有很大重合,同时宋墓中戴"虎头盔"的武士也主要发现于泸州及其周边地区,似与特定人群有关。因此,泸州宋墓的石刻武士,尽管武士题材可能源于本地传统,但从其头戴"虎头盔"这一形象来看,很可能也与冀南、晋南地区的人群南迁有关。

此外,两宋时期文献中也有关于"虎头盔"的内容。《枫窗小牍》记载"靖康已前,汴中家户门神多番样戴虎头盔,而王公之门,至以浑金饰之"[4],这段话包含着丰富的信息。首先,"番"是旧时对西部边境各少数民族或外国的称呼[5],"番"字说明这类戴"虎头盔"的形象是外来文化的产物。其次,在北宋都城汴梁流行戴"虎头盔"形象,说明这类形象已经走向世俗生活,其出现在墓葬中也就不难解释。最后,戴"虎头盔"者为门神,与佛教护法神、墓葬武士俑具有相同的守护寓意,而泸州宋墓戴"虎头盔"石刻武士位于墓门两侧,很可能模仿了当时生活中的门神形象。

总的来说,泸州宋墓石刻武士的"虎头盔"形象,一是很可能受到周边石窟中同类形

---

[1] 邹西丹:《泸州宋代武士石刻》,《四川文物》2008年第2期;吴敬:《宋代川陕四路墓葬特征的区域性研究》,《考古与文物》2011年第3期;吴敬:《南方地区宋代墓葬研究》,北京:社会科学文献出版社,2015年,第49页。
[2] 如泸县牛滩镇滩上村宋墓M1出土女武士,唐墓中洛阳关林M1289唐墓、洛阳偃师北窑村M2唐墓武士俑也与此类似,参见四川省文物考古研究所等:《泸县宋墓》,第114-115页;洛阳市文物工作队:《洛阳关林镇唐墓发掘报告》,《考古学报》2008年第4期;偃师商城博物馆:《河南偃师县四座唐墓发掘简报》,《考古》1992年第11期。
[3] 吴敬:《南方地区宋代墓葬研究》,第48-52页;赵兰:《北方移民影响与四川宋代画像石室墓》,华东师范大学艺术研究所:《中国美术研究》第27辑,上海:上海书画出版社,2018年,第38-46页。
[4] (宋)袁褧、周煇撰,尚成、秦克校点:《枫窗小牍 清波杂志》,上海:上海古籍出版社,2012年,第27页。
[5] 汉语大字典编辑委员会编纂:《汉语大字典》第5卷,成都:四川辞书出版社,武汉:崇文书局,2010年,第2723页。

象的影响,是四川地区由唐至宋石窟造像不断南移影响下的产物,而其远源可以追溯到新疆及犍陀罗早期佛教艺术中的同类形象,甚至是邢义田先生所说的西方赫拉克利斯形象[1]。二是河北、两京地区唐墓出土的戴"虎头帽"武士俑,可能也是泸州宋墓石刻武士"虎头盔"形象的重要来源,两者同出墓葬,应该具有相同的丧葬观念,很可能与冀南、晋南地区人群的迁徙有一定关系。三是两宋时期这类形象逐渐融入世俗生活,充当了门神的作用,墓门两侧的戴"虎头盔"武士俑,可能是"事死如事生"观念影响下的产物。但宋墓中戴"虎头盔"的武士俑目前仅见于泸州及其周边地区,具有特殊的地域性,因此除上述影响因素外,还需要考虑当时泸州的社会背景。

刘复生先生指出,泸州作为"夷汉交界"地区,两晋至唐深受"獠人入蜀"影响,至两宋时期西、南、东三面均与少数民族地域相接。"泸夷"主要包括乌蛮和僚人两大民族成分,北宋朝廷与"泸夷"征战激烈,大量外来人员进入这一地区,泸县宋墓墓主便是这些人群[2]。南宋中后期大量出现的泸州石室墓,墓主为军队及其随迁人员的后代,其墓门两侧出现戴"虎头盔"的石刻武士就不足为奇。当然,这类"虎头盔"形象可能也还受到西南地区传统虎崇拜及大虫皮制度的影响。

虎崇拜在中国传统社会普遍存在,而在西南少数民族地区,虎崇拜分布更加广泛,并且长期延续,在文献中也有很多反映,有学者对此做过专门论述[3]。同时,与泸州宋墓年代相近的大理国《张胜温画卷》(1180),在"十六大国王众"中有一王者头戴虎头装饰(图八,1),这应该是传统虎崇拜的反映,与前述"虎头帽""虎头盔"形象有一定相似性。因此考虑到当时泸州周边地区的民族分布,这类"虎头盔"形象可能也与该区域的虎崇拜有一定联系。

同时,吐蕃时期存在一种与告身制度相结合的军功赏赐制度——大虫皮制度,这一制度后来影响到南诏,大理国时期仍有延续[4]。而两宋时期"泸夷"中属于乌蛮成分的少数民族与大理乌蛮各部关系密切,南宋政府在泸州和大理国进行买马贸易,"泸夷"与宋与大理关系趋于稳定[5]。吐蕃、南诏及大理国的大虫皮制度在图像上有明确反映(图八,2-

---

[1] 邢义田:《赫拉克利斯在东方——其形象在古代中亚、印度与中国造型艺术中的流播与变形》,见邢义田《画为心声:画像石、画像砖与壁画》,第458-513页。
[2] 刘复生:《僰国与泸夷——民族迁徙、冲突与融合》,成都:巴蜀书社,2000年,第104-168页;刘复生:《"泸县宋墓"墓主寻踪——从晋到宋:川南社会与民族关系的变化》,《四川大学学报(哲学社会科学版)》2014年第6期。
[3] 张泽洪:《中国西南少数民族宗教中的虎崇拜研究》,《中南民族大学学报(人文社会科学版)》2007年第6期。
[4] 陆离先生对此有详细论述,参见:陆离:《大虫皮考——兼论吐蕃、南诏虎崇拜及其影响》,《敦煌研究》2004年第1期;陆离:《敦煌、新疆等地吐蕃时期石窟中着虎皮衣饰神祇、武士图像及雕塑研究》,《敦煌学辑刊》2005年第3期;陆离:《关于吐蕃告身和大虫皮制度的再探讨——英藏新疆米兰出土古藏文文书Or.15000/268号研究》,四川大学中国藏学研究所编《藏学学刊》(第14辑),北京:中国藏学出版社,2016年,第1-13页。
[5] 段玉明:《大理国史》,昆明:云南民族出版社,2003年,第196、302-305页。

图八　吐蕃、南诏大理时期的着虎皮形象

1.《张胜温画卷》中的"十六大国王众"局部　2. 榆林第15窟前室北壁东侧力士（中唐）
3. 莫高窟第205窟佛坛外北侧北方天王（中唐）　4.《南诏图传》中的武士名群矣（南诏中兴二年，899年）
5.《张胜温画卷》中贵族形象（大理国盛德五年，1180）　6. 泸州宋墓石刻武士局部
（图片来源：1、4、5. 李昆声主编：《南诏大理国雕刻绘画艺术》，昆明：云南美术出版社、云南人民出版社，1999年，第239、182、194页；2. 敦煌研究院：《中国石窟·安西榆林窟》，北京：文物出版社，1997年，图6；3. 刘永增主编：《敦煌石窟全集·塑像卷》，香港：商务印书馆，2003年，第224页；6.《泸州市博物馆藏宋墓石刻精品》，第24页）

5），而当时大理国与南宋在泸州也存在密切联系。南诏、大理国大虫皮制度中双肩、胸前有虎头，双肩有虎爪（图八，4、5）的形象也见于泸州宋墓石刻武士中（图八，6），所以泸州宋墓的"虎头盔"形象或许也与大虫皮制度有一定相关性。至于广元石室宋墓、虞公著夫妇合葬墓中石刻武士双肩的虎头装饰，发掘者将其称为"虎头甲袍""虎头战袍"[1]，但如前所述，这类双肩虎头装饰在同时期广泛存在，与吐蕃、南诏大虫皮制度中的"虎皮袍"不尽相同。

四、结　语

泸州宋墓石刻武士"虎头盔"形象，在虎头形态上与隋唐两宋时期川渝石窟和唐墓中的戴"虎头帽"形象密切相关，而唐墓戴"虎头帽"武士俑也是佛教中同类形象影响下的产物，因此泸州宋墓石刻武士"虎头盔"形象的渊源，主要应源自沿北方丝绸之路东传、进而传播到川渝石窟中的同类佛教人物形象，同时冀南、晋南地区唐墓中的戴"虎头帽"武

---

[1] 四川省博物馆、广元县文管所：《四川广元石刻宋墓清理简报》，《文物》1982年第6期；四川省文物管理委员会、彭山县文化馆：《南宋虞公著夫妇合葬墓》，《考古学报》1985年第3期。

士俑也应是其重要来源,很可能与人群迁徙有一定关系。其次,随着两宋时期佛教不断世俗化,佛教护法神、生活中门神等戴"虎头盔"的形象,应该也对墓葬产生了影响。此外,考虑到当时泸州特殊的地理位置和民族分布,或许也与西南地区的虎崇拜习俗及大虫皮制度有一定联系。但总的来说,泸州宋墓石刻武士"虎头盔"形象的出现,在地域上具有特殊性,应是上述几个因素共同影响下的产物。

当然,泸州宋墓石刻武士的"虎头盔"形象也具有自身特色,一是虎头形象已融入武士头盔之中,顶上多有头缨,与隋唐时期的"虎头帽"形象有较大区别。二是在女性墓中出现了戴"虎头盔"的女武士,这可能与两宋时期妇女地位的变化和社会变革有关,亦或是受理学倡导的"男女有别"观念的影响。

需要指出的是,隋唐时期双肩有虎头装饰的形象较为常见,唐墓出土的天王俑、武士俑很多都有虎头吞肩,这类虎头装饰还见于人物腹部、胸前及腿部等位置,同时在唐代的骆驼俑驼囊上也有出现[1]。另在云冈石窟北魏中期胁侍菩萨头冠、日本京都高山寺藏镰仓时代(1185-1333)的佛眼佛母像头冠上都有虎(狮)头形象[2]。从笔者所见材料来看,这些虎(狮)头装饰在南北朝时期已经出现,隋唐时期较为常见,应该是这一时期中西文化交流的产物。两宋以后,这类头戴虎头、身披虎皮的形象仍然存在,尤其是在宗教题材的作品中,但人物身份、披戴样式也发生了很多变化。

附表一 隋唐至两宋时期川渝石窟中"虎头帽"形象统计表

发现点	时代	相关描述	材料来源
广元石窟皇泽寺第28窟天龙八部之一	隋	像间浮雕人形化天龙八部,其中之一戴兽首冠,颈绕兽脚,虬髯	《广元石窟内容总录·皇泽寺卷》第46-52页
绵阳梓潼卧龙山千佛崖摩崖造像第2龛天龙八部之一	初唐	龛顶浅浮雕天龙八部,其中16号像头顶兽头、兽耳尖、兽齿置发际线上侧	《绵阳龛窟——四川绵阳古代造像调查研究报告集》第134-143页、154页
绵阳梓潼卧龙山千佛崖摩崖造像第3龛天龙八部之一	初唐	15号像头顶戴有兽头帽,兽齿在发际线上	《绵阳龛窟——四川绵阳古代造像调查研究报告集》第144-152页、154页

---

[1] 此类骆驼俑发现较多,可参见郑州市文物考古研究所:《河南唐三彩与唐青花》,第353-355页。
[2] 中国石窟雕塑全集编辑委员会:《中国石窟雕塑全集3·云冈》,重庆:重庆出版社,2001年,第63页;如常主编:《世界佛教美术图说大辞典·绘画2》,第418页。

(续表)

发现点	时代	相关描述	材料来源
广元石窟皇泽寺第51窟天龙八部之一	初唐	像后浮雕双树及天龙八部,其中之一头戴兽面冠,面部及身体剥蚀严重,似着交领广袖袍	《广元石窟内容总录·皇泽寺卷》第94—97页
广元石窟皇泽寺第55窟天龙八部之一	初唐	龛后壁浮雕双树和天龙八部三身,其中之一戴兽头冠,风化严重	《广元石窟内容总录·皇泽寺卷》第101—103页
巴中石窟北龛第7号龛龛壁天龙八部之一	初唐	龛壁浮雕天龙八部,右壁后排天龙八部之一绾高发髻,头顶虎头,双手抓虎爪,着铠甲,穿战裙,束腰带,着棉鞋	《巴中石窟内容总录》第218—223页
巴中石窟西龛第3号龛天龙八部之一	初唐	龛壁浮雕天龙八部像,其中之一头顶虎头,仅露出胸以上	《巴中石窟内容总录》第252—254页
巴中石窟西龛第5号龛天龙八部之一	初唐	诸像后浮雕天龙八部神众,其中之一头顶虎头,双手于胸侧抓虎之双前爪,披云肩着甲	《巴中石窟内容总录》第255—258页
巴中石窟水宁寺第19龛天龙八部之一	初唐	诸像间有天龙八部众神,其中之一头顶虎,着交领衣,下半身被挡住	《巴中石窟内容总录》第433—434页
巴中石窟东兴仙人洞造像中天龙八部之一	初唐	内龛雕有天龙八部,其中之一头上一兽,双手于胸前握兽双足	《巴中石窟》第329—330页
巴中石窟西龛第10号龛天龙八部之一	开元三年(715)	主尊左右侧各雕天龙八部三身,其中之一头顶虎头,披帔帛,身被弟子挡住	《巴中石窟内容总录》第260—263页
巴中石窟西龛第44号龛天龙八部之一	盛唐	左右壁浮雕天龙八部像八尊,其中一尊头顶虎头,面部风化	《巴中石窟内容总录》第289—291页
巴中石窟北龛第30号龛天龙八部之一	盛唐	内龛诸像间散布天龙八部神众,其中之一头顶虎头,穿花边状中袖外衣,肩系巾,着战袍,下着战裙	《巴中石窟内容总录》第239—241页
巴中石窟水宁寺第8龛天龙八部之一	盛唐	内龛诸像间散布天龙八部像八尊,其中之一头顶虎头,着广袖交领衣	《巴中石窟内容总录》第419—423页
广元千佛崖第二号释迦多宝窟天龙八部之一	盛唐	像背后浮雕菩提双树和天龙八部,其中之一头戴兽头	《中国石窟雕塑全集》第8卷,图版第25—26页、图版说明第9页

(续表)

发现点	时代	相关描述	材料来源
安岳千佛寨第51号释迦说法龛左侧壁天龙八部之一	盛唐	左右侧壁上方刻天龙八部,其中之一头戴兽头帽	《中国石窟雕塑全集》第8卷,图版第99页,图版说明第34页
安岳玄妙观第11号龛道教老君像	盛唐	为老君造像,后壁有其他人物雕像,其中之一头戴兽头	《中国美术全集·川渝石窟雕塑》图版第108页、图版说明第35页
安岳卧佛院南岩区D段窟像第68窟天龙八部之一	中唐	内龛有天龙八部像,其中之一头顶虎头	《安岳卧佛院考古调查与研究》第89-91页、132页
乐山夹江千佛岩D区第72号龛天龙八部之一	中唐	龛内有天龙八部,其中43号像通高35.4厘米,头顶戴兽头帽,双手笼于袖合于胸前,执长板状物于右肩	《夹江千佛岩——四川夹江千佛岩古代摩崖造像考古调查报告》第173-184页,图版七三
安岳卧佛院第3号窟卧佛上方左侧天龙八部之一	唐	卧佛上方为一菩萨像,菩萨左右为天龙八部之二像,其中右侧像头戴一兽头,兽牙外露	《安岳石窟艺术》第25-26页
安岳千佛寨第50号弥勒佛龛天龙八部之一	唐	左右壁上方刻天龙八部,其中之一头戴兽头,兽牙外露	《安岳石窟艺术》第37-38页
广元石窟千佛崖第206窟天龙八部之一	唐	正壁上方浮雕天龙八部,其中之一头戴兽头冠,兽足搭双肩上,双手举胸前,可能为乾闼婆	《广元石窟内容总录·千佛崖卷》上册第194页
广元石窟千佛崖第207窟天龙八部之一	唐	后壁上方浮雕人形化天龙八部,其中之一头戴兽头冠,可能为乾闼婆	《广元石窟内容总录·千佛崖卷》上册第195页
广元石窟千佛崖第212窟天龙八部之一	唐	正壁造像间浅浮雕天龙八部,其中之一戴兽头冠,左手握兽爪,可能为乾闼婆	《广元石窟内容总录·千佛崖卷》上册第201-203页
广元石窟千佛崖第689窟天龙八部之一	唐	主尊头光两侧雕双树和天龙八部,其中之一头顶一兽头,着交领广袖长袍	《广元石窟内容总录·千佛崖卷》下册第263-267页
广元石窟千佛崖第806窟天龙八部之一	唐	背屏上浅浮雕天龙八部,其中之一戴兽头冠,可能为乾闼婆	《广元石窟内容总录·千佛崖卷》下册第375-383页
广元石窟千佛崖第827窟天龙八部之一	唐	龛后壁阴刻天龙八部,其中之一戴兽头冠,着交领阔袖长袍,可能为摩睺罗迦	《广元石窟内容总录·千佛崖卷》下册第396-399页

（续表）

发现点	时代	相关描述	材料来源
忠县城西临江岩壁第3号龛四神将之一	唐	龛后壁四神将之一头戴虎头盔	《忠县发现唐代摩岩造像》，《宗教学研究》总第6期，1985年
乐山夹江千佛岩D区第73号龛天龙八部之一	晚唐-五代	内龛造四佛二菩萨、天龙八部等，其中21号像可见头顶有兽头状物，可能为八部众之一	《夹江千佛岩——四川夹江千佛岩古代摩崖造像考古调查报告》第184-193页
乐山夹江千佛岩B区第14龛天龙八部之一	五代-宋初	龛内有四佛二菩萨、天龙八部等，其中42号像头顶似戴有兽形冠	《夹江千佛岩——四川夹江千佛岩古代摩崖造像考古调查报告》第44-54页
安岳毗卢洞第8号窟左侧护法天王像	宋（北宋）	像高2.8米，天王头戴虎头盔，虎耳、眼、鼻明显，牙不明显。肩结巾，身着束甲战袍，脚着靴，右手执剑，左手抚右臂	《安岳石窟艺术》第115页；《中国石窟雕塑全集》第8卷，图版第126页
大足石刻北山石窟佛湾第149号如意轮观音窟神将	建炎二年（1128）	龛右壁中层从外至内第三尊像，头顶兽头骨，身着甲胄，左手横胸前，右手持斧，环眼竖眉，鼻翼宽大	《大足石刻雕塑全集：北山石窟卷》第81页、图版说明第19页
大足宝顶山石窟大佛湾第2龛护法神像之一	南宋	平顶横长方形龛，为以金刚神化现愤怒身像为中心的护法群像，上层中段刻九尊护法神像，其中之一头戴兽头	《世界佛教美术图说大辞典》第5册《石窟1》，第85页

附表二 中原唐墓出土戴"虎头帽"武士俑及相关材料统计表

出土地点	时代	相关信息	材料来源
河北正定火车站街唐墓	初唐	出土武士俑2件，其中1件头部以下残，另1件头戴虎头帽，有彩绘，左手握拳于胸前，右手叉腰，通高65.5厘米	《文物春秋》1995.2
河南洛阳偃师前杜楼	初唐	武士俑头戴虎头，有彩绘，左、右手分别握拳腰侧、胸前，高24厘米	《洛阳陶俑》第286页
河北定县南关唐墓	唐代前期	墓室平面为圆形，棺床东侧出土武士俑1件，头戴虎头盔，左手握于胸前，原似持兵器，右手叉腰，有彩绘，高57.5厘米	《文物资料丛刊6》，1982年，第110-116页

民族交融｜泸州宋墓石刻武士"虎头盔"形象试探　565

(续表)

出 土 地 点	时 代	相 关 信 息	材 料 来 源
山西长治北石槽M3	唐代早期	墓室平面为长方形，四壁略向外弧，2件武士俑位于墓门两侧，其中1件头戴虎头盔，身上有彩绘，双手按一长杖	《考古》1962.2
河南三门峡三里桥村M11	唐代早期	墓室平面为不规则四边形，2件武士俑位于墓室口东西两侧，其中1件头戴虎头帽，左手上举，右手残，通高61厘米	《中原文物》2003.3
辽宁朝阳孙则墓	永徽六年（655）	墓室平面为弧方形，出土瓷天王俑（武士俑？）2件，位于棺床前方，通体施绿釉，有描金，1件头戴虎头兜鍪，右手叉腰，左手前曲握拳作持物状，通高58厘米；另1件头戴鹰头形兜鍪，通高59.5厘米	《朝阳隋唐墓葬发现与研究》第7—18页
陕西礼泉县昭陵尉迟敬德墓	显庆四年（659）	双室墓，前、后室平面均近方形，出土有戴虎头帽的陶俑，有彩绘，左手贴胯间，右手在腹前作持物状，高31.5厘米	《文物》1978.5；《昭陵文物精华》第46页
河南巩义芝田镇唐墓（88HGZM90）	650—675年	墓室为横长方形，武士俑出土于墓门西侧，其中1件头戴虎头盔，虎生两角，通高44.6厘米	《巩义芝田晋唐墓葬》第70—71、109—110、294页
河南偃师北窑村M2（杨堂墓）	咸亨三年（672）	墓室平面为长方形，出土武士俑4件，其中1件头戴虎头兜鍪，手中似有持物，通高42.8厘米	《考古》1992.11
辽宁朝阳七道泉子M2	咸亨四年（673）左右	墓室平面为圆形，出土武士俑1件，左手叉腰，右手握拳于胸前，头戴虎头帽，有彩绘，高54.5厘米	《文物》2018.6
河南安阳杨偘夫妇合葬墓	上元二年（675）	墓室平面为方形，出土武士俑6件，其中1件头戴虎头盔，有彩绘，左手按剑，右手握拳于胸，高57.5厘米	《文物资料丛刊6》，1982年，第130—133页
洛阳关林唐墓（M1305）	初唐晚段到盛唐早段	墓室平面为长方形，出土武士俑2件，通体饰朱绘，其中1件头戴虎头盔，高72.8厘米，另1件头戴盔，高74.6厘米	《考古》2006.2
太原第一热电厂唐墓（M87YD）	高宗时期	砖室墓，出土青瓷镇墓武士俑2件，其中1件头戴虎头帽，釉面有彩绘，武士手中原握有兵器	《文物》2019.8

(续表)

出土地点	时代	相关信息	材料来源
河北邱县袁翼夫妇合葬墓	光宅元年(684)	墓室砖室平面近圆角方形,四壁弧形外凸,出土武士俑2件,头戴虎头兜鍪,左手叉腰,右手握拳于胸前,有彩绘,高67.4厘米	《文物》2021.3
河北元氏县大孔村吕众墓	垂拱四年(688)	墓葬形制不详,出土武士俑2件,其中1件头戴虎头兜鍪,有彩绘,右手叉腰,左手握于胸前,高65.2厘米	《文物春秋》1999.2
河北南和郭祥墓	垂拱四年(688)	墓室平面为圆角长方形,2件武士俑放于甬道壁龛内,其中1件头戴虎头兜鍪,武士手中原有持物,通高51厘米	《文物》1993.6
河北南和东贾郭村唐墓	垂拱四年(688)左右	墓室平面为圆角方形,2件武士俑出土于甬道两侧龛内,其中1件仅存头部,戴虎头兜鍪	《文物》1993.6
河北安国梨园唐墓(M5)	盛唐前期	墓室平面近圆角方形,四壁略外弧,出土武士俑2件,其中1件头戴虎头形兜鍪,下半身残缺	《文物春秋》2001.3
河南巩义孝西村唐墓(92HGSM1)	690—700年	墓室平面略成刀形,东西两壁呈弧形,东壁南段外伸出耳室,出土武士俑6件,其中2件头戴虎头兜鍪,左手前屈作握物状,通高70.8厘米;另2件头戴兜鍪,额饰朱雀	《文物》1998.11;《巩义芝田晋唐墓葬》第57—59、109—110、293页
陕西乾县唐懿德太子墓	神龙二年(706)	双室砖墓,前室、后室平面均呈弧方形,出土彩绘陶武士立俑147件,多出土于过洞的东三龛和西三龛,有彩绘,皆头戴虎(狮)头风帽,武士手中原应有持物	《唐懿德太子墓发掘报告》第25—26、326—337、413页
陕西富平唐节愍太子墓	景云元年(710)	双室砖墓,前室平面为长方形,后室为方形,四壁微外弧,出土武士俑62件,头戴虎头帷帽,手中原有持物,有彩绘,多出土于第一天井下的西一龛,上层多为虎头帽武士俑,下层多是骑马武士俑	《唐节愍太子墓发掘报告》第25—28、81—83、170页
洛阳关林唐墓(M1289)	盛唐	墓室平面为长方形,2件武士俑出土时左右对称,其中1件头戴虎头形盔,另1件头戴鹰首形盔,通高均56厘米	《考古学报》2008.4

(续表)

出土地点	时代	相关信息	材料来源
河北献县唐墓	中唐	墓室平面为圆形,武士俑、天王俑在墓门左右,武士俑头戴虎头兜鍪,高62厘米	《文物》1990.5
天津军粮城刘家台子唐墓	"安史之乱"以后	墓葬形制不详,中部放置石棺,棺尾部一侧有砖龛,陶俑多发现于龛内,其中武士俑有残损,但身形高大,头上戴有虎头帽	《考古》1963.3;《隋唐考古》,2002年,第86页
西安灞桥区洪庆原	唐	墓葬形制不详,出土有三彩武士俑,头戴虎头,虎爪系于颈前,身后可见虎尾,左手叉腰,右手握拳向前,通高88厘米	《三秦瑰宝:陕西新发现文物精华》第88页
河北内丘邢窑遗址	唐	采集有武士俑像,仅存头部,头戴虎头	《文物》1987.9
河南洛阳宜阳县	唐	武士俑头戴虎头盔,左手上曲,手掌向前,右手残,高40厘米	《洛阳陶俑》第266页
1979年西安韩森寨唐墓	唐	彩绘婴儿襁褓俑,头戴虎头风帽,高10.7厘米	《大唐气象(上)》第27页
故宫博物院藏武士俑	隋	头戴虎头盔,左手撑掌前伸,右手握拳于腰前,手中原握有兵器,高49厘米	《中国美术全集·隋唐雕塑》第31页、图版说明第11页
中国武术博物馆藏武士俑	初唐或盛唐早期	头戴虎头兜鍪,有彩绘,右手握拳于胸前,手中原有持物,左手挂剑,高68厘米	《文化遗产研究集刊7》第356–365页
首都师范大学历史博物馆藏武士俑	唐	黄釉陶俑,头戴虎头帽,右手叉腰,有彩绘,左手握拳举起,通高65.5厘米	《首都师范大学历史博物馆藏品图录》第140–141页
上海博物馆藏石刻天王像	唐	天王头戴虎头,右手上举,左手贴于腰部	《中国古代军戎服饰》第80页
首都博物馆藏武士俑	唐	头戴虎头帽,右手握拳贴于胸前,左手挂剑,高74.3厘米	《中国陶瓷:唐三彩》图版3
河南博物院藏三彩天王俑	唐	头戴虎头帽,左手叉腰,右手握拳于胸前,高80厘米	《中国陶瓷:唐三彩》图版82

(原载《江汉考古》2021年第3期,收入本集时有较大修改)

后　记

近些年来，在中国考古学迎来新的发展机遇，考古人才的培养在数量上也有空前突破这样一个时代背景之下，我们愈来愈感觉到，历史时期考古方向研究生的创新能力培养和其他领域相较，在诸多方面还存在着明显的不足，这具体表现在：一是问题意识淡薄、问题导向单一，研究基础（包括基本文献、学术史梳理等）薄弱；二是研究方法程式化、扁平化、重复化、零散化，甚至在选题上有逐渐趋向犄角旮旯，缺乏历史关照，疏离历史时期考古学本应关注的基本问题、关键问题、前沿问题的倾向；三是学术视野狭窄，缺乏长时段观察思考问题的素养，以及进行纵横历史比较的能力。以四川大学考古学科为例，近年来报考历史时期考古的研究生数量大增，来源多样，基础不一，学科背景复杂，这些问题就更加突出。因此，我们认为有必要改变过去相对比较松散的培养方式，针对历史时期考古问题提出和研究开展的特点，可以尝试组织针对核心和重大问题的专题性阅读和集中研讨。

于是，自2015年起，从我们自己的研究生开始，也欢迎其他的老师和其他层次的学生，组织"汉唐考古读书班"，从阅读、问题提出、材料梳理、研讨推进，最终到成果形成，在老师的带领下进行集中的全过程学习。从2016年开始，读书班逐渐形成体系和规模。根据学生的兴趣分成若干个灵活的小组，人员可分、可合、可兼，每个小组有相对集中的一个针对核心、重大问题而又便于初学者入手的主题。虽有相对的主题，但并不是每个小组闭门造车，这些主题都是相互联系而又构成更大的问题。因此，我们大概每一学期以某个主题为重心，共同推进，各小组也在共同的推进中深化各自的主题。第一阶段的主题，以历史时期的墓葬考古为主，主线在墓葬制度、文化的演变、交织，进而探讨其中政治、社会、精神文明和民族、文化交流的内容。目前又逐渐开始了第二阶段的主题，一方面从中国古代的金石学和古典考古学中汲取养分，助力我们现代学术问题的研究；另一方面也参与学术史、思想史的讨论，这不仅仅针对考古学史，还有经学史、礼学史甚至相关政治、社会史等内容。目前，各小组和学期的主题如下表：

学　　期	主　　题
2016年春季	东周到西汉的墓葬文化演变——以高、中等级墓葬敛葬用具为切入点
2016年秋季	东周到西汉的墓葬文化演变——以高等级墓葬内部结构历时性与内外一体化为切入点
2017年春季	东汉墓葬文化的形成与特征——以完整画像石墓为切入点
2017年秋季	东汉魏晋南北朝墓葬文化演变——以神道和地面设施为切入点
2018年春季	东汉魏晋南北朝墓葬文化演变——以高等级墓葬出行壁画为切入点
2018年秋季	魏晋南北朝墓葬文化演变——以俑群为切入点
2019年春季	魏晋南北朝墓葬文化演变——以地域文化互动为切入点
2019年秋季	南北朝隋唐墓葬文化演变——以石质葬具为切入点
2020年春季	唐宋墓葬文化演变——以墓葬与佛教关系为切入点
2020年秋季	北宋墓葬文化演变——以士大夫家族墓地为切入点
2021年春季	南宋墓葬文化演变——以地面设施为切入点
2021年秋季	汉唐文化的西向垦殖与交流——以吐鲁番家族墓地为切入点
2022年春季	汉唐文化的延续、拓展与回流、交流——以河西、北魏、高句丽壁画墓为切入点
2022年秋季	金石学与中国古典考古学——以对青铜器及其纹饰的解释为切入点
2023年春季	金石学与中国古典考古学——以碑刻的出现与复兴为切入点

几年来，可以说这些努力取得了还算令人满意的阶段性回报，一批研究生的创新能力明显提高，甚至涌现出一些优秀的青年学者，产生了一批至少令我们自己满意的学术成果。

需要特别说明的是，我们历史时期考古学毕竟是人文学术研究，学术传承和创新是最根本的任务。读书班和其中的小组纯粹是以志趣、学习推进和学术研讨联结起来的学术共同体，并不是现在所谓的什么课题组。材料上互通有无，思想上相互砥砺，过程中相互批评、相互帮助，但其核心——观点尤其是对观点的论证过程（我们认为人文学术中很多时候论证过程比结论更为重要），必须是个人的，是个人创造、个人特色，当然也有个人局限，由个人负责。关于成果的署名原则我们在序言中已有介绍，兹不赘述。读书班学生在读期间发表学术论文情况如下表：

姓 名	年 级	论 文 题 目	发 表 刊 物	署 名
庞 政	2012级本科、2016级硕士、2017级博士生(本硕博连读)	《战国秦汉时期的马蠚及相关问题》	《考古》2019年第11期	独著
		《试论中国境内出土的下颌托》	《考古学报》2020年第2期	二作(导师一作)
		《试论陕北汉画像中的"仙人六博"式东王公及相关问题》	《考古与文物》2021年第3期	独著
		《从海昏侯墓衣镜看西王母、东王公图像的出现及相关问题》	《江汉考古》2020年第5期	独著
		《安阳西高穴M2出土几件画像石图像考索》	《故宫博物院院刊》2021年第1期	独著
		《核心与边缘:山东汉代画像石椁中的"壶山垂钓"图像——也说东海神话与昆仑升仙信仰地位的此消彼长》	《艺术史研究》第26辑,2021年	独著
		《也论四川汉墓画像中的"李少君"与"东海太守"》	《中国美术研究》第24辑,2017年	独著
		《试论早期祠堂画像中西王母与羿(后羿)的组合》	《中国美术研究》第31辑,2019年	独著
		《试论汉代的陶水榭》	《形象史学》第14辑,2019年	独著
		《汉代太一手拥伏羲、女娲图像及相关问题》	《南方文物》2020年第1期	独著
		《汉代"凤鸟献药"图像试探》	《文物、文献与文化:历史考古青年论集》第一辑,2017年	独著
金弘翔	2012级本科、2016级硕士、2017级博士生(本硕博连读)	《魏晋南北朝时期衣物疏地域传统的形成与交流——兼谈高昌衣物疏的渊源》	《西域研究》2020年第1期	独著
		《墓道的"延伸":魏晋南北朝墓葬制度演变的一个关键点》	《南方文物》2020年第1期	第一作者
		《再谈中江塔梁子崖墓"襄人"榜题——以崖墓的修建为中心》	《中国美术研究》第39辑,2022年	独著
		《南朝神道石柱在墓葬体系中的功能和象征》	《考古学集刊》第20辑,2017年	独著

（续表）

姓　名	年　级	论 文 题 目	发 表 刊 物	署　名
金弘翔	2012级本科、2016级硕士、2017级博士生（本硕博连读）	《从东晋门阀士族墓葬形制看东晋礼制的制定与终结》	《文物、文献与文化：历史考古青年论集》第一辑，2017年	独著
马伯垚	2012级本科、2016级硕士、2018级博士生（提前攻博）	《墓葬中的石窟：邢合姜石堂壁画略论》	《故宫博物院院刊》2021年第11期	独著
		《器物、行为、观念：北魏平城尸床研究》	《边疆考古研究》第32辑，2022年	独著
		《唐代交通工具的改变与车服制度的冲突》	《文物、文献与文化：历史考古青年论集》第一辑，2017年	独著
王文波	2013级本科、2017级硕士、2018级博士生（本硕博连读）	《泸州宋墓石刻武士"虎头盔"形象试探》	《江汉考古》2021年第3期	独著
		《唐代敦煌地区着狮（虎）皮形象再探讨——兼论吐蕃大虫皮制度的来源及影响》	《中国美术研究》第33辑，2020年	独著
		《大理国时期出土塔模初探》	《南方文物》2021年第4期	独著
		《杭州桐庐出土南朝舍利石函初探》	《南方民族考古》第23辑，2021年	独著
齐　广	2013级本科、2017级硕士、2018级博士生（本硕博连读）	《四川地区汉代画像砖的排列、组合与意义》	《考古》2022年第4期	二作（导师一作）
		《宫殿与墓葬传统的交融：东汉地上石人的起源与意义》	《形象史学》第21辑，2022年	独著
		《成都新津宝墩西汉墓出土"羌眇君"印考》	《南方文物》2022年第4期	独著
		《汉代"神道"补释》	《春山可望：历史考古青年论集》第三辑，2021年	独著
焦　阳	2013级本科、2017级硕士、2019级博士生（提前攻博）	《再论汉代的漆木"面罩"》	《考古》2020年第5期	独著

(续表)

姓　名	年　级	论 文 题 目	发 表 刊 物	署　名
焦　阳	2013级本科、2017级硕士、2019级博士生（提前攻博）	《汉代题凑墓结构体系及空间功能的演变》	《考古》2022年第6期	独著
		《新疆地区出土覆面研究》	《考古与文物》2022年第5期	独著
		《钱树枝干图像的整体研究——兼论钱树的主要内涵与功能》	《艺术史研究》第25辑，2021年	独著
		《试析汉代图像中的风、雨、雷、电四神》	《中国美术研究》第28辑，2019年	二作（导师一作）
		《染山汉墓出土"玉衣"讨论——也谈汉代墓葬中的"玉席"》	《南方文物》2021年第4期	独著
刘人铭	2019级博士生	《敦煌石窟回鹘王像身份属性再思考》	《中国美术研究》第38辑，2021年	独著
		《政治的隐喻：榆林窟第39窟主室题材布局内涵探析》	《西夏学》第23辑，2021年	独著
祝　铭	2013级本科、2017级硕士、2020级博士生	《拉萨大昭寺鎏金银壶及吐蕃金银器相关问题再探究》	《西藏大学学报》（社会科学版）2022年第1期	独著
		《20世纪以来吐蕃金银器的发现与研究》	《西藏大学学报》（社会科学版）2020年第2期	二作（导师一作）
		《从金银饰看欧亚草原文化对滇文化的影响》	《草原文物》2019年第2期	独著
吕瑞东	2017级硕士、2020级博士生	《北宋李彬夫妇墓出土五星俑研究》	《东南文化》2020年第6期	独著
		《四川宋墓后龛图像意义及其供祀功能的探讨》	《中国美术研究》第42辑，2022年	第一作者
		《宋代多层墓葬研究》	《四川文物》2021年第2期	独著
李孟雅	2013级本科、2017级硕士、2021级博士生	《吕大临生卒时间新考——从蓝田吕氏家族墓地出土文物确认》	《南方文物》2020年第6期	独著
		《五代墓室星象图研究》	《华夏考古》2023年第2期	独著

(续表)

姓 名	年 级	论 文 题 目	发 表 刊 物	署 名
康铁琼	2017级硕士、2021级博士生	《引导与威仪：汉代仙人持节图像研究》	《中国美术研究》第42辑，2022年	二作（导师一作）
		《抽象宇宙：汉代式盘类图像的图式观察》	《春山可望——历史考古青年论集》第三辑，2021年	二作（导师一作）
姜 伊	2014级本科、2018级硕士、2021级博士生	《洛阳尹屯新莽壁画墓星象图及相关问题补议》	《自然科学史研究》2021年第4期	二作（导师一作）
淡 雅	2015级本科、2019级硕士、2022级博士生	《试论南朝墓志与买地券的结合现象》	《故宫博物院院刊》2022年第9期	独著
杜京城	2019级硕士、2022级博士生	《"祭我兮子孙"：沂南汉墓画像的整体配置与图像逻辑》	《形象史学》第17辑，2021年	二作（导师一作）
皮艾琳	2019级硕士、2022级博士生	《"祭祀是居，神明是处"：临沂吴白庄汉画像石墓图像配置与叙事》	《艺术史研究》第24辑，2021年	二作（导师一作）
左紫薇	2019级硕士、2022级博士生	《从"朱鲔石室"祠主问题出发——兼谈汉代墓地祠堂、祠堂画像与墓葬、墓主的关系》	《中国中古史研究》第8卷，2021年	二作（导师一作）
张倩影	2011级本科、2016级硕士生	《成都博物馆藏东汉胡人持莲石座初探》	《中国国家博物馆馆刊》2017年第9期	第一作者
		《成都博物馆藏东汉陶仙山插座初探》	《四川文物》2020年第2期	第一作者
乔 丹	2013级本科、2017级硕士生	《三星堆祭祀坑出土青铜尊、罍的使用方法》	《四川文物》2019年第5期	独著
彭 慧	2018级硕士生	《由圣入俗：汉代连理树图像研究》	《中国美术研究》第34辑，2020年	二作（导师一作）
孙 宇	2018级硕士生	《再论韩琦墓前建筑遗址的性质——也谈宋代功德寺与祠堂关系》	《中原文物》2021年第5期	独著
陈姝伊	2015级本科、2019级硕士生	《敦煌佛爷庙湾魏晋壁画墓鹦鹉图像初探》	《敦煌研究》2022年第3期	二作（导师一作）
顾大志	2020级硕士生	《试论汉代石阙的起源与早期发展》	《南方文物》2022年第2期	独著

本书即从上述成果中选编而来。因此，既是这个学术共同体的研究成果，也应是读书班培养人才的教学成果。诚然，一般情况下，将已发表的论文集结出版，其学术价值是有限的。但也正如前文所说，这本集子一方面可作为我们对上一阶段学术研究成果的总结，另一方面，亦是我们创新人才培养探索的阶段性表现，是名副其实的"教学成果"。

历史时期考古无疑属于人文学术，其传承与发展，才是真正的名山事业。毫无夸张地说，也是中华文明连绵不绝，中华文化传承发展中的重要方面和主要力量。从这个角度上看，这恐怕是我们编辑过的最具价值和独特意义的文集了。中华民族之所以饱经磨难，却能很快迎头赶上，屹立于世界民族之林，基于这个民族能够既坚定文化自信，又不断进行文化创新，不断继承、弘扬和发展中华民族优秀传统文化。如果这个集子真能实实在在地接连出版下去，置之于案头，将来回过头看，拂去了案上的浮尘，未必不是我们事业中最有意义的部分。这一方面需要我们更加努力，乐此不疲地培养一批批人才；另一方面也希望社会能为青年学术人才的成长提供更加良性的环境，学界能为青年学子成果的发表提供更加公正的平台。后之视今，亦犹今之视昔。何为浮尘，何为珠玉，得无思乎？

特别感谢上海古籍出版社宋佳、董瑾先生的付出，也对支持过我们读书班师生的老师们，特别是在历次考察中提供过便利和帮助的朋友们表达衷心感谢。本书的出版和历次考察受到了学校、学院各种经费的支持和保障，这里也要特别说明并致谢。

编　者
2023年4月